U0568599

第3卷
菲尼斯
文集

编委会

主 任

芮国强

委 员

曹义孙 | 王淑芹 | 钱玉文 | 汪国华 | 李义松 | 张　建

主 编

曹义孙

联合国计划署在华项目

国家预防灾害培训体验和法治保障文化基地建设（项号编号：CPR/13/303）

菲尼斯文集 ✦ 第 3 卷

人权与共同善

〔英〕约翰·菲尼斯（John Finnis）- 著

娄曲亢 - 译

中国政法大学出版社
2020·北京

Human Rights and Common Good: Collected Essays: Volume III
by John Finnis
Copyright © J. M. Finnis, 2011
Human Rights and Common Good: Collected Essays: Volume III was originally published in English in 2011. This translation is published by arrangement with Oxford University Press.
《人权与共同善》一书英文版首次出版于 2011 年，该书中译本经牛津大学出版社授权出版。

版权登记号：图字01-2015-6138 号

图书在版编目（ＣＩＰ）数据

人权与共同善《菲尼斯文集》. 第三卷/(英) 约翰·菲尼斯著；娄曲亢译. —北京：中国政法大学出版社，2020.5
ISBN 978-7-5620-8044-2

Ⅰ.①人… Ⅱ.①约…②娄… Ⅲ.①法哲学—文集 Ⅳ.①D903-53

中国版本图书馆CIP数据核字(2019)第256169号

出 版 者	中国政法大学出版社	
地　　址	北京市海淀区西土城路25号	
邮寄地址	北京100088 信箱 8034 分箱　邮编100088	
网　　址	http://www.cuplpress.com（网络实名：中国政法大学出版社）	
电　　话	010-58908289(编辑部) 58908334(邮购部)	
承　　印	北京中科印刷有限公司	
开　　本	720mm×960mm　1/16	
印　　张	34.25	
字　　数	510 千字	
版　　次	2020 年 5 月第 1 版	
印　　次	2020 年 5 月第 1 次印刷	
定　　价	119.00 元	

声　明　　1. 版权所有，侵权必究。

　　　　　2. 如有缺页、倒装问题，由出版社负责退换。

序

在这五卷集子所辑录的诸论文中,最早的一篇始于1967年,最晚的一篇终于2010年。近各卷卷尾处,有一份我已发表作品的编年目录;该目录显示了这些结集的论文在各卷中的分布情况。但每一卷亦涵括了一些我先前未经发表的论文。

有多篇论文以新标题的面目出现。凡改动属实质性的,则原初发表时所使用的标题总会在该文的开篇处有所注明;当然,在各卷卷尾处的作品编年目录中亦总能发现原初的标题。

对于先前已发表的作品,所作修订仅限于澄清。凡需要进行实质性限定或撤回的,我都已在该篇论文的一个尾注中如是说明,或偶尔以一个加括号的脚注作如是交代。除非上下文另有说明,方括号均表示为该卷论文集所作的添加。另外,具体论文的尾注还被用于说明某种更新,尤其是相关法律的更新。大体而论,每一篇论文皆自撰写其的那个时间言起,尽管目录表中给出的那些年份均为发表年份(如适用)而非写作年份——这有时要较发表年份早上一到两年。

我尽力按照主题将所选文章在卷与卷之间以及每一卷之内进行分组。但仍有不少重叠,因而各卷主题的某些重要内容读者也会在其余诸卷的每一主题中有所发现。索引,就像适用于各卷的作品目录(但非"其他引用作品")一样,对之给出了某种进一步的说明,尽管它志于仅仅是根据人名追求其完备性。每一卷的导论用以详述和解释该卷的卷名,以及该卷所收录的有关那一主题的各篇论文之间的关系。

缩略语表

AAS	《宗座公报》[Acta Apostolicae Sedis (Rome)]
AJJ	《美国法理学杂志》(American Journal of Jurisprudence)
AL	约瑟夫·拉兹:《法律的权威:法律与道德论文集》[Joseph Raz, The Authority of Law: Essays on Law and Morality (OUP, 1979)]
Aquinas	约翰·菲尼斯:《阿奎那:道德、政治与法律理论》[1998d: John Finnis, Aquinas: Moral, Political and Legal Theory (OUP)]
CCC	《天主教会教义问答》[Catechism of the Catholic Church (rev edn, 1997)]
CDF	(罗马教廷)教义部 [Congregation for the Doctrine of the Faith (of the Holy See)]
CL	H. L. A. 哈特:《法律的概念》[H. L. A. Hart, The Concept of Law [1961] (2nd edn, OUP, 1994)]
CLR	(澳大利亚高等法院判决的)《联邦判例汇编》[Commonwealth Law Reports (of decisions of the High Court of Australia)]
CUP	剑桥大学出版社 (Cambridge: Cambridge University Press)
ECtHR	欧洲人权法院 (European Court of Human Rights)
FoE	约翰·菲尼斯:《伦理学的基础》[1983b: John Finnis, Fundamentals of Ethics (OUP; Washington, DC: Georgetown University Press)]
HUP	哈佛大学出版社 (Cambridge, Mass.: Harvard University Press)
In Eth.	阿奎那:《〈尼可马各伦理学〉评注》[Aquinas, Sententia Libri Ethicorum (Commentary on NE) (ed. Gauthier) (1969)]

In Pol.	阿奎那:《〈政治学〉评注》[Aquinas, *Sententia Libri Politicorum* (Commentary on *Pol.* I to III. 5)]
LCL	杰曼·格里塞茨:《主耶稣之路》卷二《过一种基督徒的生活》[Germain Grisez, *The Way of the Lord Jesus*, vol. 2 *Living a Christian Life* (Quincy: Franciscan Press, 1993)]
LQR	《法律评论季刊》(Law Quarterly Review)
MA	约翰·菲尼斯:《道德的绝对真理:传统、修正与真理》[1991c: John Finnis, *Moral Absolutes: Tradition, Revision, and Truth* (Catholic University of America Press)]
NDMR	约翰·菲尼斯、约瑟夫·博伊尔、杰曼·格里塞茨:《核威慑、道德与唯实论》[1987g: John Finnis, Joseph Boyle, and Germain Grisez, *Nuclear Deterrence, Morality and Realism* (OUP)]
NE	亚里士多德:《尼各马可伦理学》(Aristotle, *Nicomachean Ethics*)
NLNR	约翰·菲尼斯:《自然法与自然权利》[1980a: John Finnis, *Natural Law and Natural Rights* (2nd edn, OUP, 2011)]
OUP	牛津大学出版社[Oxford: Oxford University Press (including Clarendon Press)]
Pol.	亚里士多德:《政治学》(Aristotle, *Politics*)
ScG	阿奎那:《反异教大全》[Aquinas, *Summa contra Gentiles* (A Summary against the Pagans) (c. 1259–65?)]
Sent.	阿奎那:《〈章句集〉注疏》, Aquinas, *Scriptum super Libros Sententiarum Petri Lombardiensis* [Commentary on the Sentences [Opinions or Positions of the Church Fathers] of Peter Lombard] (c. 1255)
ST	阿奎那:《神学大全》[Aquinas, *Summa Theologiae* (A Summary of Theology) (c. 1265–73)]
TJ	约翰·罗尔斯:《正义论》[John Rawls, *A Theory of Justice* (HUP, 1971)]
TRS	罗纳德·德沃金:《认真对待权利》[Ronald Dworkin, *Taking Rights Seriously* ([1977] rev edn with Reply to Critics) (HUP; London: Duckworth, 1978)]

目 录

序 1
缩略语表 2

导 论 1

第一部分　人权与共同善：一般理论

第 1 篇　诸人权与它们的实施 23
第 2 篇　康德思想中的自我义务 57
第 3 篇　罗尔斯的《正义论》 88
第 4 篇　分配正义与底线 93
第 5 篇　有限政府 100
第 6 篇　德性与宪法 129
第 7 篇　移民权 139
第 8 篇　边　界 149
第 9 篇　国籍与外国人身份 158

第二部分　正义与惩罚

第 10 篇　哈特的惩罚哲学 181
第 11 篇　报应的复归 190
第 12 篇　报应：惩罚的形成性目标 197

第三部分　战争与正义

第 13 篇　自然法传统中的战争与和平 …………………………… 215

第四部分　自主、安乐死与正义

第 14 篇　安乐死与正义 …………………………………………… 245
第 15 篇　经济学、正义与生命的价值 …………………………… 280
第 16 篇　安乐死与法律 …………………………………………… 291

第五部分　自主、体外受精、堕胎与正义

第 17 篇　C. S. 刘易斯与试管婴儿 ……………………………… 317
第 18 篇　堕胎的权利与错误 ……………………………………… 329
第 19 篇　母亲与胎儿的正义 ……………………………………… 359

第六部分　婚姻、正义与共同善

第 20 篇　婚姻：一种基本又迫切的善 …………………………… 371
第 21 篇　法律、道德与"性取向" ………………………………… 390
第 22 篇　性与婚姻：一些迷思和理由 …………………………… 412

约翰·菲尼斯作品目录 ……………………………………………… 456
其他引用作品 ………………………………………………………… 473
声　明 ………………………………………………………………… 485
索　引 ………………………………………………………………… 487
中译本致谢 …………………………………………………………… 534

导　论

我们每一个人做出选择和采取行动所依据的理由是那些可理解的善（intelligible goods），那些善构成了人类（human persons）及其所组成的共同体的繁荣（flourishing）。行为的那些益处——共同善（common goods）——尽管从根本而言是为我们所有人共有，但该短语的第一层含义是，它们能够以许多不同的方式合理地产生，因而成为许多不同种类的团体（association）中的个人繁荣的要素。在每一个这样的团体中，只有当其成员寻求促进团体发展并从中获益时，成员们的那些行动才是构想共同善的行为。该短语的第二层含义是，共同善是某种以这样或那样的方式与他人联合的益处（无论作为目的还是作为手段，抑或兼作二者），如此一来，他人的良善目的和自己的良善目的就都得到了实现。对一场讲座的听众而言，共同善就是通过维护不被分散注意力的可听度等条件，演讲者当前的演说目的与听众当前的倾听目的（即使只是为了挑错）就都得到了实现。一个政治共同体（典型意义上讲，就是一个国家）的共同善要远为恢宏和复杂，而且包括了维护其全体成员不受来自共同体内外之不正义威胁的权利。

因此，沿着以下这条线路，本卷论人权与共同善的诸篇论文就标志着又往前迈进了一步，这一线路即从第一卷对实践理性之真理与规范性的探索，经由第二卷对处在意图与选择紧要关头的个人的研究，到第四卷论法律和法治——通常而言，其被视作维护受威胁之权利的重要条件——的诸篇论文，再到第五卷对朝向邻人与自我的善良意志之根本理由的关注。本卷当中有多篇论文，自第一篇始，并不把我们的宪法和法律当作探寻关于法律问题的框架,而是当作探寻关于哪些类型的繁荣问题的框架,从而也当作探寻在我们社会当中,或者说再次强调在任何社会当中哪些类型的权利适合成为法律保护客体这一问题的框架。

本卷六个部分的标题大多涉及正义。之所以如此,是因为密尔[1]坚定地认可、罗马法学家和阿奎那也同样坚定地认可的一种相互的可定义性(inter-definability):[2] 正义这一美德的目标,从而正义的行为与正义的制度安排的正义性来源就是人们都得到了他们有权得到的东西。也就是说:每一个人的**权利**都受到了尊重和促进(一定程度上讲,是通过人们所负的正义之义务来衡量的)。

Ⅰ.人权与共同善:一般理论

给出一个关于人权的形式上或概念上的说明相对比较容易。然而,表明人权与独角兽、燃素*或各种禁忌这些只有民族志(ethnographic)价值的事物并不相同却不那么容易,但却远为更加重要。

人权有其自身的逻辑结构,不论是与法律权利相比[我在第四卷第18篇论文(1972b)和《自然法与自然权利》第8章第2-3节做了探讨],还是与道德权利相比(我在第18篇论文里做了探讨)。尽管对它们的表述都标准地采用了两种术语形式(two-term form),"[每一个人]都享有[生命权]"或"[A,同其他所有人一样]享有[不受酷刑的权利]",但若要足以指导选择,就需要用三种术语形式(three-term form)对它们加以详细表述。这样一种详述将——就核心情形而言——不仅能够识别出享有权利的人(群)以及这些人有权享有(受到尊重或促进)的利益(interest),而且能够识别出对该利益负有尊重或促进义务之人,以及为履行该义务他(她)们

---

[1] 例如,《功利主义》第5章:"正义不仅意味着做正确的事情和不做错误的事情,还意味着某个人能够向我们提出某种要求作为他的道德权利。"

[2] *ST* Ⅱ-Ⅱ q. 58 a. 1c 引用查士丁尼《学说汇纂》(*Digest*) Ⅰ.1.i.10 和《法学阶梯》(*Institutes*) Ⅰ.1.1.

* 燃素,旧时人们认为存在于可燃物中的东西。——译者注

必须要做出的那种选择（作为或不作为）。("利益"是一个人的福祉和一群人的繁荣之要素的简称。)因此："国家的行政机关和立法机构有防止个人的生命在国家管辖权范围内受到威胁的义务"，等等。权利或许是：不得做出有害的选择，或做出提供帮助的选择，或二者兼具。作为权利内容的一个辅助方面，权利或许会要求：政府官员或立法者行使其宪法权力以提供这样的帮助，并预防和惩罚对该权利的侵犯，无论这些侵犯是政府官员做出的，还是管辖权范围内的其他人做出的。

为人权在现代话语中的位置绘制概念上的地图（conceptual mapping）也同样容易。测绘活动大体循着早期表达方式谓之**自然**正确（**自然权利**）[natural right(s)]*的概念地图探索。公元2世纪的盖尤斯（Gaius）教导说，无论是国家法还是公共习俗都不能废除自然权利。[3] 13世纪的阿奎那如是教诲，即使是成文的、明确的、清晰的实在法（positive law），也不能使那些从内在而言就有悖于自然正确的东西变得公正、在道德上具有约束力或可以正当实施。[4] 所以时至今日，罗纳德·德沃金说，真正的权利之标志是，它们（即权利）能够在道德、政治以及（在秩序良好的国家）宪法层面上胜过（prevail against）那些错误地没有实施它们的立法、行政权威以及司法判决。[5] 另外，约瑟夫·拉兹将人权解释为个体的利益，以致在国内社会和政治安排与国际关系的主流格局之下，任何国家的政府不仅有义务尊重和/或促进那些作为权利的个体利益，而且，倘若某个国家的政府未履行这种尊重或促进义务，则国际社会中的其他国家或实体就可以对其正当地实施矫正性干预。[6]

同样明显的是，那些宣布人权并使之生效的各种法律和判决，有着实在

---

* natural right(s)，当其为单数形式时，译为"自然正确"；当其为复数形式时，译为"自然权利"。——译者注

[3]《学说汇纂》43.18.2：*civilis ratio corrumpere naturalia iura non potest*. 同见盖尤斯：《法学阶梯》Ⅱ.65.

[4] *ST* Ⅱ-Ⅱ q. 57 a. 2c and ad 2；q. 60 a. 5.

[5] 参见第1篇论文第2节和第7节。

[6] Raz, "Human Rights Without Foundations", secs 3 and 4.

法的复杂特性。它们中的一些坚持把我们正在讨论的权利当作一种简单的应用或演绎的结论。更常见的是，它们坚持把正在讨论的权利作为**规定**（*determinationes*），即说明（specifications）与限定；尽管这些说明与限定合理，但仍能够在某些或许多方面合理地有所不同：它们将刑事审判中关于被告的或关于原告的或关于证人的匿名规则，既视为对公平审判权的说明，又视为对言论自由权的说明。[7] 一些规则——或许，许多规则——坚持把它们意图实施的权利作为或多或少不那么让人满意的准说明（would-be specifications），而根据对那项权利或其他权利的一种更好的理解，这些准说明会或多或少遭到广泛的推翻或修正。各种人权宣言中一些相当常见的特征是在司法上很粗糙，这些宣言引入了一些深具误导性的概念，诸如正当地干预权利或正当地侵犯权利等，[8] 以及有关这些正当性证明（such justifications）之诸原则的粗糙构想。[9] 这些不当之处又被或多或少明显不合理的司法或立法解释不断地放大。[10] 至少，就以上提到的所有这些方面来看，那可能适用于某些被准确地定义为基本人权的东西，多多少少显然不适用于许多在宪法上、立法上或司法上被宣布为人权的东西：那些被准确定义为基本人权的东西是能够被正当实施的，而不管每个人持有什么样的共同善或公共利益的观念。并非公正地创建的法律人权是加引号的"人权"，不是真正的人权（除非以在此法律体系内进行系统对话为目的）。这一点也同样适用于这样一些权利：在既定的司法管辖权内，它们被合法宣布为人权，但在那里和其他地区，这些权利完全可以在内容、力量和效果等方面存在差异。

但是，所有这种概念地图的描绘或解释都没有解决这个仍然困扰着我们的问题：是否有人**真正地**享有这样的权利，真正地享有这样的利益，致使侵

---

〔7〕 See *NLNR* VII I. 5, X. 7; and essay I. 1 (2005a) at n. 3. （此处essay I. 1指论文集第 1 卷第 1 篇文章，本卷中凡此类似结构皆类似指涉，以下不赘。——译者注）

〔8〕 参见第 1 篇论文第 40 页（页边码）及其尾注⁂。

〔9〕 值得注意的是："在民主社会中，保护……的必要性。"参见第 1 篇论文第 40 页。

〔10〕 参见第 1 篇论文第 39 页；例子请参见 2009e 第 1 节中对 *R（Begum）v Denbigh High School Governors* ［2006］UKHL 15,［2007］1 AC100 的分析。结论是："诉讼法上人权概念的不严格（slackness）是令人印象深刻的。"

犯它们的其他人或群体（声明或未声明正当理由）这么做就是在不道德地行动。或者，它们不过是另一种习俗**禁忌**，一种言说、思考和感觉的方式——这种方式可能就是弱者或多愁善感者把强者、那些否则就会适切地成为他（她）们主人的强者囚禁在想象的内疚中而采用的一种方式？还是说真正的人权观念是一种不道德的或毫无理性根据的**物种歧视**（*speciesism*），武断地偏爱某些人——某些在价值观或道德地位层面都低于某些非人动物（some non-human animals）的人？面对着人与人之间各方面的不平等，如何可能有充分的或任何的根据主张人类所有成员都**同等地**被赋予了这些或所有的权利？

　　人类共享了某种本性，这种本性通过了解那些让人类行为变得可理解的东西——它们多种多样且有着深刻的差异——而能够为人了解；因为正是那些行为揭示了人能够做什么，而了解一种生物的能力（capacities）就是了解其本性。拿安斯科姆（Anscombe）的例子（第 2 卷第 3 篇论文第 71 页）来说吧：那个例子不是关于指向（pointing）本身的；某些其他的动物或许也会这样做。它是关于为了辨别某幅画的形状和颜色而指向这幅画的行为，（而且/或许，我要补充的是，为的是将其形状与特拉法尔加*的一艘战舰相比较，将其颜色与大英帝国的地图相比较）。它也是关于留意指向者理解这幅画所表达的准确意义的行为，然后或许是关于比较或类比。这两种行为都是意向性行为（intentional acts），其意图的目标是双重的：可理解的事物（intelligibilities）（即形状和色彩，它们既作为概念，亦作为类比，还作为指向者意图和意指的东西）；以及与观众关于这些的交流（可以这么说吧）。或者再举《自然法与自然权利》中的例子来说：拿单通过富人垂涎穷人的母羊并狡诈地将其据为己有的寓言斥责大卫王的故事；该故事把引出并传达一个类比以及对听众心灵（意愿）和精神（理智）上道德的、劝说性的教育作为其目标。或再举一例：苏格拉底向他的陪审员们讲述他冒险拒绝参与一场出于政治动机而清算僭主制的反对者的真实故事（"其他人都去萨拉米斯［逮捕反

---

　　*　特拉法尔加（Trafalgar），地名，西班牙西南海岸的一个海角。——译者注

对者]，而我回家了"），这个故事有着一种类似复杂的精神目标，也即意欲并得到他的陪审团中那些愿意将理解苏格拉底作为他们自身目标之一的陪审员的理解、知情的善意和理智的转变；而柏拉图叙述这一讲述时的目标，共享了苏格拉底的某些更为终极的目的，尽管没有共享其直接目的，即宣告无罪。最后一例：莎士比亚所谓的"凤凰与斑鸠"是我们谓之诗的那种精神目标，在一首诗中，格式、语言形式、文体以及典故都服务于意义，而它们在该诗中服务于以下双重意义：不仅赞美了更高层次的人与人结合的抽象可能性，而且以哀悼的形式赞美了隐秘的较低层次的夫妻合葬的安魂曲和葬礼诗，尽管他（她）们因放逐而分开并随后死去。[11] 在这样一个精神目标中，涉及的诸如对婚姻承诺的忠诚、对不可见但能够被合理地相信与希望的事物的信仰、政治反叛、保守秘密、秘密地分享秘密等许多目标——在反思意义上惊人的多重声乐且多层次的复杂性，给了我们一种理解人的行为（爱人的、诗人的、见证人的、观众的以及一个人自己的）的**那种**完全超越肉体的精神目标的方式。也由此给了我们一种理解人的能力的方式。最终使我们理解人的本性。

这样做时，我们就是在丰富对人类繁荣的基本要素、基本善的理解；自从我们第一次能够理解这些基本善以及它们对我们的实践推理、慎思和选择的指导性（规范性）时，它们就已经让我们的合理行为变得可以理解。在上述每一个例子中，知识和真理之善得以例示，并变得更重要和更具指导性，而且在这三个故事中（每一个都是故事套故事），也都传达了关于其他基本人类善的真理——例如，关于友谊（包括政治友谊）、关于实践合理性（practical reasonableness）本身、关于婚姻。在每一种情形中，我们都把这些善理解为**对我以及任何像我一样的人的善**。"任何像我一样的人"的外延和内涵最初并不确定，经过反思后，我们将其阐明为："人类当中的任何一个"。

因为：对一个人的同一性（identity）和生命的连续性的反思——通过睡眠、创伤性无意识（traumatic unconsciousness）、记不起的充满变故的幼年生活、

---

[11] See essay II. 2 (2005c), sec. V; 2003e; essay I. 1 (2005a), sec. V and Postscript.

一个人在子宫中的生命以及一个人可能在衰老和痴呆状态下的未来生命（莎士比亚所谓的"返老还童"）——使得以下内容变得不言而喻，也即对一个人自己有价值的东西，也会对与其有着相同能力的任何人以一种性质上相似的方式具有价值和意义。对我们所有人而言，那些发展变化的能力（dynamic capacities）曾经只是**与生俱来的**，之后通过成熟和良好的健康变成可以实施的能力（active capacities），准备着在行为中实现自身；这些行为正是因着它们的目标——我们刚才以一种典型方式回顾了其中大多数意图的目标类型——才变得可理解。因此，正是对与生俱来的发展变化能力（radical dynamic capacities）的共享构成了人类种族或物种的基本一致性（the basic unity），而且，由于基本人类善的真正善性和指导性，对这些能力的共享也构成了人权的根据和基础；而人权，在基本人类善的人际关系的内涵中，就是那种指导性的具体目标。那在根本上对我是善（和恶）的东西在根本上对你亦如是。"你就是那人。"[12] "你去照样儿行吧。"[13]

有意义的行为（例如指示，或诗歌创作，或严格的科学反思），像其他的意图行为（例如，决心"照样儿行"，或背叛、承诺、或援救）一样，那些选择做它们的人以及明智的参与者和观察者都将其理解为个体的、负责任的人**的**行为，这些人是其自身行为的作者，并对其行为负责。那些有意义的行为使人显明（即使，尽管在一种扩展的意义上，当这些行为成功地欺骗了别人时，也是如此）；当婴孩锁定、追随**眼睛**并学着解读那些有意义的行为时，即婴孩从那些有意义的行为中作推断，就好像它们是灵魂——意向性、情绪性、感受性——的窗子，它们是其眼睛的那个人的灵魂的窗子，婴孩就开始意识到并很快就能理解这个人有别于他人的完整的、不可替代的独特性。对这个人来说，他或她**自己的**个性（individuality）、责任（行为的作者）以及连续的同一性（subsisting identity）就会变得远为更加透明。同时，其他人有着同**类的**——因此是完全独特的、不可复制的个体的——自我透明性

---

[12] 拿单的寓言对那位贪婪的皇家杀手的指责性结论；那位杀手的行为不仅违反生命之善，而且违反婚姻之善：《撒母耳记下 12：7》；*NLNR*, 106-107.

[13] 好撒玛利亚人的寓言结论：《路加福音》10：30-37, v. 37.

(transparent-to-self)和部分意义上的自我形塑的同一性,这一事实是不容置疑的,就好像它是显而易见而非推断出来的。尽管有关人的知识的种类存在区别,但这些在逻辑上有别的每一种知识都很容易与我们感受到的和体会到的观念相契合。将自己和他人看成既是可理解的,也是明智的;每个人既是积极行动的,也是行动者和创造者,这些看待和理解的方式一道为以"己所欲,施于人;己所不欲,勿施于人……"为核心的实践规范提供稳固的事实基础。这些规范或原则——关于为例示理性之善(the good of being reasonable)和友谊之善所需之物的规范或原则——不是从它们的事实基础推论而来;相反,可以说是把它们的事实基础当作了母体,因为它们表达了以下的实践洞见:以个人的(personally)且人道的方式与他人建立联系,不仅在事实上是可能的,而且也是可欲的、明智的,且其自身相对于可替代的建立联系的方式(诸如虐待狂式的伤害,或对路旁雪地里的婴孩漠然置之)有着不可估量的优越性。[14] 因此,这些"关于为例示理性之善等所需之物"的原则最终意味着:它们是关于为了成为这样一个人所需的原则:这个人仅仅出于他人自身的缘故而尊重他人,并洞悉给予每个人他们所应得的需要,而且确实地去(包括各种各样的以他人优先的方式,而不包括纯粹出于同情的方式)爱自己的邻人——意愿那些邻人的善——如同爱(意愿)自己(的善)一样。

一个人的同一性(作为一个有着诸多利益的人,这些利益都是真正可理解的善)——这种同一性一直可以回溯至他最初作为一个植入前的胚胎(preimplantation embryo)[15](有着各种与生俱来的能力,这些能力的最终目标——那些同样可理解的善——是他现在参与并有意意图的)——是一个人享有诸项人权的本体论基础,因为这种同一性是一个人判断"我重要"的基础,也是其负有尊重和促进自身之善的义务的基础,因此也是其判断"他人重要"的基础,以及其对他人负有尊重和促进他人之善的义务的基础。因为他

---

[14] 关于我们理解诸第一实践(规范的)原则的特征和可靠性,参见 essay I.1 (2005a), secs IV and V; essay I.9 (1987a); *NLNR* chs III and IV.

[15] See essay II.16 (1993a).

们也都拥有这样的同一性（这种同一性可以一直回溯到植入前的胚胎，可以一直追溯到他们生命的尽头）、这种与生俱来的能力以及正好与他自己同类一样的各种可理解的繁荣（和伤害）的形式。在一个人自身的存在中，正如不成熟和损伤并不会消除他的那些发展变化以导向自我发展和治愈的固有能力，因此这些不成熟和损伤也不会在其他人的生命中消除他们的那些发展变化以导向自我发展和治愈的固有能力。**这里**存在人类种族在本体论上的统一，以及人与人之间与生俱来的平等；这种平等，与关于基本人类善的诸真理一起奠定了与人权相关联的义务——对人**负有**的义务、为人**承担**的责任——的基础。

在这些义务是尊重的消极义务的情况下（**不得**有意伤害或损毁人类繁荣的基本方面的义务），它们可能是无条件的和无例外的："绝对权利"。在这些义务是促进福祉的积极责任的情况下，它们肯定不可避免地是附条件的、相对的、可废止的，并按照诸如父母身份、承诺、相互依赖性、补偿和恢复原状等责任的理性标准进行优先排序。这种责任上的优先排序标准，结合确保共同善的其他条件，合力塑造了政治共同体成员或非政治共同体成员之义务的合理内容；而不论该成员是非自愿成为该共同体的成员还是自愿。而且，很多这样的义务都与权利密切相关。例如，父母对他们的孩子所负的义务与那些孩子享有的抚养、培育、教育、保护等权利密切相关，而这些权利在基本方面至少可以被合理地称为人的权利。（在父母严重不履行义务的情况下，这些义务就会转移给按照或根据法律指定的监护人，此后孩子就可以向监护人主张这些权利。）在适当的情形下（现在或许极其少见），法律上容忍的杀婴或乱伦的做法很可能合理地成为国际干预和政权更迭（甚或通过暴力）的理由。

人权被理解为植根于关于人的构成（human make-up）和福祉的真理之中这一点在前述五个段落中得到了简要的回顾；在反对一般的道德怀疑论以及物种歧视主义（speciesism）的指控中，人权的正确性得以维护。人权被断言属于所有人，不是作为"我们种族/物件"这一群体之成员的所有人，也并非出于对同类的情感上的或任意的同情如此断言；人权被断言属于所有这样的人：他们中的每一个和全部都享有至少具有参与人类善的根本能力的**尊严**，而这些人类善是从实践理性诸第一原则（首先和最重要的就是人的存在/生命之善）中挑选出来的，并且它们理解所有的人类意图。因为尊严代表着人的一种等级，且这一等级的所有人都有着我们合理地断言参与（即使只是从根本上）——以我早先谓之精神上的（spiritual）显著方式参与它们（即使是肉体之善和尘俗之善），在实现繁荣的过程中，有意识地、充分地参与到它们，并意图与同等级的其他人也共享这样的参与和繁荣——那些可理解的善的人之存在方式的**价值**。另外，前述几个句子中的"每一个"和"所有"界定了这样一种观念，在这种观念中，我们所有人在根本上都是平等的，我们都有权享有适合于人的关切和尊重，都有权享有适合于我们的成熟状态、健康和活动能力等的实质性人权。才智的差异与教育机会的分配和职业责任的分配适当相关，与人类相对于一切非人类的这种尊严全然无关，也与平等的关切和尊重、生命等人权全然无关。

  对真正的人权观念所面临的种种质疑，我们如果只是给出这些概要性的答复而不再做进一步的探究，这在原则上是合理的。关于我已指出的那些基础之基础的任何进一步问题，都可以适当地——且明智地——留至第5卷。但是，在完全不越出哲学范围的情况下，我们可以看到将本性的多样的可理解性（the manifold intelligibilities of nature）归因于纯属偶然是一种假设，而这种假设远不如它们应当被归因于智识这一判断（或者如果你喜欢，亦可称之为假设）来得合理。不是归因于那种内在于本性（immanent within nature）的智识，而是归因于那种超越了向我们的经历和经验探究开放的本性的智识。但是，如果归因于智识，那么也归因于一种意志，这种意志能够自由地选择可理解的本性和支配万物之自然法则（laws-of-nature governed events）的**这种**广阔的普遍秩序，而非选择无限多可能的替代性秩序中的任何一种，亦非选择完全放弃创造和维持这种秩序。另外，如果归因于智识、意志和意志自由，那么也就归因于某种意义上是个人的东西。我们发现我们自己在这个宇宙中是人，而在这个宇宙中我们凭借经验和观察所知的所有其他都是非人的存在物；我们的发现随后被下述的这个假设——假设存在着一个至高的中心和超凡的人格，它们极富创造力，并统治着其他一切事物——补强（尽管无损于）我们所知的（根据哲学上可靠的经验）我们拥有的选择自由。恰当地说，存在两种进一步的、互相关联的假设，这两种假设对自柏拉图以降的许多哲学家而言是两种判断，尽管它们有着各种不同的构思和表述：（1）为了我们自身和我们的共同体，我们自己在选择和行动中对利益的自由意图，是一种在形塑自然和历史的过程中的人际合作——尽管不平等；可以说，一种源于神意的合作。（2）我们把我们自己，因此也把其他人理解为我们自身的每一种目的而非仅仅是实现其他目的的手段，这种理解呼应了对我们每个人而言的宇宙的神圣的创造者和维护者的意图，一种肯认了我们的地位的意图。

上述两种假设或判断都不只是为了拯救道德现象的一种康德式公设。相反，一旦我们牢记现实结构（structure of reality）显著统合了物质与精神、可理解性与理论和实践智识，那么每一种假设或判断都是对以下内容的冷静反思：现实结构使得什么成为可推断的。并且，正如尼采在（没有充分的理由）否定现实结构时所理解的那样，这种推论高度地——如果不是必不可少的话——支持了以下这个命题：人类具有同等的价值，且鉴于他们的人性，他们是真正的道德权利的拥有者。

第1至6篇论文以及（某种程度上）第9篇论文，全都采用的是政治哲学中的惯常视角。也即，它们处理的是政治共同体以及在政治共同体内出现的正义问题，就好像该政治共同体是世上唯一的政治共同体一样。第7篇和第8篇论文以及（某种程度上）第9篇论文，稍微考虑了现实情况，也即这个世界被划分为了许多个国家，更不用说仍然为所有人共有的那些地区和资源。

第1篇论文最初采用的题目是"英国人的权利法案？当代法理学的寓意"，是从一种司法的和专业化的视角探讨人权。但在我看来，此文值得置于卷首。因为，尽管该文也触及了宪法上和制度上的这些本身远非普遍性的议题，但它也具体处理了许多主要的哲学问题，它们影响了道德权利——从伦理学第一原则而非伦理学第一原则中的公理中推出的结论。从实践理性诸

10　第一原则到这些确认—权利的结论（such rights-affirming conclusions）（更不消说由政府和法律实施它们的那些选举决定）的过程中，许多重要的问题必须得到明确的回答——例如，关于功利主义所假定的善的加总问题。罗纳德·德沃金和约翰·罗尔斯的作品尽管均受到其作者自身所独有的方法和假定的很大影响，但它们为检验新古典的道德和政治理论命题提供了充足的启发和机遇，这些命题既非自由主义的，也非反自由主义的，而是与将自由主义要么视为理所当然，要么作为框架的做法相对立。

　　第2篇论文力图触及康德政治理论和法律理论的根源。它并不试图掩饰康德的立场在多大程度上预示了当代自由主义的命题，这些命题已经非常成功地用于废除对某些关于人类福祉和儿童权利的基本真理的宪法性支持和认可。但是，它展示了某种在一些最初的读者看来非常不舒服的东西：康德远没有支持那些如今被提及和运用的命题。它也触及了康德对实践理性之理解的根本缺陷，对于这些缺陷，我在《伦理学的基础》一书中有些许更充分的研究，并且在第1卷第1篇论文（2005a）与当代新康德主义比较时再次提及了它们。

　　我自己在第2篇论文中处理家长主义的路径还不够明确。正如在《自然法与自然权利》第8章第6节中，我为辩护国家家长主义（state paternalism）而驳斥了罗尔斯、德沃金和理查兹他们错误的反对意见，但我也没有支持国家家长主义；又正如在《自然法与自然权利》第8章第4节中，国家家长主义在关涉儿童作为儿童权利问题方面受到了含蓄的支持（受制于对辅助性原则的考虑）。但是，第2篇论文未能引入，更不消说支持（而它应当受到支持）这样一种古典立场——这个立场我在《阿奎那》（Aquinas）第7章第2-7节弄清楚了，并在第4卷第11篇论文（2009b）第3-4节反驳哈特时着重予以强调：国家政府部门和法律的强制管辖权限于维护正义与和平——维护**公共**善（public good），并不将成年个体的品行和出世的命运作为其强制管辖的适当客体，只要这些都是由他们自身的选择和行为所引致即可。第5篇论文的第3节自第30个脚注起至该节末尾，也恰当地做了这种正确的区分，但论及阿奎那时就好像他的立场和亚里士多德的家长主义类似，而事实上，阿奎那原则上完全拒绝国家家长主义的立场。直到写完第 5 篇论文（1996a）后，我才无意中发现或正确地理解了阿奎那已出版的文本以及直到最近尚未出版的文本中的相关段落，这些段落合在一起，使得他的反家长主义的立场变得清晰起来（参见《阿奎那》第 7 章第 2 节）。

当然，否认国家政府部门和法律对自愿的成年人的真正私人行为有强制管辖权是一回事，而像德沃金和许多其他理论家那样，主张以下内容则完全是另一回事：国家政府部门和法律应当对人类善的基本要素，因而对（非正义之外）道德上的对错都保持中立——而且人们享有的平等的、关切的和尊重的权利也要求如此。（好像非正义本身在没有依赖于人类善观念的伤害观念的情况下就能够得以确定似的！又好像政府和法律在没有对很多孩子造成严重不正义的情况下能够对善保持中立，而这些孩子的父母好像同样对真正的人类善保持中立、误解、疏忽，或对其敌视。）第 6 篇论文陈述并阐明了这一立场的某些主要方面，该立场在 1996 年 7 月又获得某种澄清，之后在我看来是合理的。

第 7-9 篇论文关涉的是各种社会条件——正如在第 2 卷第 6 篇论文（2008b）和第 2 卷第 7 篇论文（2008a）中主张的那样——这些社会条件是政治共同体在不广泛诉诸武力以及近乎完全背离法治的立法和行政措施的情况下，实现和谐治理所需要的条件。第 7-8 篇论文关切的是国家领土的维护。无论被视为**统治权**（被理解为领土主权）还是被视为**所有权**（领土所有权），政治共同体与其据为己有的领土之上的公民之间的关系，都非常类似于对其领土范围内的土地拥有的法律财产权。不论哪一种情形，重要的是非公民/非所有权人只在获得准允后方能入境的权利以及在入境前、入境时或入境后驱逐他们的自由、权威和能力。这项驱逐权本身是否对人权有侵犯，是否是一种根本的不正义，还是对人类事务相当合理与公正的安排并且有助于保护和促进世界范围内的正义和人权？第 7 篇和第 8 篇论文处理的就是这个问题，虽然两篇文章的出发点略有不同。这个问题的宪法含义构成了第 9 篇论文的主题，该文的最后一段引出了一个迫切的和处在争论中的当代问题，第 2 卷第 7 篇论文（2008a）、第 5 卷第 1 篇论文（2009c）第 7 节、第 5 卷

第 4 篇论文（2006a）第 7 节和论文 2009e 第 4 节也对这个问题做了讨论，更不用说第 4 卷第 11 篇论文（2009b）第 4 节了。

Ⅱ. 正义与惩罚

权利是公正的惩罚所要维护的东西，无论是自然权利、人权还是法律权利。公正的赔偿也维护权利，无论是自愿的赔偿还是通过司法（包括仲裁）程序合法估定和指令的赔偿。通常来说，这两种维护形式都与同一行为有关，该行为既是一项犯罪（违法行为）又是一项民事不法行为（侵权行为/不法侵害、背信行为，诸如此类）。民事维护（civil vindication）关注的是受害者的权利，惩罚性的维护（punitive vindication）关注的是政治共同体全体成员的权利，相同法律的守法国民都享有这种权利，违法者亦同样享有。尽管在第 10 篇论文中预示并在第 11 篇论文中阐述的惩罚理论以（正如第 12 篇论文第 2 节表明的那样）阿奎那着力阐明的思想为基础，但必须指出的是，这一传统、这一一直延续至当代的传统[16]根本不牢固，甚至对区分权利的刑事维护和民事维护都无甚兴趣。

将报应（retribution）与报复和复仇区分开来，将报应放置在对正义的一般性解释中非常重要，这种区分也是国家政府部门和法律的主要目标。确保社会生活的利害得失（the advantages and disadvantages of social life）保持在一种合理的平衡内，确保政治共同体成员之间的合理平衡，是政府和法律的主要责任。当违法者的选择和所选择的行为不顾其同胞所接受的种种限制而跟随他自己偏好非法地获得好处（advantages）从而打破平衡时，惩罚关注——也正是通过它的关注而定义惩罚——的是对那种平衡的恢复。当然，在大多数情形中，那种不法行为是对它的受害者权利的一种侵犯，并且这种侵犯赋予那些受害者有权（在道德上以及依据民法）从违法者那里获得赔偿。但是，守法者也有权利要求政府和法律让违法者获得的好处归于无效，这种好处的

---

[16] 参见黑尔和布莱克斯通的概念问题：essay Ⅳ.8（1967b），sec. Ⅰ。

获得其实是通过他缺乏——实际上是放弃——自我约束,那为尊重隐含在法律对违法行为的定义中的种种要求所需的自我约束来实现的。

这就是在现代法律体系中制度化了的程序性差别(procedural distinctions)的根源。受害者在侵权行为等行为中有权提起民事诉讼;民事诉讼独立于刑事诉讼、定罪或对在同一作为或不作为之中所犯罪行的判刑。这都是应该的,而且这种差别并不意味着刑事判决程序绝不包括对受害者的赔偿指令,也不意味着刑事判决绝不包括劳动——其成果在判决法院明确指定的程度上有益于受害者。这种差别也不意味着,例如对少年犯提起的刑事诉讼,不可以将使少年犯面临他们已经施加给其受害者的伤害作为诉讼的主要形式和目标,只要这种诉讼的目的是希望现实可能引起真诚的道歉、悔恨、忏悔和改过自新。但是,这一区分的确意味着,受害者无权要求刑罚按照他们的愿望或者冤情而不是按照报应性地欠守法者共同体的东西来判定。在刑事法庭上,受害者的恰当身份不正是他们作为目击者的身份——尤其是针对犯罪的严重性,以及(如其可能的话)作为其法律受到藐视的共同体的平等成员的身份吗?至于民事诉讼:这些诉讼太不应当成为惩罚作为罪犯的侵权行为人的竞技场,比如以共和且古典的罗马法的方式惩罚盗窃犯。支付给原告——受害者刑事赔偿金——除了实质上作为对附随的(同时发生的)具有**伤害**(injuria)或**傲慢狂妄**(hubris)性质的侵权行为的赔偿,也即作为具有轻蔑的侮辱性质的民事过错行为的赔偿——能够得以证立吗?第12篇论文借机把这些问题置于尼采提出并追问的关于权利和共同善之真正本质的深层问题的语境当中——尼采对道德目标的真理(连同所有其他的道德真理)都嗤之以鼻,这一态度应当得到某种回应(如果不是补救的话)。

Ⅲ. 战争与正义

上述强调的与惩罚相关的差别,原来在"正义战争传统"的发展史中有着或许令人惊讶的重要意义。如果报应性惩罚(目的是满足受伤害社会的一种报复心理——译者注)是那些关心共同体的人负有的责任,而且,不能修复的惩罚措施是归诸那些关心政治共同体（国家）[17]的人负有的责任，那么，战争作为一项惩罚性措施就不可能被证明是正当的。第13篇论文表明了这一思想是如何在以下这样一个命题中形成的，即战争只有作为一种防卫措施（自我防卫或在他人的自我防卫中帮助他人）才能证明其正当性。当然，"惩罚性的"（punitive）这一术语除了与报应相关的严格意义外还被用于多种意义；当军事行动在自卫战争的框架内进行时，它可以被描述为是惩罚性的，在这种情况下，军事目标的选择是出于震慑效果，这种效果由实现了这种效果而引起。正如第13篇论文所表明的那样，得出以下结论可能还为时过早：排除支持战争的报应的—惩罚性的正当理由意味着——即使撇开惯习的或以条约为基础的国际实体法不谈——排除了所有通过自助获得一些否则就无法获得的对不公正损害的恢复/补偿的所有目的。但是，相较于关于战争的正义性思想的基本重构，这些都是细枝末节；第13篇论文既叙述了战争的正义性，又将之置于上下文中予以考虑，并以其自身的方法参与到战争的正义性之中。

Ⅳ. 自主、安乐死与正义

杰曼·格里塞茨（Germain Grisez）和约瑟夫·博伊尔（Joseph Boyle）——我与此二人就战争中正义的一些根本问题写过很多文字［在我们1987年出版的《核威慑、道德和实在论》（*Nuclear Deterrence, Morality and Realism*）一书中］——早些时候写过一本主张自杀可能是一件私人事务的书：《自由与正义中的生命和死亡：关于安乐死之争》（*Life and Death with Liberty and Justice: A Contribution to the Euthanasia Debate*, 1979）。但是，他们主张，无论从"自杀"这一难以明确的术语的哪一种意义上讲，协助自杀或安乐死都不可能是一件私人事务。这些人际行为总是涉及重要议题，而这些议题没有任何政府和法律能够公正地视之为纯粹私人事务而无需公共审查。他们书中的论证也接受了

---

[17] See *Aquinas* 248-50.

近些年来最深入且最称职的调查委员会所深刻关注的那种公共考量：协助自杀和/或安乐死的合法化会对穷人、其他处于弱势和易受伤害的社会阶层产生不公正的影响。第 16 篇论文搁置了所有关于自杀甚或应请求杀死别人的道德问题，而详细讨论了上述这些考量以及类似的考量。这篇论文是为了与罗纳德·德沃金面对面地争论而写的，德沃金自己的观点我也在第 15 篇论文中以及在那些观点的法律背景（legal setting）中给予了考虑。

第 14 篇论文——与约翰·哈里斯（John Harris）辩论的三部分内容——的确考虑了这些个人—伦理问题，而且表明了这些问题对正义议题的直接影响；尤其参见该文第 4 节最后三段。第 14 篇论文写于 20 世纪 90 年代中期。绝大多数说英语的国家还坚守着这条界线，尽管上议院上诉委员会（Appellate Committee of the House of Lords）2009 年通过的最后一项法案要尽上议院贵族法官们（Law Lord）*的一切所能超越这条界线，上议院贵族法官们采取了"私人生活的权利"这样一个从道德上、宪法上和法理学上而言都可悲的论证（参见 2009i）。这一界线根据**意图就能够**明确地得到充分辩护：在我们的社会中，不应当有怀着杀死另一个人的意图而选择的行为。*Bland* 案中，上议院贵族法官们相互冲突的判决（参见第 2 卷第 19 篇论文）——以不作为的形式授权这种行为——就是对他们已经跨越了这条界线这一现实——道德的真实情况——的见证。今天，似乎愈来愈清楚的是，如果通过许可协助自杀和/或安乐死而摒弃这条界线，那么，由此导致的对弱者权利的损害就会与对共同善其他基本要素的影响相一致，并受之强化。

因为：支持摒弃该界线的理由预设了两种前提：自主和避免痛苦。这两种前提都与限制对濒死之人的协助自杀和安乐死的授权不一致。而且作为支持一种有限许可（a limited permission）的论据，每一个前提都与另一个前提的基本原理不一致。一旦许可被准予〔不只是在少量、独立的国家**实验**（*ad ex-*

---

* Law Lord，（英国）上议院贵族法官，指御前大臣、上议院常任上诉贵族法官、前任御前大臣以及任何保有高级司法职位的贵族。上议院贵族法官们组成了联合王国最高级别的法庭，其地位类似于美国最高法院。（以上内容参见《元照英美法词典》，北京大学出版社 2013 年版，第 790 页。）不过，2009 年 10 月 1 日，英国最高法院正式成立，取代上议院成为英国最高终审司法机构。——译者注

perimentum），而是遍及了我们的文明社会］，这两个前提就会在突破限制方面——如果不是法律中的限制，那么就是生活中的限制——互相强化。病人和老者——尤其是已经（正如现在已经成为一种固定模式）既停止了繁衍，又不再维护稳定的核心家庭的那种民族的那些病人和老者，以及那些在自己的国家中，（说得露骨些）面对更为年轻且人口还在不断扩张的民族的那些病人和老者——将体验到一种如今的法律和文化上的义务感，这种义务感将迫使他们**为"下一代"让路**，这是一种在很多情形中都会被对他们自己的文化、国家和人们的未来失望所强化的倾向。他们的法律，以权利和自主的名义，会在其基本原理和效果方面伤害甚至致命地伤害他们的自主与他们享有的生命权。或至少看起来是这样；因为这就是那些事实**评估**（*aestimationes*）中的一部分，我在第 4 卷导论近第 3 节的末尾处采用了这些评估对于判断的策略性意义，并且在本卷第 16 篇论文的通篇做了讨论。

V. 自主、体外受精、堕胎与正义

此部分的诸议题也在其他卷以各种方式得到了处理，尤其是第 1 卷第 16 篇论文（1998a）和第 2 卷第 17 篇论文（2000b）。而第 19 篇论文第 1 节探讨了在母子关系中认真对待权利的含义。有些含义似乎很难懂，考虑到那些主张为人权的东西彼此之间相互冲突的常见性，我们需要界定这些主张的合理边界。本卷收录的第 18 篇论文，是对支持堕胎权的第一份"女权主义"论证的纪念，也即朱迪思·贾维斯·汤姆森（Judith Jarvis Thomson）的《为堕胎辩护》一文［"A Defense of Abortion"（1971）］。在只浏览了四五年（大约 1970 年）前的文献之后，我几乎没有发现真的有人主张堕胎是一个权利问题，更不消说论证了。但自 1971 年以来，大部分支持终止妊娠的法律自由的论证就都像汤普森的论证那样，是基于权利和导向权利的论证。但是在 30 年的时间里，大部分论述已进一步转变到汤普森否认的那项权利：杀死婴儿的权利；确保婴儿已经死去的权利（参见第 1 卷第 16 篇论文第 1 节）。因此，这是迄今为止对我们禁止意图杀死他人（至少，无辜者）的法律所坚守的界线的又一次违反。正如我在第 2 卷第 13 篇论文（2001a）第 11 个注释（第 243 页）以及该文本身的两个尾注中所说的，第 18 篇论文在对终止妊娠可能的意向性范围的处理上是含混的。但我认为，这篇论文从权利的角度构造这些议题的处理方式仍然有价值。

之后，第 17 篇论文（以及第 2 卷第 17 篇论文）着手讨论了通过试管授精造婴的崭新问题，该文是我为委员会的文件（the committee documents）而认真撰写的，尽管并非我一人之力，但极具创造性；所以，我认为我有充分的理由将其收录为参考文献 1983e，放在 1984c 和 1987j 两篇文献的后面。该文涉及了生命权和不受奴役的权利，并预示了儿童享有的诸项权利和婚姻这项基本人类善之间相互定义与相互依赖的重要方式。我自己［也是 C. S. 刘易斯（C. S. Lewis）］所在的英国大学对人类胚胎这项危害极大的研究之参与，为其当前发展与前景以及我们人类的当前发展与前景都蒙上了阴影。

Ⅵ. 婚姻、正义与共同善

发表于 1997 年的第 21 篇论文是论文 1994b（曾以两个略有差异的版本发表）的缩略版；它略去了 1994b 中那些关涉个人（ad hominem）问题的部分，而这些问题我在 1994d（"'Shameless Acts' in Colorado"）那篇记录和反思宪法语境下历史的滥用（the abuse of history）的论文中做了更加充分的讨论。（论文发表的）时间顺序对于理解为什么同性恋行为这一议题在第 5 篇论文中也有所讨论非常重要。因为同性恋行为这一议题在 1993 年以前并未进入我的兴趣和关切范围；直到 1993 年，我受科罗拉多州政府邀请出席该州一家法院为欧洲关于这个议题的法律状况作证，随后也被请求一并为玛莎·努斯鲍姆（Martha Nussbaum）的出乎意料的证词作证，该证词声称只有基督教一直在谴责同性恋行为。1987 年发表的第 2 篇论文只在相当轻微的程度上触及了康德触及的这一议题（之后在脚注中回应了反对意见）。自 1970b 那篇论文

[essay V20（1970b）*]至本卷第 20 篇论文，我真正的关切一直都是婚姻，我很晚才开始把婚姻理解为一种基本的人类善，一种在我们的时代、在规范性思想的诸场革命中以多种方式受到侮辱与损害的人类善。[17] 婚姻之善以如此多的方式受到了损害，以致出现了"同性恋权利"以及它们对儿童权利的胜利，而这只是更深误解和更大损失的一个结果和表现。我在第 5 篇论文和第 21 篇论文中讨论了虚假的历史在这些革命中所发挥的作用；两篇文章有着我允许保持的重复，之所以如此，部分是因为这两篇文章还有所不同，部分是因为历史问题——相对于属于**我们的**过去，看到我们自己现在身居何处——是如此重要。第 22 篇论文讨论与婚姻和婚姻行为确切相关的问题时，再次讨论了历史问题。该文随后围绕真实的历史**来详尽阐述**真理，那些曾被更有把握地理解但深度和融贯性并不足以维持传统以及传统所培育的诸善和诸权利。第 20 篇论文即由此而产生的综合性思考。

---

* 此处按英文应理解为第五卷第 20 篇论文（1970b），但查看第五卷英文本第 20 篇论文与 1970b 并不对应。特此说明。——译者注

[17] 参见论文 20 的尾注。

第一部分
人权与共同善：一般理论

第 1 篇
诸人权与它们的实施*

I

人们提出许多牵强的理由以巩固《欧洲人权公约》在我们法律中的地位。[1]

据说,在将公约纳入英国的成文法律体系之后,我们将不再想方设法预测欧洲人权法院[ECtHR]发展中的**法理学**[2];我们无需再因被他人频繁地指出侵犯了由欧洲人权法院逐步确认的诸项权利,而在国际社会中感到尴尬;不再如此直接、如此常规地受制于一个我们所知甚少的遥远法院的统治。

但是在公约纳入英国的成文法律体系之后,正如今天,最终的裁决者仍会是欧洲人权法院;它推翻我们最高法院判决的自由程度,仍然不下于我们

---

* 1985a〔"A Bill of Rights for Britain? The Moral of Contemporary Jurisprudence",1985 年 10 月 30 日,在英国科学院的马加比法理学讲座(Maccabaean Lecture in Jurisprudence)〕。

〔1〕 想要了解赞成和反对公约(或某种类似文件)之纳入和/或牢固确立的许多论证的综述,以及自 1968 年以来英国政治和法律讨论的参考文献,参见 Zander,*A Bill of Rights*?赞德(Zander)的研究清楚地表明,许多人认为公约不尽如人意,但同样认为,无论是引入的还是国内制定的任何替代性文件都没有足够的政治支持的前景。

〔2〕 这些发展的范围和可疑特征可以从法官杰拉尔德·菲茨莫里斯爵士(Sir Gerald Fitzmaurice)在以下案件中的异议判决中推测出来:*Golder v United Kingdom*(1975)1 EHRR 524 at 562-7(paras 32-9);*National Union of Belgian Police v Belgium*(paras 1975)1 EHRR 578 at 601-6(paras 1-11);*Ireland v United Kingdom*(1978)2 EHRR 25 at 125-7(paras 12-18);*Marckx v Belgium*(1979)2 EHRR 330 at 366-77(paras 6-31)。

的最高法院推翻其下法院判决的自由程度。于是，外交尴尬会更少一些——如果有人真的认为对这些烦心琐事的恐惧应当决定我们的宪法和我们的生活方式。[3] 另外，预测欧盟的**法理学**应当是我们法院而非议会的工作的原因真的显而易见吗？

然而，同样牵强的还有许多反对巩固公约地位的论述。保守派法官会阻碍议会触及财产、劳资关系或教育的革新倡议（progressive initiatives）（过去或将来）吗？我假设，但不在此处为这一假设辩护，我们的宪法将被创制得足够灵活以吸收议会主权观念中的转变，以便按照庄重的法定条文，[4] 权利法案将得以实施，即使违反议会法案——至少违反那些不受特别立法程序（诸如绝对多数决，或通过全民公投批准）保护的法案，或不受某种政治上令人难以接受的部分废除*的方案诸如"尽管权利法案如此规定"等保护的法案。于是，我将始终假设确立公约的措施（a measure of entrenchment）和对立法的司法审查（简称"司法审查"）之间的合作。在此基础上，我承认司法判决有时可能阻碍某个立法目标。但是，政府的主要规划（main project）在法院前落空时，其会及时设法确保足够多赞同（该规划）的法官。

重塑法律职业或至少其**晋升体系**（cursus honorum）将不需要夸张的移植手术。诚如罗纳德·德沃金在1977年的马加比讲座中所言："如果法律不是现

---

[3] 此外，"……经验已经表明，将公约纳入本国成文法律体系可能不会导致提交（给欧洲人权法院）的申请数量和（欧洲人权法院）作出不利于该国的判决数量的急剧减少"：Andrews, "The European Jurisprudence of Human Rights", at 487; see also Zander, *A Bill of Rights*? at 37, n. 31.

[4] 甚至1972年《欧共体法》第2节第4条——该小节认真模仿被权威地解释［Ellen Street Estates Ltd v Minister of Health（1934）1KB 590（CA）］为不能影响未来制定法的解释和实施的条款［Acquisition of Land (Assessment of Compensation) Act 1919 s. 7（1）］——的隐晦风格，已在司法上被视为：或许能够如此影响1972年后制定法的"解释"以致该影响不亚于一项法案中的明确肯定的陈述……即一项特别条款被有意制定以违反一项根据共同体条约产生的义务，会证立英国法院以与共同体条约义务不一致的方式解释那一条款……无论法官需要在多大程度上背离该条款语言的表面意思，以实现一致性。*Garland v British Rail Engineering Ltd*［1983］2 AC 751,［1982］2 All ER 402 at 415 d-e per Lord Diplock（obiter）.

* 部分废除, derogation, 指后来制定的法律规定限制原先法律的适用范围或强制力，从而导致其部分废除。参见《元照英美法词典》，北京大学出版社2013年版，第405页。——译者注

在这个样子（had a different place），不同的人会在法律中有一席之地"，"那些因为想要一份会影响社会正义的职业而［现在］断不考虑法律职业生涯的男男女女，所以会开始以不同的方式考虑"一份法律职业，因此法律职业将会改变，"正如它在本世纪初的美国戏剧性地发生的那样"。[5]+

在关于公约纳入本国法律体系的争论中缺少的，是它在任何强烈的意义上不仅会影响法律实践（以及法律人的繁荣），而且还会影响富裕与贫穷以及国家安全等"大政治"之外许多事情上的国民生活。只在非常情况下，人们才会指望议会在许多问题上提供决定性的公共答案；这些问题包括限制行业（the closed shop）的许可性，乱伦、堕胎以及通过或为了单身女性人工助孕的合法性，[6]多偶制婚姻或同性婚姻的有效性，名誉的法律保护，认罪陈述或合理但以某种非法方式获得的证据的可采信性，囚犯在监狱中做生意或进行诉讼的权利，单性别运动（single-sex sports）和不戴头盔的摩托车运动的合法性……以及在政治有序的社会中许多其他的个人存在问题。一切都将被相对较少的专业术语的程式化操控所决定（和再决定），这些术语首先或许是"隐私""歧视""相称原则"等。要参与这些可争讼的决定，法律学习是**必要的**；它是否**足以**真正地证立特定的裁决（particular dispositions）（两种立场之一）有待考虑。

我在暗示法院的裁决会比议会的更糟糕吗？绝无此意。那是另一个对一项可受法院裁判的权利法案的牵强异议。诚然，讲英语的北大西洋法院（North Atlantic courts）根据权利法案使一些制定法无效，且其因不公正或恶意以及理由不充分的决议而拥有不光彩的历史，这些决议推翻了旨在保护人们免于以下遭遇的制定法：因加入工会而遭革职［*Adair v US* 208 US161（1908）］、童工［*Hammer v Dagenhart* 247 US 252（1918）］、通过过度工作时间的盘剥［*Lochner v New York* 198 US 45（1905）］、随意堕胎［*Roe v Wade* 410 US 113（1973）］，等等。但是，立法机关也会缺乏正义或促进非正义；任何认为 *Roe v Wade* 案不

---

[5] Dworkin, *A Matter of Principle*, 31 = "Political Judges and the Rule of Law" at 285.

[6] 参见《人类受精和胚胎学调查委员会报告》（*Report of the Committee of Inquiry into Human Fertilisation and Embryology*）（Chairman：Dame Mary Warnock），Cmnd. 9314（1984），para. 2.9.

公正的人，都应该记得1967年《英国堕胎法案》比之更早。寻求一张"整体权衡"表，希望以通盘考虑来判断有对立法进行司法审查的世界是更好或更糟的世界，是荒谬的。

"司法审查是非民主的"：另一个令人印象不深的异议（unimpressive objectio）。该异议以两种方式表述，它断言权力（不适当地）减少，这里的"权力"要么是（1）多数人的，要么是（2）个人的。德沃金承认第一种表述的小前提（尽管不是其大前提，即减少多数人的权力是不适当的）：

> 对民选立法机关的权力所作的任何限制，都减少了选出那一立法机关的人民的政治权力……当前的多数派没有权利审查意见的观点，实际上是一种支持减少任何多数派的政治权力的观点……多数派的政治权力会通过宪法对言论自由的保护而减少。[7]

22 但我认为这一让步是不成熟的。对将多数派的权力视为选出了立法机关的人民的权力这一论述需要澄清。想想大选时，以及大选荒谬的主张，即国家或人民（或多数派？）已投票赞同例如一个无任何党派占明显多数的议会——彼时或许几乎每一位选民都想要自己的党派成为绝对多数派。而且在一个人谈论议会内（或在执政党或其内部圈子内）"多数派的权力"之前，他可能回想起，在任何（多于4人的）议事机构中都是根据多数票决（majority vote）决定重大问题，多数派在大部分需要投票表决的议题上可能是少数派。[8] 那种可能性绝不依赖策略性投票；*当种种策略性投票被忆起时，这一概念——由多数派决定对"多数派的权力"（或"选出立法机关之人民的权力"）的行使——将被视为一个关于"多数派"这一形容词术语的危险的含糊其辞，而这一含糊其辞转变为应该"拥有权力"的人格化的实体（personified substantive）。我详述这一点，不否认多数票决公平解决了许多议题，

---

[7] *A Matter of Principle*, 62. See also 111：一旦承认这个问题只是一个共同利益问题——没有多数派利益和少数派利益截然不同的问题出现——……多数派而非某个少数派最后肯定拥有权力，来决定什么是**他们的**共同利益（强调为后面所加）。

[8] Anscombe, "On Frustration of the Majority by Fulfilment of the Majority's Will" at 128.

* 策略性投票（tactical voting），是为防止其他政党当选而采取的一种战术性投票，比如，为打败最有可能胜选的一方，不把自己的票投给自选的政党，而是投给排名第二的政党。——译者注

但是，因为对"多数派"这一集合术语的滥用，预示了其他关于集合（collectivity）的混淆，这一混淆与权利的概念——因此与我的主题——更直接相关。

同时，让这一主张即司法审查是非民主的以第二种方式加以表述，诚如勒尼德·汉德法官（Judge Learned Hand）在其1958年奥利弗·温德尔·霍姆斯讲座中所言，**权利法案**：

> 民主假设政治权力平等，且如果真正的政治决定被从立法机关那儿拿走并给到法院，那么，个体公民、那些选举出立法者而非法官的个体公民的政治权力就遭到了削弱，而这是不公平的。[9]

一种对汉德的回复是德沃金作出的：尽管把所有的政治权力转移给法官会不公平，"我们现在正考虑的只是一小类特殊的政治决定"，这些决定中只有"一些"分派给法院。[10] 但是这种回复未能奏效。诚如德沃金别处的评论，那些在权利法案下被委托给法官的议题是"最根本的道德议题"，[11] 而实际上所有严肃的道德或政治议题都是可受法院裁判的宪法性议题。[12]

一个更好的回复可能是这样的：在北约类型的政治秩序中，自由公民对法官任命的权利不少于他对立法的影响。罗伯特法官1936年12月的"及时转变"不能被证明"跟随"十一月的"选举结果"；[13] 但可以肯定的是，如果他没有从以前原则性的反对罗斯福新政转变的话，为取得同样的结果，最高法院的九位大法官可能就会迅速地——也是为了让许多选民满意——被扩充阵容（have been afforced）。* "弹劾厄尔·沃伦"的平民运动逐渐减少，但或许还没有完全绝迹。确保所有新当选的联邦法官会反对 Roe v Wade 案中

---

[9] Dworkin, *A Matter of Principle*, 27 = Proc Brit Acad 44: at 280. 汉德在其《权利法案》（*The Bill of Rights*）一书第73页的观点相当让人摸不透，我援引的是德沃金对该观点澄清性的转换表述。

[10] *A Matter of Principle*, 27.

[11] *Ibid.*, 70.

[12] See *TRS* 208.

[13] 参见 *Morehead v New York, ex rel. Tipaldo* 298 US 587（1936）with *West Coast Hotel v Parrish* 300 US 379（1937）; Frankfurter, "Mr Justice Roberts" at 313–15; Friedman and Israel（eds）, *The Justices of the United States Supreme Court 1789-1969*, iii (1969), 2261-2.

* 或以调换人员，或以扩充大法官数量等方式使在任法官感到压力。——译者注

"堕胎权"的运动似乎进展得很顺利。没有任何专门的公共条款规范这些积极的运动,尽管如此,每一个公民参与这些运动的机会,先前也没有什么不平等;这些运动既不是隐蔽的,也没有其他不合规范的地方。

或许你对这个回复感到不安。使司法机关屈从于民意,难道不有点令人反感甚或与原则相反吗?这难道不是把司法机关当成一种立法机关看待吗?

但是,此处我们已经离开了始于民主的异议,并进入一个更富成果的反思领域。

II

你的不安源自一个假设:法院应当提供一个讨论问题的场域,而这个场域在类型上与恰当地服从于普选的立法机关不同。在某种形式上,上述宪法性的假设无疑是合理的。但是,在其中一种版本中——该说法所用的一些术语是近来法理学论争的核心,且已被最高司法层采用,[14] 这个假设已经作为一个支持将议会受制于权利法案的司法实施(judicial enforcement of a bill of rights)的前提被提了出来。这一版本在 1977 年的马加比讲座中得以勾勒(尽管没有明确推断出可受法院裁判的权利法案):司法审查提供了每位个体公民——

> 一个独立的讨论原则问题的场域……在这个场域中,个体公民关于他有权拥有什么的主张,会在他的要求之下得到稳固且严肃的考虑。[15]

从那以后,这一版本的宪法性原则以及关于对立法进行司法审查的完整结论,已经在一篇题为《讨论原则问题的场域》("The Forum of Principle")(注意定冠词)的论文中得以阐明。在一个我已援引的段落中,德沃金如是说:

---

[14] *McLoughlin v O'Brian* [1983] 1 AC 410, [1982] 2 All ER 298 at 310 f-h, per Lord Scarman; *Emeh v Kensington AHA* [1985] QB 1012, [1984] 3 All ER 1044, at 1051 c-e, per Waller LJ. 但是,也参见 *TRS* 180.

[15] *A Matter of Principle*, 32 = Proc Brit Acad, lxiv at 287.

司法审查确保了最根本的政治道德议题最终会作为原则议题，而不只是作为政治权力议题得以阐明和论争，这是一个于任何情形下在立法机关内部都不可能完全成功的转变。[16]

因此：机构之间——立法机关和法院，后者审查并以某种方式控制前者——权力和职能的层次划分（the hierarchical division），在宪法上是妥当的，因为这种划分相对应于相应类型的宪法性机构所诉诸的诸理由或正当性证明之间的划分。法院通过诉诸原则来证立它们的裁决，而原则的论证被界定为关于"个体权利"的论证。立法机关（该主张认为）以另一种方式证立它们的决定，在这种方式中，原则即便起作用，也是次要作用。

这种解释和证立责任的宪法性划分的策略**形式**恰适于当代法理学。因为法理学取得进展主要是通过不仅仅致力于结构、实践甚或感觉的外部特征，而同时致力于人们拥有的以各种方式行为的典型**理由**，而这些方式构成了独特的社会现象，诸如法律和各种法律规则、标准和制度。法理学致力于研究支持决定的各类正当性证明。

但是，我还没有充分叙述所提议的那种划分。该主张认为，**法院**可能与**立法机关**相对立，因为**权利**和**原则**可能与……什么相对立呢？两个候选术语似乎可以被提出，以充当那四个术语的类比中缺失的最后术语。

第一个候选术语出现在我曾援引的对比中，在原则诸议题或论证与"单独的政治权力"诸议题或论证的对比中。[17] 而其指代的政治权力诸议题乃是从语境中获得其含义，认为某些论证和政治决定是不公平的而且否定了平等代表权，因为它们"把多数派关于其他人应当如何生活的道德确信"算作政治决定的**基础**，因而产生了"只能通过诉诸多数派关于他们哪些同胞值得关切和尊重的偏好而得到证立的立法"，[18] 换句话说，该立法对"自由所

---

[16] *Ibid.*, 70.

[17] 请注意：问题在于政治权力**的**诸议题，而不是诸议题将**由**政治权力单独决定这一事实。法院行使政治权力，而可受法院裁判的议题由权威性决定、多数票决等纯粹事实决定——正如诉讼当事人和律师强烈意识到的那样。相反，问题是"内部的"问题，即诸议题如何在各自的场域内被表达和考虑。

[18] *Ibid.*, 68.

施加的限制只能基于多数派发现［某某事］令人反感，或不赞同它产生的文化等事实而得以证立。[19]

在所有这些表述中，存在一种有损于其作者自己法理学理论的令人困惑的含糊不清。因为其理论依赖于对一种"内在"观点的严格遵从，然而，上述援引的关于"单独的政治权力诸议题"的分析，对"多数派"决定的正当性证明诉诸了一种令人费解的"外在"论证。

从"内在"观点来看，理由被理解为理由，而不仅仅被描述为心理现象。因此：在疑难案件中可以存在一个正确答案的主张没有被博闻广识且诚实的法律人对疑难案件的答案有争议这一事实驳倒。德沃金非常有力且有效地强调了他的观点，即一个法律问题的法律答案正确与否只能通过某个进入了法律论辩的人来确定：其使用法律标准来判断一个答案好于另一个答案。从法律论辩实践的内部来看，那些由外部批评者或怀疑论者所指出的争议只是不相关的。[20] 德沃金充分利用并有效解释了40年元伦理怀疑主义的明显失败，他极力主张对道德判断的客观性或**真理**（*truth*）进行类似的哲学辩护。支持一个道德判断真理性的论证是道德论证；反对道德判断真理性的论述也一定是道德论述。[21] 尤其是，外在于道德推理实践的观察，即一些人不同意一项道德论证或结论，根本不是否认那一论证或结论的**理由**。

但是，当然，如果异议（disagreement）的事实通常不是异议的理由，那么，同意的事实也通常不是同意的理由。从观察者的"外部"视角来看，这一事实，即我或我们相信p（为真），是一个重要事实，该事实完全不同于这样的事实（如果它是事实），即p（为真）。但是，在一个人自己关于p是否（为真）的考虑中，他认为它如何的事实并不清晰；除在一些惯常意义上"我认为"意味着不确定，"我认为p（为真）"的断言**很容易被识别为"p（为真）"这一断言**。[22]

---

[19] *Ibid*. See also *ibid*., 67.
[20] *A Matter of Principle*, 137–42; Dworkin, "A Reply…" at 277–80.
[21] *A Matter of Principle*, 171–7.
[22] See *FoE* 3, 23, 71.

同样如此的是：通过多数票决制定并对自由施加限制的立法，一向不是"仅通过诉诸多数派的［即市民的］偏好"，也不是"基于多数派发现"某某应受谴责，亦不是通过诉诸这种多数派的'权利'"得以证立的。[23] 事实上，人们相信多数派所考虑的那些东西，一向不是如下理由的多么重要的部分（更不消说是唯一的部分）：借助这些理由，选民证明他投票的正当性，而只有当多于少数的选民碰巧同样投票时，该投票才有助于制定法律。对慎重考虑的多数派选民而言，"我们发现某某是应受谴责的"被转化为"某某是应受谴责的"。（当一个人谈论的不是关于那种虚幻的集体、人格化的多数派及"其偏好"，而是谈论真实的个体的推理和行动，其行动最终算作多数派的决定，所有这一切会更加清楚。但是，如果你坚持谈论作为主体的多数派，比如说，多数派一向所做的就是**表达**他们关于什么是应受谴责的这样的观点；这样做时，他们**不**是"正在诉诸多数派的偏好"。）[24] 类似地，皇家专门调查委员会委员、法律改革委员会委员以及议会关于死刑、堕胎、同性恋性交、生殖代孕、警察权力等讨论的参与者，都很少严肃地诉诸这样一个事实，即他们的观点在立法机关中博得多数派的支持，或赋予下列主张或事实以中心地位，即他们的观点受到这个国家多数派的支持。[25]（从一种相对外在的观点来看，政治科学家会正确地识别各种方式，在这些方式中，立法审议的结果受诸因素的影响，而论争者不会将那些因素作为支持选择那一结果的好理由而提出来。但是，政治科学家也同样会对更高的司法机关以及为选择其成员的程序适用相同的分析模式。因此，德沃金诉诸的考虑的确既不是内在立场的考虑也不是政治科学家式的考虑，但又仍像德沃金的考虑，对在相应的讨论审议和决策的场域中合适的辩护性论证之特征的法理

26

---

[23] *TRS* 194. 在其他一些语境中，德沃金明确承认并声明了这一区别，即在信赖 p 的真理与信赖一个人坚信 p 或多数派坚信 p 之间的区别：*ibid*．，123-4.

[24] Cf. Dworkin in Cohen (ed.), 287-8.

[25] 当然，在这些语境中，诉诸以下事实足够常见，即一种观点受到"大多数的"或"很少的"人支持；但是，以和德沃金摒弃"柏拉图主义"相同的方式，这样只是意图（往往是可原谅的）免除言说者提供论证的责任：参见下述第 36 个注释。至于下议院议员，每一位关心的无疑是他的职位。但是，他会预测他的选区的大多数选民考虑什么吗？或者，更可能的是，他会更愿意注意（如果真会发生的话）极少数无党派选民的观点（如果有的话）吗？

学考虑。)

因此，我回到最初对法院和议会之间的宪法性划分的特征描述中来：该描述认为法院是在其中议题被视为原则议题的场域而议会是在其中议题最终被视为"单独的政治权力议题"的场域。我已经论证过没有这样的划分。原则的论证正是对立法机关提议或在立法机关内提议的许多论证，尤其是在权利法案所指向的问题上。

Ⅲ

考虑对所提议的宪法性划分的第二种、也更有趣的特征之前，我想要指出对透明性（transparency）的一种不同但非常相关的忽视，以及外部观点对内部观点的替代。

《欧洲人权公约》的五个条款（第6、8、9、10、11条）分别规定，某些本来不可证立的措施或对权利的侵犯，如果对保护（**尤其是**）道德有必要，就能够得以证立。欧洲人权法院论及这些条款时说，它"不关注"就任何活动的"道德性做任何价值判断"，[26] 这些活动受制于"为保护道德"而制定的国家法律。相应地，它认为"道德"一词指代的是一个关于在特定共同体中普遍的意见的纯粹事实。[27]

因此，欧洲人权法院对《欧洲人权公约》的解释，就好像该公约体现了我冒昧声称1959年马加比讲座所犯的主要错误（cardinal error）。该错误——不是来源于疏漏或失察，而是非常审慎地被德夫林勋爵接受为**正确的**立场，

---

[26] *Dudgeon v United Kingdom* (1981) 4 EHRR 149 at 165.

[27] *Handyside v United Kingdom* (1976) ECHR Ser. A, vol. 24, 22 (para. 48); *Dudgeon* at 163–6 ["在"共同体中"获得的道德标准"（第46段），那个"作为一个整体"的社会的"道德风尚或道德标准"（第47、49段），在那个共同体中的"道德风气"（第57段），国家"重要的力量"（第52段）]。See also *Sunday Times v United Kingdom* (1979) 2 EHRR 245 at 276 (para. 59)（相较于司法机关的权威，道德是一个远非客观的概念）。

至少在我们看来如此[28]——在于排除了真理（此处是道德真理）问题。旨在保护道德的那些法律的正当性证明，由此不是禁止性行为的邪恶，也不是其降格、堕落或败坏以及以这些方式**伤害**的倾向，而是许多人**相信**该行为邪恶这一纯粹事实。德夫林认为能够证立法律禁令的关切（the concern），不是个人会由此伤害以及被他们自己的行为伤害这一事实，而是，如果那个社会普遍接受的根深蒂固的道德**信念**遭到轻视、不为法律所支持，那么那个社会的精神面貌和凝聚力会受到损害。

现在这是一种可以理解的关切，就像少数民族对其语言、国家对其战争成果的关切。但是，如果一个人以之来取代对真理的关切，那么，一如德夫林勋爵的行事，他所做的就不只是摒弃了老派的普通法律师的信条：除了神法（正如马加比讲座所强调的，在一个多元化的社会中，神法不能为法律思想所利用）和我们国家的实证法外，还有一种理性之法。他也改变了当代权利法案的性质。

因为权利法案旨在把某些利益（certain interests）视为人类繁荣真正基本的面向，故而忽视或侵犯这些利益是真正不正义的。权利法案旨在于几种相互冲突的人类繁荣和正义的观念中作合理、正当的选择，并挑选出一种观念，这种观念，凭借其接近关于这些事项的真理，**证明**采用该观念时所做出的**承诺是正当的**。如果人们期待那一承诺有助于维系精神面貌（morale）和**团体精神**（esprit de corps），那么，那一承诺正是通过其作为一种识别（an identification）的**适宜性**，对个体和社会的选择、奋斗和自我约束真正有价值的基础的识别。

---

[28] Devlin, *The Enforcement of Morals*, 89：政府可能基于两个理由提出对道德事务立法的要求。柏拉图式的理想是：政府之所以存在是为了促进其公民间的美德……这是盎格鲁血统的美国人思想所不能接受的。柏拉图式理想赋予国家在善恶之间决断的权力，摧毁了良知自由，而且是为通往暴政铺平道路……另一种理由是：社会可以为自我保存立法……社会之所以成为一个社会在于其是理念的共同体……该理念是关于其成员应当如何行为以及管理他们生活的方式的理念……根据第二种理论，立法者不必作关于何为善恶的任何判断。立法者实施的道德是那些已经为社会所接受的关于对与错的理念，该理念是立法的目标且其对保存社会完整性是必要的。

这些陈述，出自德夫林在马加比讲座两年半后的一场讲座，它们更简短干脆地说明了那些可以在 *ibid.*, 5, 9, 10 = Proc Brit Acad, xlv (1959), 129–51 at 133, 137–40 中发现的思想。

然而，正因此，那些坚持由影响了例如言论自由或"隐私权"的立法所实施的道德标准的人，通常把它们对这种立法的支持建立在全然不同于以下事实的理由之上：他们的确坚持那些标准，或他们是多数派，或社会围绕那些标准得以团结一致。他们这种情况的一个必要前提是，这些道德标准是真正的标准，对这些标准的违反本身是有害的——甚至连威廉姆斯色情和电影审查委员会（Williams Committee on Obscenity and Film Censorship）都承认这是有害的："文化污染、道德败坏和人类同情心的剥蚀……漠视行为准则……品味低劣、鄙视约束和责任……"[29]

当如此接受上述观点时，一个人不必支持按照未明确的"（公共）道德的败坏"甚或"堕落或腐败的趋势"对违法行为进行的界定。《欧洲人权公约》还没有加速对 Shaw 案中适用的规则进行可欲的替换。[30] 但是，根据欧洲人权法院新兴的法律体系的诸原则，一个被纳入本国法律体系的公约很可能促进对一些甚至被认真起草的法律——该法律禁止确实有堕落和腐败倾向的可确定的行为——不可欲的消除。

当然，法院对考虑道德标准的真理性的拒绝，当然可能以比德夫林的理由（该理由对公民、法院和立法机关一视同仁）狭窄得多的理由为前提。但是，不管法院不愿冒险超越法律知识而致承认道德标准（不同于诚实、忠诚、尊重财产和应有的注意）多么可理解，拒绝都是要付出代价的：法院一定误解了那些其他标准的重要性。有时，尽管我认为不是在德夫林的作品中，它们的真理性无关紧要的申明只是它们的错误性（或者至少：它们为真这一观点的错误性）正被隐秘地假定的一个标志。因此，在欧洲人权法院关于某项受禁止行动的道德性的"任何价值判断"的免责声明一两页之后，法院作出下述价值判断（对法院的判决至关重要）：

---

〔29〕 Cmnd. 7772（1979），para. 6.73；see also paras 5.30，6.76.

〔30〕 *Shaw v DPP*〔1962〕AC 220；*Knuller v DPP*〔1973〕AC 435；Criminal Law Act 1977，s. 5 (3). *Shaw* 案的判决可以被视为在尝试对拉德克利夫子爵（Viscount Radcliffe）所诉诸的评估和德夫林勋爵所诉诸的标准进行综合：拉德克利夫子爵在 *The Law and Its Compass*，52-3 中诉诸法官"对人的价值和社会目的的基本评估"；德夫林勋爵诉诸陪审团席中的人的标准。

相较于那个立法者制定［被非难的］立法的时代，而今，对［所讨论的行为］存在一种更好的理解，由此更加宽容。[31]

那些坚持欧洲人权法院所谴责的法律强制实施之标准的人，很可能会提出异议：欧洲人权法院认为的更好的理解，实际上是一种更狭隘也更肤浅的理解，一种（至少可以说）对人类完整性和福祉整个领域的误解——以致"作为结果的"宽容的增加很可能是缺乏欧洲人权法院的价值判断而随意赋予它的正当性证明（和证明力）。

IV

这些对司法机关不愿给予某些原则问题以应有分量的反思，可能有助于评估第二种、更知名且更具欺骗性的对宪法性划分的特征描述：法院能够适当地审查立法，因为法院是讨论原则的场域；而立法机关——尽管并非不关注原则——是**讨论政策的场域**。原则的论证识别权利，政策的论证断言某项决定或法律会促进某种关于公众福利、公共利益、集体善（the collective good）的观念。权利的定义性特征（defining feature）*就是诸权利"胜过"、压倒政策——不是每一项政策或每一种对公众福利或集体善的考虑，但至少是一些政策或一些考虑。在原则和政策之间，即在权利和集体善之间的任何竞争中，可反驳但却真实的推定将支持权利。

因此，权利的道德-政治的首要性（the moral-political primacy of rights）为宪法下的法院至上性奠基。这样一种观念很容易与欧洲人权法院最重要的原则之一结合：《欧洲人权公约》中所列举的权利将被广义地解读，且通过推论出未阐明的权利而得以拓宽，而公约中提到的限制性理由诸如健康或道德，则将被狭义地解读，不能通过推论进行扩展，且只能出于"紧迫的社会需要"才被允许适用。[32] 这个虽可反驳但却真实的推定将支持公约的**诸项**

---

[31] *Dudgeon* (1981) 4 EHRR 149 at 167 (para. 60).

* 定义性特征，是定义一个概念所必须具备的特征，相当于概念的本质特征。——译者注

[32] *Ibid*. at 164 (para. 51).

权利。

30 这一推定仍在某种程度上（尽管越来越少），受到欧洲人权法院以下法律原则的限制：国家的立法机关和政府有一个"裁量空间"（"margin of appriciation"），在这个空间内，它们的判断尽管受到欧洲人权法院的怀疑，但不会被干涉。[33] 但是，该法律原则不会对有权将公约条款作为权利法案实施的法院有拘束力；因为该原则取决于欧洲人权法院作为保有完整主权的国家间所缔结的条约所设立的机构的独特地位。

自 1937 年，美国公民权利案中"合宪性推定"（"presumption of constitutionality"）的命运表明，我们的法院也很可能在涉及"优先性自由权"（在当代权利法案中，推定其是法案中所有被命名或列举的权利）的任何情形中，开始不再允许或很少允许为立法机关或行政机关的"裁量"留下空间。相反，我认为，我们的法院会无条件适用该推定原则，而欧洲人权法院仍以一种受限制的形式适用它。这一法律原则在美国得以被更明确地规定：这一**推定**（程序事项除外），即那些限定或限制一项明确甚或隐含地规定的权利的法律是**不合宪的**。[34] 1977 年 11 月，在欧洲人权法院的诠释性原则变得如此明显之前，斯卡曼大法官（Lord Scarman）向上议院特别委员会保证：

> 如果议会对案件中所讨论的权利规定了一项限制，那么这一事实对法官而言就足够了，并且我们可以推定……议会在制定该项限

---

[33] See e. g. *Handyside* (1976) ECHR Ser. A vol 24, 22 (para. 48); *Sunday Times v United Kingdom* (1979) 2 EHRR 245 at 275-6 (para. 59). 在这样一种观念（还没有得到完全的承认），即欧洲人权法院可以考虑欧洲的社会和法律规范中的"进步的"变革并要求落后国家迎头赶上或接轨的影响下，"裁量空间"的范围正在缩小：Andrews, n. 1, 304 at 496-510; [and e. g. *Schalk and Kopf v Austria* application 30141/04, Judgement of the First Section, ECtHR, 24 June 2010, paras 28, 105, 109].

[34] 参见法兰克福特（Frankfurter）大法官在 *Kovacs v Cooper* 336 US 77 at 90-4 (1949) 案中对优先性自由权这一新兴法律原则的批判史。关于已确立的法律原则，参见 *Roe v Wade* 410 US 113 at 155-6 (1973); Tribe, *American Constitutional Law*, 564 以下诸页。关于枢密院司法委员会在英联邦国家就权利法案的上诉案件中所适用的合宪性推定，参见 *A-G v Antigua Times* [1976] AC 16 at 32; *Hinds v R* [1977] AC 195 at 224. 关于因当事方依赖《加拿大权利与自由宪章》[由 1982 年加拿大宪法所确立]中的"例外"而被施加举证责任，由此导致的对该推定的撤销，参见 *Quebec Protestant School Board v A-G Quebec* (1982) 140 DLR (3d) 33 at 59 (SC, Que.), 该案在 *A-G Quebec v Quebec Association of Protestant School Boards* [1984] 2 SCR 66 (SC, Can.) 中被维持原判。

制时考虑了民主社会的各种要求、公共安全的利益以及对公共秩序、健康和道德的保护。[35]

我冒昧地认为，对权利施加限制这一事实不大可能长期"对法官们而言就足够了"。

对那些限制优先性权利或特定权利（preferred or specified rights）的法律不合宪的推定，明显受我们所讨论的以下理论的支持：权利是原则问题，属于法院的职权范围，而且（除公共需要是足够重要的情形外）其胜过政策和集体福利，而这些属于立法机关的职权范围。那么，我们应当如何评价这种理论呢？

这种理论建立在对权利不完整的分析和正当性证明之上，且利用了一个不正当的假定，即功利主义是一种足够融贯的道德—政治理论，以致其所产生的结果需要被（也可以被）对个体权利的种种考虑所压倒。[36]

V

功利主义的两个版本在这些法理学的论争中发挥作用。一种版本我可以称之为特殊的理论；德沃金称之为"中立的功利主义"，并认为它"在现实

---

[35] *Minutes of Evidence taken before the Select Committee on a Bill of Rights*, House of Lords paper no. 254 of 1976-7, 370（Q. 807）. 斯卡曼大法官通过假设议会立法主权一直未受上议院特别委员会讨论的（极弱形式的）纳入问题所打扰，而限制其保证。但是，很难明白，为什么那些知道他们的判决不会对立法机关的意志构成任何妨碍的法官，相比于负有重大责任去推翻违反（以更强形式被纳入的）权利法案的立法机关意志的法官们，**更**应当顺从那一意志。

[36] 诚然，在该理论最抽象的表述中，它把权利观念视为以下这样一种**形式**观念：该考虑为个人的决定或行为提供政治上的正当性证明，即使当政治决定和行为的"总体背景"（"the general background"）目标和正当性证明会（倘没有压倒性权利）证立阻碍或阻止该个人的决定或行为——且"总体背景"目标和正当性证明不必是功利主义的。See Dworkin in Cohen, *Ronald Dworkin and Contemporary Jurisprudence*, 281; also *TRS* 169, 364-5, and *A Matter of Principle*, 370-1. 但是在实践中，该理论把这种或那种形式的功利主义，视为西方政治实践中唯一有待发现的背景性正当性证明（background justification），且当然视为唯一的权利理论需要满足的政治理论。最明显且（如果发展充分）最适格的另一种背景理论——该理论已被贴上柏拉图主义者的标签——受到漠视："我怀疑它对许多人的吸引力"：*A Matter of Principle*, 415. See also *TRS* 272-3（"我设想，我们所有人都同意，政府不得基于一位公民的好生活的观念……比另一位公民的好生活的观念更高尚或更胜一筹而限制自由"）。

政治中已被接受了一段时间，[而且]……提供了……通过我们认为正当的法律对我们的自由所施加的大部分限制的可行的正当性证明"。[37] 这个版本"把满足尽可能多的人的人生目标视为政治的目标"，[38] 且它对"所有人及所有的偏好都是中立的"，[39] 因此，那些偏好将被给予完全的分量，即使当它们的"结合会形成一种可鄙的生活方式"。[40]

我认为，特殊的或中立的功利主义，既是断然不能接受的，又在每一个文明共同体中被认为如此。[41] 正如我们的政治实践所广泛接受的，某些偏好不只是被其他人相竞争的偏好所胜过；相反，假如存在计算、权衡和加总——或者，更相关地说，无论什么时候机会和限制被分配——这些偏好根本不应被包括在内。举一些例子：看着其他人或动物遭受痛苦的偏好，同某人自己的未成年子女交配的偏好，**通过欺骗**而为所欲为的偏好，得到的比其公平份额更多（恰如这样，无视一个人对于被分配客体的欲望和需求）的偏好，以及在奴隶制、性虐待或药物致幻和神志不清中自毁终生的偏好。你

---

[37] *A Matter of Principle*, 370.
[38] *Ibid.*, 360; also *TRS* 364.
[39] Dworkin in Cohen (ed.), 282.
[40] *A Matter of Principle*, 360.
[41] 参见 Dworkin, *A Matter of Principle*, 360：假设功利主义的某个版本规定，在计算如何从总体上最好地实现大多数偏好时，一些人的偏好没有其他人的偏好重要……因为上述所言的偏好结合在一起（combined）形成一种可鄙的生活方式。这种版本的功利主义叫我们觉得断然不能接受，而且在任何情况下，它都远不如标准形式的功利主义具有吸引力。

在做出这种对作者本人而言可信但实际上不可信的陈述时，"一些人的"（"of some people"）和"结合在一起"（"combined"）这样的单词有多重要呢？考虑下述陈述，选自 Cohen（ed.），第284页：好的功利主义者认为，与诗人有权使他的爱好被满足一样，弹图钉游戏选手（push-pin player）同样有权使这一爱好被满足。但其并不因此承诺于这一命题——弹图钉游戏的生活和诗歌的生活一样好。只有功利主义的粗俗批评者会坚持这一推论。功利主义者说的只是，在正义理论中没有任何东西为以下内容提供任何理由，即为什么社会的政治和经济安排与决定应当更接近诗人更喜欢的生活方式而非弹图钉游戏选手更喜欢的生活方式。从政治正义的角度来看，它只是一个有多少人更喜欢一种生活方式而非另一种生活方式以及这种更喜欢有多强烈的问题。

功利主义的批评者是由另一种极端不可接受的推论驱动，而趋向于"粗俗地"将推论的结果归于功利主义：功利主义者认为一种"正义理论"在没有任何人类善理论的情况下也能进展下去。（难道这种功利主义者不利用这样一种观念，即一种有别于纯粹欲望的"偏好"，至少具有值得**被选择**的价值？如果利用的话，他有什么**理由**在决定正义的诸要求时不把人类善的其他方面算作相关的吗？）

也可以举出其他的例子。[42]

另一种流行的版本是如此笼统或模糊，以致有人可能怀疑它的功利主义身份。它断言法律和政府是为了促进"普遍利益""普遍福利"（"the general welfare"）以及"公众利益""作为一个整体的共同体的利益"；它进一步断言这些术语都与"集体善""集体福利""加总的整体更大益处"（"greater benefit overall in the aggregate"）以及"加总的集体善"（"aggregate collective good"）同义。在追求任何这样的目标的过程中，"在每个情形下，分配原则都从属于某种加总的集体善的观念"。[43]

迄今，权利的各种主张肯定是这样一些主张：它们排除、胜过一个人或许多其他人某个相竞争的利益或主张，或不受后者影响。但是，我们不应试图通过与"加总的集体善"的对比来解释权利"压倒性的"或"排他性的"能力。关于所有这些集体善的概念——它们可能先于诸分配原则而被具体化——我们反而应当说费丽帕·福特（Pilippa Foot）所说的关于个人伦理中相应概念的话：

> ……我们没有理由认为我们必须接受任何形式的后果主义……后果主义者所看到的"最好的事态"（"the best state of affair"）仅仅是一处空白……"最好的事态"的概念应当从道德理论中消失。[44]

可确定的"总体更大的集体福利"的概念与"最大自然数"的概念（完全不同，但同样虚幻）一样不融贯。这种不融贯源自构成个体福利（individual welfare）的诸善的不可通约性，以及构成某个"集体"幸福的个体幸福状态（在"幸福"最广泛的意义上）的不可通约性。当一个公正且明智的选择者，面对一种声称比其他选择更能体现集体福利的事态时**能够在那些替代性事态中选择**一种或多种，这种不可通约性就存在一种一般性的验证（generic verification）。当一个或多个事态中的诸善或诸恶的改变使它们都适格

33

---

[42] 哈卡萨（Haksar）提到了一些相关的进一步的例子，参见 Haksar, *Equality, Liberty, and Perfectionism*, 260-1.

[43] *TRS* 91.

[44] Foot, "Utilitarianism and the Virtues" at 209; and "Morality, Action and Outcome" at 36.

时，这也便是不可通约性的直接标志（the proximate mark）；因为那表明，原初多样的适格性（original multiple eligibility）不仅仅是可通约的善的总量之间的关系。[45]

因此，"集体"善和"个体"权利之间的对比，不可能使政策与原则之间、立法领域和司法领域之间的对比成立。集体是个体的集体，且每一个体的善（或幸福）以及他们的共同体的善（或幸福）都包含：作为一种内在方面，他或她受到公平对待。此外，每一个体的善都包括不可通约的方面：在某种意义上，一个人的生命和健康总是好过他的死亡；在玛丽波恩路（Marylebone Road）冒死亡的危险要好过放弃参与正常事务和责任；一个人死去，会好过背叛朋友或腐化孩童。[46] 合理的选择，不管是个人的还是社会的，都不受"加总"诸善的尝试所调整，而是受以下尝试所调整：按照公平标准促进或至少尊重每一种基本的人类善、尊重（在每一个选择中）每一个人的每一种基本善、对承诺的忠诚、在追求人类（诸）善的过程中的创造性，等等。

但是，不存在这样的普通情形吗？更喜欢集体的善而不是个体的善？或至少更喜欢集体的善而不是个体的权利？不存在，不在任何严格的意义上存在。当然，我们像这样不严谨地谈论着，例如当一名男子的房子遭到炸毁而目的是保护全部城郊免于燃烧时。但是，将要燃烧的东西是其他个体的房子，每一个人都可以要求被保护免于火灾。计划是：通过清除火势中的易燃物以保护这些个体。**这个易燃物是一个男人的房子**。如果我们将之夷为平地，他可以抱怨不公平吗？他所有的权利——真正的权利，适当规定的权利——都没有受到损害。真正的、被认真规定的权利，并不只是同甘不共苦的朋友（are not mere fair-weather friends）。因此，他能够抱怨不公平、不正义：如果我们的行动因为将失去的和将受保护的一样多而变得毫无意义；或如果我们的动机混合了与火灾威胁不相关的偏爱或敌意；或如果我们不会用所有那些其利益因我们的救火措施而得以保存的人的捐赠来补偿他；或如果我们

---

[45] See *FoE* 89-90; *NDMR* ch. ix, sec. 6.
[46] See Matt. 18: 6; 26: 24.

选择宁愿要任何数量的其他人的**财产**（毕竟，一种工具性的善），而不是与房子一起被炸毁的他的孩子们（其善是个人的，而不是工具性的）。除此之外，他的权利不拥有（以及——经正确理解——从未有）其他内容。而且，如果我们避免"集体的"或"加总的"善的模糊，那么，我们所有人都会更清晰地进行这种道德—政治上的实践推理。

但是，消防队又如何呢？消防队不是集体目标的手段吗？是，但仅在以下意义上。保护个体免于火灾是我们共享的诸目标之一，对这些目标的共享使我们组成了一个共同体。保护免于火灾因而是善的一个方面，你可以称这种善为"集体的"，但或许更好的称谓是"共同的"（"common"）或"公共的"（"communal"）：共享的。而且追求那种善的不同面向的手段——诸如税收制度、排水系统、消防、警察、法院、货币，等等——具有不可化约的公共属性：公开的，而非私人的，如果不是在所有权上，那就是在效用和贡献（utility and dedication）中。但是除了那些界定、塑造并构成共同善、公共利益的个体权利，我们没有发现任何一个可确定的集体福利。正如我们的法院经常且正确地指出的：对个体权利的保护就在**公共**利益之中。[47]

在1977年的马加比讲座中，德沃金说，在英国：

> 政治论争集中在……普遍福利或集体善的观念上。当政治论争讨论的是公平时，这一般是对于社会内部的阶层或群体（像工薪阶层或穷人）的公平，公平是这些群体的集体福利问题。[48]

但是，穷人的"集体福利"仅仅是贫穷个体们的福利，而且在他们不充分的福利中所包含的任何不公平都仅仅是对"穷人"这个（逻辑上的）阶层内所有个体的不公平，这一点难道不是被广泛地理解了吗？关于穷人的福利，那些"普遍的"和"集体的"字眼儿难道不是毫无意义的吗？这些论述所包含的混淆，难道不是来源于论述的持有者而非英国的政治论争吗？

---

[47] See e. g. *Dumbell v Roberts* [1944] 1 All ER 326 at 329, per Scott LJ; *Mohammed-Holgate v Duke* [1984] AC 437, [1984] 1 All ER 1054 at 1059a, per Lord Diplock.

[48] *A Matter of Principle*, 31 = Proc Brit Acad, lxiv, at 286. See also *A Matter of Principle*, 65: "……拥有与其他种族的那些群体同样机会的群体利益。"

而且：权利与集体福利之间的对比损害了权利本身。尽管教导说（所有的）权利都是王牌，但它也教导（所有的）权利必须为所谓的集体福利让路。每一权利推定的优先性（它所主张的）都可能遭到反驳，而且每当对这种"集体福利"的威胁足够严重时就遭到反驳。于是，这一宏伟的计划（grand picture）给了功利主义者或后果主义者为搁置那些真正不可侵犯的权利而需要的东西。

要坚守这些权利，一个人就必须坚守西方道德思想中的一个根本区别，或许这种区别在我们刑法明确的法律原则中更加被承认，尽管仍然只是非常迟疑地被承认，[49]但在我们正考虑的权利理论中遭到忽视。这一区别，这一我不会在此处探究的区别，就是在一个人选择（或：意图，无论作为目的或是作为手段，也无论作为或是不作为）的东西与一个人只是作为其选择的附带后果而加以接受（正确地或错误地）的东西之间的区别。因为，如果存在真正不可侵犯的权利，当这些权利被精确地具体化时，它们的确胜过而不只是推定性地胜过**所有**相竞争的考虑，这是因为相关的错误（或对义务的违反）是**选择**摧毁、损害或妨碍一个人的某个基本方面——这总是错误的。功利主义者，[50]否认在选择死亡与接受死亡作为一个人所选之物的附带后果（例如，作为减轻痛苦的一种手段）之间有任何重要区别，因而迫切希望我们的法律允许选择杀人（例如，有生理缺陷的婴孩）。不管愿意与否，功利主义者的改革计划都从以下主张中得到帮助和支持，而这些主张在当代法理学中多有听见：（所有的）权利都是王牌，但（所有的权利）又都被**某些**"集体目标"胜过，且一项相当重要的权利的范例（the paradigm case）是"言论自由的权利"——正如每个人都承认的那样，言论自由权理应受到多种方式的限制，因此将其提升至重要权利的范例下意识地教导我们，权利不

---

[49] See *Hyam v DPP* [1975] AC 55, [1974] 2 All ER 41 at 52, per Lord Hailsham; contrast 63, per Lord Diplock, and *R v Lemon* [1979] AC 617, [1979] 1 All ER 898 at 905, per Lord Diplock.

[50] 当然，不是每一位功利主义者。不言而喻，功利主义者（和其他种类的结果主义者或比例主义者）自身内部彼此有别；因为他们的"方法"**不可能**（在道德上重大的问题）超过对那些形成于某种基础而非该方法（如习俗、感觉、自利）的意见进行合理性说明：*FoE* ch. IV. 3. 此外，既然功利主义者一如既往地想影响实践，他们通常不愿让他们的计算离他们的社会和时代的共识太远。

需要被太过认真地对待。[51]

Ⅵ

我再次回到已提出的宪法性划分上。它的支持者从未否认过：立法适当地超越了追求"集体目标"的"政策"，并赋予权利以原则性的影响。已提及的作为立法关注的适当目标的权利，包括"享有适当水准的医疗保健的权利"，[52]享有免于因被无辜定罪（无论多么偶然）而受到"道德伤害"的权利，[53]年轻人为免于教育荒废带来的"道德伤害"而享有社会对资源的供应的权利，[54]等等。

为赋予权利的推定优先权（以及不寻常但仍非罕见的附属地位）以意义的功利主义模式，最近已经遭到更为广泛的背离。有人主张，对普遍福利的关注包括对道德福利的关注。[55]现在，道德福利是个体们的福利。维护他们自己的和他们孩子的道德福利是个人承担的一项任务，是他们行使自由的一项基本活动。假设法院裁决，《欧洲人权公约》的"隐私权"要求允许私下使用色情作品。这样一份裁决，诚如德沃金所言，会——

---

〔51〕 德沃金一度考虑"绝对权利"这一分类；但是通过举出他唯一假设的例子"言论自由权作为绝对的权利"，他立即使该分类变得荒谬可笑：TRS 92. 他自己的教导是，"即使重要的个人权利都不是绝对的，而是也会屈服于对结果尤其强有力的考虑"：ibid., 354.

〔52〕 Dworkin in Cohen（ed.），268, 270-1［1983］.

〔53〕 *A Matter of Principle*, 80, 92-3［1981］. 请注意：错误惩罚中的不正义因素（道德伤害），会逃脱任何功利主义的计算之网，无论该计算多么复杂；该计算通过沿着快乐—痛苦轴线的某种心理状态，或通过使欲望或偏好受挫而对伤害进行衡量，或将对伤害的衡量视为特定人群在基数序列或序数序列（cardinal or ordinal rankings）上的函数，即使这种算法包括人们拥有的他们和别人都不受不公正惩罚的偏好（ibid., 81）.

〔54〕 *Ibid.*, 84. 请注意：这种道德错误，如果存在的话，"并没有充分体现在任何普通的功利主义的计算中"。

〔55〕 *A Matter of Principle*, 29："社会的普遍福利［西蒙兹子爵（Viscount Simonds）称之为'道德福利'］。"此处"社会的"（"of society"）只是意指在"密谋败坏公共道德"这一短语中"公共的"（"public"）所意指的东西：可以被保护、维护或败坏的道德福利，不只是这个个体或其家庭至交或密友的道德福利，而且也是其他个体的道德福利；重要的不是这些其他的个体有很多，而是这些其他个体，通过与该个体私人关系以外的方式被识别为公共的一部分：因此，任何路人、任何广告的读者都在公共场所被涵盖于"公共"之中，等等。

大幅度地限制个体们自觉且反思性地影响他们自己及他们孩子发展的种种条件的能力。这样一份裁决会限制个体们创造（bring about）他们认为最好的文化结构的能力，在这种结构中，性经验通常是具有尊严和美的……[56]

如此解读，隐私权"限制了选择"：

那些人，那些希望基于文化上对尊重与美的支持态度形成性关系，以及希望按照那种理想抚养他们孩子的人，可能发现，如果色情作品在流行文化中很有市场，即使没有公开展示也可能很有市场，那么，他们的计划实现起来就要困难得多。[57]

那么，假设法院裁决关于"隐私"的争议性问题，而没有恰当考虑到：在如此影响人类尊严、尊重和行为之美的事情上，法院支持"隐私权"的裁决会对个体选择、自我决定和为人父母的能力（parental capacity）施加种种限制。如此行事不是在行不义吗？或者，如果你愿意也可以说：不是在侵犯**权利**吗？

那么，为什么任何人会认为，一项诸如隐私的权利（体现于《欧洲人权公约》中，且由最高法院从美国宪法中充满想象地推断出来）应当胜过对"道德"的关切呢？那种关切，我们现在可以说，不只是对部落**习俗**（*mores*）和**集体精神**（*esprit de corps*）延续性的关切。它是对人类善的一种理性关切，这些人类善不仅是在最重要关系中的美与尊重，而且是那些为增强而不是腐蚀这种关系的环境而奋斗的个体的自我决定；至少为了他们孩子们的权利，他们认为他们有权利去创造和维护这一社会背景。

VII

对于这个问题，即为什么**某些**权利（或对某些权利的某些行使）胜过道

---

[56] *A Matter of Principle*, 349 [1981]. See also *ibid*., 350：承认那种隐私权"给了大多数人更少而不是更多对他们所处环境设计的控制"。

[57] *Ibid*., 415.

德福利（以及，事实上，许多其他的权利和利益），两类答案已被给出，一种是实用主义的，另一种是哲学上的。由几位当代法理学家提供的哲学答案，[58] 就是：胜过这些权利，而支持有价值的生活方式，反对"有损人格的或鄙劣的或其他不合适的"生活方式的权利，就是拒绝平等地关怀和尊重那些言论自由或"隐私"（生活方式）被胜过的人。

这种主张的第一个版本是：对道德的立法保护表明了官方或多数派对那些其偏好的行为受到禁止或阻碍的人的蔑视。这种版本是站不住脚的，因为，恰恰相反，这样的立法可能正好表明了那些人的平等价值和人格尊严，而那些人的错误观念受到阻碍也正是基于那种观念误解并背叛了人的价值和尊严（因而他们的价值和尊严，连同其他人的价值和尊严）。因此，新的版本反而依赖对**自我尊重**（一个人对他平等价值的自我理解）的假想丧失的观念（the idea of a hypothetical loss），或与**自我尊重**不兼容的观念：

> 基于平等的自由主义……坚持认为政府……不得因为一种公民如果不放弃他对他平等价值的自我理解（his sense of his equal worth）就不可能接受的论证，而对任何公民施加牺牲或限制……没有一个认为特定的生活方式对他最有价值的自我尊重之人，能够接受这种生活方式是不道德的或有辱人格的……因此，作为基于平等的自由主义，证立了传统的自由原则，即政府不应强制实施私人道德……[59]

但这一版本也是站不住脚的。禁止某人偏好的行为并不要求他"接受一种论证"。而且如果他的确接受了法律所基于的论证，那么，他会接受他早先的偏好就真的对他没有价值（或者，如果他总是承认法律所基于的论证但

---

[58] See e. g. MacCormick, *Legal Right and Social Democracy*, 36（强制实施道德，就是把别人视为"不能够在道德上恰当地选择"）。同样，Raz, "Liberalism, Autonomy, and the Politics of Neutral Concern" at 113（"……强制……通常是对人的自主的一种侮辱。他或她被视为一个非自主的行动者、一只动物、一个婴孩或傻瓜"）。这些自主的捍卫者，此处似乎简单地忽视了一种自主个体的类型，该个体有能力正确地生活，但是，经由诱惑、坏榜样等错误地选择了以其他方式生活（而且，该个体能够被阻止这样做）。

[59] *A Matter of Principle*, 205-6 [1983].

仍保有他的偏好，那就等于承认这些偏好一直是些漫不经心的偏好）。改变信仰（conversion）的现象，或不那么夸张地懊悔和改过自新的现象，都表明一个人不得用另一个人目前的人类善的观念来识别这另一个人（以及该人作为一个人的价值）。总之：要么，那个其偏好的行为受法律禁止的人开始接受法律所基于的人的价值的概念，要么，他不接受这一概念。如果他接受，便不存在对他自我尊重的伤害；他认识到他过去错了，而且他或许对强制所给予的帮助感到高兴。（这听起来不真实吗？想想吸毒者。）如果他不接受法律的观点，那么，法律便不会影响他的自我尊重；无论他是正确还是错误，他将认为法律在对他而言什么是善的观念上可怜地（且破坏性地）犯了错误。他可能对法律深恶痛绝。但他不能认为法律没有平等对待他；因为，这部法律正当的关切，作为维护道德的一种努力，是（我们不可以假设么？）无例外的对每个人的善、价值和尊严的关切。[60]

VIII

支持"言论自由"和"隐私权"优先性的哲学论证之所以失败，是因为它不从对人类善的理解（它滋养着对人性的理解，又从对人性的理解中得到滋养）出发来寻求识别权利。哲学论证失败了，还剩下实用主义的论证：言论自由和隐私权都是《欧洲人权公约》以及其他标准的权利法案中宣布的权利，是历史经验的产物。这些权利在公共承诺中被具体化和神圣化，保护个人免于国家的干涉，它们必须广泛地胜过那些相竞争的考虑，而后者通常只有当模糊地提及"道德"或"公共道德"时才在权利法案中占有一席之地，如果真的占有一席之地的话。

---

[60] 有时，德沃金在人的价值和他们偏好的价值之间作出区分（e.g. *A Matter of Principle*, 360）；但他通常认为，（套用老的术语）谴责罪行就是表明对罪人的轻蔑——德沃金的错误是由于他这一模棱两可的短语引起的，即"不良品性之人"（"people of bad character"）（*ibid*., 357）。他因此忽视了透明性（transparency）的另一个面向：那对我而言透明的东西，即**我的**选择的品质对于**我的**个性是透明的，在我判断其他人、他们的选择以及他们的个性时却是不透明的。既然我不知道他们选择的最深层次的原因，那么，我可以谴责那些选择，而不谴责作出那些选择的那些人（的个性）。

《欧洲人权公约》事实上是历史经验的产物。1950年的起草者们目睹了纳粹和法西斯主义者的目无法纪（经常披着合法性的外衣），包括其取消（withdrawals）管辖区域内各类不受欢迎之人的一切人权，基于诸如种族、语言、宗教、政治主张、与少数民族联合等因素（第1条和第14条）；其灭绝（第2条），酷刑（第3条），强迫劳动（第4条），任意和无限期拘留（第5条），虚假审判（第6条），溯及既往的刑法（第7条），对家庭和家庭关系的任意调查、霸凌和毁坏（第8条），[61] 压制宗教自由（第9条），对传播意见或信息的审查、干扰和迫害（第10条），摧毁工会和其他中介组织或自愿性社团（第11条）以及对某些类别的人的婚姻与生育进行压制（第12条）。因此，起草者们选择上述列举的权利加以保护。

起草者们意识到，存在许多其他的方式；人类善可以通过这些其他方式受到共同体生活条件的影响。起草者们只是简要地，通过诸如"国家安全""公共安全""阻止混乱和犯罪""保护健康""保护道德"等短语，提到这些方式。一些被命名的权利不能被减损或限制，即使在公约设想的紧急状态下，无论是指代国家安全或是别的任何东西；这些不可侵犯且（大多数）经充分规定的权利，真正地与**权利**之名相匹；将这些权利确定为不受限制是《欧洲人权公约》的主要（尽管不是完美无缺的）[62] 美德。✣但是，诚如我已说过的，公约规定其他被命名权利的"行使"（第8条的隐私，以及第10条的表达自由）可以受到某种干预、限制和惩罚。

"干预"权利的行使——这一粗糙的（uncraftsman-like）语言包含一个不适当的推论：当我因为在我的地下室制造毒品、炸药或抗冻酒而在那里被捕时，不受欢迎的不只是对我隐私的侵入，还有对我权利行使的侵入。这样说不是更精确吗：如此使用我的地下室，我就把自己置于我权利的真正界限之外？公约对公共健康、预防犯罪等的提及所表明的种种限制，是具体规定我

---

[61] 由吉拉德·菲茨莫里斯（Gerald Fitzmaurice）法官在 *Marckx v Belgium*（1979）2 EHRR 330 at 366（para. 7）中（的反对意见）生动地加以简述。

[62] 当某个时刻来临，我预计，我们会发现这样的法官，他们会把第2条第1款"剥夺他的生命"解读为明显不同于"故意杀人"（或诸如"意图加速死亡"等同源词）；因而公约可能不会为杀死某些残障人士造成很大障碍，对这些残障人士而言，"终止其生命不是剥夺"等。

权利界限的那些限制；这些限制事实上是权利自身定义的一部分，或至少是对权利自身定义中内在部分的简要提及。╬

相较其概念的不够精致，更重要的是公约对责任的根本豁免：法院必须参照什么"在一个民主社会中对保护"健康或道德，或声誉，或国家安全，或维护司法的权威和公正等是"必要的"，来为各种被简洁命名但未加定义的权利（或这些权利的行使）划定界限。

"对……必要"——而不只是鉴于……是恰当的、相称的、正当的。如今美国的宪法分析可能有助于澄清这个问题。那种必须表明的必要性是双重的：受到质疑的法律必须对它所声称要保护的公共目的（如公共健康或道德）是必要的，而且那种目的必须是一种"压倒性的国家利益",[63] 该利益的重要性，在民主社会中，胜过那受质疑的法律所限制的权利（或：权利的行使）的重要性。诚如欧洲人权法院所言，法律必须是"合比例的"。这一晦暗不明的术语的重要性源于欧洲人权法院对它的使用：法律必须不仅对它自身的目标是合比例的，而且与它对权利（该权利被置于《欧洲人权公约》的概念性结构中，正如我们刚刚看到的，且支持被禁止的活动）施加的限制合比例。欧洲人权法院权衡受质疑法律所保护的善的价值与对权利的相关行使的价值。

什么样的衡量标准和等级被提供了呢？《欧洲人权公约》只是把我们指引向"民主社会"的概念。你可能问：民主的概念如何对该公约提供给安全、名誉、道德、司法权威……的保护范围产生影响呢？（它一定不是当我们听到司法审查不民主的抱怨时所想到的那种事情的问题？）欧洲人权法院认为，它在很大程度上是一个"宽容和宽厚"的问题。[64] 于是，肤浅和短视（the short view）被解读进该公约。

---

[63] See e. g. *Roe v Wade* 410 US 113（1973）at 316.

[64] *Handyside v United Kingdom*（1976）ECHR Ser. A, vol. 24, 23（para. 49）；*Dudgeon v United Kingdom*（1981）4 EHRR 149 at 165（para. 53）. 宽容是一回事，"宽容和宽厚"有不同的意思（has a different ring）. [这些术语，作为对正义的合理标准的解决方案（solvents），继续着它们的破坏性司法事业，参见（e. g.）*Hirst v United Kingdom*（No. 2）（2005）42 EHRR 41 at para. 70. 参见下述第一个尾注。]

采取另一种观点是我们法官的任务吗？**他们的**职责是做每一个立法机关在任何情形下都有责任去做的事情吗？我意思是：牢牢记住自主且真正的选择之善，伪善、贿赂、敲诈和警察腐败之恶，调查和公诉资源的昂贵和稀缺，法律程序在分析和处理人性和人际关系时的笨拙，帮助他人在腐败的散播者中（amongst peddlers of decay）一以贯之地识别和选择有价值之事（the worthwhile）的尊严，强制教育的重要性，在多元社会中共识的飘忽不定，在一个似乎只尊崇形式原则（诸如，难以理解的免于——为了安全地出生与健康干扰的平等）的社会中忠诚的脆弱……法官的角色是否应当考虑所有这些（以及类似的）善和恶、机遇和危险？法官的角色是否应当以法律强制为后盾，**选择一些承诺**（choose commitments），**一些**与教育、公共的或社会的交流方式以及与消遣（报纸、电影院、视频、游乐场、浴室）、研究（人类胚胎库、人类胚胎交易所、人和类人生物的基因操作）、家庭生活（乱伦）、制度的理想、符号（symbols）和结构（婚姻以及在重婚和同性结合中婚姻的拟制物）有关的**承诺**？

当然，当议会决定准许、组织并资助随意的堕胎，或批准和资助用于在对城市的核打击（nuclear city swaps）和最后反击（final retaliation）中摧毁数百万外国人的专用系统（dedicated systems）并提出附条件提议，好公民的忠诚感可能会受到伤害。有人可能确实好奇我们应在多大程度上关注一个支持这样错误的思想和行为的社会的宪法性秩序，更不用说该社会的道德。但我认为，如果司法部门是这些错误的始作俑者，那就会有一种特殊的蒙羞。为什么如此？而且如果是那样的话，法院与立法机关在职能和性质上不是必然存有某种深刻的区别吗？

我拒绝承认的只是对责任的宪法性划分的一个版本。我否认法院是唯一适合做出关于那些权利和原则的实践判断的场域，那些权利和原则由大部分像《欧洲人权公约》那样的宣言组成，并扩大它们的（可废止的、顺境情形中的保护范围），使之远远超出传统普通法对人们免受奴役、冤狱、酷刑等的保护。我已主张，立法者对人类善负有高度的责任，现代"宣言中的权利"和"原则"挑选这些人类善作为所有人共享的基本善。立法者的责任是制定法律（这些法律很少能从原则中被直接**推断**出来），以便在每一项立法行为中给予每一项相关的原则以应有的实践承认。

此处，我几乎无法概述法院的特殊责任和权限（competence）。它们的责任与权限不是要确保其判决与派生的、**制度性的**权利和原则相一致（即"符合"）吗？这些派生的、**制度性**权利和原则由公共承诺创建，而这些公共承诺已由相对确定的来源——这些可以是法律**研习**的主题：立法、惯例和司法先例——作出。什么"在民主社会中对保护（例如）道德是必要的"，在我看来，这是一个不能通过法律研习或律师般的技能（lawyerly skills）而掌握的议题。或许，回想起我对欧洲人权法院道德中立声明的批评，你会说，根据我的观点，冒险涉足这些议题的法院是应受谴责的，如果它们的确接受道德中立；如果它们不接受，它们也是应受谴责的。这就是我的观点。

当立法者根据权利——诸如隐私的权利或孩子及其先辈和监护人享有体面的社会环境的权利——和原则考虑人类利益时，他的判断很可能受到错误的信念、激情、无能、政治上的讨价还价（horse-trading）和政治进程中所有其他堕落的败坏。一个生活在没有对立法进行司法审查的情况下的共同体，是在危险地生活着。如何危险呢？这取决于政治共同体、它的组成及其历史。美国许多宪法律师（constitutional lawyers）的政治视野已受制于以下这个简单判断：通过司法程序诸如 *Brown v Topeka Board of Education* 347 US 483（1954）完成的废除种族隔离，通过其他方式（例如通过在内战后的正式修正案下进行国会立法）不可能很快完成。但是，并非每一个社会都不得不在联邦制的法律和政治限制下解决其先前根深蒂固的非正义。其他宪法律师的视野受制于一种阴郁的景象：分析的混乱和糟糕的法律史、教条式的虔诚以及"无远见且无节制地"行使"原始司法权"的道德规避，[65] 比如像 *Roe v Wade*（1973）一样废止 50 个管辖权区域的法律。

---

[65] *Roe v Wade* 410 US 113 at 222, per White J (dissenting).

IX

　　法院是讨论原则这一重大问题的场域。但是，当一位法官不得不作出决定，（他们决定的）不是什么权利和原则已由作为一个整体的现行法律创建，而是现行法律是否符合一份崭新的宪制文件之"鼓舞人心"的条款，他的判断不也可能偏离吗？——例如，由于对先例、文本的规则、提交给法庭的诉辩状与对其回应的法律论证（arguments）的范围的界限和当事人特殊情况的狭隘关注，以及由于受到（更谨慎地沉湎于）政治罪恶（political vices）和那些在老成世故者（the sophisticated）中大获成功的错误政治理论（诸如功利主义、中立的自由主义或具有社会凝聚力的保守主义）的影响而发生偏离？

　　当法院以权利之名推翻制定法，并因此维持、怂恿甚或推行童工（制度）、广泛的色情作品和堕胎时，这一点或许就是已造成伤害之外的特殊羞辱。[66] 权利法案的宪法性地位并不那么妨碍及时补救这些非正义。更确切地说，是法院在这些情形中保持的不真实的表象——做法院依法行正义时通常做的事之表象妨碍了对不正义的补救。只有在法院之外，法官才会说爱尔兰最高法院的肯尼（Kenny）大法官先生说过的内容，该内容赞许地回顾了20年来对爱尔兰权利法案的"积极"解释："法官们已经变成了立法者，而且，变成了立法者的法官们有不必面对反对党的优势。"[67]

　　然而，这不是纯粹的（权力）篡夺。通过把教育和鼓舞（inspiration）与

---

　　[66] 在欧洲人权委员会的英国成员看来，公约创建了一种至少在胎儿"能够独立生存"之前可要求堕胎的权利：*Bruggeman and Scheuten v Federal Republic of Germany*（1977）3 EHRR 244 at 255-7（Fawcett, dissenting）. 欧洲人权委员会不同意这种看法；欧洲人权法院还没有宣布这种看法［但在 *Vo v France*（2007）and *A, B & C v Ireland*, 2010 中，该法院坚持认为，一个人不能够决定胎儿是否为受《欧洲人权公约》保护的人（这样国家由此可以允许根据要求而堕胎，或将允许堕胎限制在母亲生命垂危的情形中）］。

　　[67] Kenny, "The Advantages of a Written Constitution incorporating a Bill of Rights" at 196. 正如 Kelly, *The Irish Constitution*, 475, n.29 所指出的，肯尼大法官的"已经变成"指的是由他自己在 *Ryan v A-G*（1965）IR 294 中的判决所开创的时代。

政府相混淆，宪法文本已经要求或至少招致超出法律研习范围的司法偏离（judicial excursions）。联邦制国家的紧急状态实际上迫使宪法制定者对法院施加特别的责任，这些法院必须监督协调下的中央与地方立法机构之间的权力分配。一个人必须自问，某种类似的紧急状态是否表明我们应当给我们的法院施加任务，该任务使法官在面对制定法或普通法时（需要回答）未知的"民主社会的必要性"（这一问题）。

X

44　我一直在论证反对英国人的权利法案吗？需要制定一张总括的权衡表（a grand balance sheet）吗？不需要。支持或反对可被司法裁判的（justiciable）权利法案的选项，都要求我们选择不公正地对待别人吗？还没有，或者不一定。我建议的正是这一点。放弃一部可被司法裁判的权利法案意味着接受非正义的某些真正的风险。但是，采用一部权利法案，以当今现实可行的任何形式，意味着接受一个有时限的文本，该文本因其有瑕疵的技艺（flawed craftsmanship）以及其未能预见到近来对正义更多的挑战——这些瑕疵被欧洲人权法院的解释方法放大，从而贬低了某些人权。它也意味着在我们国家实践推理和选择的制度性运转中加入一种新的或被极大扩展的虚幻的要素，以及新的或更充分的偏离法治的理由。††††

注

†不同种类的法律人（A different sort of lawyer）……（第20页）。例如：在2010年5月英国普选那天，一位出类拔萃的人权律师、王室法律顾问潘尼克（Pannick）勋爵，认为向选民发表如下演说是有说服力的：

在一场势均力敌的竞选中，当许多席位的结果可能取决于少量席位时，非法地将85 000名囚犯排除在选举权之外是一种宪法上的耻辱，这一排除从根本上损害了民主程序的正当性……为什么这个国家需要真正的权利法案？不可能有更清晰的证明了（*The Times* [London]，6 May 2010，21）。

正如潘尼克勋爵再清楚不过的，对罪犯（选举权）的法定剥夺是由议会于 2000 年根据各党派委员会的一致建议而制定的，其仅在以下意义上是"非法的"：在 2005 年，欧洲人权法院大法庭的多数法官认为，法定剥夺罪犯的选举权违反了《欧洲人权公约》——像所有条约一样，该条约对英国法律没有任何效力，除非议会给予它效力——所保护的诸项人权。

议会未采取行动使欧洲人权法院在 *Hirst v United Kingdom*（No. 2）（2005）42 EHRR 41 一案中作出的判决生效，本质上是因为，那份判决的论证完全不具有说服力，以及欧洲人权法院太过随意地否定了英国法院关于公约同一条款作出的相反裁决。欧洲人权法院赫斯特（*Hirst*）一案的判决在 2010 年 4 月甚至变得更不具吸引力，彼时，*Frodl v Austria* 案中（欧洲人权法院，2010 年 4 月 8 日，第一部分的判决，第 28 段）赫斯特一案的判决被赋予一种尽管未经论证且未被承认但却重要的解释扩大化（被潘尼克勋爵热情地赞同），所以现在，用他的话说，"剥夺选举权只可以合法地对少数囚犯施加"，之后只能由法官一个接一个地施加这种剥夺。

赫斯特一案中的欧洲人权法院意图承认法定剥夺选举权的"目标"是正当的。但它没有试图用自己的话确切阐述这样一个（或一些）目标，而且随着判决（论证）的进行，出现的该法院所接受的唯一目标是：

> 保护［民主社会］免于各种意图摧毁公约中列明的种种权利或自由的行为……［通过］……把对选举权的种种限制……施加于那些（例如）严重渎职或行为威胁、损害法治或民主基础的人……（para. 71）。

事实上，相较于如下目标，欧洲人权法院假装接受的法定目标远为不同且更加广泛：（1）通过体现行使社会权利（如投票）与接受社会义务诸如尊重其他公民的合法权利之间的联系，提升公民的责任感——对接受和尊重的明显违反严重到足以（对其）监禁；（2）通过使对行动自由的惩罚性剥夺伴随着成比例的（pro rata）对行使选举人职责的公民自由的惩罚性剥夺，以此强化刑罚背后极其重要的报应原理。(See Hirst paras. 16, 24, 37, 50.) 因为若我们不时常把那些所采取手段的明确目的［"目标"（aims）］牢记于心，我们就很难对手段的"合比例性"进行正确评估，欧洲人权法院对议会目的的支持只是含糊其辞且转瞬即逝的口惠而实不至，这使得其不合比例的判决完全不具说服力，实际上很武断。

此外，欧洲人权法院在关键处（para. 58）对法治的略微提及足够清楚地表明，欧洲人权法院倾向于那种大成问题的法律/政治哲学，该哲学由最高法院在相应的加拿大案例 Sauve v Attorney General of Canada（No. 2）［2002］3 SCR 519 中勉强过半数通过，根据该哲学（欧洲人权法院对其的释义，第36段），"法律［也即整个法律体系］的正当性和服从法律的义务，都直接来自每一位公民的参与选举权"。

†† **绝对权力（absolute rights）：《欧洲人权公约》的主要美德**……（第62个注释）。此处本文已被对第3条禁止酷刑和不人道或有辱人格的待遇的司法解释所压倒，这些司法解释错误地适用了第3条，通过把禁止的绝对性［无例外性和准无界扩散性（quasi-unbounded diffusiveness）］从酷刑行为或**意图**促进酷刑的行为，扩展到包括尽管非常谨慎但仍产生"真正风险"的所有行为。该风险包括某个其他人会参与酷刑等。参见第9篇论文第58个注释。

††† **"干预"这一粗糙的语言**……（第40页）。参见 Webber, *The Negotiable Constitution*: *On the Limitation of Rights*, esp. ch. 2（"The Received Approach"）：

> 根据被广为接受的方法，对权利主张（a rights-claim）的分析分两个阶段进行，即把权利问题与对权利的限制问题分开。通过把对一项权利的"限制"解读为与对一项权利的"侵犯"或"践踏"同义，这个被广为接受的方法将限制条款描述为类似于……"保留条款"或一种"防御"，对权利的侵犯可能借公共利益之名得以保

留或辩护……结果是对所有权利的一种扩张性解读，国家在追求公共利益的过程中对权利的频繁侵犯，以及诉诸（或不诉诸）限制性条款证立（或不证立）对宪法性权利的侵犯（第56页）。

(See also Miller, "Justification and Rights Limitation".)韦伯对这种被广泛接受的方法的批判，可以与他对另一可疑（尽管也被相当广泛地接受）命题的认可相分离，这一命题即"宪法应当在不断发展的基础上对民主再协商保持开放"（第55页），该协商是在宪法并未公开赋予修宪权威（constituent authority）的立法机关和司法机关内部或之间进行的。

****对人权的司法审查：作为一个虚幻的新要素的原因和疏离法治的原因……（第44页）。自1998年《人权法》把《欧洲人权公约》纳入英国的法律（尽管不是以贯穿本文所设想的或多或少的确定形式：参见上述第4个注释后的正文），在英国的最高法院中，一直存在大量有严重缺陷的、粗糙的做出判决的例子。一个备受瞩目的例子在2007a中被加以研究（参见第9篇论文的开篇附注）。更近的一例是 HJ (Iran) v Secretary of State for the Home Department [2010] UKSC 31，《关于难民地位的公约》和其议定书的适用问题。最高法院的法官罗杰勋爵（Lord Rodger JSC*）与表示同意他的其他3名法官，都忽略了最近在 Januzi v Secretary of State for the Home Department [2006] UKHL 5, [2006] 2 AC 426 案中明确表达的一套学说，根据这套学说，我们可以合理地形成以下期待：那些能够通过迁移到他们自己国家另一个地方而逃脱迫害的人应当这样做（而非前往外国主张难民）——的确，应当这样做，即使他们仍会"在那里不享有基本规范所规定的公民的、政治的和社会-经济的诸项人权"——除非对他们所要求的这些逃避措施过度苛刻：（我们应当）考虑的是他们自己国家的标准、基本人道的标准，而不是他们寻求避难的（以及开庭审理案件的法院所在的）国家的更高标准。其余的

---

* JSC，是 The judiciary of the Supreme Court 的简写。——译者注

法官，英国最高法院副院长霍普勋爵（Lord Hope DPSC**），的确注意了那套学说（尽管是简略地），以及（以一种明显令人困惑的方式）由政府基于那套学说通过类比而发展的论证。但他是在这样一项原则的基础上推进的：只有不充分的权威（slender authority）才能被援引以支持该原则，且该原则显然与 *Januzi* 案的那套学说不一致。那套学说即，难民的主张不能基于他本应在自己的国家采取逃避措施而遭到拒绝，如果事实上该难民**不愿**采取那些措施。结果是一项无原则的例外，支持那些既不情愿节制也不愿意隐藏他们"任意的［非婚姻］性行为"的人（参见第 20 篇论文的尾注）。无论一个人是否同意"同性恋权利运动"的政策目标和"性别身份"学说，也无论他是否同意英国向所有那些因**公开地**过那种"生活方式"而面临歧视或惩罚的人开放，显见的是，最高法院在该案作出的判决伤害了法治。在其对共同善的影响方面，更严重的是同类伤害的另一个例子：在 *R（Purdy）v Director of Public Prosecutions*［2009］UKHL 45（协助自杀）案中根据《欧洲人权公约》规定的一项"隐私生活的权利"所作出的一系列判决，全部显然不令人满意（参见 2009i）。

** DPSC，是 Deputy President of The Supreme Court 的简写。——译者注

第 2 篇
康德思想中的自我义务[*]

I

> 我对我自己的义务不能被视为法律上的义务；法律涉及的只是我们与他人的关系，我对我自己没有任何法律责任（legal obligations）；我对我自己做的任何事情，都可以对一个表示了同意的当事人（a consenting party）做……[1]

康德的学生听他在 1780-1781 年的伦理学讲座中如是说。大约在同时，《纯粹理性批判》宣称，立法应当受到"允许人的**最大可能自由**的宪法"观念指导，这里的宪法应"与法则——按照这些法则，**每个人的自由可以与其他所有人的自由共存**——相一致"。[2] 在康德自己后期的作品中有一些句子，这些句子可能看起来证实了这些断言的明显含义以及它们之间的相互关系。例如：

> ［正当的概念］……仅适用于一个人对另一个人的外部的且更

---

* 1987c（"Legal Enforcement of 'Duties to Oneself': Kant v. Neo-Kantians"）.

[1] Kant, "Duties to Oneself", in *Lectures on Ethics*, 117.

[2]《纯粹理性批判》A316/B373. ［康德**其他**公开出版作品的参考页码，除另有说明外，皆为《康德文集》（普鲁士科学院版）相应卷册的页码；《法权论》（*Rechtslehre* 因译者德文水平有限，此处暂采国内学者的通行译法，尽管对该译法存疑。——译者注）和《道德形而上学》（1797）的其余部分，参见第 6 卷；《道德形而上学的奠基》（1785），参见第 4 卷；《实践理性批判》（1788）和《批判力批判》（1790），参见第 5 卷；康德公开发表并在下述被援引的其他政治作品，参见第 8 卷。］

重要的实践关系；在这种关系中，他们的行为事实上可以（直接地或间接地）互相施加影响。〔3〕

……

因此，如果我的行为或状态通常能够依照普遍法则与每个人的自由共存，那么，妨碍我实施该行为或保持该状态的任何人就对我行了不义……〔4〕

诸如上述这些段落，可能看起来使得康德与那些愿意甚或热衷于将其政治理论标记为康德哲学的当代人相关联。那些人的政治理论如下：（1）国家（政府、法律）应在对个人而言什么是善或正确的相对立的诸观念中保持中立（**中立原则**）；和/或（2）国家无权直接或间接地使用强制措施以阻止那些若非人们同意参与就不会伤害他们的行为（**伤害原则**）。

如果康德确曾认为他的伦理理论和法律理论要求或中立原则或伤害原则，或与这两项原则中的任何一个原则相一致，那么，这将成为其理论被怀疑的理由。因为我们当代人为上述两个原则中的一个或另一个，或全部原则辩护的努力，显然都不成功。在本文的第 2 节中，我考察了约翰·罗尔斯和罗纳德·德沃金的尝试；在第 3 节中，我探讨了 D. A. J. 理查兹（D. A. J. Richards）所做的尝试，此人更明确地主张康德的一般理论对自由和自主的支持。

尽管如此，正如理查兹论文中的批判所表明的，康德的诸批判作品既不坚持中立原则，也不坚持伤害原则。而是，正如我在第 4 节所主张的，这些批判作品批判这两个原则。（尽管许多拒绝中立原则的人维护伤害原则，但拒绝伤害原则的人，比如康德，会拒绝中立原则）。在我看来，康德的很多

---

〔3〕 *Rechtslehre* 230 [Ladd, *The Metaphysical Elements of Justice* 将此处的正当（*Recht*）解读为"正义"，这一解读未必完全错误；参见下述第 81 个注释的内容]。

〔4〕 Ibid.；亦参见第 237 页，论"属于每个人的先天的平等，这种先天的平等存在于他的权利，亦即他在自己也能相互性地约束他人的范围之外不受他人束缚的权利"。

实践结论大体正确,[5] 但他对这些实践结论的辩护受到其伦理理论中广为人知的结构性缺点的削弱,一如我在第5节所主张的。

II

罗尔斯并不支持中立原则和伤害原则本身,但他主张一项原则,这项原则就其内容能够得以完全详述而言,[6] 似乎在其效力(force)和实践蕴意层面与中立原则和伤害原则几近相同:"每个人都应当享有最大的平等自由权,该自由权与他人享有的类似自由权相一致。"[7]

> 作为公平的正义要求我们指出,某些行为模式在它们得以限制之前,便妨碍了别人的基本自由权,或者违反了某种责任(some obligation)或自然义务(natural duty)。[8]

那么,罗尔斯反驳相竞争的观点,即他谓之"至善论者"的论证是什么呢?至善论者是这样一种观点:国家有职责和权利培养其全体公民的善、幸福、繁荣和卓越,并有职责和权利阻止他们甚至强制性地阻止那些至少会伤害他们、有辱他们尊严或掠夺他们(despoil them)的行为和安排,尽管某些行为和安排本身是"自我指涉的"。罗尔斯明确承认:

> 个体的自由和福祉,如果用他们的活动和成果的卓越程度来衡量,那么,在价值上会大不相同……内在价值显然是可以进行比较的;而且……诸价值判断在人类事务中占有重要地位。它们不一定

---

[5] 但不是所有——不是所有的实践结论都正确,例如,他对杀死非婚生子女行为的宽恕:*Rechtslehre* 336. **敬请理查兹原谅**,本文仍然不认为讨论康德哪些实践结论合理、哪些不合理是重要的。

[6] 参见 Hart, "Rawls on Liberty and Its Priority" 这篇文章所提出的严肃质疑、关于这一"原则"的可理解性与可规定性(specifiability)的严肃质疑。

[7] *TJ* 327-8;比较,上述第2个注释援引的康德的句子及附随的原文。

[8] *TJ* 331. 在罗尔斯的术语中,所有的义务都是公平的义务,所有的自然义务都是对他人(owed to others)的义务。*Ibid.* at 112, 115. 关于这一段落的解释,参见 Hart, "Rawls on Liberty and Its Priority" at 541-2.

就如此模糊不清,以致一定不能作为分配权利的一种可行基础。[9]

承认了这一点之后,他提出了两种反对至善主义(perfectionism)的论证。第一种,也是主要的一个论证,即至善原则(perfectionist principles)在原初状态(Original Position)中不会被选择;在原初状态中,在一个秩序良好的社会中规范社会生活的诸原则都由那些不考虑其个人利益、信仰和至高目的的人选择。至善原则不会被选择,因为:

> 承认任何这样的标准,实际上等于接受了一项原则,一项可能导致更少的宗教自由权或其他自由权的原则……他们[原初状态中的人]不可能**拿他们的自由冒险**,通过授权一种价值标准,让它来界定什么将被目的论的正义原则最大化,而**使他们的自由处于危险境地**。[10]

因为:

> 他们不可能**拿他们的自由权去冒险**,通过允许占支配地位的宗教或道德教义随意迫害或压迫其他的宗教或道德教义而**拿他们的自由权去冒险**……以这种方式冒风险会表明,一个人并没有认真对待其宗教或道德信念……[11]

最后援引的句子中所提出的辅助性考虑(supporting consideration),显示了整个论证的脆弱性。因为,在某些宗教和道德信念恰好受到极其认真对待的时代,理性人事实上愿意承认至善原则,并因此"下赌注":**正确的**(从他们自己的观点来看)宗教和道德信仰会得以实施。当那些从他们的观点来看错误的信仰得以实施时,他们并不抱怨那在原则上是不公平的——只是它在事实上是不公正的,因为那些信仰是错误的——而且他们探求那些承诺实施正确信仰之机会的任何抵抗或改革的手段。因此:罗尔斯的论证如果没有最

---

[9] *TJ* 328.
[10] *TJ* 327-8(强调为后面所加)。
[11] *TJ* 207(强调为后面所加)。

后的辅助性论证（supporting flourish），一定会起作用。

另外，没有那种辅助性论证，罗尔斯的论证进展得不会顺利。它的前提只是，由于纯粹的审慎的自利（完全独立于道德或公平），至善主义不会在原初状态中受到选择。它的结论是，至善原则不是一个公正的原则。**不合逻辑的推论**足够明显（但它主要使罗尔斯《正义论》中的整体解释有缺陷）。原初状态的各项条件确保了原初状态中会被选择的那些原则是公平的，因为那些条件系统地排除了人际偏见（偏好）的来源，从而保证了公正。[12] 但是，遍及全书，在逻辑上或在罗尔斯的论证中，没有任何东西使他有资格得出以下结论，即一项**不**会在原初状态中被选择的原则，不可能是现实世界中的正义原则。

至善原则受到罗尔斯的拒绝，不是因为不公平，而是因为不利于那些人的私利（self-interest）——那些人的观点或欲望，可能会与这些原则的某种适用相冲突，以及不利于那种不顾**道德原则和其他卓越标准而被构想**的私利。罗尔斯的论证从而无助于反驳以下主张，即适用（诸）"至善"原则会符合每个人甚至那些必须被强行阻止损害他们自身最佳利益的人的最佳利益，那些真正被构想的最佳利益。

然后，我们此处来到罗尔斯的第二个论证，该论证可从一个晦涩的过渡段落推断出，这一段落以承认反驳温和的至善主义的确不容易开头。"温和的至善原则"并不依赖一种单一的好生活的观念，因此使得所有其他的生活方式一定处于附属地位，而是依赖有关卓越和堕落的各种主张，"凭直觉"对自由和平等进行权衡。罗尔斯晦涩的论证首先断言，"卓越的标准作为政治原则是不明确的"，而且"它们在公共问题上的适用必然是不确定的和异质的（idiosyncratic）"。[13] 然后，它突然转向一个甚至明显更可疑且更经验主义的（contingent）断言：对至善主义标准的诉诸是"以一种特别的方式"

---

[12] 但是，罗尔斯主义的建构并没有逃出偏见（诸如在善的诸观念之间），因而亦诸如在人的**诸观念**之间存在的偏见。See Raz, *The Morality of Freedom*, 117–33; Nagel, "Rawls on Justice" at 8–10.

[13] *TJ* 330.

作出的，而之所以作出那些诉诸，是**因为**政治选择的其他标准、与（事实上）伤害原则相一致的政治选择的其他标准难以获得（unavailable）。但是这种断言反过来立即受到限制；它不总是为真，只是"往往"或"很可能"为真。[14] 相应地，他的结论也就没有说服力："看起来最好是完全依赖［即他的］具有更明确结构的正义原则。"[15]

但显然，它将仅仅对以下那些人而言"似乎是最好的"：那些满意于有关善恶的混乱分歧这一特有"现代条件"的人；这些条件是罗尔斯为辨识正义原则而独自寻求的条件。[16] 显然，整个论证即使被接受也完全无法表明，使用国家权力违反中立和伤害原则总是**不公正的**。

之后，学者们做了各种努力来支持罗尔斯明显不能支持的这一论证：中立原则和/或伤害原则都是为正义所要求的原则。我认为，罗纳德·德沃金众所周知的努力，事实上是首先作为对罗尔斯基本理论结构（basic construction）的一种根本重释而加以提出的。

> 原初状态……作为检验……诸互相对立的观点……的方法……
> 这些相互对立的观点合理地认为，政治安排（political arrangements），那些没有表现出平等关怀和尊重的政治安排，是那些由有权力的男男女女建立和管理的政治安排，而这些有权力的男男女女，不管他（她）们是否承认这一点，他（她）们对特定阶级的成员，或有特

---

[14] *TJ* 331.
[15] *Ibid*.
[16] See Rawls, "Kantian Constructivism in Moral Theory" at 518：我们不是试图找到一种适合所有社会的正义观，不论这些社会的具体社会或历史环境。我们想要在现代条件下解决民主社会内部基本制度公正形式的根本分歧。亦参见第539页，"正义即公平原则认为宗教、哲学和伦理主义的深层且普遍的区别依然存在"。亦参见 Rawls, "Justice as Fairness: Political Not Metaphysical" at 225, 230-1. 请注意罗尔斯在 "Kantian Constructivism" at 570 中的结论：尽管我已说了这么多，但回答以下内容依然对理性直觉主义保持开放：我尚未证明理性直觉主义是错误的，或理性直觉主义不是我们正义诸判断中必要共识的可能基础。我一直意图通过比较来描述建构主义（constructivism），而不是为之辩护，更不是主张理性直觉主义是错误的。

殊天资**或典范**（*or ideals*）的人们，都要比对其他人更为关怀和尊重。[17] 正如德沃金稍后代表他自己如是说：

> 政府必须不仅仅要关怀和尊重人民，而且必须平等地关怀和尊重人民……它不得基于某个公民关于某一团体的好生活的观念比另一个公民的观念高贵或优越而限制自由权。[18]

我不会在这种主张上纠结，即对道德的立法保护表明官方或大多数人对那些人、那些其偏好的行为受到禁止或妨碍的人的轻蔑。我认为德沃金已默示承认这种主张站不住脚。简言之：这种主张之所以失败，是因为这样的立法**可能**表明的不是轻蔑，而是平等价值的意识和那些其行为被宣布为非法的人的人格尊严，而那些人的行为之所以被宣布为非法，正是因为其行为表达了一种对人的价值和尊严的严重误解，而且实际上贬低了人的价值和尊严也就等于贬低了他们自己的个人价值和尊严，连同其他人的价值和尊严，而这些其他的人可能被诱导分享或仿效他们对个人价值和尊严的贬低。[19] 判断那些人错误以及根据那一判断而行为，在人类话语或实践的任何领域都不等同于鄙视那些人或偏爱自己。

因此，德沃金现在已经提供了其论证的修订版本。新版本反而依赖于那种自我尊重（某人自己对其平等价值的感觉）的假定丧失，或与自尊不相容的观念：

> 建立在平等之上的自由主义……坚持认为政府……不得凭借一种论证、一种公民如果不放弃自己的平等价值的意识就不可能接受

---

[17] *TRS* 181（强调为后面所加）。德沃金继续写道：那些对于他们自己善的观念一无所知的人不可能支持那些抱持一种思想境界的人而不支持那些抱持另一种思想境界的人。原初状态的设计正是为了强行实施平等关怀和尊重的抽象权利，平等的关怀和尊重必须被理解为是罗尔斯深奥理论的基础概念。

想要了解罗尔斯对这一点的温和的否认，参见"Justice as Fairness" at 236 n. 19. 德沃金稍后把一个类似的观点归因于 J. S. 密尔：参见 *TRS* 263.

[18] *TRS* 272-3.

[19] 想要了解证明这一主张站不住脚的另一种方式，参见 *NLNR* 221-3.

的论证，而对任何公民施加牺牲或限制……没有一个自尊之人，相信一种特定的生活方式对他而言最有价值的自尊之人，能够接受这种生活方式是卑下的或可耻的……因此，作为建基于平等的自由主义，证立了传统的自由主义原则，即政府不应强制实施私人道德……[20]

但是，这种论证和其前身一样无力。禁止人们偏好的行为并不要求他们接受"一种论证"。如果他们的确接受了法律建基其上的那种论证，那么他们会接受先前的种种偏好就确实不值得持有（或者，如果他们总是承认法律建基其上的那种论证，尽管如此却又仍保有他们的偏好，那就等于承认他们一直是昧着良心的）。改变信仰或不那么戏剧性的懊悔和革新的现象，都表明一个人不得以他人当前的人类善的观念来识别他们（以及他们作为人的价值）。简言之：要么，那些其偏好的行为受法律禁止的人接受法律建基其上的人类价值的概念，要么，他们不接受。如果他们接受，那就不存在对他们自尊的伤害；他们意识到自己过去犯了错误，或许还对那种帮助、那种强制性地用于革新的帮助感到高兴。（这听起来不真实吗？想想戒毒者。）如果他们确实不接受法律的观点，那么，法律就使他们的自尊处于不受影响的状态；他们会认为，正确也好，错误也罢，法律犯了错误，法律在对他们而言什么是善的观念上令人遗憾地（且有损害地）犯了错误。他们可能深刻地怨恨法律。他们不能够准确考虑的事情是，法律没有平等地对待他们；因为，作为维护道德的一种努力，这部法律的正当关切是（我们此处可以假设）一种对无例外的每一个人的善、价值和尊严的关切。[21]

---

[20] Dworkin, *A Matter of Principle*, 205-6.

[21] 有时，德沃金区分人的价值和他们的偏好的价值。See e.g. *ibid.*, 360. 然而，他通常认为（套用老行话）谴责罪恶就是表明对罪人的轻蔑——一个受他这一模棱两可的短语即"不良品性之人"怂恿犯下的错误。*Ibid.*, 357. 他因此忽视了我谓之"透明性"的一个重要方面。参见 *FoE* 70-4, 140-2：对我而言透明的东西，即**我的**选择的质量是因为**我的**个性的质量，在我判断他人、他们的选择、他们的个性时却是不透明的。因为我不知道他们选择的最深层次的理由，是故我可以谴责他们的选择，而不谴责作出那些选择的人（的个性）。

III

直接转向康德自己对上述问题的说明之前，观察当前一位中立和伤害原则的辩护者戴维·理查兹（David Richards）如何使用取自那一说明的某些语词会是有助益的。理查兹提出，公共的和宪法的道德原则派生于人权的概念，而这一概念"根据把人作为平等主体来对待的一种基于自主的解释"得以阐明：[22]

> 至关重要的是，"人权"思想尊重了人的这种追求理性自主的能力[23]——用康德令人难忘的措辞来说就是，他们在目的王国成为自由且理性的君王的能力［引自《道德形而上学的奠基》，第433-434页］。对目的的选择可以修正，而对这种选择的终极的规范性尊重，[24]康德将之描绘成自主的尊严［引自《道德形而上学的奠基》，第434-435页］，与人可能于其中选择的他律的、低位阶的各种目的（快乐、天赋）形成对照。康德由此表达了道德**中立——就诸多完全不同的好生活的愿景而言的中立——**的根本自由律令：人权思想中体现的关注，不是把行动者对任何具体的、较低位阶目的的追求最大化，而是尊重行动者更高位阶的**能力**，在选择和修改他的目的（**无论这些目的是什么**）的过程中运用理性自主的更高位阶的**能力**。[25]

理查兹将一项相当于伤害原则的原则，与他在那一段落中宣布的中立原

---

[22] Richards, *Sex, Drugs, Death and the Law*, 8.

[23] 但是在相邻页，理查兹把那些能力（他在那里列举的）描述为"**构成**自主的能力"：8（强调为后面所加）；see Richards, "Rights and Autonomy" at 7.

[24] 为什么理查兹认为对目的之可修改的选择的**尊重**能够可理解地被描述为某种东西的**尊严**，仍未被理查兹（当然，或者康德）所说的任何内容所阐明。

[25] Richards, *Sex, Drugs, Death and the Law*, 9（强调为后面所加）。在"Rights and Autonomy" at 7 这一段落的版本中，有一处对德沃金"Liberalism"的援引，以支持"道德中立的自由律令"。

则联系在一起：

> 与对平等待人采取的基于自主的解释相一致，构成一部公正刑法之基础的诸原则规定了作为（action）和不作为（forbearance from action）的各种形式，而这些形式，根据对所有人公平的条款，表达了对那些负责任地追求他们目的的人的**能力**的基本尊重，而**不论那些目的是什么**。这些原则施加了这一约束：只有作为和不作为的那些形式，那些侵犯了人所享有的尊重的各种形式——该等形式由责任和义务的基础性原则（underlying principles）所界定——的权利的形式，才可能被正当地定罪。[26]

在他对自主的最初讨论中，理查兹的确诉诸"[那些运用自主的人]已经理性地同意的行为原则和伦理规范"和"使用规范性原则**尤其**包括理性选择的原则，来决定在若干目的中哪个目的可能是最有效且最一贯地得以实现的能力"的相关性。[27]但"有效性"和"一贯性"听起来已相当不同于康德了，而且，随着理查兹揭示他自己作为作者对我刚从他那里引用过的、两个不明确的段落的理解，这些不同扩大并且深化了。因为他对康德自主观念的基本解释很快终止了对选择之规范的所有引用：

> 在[康德]伦理理论的核心表述中，道德人格被按照自主的独立性——作为一个自由且理性的存在者，安排并选择一个人的各种目的的能力——加以描述。[28]
>
> ……基于自主的平等待人的概念，取决于对个体能力的尊重，对个体确定、评估并修正他/她自己生命意义的能力的尊重。[29]
>
> 这一重要分量（focal weight）……被赋予作为自己生命创造者的个体的自由和理性，**是**把人作为平等主体来对待的基于自主的解释

---

[26] Richards, *Sex, Drugs, Death and the Law*, 17（强调为后面所加）。
[27] Ibid., 8.
[28] Ibid., 109. 相同的表述, ibid., 177.
[29] Ibid., 172.

理查兹从这些考虑中派生的"基本权利",是人们"决定他/她们自己生命意义"的权利。[31]

很难找到对康德自主、理性、尊严和目的王国诸观念的一种更不准确的描写了。

我们可以康德那一"令人难忘的措辞"*为开头,该措辞把康德归为《性、毒品、死亡和法律》(Sex, Drugs, Death and the Law)一书的支持者。当然,康德本人并没有使用这一用语,既没有在理查兹声称已经从中记取它的那些页码中使用,也没有在其他任何地方使用。因为在理查兹向我们提及的那些页码中,康德声明,不仅目的王国"当然只是一个理想",而且更重要的是,甚至目的王国中的理性立法者也不会是君王,除非他是"一个完全独立的存在,摆脱了一切需求并且拥有满足其意志的无限权力"[32]——一个神一样的、非人的存在。对于理查兹的误读,康德似乎已感到苦恼,几年之后,康德在《实践理性批判》中如是写道:

> 我们的确是道德王国的立法成员,经由自由道德王国是可能的,而且道德王国作为一个受实践理性尊重的客体呈现在我们面前;然而,**我们同时是这个王国的臣民**,而**不是它的君王**,错认我们作为受造者的低等地位,并出于自负而拒斥尊重神圣的法则,这在精神上是对它[道德法则]的背弃,哪怕它的字面意义得以实现。[33]

但是,在紧接着理查兹援引《道德形而上学的奠基》那些页码的两页

---

[30] *Ibid.*, 274. 此处,理查兹把这一观点归因于"皮科[德拉·米兰多拉]-萨特(Pico [Della Mirandola] -Sartre)传统",但也回顾了那位最伟大的人权哲学家康德和"自主的道德理想"(尽管在实践中有着冲突和不一致)的一位支持者。

[31] *Ibid.*

* "令人难忘的话",即"人在目的王国中成为自由且理性的君王的能力"。——译者注

[32] 《道德形而上学的奠基》,第433-434页(Abbott trans., *Groundwork of the Metaphysic of Morals*, 52)。

[33] 《实践理性批判》,第82-83页(强调为后面所加)(Beck译本,第85页)。

中，康德已经清楚易懂地说明，他对"自主的尊严"的理解如何不同于理查兹的理解。具有"内在价值，即尊严"的东西仅有"[道德]法则为其确定的价值"。[34] "因此，道德和人性（就人性能够道德而言），是唯一具有尊严的东西。"[35] 理查兹提及的那些能力（其中一些为康德此处特别提及）[36]有一种"市场价格"和/或一种"情感［或嗜好］价格"（另一种纯粹的相对价值），但是，道德上正直的行为（诸如信守承诺和有原则地仁慈）具有内在"价值"。道德上好的安排（good dispositions）可以声称自己有权利去获得尊严，只是因为它们并且只有它们能够使理性的造物参与制定普遍法则，并因此**使**这些造物**适合**成为可能的目的王国中的成员和立法者。只有当理性选择者的准则（即指导他们选择的基本原理），通过不仅把其他人而且也把每一个选择者自身（即他们自己的理性本质）绝不视为纯粹的手段而是一个目的，能够与可能的目的王国相协调时，那些准则才具有尊严。"自主**因此**是人的本性和每一个有理性的本性（every rational nature）享有尊严的根据。"[37]

简言之，仅在一个人事实上的确不是基于他的利益而是出于对道德种种要求的尊重作出其选择的范围内，一个人才拥有自主。[38] 而且：

> 在遵从道德法则之前所提出的对自尊（self-esteem）的一切要

---

[34]《道德形而上学的奠基》，第 435-436 页（trans. Beck）。比较 Richards, *Sex, Drugs, Death and the Law*, 20："康德主张具有无条件价值的唯一东西就是个人的尊严"（援引《道德形而上学的奠基》，第 434-435 页）。

[35] *Ibid.*, 435.

[36] 康德事实上把这些能力本身视为**天赋**（talents），这些能力使一个人胜任追求"任何种类的目的"（比较理查兹对一个人目的的提及，"无论这些目的是什么"），而且它们（在最好的情况下），是唯一值得尊重的东西，这里的尊重仅仅类似于那种尊重、那种应归于道德法则和遵照该法则的选择之价值的尊重：《实践理性批判》，第 41、77-78 页。比较下述第 88 个注释。

[37]《道德形而上学的奠基》，第 436 页（强调为后面所加）。关于康德认为尊严为以下所有：(1) 人性；(2) 具有理性的本性；(3) 道德；(4) 个人；(5) 遵守义务的人；(6) 为义务之故而履行义务的安排，参见 Hill, "Humanity as an End in Itself" at 91-2.

[38] 参见《道德形而上学的奠基》，第 433 页，此处首次介绍了"自治"。另外，把康德**国家**自治的概念考虑为，"依照自由法则"该概念对它自身的形成和维护：*Rechtslehre*, 318. 理查兹意识到，康德自治的观念和出于道德义务而行为有关（至少可以这样说）；参见"Rights and Autonomy" at 15. 但是，理查兹坚持（出处同上）他的简化的陈述；他说，自治是一个"个人的独立性"问题。

求，都是无效的。因为确定一种安排符合道德法则，乃是**人的一切价值的**首要**条件**……先于遵从道德法则而［对价值的］一切假定都是错误的……[39]

事实上，在康德以内在的人的**价值**的概念开始其伦理学教学之处开始对理查兹进行这些概要评论，可能会更好。我们在康德1780-1781年的讲义中能够听见他如是说：

> 被创造的至善是最完善的世界，即一个这样的世界，在其中，所有的理性存在者都很幸福，而且**应得幸福**。古人意识到纯粹的幸福不可能是那个最高的善。因为如果不区分公正和不公正，所有人就都能获得这种幸福，那么最高的善就不会得以实现，因为尽管幸福的确会存在，但幸福之应得却不会……人只有在他**使他自己应得**幸福的范围内，才能够期待幸福，因为这是理性本身提出的幸福的条件。[40]

或者我们可以着眼于道德问答手册（Moral Catechism）中的开场白，康德在其对伦理的最成熟的公开反思中提出了这段开场白——决定性的第一步，通过这一步，教师想要强行将学生逐离他们对幸福的排他性关注。假设你有权力不付出任何代价而向你自己分配幸福：

> 你会确保醉汉从不缺酒喝，以及为了喝醉他需要的其他任何东西吗？……
>
> 不，我不会。
>
> 于是，你明白，如果你手中握有一切幸福，并拥有与这种幸福相伴的最佳意志，你仍会……首先试图弄清楚，每一个［人］在何

---

［39］《实践理性批判》，第73页（trans. Beck，76）（强调为后面所加）；see also *ibid*. at 147 (Beck at 152).

［40］《伦理学讲义》，第6页（强调为后面所加）；亦参见第252页（在讲义的结尾处）；《实践理性批判》，第110页："德性（作为享有幸福的价值）是向我们显示的、一切值得欲求的东西的至高条件，因而也是我们对幸福的一切追求的至高条件，因此……是至善"（trans. Beck，114），和第111-119页（trans. Beck，115-24）。

种程度上**配享**幸福。[41]

康德力劝教师们把**德性**的"尊严"提升到"行为中的其他一切事情之上"。因为，如果不那样，义务的概念就会淡化，"人对他自己高贵性的意识接着就会消失，而人就会待价而沽，可以以诱人的倾向提供给他的价格购买"。[42]

理查兹则完全不同于康德。例如，他认为，康德的自主指的是"在一个人的体验品质上独立自主（sovereignty）"。[43] 他说，美国许多年轻的海洛因吸食者通过选择一种允许他们吸食毒品的"心理权重性"（psychological centrality）享有这样的独立自主，而这种"心理权重性""从他们自己处境的视角来看，可能不会不合理地安排他们的生活和目的",[44] 因为吸食海洛因和类似之物——

> 引出它自己的社会任务和成就标准、它自己的地位和尊重的形式，以及它自己以毒品给食用者的个人体验带来的感知品质（诸如，舒缓焦虑以及时而的狂喜的平静等）为中心的更大意义。[45]

此处，让我们忽略康德关于醉汉和食用令人欣快的鸦片制剂（以及关于自我义务的任何其他具体问题）曾经说过的一切。依然清楚的是，理查兹的以下主张所立基的东西除了含糊其辞、纯粹双关语外别无所有：康德**自主的自由**（autonomous freedom）观念内在地指涉这样的选择，诸如变得"在心理上沉溺于"海洛因的选择——正如康德会说的那样，把自己出卖给偏好的诱惑力（或许"从他自己处境的视角来看"非常有诱惑力）。而且，此处的要旨不只是这样一种选择导致（**敬请理查兹原谅**）奴役，更重要的是，这种"决定和修改一个人的生命意义"（**更不用说**，选择在"个人体验"中发现

---

[41]《道德形而上学》，第 480 页（trans. Gregor, *The Doctrine of Virtue*, 154）.
[42] *Ibid.*, 483（trans. Gregor, 156）.
[43] *Sex, Drugs, Death and the Law*, 177.
[44] *Ibid.*, 176.
[45] *Ibid.*, 175.

那种"意义")[46]完全远离了康德的自主;理性地识别道德法则、恭敬地服从道德法则,**准确地说是普遍的道德法则**,给我们当中的每个人施加了自我义务。[47]

但是,康德的自由的观念又如何呢?关于康德的自由,我将在下一节多说一些。但是,关于自由的观念,这一对康德而言与其自主的伦理观念相关并与之处于同一水平(on the same plane as)的观念,我应当说些什么。我要说的主要是:这种自由——最严格意义上的自由——只有通过我们对道德法则的意识才能被知晓。[48]而且,"人的意志凭借其自由直接为道德法则所决定";[49] 人"是神圣的道德法则的主体,因其自由的自主"。[50]对自由的

---

[46] 比较 Richards, "Rights and Autonomy" at 16:"康德的原则能够被证明,在亲密关系中**为了维护个人情感的完整和自我表达的根本价值**,决定要去爱谁和如何去爱时,来证立自主这项基本权利"(强调为后面所加)。同样远离康德的是对"自我定义"(通过对例如"密切的个人关系,例如鸡奸……的形式和性质"的选择)的关注,这种关注为 Bowers v Hardwick 478 US 186 at 205(1986) (Blackmun 法官的反对意见)以及推翻 Bowers v Hardwick 的 Lawrence v Texas 539 US 558(2003)主要异议的基础:"一个人一生中可能做得最私密、最个人的那些选择,那些对个人的尊严和自主至关重要的选择……定义了一个人自己关于存在、意义、宇宙和人生奥秘等的概念的权利。关于上述事务的信念……定义了人格的属性。"同性恋关系中的个人可能为这些目的寻求自主〔Kennedy J, for the court, at 574,援引了 Planned Parenthood v Casey 505 US 833 at 851(1992)〕。

[47] Wolff, The Autonomy of Reason, 178, 沃尔夫坦白地承认,谈到自主时,"康德原来**不**是在说我沃尔夫想让他说的东西"。对沃尔夫而言,自主意味着理性的行动者受到那些规定义务与责任的(substantive)政策和原则的约束,因为且仅仅因为,这些理性的行动者已经自由地选择了它们;"道德原则的实质或内容派生于对那些自由受选择的目的的集体承诺":ibid., 181. 但是,正如沃尔夫正确地强调的(ibid.),这种信念与以下信念"不兼容",即"存在客观的、实质性的、绝对的道德原则,所有的理性行动者,就他们是理性的而言,都承认并服从的道德原则"的信念,而且后者是康德肯定坚持(ibid.)并希望通过对他所谓的自主至关重要的**无偏好**(disinterestedness)概念加以解释的信念:ibid., 179. 正如沃尔夫观察到的,沃尔夫式的(Wolff-style)〔或者类似的,理查兹式的〕自主"对政治和伦理有着最深远的影响"(第178页)——例如,无政府主义,正如他在其 In Defense of Anarchism 一书中为之辩护的那样——但是,**这种自主完全"不是康德心中所想的"**:The Autonomy of Reason, 178. 〔沃尔夫发现康德如此使用"自主"一词"令人不安":第179页。但他对康德意思的解释似乎搁置了或许关键的东西:一个人的意志,仅在除了他意志的(即实践理性的)自我**价值**的观念之外就没有什么东西能够确定它的范围内,才是自主的或自我立法的:参见 Jones, Morality and Freedom in the Philosophy of Immanuel Kant, 102-12.〕然而,强调康德自我立法的概念与理查兹"给予意义"(meaning giving)的概念无关时,我不希望表明,康德自我立法的观念比他的自我的观念更连贯:see e. g. Ward, The Development of Kant's View of Ethics, 166-74.

[48] 《实践理性批判》,第 29、30、31、47、70 页; Rechtslehre, 第 225、226 页。

[49] 《实践理性批判》,第 38 页 (trans. Beck, 40)。

[50] Ibid., 87 (trans. Beck, 90)。

意识，事实上正是对道德法则的意识。[51] 如果意志不受道德法则决定，那意志就不是自由的，因为它要么受道德法则决定要么受偏好（inclinations）决定[52]——但是，受偏好决定正是受制于他律，即缺乏自主。[53] 因此，"意志的**自主**是唯一的原则"，不只是"所有道德法则和遵守它们的义务的"假设。[54]

但是，当然，个人意识到他们自己的自由，不仅是通过他们对能够抵制各种偏好诱惑的意识，而且也是通过他们能够拒绝绝对道德律令的体验。在他的伦理学讲义的一个策略性的段落中，康德在其听众面前坚持自由的双重意义。

首先，自由是"世界的内在价值"。因为："世界的固有价值——**至善**（*summum bonum*），是依照意志、依照不必然付诸行动的意志（a will which is not necessitated to action）的自由。"[55] "但是另一方面"，他继续说：

> 自由，不受其附条件采用的规则限制的自由，是一切事物中最可怕者……如果人的自由不被客观规则保持在限制范围之内，那么结果会是最彻底野蛮的失序。因此，也就无法确定人不可能使用他的权力摧毁他自己、他的同伴以及整个自然界。[56]

老于世故者（Sophisticates）可能嘲笑康德此处以及别处[57]谈及野蛮的失序、狂野的无法的自由，等等。一个人可能觉得，无政府状态属于过去或属于其他民族。但是，康德此处[58]正在原则性地思考而不是预测性地或审慎

---

[51] 参见 *ibid*., 46 (trans. Beck, 47)；想要了解"自由的意志和根据道德法则的意志是完全相同的"：《道德形而上学的奠基》，第447页（trans. Beck）；*ibid*., 450；比较，"Duties to Oneself", in *Lectures on Ethics* at 29("一个人在道德上可能受到的强制越多，他就越自由")。

[52] 参见《实践理性批判》，第72页（trans. Beck, 75）。

[53] 参见《道德形而上学的奠基》，第433页。

[54] 《实践理性批判》，第33页（trans. Beck, 33）；另见第39页；亦参见《道德形而上学的奠基》，第452-453页。

[55] "Duties to Oneself", in *Lectures on Ethics* at 122.

[56] *Ibid*.; see also 123, 125, 151.

[57] See e. g. *Rechtslehre*, 316.

[58] 当然，在康德关于历史的未来进程的观点中，有一系列依据不充分的革新论（对命运抱有希望）存在于其他地方。See e. g. Kant, *Idea for a Universal History*, 21. [*NLNR* 373-4, 377, 411.]

地思考，[59] 更不用说是描述性地思考。他的"野蛮的失序"能够通过以下得到例示：不仅通过 20 世纪 80 年代的同性恋酒吧/更衣室——在这些地方，欲望的法院甚至杀人和自我摧毁；而且通过冷漠的、无原则的国家选择，选择将北大西洋民主国家——因为面对失败时准备并愿意大肆屠杀无辜者（甚至"整个自然界"）——视为反对谋杀的道德法则的豁免者。[60]

无论如何，康德在他的学生面前坚持自由的雅努斯面孔（Janus faces）*的精确目的是，通过在他们中间引起一种自由的庄严伟大和易于堕落的感觉，说服他们尊重**自我中**的人性（理性，所有价值的来源）的（道德）**必要性**，这种必要性作为尊重其他人的人性的先决条件。在那个段落中，他继续识别并谴责某些"没有受害者的"或"自我指涉的"道德败坏，这些道德败坏激起了理查兹的广泛关注：吸毒、鸡奸和自杀。而且，这同一段落表述了康德的谴责原则：

> 至上规则是，在影响他自己的一切行为中，一个人应当这样指导他自己，以便他的力量（power［s］）的每一次行使都与对那些力

---

[59] 康德认真地否认，在表明无法的自由（lawless freedom）的深渊时，他正在推进一种审慎的（或者，正如我们现在会说的那样，一种结果主义的）论证："Duties to Oneself", in *Lectures on Ethics* at 125.

[60] See *NDMR*. Richards, "Kantian Ethics and the Harm Principle：A Reply to John Finnis" at 466，说上述文本中的句子是我"对同性恋的描绘"——一个失信于文本的主张，也失信于我在那些"深奥难懂的"作品——说来也奇怪，我在我"通俗易懂的"作品的相关处自由援引的（比如在下述第 85 个注释中）作品——中对参与同性恋行为的选择的讨论。理查兹对文本句子不安的回应的其余部分，未能注意我那里断言的唯一事实，即尤其被丹尼斯·奥尔特曼（Denis Altman）（一位澳大利亚的大学教师和著名的支持同性恋的作者）在其 *AIDS and the New Puritanism*, 155（1986）（在美国出版时的书名是 *AIDS in the Mind of America*）中证明的事实（"在写作本书的过程中，我自己的观察表明，尽管行为上已经发生了相当大的转变，但令人愕然的是，许多人仍以和之前盛行的方式同样的方式继续使用浴室"）。理查兹，在他的回复的第 53 个注释中，当他作出以下断言时，该断言和他的其他解释一样不准确：在该注释所援引的文章中（1985e）中，我声明同性恋行为仅仅是"通常"不道德的；事实上，我在那篇文章中说的是，它们仅仅在通常情况下是**淫乱的**（*promiscuous*），但是根据一种道德分析，它们在客观上总是不道德的，就像所有其他本质上自慰的性行为一样。想要了解被理查兹部分嘲弄并大部分忽视的推理，参见 1985e［还有本卷的第 20-22 篇论文］。

* Janus，雅努斯，古罗马门户守护神和国家战时的保护神，又称双面神。因为他通常被描绘成两张面孔，因此既可以向前看，又可以向后看，或者说，他一面回顾过去，一面注视未来。这里指的是自由的双面特性。——译者注

量最完满的使用相容……那些条件——根据它们,且只根据它们,对自由最完满的使用就是可能的,而且能够与自由本身相和谐——是人性的根本目的。至上规则必须与这些条件相一致。一切义务的原则是,对自由的使用必须合乎人性的本质目的。[61]

另外,"我们对我们自己的义务构成了一切道德的至上条件和原理;因为道德价值是人本身的价值……"[62] 如果一个人自认将自己视为一个纯粹手段是正当的,那么,他会有什么**理由**不认为自己将其他人视为纯粹手段是正当的?

IV

是时候更直接地考虑:康德是否认为,他的伦理和政治或法律理论要求了我在第1节中辨识并标签的"伤害原则",或是否与之相一致。因为除了第3节关注的自由,当然还存在另一种自由:政治或自然法自由,康德谓之外在的或外部的自由。而且:

> 自由(独立于另一个人的意志的约束),就其根据普遍法则与另一个人拥有的自由相兼容而言,是那个唯一且原初的权利,这一权利因人性而属于每一个人。[63]

像我在第1节开头援引的康德的段落一样,这一段落似乎可以证实,康

---

[61] "Duties to Oneself", in *Lectures on Ethics* at 123-4. 他在晚期的道德作品中使用过的语词表达了同样的原则:"行为必须合乎人性本身。"*Ibid*. at 125; and 121.

[62] *Ibid*. at 121. 已经读到本节末尾的读者会注意到,在康德的45个段落中——它们在本节中被援引,以反对理查兹对康德自主观念的解释——只有一个段落涉及康德的"决疑术"(casuistry),即他关于性、毒品、杀人、伤害原则等的观点。因为整个一节关注的是其基本的"哲学视域",在这种视域中,说道德合理性(moral reasonableness)只约束"人际交往行为"(正如理查兹在例如他的回复的第461页的第22个注释中继续主张的那样)是完全错误的。理查兹针对我的批判的主要辩护——他的断言:我的"解释方法极其重视康德的诡辩术"(诸如此类)——将不仅被本节的读者而且被任何阅读了第4节的读者发现是令人惊讶的,我的确在第4节相应的位置评论了康德的决疑术。当理查兹转向我的作品时,他是否实际上遵守了在他的回复中所阐明的明智的解释原则,读者会很容易作出判断。

[63] *Rechtslehre*, 237.

德认为阻碍一个人违反他对自我的道德义务,对一个国家的法律而言是错误的。康德确实由此同意伤害原则,这一点受到优秀评论员诸如玛丽·格雷戈尔(Mary Gregor)等人的维护:

> 法律只规范一个人与另一个人的关系,仅在他们的行为诸如及时的身体活动能够互相产生影响的范围内,规范一个人与另一个人的关系。康德借此将仅影响一个人自己的一切行为均排除出法律的范围,尽管可想而知被排除的行为中有一些可能受到外部[例如,国家]立法的阻止。某些仅影响一个人自己的行为在道德上是不可能的,但它们不可能的基础在于人所负有的节操和德性(moral integrity and virtue)的义务;既然德性、作为意志的一种内部态度的德性,不在外部立法的范围之列,故司法上的法律(juridical laws)不应禁止这种行为。尽管对自我义务这样的违反可能涉及外部行为,但是,司法上的法律不应禁止这些行为,除非它们可能同时对其他人产生有害影响。[64]

我质疑这一解释。(我并没有**先在**的兴趣,去主张康德会支持我的以下观点:伤害原则——**更不必说**中立原则——没有资格在一个深刻的一般政治哲学中占有一席之地。因为康德的伦理理论——也因此他的政治理论——在我看来都极不充分。因此,如果我的挑战失败,而这种传统解释被证明是正确的,那么,这对我来说也不会尴尬。不过,我认为传统的解释是错误的,而且我将说明原因。)

传统解释所面临的最明显的困难是,康德没有表现出对那些刑事法律、那些禁止似乎"自我指涉的"即无害于他人的行为的刑事法律的任何不安。在他附加到《法权论》第2版的补充性解释中,康德讨论了他的报应原则所要求的正当的惩罚措施。他的讨论触及了"那些犯罪……谓之违反自然的犯

---

[64] Gregor, *Laws of Freedom*, 35 [格雷戈尔此处没有给出任何援引,但似乎主要在评论《法权论》的第229—230页]。See likewise e. g. Murphy, *Kant: The Philosophy of Right*, 94; Reiss, *Kant's Political Writings*, 22; Fletcher, "Human Dignity as a Constitutional Value" at 175.

罪，因为它们是对人性本身犯下的罪"，比如强奸、娈童恋、兽奸。[65] 这个清单显示了康德对伤害原则缺乏兴趣；即使**娈童恋罪**（*Paederastie*）被解读为（它绝不需要被解读为）限制与儿童的变态性行为，即使儿童的同意没有获得考虑，而且对儿童的心理和道德伤害得到容忍，康德仍然提及兽奸那种本身不影响其他任何人的行为。在康德看来，适合兽奸的惩罚是永久性地驱逐出公民社会，因为"兽奸这一刑事犯罪不配留在人类社会"。[66] 传统解释将不得不把这一切敷衍搪塞为某种纰漏，或纯粹整体上的前后矛盾（而且可能朝着康德"虔诚的教养"方向挥手，等等）。

几乎同样明显且或许更能说明问题的，是他对自我的法律上的义务（juridical duties to oneself）的说明，一种康德在《法权论》的那些段落、那些主要被传统解释所依赖的段落之后给出了八九页篇幅的说明。在前面的段落中，正如将从上述第 1 节加以回忆的那些段落，康德如是说明：

> [**法律**的概念] 只适用于一个人与另一个人外在的且——更重要的是——实践的关系，在这种关系中，他们的行为事实上能够彼此施加影响（直接地或间接地）……**法律**（*Recht*）因此是那些条件的总和。根据那些条件，一个人的意志能够与另一个人的意志依照自由的普遍法则结合在一起。[67]

我一直援引的是《法权论》的第 230 页至第 237 页。然而，在第 239 页到第 240 页，康德直截了当地表明，所有的义务要么是法律义务（*Rechtspflichten*）要么是德性义务（*Tugendpflichten*）；对法律义务而不是德性义务，外部立法是可能的；完善的**法律义务**（*juridical duties*）分为两类：一类是对他人的义务，对应"体现于他人的人 [*Menschen*] 的权利"，另一类是**对自我的义务**，

---

[65] *Rechtslehre*, 363 (trans. Ladd, 132-3). "违反人性本身"这一短语意思的一个方面通过第 362-363 页的以下短语得到说明："因体现于不法之徒的人性（即由于人类物种）而应得的尊重" (Ladd, 131-2). 比较下述第 68 个注释。

[66] *Ibid.*, 366. 在我文本中的下一句预示了理查兹最终做出的那种回应。

[67] *Ibid.*, 230.

对应"体现于我们自己的人性［Menschheit］的权利"。[68]

格雷戈尔主张，康德使用两种完全不同的"法律义务"的观念：一种观念，根据立法的类型和/或附随于创建义务的法律的约束（尤其是外部的惩罚）的类型，把义务视为司法的（而非伦理的）；另外一种观念，按照义务与行为本身（而不只是与行为准则）相关，把义务视为法律的（而非伦理的）。她因此能够坚持认为，尽管第一种意义上的法律义务肯定与其他人相关，但第二种意义上的法律义务可能与一个人自己的个人使用有关。[69] 因此，她试图维护自己的观点，即康德把国家法律的正当领域限制在影响他人的行为上，因而支持某种近似伤害原则的东西。

我认为她的尝试失败了。在我已提及的《法权论》相同的两页的所有内容中，康德明确提出法律义务可能被外部立法所强制实施，而且法律义务包括对自我的义务（有别于对他人的义务）。此处他不可能从"法律的"一种意义转到另一种完全不同的意义，而没有试图使一种意义与另一种意义相关联，且完全没有意识到这样一种转变会造成的混淆。

此外，彼时彼处，康德事实上细心解释了为什么不是法律义务、仅仅为伦理义务而非外部立法的适当主题。而且他的解释与自由的权利无关（更不

---

[68] *Ibid.*, 239-40. 这种体现于一个人自身的**人性**的权利与体现于他人的**人**的权利之间的区分，是我未被弗莱彻（Fletcher）以下观点说服的原因之一：康德的理想显然是社群主义的，因为我们的重点不在我们自己身上，而在证明全人类的尊严正确上……[在康德看来]，团结一致比个人的自我实现更重要（Fletcher, "Human Dignity as a Constitutional Value" at 176, 177）。至于在我的文本中作出的观点，那是我对康德观点、康德关于法律对自我（中的人性）义务强制实施的观点进行诠释的基础，我可能表明，在理查兹答复的第 14 个注释为寻求支持所诉诸的"逐字解读"中，道格拉斯·P. 德赖尔（Douglas P. Dryer）感到有必要声明，按照康德（几乎同时发表的）"成熟的观点"，《法权论》第 240 页的那个表不仅仅在一个方面，而是在两个方面都错误了。他还断言"**法律义务**"一词的正确翻译迄今尚未在任何公开发表的英文翻译中被采用（"存在相对应之权利的义务"）。我不说他错了，尽管我发现他所提议的译法令人惊奇。德赖尔对康德文本的积极措施与他的意愿、他想要抛弃康德在《法权论》第 363 页关于兽奸（以及可能的鸡奸）的更成熟的表述的意愿一脉相承。[结果，《哥伦比亚大学法律评论》并没有发表德赖尔教授的逐字解读。]

[69] Gregor, *Laws of Freedom*, 115-16.

消说与理查兹的"自主"或布兰代斯大法官"独处的权利"无关了[70]）。简单地说，伦理义务的主题是心灵的内部行为——正如康德在别处所说，"意图，而非行动"[71]——而心灵的内部行为是没有任何外部立法能够引起的。[72]［然而，他补充说，外部立法可以指引（command）那些将有益于内在德性及其目的的行为。[73]］因此，康德将格雷戈尔提议的"不同观点"（她的"法律义务"的第二种意义）[74]纳入他对她第一种意义的法律义务的解释中，之后迅捷平稳地推进到他以下的断然否认，即否认法律义务肯定是对他人的义务。

那么，此处我们已经掌握了康德明确的理论框架，原则上证实了禁止并惩罚鸡奸和兽奸（并不比康德自己后来的例子走得更远）的外部（例如，国家）法律的正当性。

但是，我们准备如何利用那些段落，那些我在第1节中援引并在倒数第2段详述的那些段落？

首先，观察《法权论》的许多段落，在许多谈及一个人的意志、自由、行为或条件与其他人的意志等**共存**的段落中，康德总是附加一个进一步的**必要条件**：意志等的共存、一致或兼容是"与普遍法则相一致的"。[75] 我们当代的新康德主义者通常忽略这一条件（正如康德自己15年前在《纯粹理性批判》中用匆匆一瞥并修辞性地提及"最伟大的人类自由"的宪法而忽略

---

[70] *Olmstead v United States* 277 US 438, 478 (1928) (Brandeis J, dissenting); see also *Bowers v Hardwick* 478 US 186 at 199 (1986) (Blackmun J, dissenting). 同时参见英国最高法院副院长霍普勋爵的"成为它们之所是的根本权利……"：*HJ (Iran) v Secretary of State for the Home Department* [2010] UKSC 31 at para. 11.

[71] 《实践理性批判》，第71页（Beck, 74）.

[72] *Rechtslehre*, 239 (Ladd, 45).

[73] Ibid.；进一步的，参见下述第87—90个注释的正文。

[74] 这的确是康德于其中谈及法律的（与伦理的相对）义务的那种意义；参见《道德形而上学》第388页的节标题："伦理不为**行为**立法（因为这是**法律**的事），而只为行为的**准则**立法"(trans. Gregor, 48).

[75] 尤其 *Rechtslehre*, 230-1 (trans. Ladd, 34-5). 句法多有歧义，偏好阿博特的翻译很可能是对的："行为如此地外部，以致你的可选择的意志之自由行使不可能干扰任何人的自由，就**该意志**与普遍法则相一致而言." Abbott, *Kant's Theory of Ethics*, 307n（强调为后面所加）.

它一样)。其他的诠释者，例如弗莱彻（Fletcher），并没有忽略它，但却将它窄化解读为：只规定了这些选择是兼容的，"因为这些选择在作为一个整体的法律体系中是普遍化的"。[76] 然而我认为，"与普遍法则相一致"这一短语无疑意味着引入了康德自己的观念，以绝对命令的以下三种主要形式或公式加以阐明的康德自己的观念：（1）形式的普遍性；（2）对人性的尊重作为其自身的一个目的；（3）在目的王国中，个人的各项准则的和谐——"从根本上说只是那同一个法则的这么些公式"。[77]

如今，正如康德在《道德形而上学的奠基》中所示，真正的普遍法则不仅包含对他人义务的根据，而且包含对**自我义务**的根据。[78] 因此，康德坚持一个人的意志必须不仅与其他人的意志相兼容，而且必得与"普遍法则相一致"是对的，他正在暗示为什么某些行为和选择，某些完全与其他人的意志相兼容的行为和选择，尽管如此，也仍违反了对自我的完善的法律义务——那些对自我的法律义务，因为是法律上的，所以原则上能够在法律层面得到强制履行。正如他在《法权论》中进一步说的，回忆《道德形而上学的奠基》中绝对命令的第二个公式，一个人有一种**法律义务**：

> 在与他人的关系中维护（assert）自己作为一个人的价值，且这种义务用以下命题加以表达："不要使你自己成为他人的纯然手段，要对他们来说同时也是目的。"[79]

[人们可以在此回忆康德的观点，即"违反自然的性罪（carnal crimes）"和通常的性滥交的本质，是人由此的确使他（她）们自己成为某人性欲享乐的纯粹客体。这样的行为即使能够与他人的行为共存，"依照普遍法则"也不能够这样做。[80]]

---

[76] Fletcher, "Human Dignity as a Constitutional Value" at 175.
[77] 《道德形而上学的奠基》，第 436 页（trans. Beck）；亦参见第 421 页。
[78] *Ibid.*, 430n.
[79] *Rechtslehre*, 236（Ladd, 42）。康德补充道："这种义务稍后将被解释为这样一种义务：由于我们自己身上的人性的权利而引起的义务。"
[80] "Duties to Oneself", in *Lectures on Ethics* at 124; "Duties Towards the Body in Respect of Sexual Impulse", in *ibid.* at 163–6; "*Crimina Carnis*", in *ibid.* at 170; *Rechtslehre*, 278.

那么，我们又打算如何利用康德于其中表明以下内容的那个段落呢：**法律**的概念只适用于一个人与另一个人的外部关系，在一个人的行为能够直接或间接影响另一个人的范围内？关于康德提及间接影响可能侵蚀伤害原则的程度，我将在此不作评论。相反，我将仅仅回顾康德对"什么是**法律**"这一问题的整个论述仍然在西方思想的传统框架内，一个他此处通过他对什么是**合法的**（*quid sit iuris*）以及对翻译为 *Recht* 和 *Unrecht* 的**正当**（*justum*）和**不正当**（*injustum*）等拉丁语的使用的框架。[81] 在这个传统的框架中，正义和权利在概念上与一个人和另一个人（或他人）相关联。[82] 举例来说，托马斯·阿奎那会毫不费力地说，消遣性地使用海洛因（或双方自愿的同性性交）的行为不是或不一定是不正义的，或侵犯他人权利的行为。但是，他和这个传统会如此补充：那并不意味着，对这些行为的**禁止**是一种不正义的或侵犯权利的行为。这样一种禁止的行为的确没有超出康德**法律**（*Recht*）范围的观念；它正好满足那个观念的标准：一个适用于"一个人［此处指立法者或主权者］对另一个人外部的且……实践的关系"的行为，在这种关系中，前者的单一行为可以对后者的行为施加影响。[83]

在最后的分析中，在康德论述**法律**（*Recht*）概念的段落中阐明的概念性框架，似乎并未打算以任何方式解决关于国家法的适当范围等那些具有争议的问题。至少，它没有为诸如伤害原则等规范性结论提供任何规范性前提。

只剩下我置于本文开头的那个段落："我对我自己的义务不能被视为法律上的义务；法律只触及我们与其他人的关系……"这是取自学生们对康德1780-1781年讲座抄本的一个段落，它本身不能反对经过长期孕育而成的《法权论》一书中无论是一般还是具体的清晰表述。[84] 此外，存在一种意

---

[81] *Rechtslehre*, 229-30.
[82] See *NLNR* 161-3. 正如康德在别处所言，"一个人绝不可能对自己行不义"。**关于一句俗谚："这在理论上可能是真确的，却在实践中不适用"**，参见 Reiss, *Kant's Political Writings*, 294-5.
[83] *Rechtslehre*, 230. 再次回顾：这种被禁止的或可以禁止的行为——在康德看来，是不能够按照普遍法则被意欲的——违反了绝对律令，因而是**非法的**，而且不是"作为行为之依据或理由的道德权利"问题：第 222 页；亦参见第 223-224 页。
[84] 类似地，在《伦理学讲座》的第 48 页，人们看到康德通过一系列标记（a series of indicia）将伦理从法律中区分出来，但并非所有这些标记都在《法权论》中得到维护。

识，在这种意识中，这一段落仍然真确，即使一个人拒绝伤害原则并承认惩罚兽交的正当性。把自己视为一种目的、一种可敬的目的而不是一种取悦自己或他人癖好的纯然手段的义务，是一种只可能通过维持某个意图/意向（**精神**）才真正且充分地得以实现的义务——而且，存在一种意识，在这种意识中，国家法律本身事实上不可能触及或"处理"意向。法律所能直接做的全部，就是授权一个人（最高统治者，康德会说）去干预另一个人——例如，鸡奸者——的**行为**。

V

但是为什么要干预那些行为呢？康德的主张———一个伦理学的问题——这些行为都是不道德的（"违反了对自我的义务"）没有经过充分的讨论。且他不能够为他明显的观点———一个政治理论的问题——国家能够正当地惩罚这些对自我义务的违反，即使它们没有违反对他人的义务（一种不仅不与伤害原则而且不与中立原则兼容的观点）——提供任何有意义的论证。康德不能为他的政治理论的这一定律（theorem）提供所需的论证，关于他这一失败的根源我得说点儿什么。但是，关于刚刚提到的他的伦理理论中的缺陷，此处我将所言甚少或完全闭口不谈。[85] 尽管我对康德政治理论弱点的讨论会暗示我认为他的伦理理论如何可能以这样的方式而得以丰富：这些方式会承认将要得到阐释和澄清的那些类型的人类行为（即内在于人类行为的无理性和自我伤害）不道德。

康德需要而实际上缺乏的政治—哲学原则是这一原则，即国家法的要旨和正当性证明都是**共同善**。正如 L. T. 霍布豪斯（L. T. Hobhouse）在他对自由

---

[85] 但是，参见 1985e at 43-55. 关于康德伦理理论的弱点，参见 *FoE* 122-4；关于与一种更好的道德理论对应的程度，参见 *NDMR* ch. 10; Grisez, *Christian Moral Principles*, 108-9; Boyle, "Aquinas, Kant, and Donagan on Moral Principles". 正如我在文本中所做的那样，从政治理论中区分出伦理理论的过程中，我和康德以及几乎每个人一样，理所当然地认为"伦理学的主张"能够且应当从"[法律上强制性地] 可实施的伦理学的主张"中区分出来——正如理查兹的回复在第 25-37 个注释明显不能做的那样。

主义的经典阐释中对共同善的解释那样：

> 共同善包括共同体每一个成员之善，一个人对他自己造成的伤害，即使除去对他人的任何隐蔽的影响，仍是共同关切的问题。如果我们克制着不因一个人自己的善而去强迫该人，那不是因为他的善对我们无关紧要，而是在于他的善不可能通过强迫而有所增进。[86]

据我所知，康德自己的出版物很少在政治语境下讨论霍布豪斯由此提出的事实问题：一个人的善能够通过强制而有所增进吗？[87]在伦理学的语境中，康德的确提出了对使另一个人/其他人的**完善**成为一个人责任的非常弱的反驳。他人的**幸福**是一个人的基本责任之一，但不是他们的完善，因为：

> 说我使另一个人的**完善**成为我的目的，同认为我自己有义务促进这种完善是矛盾的。因为另一个人——作为一个人——的完善，正是在于**他自己**选取与他自己的义务概念相一致的目的的能力；而且要求我做（使"去做"成为我的义务）只有其他人自己才能做的事情，是自相矛盾的。[88]

并不是这样的。我们可以同意，人的完善的必要条件事实上是确证性（authenticity）：一个人已依照他自己的义务观念选取自己的承诺。但是，我否认教育、强制性的威慑以及对机会的强制性拒绝无助于人们避免那些会侮辱他们或以某种其他方式伤害他们的选择。在若干他未公开发表的反思性作品

---

[86] Hobhouse, *Liberalism*, 142-3. 因此，霍布豪斯拒绝了（第142页）密尔在关注自我和关注他人的行为之间所作的区别（以及在此基础上密尔试图发现的原则）："首先是因为，不存在任何可能不直接或间接影响他人的行为，其次是因为，即使存在这样的行为，它们也不会不再是其他人关注的问题。" *Ibid*. 但是，他以相当康德的范式继续主张，"试图通过强制形成个性，就是在形成个性的过程中摧毁它"，或（更弱的版本）"强制发生（compel）道德是不可能的，因为道德是自由行动者的行为或特征"（第143页）。他承认存在例外：在酒鬼的情形中——而且我认为该论证适用于压倒性的冲动易于掌控意志的一切情形——消除诱惑的来源，把从人的弱点、痛苦和不当行为中谋利的每一次企图视为最高程度的反社会，是一项……基本义务（第153页）。

[87] 除非一个人相信在上述第73个注释的正文中提到的表述。

[88] 《道德形而上学》，第386页（trans. Gregor, 44-5）。此处没有必要详述这一事实，即康德此处完善的观念用罗尔斯的术语来说是一种"不能令人信服的理论"。参见上述第36个注释。

中，正如我们将看到的那样，康德承认强制性措施对这一目的可能确实是有效的。

在这一点上，作出区分是重要的。强迫人们选取或宣称信奉一种宗教是——如果为了宗教动机而尝试——以一种方式、一种能够匹配康德的多变词汇"（自我）矛盾"的方式自证不足（self-stultifying）。因为遵从宗教信仰命题之善在本质上涉及被遵从的命题为**真**（*true*），即被遵从的命题揭示了一个先验的**实在**（*reality*），这个先验的**实在**是崇拜、祈求、祈祷等的**适当**对象。在某种程度上，这些命题之所以被信奉，是因为它们便于被信奉，它们连同对它们的信奉模糊了而非揭示了那一实在。

但是，在强制人们戒毒或戒掉鸡奸时，无论是以刑罚威胁他们或通过威胁那些会提供他们耽溺于恶习机会的人，或纯粹通过威胁那些在他们年轻的时候会腐蚀他们的人，都不存在任何类似自证不足的东西。一直没有被证实的是：这种需要使那些受强迫的人围绕其他人的承诺、那些由他们从广泛多样但正直的生活方式中自由选择的个人承诺来不妥当地整合他们的个性（integrate their characters）。[89]

事实上，一直没有证实的还有：西方传统包括亚里士多德和阿奎那坚持以下观点是错误的，即那些容易堕落且抗拒口头劝说的人，不仅可能被强制性威胁约束着远离堕落行为，而且往往能够被引向——通过一种文化适应（an acculturation）、那些哲学家谓之习惯（habituation）的文化适应——自愿地（即通过他们自己真正的**自由选择**）作出那些早先他们只"在强制下"才不情愿地作出的真正的各类选择（来戒掉不道德行为并追求值得做的、有价值

---

[89] 正如约瑟夫·拉兹如下所言（并非在康德的意义上，而是就像理查兹考虑的那样在通常的现代意义上使用"自主"）：道德上败坏的选项的不可得性，只在极少情况下才会将一个人的选择减弱到足以影响其自主的程度……自主的理想需要的只是道德上可接受的选项的可得性（*The Morality of Freedom*，381；also 412，417）。然而，拉兹明显唐突地争辩道，**强制性**干预的确违反了自主，因为：（1）它表达了一种对被强制个体不尊重的态度；（2）其干预是"全面且无差别的"；*ibid.*，418。这些理由似乎是不稳固的；拉兹的国家强制机制（和强制的威胁）观念本身是全面且无差别的（比较拉兹在"Liberalism, Autonomy, and the Politics of Neutral Concern"at 113 中更具歧视性的讨论）。但是，他的苛评很可能适用康德关于刑罚程度的部分观点；例如，永久性放逐对同性性交来说似乎是太过严厉的惩罚［假设存在这样一种情形，由于该情形的公共特征，其某种状况正好落入国家政府和法律的强制管辖权内］。

的作为）。[90]

而且，明显的是，康德分享了由该传统作出的以下事实判断：

> 人必须接受训练，以便日后变得有教化（become domesticated）并具有德性。政府的强制和教育使他灵活、可变通并服从法律；之后，理性将统治。[91]

但是，康德不能把这一事实性前提与共同善的规范性前提结合起来。

因为共同善的可行观念要求我们拒绝几个声名狼藉的康德哲学的二元论。首先是受制于自然决定论和冲动所统治的现象世界（包括人类）与"自我"或"主体"的、自由意志和道德法则的本体领域的二元论。第二个二元论如下：人的自然决定的想要**幸福**的冲动，康德将这里的**幸福**理解为自爱、[92]由对一个人自己的状态在经验上的满足（以及对那种满足会持续的确信）[93]所主导的自爱与理性地决定的想要**完善**的意志——这种完善本质上只在于因义务之故而遵从道德法则，而道德法则的可理解性并不立基于人的实现（human fulfilment）这一愿景本身，只是立基于那些指导选择的原则的普遍化中——的二元论。这些二元论阻挡了康德所有**可理解的**内在人类善的观点，而非实践合理性本身之善。

康德在实践合理性之中正确地看见了一种可理解的价值（内在的善），这种可理解的价值不可能被详尽无遗地化约为任何确定的事态，可能是技术目标的任何确定事态。（因此他正当地拒绝了所有形式的后果主义）。但是，正如批判哲学不一致地否认关于**实在**——康德在理解有关理解和选择主体

---

[90] See *NE* X. 9: 1179b30–1180b28; *ST* I–II q. 95 a. 1 ("Is human law useful?").

[91] Kelly, *Idealism, Politics and History*, 145, 解释了Kant, *Gesammelte Schriften*, vol. XV, 522-3 no. 1184（c. 1773-8）; see also Kelly at 170, 解释了Kant, *Gesammelte Schriften*, vol. XIX, 202 no. 6906 [c. 1776（? c. 1769)]（"每个人在本性上都是恶的，而且只在他受制于一种迫使他变好的权力时，他才变好。但是，如果他身上向善的性情逐渐得到发展，他就有能力在不被强制的情况下逐步变得更好"）。See also Kant, *Idea for a Universal History* at 23（第6个命题：人需要有一个主人……）。

[92] 参见《实践理性批判》，第22、70、73页（Beck版的第20、73、76页）。

[93] 《道德形而上学》，第387页；亦参见《判断力批判》，434n（Meredith trans. 1973）: "enjoyment"。

（他自己、某人自己）之实在的具体情形中予以承认的实在——的那些**理解**形式。[94] 康德也不一致地否认我们可以把人类个体繁荣的诸方面（不同于实践合理性本身）理解为拥有一种可理解的价值，这种价值不可能被详尽无遗地化约为确定的事态或明确的目标，但它——正如人的实现不可限量的前景——为将许多可能确定的事态考虑为值得选择的机会提供**理由**。[95] 这些人类繁荣的基本方面——基本的人类善——不仅包括实践合理性，而且包括人的生命本身（及其传递）、知识（和审美欣赏）、卓越表现（无论在"工作"中还是在"游戏"中）以及我们谓之友谊或爱的形式多样的人际和谐（包括尊重和喜爱两方面）。[96]

如今，在友谊中——包括对一个人所属的政治共同体的关注——朋友们设想了一种真正的**共同**善，这种善既超越了自爱又超越了纯粹的利他主义，[97] 也超越了康德将动机化约为明显可选择的事物（stark alternatives）——自爱或绝对义务；对感官满足的渴望或对一个人的理性本身的最基本尊重——的二元化。

考虑到共同善更合适的概念，没有理由（而且在给出充分理据的康德或我们的新康德主义的思想中当然也没有任何理由）认为：公民结社和法律的正当性基本原理（justifying rationale）并非所有那些人的善，而那些人，通过他们的合作，能够合理地希望促进他们共同体的共同善。对一个人的同胞的善的支持，能够正当地包括对强制措施的使用，使用这些强制措施首先是为了劝阻他们选择道德上邪恶的生活方式，其次是为了惩罚他们，**不是**因为他们违反了"对他们自己的义务"，而是为了在共同体中减少那些恶行以及维持

---

[94] 参见 Grisez, *Beyond the New Theism*, 152–80, esp. 155–6 中关于《纯粹理性批判》A546-7/B574-5 的富有启发性的讨论。

[95] See *NDMR* ch. 10.

[96] 关于基本的人类善，参见 *NLNR* 81-99；关于它们的可理解性，参见 *FoE* 26-55. 康德没有构想人类价值基本方面的多样性，也没有稳步构想对实践合理性的需要以及实践合理性诸要求而非在选择时对一致性（普遍性）的要求（他以一种要求补充之，一种对动物倾向的控制的要求补充之）的可能性。关于正确选择的多重要求，参见 *NLNR* 100-33；*FoE* 66-79；*NDMR* chs 10-11.

[97] 关于友谊和共同善的理念，参见 *NLNR* 141-4, 154-8, 210-18；关于"利他主义"，参见 *ibid.*, 158.

更助益真正的人类繁荣的生活方式的努力中的故意不合作。[98] †

一篇论康德和新康德主义者的论文当然未提供对这样的法律——禁止吸毒、鸡奸、协助自杀之类和/或拒绝给予上述等行为法律认可和合法地位——完整的、全面细致的正当性证明和批判。[99] 我只补充一两句话。

当然，尚有更多谨慎的空间——不是罗尔斯**先在**规避风险，而是清醒的康德式的提醒，即如果人是一种需要主人的动物，那么，主人也只是这样的动物。[100] 主人容易作恶，不只是出于自爱或恶意，而且出于被误导的热情。被误导的热情的常见形式包括：（1）错把共同善当成某种确定的目的状态，而当下的个人生活被视为这种目的状态的纯粹手段；（2）忘记共同善在每一个体的善中得以例示，忘记没有任何个体比其他任何个体对更全面地共享共同善有**先在**主张权，忘记个体之善包括康德的感觉与理性的二元论引导他回避的实践合理性的某些方面：内在的正直，通过其感觉和偏好不只是被合理性掌握而且与合理性合作的内在正直以及外在的真实性，通过其一个人的身体行为和社会行为不只是纯粹模仿一个被强制或伺机实施的方便模式而是实际上体现了一个人的善良意志（conscientious will）。

注

71 †**共同善和正当的强制……**（第98个注释的文本）。这句话不令人满意。它正确地拒绝了纯粹的家长主义（惩罚对自我义务的违反），但在它论述的所有其他观点上是模糊的。强制性措施，那些有别于对参与道德上邪恶生活方式的惩罚、"为了劝阻［人们］选择道德上邪恶的生活方式"、被认

---

[98] 因此，《联邦德国基本法》（1949）——其康德式的灵感往往被评论家们提到，在第2条第1款中正当地规定：人人都有权利享有其人格的自由繁荣，只要他不侵犯他人的权利或宪法秩序"或道德法则"。因此，基本法比新康德主义更康德主义。

[99] See *NLNR* 221-3, 229-30; Haksar, *Equality, Liberty, and Perfectionism*, 236-87; Raz, *The Morality of Freedom*, 390-5, 400-17. 后两本书表述了拒绝中立原则的强理由，因而大大有助于削弱伤害原则。

[100] See *Idea for a Universal History* at 23.

为是正当的强制性措施指的是，诸如禁止色情作品（尤其是描写儿童的或为儿童可得的色情作品），禁止宣传吸毒、自杀、卖淫等措施。这句话的后半部分谈论的"对在共同体减少那些恶行……的努力中故意不合作"的正当的惩罚措施，只在指向有悖于正义的人际交往活动时才能够再次得以证立，这些有悖于正义的人际活动诸如：（1）劝诱儿童使用海洛因或色情作品，或行乱伦、恋童癖、兽交等；或（2）为上述活动和类似活动或为自杀、卖淫等进行公开宣传。另见导论部分第 10 页。

第 3 篇

罗尔斯的《正义论》[*]

1. (**罗尔斯**) 正义理论诠释了我们的正义感，即我们想要依据正义的基本原则行事的强烈且实际的渴望。鉴于我们恰巧所拥有的需求、目标和目的体系，除非欲求由普遍遵守那些原则所确保的事态对我们而言是理性的，否则我们的这些渴望就不会是强烈和实际的。正义理论也是理性选择论的一部分。

2. (**罗尔斯**) 无论一个人碰巧想要别的什么，以一种复杂的方式实现其本性既是令人愉悦的，又是自尊的一个必要条件，因而也是其理性欲求的东西。因此，**如果**依据正义诸原则行事：（1）要么是表达一个人作为自由且平等的理性人的本性的唯一或主要方式；（2）要么是一个人赢得其同胞尊重的唯一或主要方式，而这种尊重是人之自尊的另一个条件，那么，想要如此行事对该人而言就是理性的。但是，只有这个人的同胞与其自身承认近乎一样的原则，他才有可能从其同胞处获得尊重；而且只有他的同胞也同样依据正义原则行事，那么他依据这些原则行事才是绝对理性的。因此，必须有某种立场或视角，在这种立场或视角中（或通过想象这种立场或视角），理性、自由且平等的人们能够获得一致的且事实上也是客观的正义原则。我们将任何这样的立场都命名为"初始情境"（initial situation）。

3. 通常而言，西方的道德理论会选择公正而仁慈或富有同情心的观察者的情境作为"初始的"，这些观察者都具备了所有必要的信息和推理的能力。罗尔斯承认，这个视角当然是普遍且客观的；但他也提出了反对，认为

---

[*] 1973a.

"仁慈是盲目的",因为"理性的自爱",从而仁慈所爱的不同人的"主张"是有冲突的。此时,相关的回应是这样的:仁慈的观察者所关注的,不是他的仁慈的对象们碰巧拥有的相互冲突的各种自爱,以及他(她)们碰巧提出的相互冲突的各种主张,而是(她)们可能被教育去享有的诸善的内在价值,以及他们因此能够以各种方式实现的完善与卓越(perfections and excellences)的内在价值。罗尔斯把这一回应所表达的观点称为至善论(perfectionism)。他对至善论的反驳论证是:至善主义者的诸原则在他构建、偏爱并名之为"原初状态"(the original position)的那个初始情境中,是无法被接受的。

4.(**罗尔斯**)构建原初状态是为了消除偏见,并承认正义诸原则派生于最弱的可能性假设。只有参照那些**所有**人都更加偏好的、对促进任何人的目标(不论他的目标是什么)都是必要的事物,才能对比出人的不同情境*这些事物就是基本善(primary goods):其中,自尊是第一位的,其次是自由、机遇和财富。身处原初状态是为了成为这样一个人:这个人唯一关心的事情就是保证,保证在他离开原初状态后无论身处什么社会当中,他和他的家人都将拥有那些基本善,这些基本善与他现在通过同意接受那些原则、那些调整任何有序社会(即人们在其中严格遵守如此受选的原则的任何社会)的原则所确保的基本善一样多。

更具体地说,在原初状态中,任何一个这样契约的缔约者都没有任何伦理动机,没有关于内在善或卓越的任何特定观念,也不关注其他人的利益,这是不仁慈的、以自我为中心的或好妒的,而且,当他身处"无知之幕"之后时——他不知道自己将不得不生活在哪个社会或哪个文明阶段,也不知道自己身处什么样的地位、有多少自然资产(natural assets)、处于什么样的心理状态以及拥有什么样的(内在)价值观念;但他肯定知道政治和经济的一般理论,以及诸如关于原初状态之外的现实社会的一般事实或假设,例如个人之间的利益有着极大的冲突,而且彼此都不会在乎对方的利益——肯定会同意某些原则(如果有)。那么,我们可以说:正义的诸原则就是如此处

---

* 此处的"不同情境"是指"初始情境"和离开"初始情境"之后的情境。——译者注

于原初状态的那些人会一致同意的那些原则，因为那些原则是任何缔约者最终将必须生活其中的任何（有序）社会之原则。

5. 这样建构原初状态是为了产生自由和平等的诸原则，这些原则符合（我可以说在当今的东海岸学者当中，尽管不是在当代国家和国际人权宣言的作者当中）已经"固定下来的"道德信念。首先，每个人都有"平等的权利去享有平等的基本自由（equal basic liberties）的最广泛的综合制度（the most extensive total system），该制度与一个为了所有人的类似的自由制度相兼容"——（但是，什么是那些不可通约的自由——诸如通信与隐私自由、自由迁徙的自由以及免于污染、伤害或骚乱的自由——的"综合制度"的"范围"呢？）——而且这样的自由**只**可能因自由之故受到限制（至少，当财富和文明已经达到某个特定水平的时候！）。至于原初状态中的每个人都会选择平等自由的那些原则以及自由的优先性，是因为他会认为以下行为不审慎：（1）通过承认那些原则、那些允许他人（除了为"公共秩序"外）限制其追求人生规划（无论这些规划是什么）之自由的原则，而拿他的自由冒险；（2）或者冒以下风险：由于已经承认那些原则、那些支持与其内在价值相称的各种活动的原则，他最终可能拥有的偏好和关于卓越的标准反而被相应地视为毫无价值和难以接受的。

罗尔斯第二个主要的正义原则也建立在相似的基础之上：社会和经济的种种不平等的安排是为了最少受惠阶层（the least advantaged class）的利益（仅从"基本善"的角度来衡量），以及与该利益相连的对所有人都开放的职务和职位——因为（1）（a）无人能够承担最终**被遗弃**在社会底层的风险；（1）（b）最少受惠阶层可能反抗除此之外的任何原则；且（2）在原初状态中，所有人都忽略了价值观念，因此，例如他们永远不会同意可能由功绩或应得成就的标准（criteria of merit or of deserving effort）所影响的分配原则，**即使**他们能够在这些标准上达成一致。

6. 我同意原初状态的奇怪条件的确消除了纯粹的偏见，因此也的确保证了如果一项原则在原初状态中得到了一致同意，该原则就是公平的（至少在缔结契约的各方当事人之间是公平的）。但是，因为"如果"（"if"）不等于"只有"("only if"),是故从这一点**推断出**(同样地,书中松散的写作也引发读者去推断)以下内容是一个纯粹谬论:如果一项原则不会在原初状态中被选择,那么因此它在现实世界中就是不公平的或不是一项恰当的正义原则。如果书中支持正义的具体原则和观点的诸论据并不完全依赖那个谬论,那么,它们依赖的就是下述这一假设:为保障因其内在的卓越(道德的或前道德的)而受到偏好的特定生活形式,将区别对待各种自由并调整诸善分配的那些原则引入现实世界中(比如说,从公正仁慈的观察者的立场来看),对于放弃偏见的客观性是必要的,只因对卓越的各种判断不可避免地带有偏见。但是,罗尔斯完全没有对这一假设做任何证成。事实上,他承认(正如人们应当期待一个人如此富有成效地关心思想的质量和风格的卓越),在我们的日常生活中,"我们显然可以对内在价值做出比较",以及"当我们用个体的活动和作品的卓越来衡量他们的自由和福祉时,那些被衡量的自由和福祉在价值上会有极大的差异"。

7. 在罗尔斯支持依据公正原则行事的合理性的论证中(上述第2段),我搁置了一些环节。遵循罗尔斯的正义原则**是**以下述方式——(1)表达一个人的本性;(2)从一个人的同胞处获得对其自尊而言必要的尊重——获得某种东西、某种欲求其是理性的东西的唯一或主要方式吗?根据罗尔斯的观点:是的。因为:(1)在极度无知和不信任的情境中,出于谨慎、自利和审慎的考虑,"它不是我们的目标"(诸如真理、友谊、创造性……),"那首先展示我们本性的倒是我们会承认的那些原则";而且,(2)通过某人对那些原则的遵守,他获得了同样遵守那些原则的同胞的尊重,由此他的自尊得以充分保障;无论其同胞的动机、品味和价值观多么毫无价值,也无论他们的目标和生活方式多么平庸。(遵循正义原则)一些原因是出于自尊,还有一些原因是出于本性。

8. 是什么激发了(罗尔斯)这项艰巨的工作?这些工作(以我此处甚至不能说明的方式)在哲学和经济学上有着很大的启发,但它们却是通过本质上无力的论证(essentially ramshackle argument)得出了诸如上述的这些结论?我不知道。但是,罗尔斯的最后一句话,通过对我们文明的其他道德象征换了一种说法,重新定义了"心灵的纯洁":"恩典"和"自制"已被赋予了新的、简化的意义,而且为了实现他的目的,罗尔斯只需补充这一点——正如他所做的那样——原初状态"能够使"我们看见"**在永恒形式下**"(*sub specie aeternitatis*)的世界:因为"永恒的角度不是一个先验者(a transcendent being)的角度"。在没有神圣尺度的情况下,使世界对人类而言**安全**:或许这就是罗尔斯如此完整再现的自由主义的最深渴望。

注

关于罗尔斯第二个正义原则,另参见第 7 篇论文第 4 节。

第 4 篇
分配正义与底线*

斯坦利·克莱因伯格（Stanley Kleinberg）想要我们承认在荒年灾月通过抽签分配食物虽不公正但却合理（unjust but justified）；在同等适格或不适格的人当中通过抽签（或某种其他的常规且无偏见但不能测查出职位的内在"适格性"的程序）分配职位虽不公正但却合理；通常正义能够被功利（utility）所压倒，因此，证实某事不公正绝不意味着它就是不合理的。

这样看来，克莱因伯格的正义观是典型的现代观念，这种观念作为波澜壮阔的思想运动的一部分出现于20世纪；在这种壮阔的思想运动中，有关人类事务的古典哲学的语言被重新定义，也即被重修并翻新。有关"正义"的变化与"**法**"或"权利"（"一项权利"）在概念上的变化密切相关，对此我在《自然法与自然权利》的第八章（"权利"）给予了讨论。人们有各种各样的权利去做那些普遍认为他们做则一定错误或不合理的事，人们也有各种各样的权利去享有（或者不受干预）某些普遍认为他们不应得的待遇，这就是"权利"一词现代用法的特点，也是一个特有的不便（不是故弄玄虚）。这种困惑在谈到著名的"不可剥夺的"权利时达到巅峰，尽管这些"不可剥夺的"权利在"它们的实施中"（更直白地说，在它们的实体或内容中！）受制于各种各样的其他这类权利以及其他对公共政策的考虑。

因此，要谈的第一件事是，古典作家们一定会惊骇于这样一件事，即当

---

* 本文是对斯特灵大学（University of Stirling）政治研究系的斯坦利·克莱因伯格撰写的一篇评论所作的未公开发表的回应，斯坦利·克莱因伯格的那篇评论是评论我于1979年在法律公共教师学会会议上提交的一篇题为"A New Sketch of the Classical Theory of Justice"的论文，该篇论文也是《自然法与自然权利》一书第七章的初稿。

人们以一种不精确乃至误导性的方式谈论人类行为之正确和错误时,我们竟会展现出宽容。其次要说的是,无论这一问题在古典与现代之间价值几何,除非你接受,根据古典的诸种正义观,谈论"不公正但却合理的行为"是无意义的,否则,你不会开始理解古典的这些观念。这就是为什么正义最流行的古典定义之一是"给予/提供每个人他应得的/他的权利/他被亏欠的东西/是他的[**应得的权利**(*jus suum*)或仅仅应得的(*suum*)]东西的永恒不变的意愿"——短语"永恒不变"意味着无条件:**不**受制于对功利的进一步算计或对"合理与不合理的"其他评估。某人应得到什么与什么应当不对他做或不为他做,或什么应当不被遗漏对他做或为他做有关,做判断时**所有**相关的因素都要考虑进来。正如美国的官僚们会说的那样,古典正义是底线。

这绝不意味着(**敬请克莱因伯格原谅**)古典主义者通过概念上的推进"论证"了(甚至在他们自己的制度内)我们不应占阄决定职位和食物配给。古典主义者一定会问克莱因伯格为什么他设想占阄或掷骰子是不公正的。而且我也看不出克莱因伯格如何能够合理地回应。毕竟,如果我们需要官员又不能根据候选人的功绩在他们中间进行区分,那么,有什么可能比在一个去除所有偏见的程序中给予所有人一个平等的机会更公平呢?它似乎是公正待遇的一个典范。

古典主义者一定会继续追问克莱因伯格,他何以认为进程要想实际上"**作为一种程序**是公平的"就要求全体候选人的同意。当然,再次重申,克莱因伯格的视角是现代的特征。但就我而言,我必须说:我把形形色色的法律视为向我提出的各种公正主张,对我施加了真实的正义义务,尽管(就我所能回忆的)我从未以任何形式同意过它们中的任何一部法律。请不要说"噢,但你已经在选举中投票了"。我曾投票支持过获胜党吗?而且,还从未有过一场选举,其中支持选举和议会政府的法律和程序本身是投票,甚至含蓄地说可能是掷骰的对象。这不是说没有好的理由支持选举;更不是说没有好的理由支持常规的选举和罢免立法者及统治者的民主制度。也不是说同意是不相关的。被统治者的同意事实上不是对他们公正地施加义务的必要条件；而必要条件是，义务的内容以及施加义务的方式都应是被统治者**应当**同意的那类内容和方式。这并不意味着：应当投票支持它们。而是意味着，一旦它们被确立起来，一个**理智的**国民**愿**同意受其**支配**。

这有些离题了。但是，言及以下内容的确使我陷入一种境地：在显然需要官员又不能依据其好坏（功绩）进行选择的情境中，所有潜在的官员都应当同意某种无偏见的选举程序，例如抽签，而且无论他们实际上是否同意这样一种程序，他们都应当承认那些通过这种程序选举出来的官员的权威（至少在诸如那些当选官员的不胜任和他们可能的替代者的胜任都已变得明显的时候）。在这些情境中，随骰子落下而受到支持则"相对不同"。

这不是否认存在克莱因伯格谓之困境的诸情境，此处的困境即其中满足一般情境需要并因此已成为人们正当的期待和信赖之基础的正义标准证明是不充分的——**正义**不足（inadequate in justice）的窘境。这些不是正义和效用（utility）之间的困境。在有限的技术语境之外，效用在字面上是一种无意义的标准，不只是"在实践上不可行"；对此，我在《自然法与自然权利》中进行了广泛的阐述，故此处不赘。但是，即便效用不是一种字面上无意义的标准，下面的说法依然正确：效用，正如密尔在《功利主义》最后一章所坚持认为的那样，既（1）体现了一种从**外**部引入的正义标准，为的是使"最大多数人的最大幸福"免于纯粹的"无意义"，又（2）本身是一种正义的标准，即公正行为的标准。无论如何，假设灾年荒月不平等的食物分配是合理的，那么，正当性证明肯定依据共同善；它肯定建立在这样的基础之上：每个人的善应当受到支持的那一原则在**这一**情境中所要求的东西是**每个人**都应被给予成为生还者的机会，鉴于只有一部分人能够存活。正义并不要求：在备选方案是毁灭其他所有人的任何情形下，某人的存活必须受到保障。如果一些人能够借以存活的**唯一**手段是谋杀他人或他人的自杀，甚或一个人的自杀——这一点总是被交换正义排除在外——那么，保护这样的存活就不是可取的策略；可取的策略不应限定为"毁灭其他所有人"，而应限定为"禁绝谋杀和自杀，尽管只有通过这样的谋杀和自杀毁灭其他所有人才可以避免"。但是，我无需判断即认为，不平等的口粮分配不是不可避免的谋杀和自杀，因为它不涉及引至死亡的直接选择，而只是接受某人的死亡作为保护某人存活之手段选择的**负面**结果。

我并不认为凭借我最后几句话就已经赢得了许多朋友，或影响了很多人。我也不声称所有的古典主义者都一定会同意我的决疑术。但我的确要说，所有的古典主义者都一定会考虑以下内容，即克莱因伯格（和现代人一道）视为"反对功利的正义困境"的东西，在某种程度上是一场竞争，或者更准确地说，是一个划界问题，一个在常规适用的正义规范与例外适用的正义规范之间的划界问题。

但是，此处存在复杂情况，这一复杂情况很容易与克莱因伯格所说的一些事情相关；克莱因伯格说这些事情时，正考虑我在主张功能可以成为分配正义的一种标准时作出的一个假设：要求普通大众为了装备、给养和鼓舞士兵（或女战士）而缺衣少食可能是正确的。而且克莱因伯格不赞成以下内容：在如此行事肯定正确的情境下，不如此行事并非**对士兵**的不公正。我同意这话。这就是为什么我上述引用的罗马人对正义的定义即给予每个人应得的东西并不完全充分；且如果我〔在《自然法与自然权利》第162页的第2段〕所说的与其十分相近的话，那么我说的内容就需要修正了。不能实施对维持军队因而对保卫共同体防范不公正的敌人来说是必要的分配，这一观点是**分配的**不正义，这一**分配的**不正义不是对战士们本身而言的不正义，而是对共同体中即将因敌人胜利而受损的每个人的不正义。方案可以说是由于/归因于吃败仗一方的这些潜在受害者。当然，一旦方案被采用，那么，与该方案相关，就存在一种**交换的**不正义，对于任何（正如在这些情境中通常发生的那样）把运输到前线的在途物资转变成他自己的使用和收益人的**交换**不正义；而且这种不正义我认为可以被说成是特地（尽管不是排他地）剥夺——对士兵们而言——**他们**应得的东西本身。

如果古典的正义观被合理且一以贯之地使用，那么，恐怕还存在其他必须知道的复杂情况。一个这样的新难题是客观不正义与主观上应受谴责的不正义之间的区别。正如斯坦利·克莱因伯格所言，他笔下的那些禁欲主义者，因为不明白私人所有制的益处而"错误地"拒绝承认私有制，他们无疑并没有在主观意义上不公正地行为：他们仍然在思考，不是思考个人或党派的利益，而是思考共同善。但是，他们的决定、他们错误的决定客观而言**是**不公正的。对谁不公正？对罹遭这一错误决定（例如，在资金短缺的苏联医院遭受缺医少药之苦）的每一个人。但是，此处存在一个终极难题，该难题在《自然法与自然权利》第 162 页我放入括号内的句子中有所触及，并在其他章节对实证法从自然法派生而出的说明中予以了全面阐述：除了错误的决定外，还存在大量的潜在决定，它们关涉那些存在一系列相反但又**合理的**观点的问题，而这些决定的正确或错误不能通过推理加以确定。这应当会使我们对将不正义**简单地**归因于与我们在某些问题——对其的评估涉及对一系列**不可通约的**价值中的一种或多种价值的**信奉**——上意见不一的人们犹豫不决。成为一名僧侣的决定包括为自己拒绝那种相对有权、相对有钱的配偶和父亲的生活，但这并不包括认为这些其他选择是错误的；反之亦然。且社会可以合理地基于其他价值而过一种在一定限度内牺牲充裕物质资料的生活形式和生活风格。正如斯坦利·克莱因伯格已经察觉的那样，我对私有制利弊的评估远不完整。私有制的目标在很大程度上是概念性的：表明共同善的概念与共同积累（common stock）和本质上共同的事项的完全不同的概念，二者如何兼容，甚至——从概念上讲——如何可能要求私有的即非共同的管理、开发和所有的诸形式。当然，我的确承认以下事实：一项"更有效地供应耐用消费品"的制度并不意味着该制度"对非所有者整体有益"。[1]而且我愿意承认，我的草稿对于自己算作"私人所有制"的东西是隐晦不明的和令人困惑的。当克莱因伯格说"相较于生产资料的共同所有制度，私人所有制很可能是追求共同体许多成员之善的一个障碍"时，如果通过"共同所

---

〔1〕 NLNR 169：……个体们……在不由此损害……共同善的情形下……可以凭借他们的个人努力和个人进取精神而实现自我帮助。通过命令他们反而参与到公共事业而要求他们牺牲自己的个体积极性是不公正的；即使他们从公共事业中收获的物质收益与他们本来通过自己的个人努力而获得的物质回报一样多，甚或更多一点，这样做仍是不公正的。

克莱因伯格作出了合理的对应观察，即生产资料**私人**所有的制度为非所有者产出了更多物质收益（"更多的耐用消费品"）的赤裸裸的现实，并不**意味着**它对非所有者是一种整体的益处或完全的公正。我同意这一观察。经济制度的根本劣等（radical inferiority）和不正义，不是衡量制度比较中任意一方的耐用消费品的可用性或分配的简单问题。

有"（"common ownership"），他意指的是在一个小得足以允许工人们参与管理的规模上合作所有/管理，那么我赞同他这话；如果他通过我有时谓之共同所有、更多时候谓之公共所有（public ownership），即由公职人员管理"国有化"企业，意指我的想法，我当然不赞同他的话（因为我们此处都在谈论个人自主和自我引导之善）。我本该自始至终表明，我把小规模的合作企业视为私人所有。

谈及私人所有者对他们剩余产品的分配时，我有点惊讶地发现，我的分析被描述为创立了一种替代诺齐克自然状态的自然状态。我不相信自己正在谈论一种替代任何理论家之自然状态的自然状态。像所有的古典主义者一样，我当然**想要**把对自然状态的任何假定或任何其他的发生假设（genetic hypothesis）视为与对正义的分析（在任何分析的意义上）几乎无关。我的意思只是，此时此地，所有者负有分配正义的义务。我不认为能够让所有者自行决定如何履行他们所负的所有再分配义务。克莱因伯格的假定情境——身处其中的人们正在挨饿，因为所有者更感兴趣于以其他方式履行他们的义务——正是我简洁地谈及没有能力（不是"有能力而不做"，而是没有能力）有效协调他们的再分配，[2] 即协调他们达到公共善所要求的程度时的想法，或者我想法的一部分。

克莱因伯格论文的后面几页，还有一些零星的评论。关于分配者首先获得物品是否适当的问题并不总是交换正义的问题；分配者时常会作为"公职人员"把持"物品"，尽管他有这样做的授权，且他后续的分配基础会由既定规则决定（**因而**是履行一个人法律义务的交换正义的问题），但是，那些既定规则仍可以因它们的正义而得以评估，且这种评估往往在实质上是一个分配正义的问题。

我不认为相对于交换正义而言，分配正义是"次要的"——此处我没有看到任何优先权，尽管我会接受克莱因伯格对我立场的其他阐述，我的立场

---

〔2〕 *NLNR* 173：如果所有者们将不履行这些〔分配他们剩余物的〕义务，**或不能有效协调**他们协调再分配的各自努力，那么，公共当局可以通过设计和实行分配计划，例如通过为了"社会福利"的"再分配的"税收或通过征收、征用的手段正当地帮助他们履行那些义务。

即确定这样的框架是交换正义的一种功能：在这种框架中，提出分配正义问题是可允许的。有些事情永远不应对人去做，因此它们不应对其他人去做（交换正义），亦不应在向他人分配物品时去做（分配正义）。

为了反驳这一点，克莱因伯格提出"关于什么［人体器官］不可以被适当采集的问题不应总是先于分配问题得到解决"。为了检验我的"前设，即个人的器官应当被排除出分配正义的范围"，他提出了以下假设，即某人的"手指甲含有一种能够治疗他人癌症的珍贵成分"，并说"我们可能有某种理由怀疑这一假定，即长有这种珍贵指甲的人，不能被正当地要求在他本想剪掉指甲之前剪掉它们并交出剪掉的指甲"。重要的是，克莱因伯格选择了一个边缘情形：因为我们几乎不把我们手指甲的部分视为我们的身体器官。

但事实证明，克莱因伯格正以他的方式考虑"一个理性且有德的功利主义者的群体"的非边缘情境，这些理性且有德的功利主义者以下述为基础安排他们的社会：一些有着许多健康器官的成员被选出来（显然通过抽签）杀掉，以便他们的器官能够因"全体人民过上更长寿、更健康的生活"这一意图实现并实际上已被实现的结果来分配。克莱因伯格娴熟且正当地主张，这种社会应当被拒绝，因为（简言之）：[82]

> 我们拥有一种美德，这种美德不只包含对人的需求的关切，也包含对共同体成员应当如何彼此关联的关切……一种什么适合于人的观念。

我完全同意，只是对他在其逻辑论证伊始处的建议表示异议，即如果你不能说服这些"意志坚定的功利主义者"，那么，你就不会有任何理由给他们。

第 5 篇
有限政府*

I

83　　在任何健全的自然法理论中，政府的权威都被解释和证立为一种受到限制的权威，一种受到实证法（尤其是但不只是宪法）、适用于所有人类行为（不论私人行为还是公共行为）的道德原则和正义准则以及政治共同体的共同善——我将要讨论的共同善内在地就是工具主义的，因而是有限的——限制的权威。假如"有限政府"并不是一个在自然法理论中得到广泛使用的术语，那无疑是因为它如此的充满歧义。正如我刚刚指出的那样，歧义的原因就在于对政府和政治权威的适当限制有着各种各样的来源。成为"有限的"，无论如何都只是政府在有限程度上值得拥有的一个特征：那些强大的坏人或恶势力组织希望政府的权力是有限的，这样他们就可以欺侮并剥削弱者，或只是享用他们的财富而无需为顾及他人而感到困扰。因此，"有限的"无法像"正当的"那样成为一个体系术语（a framework term）。

　　官方第一位将这样的迫切需要之物即政府的权威或权力应当在法律上是"有限的"作为特定概念而予以明确阐述的理论家，似乎是托马斯·阿奎

---

*　1996a（"Is Natural Law Theory Compatible with Limited Government?"；一个更早的版本是1994c。参见前述导论部分第 1 节倒数第 3 段的评论）。

那。(然而，我们不应过于认真地对待这些优先权的问题。[1]) 在评注亚里士多德《政治学》实质部分的一开始，阿奎那就对**政治**（political）类型的政府与**王制**（regal）类型的政府之间的区别进行了阐释，而亚里士多德只是指出了二者的区别但并未给出具体的解释。阿奎那说，在"王制"形式的政府中，统治者们拥有绝对的权威，[2] 而在"政治"形式的政府中，统治者们的权威则是"有限的，要与政体的特定法律相协调"。[3]

为什么要对统治者的权威进行法律限制？可惜，阿奎那这篇未完成的评注在亚里士多德讨论"法治而非人治"可取性的诸段落之前就结束了。[4] 但在他对亚里士多德《伦理学》的评注中，在第五卷亚里士多德简要总结法治的优长之处，[5] 阿奎那稍微扩展甚或深化了这个总结：正义的政府无法容忍统治者不受管制的统治（"人治"），而是要求统治者受到法律的统治，这正在于法律是**理性**的命令，而那威胁着要把政府转变成僭政（为了统治者自身利益而统治）的是统治者们属人的**激情**，这些激情促使他们倾向于把超过其公平份额的更多好东西和低于其公平份额的更少坏东西归属于他们自己。并且，阿奎那对《政治学》的评注还指出了另一种理由：

84

---

[1] 毋庸置疑的是，对政府予以法律限制的概念在某种程度上暗含于或确实存在于亚里士多德的法治观念中；就此而言，阿奎那在这一问题上很少有原创性，但他清楚地表达了"有限的"这一术语。

[2] 另见 *ST* I–II q. 105 a. 1 ad 2.

[3] "…politicum autem regnum est quando ille qui praeest habet *potestatem coarctatam* secundum aliquas leges civitatis"：出自 Aquinas, *In Pol.* I. 1 (Marietti ed., 1951, n. 13)。在阿奎那 *De Regno* 一书的 I, 6 中，他说道，在统治者是一个人的情况下，这个人的权力或权威就应当是"有限的"，以免滑向僭政（也就是说，滑向追求个体善而非共同善的政府）。阿奎那对帝王性与政治性统治的区别，后来被 Sir John Fortescue 热心地采纳，参见其 *The Governance of England*（c. 1475），c. 1；同时参见 *De Natural Leis Naturae*（"On the nature of natural law"）（c. 1462），c. 16；类似地还有其 *De Laudibus Legum Angliae*（"In praise of the laws of England"）（c. 1469），cc. 2–4。从那以后，二者之间的区别就进入了 Coke 以及英国宪法思想的主流之中。Sir John Fortescue 的 *Governance* 一书的第一任编辑（Lord Fortescue of Credan，1714 年，任威尔士亲王的副检察长），将这本书命名为"The Difference Between an Absolute and Limited Monarchy"。在 *Governance* 一书的 c. 1 部分，正如他有关这个主题的作品中的其他地方一样，Fortescue 诉诸阿奎那的权威，明确诉诸阿奎那 *De Regno* 一书；然而，没有证据表明 Fortescue 阅读过阿奎那对《政治学》的评注：参见 Plummer（ed.），*The Governance of England*，172-3。

[4] e.g. *Pol.* III. 10：1286a9，etc.

[5] *NE* V. 6：1134a35–b1.

政治性政府（相对于专制政府）由自由且平等的人们领导；因此，为了平等的缘故，领导者与被领导者（统治者与被统治者）的角色要进行互换，并且由多人来构成在一个或许多类似职位上肩负责任的统治者。[6]

政治性公职的这种定期轮换——通常与选举相关联[7]——显然需要由构建（规定）这些公职的法律来规制；那些在任何时候担任公职的人于是都"根据法律"才拥有了这种角色。[8] 这里的指导思想是："自由与平等"。确实，他自己独立的神学著作中，阿奎那会说政府机构的最好安排会包括这一点，即"每个人都参与政府，这既是在每个人都有资格当选为统治者的意义上而言，又是在那些实施统治的人是由每个人选举出来的意义上而言"。[9] 那些通过颁布**越权**(*ultra vires*) 法律而挣脱宪法性限制的人因而就是在行不义；[10] 他们的行为只不过是取得超过其公平份额的事物（在此情况下，该事物如果不是别的，那就是权威）的另一种方式而已。

对"法治"基本原理和内容的解释，以及由此对政府进行法律限制的意义和范围的解释，会在随后的论述中变得更为充分和详尽。这里简单地提及一点就足够了：正如亚里士多德和阿奎那早期的学说一样，人们后来对它们的解释由于历史的经验和那些与自然法理论密切相关的公法学家们的思考而得以丰富，我希望能以同样的方式使自己的解释在随后变得更加清晰。

---

[6] *In Pol.* I. 5（n. 90）："politica est principatus *liberorum et aequalium*; unde commutantur personae principantes et subiectae propter aequalitatem, et constituuntur etiam plures principatus vel in uno vel in diversis officiis."

[7] *Ibid.*, n. 152.

[8] *Ibid.*

[9] *ST* I–II q. 105 a. 1c. 关于参与政府作为公民身份的本质的论述，参见 *In Pol.* III. 1 (n. 354).

[10] 这是一种不公正的法律形式（因此更是一种暴力问题而非经正确理解的法律问题）：*ST* I–II q. 96 a. 4c.

II

相比宪法或其他法律的限制，对政府更为深刻、更多要求的限制来自道德原则和规范；这些道德原则和规范被自然法理论认定为理性的原则和规范，[11] 在每一个正派人士充满良知的慎思中被识别为限制和边际约束（side-constraints）。统治者们的公共职责和权威并未使他们自身豁免于以下这些限制：[12] 不得故意杀害无辜，不得强奸，不得撒谎，不得进行非刑罚性奴役，等等。

重申这些真理——确实存在对政府的这类限制，并且人们可以运用有关真正不可侵犯之权利的相对现代的语言对这些限制加以清楚的表述——是新的教皇通谕《真理的光辉》（*Veritatis Splendor*）的主要训导之一。[13] 对这一传统主张（在《真理的光辉》中得以重申）——这些真理既属于天启，又独立于天启而易为理性所理解——的正当性证明会是另一篇或一系列论文的主题。[14] 这里我只想强调一点，即对政府予以这些无条件、无例外的限制对

---

[11] 参见 Plato, *Republic* IV, 444d; IX, 585-6 论依据理性并由此依据本性而行为。更明确的论述，参见 *ST* I-II q. 71 a. 2c：人之善在于与理性相一致，而人之恶在于越出了合乎理性的秩序……因此，人的美德……就是仅在其与理性相一致的范围内与人的本性相符合，而恶则仅在其与合乎理性的秩序相背离的范围内与人性相违背。

[12] "当事关禁止本质性罪恶的道德规范时，任何人都没有特权或例外。不论那个人是世界的统治者抑或地球上'穷人中的最穷之人'都无关紧要。面对道德的要求，我们所有人一律平等。"[John Paul II, Encyclical *Veritatis Splendor* "Regarding Certain Fundamental Questions of the Church's Moral Teaching" (6 August 1993), s. 96.] "本质性罪恶"一词在这份文件的前面部分已被解释如下：那些在教会道德传统中被定义为"本质性罪恶"（*intrinsece malum*）的行为……是那些总是且在本质上——换句话说，基于它们的目标，且完全不论一个人行为背后隐秘不明的意图和情势——邪恶的行为（s. 80）。

行为的"目的"被解释为"某个审慎决定的直接目的，该决定规定了由行为人所作出的意愿行为"：s. 78。一个更早的、稍欠明晰的陈述如下：支配个体生命和行为的这同一个自然法则，必然也调整政治共同体中人们之间的关系……政治领袖……依旧受制于自然法……且没有任何权威背离其最微不足道的戒律。[John XXIII, Encyclical *Pacem in Terris* (1963), part III, paras 80-1. See *NDMR* 205.]

[13] 对不可侵犯的基本人权的论述——基于绝对禁止本质上罪恶的各类行为的道德准则——集中在《真理的光辉》的第 95-101 节。

[14] 我已在 *NDMR* 最后四章和我更近的一本小书 *Moral Absolutes* 中对这个课题有所推进。

政治理论的重要性。

为了突出上述这点所具有的中心地位，我们或许正适于回顾施特劳斯对政府这类限制的明确拒绝；他是在一段对于其思想并可能对于其部分影响力来说都确实至关重要的文字中表达这种立场的。这段文字非常恰当地出现在施特劳斯的著作《自然正确与历史》（共 323 页）极为中心的几页里（第 160-162 页），在他讨论"三种古典自然正确论"中的核心类型（亚里士多德式）的中心部分。[15] 这一引人注目的段落的高潮是个直率的断言——**他自己宣称**（propria voce）——即便（并且恰恰）对于"正派的社会"而言，在战争中也"**没有什么**可以预先规定的**界限，没有什么可以指定**为正当报复的**界限**"。[16] 当然，许多自由主义的政客已经根据这样的观念在例如维持战略威慑力量中采取了行动，而在战略威慑力量创建的那些年，施特劳斯正在（通过明白、审慎地暗示）清楚地表述这类行动假想的道德基础（1949-1953）。那些政客不会感谢施特劳斯接下来所做的评论，即上述教导不可能前后一致地局限于对外事务，那种他认为正当的"对自然正确的某些规则予以悬置"的做法同样适用于政府处理"社会内部的颠覆分子"。[17]

那种反对施特劳斯为政府有权**在极端状态下**（in extremis）杀害无辜所作的辩护，并且否认一个（无辜的）人的死亡（由于政府的杀害）要好过民族毁灭的自然法理论，必须要对有关价值、慎思和选择的诸假设进行根本性的

---

[15] Strauss, *Natural Right and History*, 146. 确实，如果我们把"导言"与第五、六两章中区分的 AB 两个部分也算上的话，这几页和受到质疑的其他页均出自这本书的**核心**章。

[16] *Ibid*., 159-60（强调为后面所加）。

[17] 但是，战争将它的阴影投向了和平。最为公正的社会没有"情报"即谍报活动，也无法生存。不将自然正确的某些规则予以悬置，谍报活动就不可能进行。……施用于外部敌人的做法也可以施用于社会内部的颠覆分子。我们还是别谈这些令人伤感的紧急情况，它们都被面纱正当地遮掩着。(*Ibid*., 160.)（此段译文参考了施特劳斯著作的中译本，详见［美］列奥·施特劳斯：《自然权利与历史》，彭刚译，生活·读书·新知三联书店 2003 年版，第 163 页。特此致谢。——译者注）在这些以及相邻的页面中，施特劳斯诉诸其他哲学家和神学家们已经更细致地论证的观点：道德判断的真理性只存在于并且只适用于"具体情势"；在"冲突"的情况中（第 159 页），一个人应当参考一种特殊的"共同善"——把正义的原则相对化了且悬置了某些"自然正确的规则"——来作出决定；"没有一项［道德］规则——无论其如何根本——是没有例外的"（第 160 页）；在具体情势中，重要的不是一个人做了什么，而是他怀着一种什么**态度**（例如"勉为其难"的**态度**）做这件事（简单说来，不同于那种不择手段的态度）（第 162 页）。

批判；这诸种假设为后果主义、实用主义、相称主义或情境主义（这些标签指向了一系列论证，其中许多论证，施特劳斯在那些引人注目的页面上都有所暗示或予以迅捷部署）奠定了基础。[18] 这样的批判必须具有开放性和公共性（就像在比如杰曼·格里塞茨以及追随他重新反思和发展古典自然法理论的其他理论家的著作中那样）。[19] 其原因就在于，有关政府的自然法理论必然要求：尽管政府能够正当地拥有秘密并且在保密状态中进行审议，但那些道德原则——政府拥有权威借此影响其国民思考，而这些道德原则在道德层面也限制了政府权力的运用——必须全都能够被公开地证明为正当。自然法理论探求、说明并解释道德的深层结构，但道德是理性所要求的，而理性内在地就是可理解的、共享的、共同的。

Ⅲ

政治共同体的政府不仅在理性上受限于宪法性法律并限制了每一个正派人士思考与选择的道德规范，而且在理性上受限于政府普遍正当的目标、意图或基本原理（rationale）。正如施特劳斯在我前面提及的段落中所评论的，这里的基本原理指的是政治共同体的共同善。且这种共同善——正如施特劳斯并未说出的那样——并不是（我将论证）基本的、内在的或本质的，而是工具性的。这一点应当如何解释呢？

---

[18] 一份为施特劳斯开脱的辩解可能公正地指出，当施特劳斯写作时，他在上述段落中批评（第163页）的那些"托马斯主义自然正确论"的拥护者几乎从未进行过这样的根本性批判。同样需要注意的是，尽管施特劳斯宣称自己是在探寻一条"介于阿威罗伊（Averroes）和托马斯之间……的稳妥的中间道路"（第159页），但他自己直白地显现在第160-162页的观点，却非常符合"法拉斯法（falasifa，即伊斯兰教的亚里士多德学派）和犹太教的亚里士多德学派的典型观点"（第158页），也即这种典型观点是这样一种观点：对自然正确所作的阿奎那式的说明（解读亚里士多德时，施特劳斯确实未能深入探究）中作为"普遍有效的一般规则"而提出的东西，其实只在一般情形下是有效的——以致，当它们提出时，如果没有限定条件和例外情形，这些规则就是"虚妄不实的……不是自然正确，而是习俗性正确"（第158页）。想要了解对亚里士多德的另外一种解读，参见 MA31-41，36。

[19] See e. g. Grisez, "Against Consequentialism"; *NDMR* 238-72; George, "Does the 'Incommensurability Thesis' Imperil Common Sense Moral Judgement?"

每一个共同体都是由其成员之间的交往与合作构成的。我们说一个共同体拥有共同善,其实就是说该交往与合作有一个目标,而共同体的成员在理解、珍视和追求该目标上多多少少意见一致。对于各种可以理解的目标或共同善,以及由此各种完全合理的人类共同体(human community),一种批判性的政治理论如何辨别、解释和说明它们都是充分合理的呢?它只有通过回溯至诸基本原则时才能这么做。而所有的慎思、选择和行动的诸基本原则,都是基本的**行动理由**。那给了人们行动理由的东西,总是某种通过成功的行动能够获得或予以例示的可理解的益处,诸如:(1)**知识**(包括审美欣赏)或实在(reality);(2)在工作和游戏中的**熟练表现**(skilful performance),为其自身的缘故;(3)**肉体生命**及其完整的组成部分:健康、活力和安全;(4)人与人之间各种形式、各种强度的**友谊**或融洽与联合;(5)男女之间性的结合,尽管这种结合本质上既涉及伴侣之间的友谊,又涉及由他(她)们对孩子的生养和教育,但它似乎有一个目标和共享的益处,这益处不可化约为要么友谊要么生命的延续,因而〔正如比较人类学所确认以及亚里士多德和斯多葛学派"第三创始人"穆森尼乌斯·鲁弗斯(Musonius Rufus)尤其接近清楚表述的那样〕[20]它应当被确认为一种独特的、基本的人类的善,我们称这种善为**婚姻**,即阿奎那在他的诸第一实践原则(first practical principles)列表中确定诸基本善时提到的那种男女结合(conjunctio);(6)一个人的感觉与判断之间的和谐(内在的完整性),以及其判断与行为之间的和谐(真实性),我们可以谓之**实践合理性**(practical reasonableness);以及(7)与包括意义和价值在内的所有实在的最遥远边界(widest reaches)和**终极源泉相和谐**。拣择出这些基本人类善——恰好作为提供给例示了那些益处的行动以及避免威胁要毁灭、破坏或阻碍那些益处例示之物的(非派生的、非工具性的)理由——的上述命题被阿奎那谓之自然法,或——对他来说是同义的

---

[20] 每个人都知道,而且实际上很少有人公开表示拒绝亚里士多德的学说,即人天生是社会性动物,并且实际上还是政治性动物。但似乎只有少得多的人知道其另一个学说(*NE* VIII. 12: 1162a15-29),即人天生甚**至更主要是一种婚姻性**动物。

（如果此处我敢于这样说的话）——自然正确的诸第一原则。[21] 这些原则之所以是自然的，并非因为它们是从人性的某种先验的理论说明中推导出来的，而恰恰是因为通过对人的繁荣和实现的这些方面的源初实践性理解，人们才开始既实现（使……在实践中成为现实）又在反思和理论层面理解了那种以上述方式得以完满的存在［人，人属动物（homo）］所具有的本性。[22]

基于上述认识，让我们回到**共同善和人类共同体的基本类型**的问题上来。存在三种类型的共同善，其中的每一种都规定了一种独特类型的共同体所具有的基本目标，并直接例示了某种**基本的**人类善：（1）充满感情地互助，友谊的共享和"真正朋友"的**共融**(communio)；（2）夫妇在婚姻生活中的共享，他（她）们作为彼此互补的、肉身的人结合在一起，其行为使他（她）们适于为人父母——夫妇，与——如果他（她）们的婚姻硕果累累——他（她）们的孩子的**共融**；（3）宗教信徒的**共融**，这些信徒在相信是可触及的真理所要求的服务与奉献方面彼此合作，这些真理关涉意义、价值和其他实在的终极来源，也关涉人类能够与那种终极来源和谐一致的方式。其他的人类共同体拥有工具性的而非基本的共同善，即便追求的是工具性的善的联合与合作（诸如商业企业），也并不仅仅具有工具性特征，因为它们在其核心或非核心的不管哪一种形式中都例示了友谊这种基本善。

因此，政治共同体——被恰当地理解为一种合作形式、一种为了实现自

---

[21] *ST* I-II q. 94 aa. 2c, 3c.

[22] 根据重要但常遭忽视的亚里士多德式与阿奎那式的方法论原理，人们通过理解各种能力来理解人的自然本性，又通过理解能力的各种驱动力来理解人的能力，又通过理解各种目标来理解人的行为（以及根据作为意志行为之目标的基本人类善），参见 *FoE* 21-2。这里，适合做出一个更深入的方法论评注。尽管基本人类善的所有这些种类的内在益处的价值是显见的，但对它们的反思性说明能够且应当是论证性的和评判性的；这种说明收集了使人想起证明善的那些形式的可理解性和意义的经验、实践与制度的东西，并为反对各类怀疑与异议的说明辩护。由于一些命题本质上所具有的不证自明性并未排除对其自身的理性辩护，人们因此辩证地，亦即通过将它与其他知识相互关联并证明若否认该命题就会产生无法为理性所接受的后果，论证这样一项命题。再一次，有人可能指出，当施特劳斯写作时，人们才只是零星地开始这类论证和评判性的辩证分析工作；但自那时起，人们就已经非常积极地尝试这类工作。参见 1987f 及其在第 148-151 页的参考书目；George, "Recent Criticism of Natural Law Theory"。

然法诸第一原则所确认的那些善所需要的合作形式——是一个为共同善服务而进行合作的共同体，而该共同体所服务的这种共同善是工具性的、本身并非基本性的。的确，这种善在其非凡的目标方面具有一种"伟大崇高的、如神一般的"[23]品质：

> 这样才能确保那倾向于支持、促进和推动（在那个共同体中的）每一个体实现其自身发展所需要的物质与其他条件的整个体系，包括各种形式的合作。[24]

（在各种情形下，个体实现自身的发展基本都包含了家庭、友谊及该人所属的其他公共体的兴旺发达。）而政治共同体的正当管理范围，也确实包括了对友谊、婚姻、家庭、宗教社团以及所有如同国家本身那样仅有工具性的（例如，经济性的）共同善的组织与社团实施管制。但是，对这些社团实施管制的目的，绝不应当（在社团具有非工具性共同善的情况下）或只在特殊情况下（在社团具有工具性共同善的情况下）意图接管那些个人项目与人际联合的组建、发展与管理。毋宁说，它的目的必然是实现某种功能；20世纪初期的耶稣会社会理论家们教我们称这种功能为辅助（subsidiarity，即helping，来自拉丁文 *subsidium*，即help）：这种功能[25]是协助个人和团体为了其选择的目标和事业来协调它们的行为，使之与它们已经选择的目标和承诺相一致，且以与政治共同体共同善的其他方面、政治共同体基本原理

---

[23] *NE* I. 1：1094b9.

[24] *NLNR* 147. 正像我在上一本书第160页所指出的那样，这种对政治共同体共同善的描述，近似于20世纪中叶早期法国的评注家们对阿奎那的解释。梵蒂冈第二次大公会议也采用过类似的描述：比如，"那些允许社会团体及其个体成员相对充分且便利地进行自我完善的社会生活条件的总和"（*Gaudium et Spes* [1965]，第26段；类似的也有 *Dignitatis Humanae* [1965]，第6段）。

[25] See *NLNR* 146-7, 159.

独具的复杂性和深远影响及其合作要求中的特别要求相一致的方式来提供协助。[26]

有关政治性共同善在根本上所具有的工具性特征，梵蒂冈第二次大公会议在关于宗教自由训导的两个部分都做出了说明，该训导被这次大公会议认为是一个关于自然法的（即关于"理性本身"[27]的）问题。该训导的**第一**部分指出，每个人都有权在宗教信仰和宗教活动方面不受强制。原因在于，认识那种被大公会议简明地称作"宗教的"有关终极事物的真理，以及追随并实践自己逐渐认识的这种真理，是如此重要的善行和如此根本的责任，再加上那种"人类精神之善好"[28]的获得是如此内在地且无可替代地只能由**个人**同意并**审慎**决定的一个问题，以至于如果政府强制性地干涉人们对真正的宗教信仰的寻求，或者干涉人们对自己信以为真的信仰的表达，那么，政府就会伤害这些人并有损其尊严，即便这种干涉是基于正确的前提，即他（她）们对信仰的寻求已被人粗心大意地引导并/或已经引致他（她）们接受了虚假的信念。根据大公会议的精神，宗教活动"超出了"政府的正当管辖范围；政府需要关心的是现世的共同善，这包括承认并促进其公民的宗教生活（这种辅助功能）；但是，政府没有责任或权利去指导宗教活动，如果它们擅自这么做，就会"**超出其正当范围**"。[29]

大公会议训导的**第二部分**关涉对宗教自由所施加的适当限制，亦即这些限制：

---

[26] 当然，政治共同体的共同善包含某些重要因素，这些因素几乎不为政体内部任何其他的共同体所分享：例如，通过惩罚那些已经触犯公正法律的人来伸张正义；强制性地抵制并约束那些其行为（包括疏忽的不作为）不公平地威胁到他人的利益——尤其是那些被确定为道德的（或"人"的）或法定的权利的利益——的人，以及为确保受到侵害的权利恢复原状、获得赔偿或得到补救而采取的相应强制措施；确认并维护所有权或财产权的体系，该体系尊重每个人在每一份所有权上拥有的直接的和既定的或间接的和可能的各种权益。但是，政治共同善的以上这些要素和其他各种要素，为政治共同体及其领导者即政府肩负的适当职责所特有的事实，绝不意味着这些要素是基本的人类善或政治性的共同善本身不同于工具性的共同善。

[27] Declaration, *Dignitatis Humanae*, para. 2. 在第9-15段，该宣言把这个问题视为一个神启。

[28] 它是在同上书的第1段中提到的一种人的心灵的良善本质（*animi humani bona*）。

[29] "因此，政府由于其自身的目的要服务于公共利益，所以，它事实上应该了解并引导公民的宗教生活，但政府不能超过其限度而直接干预公民的宗教行为"：*ibid.*, para. 3.

之所以被需要是因为：（1）有效**保护**全体公民的**权利**以及他（她）们之间和平共处的权利；（2）充分关注真正正义中有序的共同生活所具有的真正的**公共**安宁；（3）正当维护**公共道德**。所有这些因素构成了共同善的基础部分，并列入**公共秩序**观念项下。[30]

此处政治性共同善也同样呈现为工具性的，其目的是保护人权与法定权利、**公共**安宁与**公共**道德——包括对有益于美德的社会环境的维护。同样地，政府在这里所发挥的功能也不是致力于强制性地提升美德、压制罪恶，尽管美德（与罪恶）对于单个个体的幸福（或不幸）和他（她）们所属的社团的价值（或其反面）具有至高的、根本的重要性。

大公会议的上述自然法理论正确吗？或者，我们是否应当遵从由快速阅读阿奎那的《论政府》所得出的以下这个不那么复杂的观点，即政府应当命令引领民众趋向终极（天国的）目标的一切事物、禁止致使民众偏离该目标的一切事物而且应当强制性地制止民众为非作歹并引导他（她）们品行高洁？[31] 或许，对这一训导最具说服力的简短说明，仍然要算亚里士多德针对那些——像诡辩家吕哥佛龙（Lycophron）的理论一样——把国家当作纯粹的公共安全保障手段（mutual insurance arrangement）的理论所做的著名抨击了。[32] 但是，至少在两个至关重要的方面，亚里士多德（以及追随他的诸

---

[30] Ibid., para. 7. 我用法语的"ordre public"翻译了拉丁文的"ordinis publici"，其理由在 *NLNR* 第215页有所解释。

[31] *De Regno* c.14（从暴力征服到对人们的行为进行良善的引导）。（但是结合上下文，该书中的这一段和其他相关段落可能与比如 *ST* II-II q.104 a.5c 中的观点相一致，后者教导我们，人类的政府没有权力干涉人们的思想和他们意愿的内在动机。参见 *Acquinas* 第七章，尤其是第228-231页。）

[32] "……**城邦**之建立不能仅仅以生活为目的，更应谋求优良的生活……而且……它的目的也不（只）是为了交换和商业往来……任何**城邦**如果不是徒有虚名，而是真正无愧为一个'**城邦**'，就必须以美德/卓越为其关注的目标。否则，**城邦**就沦为仅仅是一个同盟，它与其成员全都彼此疏离地生活其中的其他形式的同盟之间的区别，就只不过是在地理空间方面的差别。又否则，法律变成了一种纯粹的社会契约或（用诡辩家吕哥佛龙的话来说）'人们之间正义的保证人'——而不是成为，正如法律应当成为的那样，诸如会使得公民充满良善和公正。"**城邦**"不只是为了防止人们彼此不义并交换货物而共同占有的一个公共居住区。这些都是**城邦**存在的必要前提……而**城邦**却是生活良好的部族（和乡里相邻）为了自足、至善的生活而结合在一起的……因此，它必须是为了真正的**善行**，而不只是为了生活在一起……" Aristotle, *Pol.* III.5: 1280a32, a35, 1280b7-13, b34, 1281a1-4.

多传统）把问题处理得过于简单了。

首先，如果政治共同体的目标、要点或共同善的确是一种自足的生活，且如果自足（*autarcheia*）的确就是亚里士多德所定义的——一种没有任何匮乏、完全满足的生活[33]——那我们就不得不说：政治共同体拥有一个它无望实现的目标，一种完全超出其范围的共同善。因为后来的哲学思考已经证实了从亚里士多德自己在独立［*eudaimonia*，以及由此在自治（*autarcheia*）］的不同观念之间明显的摇摆中人们可能怀疑的以下内容：人类整体的完善（原则上）不亚于所有共同体中所有人的完善，而除了属天的国度外，任何共同体都无法实现这一点；而且，这属天的国度并非由独立的理性（自然法理论）构想出来，而是只凭借神启想象出来的，且只能通过超自然的非凡天赋才能实现。确实，人类整体的完善能够并应当成为一种观念、一种对道德的并由此政治的自然法理论至关重要的观念。因为和人类整体的完善一样，所有人在所有基本的人类善方面的实现，才会符合理性对于个体能够通过行为参与的人类善的全部认知，也才符合意志对这种人类善的全部旨趣。因此，一种可靠的道德的首要原则必然是：在为了增进人类善并避免与此相反结果的自愿行为中，一个人应当选择并意欲那些且只是那些意愿其与人类整体的完善相共存的可能选择。要说不道德是由于激情减损或抑制了理性而形成，就等于说，通过让一个人偏向与人类整体的完善并不一致的目标，从而情感支配理性构成了不道德。这个完美的共同体因而成为善良意志最为根本的理想定位。但是，这个完美的共同体不是——就像早期自然法理论，比如亚里士多德的理论过早提出的那样——政治共同体。

其次，当亚里士多德谈到"使"（making）人们充满良善时，他不断[34]使用的是**创制/创造**（*poiēsis*）这个词，并经常把它与**实践**（*praxis*）加以对比，并将该词留用于那些操控事物的技艺（arts）。[35] 但是，协助公民进行与人类

---

[33] *NE* I. 7：1097b16-17. 附带提一下，这点非常不同于马赛多（Macedo）在其《自由的美德》（*Liberal Virtues*）第 215-217 页中借助"一个独裁的人"所意指的东西。

[34] 除上引那一段落外，参见 *NE* I. 10：1099b32；II. 1：1103b4；X. 9：1180b24.

[35] e.g. *NE* VI. 5：1140a2；*Pol.* I. 2：1254a5.

整体的完善相一致的选择和行为,这其中必然包括一些超出任何技艺或技巧之范围的东西。因为只有个体的行为人能够通过他(她)们自己的选择使自己充满良善或罪恶。这并不是说,个体的行为人的生活应当或者可以是个人主义的;他(她)们的慎思和选择会受到其文化的语言、其家庭、其朋友、其伙伴和敌人、其所属共同体的风俗习惯、其所属政体的法律以及其他本国之外的各种人为因子的影响诸如此类的塑造、促进或阻碍。他(她)们的选择会使得他(她)们自己卷入与所有上述这些共同体中的其他人公正或不公正、高雅或粗鄙、伺机报复或仁慈慷慨等关系中。而且,作为所有这些共同体中的成员,他(她)们自身也有某种责任去劝服其同胞施善行并阻止其行不义。

无疑,政治共同体是一种合作,这种合作承担着以下非常独特的任务:为其辖域内所有个体与合法社团提供强制性保护,并确保所有这些个人和团体于其中能够追求自身正当利益的经济与文化环境。无可否认,政治共同体的这种共同善使其远非一种为了"防止人们互相伤害并交换货物"的纯粹制度安排。但是,维护——正如理性所要求的——政治共同体的基本原理所要求的以下内容是一回事:政治共同体的公共管理结构即政府应当有意且公开地确认、鼓励、促进和支持那些真正有价值的事物(包括美德),应当有意且公开地确定、劝诫并阻止有害和罪恶的东西,应当通过其刑事禁令和制裁(以及它的其他法律和政策)协助人们履行教育孩子和年轻人品行高尚并阻止他(她)们为恶的为人父母之责;通过使(甚至)私密的、确实是两相情愿的成年人的堕落行为成为触犯国家法律而应受惩罚的犯罪行为,而维护那一基本原理要求或授权政府为了引导人们为善并阻止行恶,则是另一回事。因此,亚里士多德把相关问题处理得过于简单的第三个方面就在于:他从支持政府负有协助或代替直系双亲对年轻人管教的责任不知不觉地滑向以下主张:政府的这种责任持续且以同样直接的强制形式持续"人的完整一生,因为大多数人服从于必然而非说理,屈服于惩罚而非那种关于什么是真正有价值事物的观念"。[36] 美国联邦最高法院在商议作出关于 *Griswold v Connecticut* 381 US 479（1965）案（涉及夫妻**使用**避孕药）和 *Eisenstadt v Baird* 405 US 438（1970）案（涉及向**未婚人群公开销售**避孕药）的某种裁决的过程中，忽视了一个合理且重要的原则性区别。[37] 如果最高法院基于任何特定的理由——该理由也在宪法层面要求法律容忍对同性恋服务的广告和营销，保留同性恋活动的聚集地，或者通过教育和公共媒介推广同性恋者的"生活方式"，或要求法律认可同性"婚姻"，或允许同性恋行为人收养孩子，等等——把成年人之间私密的鸡奸行为予以定罪的法律加以推翻的话，那么，那一区别的真实性和相关性将再次受到忽视。

Ⅳ

我认为，用"自由主义的"或"非自由主义的"（或"［反］保守主义的""［反］资本主义的"）特征等术语来建构某人的政治理论是一种错误的方法。在政治理论中，有意义的探究分析讨论的是特定的原则、规范、制度、法律和实践是否"健全""真实""有益""合理""适宜""公正""公平""与适当的自由共存"，等等——而非它们是否自由主义的或与"自由主义"是否兼容。[38] 尽管如此，许多把自己的思想称为"自由主义的"人提议超出我以上勾勒的范围来对政府予以限制。因此，我们可以提出一个

---

[36] *NE* X. 9：1180a1-6.

[37] 在格里斯沃尔德（*Griswold*）案中被废除的那条法律甚至禁止已婚人士使用避孕药；格里斯沃尔德作为使用避孕药的从犯所获致的有罪判决随着惩处主犯的实体法的失效而得以推翻。这在原则上就完全不同于一项当时若存在的这样的法律：它直接禁止格里斯沃尔德作为避孕信息和避孕用品的公共推销商的种种行为。如果美国的宪法性法律未能识别出这些差别，那就说明其宪法性法律缺乏合理的原则。

[38] 以后一种方式进行的探究活动会使自称的理论家（would-be theorist）陷入政治运动或政治纲领各种多变的可能性中。这些政治运动或政治纲领自19世纪30年代出现"自由主义"这一术语以来相继发生，它们实质上并不具有重要的共同之处，而且，比如那些政治运动，也没有任何用来识别核心情形或重要意识的原则。对于以自由主义、自由主义的政治制度等术语构建的哲学主张，唯一明智的处理方法是把这些哲学主张当作"合理的""正确的""有正当理由的""公正的"诸如此类的修辞性符码；一个人因此理解并继续考虑关于那些哲学主张之价值的各种观点和主张。

有意义的问题：是否这些限制显示了一种有限政府的观念，而自然法理论一旦拒绝或忽视这一观念就是错误的？

一个提议是，政府不得限制自由，理由是：对个体而言，一种有关什么是好的或正确的观念优于别的观念。这是罗尔斯后期提出的一个提议，该提议被认为适于像他提到的如美国这样几近公正的、现代的民主国家。但同样还是这个后期的罗尔斯，却避而不谈自己的理论是正确的、有根据的或合理的；相反，它是先进的，因为通过对特定的一些宪法原则（尤其是罗尔斯的这个提议）产生或维持"重叠共识"，它适于确保代际传承的稳定与社会团结。[39] 主张他的理论或该理论所促进的原则是正确的或真实的，就会（罗尔斯认为）违反多元主义与（像其他"自由主义者"所解释的）"中立性"的诸前提条件，就会从政治理论与实践的适当领域滑向个体有关善好的理念与观念领域——从行为的公共理由滑向个体理由。此外，罗纳德·德沃金提议，要求政府在有关好的生活方式和坏的生活方式的各种观念之间保持中立，是对一项**正确的**政治原则即每个人都有权得到同等的关怀与尊重的一种例示。

罗尔斯拒绝为上述这些原则提供任何进一步的正当性证明，招致了约瑟夫·拉兹[40]和其他人[41]的尖锐批评。我认为关键问题是，任何像罗尔斯立场那样的立场都在行动的公共理由与私人理由之间，预先假定或预设了一个站不住脚的区别；因为，像罗尔斯一样，该立场会承认：不同于公共的审议，在一个人私下的慎思中，他可能且无疑应当受到某种他信以为真的有关好坏生活观念的引导。这个区别的不可靠性是显而易见的。因为每个政治行为人或行动者都是一个人，或至少在团体（国家、公司、团队等）的社会行为的情形中，除团体的领导者与/或其他成员的个人行为之外，每一个政治行为人或行动者并不存在。每个人选择实施某个政治行为的理由肯定对该人而言是终极的或基本的那些理由（无需进一步的、理性上的驱动并由此证立的理由），或至少是基于那些理由；且这些理由肯定全都与行为人行动的

---

[39] 参见拉兹在 "Facing Diversity: The Case of Epistemic Diversity" at 12 中对罗尔斯的评注性讨论。
[40] *Ibid.* [这篇文章同样有效地批评了托马斯·内格尔（Thomas Nagel）的类似提议。]
[41] Macedo, *Liberal Virtues*, 53, 55, 60-4.

其他理由或原则相一致。因为一个人的公共行为同时也是他的私人行为：那些行为是一个人唯一的真实生活的一部分。一个人参与"政治"活动肯定不只是在逻辑上与他有关善和正派的生活观念相一致；实际上，这种参与肯定在理性上受到这个观念（毕竟无非是一个人关于什么是他行动的好理由的观念）的推动。因此，一个人行动的"公共"理由必然也是他的"私人"理由（尽管这并不意味着一个人所有的行动理由都需要"公之于众"）。而且，政治行为经常会给行为人和其他人带来最重大的后果；因此，除非公共理由证立了该行为，可以这么说，一路推导下去，证明了该行为人做此行为是正当的，否则它们就不是好的（充分的）理由。假定政治行为全部出于无法公开讨论的理由（"私人理念"），就是假定政治秩序应当拒绝为其参与者参与该等政治行为或承担公民责任提供任何好的（充分的）理由。

至于德沃金从"平等关怀与尊重原则"派生出对中立性的限制的各种尝试，以及对这些尝试的反驳，或许早已为人熟知而无需在此重复。[42] 对这些批评的一个细致、公平和关键的总结与展望可以参考罗伯特·乔治（Robert

---

[42] 约束人们的行为，基于（如果那些行为被怀着善意而完成）那些行为付诸实施的善的观念是一种坏观念而约束人们的行为，显示的可能不是蔑视，而是对那些人的平等价值和人的尊严的一种意识；将他们的行为定性为非法可能只是基于以下判断，即他们存在严重的误解，且正在贬低人的价值和尊严，包括他们自己个人的价值和尊严以及那些可能被诱导分享或模仿这类贬低行为的其他人的个人价值和尊严。在人类言辞与实践的任何领域，一个人都绝不应当把判断一些人错误（以及基于该判断而采取的行动）等同于对那些人的蔑视，或等同于对那些分享自己判断的人的优待。参见 NLNR 221-3. 1980 年以后，德沃金修正了自己的观点。凡是借助一种论证、一种不抛弃他们自己的平等价值观就无法接受的一种论证而把限制或牺牲强加给公民的论证，就违背了平等的关怀与尊重——因为"那相信某种特殊的生活方式于己最有价值的自尊之人，没有一个会承认这种生活方式是低劣的或可鄙的"：Dworkin, *A Matter of Principle*, 206. 但是，这个观点同其前身一样无力。禁止人们所偏好的某种行为并不要求他们"接受某个观点"。且如果他们真的接受了法律建基其上的那种观点，他们就会承认其先前的偏好于己当真是不般配的（又或，如果他们总是能够意识到这点，尽管如此又依旧保持着自身的偏好，那就等于承认他们一直是无意识的）。人们能够逐渐地对自己先前的观点和行为感到懊悔；因此，我们不得用人们当前关于人类善的观念来识别他们（以及他们作为人的价值）。总之：要么其所偏好的行为为法律明文禁止的那些人逐渐接受法律建基其上的人的价值的概念，要么他们不接受。假如他们接受，他们的自尊心就不会有任何损害；他们意识到自己曾经错误，并可能为强制其改正而提供的协助感到欣慰（考虑吸毒者）；而如果不逐渐接受法律的观点，他们的自尊心也不会受到法律的影响；他们会认为——无论这种认为是对是错——法律在对他们而言何者为善的观念方面犯下了可鄙的（以及严重的）错误。他们可能极度憎恨法律。他们无法正确思考的问题是：出于无例外地对每个人的善、价值和尊严的关切而制定的法律，并没有对他们一视同仁。See essay 2, sec. II at nn. 17-21.

George)《使人道德：公民自由与公共道德》(*Making Men Moral*：*Civil Liberties and Public Morality*) 一书。[43]

相反，这促使我转向一种新近出现的、比罗尔斯或德沃金的提议都更为审慎的提议。斯蒂芬·马赛多（Stephen Macedo）拒绝承认，自由主义的正义在人类诸善或人的诸生活方式之间具有中立性。[44] 但是，他认为，政府的一切行为都不应有损国民的尊严，而应当尊重人们的要求，即他（她）们不受制于任何未经公开证明为正当的限制。"人们只可能因为特定的、有限的理由而正当地受到国家强制"，[45] 这特定的、有限的理由，换句话说就是公共理由——"所有人都应当能够接受的那些理由"。[46]

如上所述，这是自然法理论家所乐于接受的一个界限。自然法理论只不过是对所有人们应当能够接受的行动理由的说明，而这些理由应当为人们能够接受恰恰因为它们作为理由是正确、有效和合理的。但是，马赛多此处追随罗尔斯，提议有差别地解释这个界限：

> ……**公共的**道德证立（moral justification）……目的并不是要识别什么理由确实是最好的理由，此处的"最好"只是这些理由作为搁置广为接受的诸限制的理由的那些理由所有的品质的结果。[47]

这时候，公共的道德证立并不是鲁莽地诉诸多数决原则（majority rule）。它旨在作为一项实质性原则，限制即便获得多数人支持的政府行为。因为这样的支持有时并非基于理性，而是出于对传统或未经检审的**习俗**的尊重。在这种情况下，尽管事实是一项法律或政府行为获得了多数人的支持，并在事实上有最好的理由提供支撑，但马赛多提出的这种限制还是会遭到违背——且那些服从于该项法律的人也不会受到应有的尊重——如果支撑该行为的那

---

[43] George, *Making Man Moral*：*Civil Liberties and Public Morality*, 83-109.
[44] *Liberal Virtues*, 265.
[45] *Ibid.*, 263.
[46] *Ibid.*, 195；比较第 41 页："所有通情达理的人都应当能够接受的理由。"
[47] *Ibid.*, 50.

些理由（尽管合理且真确），但涉及"非常艰涩的推理形式"的话。[48] 支持政府行为的那种理性证明必须"易于为人理解，正如我们也理解它们一样"。[49] 但是，（他继续说）在诸如阿奎那的自然法理论中，或格里塞茨、波义耳、菲尼斯、乔治（George）等人的新古典自然法理论中，在诸第一原则与诸如我们于《摩西十诫》中发现的特定道德规范之间存在一个裂隙，这个逻辑裂隙必须由推论来弥合，但其中**一些**推论"所要求的智慧或理性却'并不是每个人甚或大多数人都具有的'"。[50] 因此，马赛多总结道，自然法的相关部分（纵然真实），或至少这些相关部分所依赖的推论（纵然合理），都可能"超出了'多数人'的能力范围"因而不能成为法律的正当基础。[51]

但是，事实上，这些自然法理论家并不承认《摩西十诫》的现行规范，甚或这些规范合理依据的那些推论超出了多数人的**能力范围**，也不承认它们是不易理解的或**无法**被多数人领会的。马赛多，通览其全部作品，都忽略了与生俱来的能力与后天养成的能力之间的差别，忽略了天赋官能（faculty）与技能（competence）之间的差别，也就是忽略了这样的事实：**我既的确有，又没有**说冰岛语的能力。而且，在马赛多暗中倚赖的每一个段落，阿奎那都表明，《摩西十诫》的戒规只要稍稍反思[52]就可以从诸第一原则中得出，甚至平民百姓都可以作出关于它们的推断并理解它们的关键，[53] 尽管有些人**可能会**对它们感到迷惑；[54] **其他**一些道德规范，虽然可以从《摩西十诫》的戒规中推导出来，却只为智者而非其他人**所知**（cognoscuntur），[55] 这些其他人

---

[48] *Ibid.*, 46; 另见第 48 页（"过于精巧和复杂的推理形式"），第 63—64 页（"过于复杂而无法被广泛理解，或者无法被通情达理的人广泛领会"）。

[49] *Ibid.*, 43.

[50] *Ibid.*, 212. 单引号内的引语出自我的 1985e at 52，它反过来又引用和概述了 *ST* I-II q. 100 aa. 1c, 3c, 11c.

[51] *Liberal Virtues*, 212.

[52] *ST* I-II q. 110 a. 3c："较少的考量，较少地考虑到。"

[53] a. 11c："其中的原因，即使是没有受过教育的民众，也很容易觉察到。"

[54] a. 11c："大约人们也可能作出扭曲的判断。"

[55] a. 3c.

不同于智者，他（她）们**不去**（不是"不能够"）勤勉地思考相关的情况。[56] 因此，即便从文本的字面上看，也绝不能承认《摩西十诫》的道德原则超出了"公共的正当性证明"和公共的"可接受性"范围。[57]

V

马赛多提议的界限涉及两个主要问题。**第一个**问题讨论起来令人尴尬和困难，而且这种尴尬证明以多种方式与政治—理论问题相关。法律与公共政策确实应当基于理性，而不只是基于情感、偏见和成见，而且次理性的（sub-rational）偏见也不会仅仅因为被贴上道德判断的标签就变成道德判断。因此，如果法律审慎地阻止通过诸如教育设施与受法律支持的家庭制度等来提倡某些类型的行为（这往往会产生不利于那些已经准备好了并愿意从事那类行为之人的副作用），且如果阻止这类行为的决定是基于这样的判断，即这类行为在道德上是有害的，并因此是设计教育制度以及受社会支持的家庭制度时一个正当关注的问题，那么，只有当那一反向的规范性判断合理且不只是厌恶情绪的表达时，这项法律才能得以证立。但马赛多的第一个问题是（正如他表述它的那样）同性恋行为，而对这个问题的讨论，甚至对它的个人反思，都为一种尴尬所困扰：这种尴尬使得大多数人比平常更加不善表达，因而使得在虽未阐明但却合理的判断与纯粹未经考虑的敌意之间作出区分比平时更加困难。

因而，我们处于困境之中。一方面，穆森尼乌斯·鲁弗斯在公元一世纪后半期曾明确表达过一个常识性的智慧："当一个人对谈论不光彩的事情不

---

[56] a.1c："那些聪明的人并不等于是智慧的。"

[57] 诚然，大多数人可能实际上会对《摩西十诫》的某条规则感到迷惑，正如（阿奎那评论道）与尤利乌斯·恺撒（Julius Caesar）兵戎相见的德国人对抢劫在道德上产生困惑一样。*ST* I-II q. 94 a.4c. 受自我利益和顺从某种激情之习惯所强化的文化惯例，能够使许多人难以理解某项道德规范；该项道德规范经由诱人的想法以及屈服于感性的智力而产生的诡辩的异议与理论解释，改变了人们的合理推断。此外，关于什么是原则、什么是结论、它们彼此是怎样相互关联的，这些问题可能已经超出了许多人的反思习惯和表达能力的范围；尽管如此，这些人如果花费时间并熟练掌握了辩证法，他们也能对这些问题产生思辨和确切的理解。

再迟疑不决时，他也就开始毫不犹豫地去做这类事情了。"[58] 另一方面，一份判决，像 *Bowers v Hardwick* [59] 案中法院的判决一样，由于它对同性恋行为为何不好以及在哪些方面不好保持沉默，引起了人们如下猜疑，即有关这一问题的法律（甚至以更多与国家的辅助功能相称的方式阻止同性恋行为的那些法律）都根植于次理性的动机。

然而，事实是：古典时代许多伟大的哲学家——苏格拉底、柏拉图和亚里士多德——以及其他杰出的思想家全都抵制同性恋行为。[60] 即便是那些出于天性就倾向于这种行为的人，[61] 也将其视为对那些参与它的人的人性的某种贬低。[62] 那种抵制最令人惊异之处，并不仅仅在于它是那些并未受到《旧约》与《新约》启示教义影响的深刻反思的思想家的判断。那一抵制是非常审慎、非常认真得出的判断，至少是苏格拉底、柏拉图和亚里士多德在身处一种独特的同性恋文化氛围的情况下得出的判断；这一判断的实质内容是：同性恋**行为**（以及事实上所有的婚外性满足）根本不能够参与、实现友谊的共同善。从事同性恋行为的朋友们顺从于自然的冲动，他（她）们无疑也常愿他（她）们的性行为可以成为一种好的"参与亲密友谊之善的方式"。但是，在想象该行为确实可以成为那样的方式时，他（她）们是在自我欺骗。

---

[58] See Musonius Rufus, Fragment 26, in Lutz, "'Musonius Rufus' The Roman Socrates" at 131.

[59] 478 US 186 (1986).

[60] See 1994b at 1055–63. 在那些页面中，读者会发现有充分的理由怀着最大的审慎对待努斯鲍姆（Nussbaum）在"Platonic Love and Colorado Law"一文中所说的一切。特别需要注意的是，她引自肯尼思·多弗勋爵（Sir Kenneth Dover）与安东尼·普赖斯（Anthony Price）写给她的信件的那些段落完好无损地原样保留了我文章的上述引文引述的多弗和普赖斯的看法。实际上，她引自上述信件的那些段落隐隐与努斯鲍姆教授本人于1993年10月在我的文章所描述的那种情况下以宣誓的形式所作的声明相互矛盾。亦参见 George, "'Shameless Acts' Revisited: Some Questions for Nussbaum"。

[61] 亚里士多德专门构想出的一个例子，*NE* VII. 6: 1148b30.

[62] Vlastos, *Platonic Studies*, 25, 引用柏拉图《斐德罗篇》（*Phaedrus*）251A1 以及《法义》（*Laws*）636–7. 并非弗拉斯托斯（Vlastos）的所有阐释都能被接受，但这一阐释是有道理的。另参见柏拉图《王制》[又译《理想国》（*Republic*）]403a–c；《法义》，836–7，840–1. 至于穆森尼乌斯·鲁弗斯的看法，参见 Lutz, "Musonius Rufus 'The Roman Socrates'", 84–9 对话七（希腊语/英语），另见 Festugière, *Deux Prédicateurs de l'Antiquité: Télès et Musonius*, 94–5. 至于普鲁塔克（Plutarch），参见其《情爱篇》（*Erotikos*）（**关于爱的对话**），751c–d, 766e–771d.

马赛多在他的书中提出了如下相反的情形：

> 并非滥交的同性恋关系……也参与了真正的人类诸善（友谊、游戏、知识）。对于那些其天性就爱慕同性、只受同性吸引的人，同性之爱或许是参与亲密友谊之善的最好方式。[63]

因此，我们必须更为深入地研究这种苏格拉底—柏拉图式判断的根基。

此处，我们可以回顾穆森尼乌斯·鲁弗斯[64]及其同时代稍晚一些的普鲁塔克[65]对于夫妻结合（marital communion）的反思。人们可能会补充柏拉图把《会饮篇》中爱若斯神（Eros）的工作确定为男女性交——即将为人父母且神圣的一个事情——的典范。[66] 如果我们搁置长期居于主导地位的宗教传统——其主导性由奥古斯丁的《论婚姻的价值》（De Bono Conjugali）加以确立，那么，我们就可以更好地理解上述反思。在这本影响卓著的小册子中，奥古斯丁如是教导：婚姻之善是一种工具性的善，造福于孩子的生养和教育，以便友谊之内在的、非工具性的善通过人种的繁衍得以促进和实现，以便精神结合（inner integration）的内在善通过"矫正"失序的肉欲得以促进和实现。[67] 请注意，当考虑到不能生育的婚姻时，奥古斯丁识别出婚姻所具有的另一种善，即两性自然的**陪伴**（societas）。[68] 如果奥古斯丁真的把这一点整合进他的综合分析，他会早就认识到，在不育婚姻与可生育的婚姻中，配偶双方的结合、联谊、**陪伴**、**友谊**（amicitia）——他（她）们的已婚（状态）——是真正的婚姻之善，而且是一种内在的、基本的人类善，并不只是通达其他善的工具。这种婚姻生活的结合，这种两个人生命的完整融合（正

---

[63] *Liberal Virtues*, 221.
[64] Discourses, XIIIA, XIIIB and XIV (Lutz ed.).
[65] 普鲁塔克《梭伦传》（*Life of Solon*）第20、24页；《情爱篇》，第768-770页。
[66] 《会饮篇》（*Symposium*）206c；另参见艾伦（Allen）在其《柏拉图的对话录》（*The Dialogues of Plato*）第2卷《会饮篇》第18页中所作的评论。另参见柏拉图《法义》，第838-839页，尤其是839b论贞洁、排他的婚姻中配偶之间的亲密与爱。
[67] *De Bono Conjugali*, 9.9.
[68] *Ibid.*, 3.3.

如普鲁塔克[69]早于约翰·保罗二世[70]对它的解释那样），作为婚姻固有的要素以及作为同一种善的基本构成部分，拥有神学传统长久以来赋予那一结合的善与好（*bona* and *fines*）。这一神学传统的发展经历了一个漫长的、渐进的过程，从特兰托大公会议（Council of Trent）之后发行的《罗马教理问答》（*Roman Catechism*），至庇护六世（Pius VI）和庇护七世（Pius VII）的训导，最后再到梵蒂冈第二次大公会议的那些训导——杰曼·格里塞茨在其精湛地论述道德神学的那本新书的第二卷中，对这个过程进行了精彩的阐明[71]——一直将该传统带至如下的立场：生育与孩子既不是婚姻作为工具性手段（正如奥古斯丁的教导）所要达到的目的（无论首要的还是次要的），也无助于配偶双方之善（正如世俗的、"自由主义基督教"的思想所认为的那样），毋宁是：父母身份、孩子与家庭都是那种结合的内在实现；那种结合，由于其不只是工具性的，因而即便夫妻碰巧无法生育，这种结合也能够存在并使配偶双方趋于完善。

请注意，如果婚姻是一种基本的人类善，那么，不仅古典哲学对非婚姻性行为的判断的诸要素开始有了头绪，而且正派人士对这类行为得出的类似判断也都有了头绪；这些正派人士不可能清楚表达那些判断的解释性前提，他（她）们更喜欢通过洞察什么与现实（realities）相一致、什么与现实**不相一致**来得出那些判断，而他（她）们体验和理解的现实之善（goodness）至少足以使其做出意愿和选择。对所有同性恋行为，并因而对现代"同性恋者"意识形态的柏拉图—亚里士多德式拒绝和后期古典哲学式拒绝的核心是以下三个基本命题：（1）男女在婚姻的性结合中彼此忠诚在本质上是善的、合理的，它与婚姻之外的性关系不相容；（2）同性恋行为在根本上（尤其是非婚姻的），并因此在本质上是不合理、不自然的；（3）此外，根据柏拉图（如果不是根据亚里士多德）的观点，同性恋行为与独居者的自慰具有特别

---

[69]《情爱篇》，769f；*Conjugalia Praecepta*，142f.

[70] 1989年10月于多伦多写给年轻夫妇的信，引自 LCL 第571页第46个注释："……一项伟大的事业：把你们两人**融合**成'一体'。"

[71] *LCL*，556–659.

的相似之处，这两类在根本上都是非婚姻的行为，明显与人不般配而且也是不道德的。上述这些就是我希望为其公众可理解性（public accessibility）和正当性（justifiability）辩护的三个命题。为它们的辩护将包括对我曾悬置的以下问题的回答：为什么非婚姻的友谊不能通过性行为得以提升和表达？为什么通过令人性高潮的非婚姻性行为来表达情感的尝试是一种虚幻的追求？

柏拉图在《法义》中对配偶双方在纯洁、排他的婚姻中的亲密、情感和爱的慎重关注，亚里士多德把婚姻作为准平等主体（quasi-equals）之间一种本质上可欲的友谊，以及作为一种对人而言甚至比政治生活要更为自然的生活状态的描述，[72] 穆森尼乌斯·鲁弗斯有关婚姻不可分割的双重善的观念，所有这些在普鲁塔克对婚姻的以下颂扬中都表现出来：婚姻作为一种结合，一种不是纯粹本能而是理性之爱的结合，不只是为了繁衍后代，也是为了互助、善意与合作。[73] 普鲁塔克对同性恋行为（以及隐含在男同性恋观念中的对女人的蔑视）的严厉批判，[74] 发展了柏拉图对同性恋以及其他全部婚外性行为的批判。像穆森尼乌斯·鲁弗斯一样，普鲁塔克这样做是通过使下述思想更接近明确的表达：配偶双方之间的性交能够使他（她）们实现并体验（以及在那种意义上表达）他（她）们的婚姻本身，作为自带两种祝福（孩子和彼此的感情）的单一事实的婚姻本身。[75] 非婚姻性交，尤其但

---

[72] *NE* VIII. 12：1162a16–30；另参见很可能是亚里士多德的伪作，*Oeconomica* I. 3–4：1343b12–1344a22；III.

[73] 普鲁塔克解读这一概念时返回雅典文明的开端，并——无疑年代搞错了——把它归功于雅典最早的伟大立法者梭伦：婚姻应当是"男女生命的结合，为的是得到爱情的喜悦与孩子"：普鲁塔克《梭伦传》，第20、24页；另参见普鲁塔克《情爱篇》，第769页：就合法的妻子来说，肉体的结合是友谊的开始、分享的开始，如同在伟大的奥秘中它之所是。欢愉是短暂的［或不重要的（*mikron*）］，但是，日常从欢愉中生发的尊重、善意和相互的喜爱和忠诚，既证实当德尔菲人把阿弗洛狄忒（Aphrodite）称作"和谐"时他们并非在胡言乱语，又同时证实荷马所言不虚，因为他把这样的结合命名为"友谊"。这也证明梭伦是一位在婚姻法方面经验非常丰富的立法者。他规定，一个男子与妻子同房至少每个月不少于三次——当然不是为了欢愉，但是由于城邦居民不时更新彼此之间的协约，这样他肯定希望与妻子同房成为对婚姻的一种更新，并通过这种柔情的方式来消除日常生活所累积的抱怨。

[74] 参见《情爱篇》，768D–70A.

[75] 普鲁塔克把夫妻的结合说成是"完整的融合"［di' holōn krasis］：《情爱篇》，769F；*Conjugalia Praecepta*，142F.

不只是同性恋行为，并不具有这样的特点，因而是不可接受的。

构成对婚外性行为的上述拒绝以及这种行为在根本上不能够参与、实现友谊共同善这一判断基础的，是一种可以被清晰表述如下的思想。夫妻生殖器官的结合真正地将他（她）们从生物机理上联结在一起［且他（她）们的生物实在（biological reality）是他（她）们**人身**实在（personal reality）的一部分，而不只是后者的一种工具］。繁衍后代是一种功能，因此，就那种功能而言，配偶双方的确是一个实在，他（她）们的性结合因此能够**实现**并允许他（她）们**体验**他（她）们**真正的共同善——他（她）们**有着两种善的**婚姻**：为人父母与友谊，这两种善是作为一种可理解的共同善的婚姻整体的组成部分，即使——无关乎配偶双方意愿什么——他（她）们生物上为人父母的能力不会因那种生殖器结合的行为得以实现。但是，那些不是或不可能是夫妇的朋友们（例如，男人与男人、男人与男童、女人与女人）的共同善，与他（她）们通过彼此来生育孩子没有任何关系，而且他（她）们的生殖器官不可能使他（她）们成为一个生物的（并因此是人身的）整体。[76] 因此，他（她）们生殖器结合的行为不可能共同实现他（她）们可能希望或设想的事情。因为他（她）们激活（她）们生殖器官的选择不可能是对婚姻之善的实现和体验——正如婚姻性交所能够的那样，即使在碰巧不育的配偶双方之间——它能够实现的无非就是提供每一个性伴侣一份个体的满足。由于缺乏能够**通过这种肉体结合**得以实现和体验的**共同善**，那一行为害得性伴侣们把他（她）们的身体当作工具，用以服务他（她）们有意识地体验自我；他（她）们的选择因此使作为行为人的他（她）们中的每

---

［76］马赛多在"The New Natural Lawyers"中如是写道：事实上，同性恋者能够以一种向生育开放、向新生命开放的方式做爱。他们能够参与且许多人准备参与那种会导致生育的情爱关系——因为，情形不同了（were conditions different）。像不育的已婚夫妇一样，许多人最希望什么都不要。此处幻想已经脱离了现实。说肛交或口交——无论发生在夫妻之间还是男男之间——是"向生育开放"的生物结合，还不如说一个牧羊人——他幻想着生育出一位半人半羊的农牧神——与山羊的性交是"向生育开放"的生物结合；每个人都"要"产生出可欲的变异体，"情形不同了"。人与人之间的生物结合是男性生殖器官与女性生殖器官**输精受孕**的结合；在大多数情形下，这种生物结合并不会导致生育，但是，把人与人在生物上结合在一起的正是这种行为。因为，作为行为，它是那种适于生养后代的行为。

个人恰恰不能融合在一起。[77]

真实情形是在判断而非在情感中为人所知的。事实上，无论一些同性伴侣可能用怎样慷慨的希望和梦想环绕其性行为，那些行为所表达或实现的都不多于以下情形所表达或实现的：两个陌生人为了彼此寻欢而行这类行为，或娼妓为了赚钱而取悦顾客，或一个在流水线上苦干了一天的人为了满足自己对于更多暧昧关系的想象而自慰。我认为，这就是柏拉图的判断[78]——在《高尔吉亚》这篇对政治哲学来说非常重要的对话中——的实质，即独自自慰、卖淫者的肛交以及为肛交之乐而肛交这三者在本质上都没有任何道德意义，这一点上三者并不存在重要区别。[79]

简言之，除非性行为是婚姻性行为（实现了婚姻所有层次的统一），否则，它们在意义上并不是统一的；（由于婚姻之共同善所具有的两个面向），除非它们不仅具有友谊行为的丰饶，而且具有生育的意义，虽不一定打算生育或在各种情势中不能够生育，但作为人类的行为，那类生殖行为至少是对生殖功能的实现——就配偶双方当时当地所能够的那样，在这种实现中，配偶双方在生物上并由此在人身上成为一体——否则它们就不是婚姻性行为。

古代的哲学家们没有过多讨论不育婚姻的情形，或已婚夫妇的性行为很长一段时期（比如，整个孕期）自然地不能够导致生育这一事实（他们对此都很熟悉）。他们似乎理所当然地认为，这种不育并不会使配偶双方的婚姻性行为变成非婚姻性行为，随后的基督教传统肯定如此认为。（普鲁塔克

---

[77] 至于完整的论述，参见 LCL, 634-9, 648-54, 662-4.
[78] 《高尔吉亚》494-5, esp. 494e1-5, 495b3.
[79] Price, *Love and Friendship in Plato and Aristotle*, 223-35, esp. 233, 235. 普赖斯（Price）从对柏拉图关于婚姻性行为与非婚姻性行为的学说的研究中得出如下结论（尽管普赖斯本人感到遗憾）：柏拉图几乎就要发现由普赖斯所发现的，尤其是由当代的 1968 年的保罗六世（Paul VI）及其后的约翰·保罗二世加以明确表达的理解方式。

表明，与一位不育配偶性交是夫妻敬重与爱慕的可取标识。[80]）因为：在性交行为——就他（她）们那时能够使它成为的那样，是一种适合繁殖的行为——中把他（她）们的生殖器官结合在一起的夫与妻，作为一种生物（因而人身）整体发挥作用，因而能够实现和体验婚姻合二而一的共同善（the two-in-one-flesh common good）与婚姻的实在（reality of marriage），即使某种生物性条件偶然阻止那一整体繁衍后代。他（她）们的行为因而在根本上有别于性交是自慰性的夫妻的行为，例如肛交、口交或体外射精。[81] 在法律上，这样的行为并没有通过性交使婚姻圆满，因为事实上（无论夫妻怎样想象这些行为中的亲密和无私）这些行为并没有实现一个肉体、两个部分的婚姻之善（the one-flesh, two-part marital good）。

这种说明是要试图"基于自然事实作道德的判断"吗？既是又不是。说它不是，是在它并不试图从非规范性（自然的-事实）前提中推导出规范性结论或命题的意义上而言的。它也未诉诸任何"尊重自然事实或自然功能"的形式规范。但，说它是，是因为它确实把相关的实践理由［尤其是婚姻与内在的完整性（inner integrity）都是基本的人类善］和道德原则（特别是人们可能永远不会意图摧毁、损伤、妨碍或违背任何基本的人类善，或喜欢一种基本人类善的虚幻例示胜过那一基本人类善或某种其他人类善的真实例示）适用于我们的宪法、意图和境遇的各种现实。

---

[80] Plutarch, *Life of Solon*, 20, 3. 后基督教的康德道德哲学认为自慰与同性恋行为（以及兽交）的错误在于把人的身体工具化，因而（"既然一个人是一个绝对的整体"）也就"对我们自身中的人性犯下了错误"。但是，尽管康德强调夫妻之间的平等（这在非法同居或更为随便的卖淫中是不可能的），他却没有把这一深刻见解与对婚姻作为一个单一的、由两部分构成的善（a single two-part good）——包括不可分割的友谊与生育——的理解综合成一个整体。因此，康德对于当妻子怀孕或更年期后为什么婚姻性交仍是正确的这样一个问题困惑不解。参见康德：《道德形而上学》，第277-279、220-222页（Gregor译本，第96-98、220-222页）。（康德这个困惑的深层根源在于他不允许可理解的诸善在其伦理学中具有任何结构性作用，这种拒绝使他反对古典道德哲学，诸如亚里士多德的道德哲学，并在事实上反对任何完备的自然法理论；这种拒绝反过来与他对身体与身心的二元分离相联系，而这种二元分离又与上引的、他自己的那一深刻见解即个体是一个真正的统一体相矛盾。）

[81] 或者刻意避孕，我在正文的列举中之所以漏掉它，仅仅是因为现在世俗民法无疑不会认为其阻止了通过性交使夫妻关系圆满——一种理解的失败。

"同性恋倾向",这个极其模棱两可的术语的两种主要意义的其中一种,就是促进并参与同性恋行为的深思熟虑的意愿(deliberate willingness)——那种思想和意志状态,这种状态的自我诠释可以虽应受谴责但有助于透露内情的"同性恋"之名来表达。这种意愿以那种对共同体的成员——那些在理解到真正婚姻的性喜悦并不是成就婚姻责任的纯然工具、伴生物或纯粹补偿,而是**实现和体验**共担那些责任的明智承诺之后愿意信守其对真正婚姻的承诺的成员——的自我理解深怀敌意的方式看待人的性能力。"同性恋者"意识形态把性能力、性器官或性行为都视为工具,用来检验任何满足个体"自我"之目的需要的东西,因此,该意识形态在根本上与已婚人士及其家庭的以下构成性自我阐释的判断(constitutive self-interpretative judgment)不相一致,即通奸本身(并不只是因为它可能涉及欺骗)与夫妻之爱不相一致,而且以一种重要方式与夫妻之爱不相一致。因此,如果一个政治共同体认为家庭生活的稳定及教育上的慷慨是政治联合体本身旨在服务的基本诸善之一种,那它就能够正确地判断出:它自身具有令人信服的理由(a compelling interest)去否认"同性恋者的生活方式"是一种合理的、常人可接受的选择和生活样式,且具有充分理由去做它作为一个具有独特的广泛却仍属辅助功能的共同体应做的一切来阻止这种行为。我曾指出,这不应通过 Bowers v. Hardwick 案中支持的那类法律的方式来完成,倒是应通过其他法律安排来监管,并不监管成年人真正的私人行为,而是监管**公共领域或公共环境**。因为:(1)它是年轻人(无论有着怎样的性倾向)在其中受教育的环境或公共领域;(2)它是每一个对年轻人的幸福负有责任的人、在协助年轻人避免坏的生活方式的过程中,在其中并通过其受到帮助和遭到阻挠的背景;(3)它是所有公民在其自行抵制被诱惑引诱、堕入疏离其自身抱负——要成为具有完整的美好品格、自主且自制的人而不是成为激情奴隶的抱负——之情境的过程中，在其中并通过其获得鼓励和帮助或受到劝阻和损害的社会环境。[82]

Ⅵ

我长话短说，部分在于那种即便是坚韧的卡利克勒斯（Callicles）*着手处理这些问题时都会感觉到的难堪，[83] 部分是因为马赛多曾提议的第二个问题本身更重要。马赛多主张政府应借助一种"有原则的中庸"来限制它们对胎儿的保护，这一"有原则的中庸"要求那些拥有最好理由的人应当向那些已经持有一个"强有力的理由"的人"表示些什么"。因为他说：

> 堕胎争论的双方都有……很多合理的论据……不难看出理性之人是如何能够谴责其中任何一方的……堕胎……归根结底似乎成了介于两组理据充分的论证之间的侥幸之事（a fairly close call）。[84]

但马赛多的建议不合理地假设了一种事实上不能保持的辩证的对称（dialectical symmetry）。因为如果更好的理由是，争论中的堕胎有意寻求杀死的是活着的人，那么，无论相反的论述可能多么"理据充分"，对胎儿来说，以下做法都是严重错误的：为了显示我们对那些否认胎儿存在、生命力和权利之现实的人的"尊重"，故意杀死胎儿的权利作为"什么"被"表示"出来。但是，如果更好的理由是某个相反的理由（会是什么？），那么，为了尊重那些反对堕胎的推理者而暴露出来的"自主"或"自由"的损失，就不会涉及对母亲的故意攻击，只是涉及对故意破坏的个体行为那些限制的扩展，以上是政府真正的首要职责，也是共同善的真正基础。因此不存在辩证

---

[82] 马赛多，同前文献：我们只能说，在男同和女同夫妇的情形中，情况无疑在根本上更不同于那些想要由性引起的新生命的不育夫妇……但它的道德力量是什么？新自然法理论并不基于自然事实作道德判断。马赛多"基于"的措辞在规范性论证的首要前提（必须是规范性的）与其他前提（可以是且通常应当是事实性的，而且在适当情况下可以指涉自然事实，例如人的嘴不是生殖器官）之间含糊其辞。

* 卡利克勒斯是柏拉图对话《高尔吉亚》中主要对话者之一。——译者注

[83] 参见《高尔吉亚》494e5。

[84] *Liberal Virtues*, 72.

的对称，而且在这个问题上，政府的责任是得出正确的答案。

事实上，一个严格致力于种种论据且不被那些论据提议者的人数和社会地位所分心的政府，会发现（姑且不论在怀孕本身危及母亲生命的情形中杀死胎儿是否有意的问题）这个问题其实并不危急。支持堕胎的那些论述无论怎样理据充分，都非常好地符合了马赛多的描述：那些论证的关键前提都是偏见的展现（在这种情况下，把男人与女人的自我偏好合理化）。支持堕胎的论述得出了一些结论；而这些结论，就像马赛多关于"种族主义"和反犹主义所说的东西一样，我们不应希望与之妥协，而是应当作为一个共同体"坚定而非中庸地"着手处理它们。因为还存在一些根本性的问题，在这些问题上，一种合理健全的政府理论确实与种种限制——那些基于对"有原则的中庸"而非真理的诉诸的种种限制——格格不入。

第6篇

德性与宪法[*]

向我们研讨小组提出的以下五个问题，为我的反思提供了一个合适的框架。

1. 宪法要求或预设，或阻挠，甚或禁止政府的形成性工程（formative project）——教导公民促进和维持好社会所必要的公民德性的形成性工程吗？

2. 公民社会中的各种机构在何种程度上能够支持，甚或取代政府教导公民德性吗？

3. 存在道德分歧的环境下，应当被教导的公民德性的内容是什么？且这一内容如何与传统的道德德性相关？

4. 公民德性的内容包括尊重和欣赏多样性吗？

5. 这项形成性工程应当包括培育态度吗？培育那种对否认自由和平等的实践活动抱持批判的态度吗？

I. 公民德性是道德德性

鉴于在斟酌目的之手段前考虑目的是明智的，以核心问题即第3个问题开始或许是最好的：什么是公民德性？它如何"与传统的道德德性"相关？其内容如何受到多样性环境的影响？

---

[*] 2001b（"Virtue and the Constitution of the United States"）. 2000年9月，在纽约市福特汉姆大学法学院举办的"宪法与好社会"研讨会中，包括斯蒂芬·马赛多在内的五人研讨小组讨论了"The Constitution of Civic Virtue for a Good Society"这一议题（参见下述第1个注释）。

正如柏拉图和西塞罗所言，相比于道德德性，公民德性是一种更"传统的"分类。仅在公民德性属于一个人的实践视域的范围内，一个人所属的**城邦**（*civitas*）的传统、所属的政体的传统，都限制其批判的自主（critical autonomy）和对实践合理性的运用（appropriation of practical reasonableness）。如果一个人所属的政体关于正派人士做什么的传统是正派的传统，那么，他会在德性上受到鼓励。否则，他不会在德性上受到鼓励。如果一个人不幸属于某种传统的南意大利公共体，且不能与在天主教的表面形式下继续存在的异教传统决裂，那么，他会使族间仇杀的意识和沉浸在谋杀和欺骗中的荣誉成为他自己的意识和荣誉。如果他不幸属于公元前五世纪雅典辉煌的商业共和国的有闲的男性上流阶层，并活在这种传统之中，那么，他会是一位心满意足的奴隶主，睿智地以各种方式引诱男童并对男童行自慰，而丝毫不考虑他妻子的真正的平等：那就是好公民的模样，并在存在中证实彼此，诸如此类。

当一个人通过追问和反复强调我们将之形式化为"哲学"的那些问题，或通过听取并以一种新的且真正的福音为生而打破传统的约束时，他就会明白，只存在一种真正的德性。在我们的语言中，这种真正的德性就是道德德性，而公民德性是它的一个方面。因为德性只不过是一整套倾向，这些倾向使作为一个个体且负责任的行动者的人适合在他能够选择和行为的各种情况下，作出真正合理的选择——道德上善且正确的选择。因此，公民德性一贯被认为就是道德德性，在这些道德德性对一个人参与共同体产生影响的限度内；这里的共同体不仅仅是家庭，还包括各种公民和政治性结社：学校、城市、商店和市集、公路旅行（highway travelling）、教堂、慈善、体育和其他自愿性结社、公司、专业交易和合伙（professional dealings and associations），以及诸如陪审团审判（jury trials）、*选举、军事服务、公共管理、审判（judging）、立法等政府的各种活动。

相对于与人为善（neighbourliness）扭曲地从属于族间仇杀中的家族而言，真正的公民德性是道德的如下要求，即由公正无偏私的公民/政治性机构，

---

* 陪审团审判，即案件的事实问题由陪审团而非法官来裁决的审判。——译者注

即法官，而不是由充满激情的**偏见**（*parti pris*）来实施正义和矫正错误。相对于古典希腊同性恋文化的个体放纵及其罗马的类似物而言，真正的公民德性在于道德的以下要求，即一个人更平等地关心其妻子，给他的奴隶以自由，把他邻人的儿子当人看，安慰孩子，但还要在爱的婚姻中作为配偶而不是自己的肉欲放纵中作为不平等且被动的伴侣来完成安慰孩子（的行为），等等。正如当奥古斯都颁布他的禁止通奸和随意离婚的尤利乌斯法（*Leges Iuliae*）时在某种程度上感知到的那样，所有对这些"个体"恶习的革新往往会使城市以及更广泛的共和国和帝国获益——且不**只是**（*simply*）在人口结构上的获益。

存在一些公民德性中关键要素的实例：例如，治疗和救助所有需要他们帮助的人，甚至那些对他们自己或他人施虐的人，或置身令人憎恶处境中的人或意志薄弱者或无意识者的医生的**公正无偏私且充满热忱的责任感**（*zealous dutifulness*）的消防队员；无畏地维护律师协会的传统和职业伦理，以抵制不公平的法官、纠缠不休的客户、不择手段的对手以及这一持续诱惑——在当前诉讼中使压倒性的选择标准获得成功——的律师的**正直笃实**（*probity*）；拒绝加入那些为了促进他们所珍视的法律和其他社会理想（*legal and other social causes*）而经常以制造虚假历史污染思想领域的学者的团队的**诚实正派**（*honesty*）；那些尊重他们所签订的无论婚姻或是商业的契约、履行他们作为公共或私人受托人的责任、清偿债务特别是对贫困的债权人清偿债务，而不是认为破产把他们自己的道德过错一笔勾销的人的**忠诚守信**（*fidelity*），等等。

所有这些是如何受到环境多样性影响的呢？显然，我已提及的德性的许多方面都包括克服对陌生人或受轻视者的敌意，以及向危难中的人施以援手。当存在长期沿袭的传统、认为某种类别中的每个人都有特定的恶习或缺点的传统时，获得并维护这些德性可能就尤其困难。因此，公民德性的一种模式是北爱尔兰天主教徒的勇气和清醒的头脑；正是为了成为**共和国**（*res publica*）的好公民，北爱尔兰天主教徒才加入了皇家警察部队，并运用这种才能参与到以下的日常工作中：挫败和矫正罪犯的不正义，以及挫败和矫正参与反对**共和国**和政体的明显不公正战争的残忍武装力量的不正义。情愿经受的危险和伤害，不仅包括凶残的报复，还包括来自那些不认为现存共同体的共同善如其真正所是的人的心胸狭隘的敌意；那些人宁愿停留在古老的争斗、忠诚以及他们所培养的排外的模式和反应的模式的视野中。

Ⅱ. 公民德性包括对个人的尊重和欣赏，无论个人之间如何不同

我们的第4个问题是，公民德性是否包括尊重和欣赏多样性。答案显而易见。仅在许多不同的才能有助于更机敏、更充分的互助以及有助于所有人更丰富本真的人的实现这个意义上而言，多样性是对任何共同体的祝福。但是，仅就以下意义而言，多样性对任何共同体来说也是一个悲剧、一种磨难：关于正确与错误、德性与邪恶等基本问题的意见和倾向的多样性，阻碍了共同体对正派的生活和互动方式的追求和参与，并连同其革新和克服不值得尊重的生活方式的能力：奴隶制、不与那些需要帮助的人分享积累的财富、营利性的婴儿收养业（baby-farming）、*有损人格的成见的培养（仇恨和狡猾）（Prods and Micks）、**在社会层面促进和支持的杀死婴孩而非接受母亲或父亲身份（accept motherhood or fatherhood）的选择，诸如此类。约翰·斯图亚特·密尔对多样性的新洪堡特主义（neo-Humboldtian）感情不过是一种值得少许钦佩的审美偏好而已，除非这种感情扩及真正利害攸关的事物（what is really at stake）：不是"多样性"，而是，尽管是个人的多样性，但还是多样性中的个人。+

公民德性所要求的东西是尊重各种各样的人，欣赏他们的人性，以及欣赏无论他们已经能够——如果他们已经——理解他们的天赋和才能有着怎样

---

* 营利性的婴儿收养业，baby-farming，是指英国后维多利亚时代一种监护他人婴儿或儿童以换取报酬的常见的历史实践。在监护过程中由于存在使用一次性支付的方式，婴儿的死亡对于监护者的利益是最佳的，因此一些育儿院或托儿所为自己的利益，收养大量婴孩，然后无视他们甚至有杀婴行为。因此，这一名词为贬义。——译者注

** Prods and Micks, Prods 和 Micks 是对英国北爱尔兰两个社区社员性情的形容；Prods 心中充满仇恨和复仇欲望，Micks 则充满背叛和狡猾。——译者注

好的使用，尽管那些好的使用和才能多种多样。不论何时，"罗马天主教更传统的形式"[1]在我们面前都保持着诸如以下的模式：仁爱传教修女会、慈善活动、和解、缔造和平以及那种谦卑，那种不对错误的意见和倾向屈膝或不教导任何人对他们的错误无动于衷，而是"尊重和欣赏"做错事者（某种程度上我们所有人都是）的谦卑。这是公民德性的典范，因为非基督教的政府和加尔各答的好公民最容易承认这种公民德性。还有许多其他的模式，这些模式把尊重多样性中的人与拒绝容纳（accommodate）他们的不正义结合在一起。因为不正义以非常多样且具有吸引力的形式出现。因此，鉴于政体的权力在于确保正义，[2]故公民德性的培育就需要在言行上进行教导：如果多样性表现了个人或群体不正义，则它就不值得被尊重和欣赏。另外，在言行上，需要补充的是，尊重和欣赏的结束不需要也往往不应当是反抗不正义的暴力行为，尤其是私人行为的开端。

"公民德性包括尊重和欣赏多样性吗？"如果此处的"多样性"是而且尤其是参与和促进同性恋行为意愿的准则——正如它在各种环境中为我们所熟悉的那样，那么，我建议答案是：不包括，当然不包括。尊重这样一种意愿，或任何人参与任何其他形式的非婚姻性行为的意愿，就是赞同一种关于对人而言何为善的重要谎言，就是助力了作为公民制度（civic institution）和个人现实（personal reality）的婚姻的破裂，[3]因此就是尽自己的一份力量不公正地伤害了所有人，所有因为在或多或少非婚姻的环境中被抚养成长将作为

---

[1] [斯蒂芬·马赛多对研讨小组贡献的是"Constitution, Civic Virtue, and Civil Society: Social Capital as Substantive Morality"一文，且在第1578页如是说："一些宗教（像罗马天主教某些更传统的形式）似乎至少削弱了某些重要的公民德性，尤其是普遍合作的公民德性……"]

[2] See *Aquinas* ch. VII.

[3] See essay 22; *Aquinas* 143-54. 论证的核心是一种已在阿奎那处发现的反思，一种关于配偶双方在他（她）们的婚姻性交行为中**实现**、**体验**和**表达**他（她）们婚姻的前提条件的反思。会议上混乱的问题和插话使得补充以下内容是明智的，即在男人和女人之间（between a man and woman）和只在两个人之间（between only two persons）一样内在于婚姻的思想。声称同性别的两个人之间的承诺可以例示**婚姻**对"同性恋权利"的倡导者而言是荒谬的，而且这种荒谬一经人们追问同性恋意识形态的支持者为什么他们一直谈论**夫妇**（couples）时就显现出来：该意识形态提供的无论任何**理由**，都和它为"婚姻"内忠诚和排他性提供的理由一样，不能说明这样一种（对夫妇的）限定。

孩子也由此将作为成人经受痛苦的所有人。[4] 此时,一种非常重要的公民德性是下定决心彻底思考这件事,分析和评估自我放纵以及对平等对待的不公正的主张,在令人不适的环境中说出这件事的真相,以及在诸如国家、州和地方选举或学校管理等正当语境中根据真相行为——同时对涉及的所有人保持适当的礼貌与尊重。

Ⅲ. 培育公民德性的工程应当批判那些否认公正的自由和真正平等的实践

第5个问题似乎暗示,培育"自由和平等"应当在鼓励公民德性的项目中具有某种优先性。在它们明显的政治蕴意中,自由和平等都是在君权与奴役的余波之后受到正当强调的大善,而且在美国宪法及其第十四修正案中亦被如是强调。但是,尽管出于同样的原因它们引导了葛底斯堡演说,但那场演说的政治思想都保存于这样一个命题中,即民治的政府既是人民的政府又是民享的政府(government by the people is both of and for the people)。即使人民的政府意图保护他人的自由,但也意味着对他们自由的限制;民享的政府暗示它是为了人们的需要和福祉的方方面面的益处,而不只是他们的自由和身份的平等。

因此,自由与平等在培育公民德性的项目中占有一席之地,但是,必须优先考虑鼓励人们区分公正的自由和不公正的自由,后者即骗人的万灵油商人、虐童者、垄断者、说谎的倡导者等主张的不公正的自由;以及区分诸如

---

[4] 它并不意味着,在成年人完全同意且完全私密的情况下从事这些行为应当犯罪化,而且我长久以来一直认为它不应犯罪化:参见1994b;第21篇论文的第1节和第20个注释。我提出同性恋行为的问题也不是出于对倾向参与这种行为的人的任何敌意,或对那种行为的任何特殊敌意。在这个领域,我关注的是各种反对婚姻的倾向和行为(例如,通奸、乱伦、色情作品的传播,等等)。在1993年科罗拉多州第二修正案诉讼的偶然事件引起我首次研究并发表关于同性恋行为和"取向"的文章之前,我在这个领域已经研究并发表文章数十年了。尽管如此,仍有一种情形支持关注"同性恋"意识形态:它尤其是对婚姻观念的一种无耻攻击,甚至——而且在某种程度上尤其是——当它为同性两人夫妇(same sex couples)、三人夫妇(triples)、四人夫妇(quadruples)等主张"结婚的权利"时。真正的婚姻对孩子即在生命早期的每一个人的正义都真的非常重要。

曾在奴隶制中遭到不公正否认以及今天在弱肉强食的权利中遭到否认的根本意义上的平等，以及为那些其行为和倾向被正确地视为不公正或不正义的原因之人所不正当主张的平等。美国最高法院已经正确地否认了存在一项宪法上被杀害（通过安乐死或协助自杀）的自由权，而且在此论证中的一个重要前提是：一些人的这项自由会：（1）使许多人免于被杀害的恐惧的生存自由处于危险之中，因为他们的生命已被某人判断为不值一过；（2）同样使因为太穷而不可避免地受到公共或私人机构照料的那些人的平等处于危险之中，而这些机构有强烈的经济动机确保他们早早死亡。[5] 但是，还有许多伤害幸福尤其是儿童幸福的方式，这些方式不应被局限于对儿童自由或平等的侵犯上，而是这些方式本来所是的样子：伤害他们养成慷慨、自制、公正、支持和鼓舞好婚姻的贞洁等诸多方式。

一起审视第 4 个问题和第 5 个问题，人们似乎察觉到一个暗示：应当对基督教文化总是反对的支持堕胎和反对婚姻的实践给予更多的支持；应当对批判那些实践的个人和组织（如天主教会）给予更少的宽容。如果这一暗示事实上是建议，那么，我的回答是双重的：（1）从广义上说，真理恰恰相反；但（2）一个人可能说不了什么有用的来支持或反对这个建议，除非做那些自称的自由主义理论家——也有值得尊敬的例外，例如马赛多——通常不愿做的事情，即考虑受到质疑的实践和批判的价值。

Ⅳ. 美国宪法允许政府鼓励德性

要强调的是，宪法宣称美国联邦的权力只是政府正当的权力与责任之一小部分，所有那些未授予联邦也未禁止各州行使的政府权力，由各州独自保留（"独属"）。那些保留的权力包括为共同善立法的一般剩余权力（general residual power），该权力与一个不幸的历史标签即"警察权"有关，此处的警察

---

[5] See *Washington v Glucksbeg* 521 US 702（1997）at 719，730-2，737，747，782-7，789-90；*Vacco v Quill* 521 US 793（1997）808-9，尤其是，参考了纽约州特别委员会关于生命和法律的报告，*When Death is Sought：Assisted Suicide and Euthanasia in the Medical Context*；以及第 16 篇论文。

与现代意义上的执法代理人的"警察"无关，而与政体的福祉息息相关。[6]为了正义、秩序、和平、安全和福利等公共善，对私人行为及其所有之财产施加限制是政府固有的权限。这种一般权力包括为保护公共道德而立法，以及以其他方式作出规定的权力；此处的公共道德当然包括保护儿童免遭各种影响他们健康成长的道德败坏。"公共道德"是一个处在某种消亡危险中的类别；不像"权利"和"自由"，它并没有授予任何个人或私人团体起诉的身份。但是，它对于共同善、个人的福祉非常重要。

因此，宪法并不"要求（require）或预设（presuppose），或阻挠（thwart），甚或禁止（forbid）"一项鼓励公民德性的政府工程。这次研讨会组织者的四个候选动词都文不对题。正确的动词是"允许"（permits），从长远来看是"取决于"（depends upon）。某些意图适用第十四修正案反对各州的联邦最高法院的判决，鉴于某个州或某些州认为一项对他人有害的罪恶，在最高法院看来却并非有害，肯定产生了阻挠鼓励公民德性的合理工程的效果。但是，尚未有对推进或支持这些工程的州法律的一般禁止，而且这样的禁止也没有宪法基础。

V. 培育公民德性的主要责任在于家庭、学校以及公民社会的其他机构，政府的作用是辅助的

我一直留到最后的第 2 个问题，似乎明显遭到曲解："在何种程度上，公民社会的机构在培育公民德性上能够支持甚或取代政府？"也就是说，第 2 个问题似乎预设了大多普通但满足地被称为"自由主义的"思想和实践的自上而下的国家主义特征，诸如假设孩子们的学校教育应当是"公共的"，即在它被一个政府机构自上而下地拥有、管理、指导和实施的意义上；相伴随的推定是，"私立的"学校教育是宪法保障宗教和结社自由的一种反常且对公民而言不幸的副作用。

---

〔6〕 [See Legarre, "The Historical Background of the Police Power".]

不那么戏剧性地，且细节上作必要的变更，某些现象可以在美国观察到。即使在教育、收入、种族、年龄、家庭结构、地区、双亲每周工作的小时数等方面的差异都得以控制，1996年的时候仍发现那些其孩子们就读公立学校的美国家庭比其孩子就读天主教或其他私立学校或接受家庭教育的家庭**更加私人化**，即这些家庭**不**太可能参与公民活动——根据1996年由美国教育部国家教育统计中心进行的家庭教育调查所采用的九个参与维度的每一个维度。[7]

这是坊间证据（anecdotal evidence），尽管比马赛多友好地详述给我们的来自意大利南部的坊间证据更直指要害。[8] 这一问题的答案由对政治活动的基础的一种合理分析提供:[9] 政府的确在培育公民德性的**某些**要素上发挥着主要作用——那些要素附属于政治角色和责任的履行，诸如在选举政府官员时公平竞争、被要求在陪审团中服务时履行公民义务、拒绝受贿、作为公民投票支持特定的候选人或作为立法者投票支持某些议案，等等。然而，至于公民德性的许多其他要素，政府能够且必须支持但不应取代民间机构（家庭、学校、教会等）的持续教育项目，这些民间机构理应对培育这些要素负主要责任。

注

⁺**密尔与冯·洪堡特**……（第110页）。密尔援引以下内容作为《论自由》一书的题铭或箴言：

"本书各篇幅中展开的每一论证，直接聚焦的那个重大核心原则是，人在其最丰富的多样性中的发展具有绝对的至关重要性。"

―――――――

[7] Smith and Sikkink, "Is Pivate Schooling Privatizing?"

[8] [Macedo, "Constitution, Civic Virtue, and Civil Society".] 在我的一生中所见过的公民德性更显著、更持久的表现之一是，由意大利南部"传统天主教"知识分子和活动家鲍勃·桑塔马里亚（Bob Santamaria）领导的天主教活动分子营救了许多澳大利亚的工会，与此同时（大约1949-1952年），世俗的且主要是新教的国家政府正徒劳地致力于自上而下的政府措施。

[9] See e. g. *NLNR* 146 and 159（对辅助性原则的定义），169，233.

威廉·冯·洪堡特:《政府的范围与职责》(*The Sphere and Duties of Government*)([1792年版]1854),第6章第148段。

密尔也采用了洪堡特有关人类繁荣或完善的观念。密尔如是说(《论自由》第1章第11段):

> 应当说明,凡是可以从抽象权利的观念(作为独立于功利主义的一个东西)中派生出来且有利于我的论证的任何东西,我都一概弃置未用。的确,在一切伦理问题上,我最后总是诉诸功利主义;但它一定是最广义的功利主义,以作为一个稳定发展之存在(as a progressive being)的人的永恒利益为根据。

洪堡特:《政府的范围与职责》第2章第84段如是谈及:

> 人的真正目的,或者那种由永恒不变的理性命令所规定的而不为模糊的和瞬变的欲望所表明的那种东西,是他成为一个完整且一致的整体之**力量**的最高级、最和谐的发展。自由是这样一种发展的可能性所预设的重要且不可或缺的条件;但是,除了另外一种至关重要的、的确与自由紧密相连的条件外,还有各种各样的情形。

较之例如哈特的方法,关于密尔(因而也是洪堡特)方法的合理的优越性,以及关于密尔方法中虚构的基本要素,参见 essay IV.11(2009b),sec. IV,and essay I.18,sec. III。

第7篇

移民权*

因为内在于人类繁荣的诸基本善是多重的,又因为每一个人都属于许多共同体(共同体的每一种共同善都是其每一个成员的内在善的一个方面),所以,我们的责任是复杂的。同样复杂的还有精确识别这些善、共同体和责任的理论,即自然法理论。这种理论的复杂性通过理性的选择和行动的复杂性得到增强,在理性的选择和行动中,目的、手段以及非意图但可预见的负面影响,这每一个都列入选择者的责任范围,只不过是以迥然不同的方式。

安·杜梅特(Ann Dummett)和保罗·韦茨曼(Paul Weithman)两人的论文,在我看来都过于简化了这一理论。由于我的角色只是作出一些评论,故我不对在人口与资金的国际流动中什么公正、什么不公正这一问题表态。我也不试图声明我对这两篇论文中任何一篇的认同程度。不应假定,相比他们赞同的政策,我支持的政策涉及不那么意义深远的改革。我将仅仅指出几点,我认为她们论证之逻辑失败的地方。

I

安·杜梅特认为,内政大臣、王室顾问律师、爱德华·肖特(Edward Shortt)先生正在拒绝自然法的正义概念,当他这样说:即使那些确保国家安

---

* 1992b("A Commentary on Dummett and Weithman",该文回应了杜梅特题为"The transnational migration of people seen from within a natural law tradition"的文章与韦茨曼题为"Natural law, solidarity and international justice"的文章)。

全的措施必然导致"对一个外国人施加痛苦",那些措施也是公正的。我认为她的评鉴草率了。肖特先生的声明是模棱两可的,尽管在其演讲本身中没有任何东西解决了这一不明确之处,他的措辞和他们视为理所当然的英国公共话语的传统都没有使他对以下观点明确表态:单个政治个体(political unit)的利益已经给出了完整的道德指引,否则外国人就没有任何有效的人权来对抗一个民族国家。[1]

假设一位诘问者这样追问:肖特先生是否在断言为了确保国家安全而使外国人能够被扣为人质、遭受折磨或杀害。这位自由党的政治家(或者法官)原本肯定会给出以下答复不会否定其声明中出现的任何内容:这样一种断言远非他的意思,且不能为他还有这个国家所接受。诘问者的介入由此会使得**作为一种手段**所强加的痛苦与**作为一种尽管可预见但非意图的负面影响所导致的**痛苦之间的模棱两可浮现出来。"施加"一词助长了这种模棱两可,尽管很可能不是有意为之。如果肖特当时没有注意道德上的本质区别,那么安·杜梅特也没有注意。而且安·杜梅特自己的措辞"**以他人为代价促进公民之善**"也利用了同样的模棱两可,甚至更具误导性。

让我们考虑一种陈述,它对阿奎那关于自卫的正义(the justice of self-defence)的说明至关重要:

> 一个人并非在道德上被要求放弃——为避免杀害他人——与情境相称的自卫行为;因为,比之保存他人的生命,一个人有更强烈的义务去保存自己的生命。[2]

换句话说,阿奎那的意思是,一个人可以在自卫中正当地对另一个人"施加"伤害,而且他能够以他人为代价进行自卫。但更准确地说,他是在说,一个私人的个体绝不可以**选择**造成死亡或任何其他伤害,**作为他获得安**

---

[1] 任何有意暗示我对英国的政治家及其公众的道德想得很天真的人,都应先读读 *NDMR* 的第8-10、38-44页。但是,诚实和虚伪的论题与杜梅特作出的观点不相关。[1919年,肖特时任英国内阁大臣。]

[2] *ST* II-II q. 64 a. 7c:"任何人都没有必要拯救某人,只要其采取的是适度的正当防卫,则无需考虑是否应避免对某人的杀害。因为,应当认为人类对自己生命的保障优先于对他人生命的保障。"

全或任何其他善的**一种手段**——绝不可以**意图**他人的死亡或对他人的任何其他伤害；[3] 一个人只可以选择通过那些对他而言有效的、不超过阻止攻击所必要限度的措施来阻止攻击，且没有对攻击者或其他任何人施加不公平的负面影响。一个人不可以通过选择杀死或伤害人质来自卫，即使这样做是唯一可能足够的"自卫手段"。在这个意义上，一个人不可以出于"以牺牲他人为代价"而行为，即不可以对他人施加伤害，把这种伤害作为他自己得益甚或安全的一种手段。（这一消极的正义规范本身并非源自我将稍后予以关注的公平原则。）

现在让我们考虑一种情形，它类似于阿奎那构想的个人自卫，因为这种情形涉及个人自己的安全（或他对之负有特殊责任的那些人的利益）相对于他人利益的一种优先权，但该情形又有所不同，因为并不涉及伤害性暴力的适用，没有"造成伤害"。假设一个人某天晚上回到家，发现有人擅自占用了他的房子；他的孩子没有地方睡觉和学习了；于是他把擅自占住房屋者赶到了街上。这个人正无视人权和自然法、以牺牲其他人为代价促进自己孩子的善吗？不是这样。他的行为是出于保护和保留他曾为孩子们正当地占有的空间和设施。如果擅自占用房屋者存在可预见的损失，那就是负面影响，而不是一种手段。或许不存在损失，因为他们是富人，擅自占用他人房屋只是为了好玩儿。或许存在损失，因为他们无处可去。无论哪一种情形，他们的损失确实不是某人得益的一种手段；而且存在损失的情况，损失都由缺乏（他们缺乏可去**的任何地方**）引起，并且这种缺乏不是由这个人本身造成的。这穷尽一个人的责任了吗？绝没有。如果那是一个滴水成冰的夜，且擅自占用房屋者生了病或着衣单薄，那么，一个人就负有某些责任……同样，如果一个政党可信地提出减少无家可归的公平措施，那么，一个人就有某种责任将此算作支持该政党的一条严肃理由。

118

---

[3] *Ibid.*："当某人借由自我防卫而意图杀死他人是不合法的［为了自卫意图杀死某人是不允许的］。"

II

安·杜梅特关于自然法或自然法传统的下一个重大命题是:因为,根据自然法,一个人的权利起因于他是人(而非他是一个公民),是故任何其中公民有一些外国人没有的权利的法律或政治安排,肯定与自然法相冲突且是不公正的。在我看来,这个观点没有根据而且错误。

我的孩子们享有的一些权利不以任何事实为基础,除了他们是人这个事实:特别是,他们享有的不被故意杀害或不被伤害健康和身体完整的权利;被诚实对待的权利;对世界资源的任何分享中被予以考虑的权利;未经公正审判不受惩罚的权利。然而,他们最重要的一些权利是以他们是人与某种(些)进一步的(诸如他们是我的孩子),或我已付费给某某学校教育他们等更多不可预知的事实的结合为基础的:因此,他们**由于我**享有衣食和受教育的权利,他们**由于那所学校**及**其**负责任的雇员和代理人享有在校期间得到关照的权利(更不用说他们享有参加学校校友聚会的权利)。他们享有的其他重要权利以下列事实为基础,即他们已经作出了承诺并通过这些承诺而承担责任,并且他们享有与那些责任合理对应的权利——例如作为配偶,或作为财产所有人,或作为学院的成员等。他们的一些其他权利和义务——比如投票权——与一些责任,诸如他们作为公民服兵役或其他国民服役等可能责任(contingent liability),有一种可理解的对应关系,他们所负的那些责任并非自愿承担的,但是,那些责任以下列事实为基础:这些事实包括他人已经作出并坚守的承诺,比如作为政治共同体的成员,我的孩子就负有上述义务或责任并享有相应的权利。

构成某某权利对应某某义务这一观念基础的,是公平原则——一项被最简洁有力地表达于黄金法则的自然法原则的形态。公平原则对于我们大多具体的积极义务,以及我们享有的相应权利(相应于其他人对我们的义务)十分重要。在上一段的最后一句起作用的形态是:公平原则要求:一个受惠于合作、相互制约和服务的公平制度的人,应当承担相应的负担;同时,那已经承担负担的人有权获得益处。公平原则这一形态的适用，当然是以制度与所有其他道德规范——包括在公平原则其他形态中的公平——相符合为条件。

如果日本正式通过一部法律，就像20世纪90年代中期该国正在讨论的那部法律一样，该法允许马来西亚人为从事雇佣工作进入日本，条件是这样的移民停留时间不可以超过两年，或者不可以被其任何家庭成员探望，那么，我们一定谴责这法律不公正吗？假设这些工人被支付的工资足以为他们在马来西亚的家人提供食物、住房和教育，但少于支付给做同类工作但需要远高于马来西亚人级别的工资来支付那些马来西亚人永远不必担负的、在日本的住房和教育的日本人。我们一定要说这是不公正的吗？我想不到迫使我们这样说的任何合理的正义规范。另外：这样说，并不是承认每一种制度、每一种附条件允许外来务工人员入境长期工作而薪资却低于本国公民所得的制度都公平正义。

III

安·杜梅特提出一项正义规范，该规范会谴责日本-马来西亚提案。她提出的规范是：每个人都有权进入他或她所选择的任何领土，目的在于依据适用于本国公民的法律和平地生活与工作；只要这项权利的行使不会与如此多的其他人对这项权利的行使相冲突，以致其他人类个体的基本人权——这些基本的人权**不**包括国家或较小共同体的道德、人口、经济、政治或其他文化属性或福祉得以保存的权利——受到威胁。

她支持这一规范的主要论证是，该规范在逻辑上或理性上由另一规范——其正义性得到普遍承认，根据该规范每个人都有权利移民——所蕴涵。（我还不清楚，这项权利的行使是否与西方政治已经宣称的以及安·杜梅特假定的那样公正地摆脱了各种条件的限制。）但是，根本就没有这样的蕴涵（entailment）。谁负有与移民权相对应的义务乃是明显的。[+]目前还不清楚的是（正如安·杜梅特似乎表明的那样），世界各地的所有其他共同体都负有同等的义务给无数外国人进入的权利，无论对其本国公民的经济、政治和文化生活造成什么样的可预见后果。（没有"侵犯"他们"公认的个体的"基本权利，这些权利被界定得和她提议的一样有限。）

在我看来，构成产权制度（*所有权*）基础的诸基本正义规范加以必要的**变通**也适用于政治上有组织的共同体的领土主权制度。这些基本规范的第一项是，世界连同其资源在根本上为所有人共有，为人类每一成员造福。第二项基本规范是，主权制度——需要对明确的地块及资源的可得性加以限制——往往导致对所有人而言都重要的益处，且可能是公平的，只要它对那些人可能产生的——由于不让他们享有土地和/或资源，他们仍处于严重的匮乏状态——直接消极后果得以减少。安·杜梅特批评了"西方国家""刻意模糊了""受迫害者或饥民的特殊请求与普通移民（或准移民）不那么重要的请求"之间的差别。但是，她自己的根本提议的首要缺点是，该提议模糊了——达到了根除的程度——那一真正的区别，一个在我看来内在于我已在本段提及（实在太过简洁地）的正义规范的区别。

IV

自然法理论是这样一种反思性的阐释，它被用以说明：尊重并且向人类的内在善保持一种整体性开放的实践合理性究竟要求人类决策者——他们要在诸种不同的条件下作出并践行其选择——作出何种选择。自然法理论对那类无人可能遭遇的事态没有特别的兴趣，诸如那种"个人和机构在其中……完全遵守正义诸原则"的事态。[4] 此外，正义和不义不是任何事态都有的

---

[4] 我不同意自梵蒂冈第二次大公会议以来的诸位教皇的社会训导（social teaching）已被导向那种"理想"事态，那种"理想"事态在此世的不可至性（unattainability）为重要的教义保证，为那些关于原罪、天国的超越性以及在天国最后的安顿之前的种种预兆等基督教教义保证。当然，韦茨曼援引的多纳尔·多尔（Donal Dorr）那篇论文["Solidarity and Integral Human Development"]，极度夸大了梵蒂冈第二次大公会议和保罗六世之间的方法论差异，并且完全忽视了在梵蒂冈第二次大公会议之前共同善的概念与保罗六世整体发展的概念之间的连续性。但是，由于我认为以下假定是靠不住的，即假定天主教的社会训导只受独立于天启的可知的诸原则指引，或者假定美国天主教主教团（US Catholic Conference）最近的文件充分代表了天主教的社会训导，都是靠不住的，故此处我没有论证或参考天主教教义，除了说：在我看来，在天主教教义中没有什么与我在本文说的内容不一致。

特性，除非某种事态可能被可探明真相之人（ascertainable people）予以精确考虑，**作为**例示了正义责任的履行或忽视予以精确考虑。

简言之，正义在本质上是选择以及对选择产生影响的倾向的一种属性。选择和倾向是公正的，就它们达到一项选择或意志的其他倾向（other disposition of will）的所有道德要求而言，这项选择或意志的其他倾向对其他的人们有影响。[我有意说"人们"；**敬请韦茨曼原谅**，我认为，一个人尊重和促进自然的类人域（subhuman realm of nature）的道德责任，并未有益地被同化为正义责任、那些回应各种权利主张——例如，对某些水域的请求权等——的正义责任。]这就是为什么一种明智的正义理论与设想以下事态甚少有关或全无关系的根本原因：在这些事态中，根据某种理论将其识别为公正的模式，在或多或少确保没有人的选择或行动能够把我们从我们生活于其中的世界转移至那种事态的条件下，资源将得以分配。

罗尔斯的第二个正义原则，正如在韦茨曼援引的方案中清楚阐明的那样，[5] 在我看来要么是对不正义的称赞，要么压根儿就不是正义/不正义的原则。谁能正确界定他们的角色就是"安排社会和经济的不平等"？承担这一角色的任何人，等于着手进行不公正的行为。这么说，当然不是说任何人都应着手**消除**所有的社会和经济的不平等；那又会是一项不正义的工作。它是说，正义与公平选择有关，而且那种公平——其理性的诸标准是复杂的，而且在这些标准的适用中，部分与非理性的诸因素如情感（"按照你**愿意被**做的那样做吧"）等相关——接受某些不平等，这些不平等只作为与其他事项有关的诸选择的负面影响，而不是作为达成目的之手段的某种"安排"要实现的目标。

但是，凡一个人的行动是这样的效果，即相比于如果他帮助了他们，那些他本可以帮助的人的处境更糟糕了，那么，接受这样一种负面影响可能是

---

〔5〕["罗尔斯的第二个正义原则内容如下：'对社会和经济不平等的安排，应能使这种不平等既（1）符合社会中最弱势者的最大利益，又（2）按照公平的机会平等的条件，使之与向所有人开放的职务和职位联系在一起。'韦茨曼援引罗尔斯《正义论》第83页］[比较第3篇论文第5段]。

不公平的；按照公平原则，一个人可能有某种责任作出一项替代性选择，该选择既避免了那一负面影响，又帮助了那些人。因此，"差异原则"的正义性可通过以下追问得到试测：在共同体（家庭、自治组织、国家、教会等）中并为共同体行使责任时，以一种方式、一种世上最弱势者不能因那一选择受益的方式作出一项选择，这对任何人而言可能公平吗？韦茨曼的答案似乎是：不公平，这样一种选择永远不可能公平。✢✢

这一答案在我看来非常不合理，且用以捍卫它的论证似乎相当不充分。论证的强形式（the strong form of the argument）明显犯了我在上述第 1 节已经说明的、把手段与负面影响相混淆的谬误。这是"康德式"的论证："**允许某些人的较少福祉**（to permit lesser prospects for some）可以被他人因此而获得的更大益处（greater benefits for others）所正当化，即允许把某些人**当作实现**他人幸福的**一种手段**。"不是这样的。如果一对夫妻花费 100 英镑教育他们的孩子，由此允许（任何地方）每一个本可以从这 100 英镑中获益的其他孩子拥有较少的成功机会——较之如果他们把这笔钱花在这个孩子身上，那么，他们并不因此把其他任何孩子（更不用说其他所有孩子）视（或者允许视）**为**实现他们自己孩子幸福的**一种手段**。

韦茨曼支持差异原则的论证的较弱版本（weaker version）并不明显是谬误的，但我也没有看到接受它的明确理由。它如是断言：接受差异原则对"共同体诸善的促进"要好于接受任何其他正义原则。在我看来，似乎很有可能的是：如果任何人擅取"安排不平等"的角色，以便那些不平等是为了世界上任何一个地方的"最弱势者的最大利益"，那么，一旦人们发现所有他们的具体承诺、担负、职责以及共同组织为了单一的最高目标——改善（当前？）社会中最弱势者的处境——正在被转向和压倒，将会产生的就是对共同体影响深远的毁坏。但更重要的是，很可能会出现理据充足的抱怨，这些抱怨由许多虽贫穷但不属于"社会中最弱势者"（不过，人们可以具体说明这一模糊的类别）阶层的人提出，抱怨的内容是：那些旨在使社会中最弱势者获益、超过任何替代性安排的安排，是这样一些安排：它们对他们——贫穷但不是最贫穷的人——强加的负担与施予那些真正的富人的负担（如果有）完全不成比例。这些关于我们自己现实社会的政治的抱怨往往是公正地作出的，在我们自己的现实社会中，有钱有权者为最穷者的利益形塑的福利政策由强索的钱款提供资金支持，而这些强索的钱款不公平地、沉重地压在了不那么穷的阶层或中产阶级的下层身上。罗尔斯一维的差异原则忽视了这一点，以及在共同体的利益与负担分配中很多其他不公平的来源与形式。

最贫穷者的贫穷是一种罪恶，许多人都有责任以许多不同的方式做点什么来减轻这种罪恶。任何服务于最贫穷者的特定人或机构的责任是这样一种责任：根据公平的一般原则（而且与所有其他的道德要求相一致），这种责任在对应于那个人或机构的资源和其他责任的道德规范（自然法的规范）中得以具体规定。对**身处绝境**的人们来说，整个世界连同其资源再次共有：没有任何对所有权和统治权的权利主张确实在道德上有效地对抗他们。这并不是说，特定的所有人、托管人和持有者有义务使对这些人的服务成为主要目的，他们资源的每一次使用肯定是达成该目的的一种手段，无论他们自己把这些资源用于其他好的用途的可能性如何，也无论为了提供最贫穷者所需的服务，那些处在他们职位上的其他人合作、搭便车、偏离合作之努力的程度如何。他们更少有义务利用他们所有的资源服务世界"共同体"或"共同利益"，〔6〕而"共同体"或"共同利益"被构想作为一个主要目的，一个通过高效的手段安排将得以实现的事务的未来终态（a future end-state of affairs）。

注

†移民权……（第 120 页）。尽管这项权利涉及霍菲尔德式的自由（没

---

〔6〕 韦茨曼似乎把"共同体"视为与"共同利益"同义，而后者即"共同利益"，是约翰·保罗二世在教皇通谕 *Sollicitudo Rei Socialis* 中的主题（1987 年 12 月 30 日）。但是，该词并未被教皇通谕用来谈及一种通过娴熟"选择"那些有效促进某个将来事态的原则而可能得以实现的最终状态。相反，它被用来拣择一种具体的、诸个体通过其实现自我的道德态度或美德，通过在他们自己**适当的**（个体的）善中包括共同善。这个词作为那个被阿奎那理解的术语，而不是作为被用于后来学术作品中的那个术语，由此密切对应于"一般（或法律）正义"的美德：参见 *NLNR* 184-6.

有不移居国外的义务），但关于它尤其在关于它的国际宣言中，更为重要的是，被准许移居国外（不是被阻止移居国外，也不是被剥夺移居国外的机会）的请求权。因此，的确存在一种相关义务——主要是某人试图移出的那个国家之政府的义务。

‡‡一个世界范围内的、世界主义的、全球化的差异原则？……（第122页）。本文发表的几年后，罗尔斯拒绝他的前学生诸如托马斯·波格（Thomas Pogge）[7]和保罗·韦茨曼提出的一个命题，此二人曾提出：他的第二个正义原则（上述第5个注释援引的差异原则）适用于世界人类共同体（the worldwide human community），该共同体被认为好像是一个单一的政治共同体。在 *The Law of Peoples* 一书中，罗尔斯主张，他的正义原则被认为适用于其成员在政治上均独立的人们的共同体。因为人们的政治独立性是许多**价值**的一种，而这种价值会因尝试把差异原则直接适用于世界人类共同体（the worldwide community of persons）而被牺牲掉。参见第2卷第7篇论文第7-21个注释。罗尔斯关于正义的论点一般都不合理（参见上述第4节；第2篇论文第2节；以及第3篇论文），但是，他在这个问题上的判断与本文倒数第2段简洁表达的内容趋于一致。断言那些意图促进人际关系终态模式（end-state patterns）——假定在普遍的、完全遵守正义的条件下可以实现——的决定的正义性是一回事。断言以下决定不正义又完全是另一回事：这些决定对它们在现实世界中可能的负面影响，对个人、家庭、民间团体、经济事业和政治上有组织的共同体的繁荣的先决条件以及公正的（遵从黄金法则的）倾向的负面影响，进行了合理的说明。罗尔斯对波格-韦茨曼（Pogge-Weithman）命题的拒绝默然地（又姗姗来迟地）但清楚又合理地承认了这种差异。

---

[7] Pogge, *Realizing Rawls*, Part Three ("Globalizing the Rawlsian Conception of Justice").

第8篇
边 界[*]

I. 导论

1976-1978 年,我在马拉维[**]大学(the University of Malawi)教授法律,彼时我住在这所大学从政府手中接续的房子里,这些房子先前由殖民地的公务员居住。从我在松巴(Zomba)[***]的第一幢房子里望出去,目光越过毗邻的国会大厦的屋顶,穿过那些把大学遮蔽于平原中的树丛,朝向莫桑比克(Mozambique)[****]这一更是最近才独立的国家的连绵群山。夜晚的时候,目光越过大学外围的平原,我们可以看到监狱周围亮着的若干弧光灯,在这所监狱里,根据总统的命令拘留着数百名囚犯,包括最新上任的大学教务主任以及法律系曾是其一部分的大学学院的院长。为总统所享有的各项不经审判的拘留权力,仿效的是尼亚萨兰保护国英国政府(British government of the Nyasaland Protectorate)有时会使用的权力。那一受保护国(protectorate),或对该地区进行管辖的殖民管理机构,局部且非正式地开创于 1884 年,正式但局部地开

---

[*] 2003a〔"Natural Law and the Re-Making of Boundaries",对塔克(Tuck)题为"The Making and Unmaking of Boundaries from a Natural Law Perspective"文章的回应〕。
[**] 马拉维(Malawi),非洲国家。尼昂加人在 16 世纪建立马拉维王国。19 世纪末,不列颠殖民者入侵,征服马拉维,并建立英属中非殖民地,其后改称尼亚萨兰(Nyasaland)。——译者注
[***] 松巴,马拉维首都。——译者注
[****] 莫桑比克,位于非洲东南部,西接津巴布韦、赞比亚、马拉维,北接坦桑尼亚;1505 年遭葡萄牙殖民者入侵,建立殖民据点。1700 年沦为葡萄牙的"保护国";1752 年葡萄牙设总督进行统治,曾称葡属东非洲;1975 年脱离葡萄牙殖民地而独立。作为与英国并无宪制关系的国家,莫桑比克于 1995 年以特殊身份加入英联邦。——译者注

创于1889年，正式且全面地开创于1891年，正式终止于1964年（事实上是1963年2月）。

尼亚萨兰受保护国是在舆论的压力之下、仰赖英国政府外交和殖民部（the Foreign and Colonial Offices of the British Government）的一个长期愿望而创建的，当时的舆论渴望阻止一项人道主义灾难，即由阿拉伯人主导并得到当地部落自愿协助的庞大且长期存在的奴隶贸易，该部落当时统治着尼亚萨湖（Lake Nyasa）的南岸和东南岸，欺凌性情温和但组织松散的尼昂加人（Nyanja peoples），*就像被祖鲁人（the Zulu）排挤出南部非洲的安戈尼人（Angoni）**每年在湖的西岸和北岸掠夺并屠杀马拉维人一样。假如再早上一些年，从同一地点俯瞰平原，我可以看到长长的奴隶队列，他们朝着东北方向绵延750英里开始了死亡之旅，如同乌鸦飞过桑给巴尔岛（Zanzibar），到达那里建在大教堂遗址上的奴隶市场。塞西尔·罗兹（Cecil Rhodes）和其他几个人针对英国人道主义和传教士的公众舆论，补充了一些商业建议，以吸引各啬的英国政府。新专员哈里·约翰斯顿（Harry Johnston）于1891年上任后作出的第一批主权和管辖权行为就是强行镇压奴隶贸易，并取消富有开拓精神的欧洲人从本地首领那里购买大量土地。关于土地，他所陈述的目标如下：

> 首先，为保护原住民的权利，确保他们的村庄和种植园不被打扰，以及将充足的空间留给他们作为发展之用；其次，抑制土地投机；最后，以国王将从这个国家的发展中获益的方式，保证国王的权利。

1893年，他向他白厅（Whitehall）***的上司陈述了更宏阔的目标："我们来此不一定是要征服；我们是为了保护和指导。"为松巴儿童——其家人在国内说英语——开办的政府学校直到今天都以他的名字命名。

---

* 尼昂加人，中非黑人，主要生活在马拉维。——译者注

** 安戈尼人，由班图系统的安戈尼支系的12个群体组成，散居在非洲东部各地。每个安戈尼群体形成一个独立小邦，中央统治机构依父系世袭。常侵袭弱邻部落。若本耕区肥力用尽，便迁徙别处。其优良的军队组织与祖鲁人的军队相似，全面征兵，分别按同龄编为兵团，因此能抢占土地并大量俘获其他群组的人民。——译者注

*** Whitehall，伦敦街道名，许多政府机关所在地；也用来泛指英国政府。——译者注

1936 年，本地土地托管秩序委员会（Native Trust Land Order in Council）确认并保护了这一立场，即关于 40 年后达成的关于殖民的立场：为了受保护国原住民直接或间接的使用以及共同利益，本地受托管的土地由英国政府管理和控制；受托管的土地由受保护国超过 87%的土地构成；7.65%的土地被保留为森林保护区、乡镇和根据地契年期而拥有的王室领地（leasehold crown land）；5.1%的土地以自由保有地产的方式（in freehold）转移给欧洲定居者——一个比数百名农民和种植园主能够耕作的土地大得多的数量。

在受保护国的管理和法律方面曾存在大量具有重要意义的非正义——例如，旨在迫使人口进入某种商业生活的人头税，没有任何支持和鼓励教育的政府计划（完全留给了传教士），擅自占用未经耕作的自由保有土地之人（squatters on uncultivated freehold land）的无保护状态，尽管实际存在但不够充分的保护公众健康的措施，等等。

但在我看来，将这些决定——宣告开创受保护国、加强其司法行政管理、维持它 70 年不变、防备德国 1914 年的攻击以及一个重要的内部颠覆行为（1915 年奇伦布韦起义）等——判断为不公正或没有正当理由的决定，是不合理的。这些决定都是怀着普遍意义上的善良动机和公正意图作出的，且在所有情况下都是公平且合理的。在我看来，当一个人拥有 1884 年英国当局所拥有的机会时，他决定将该地区的人民交由当地统治者统治——这些统治者完全漠视法治，而且不能够保护他们的人民不受无情的侵略、掠夺、种族清洗、在其他非洲人手中遭受奴役，或让他们承受数世纪以来针对那些非常邪恶之事甚少或没有采取措施的葡萄牙人的无所作为和反复无常的统治，或承受德国东非殖民当局通常的残酷统治，这都是不公正且不合理的。

127

尼亚萨兰的边界于 19 世纪 80 年代末在远离现场的英国、葡萄牙和德国三国政府之间进行了谈判。这些穿过许多部落区的边界很少有什么本质意义。但显然合适的是，为了确定某个具体治安官的管辖范围——对维持和平与正义所负的责任——终于何处或可能始于何处，应当划定一些这样的边界。当一个人沿着尼亚萨湖西岸的高地驱车向北，他会发现道路本身——除此之外没有别的——标志着马拉维和莫桑比克之间的边界。例如，为了吃早餐一个人必须驱车几百码进入莫桑比克境内；当地人在国与国之间来回走动，明显没有关心或关注到这一点。但是，如果邻里之间起了争议，或一名男子谋杀了他的妻子、邻居或店主，那么，谁来行使那种管辖权？那种只有国家通过正当且公正的法律程序才能行使的管辖权？马拉维法官或莫桑比克法官？在哪国警察的帮助下行使？当一个人到达边陲，边界向公平与和平提供了一个几乎可有可无的服务。

说英国在尼亚萨兰的统治没有侵犯任何国家，没有越过任何国家之边界，尊重了现有的财产权或准财产权，取代了只是明显不公平（如果不总是恶意）、不愿尊重他国边界、没有能力捍卫更不用说适当地促进他们民族之共同善的那些统治者的管辖权，这么说虽简略但却合理。那个时代已经过去了。但是，其轮廓仍然与对边界正义问题的任何反思相关。

II

自柏拉图始一直被称为自然法、自然正义或自然正确的公共理性诸原则表明并证立了领土划分和政治/国家管辖权的假设，这一表明并证立的理由，非常类似于那些表明并证立个体或法人等私人所有者占有土地和其他自然以及人造资源的理由。这些理由可以标题的形式概括如下：服务于共同善（最终服务于所有人的共同善）；对这种服务所负的责任以及由此产生的立法、裁决和管理的权威（管辖权、**主权**以及在细节上作必要的变更——**支配权**）；互惠主义。

举一两个应用和说明。一个游牧部落对它碰巧在游荡阶段控制的领土的统治，在与相邻的游牧或非游牧部落当前的权力平衡中，并不使其成为为正义与和平而组建的国家、政治共同体。这种思想与一种考虑相关，一种例如在澳大利亚或如我所表明的在非洲的部分地区建立殖民政府之正义性的考虑。[1] 让我们再看看以下思想：为满足统治者或统治集团自身的利益和优势，统治者或统治集团对一个民族的强行统治是专制统治，这种专制统治没有任何资格受到那些意图且能够保护并促进那同一民族共同善的人的尊重。这种思想也与对澳大利亚和非洲部分地区的反思相关。

理查德·塔克（Richard Tuck）认为，像其他的多明我会教士（Dominicans）一样，阿奎那"极度不赞同任何世界权威的理论，反而更偏爱一个由独立、平等的诸政治共同体组成的世界之愿景"。对此我表示怀疑。在我看来，那似乎是阿奎那对政治事务之论述的基本特征，这些特征完全是他从关于在什么条件下建立、解散或以其他方式取代政治共同体是妥当的等所有问题中抽象出来的。[2] 在我看来，他的理论是属于政治共同体的，无论这个政治共同体是小如斯巴达或佛罗伦萨，或是大如法国或实际上整个世界。在我看来，他未提及神圣罗马帝国似乎只是：沉默——就像他未提及十字军东征一

---

[1] 一直存在一种如此认为的趋势，即如果19世纪的法官在将殖民澳大利亚视为对**无主物**的占有这一问题上使用一种虚假的事实前提，那么，由此判断殖民缺乏道德或法律理由。**不根据前提的推理**，正如下述第9-12个注释中提及的16世纪的讨论所阐明的那样。

[2] See Aquinas 219-21：阿奎那对政治事务最重要的论述或许是他关于法律的论述（ST I-II qq. 90-108），这是一次被一个方法论判断（methodological decision）和一个理论命题所形塑的讨论。那个命题是，法律只集中或核心地存在于完善的共同体之中。那个方法论判断是搁置所有关于哪些种类的多家庭的共同体是"完善的"这一问题，并考虑一个其完善性只是被假定的、通常叫作**城邦**的类型。它不是一个把**城邦**视为内部静止的或免受外敌入侵的判断。革命和战争、繁荣、腐败和衰变都是会发生的事情。但这不是人们属于或有资格属于一个**城邦**的问题。

方法论的判断……有着重要的后果。阿奎那非常清楚，在他那个世纪里，尽管存在一些城市-**国家**（city-states），也还存在许多**城市**（civitates），这些城市并不自命要成为完善的共同体，但作为公国（a realm）之部分而存在（或许被建设得非常像装饰王国的城堡）；而且**城市**、王国（kingdoms）和公国（realms）可能在政治上被成套组织，或许作为"行省"（他经常言及之）或帝国（对之他总是谨慎地完全保持沉默）。他非常清楚关于人民、民族和区域的观念和现实。正如我们已经看到的[参见下述第3个注释援引的段落]，阿奎那愿意抬起他的目光关注国与国之间的友谊关系，关注人类共同体最广阔的视野，他甚至在交战国之间构想条约和其他具有约束力的法律或权利来源。他的方法论判断允许他从所有这一切中抽象出一点。

它还允许他从如下许多深奥难解的问题中抽离出来：任何具体的**城邦**如何——而且事实上通过什么权利——形成（和消亡）；**城邦**在多大程度上应与起源或文化的统一性相一致；以及是否存在和存在什么居中的合宪形式，诸如联邦或国际组织。摆脱了这些问题，阿奎那会认为**城邦**在某种程度上好像是而且将是世上唯一的政治共同体，它的人民是世上唯一的人民。所有**外延**问题——起源的、成员的、边界的、合并的和解散的——因此被搁置。可以说，所有这些问题全都是关于内涵的（intensional）：在一个其"完善性"已被预设的共同体中，政府适当的功能、模式和局限性，权威性指令以及义务性遵从。

样：从完全偶然的环境、规划（enterprises）和制度中抽离，以有利于保持聚焦于良好政府的基本原则：

> ……如果对一个人的善和对整个**城邦**（civitas）的善是同一个善（**人类善**），那么，实现并维护那些是整个**城邦**之善的事态，比之实现并维护那些是一个人之善的事态，显然要伟大得多，而且是更完美的事情。因为：一个人应当寻求并维护即使是单独的一个人的善，这属于人与人之间应有的爱；但是，它应当被展示给整个民族和**多数城邦**，这会更好得多且更神圣。或者说：这向一个单独的**城邦**展示是合理的，但是，**把它展示给包括许多城邦在内的整个民族要更为神圣得多**。（"更神圣"是因为更与万物终极因的上帝相像。）这种善，**这种一个城邦或许多城邦共有的善**，是这一谓之"公民""艺术"的理论用作其要旨〔宗旨〕的东西。因此最重要的是，正是这一理论——作为全部实践理论中最主要的理论——考虑了人类生活的终极目的。[3]

当然，没有理由认为，阿奎那把世界政府看成是在所有可预想的具体情境中都值得追求的可能性。他所知道的世界上的任何一个人，如何能够正义地主张其能够促进印度人民政治上的共同善、正义与和平？并因此潜在地对之负有责任呢？[4]

塔克（第 154 页）更进一步指出："托马斯主义者〔对世界是否在独立且司法上平等的国家之间被划分殆尽这一问题〕"的回答，一直都没变过。塔克将此与那一被拒绝的命题即存在一种基督教的**普世统治**（dominium mundi）

---

〔3〕 *In Eth.* I. 2 nn. 11–12 [29–30].

〔4〕 See *Aquinas* 126 n. 112：那么，谁是我的邻居，我最近的人（proximus）呢？正如阿奎那所言（*Virt.* q. 2 a. 8c），如果"在埃塞俄比亚或印度的人们"，能够从我的祈祷中受益，那么他们便是我的邻居，尽管他向 13 世纪的听众提到他们时，是把他们作为这样的人：他们如此**遥远**，以致我们不能够因而在道德上不必寻求以任何其他方式使他们获益，即爱他们。正如阿奎那在 *ST* II–II q. 44 a. 7c 中讨论爱邻如己原则时所解释的那样，此处"邻居"与"兄弟"（比如在"兄弟会"中）或"朋友"或任何其他指向相关密切关系（邻界关系）的术语同义，这种密切关系在于共享一种共同的人性。"我们应当把每一个人视为——邻居和兄弟"：II–II q. 78 a. 1 ad 2.

作为对比。[5] 但是，替代性命题并没有穷尽各种可能性。第三种可能性是，世界上的一些地方被作为国家加以管理，而其他地方则不是。（第四种可能性会质疑国家间的司法平等）。在我看来，托马斯主义对上述第三种可能性是非常开放的。当然，当阿奎那自己写到统治者有责任通过为王国选择一个良好的、温和的、肥沃的、美丽的（但又不是太美丽）位置创建王国，以及之后，在那个王国内选择一处适合建造城市的地点——所有这些都在没有任何王国或城市曾被创建的某个地方——来创建**城邦**或**王国**时，他似乎相当的轻松。[6]

诚然，维多利亚——在16世纪30年代继承了圣托马斯的衣钵——认为"在诺亚身后，世界被划分为不同的国家和王国"。[7] 但是，他谈及这一点是为了反驳整个世界正处在或一直处在一个帝王的统治之下这样一个命题，而不是反驳世界的某些地区至今仍然不是任何政治共同体领土之一部分的命题。同样真实的是，维多利亚否认，"就好像他们发现了一片迄今无人居住的沙漠一样"，西班牙人通过发现而取得"西印度群岛"的所有权。但他此处关注的是反驳这样一个命题，即西印度群岛是"未被占用的"或"无人居住的"，或以其他方式处于"真正的公私统治"之外。[8] 他关注的不是否认存在或可能存在一些**处于**这种统治之外的地区，诸如上述"迄今无人居住的沙漠"。因此，他并不是主张世界在国家之间被瓜分殆尽。

此外，在他对七八项**公正的**权利——这些权利是西班牙为了管理西印度群岛而**可能**取得的，如同西印度群岛是他们的领土和财产一样——讨论的末

---

[5] 请注意自命为托马斯主义者（the would-be Thomist）之人——其"完善了"阿奎那的专著《**论王权**》（*De Regno*）[*De Regimine Principum*]，而且其作品长期被真正的托马斯主义者［例如弗朗西斯科·维多利亚（Francisco de Vitoria）］认为是阿奎那的作品——认为整个世界在基督时代服从于作为基督的摄政者的罗马皇帝——而没有看到这里有任何不妥之处。See *Reg.* 3 c. 13；比较 Vitoria, *De Indis* I q. 2 a. 1 in *Vitoria Political Writings*, 255-6, 其主张这并不完全等同于它似乎要表达的东西，而且与阿奎那的其他作品不一致。

[6] Aquinas, *De Regno* II cc. 2, 5-8 (ed. Phelan and Eschmann, 1949, 56-7, 68, 71, 74-5, 78)。

[7] Vitoria, *De Indis*, I q. 2 a. 1 (255)。

[8] *Ibid.*, I q. 2 a. 3 (264-5)。

尾，维多利亚指出，"存在许多他们［西印度群岛的原住民和统治者］认为无人居住的地方，或许多为所有希望占有它们的人所共有的所有物"。[9] 这让人回想起这些公正权利中的第一项权利，他给予该项权利如下标题："自然的合伙关系［societas］和交往［communicatio］。"论证的主旨是：尽管原住民及他们的统治者拥有对其领土以及领土范围内任何公私所有的土地的政府管辖权和真正的所有权，然而，他们也受到自然正义和为各民族共有的准实证法（**万民法**）的约束；而自然正义和为各民族共有的准实证法允许善意的旅行者作为游客、传教士、商人、矿工、采珠从业者（pearl-fishery）以及其他种类的**公共财产或公有物**（communia or res nullius）的采集者进入该领土。爱好和平且善意的外国人可以通过本质上与本国公民相同的条件获得无主的自然资源。出于私人占用之目的对资源进行分配，在几乎所有的人类环境中都是正义的一项要求，而且导致了所有权、**支配权**（dominium），后者不但公正而且远非绝对。**支配权**受制于因阻止犯罪或有害活动而对其的否决，受制于因债务清偿（包括税款）、他人紧急必需品的救济、因公路建设以及防火的公用征收等需要的直接征用。如此，国家或政治共同体对其边界的管辖权就远非绝对，且边界本身完全可穿越。[10] 因为一个国家对善意的陌生人关闭其边境，不准他们入境，或合理开发该国的自然资源或市场，并通过武力强制执行这些排外措施，这样做会是不公正的侵犯，这种侵犯赋予权利被如此侵犯的人有权发动一场防御性的征服之战——一场仅为了在稳定基础上创建实质公正的统治制度和财产制度（a substantially just regime of government and property）的战争。[11]

这种关于公正的权利——支持对那些并**非**无人居住的无主之地进行领土

---

[9] Ibid., I q.3 结论：他们拥有许多被浪费（废弃）了的地方，或许应当认为这对那些想占有该地的人而言是公有物。［我的翻译在不止一个方面背离了帕格顿/劳伦斯（Pagden/Lawrance）的以下观点，即"他们有许多所有物，他们认为它们是无人占用的，这些所有物向任何希望占用它们的人开放"（第291页），也背离了格拉迪斯·威廉姆斯（Gwladys Williams）的观点，即"存在许多有价值之物，原住民视它们为无主物，或为所有想要取走它们的人所共有"］。

[10] Ibid., I q.3 a.1（278-81）.

[11] Ibid.（281-4）.

占有——的思路出现在塔克的论文中，但是相当晚——出现在他对格劳秀斯的讨论中，这几乎晚了维多利亚一个世纪。（尽管如此，塔克仍在第157页顺便评论道，"西班牙人和其他欧洲人已经以［这些权利］为借口反对原住民"）。重要的是，注意维多利亚提出的那种思路实质上是万民法的问题，而非纯粹关于自然法或自然正义诸原则的含义问题。人们可能认为，维多利亚并没有足够努力地表明，所有或大部分民族的习俗把排外措施这些侵犯（such offences of exclusion）视为发动一场不只是报复（satisfaction）而且是征服的战争的理由。而且人们可能确定，已经取代旧的、相对非正式的**万民法**的国际法，不仅执意反对这类**交战理由**（casus belli），而且执意反对这样一种观念，即允许非本国公民通过边界是合理的，正如维多利亚主张或假设的那样。

当代**万民法**完全排除了另一项由维多利亚为支持公正地抑制或无视边界（just suppression or overriding of boundaries）而提出的权利，这一点或许不是那么明确；这项权利的内容是：保护无辜者免受暴政侵害，或其他对人的生命的不公正攻击。[12] 我们听到声称公正地诉诸武力来阻止一场人道主义灾难——或至少，如果我们不能阻止，或已经或许无意地引发了它，结束这种完全的不正义——并且为了尽可能公平地确保那种不正义不会快速恢复，而或多或少建立一个国际保护国。

知会原则（the informing principle）和以下内容的精确程度相同：黄金法则；互惠的要求；真正考虑以下内容的意愿：如果一个人最亲密的朋友是那些其所有物（包括他们的边界）受到质疑的人，那么，他会为他的朋友祈求些什么，或者他乐于看见他最亲密的朋友得到了什么。

---

［12］ *Ibid*., I q. 3 a. 5 (287–8).

第 9 篇

国籍与外国人身份*

Ⅰ. 宪法性原则：我们共同善的诸基本方面

133　　我们的法院声称我们法律的一些原则是"宪法性的"。[1] 在法院承担起实施作为"人的"诸项权利之前，一些权利也被挑出来作为宪法性的权利。[2] 宪法性原则和权利压倒了法定解释的一般规范；一般来说，普通法的内容取决于议会的权力，但我们推定制定法不能推翻（overturn）这些权利和原则，这构成了对议会权力的一种限制。这些宪法性原则和权利对应我们共同善的诸方面，而这些方面值得司法机关的特别关切。其中许多涉及法院本身对所有人都负有的责任，特别是保护其管辖范围内每个人免受无法律根据的拘留。

---

* 2007a（"Nationality, Alienage and Constitutional Principle"）。最初发表的第 5 节和第 6 节因篇幅所限在此被删去。这两节内容主张：上议院在 *A v Secretary of State for the Home Department* [2004] UKHL 56, [2005] 2 AC 68 案中广受称赞的裁决，不仅对本文阐明的合宪性原则漠不关心，而且在根本上错误，因为它完全忽视了以下两点：(a) 法院根据《1998 年人权法案》第 3 节第 1 条"在……以一种与［欧洲］［人权］公约诸权利相兼容的方式……那样做是可能的范围内"解释立法的义务；此项义务通过该项法案被引入英国法；以及 (b) 把 2001 年反恐怖主义、犯罪和安全法案的相关制定法条款解读为授权拘留涉嫌国际恐怖主义分子的外国人——只要为了驱逐他们明显作出过善意的努力——显然是有可能的，也是明智的。

〔1〕 e. g. *A v Secretary of State for the Home Department* (*No. 2*) [2005] UKHL 71, [2006] 2 AC 221 at paras 12, 51; *R* (*Gillan*) *v Commissioner of Police for the Metropolis* [2006] UKHL 12, [2006] 2 AC 307 at para. 1.

〔2〕 *Bray v Ford* [1896] AC 44 at 49; *Scott v Scott* [1913] AC 417 at 477 (Lord Shaw of Dunfermline); Church of England Assembly (Powers) Act 1919, s. 3 (3); *Wheeler v Leicester City Council* [1985] AC 1054 at 1065 (CA, Browne-Wilkinson LJ, dissenting).

"准许外国人入境（admit）、拒绝（exclude）和驱逐出境的权力是主权国家最早且最广受承认的诸项权力之一",[3] 而且这一权利依然"无可置疑"。[4] 但是，除非它被理解为一项宪法性原则或者宪法性原则的工具，否则该项权利将会瓦解并受到以下事物侵蚀：新实施的法律面前人人平等的宪法性原则；以及与自由权（免于强制或监禁）一样古老的那些权利，或与"尊重［个人］隐私生活"一样近来斐然的那些权利。因为**原则**（*principle*），经充分构思的原则，不只是普遍规范性命题的问题；更为根本的是，原则保留了其与**开端**（*principium*）——一个出发点和源头——的隐含联系。而且，无论是在权利的法律规划还是道德规划中，规范性的来源都是价值、目的和意义——简言之，共同善。因此，拒绝接纳的权利需要与其基础原则一并加以理解，而这一基础原则反过来需要被理解为我们的宪法法律表明并促进的共同善的要素之一。

我们的法律一直给予领土范围内的外国人[5]根本意义上的平等保护，建立在一项古老的互惠的宪法性格言的基础之上：外国人在领土范围内的存在赋予其享有国民保护的权利，以及与这一权利相伴随的国民义务。鉴于我们已经废除了作为处理本国国民所造成风险之选项的流放（banishment），而同时我们又重新确认了，其存在被负责任地确定为不利于我们的公共善的外国人，负有应当受到驱逐的法律责任，这就产生了一项宪法性权衡原则：

> 对公共善的风险如果是由本国（公民）的潜在行为造成，则必须接受这种风险；而如果该风险是由一个外国人造成，则不必接受，且该风险可能通过拒绝接纳或驱逐该名外国人而加以消除。

尽管外国人可依法认定的不当行为在事实上或理性上都可以被理解，而不当行为也并不自动废除我们的法律和政府所承担的源于其存在的繁重的保

---

[3] *R (European Roma Rights Centre) v Immigration Officer at Prague Airport* [2004] UKHL 55, [2005] 2 AC 1 at para. 11 (Lord Bingham of Cornhill).

[4] 在 *A v Secretary of State for the Home Department* [2004] UKHL 56, [2005] 2 AC 68 at 78 中，为9位提起上诉申请的被拘留者中的7人辩护。

[5] 本文同义且交替使用上述两个词，用以指称非本国国民/非公民。

护义务，但由此造成的对共同善的损坏或风险，赋予政府当局通过合法程序阻止或终止那一存在的权利。在重大问题上，外国人不能使其行为同化于共同善和公共善的具体诸观念——体现于我们的宪法和法律中，这种抗法不遵的"不能"（recalcitrant failure to）可以通过拒绝其入境或要求其离开得以合法且适当地解决。深层的互惠原则的这些适用，与作为民主、社会福利、国防和法治之先决条件的相互信任、相互忍让以及对共同风险的容忍，是相互协调并相互支持的。看起来，由于其部分错误、部分**粗心大意**（per incuriam）的论证，*A v Home Secretary*（2004）案中[6]的诸位法官大人偏离了这些宪法性原则。[7]

Ⅱ. 外国人作为附条件的国民

互惠准则曾被柯克（Coke）以及钱塞勒勋爵（Lord Chancellor）和几乎所有的英国法官在**卡尔文案**［*Calvin's Case*（1608）］中表述如下：保护意味着臣服，而国民身份意味着受国王、法律和法院保护的权利（*protectio trahit subjectionem, et subjectio protectionem*）。[8] 因此，一个友好的（非敌人）外国人在领土内的存在，以这种存在方式吸引上述机构的保护，意味着该外国人在其停留期间的效忠义务。[9] 柯克评论利特尔顿（Littleton）时，会把领土内存在的外国人的法律身份建立在他们在私人诉讼（personal actions）中起诉的权利之上，一项他第一个坚定声称的权利。[10]《大宪章》经常被柯克视为宣布了普通法的诸项权利，已经区分了敌对的外国人和非敌对的外国人（第41节）。因此，他

---

[6] *A v Secretary of State for the Home Department* [2004] UKHL 56, [2005] 2 AC 68.

[7] 在这一点上，该案类似于其他著名的案例；在那些著名的案例中，巧妙娴熟的辩护使上议院一致误入歧途：例如，*Haughton v Smith* [1975] AC 476，再如 *Anderton v Ryan* [1985] AC 560. *A v Home Secretary* 案并不是全体法官意见完全一致，但是格斯汀索普（Gestingthorpe）的沃克勋爵（Lord Walker）的异议，几乎不能质疑6位法官作出的多数判决——在它们可疑的根基之处。

[8] *Calvin's Case* (1608) 7 Co Rep 1a, 5a; *Joyce v DPP* [1946] AC 347 at 366.

[9] *Calvin's Case* at 5b–6a.

[10] Coke, *Commentary on Littleton* (1628), 129b; Hale, *Historia Placitorum Coronae* (1678) I, 542 认可了这一学说; Holdsworth, *Hist.* ix, 95.

总结道，法律上设定的外国人无能力进行私人诉讼的情形限于敌对的外国人：与王国处于交战状态的一国之国民。

因此，在 17 世纪的理论和政治实践的解决方案——形塑了全世界讲英语的那些国家的宪法——中，领土内的外国人（总是非敌对的外国人），[11] 享有国民所享有的普通法上的这样一项权利，即免于政府公务员或代理人的每一项行为——倘由私人实施，则会是侵权的行为——的权利。因为王国既不可能行不法行为，也不可能授权不法行为，因此官员的任何这类针对外国人的行为肯定是侵权行为，除非明确地由普通法或制定法保证。[12] 而且，这种推断将既构成 18 世纪法律人关于是否存在驱逐外国人之特权的怀疑的基础，又构成王国对所谓实施驱逐外国人的长期禁绝的基础。如果驱逐出境是通过王室公告而宣告的，那么，鉴于国王不可能使迄今为止还不是罪犯的人变成罪犯，对驱逐出境的反抗肯定不受惩罚。[13] 但是，如果驱逐出境是通过逮捕、拘留和向国界的强制移动实施的，那么，难道它就不会是纯粹的攻击、非法侵入和非法拘禁、因未取得法定授权而在公理上是无权地（axiomatically incapable of non-statutory authorization），并且对于外国人针对政府官员及其代理人提起的损害赔偿的私人诉讼负有责任吗？1885 年，戴西（Dicey）对合宪性立场的大加渲染引起了共鸣：如果"外国无政府主义者来到英格兰，且警察基于强有力的怀疑理由认为其要从事一场阴谋，例如炸毁众议院"，但是负责任的部长却不能将他们送上审判席，因为"不存在逮捕他们或把他们驱逐出国家的任何措施"。戴西暗示，没有任何普通法或制定法的规则授权

---

[11] 但是，"即便是外敌，如果他们在本国的居住获得了王国明确的允许甚或默许，那么他们也必须被视为外国友人"：Holdsworth, *Hist.* x, 396; ix, 101. 霍尔兹沃思（Holdsworth）的"必须"视以下内容为理所当然，即议会可以另行处理。

[12] Holdsworth, *Hist.* ix, 98.

[13] *Case of Proclamations* (1611) 12 Co Rep 74 at 75, 76.

干预他们的自由,而且他们申请人身保护令(habeas corpus)*肯定会成功。[14]

但是,当1908年戴西最后一次发表这一段落时,法律已经开始将他抛在了后头。以授权在驱逐出境之前拘留的方式,《1905年外侨法案》**并没有处理戴西谈到的未经定罪的外国恐怖分子。[15] 但该法案颁布后不久,枢密院司法委员会阐明了这样做的合宪性基础:

> 在每一个国家中至高权力所拥有的一项权利,是拒绝允许外国人入境、附加它所愿意的允许入境的条件,以及随意驱逐即使一个友善外国人的权利,尤其是如果它认为外国人在该国的存在不利于其和平、秩序和良好的管理,或者不利于其社会利益或物质利益:Vattel, *Law of Nations* book 1 s. 231; book 2, s. 125. [16]

通过不详加规定"国家的至高权力",枢密院避开了这一未决问题,即**我们的**行政部门是否有拒绝接纳外国人的任何固有权力,或者这样做的权力完全依赖于议会权威的支持。

Johnstone v Pedlar(1921)案把王国之内的外国友人与英国国民根本且广泛的平等定格到我们的宪法之中。但是,每一位上议院贵族法官都指出——在未经裁决的情况下——王国享有"撤销其允许外国人居住的明示或

---

* 人身保护令,指传唤拘押人员到庭受审,确保其不被非法拘禁之命令,据此令当事人可请求先由法庭裁决其受拘禁是否合法。原意为"控制身体",最初目的在于将当事人带至法庭或法官面前。16世纪,英国王座法庭开始签发"解交审查令"(habeas corpus ad subjiciendum),以对拘押的合宪性提出异议。该令状的基本功能在于释放被非法拘押的人。——译者注

[14] Dicey, *Introduction to the Study of the Law of the Constitution* (1st edn, 1885), 239–40; (7th edn, 1908), 226–7.

** 《1905年外侨法案》是大不列颠和爱尔兰联合王国的一部议会法案。该法案首次引入了移民管制和登记,并规定移民和国籍问题实行内政大臣负责制。——译者注

[15] 关于《1905年外侨法案》的使用场合和有限目的,参见 Beatson, "Aliens, Friendly Aliens and Friendly Enemy Aliens" at 80.

[16] *A-G for Canada v Cain* [1906] AC 542, 546, 在 *R (Saadi) v Secretary of State for the Home Department* [2002] UKHL 41, [2002] 1 WLR 3131 at para. 31 案的单一判决中被引用,并在该案中被描述为"这项原则";被宾厄姆(Bingham)勋爵在 *R (European Roma Rights) v Prague Immigration Officer* [2004] UKHL 55, [2005] 2 AC 1 at para. 12 中引用。

暗示的许可"的特权或固有权利。[17] 在王国没有作出这种撤销的情况下，其官员没收外国商贩的钱财纯属侵权，且其行为是可诉的，即使具备内阁大臣（Secretary of State）*的批准且这些外国人的活动具有谋叛味道（the treasonable savour）等一切元素。这些已决的和未决的问题，今天仍旧停留在枢密院1906年和1921年搁置它们的地方：无论是否基于特权，[18] 都存在为了共同体的福祉拒绝接纳外国人的宪法性权威。最迟自1919年开始，作为国家最高权威的议会已经有力地断言，并更为认真地规制，我们国家（民族、政治共同体）合法且正当地拒绝接纳外国人的能力。[19]

Ⅲ. 成熟的宪法性区分及其原则

在20世纪的前20年，由议会权威或根据议会权威制定的立法，定义了国民与外国人之间的合宪性区分的主要影响。没有移民局官员的许可，外国人没有入境自由；按照"诸如内阁大臣可能认为适合的那些条件"，[20] 他们可能被承认为国民；他们也可能在以下两种情形中受到驱逐：（1）如果判处他们犯有罪行——只需施以监禁之惩罚——的法院如此建议，且内阁大臣同意该建议；或（2）"如果内阁大臣认为驱逐他们对公共善有所助益"。[21] 凡驱逐令已经作出或法院已经签发证明书以期内阁大臣作出这样一项命令，

---

[17] [1921] 2 AC 263 at 283，按照阿特金森勋爵（Lord Atkinson）的意见；亦参见273 [芬利子爵（Viscount Finlay）]，276 [凯夫子爵（Viscount Cave）]，293-4 [萨姆纳（Sumner）勋爵，让步了]，297 [菲利莫尔（Phillimore）勋爵]。Holdsworth, *Hist.* x, 393-400，综合了17世纪的实践和法官意见，以及18世纪和19世纪的法律人意见，坚定地宣称拒绝入境和驱逐出境两项特权。

* 英国在内阁大臣（Secretary of State）之下设国务大臣（Minister of State），将Secretary of State译为国务大臣可能导致混淆。参考《元照英美法词典》，北京大学出版社2013年版，第917页（"Minister of State"条目）、第1233页（"Secretary of State"条目）。——译者注

[18] 特权在后续制定法的保留条款中得以保留——如果不是被宣称，例如Immigration Act 1971, s. 33（5）。

[19] 参见《1919年外国人限制法案》（Aliens Restriction Act 1919），该法案授权了《1920年外国人法令》（Aliens Order 1920），S. R. & O. 1920/448 and 2262. 修订后的法令直到1953年都一直保留着武力，其条款最终被转化为《1971年移民法案》以及相关的移民规则。

[20] Aliens Order 1920, art. 1（4）.

[21] *Ibid.*, art. 12（6）（c）.

外国人都可能在驱逐之前受到拘留。[22] 这种义务和（霍菲尔德式的）责任的基本类型，在接下来的《1971 年移民法案》关于身份的重要安排中得以确认；《1971 年移民法案》始于以下"一般原则"：

1. 所有那些于该法案中被明确规定在联合王国享有居留权的人，得自由居住，并畅通无阻地出入联合王国，除非，诸如根据这项使他们的权利得以创建的法案可能规定的阻碍，或诸如可能另行合法地施加于每个人的阻碍。

2. 那些不享有上述权利的人，经由许可并受制于如本法案所施加的对他们进入、逗留和离开联合王国的管控……可以在联合王国生活、工作并定居。

根据该法案，居住权在下一节被界定为属于联合王国公民（自 1981 年以来被称为英国公民）和当今遗存的二等英联邦公民。第 3 节的"调控总则"首先规定了拒绝入境——入境许可的准予或拒绝，以及可能附加于这种许可的各项条件，均受议会审查下制定的诸规则的调整；之后规定了驱逐出境，通过遣送以下人员回国：停留超过入境许可期限的人，或不能遵守入境许可之条件的人，或通过欺骗获得入境许可的人，或法院——根据他们所犯的可监禁的罪行而对他们的定罪——建议驱逐出境的人，[23] 或内阁大臣认为其驱逐出境"**对公共善有所助益**"的人。更激进地，《1981 年英国国籍法案》第 40 节，[24] 授权内阁大臣对已做了"严重有损于联合王国或英国某一海外领土重大利益的事情"并且对其所作所为表示满意的英国公民，作出剥

---

〔22〕 *Ibid*., art. 12（4）. 实际驱逐出境之前的拘留权由《1905 年外侨法案》创建，例如第 7 节第 3 条（等待船只离开前的羁押和拘留，或对可驱逐的犯罪定罪的法院签发证明之后，等待内阁大臣决定期间的拘留）。

〔23〕 想要了解法院行使这项职能所根据的那些原则，参见 *R v Nazari* [1980] 1 WLR 1366；[1980] 3 All ER 880, CA. 法院对作出这样一项建议的拒绝，并没有引起如下的推定，即内阁大臣不应指示驱逐出境，尽管法院的建议的确引起了支持这样一种指示的某种推定。*M v Secretary of State for the Home Department* [2003] EWCA Civ 146，[2003] 1 WLR 1980.

〔24〕 为《2002 年国籍、移民及庇护法案》第 4 节所代替。关于《1981 年英国国籍法案》第 40 节的更广泛的（在某些方面）影响，参见 *Secretary of State for the Home Department v Hicks* [2006] EWCA Civ 400，[2006] INLR 203.

夺其公民身份的命令，除非这一剥夺会导致无国籍状态。

宪法性规划的主要特征体现了两项法律上的宪法性原则，而这每一项原则都建立在道德-宪法性原则的基础之上。这两项原则是：（1）受制于那些可能已作为他们入境的条件而被施加的、关于就业或职业的诸项限制，并受制于对全体外国人而言由国王驱逐他们出境的权威所产生的诸项责任，那些在领土内存在的非敌对的外国人（non-enemy aliens），享有国民所享有的一切权利，承担国民所承担的一切义务。[25] 这项原则基于正当的（justificatory）（道德-宪法性）原则，即那些承担了国民义务的定居的外国人，应互惠地享受国民权利。（2）另一方面，公民绝不能被驱逐出境：早在联合王国签署《欧洲人权公约》第四议定书（1963）第3条对那个议题的严格解释之前，这项原则就是我们法律的发展轨迹和原则，[26] 尽管不是条文。[27][28]

什么原则构成了行政机关拒绝外国人入境的权威基础，如今既在立法上、又在司法上受到高度调整？[29] 这项由"无益于公共善"（无疑意味着"以某种方式有害于公共善或置公共善于危险之中"）所暗示的原则如下：政治共同体，尽管它不能把自己国民引起的风险转嫁给其他共同体，[30] 但

---

[25] *R v Secretary of State for the Home Department, ex p. Khawaja* [1984] 1 AC 74 at 111-12，按照斯卡曼（Scarman）勋爵的意见。外国人的权利受制于另一个例外：正如亚里士多德所言，那些定义了公民权核心情形和中心意思的诸项权利，即参与统治的（选举的、立法的、行政的或司法的）诸项权利：*Pol.* III. 1, 2 and 7；*NLNR* 253-4, 259.

[26] See e. g. Co. Litt. 133a; Blackstone, *Commentaries* I, 133 [137]; Holdsworth, *Hist.* x, 393.

[27] 那些颁布于1829年、规定了流放或放逐例如耶稣会会士的条款，直到《1926年罗马天主教解放法案》（Roman Catholic Relief Act 1926）颁布后才被废除，但一直处于长久不用状态。关于放弃原国籍、流放以及一些相关的概念，参见 *Trop v Dulles* 356 US 86（1958）at 102.

[28] 联合王国以免予属于现在或过去的附属领土的某些类别的人授予居留权，尚未批准第四议定书；第四议定书受制于那些普通类型的经过授权的限制，这些限制规定"任何人不得被驱逐出其母国的领土，无论是借助个人手段还是凭靠公共措施"以及"任何人不得被剥夺进入其母国领土的权利"。

[29] 《1971年移民法案》第15节第1条授予不服任何驱逐出境令而上诉的各项权利，除（依据第15节第3条）"为了国家安全或联合王国与任何其他国家之间的关系起见，或出于某种政治性质（political nature）的其他理由"而有意作出的任何驱逐令外；在 *Chahal v United Kingdom*（1996）23 EHRR 413 案中，这一例外遭到欧洲人权法院的拒绝，结果产生了向特别移民上诉委员会（Special Immigration Appeals Commission）上诉的诸权利；后者根据《1997年特别移民上诉委员会法案》创建。参见 *Secretary of State for the Home Department v Rehman* [2001] UKHL 47, [2003] 1 AC 153.

[30] 双重国籍由该项原则的一种更简洁的声明加以调整。

也不必无条件地接受**外国人引起的风险**。更确切地说，一个外国人，如果单独考虑，[31] 可以公平地说他（她）对他人的权利或对国家安全、公共安全、犯罪预防、健康或道德保护或公共秩序的维护，或对任何其他"民主社会的公共利益"等造成了某种真正的**风险**，即使是相当轻微的风险，那么这样一个外国人在共同体中的存在就**不必被接受**。相反，这种风险可以正当地寻求通过拒绝入境而阻止，或通过驱逐出境而终止，理由是：共同体内这样的存在，即使还不曾因犯有可监禁之罪行而被剥夺，然而"对公共善无所助益"。

这一原则完全兼容我们接受难民或其他移民，以及接受这样做的某些成本和负担的道德义务与法律义务。瓦特尔曾说，"本着国际社会的目的，首先需要创建的一般法则是，每一个民族应当尽其所能地对其他民族的幸福和进步有所贡献",[32] 而且"在没有充分理由的情况下，没有民族可以拒绝一个已被驱离母国的人的永久居留",[33] 或拒绝大量逃犯、被流放者的永久居留，除非其自己的领土"几乎不能供给其本国公民所需"。[34] 我们可以接受所有这一切以及更多——甚至一项广泛的移民计划，作为一项正义义务而被接纳[35]——同时还有对外国人的公正要求，即哪怕冒着遭受驱逐的危险（即使只是为其他人让路），他们也得克制损害或置公共善于危险之中的行为（作为或不作为）。事实上，我们可能坚持认为，国家接受新来者的意愿越广泛，需要接受由特定的外国人（或事实上——尽管避开了集体性的驱逐出境——特定种类的外国人）的存在，特别是其实际可预见或合理可预见的

---

[31]《欧洲人权公约》第六议定书第 4 条："对外国人集体驱逐出境受到禁止。"基于其数量或总体特征而拒绝多层次（集群）的外国人入境（拒绝入境之许可）则是另一回事。

[32] Vattel, *Le Droit des Gens* (1758), 导论第 13 节。

[33] *Ibid.*, 第一卷第 231 节。

[34] *Ibid.*

[35] 地球上所有资源的原初共性（original commonality），即对地球上人类居民的全体和每一个人在公正的意义上可得，既不因私有制的建立而取消（参见下述第 62 个注释），也不因国家对领土的占有而遭废除；而且，正如，为了穷人的利益，在必要时财产权受制于某种道德诚信/品质（moral trust）或"社会义务/抵押"（"social mortgage"）（不仅是仁慈的要求，也是正义的要求）一样（参见 *Aquinas* 188-96; *NLNR* 169-73），因此，国家拒绝外国人入境的权利，原则上受制于一种类似的限制条件或负担。参见下述第 5 节，以及第 7 篇和第 8 篇论文。

行为所造成的危险的意愿就越少。

Ⅳ. 在（旨在）驱逐出境期间的拘留

对公共善的风险，如果由本国国民的存在而引起，那么这些风险得务必被接受；而当这些风险由一个外国人的存在而引起时，则该等风险不必被接受，且可以通过拒绝该外国人入境或驱逐该外国人出境而消除之；上述原则长久以来被认为有一种直接的实践后果。那些即将依法被驱逐出境的外国人，可能在驱逐出境期间受到拘留。事实上，凡有合理理由支持调查和决定是否要驱逐特定的外国人之处，他们在决定和决定的执行期间都可能受到拘留。在《1905年外侨法案》中有规范这种拘留的条款，而且这种条款在所有后来规制驱逐出境的制定法中被规定得更加丰富。《欧洲人权公约》在第5条第1款第f项规定：自由和人身安全权不会因以下情形受到侵犯："（f）合法地……拘留……一个人……针对该人，正采取旨在驱逐其出境的行为……"

第5条第1款第f项的关键概念是持续进行的有目的的活动：拘留在任何时候都肯定是"旨在"驱逐非公民出境而采取的行动之一部分。同样地，在《1971年移民法案》附件3的2（3）段的主要条款中，规定有：

> 凡针对任何人的驱逐出境令已经生效，在该人离开联合王国期间，他都可能根据内阁大臣的权威而受到拘留……

此处驱逐出境的一个持续存在的目的，不仅通过单词"在……期间"，而且通过附件3所依据的那个条款即第5节第5条有所暗示。[36]

正如司法机关所解释的，这些规定"在驱逐期间"的以及"旨在"驱逐的拘留的条款，像其他国家的那些类似条款一样，远未规定如下内容：一个外国人，针对其已经作出了驱逐令，可能被部长们随心所欲地拘留，而且

---

[36] 《1971年移民法案》第5节第5条："附件3的条款……将对于……**与驱逐出境相关的**那些人的……**拘留**……产生影响"（强调为后面所加）。

不论他们的目的和方法如何。关于这一问题，**常被引用的权威性章节**是伍尔夫（Woolf）大法官依单方面申请的 *Hardial Singh*（1984）案中作出的一份附带意见——如果不是完全附带也是在很大程度上附带。这个案子关注的是对驱逐出境非常缓慢的安排，但案件中几乎没有或完全没有这样的建议，即在可预见的将来受不可消除障碍之阻的意义上，驱逐出境可能暂时是"不可能的"。然而，伍尔夫大法官的声明本身关注的主要是那种假设，尽管没有忽略将**驱逐的目的**放在第一位：

> 尽管在第 2 段赋予内阁大臣拘留个人的权力不受任何明确的时间限制，但我对它仍受到诸种限制感到相当满意。首先，如果个人在驱逐期间……正遭遇拘留……那么，它就只能授权拘留。**该权力不能被用作任何其他目的**。其次，因为赋予内阁大臣该项权力是为了使驱逐出境的机制能够得以实施，故我把拘留权视为隐含地限于一段期间，这一期间**对那一目的来说合理地必要**。这段合理的期间将取决于具体案件的具体情况。更重要的是，如果存在一种情形，在这种情形中，将不能在合理期限内实施该项法案为驱逐那些被意图驱逐之人而规定的机制，这一点对内阁大臣而言非常明显，那么在我看来，内阁大臣试图行使其拘留权就是错误的。[37]

此处，伍尔夫大法官假设，不能"在合理期限内"驱逐，在某种程度上与维护驱逐的目的和根据驱逐的目的而行动不兼容，也/或与驱逐的合理性不兼容。随着意志变得明显，这样一种假设是很成问题的，而且一直既受到立法又受到司法的质疑。

解释 *Tan Te Lam v Superintendent ef Tai A Chau Detention Centre*（1996）案更为详尽的制定法条款时，伍尔夫大法官的附带意见被视为一份明智的指导。[38] 枢密院司法委员会这样裁定，"如果驱逐在合理时间内是不可能的这

---

[37] *R v Governor of Durham Prison , ex p. Hardial Singh* [1984] 1 WLR 704 at 706（强调为后面所加）。拘留可能是不妥当的这一建议，*自始就比 Chahal v United Kingdom*, 23 EHHR 413 案中对第 5 条第 1 款第 f 项的论述要宽泛；参见下述第 55-58 个注释。

[38] [1997] AC 97.

一点变得很明显，那么不得授权进一步的拘留"。但是，附带意见和相似的裁决都被视为这一指导原则的含义："授予这样一种干预个人自由的权力时，立法机构意图这种权力只能被合理地行使。"[39] 司法委员会表示赞同审判法官的以下裁决，即尽管申请者越南船民在驱逐出境期间一直被拘留（在一起案件中总计超过 5 年）[40] "真正令人震惊"，且"乍看之下，是对文明社会……诸标准的一种公然侮辱"，但鉴于以下种种情形：诸如越南当局的诸政策和实践，对一些被拘留者申请遣返的拒绝，以及在另一种情形中被拘留者明显撤回了申请等，它**仍然是合理**且合法的。[41]

美国最高法院于 *Zadvydas v Davis* 案的裁决中（该裁决作出于"9·11"事件的前 10 周），根据由合宪性动机所推动的法定解释，为驱逐而实施的拘留受到"合理时段"的限制。[42] 制定法规定了 90 天的驱逐期，90 天之后，某些类别的外国人（罪犯、危险分子、被证实很可能潜逃的人员或有可能对共同体造成危险的人员，等等）[43] "超过驱逐期仍可能受到拘留，而且他们如果获释，仍将受到……监管"。最高法院的多数意见认为，这种"驱逐期"后的拘留，只有"出于这样一段时间对确保该名外国人的驱逐是合理的必要"才能够[44] 延长，且一般只能延长 90 天，90 天之后，即使是涉嫌犯罪或有危险的外国人，如果他们"提供充分理由认为，在合理的、可预见的将来，不存在驱逐的显著可能性"，那么他（她）们也将有权获释。[45] 合理性"主要是按照制定法的基本目的，即确保外国人被驱逐时在场"加

142

---

[39] *Ibid.* at 111.

[40] 到上诉决定作出时，"等候驱逐出境的期间"是 40 个月。

[41] ［1997］AC at 109，114-15（不需要裁决，因为申请者根据另一种理由是成功的）。

[42] 533 US 678, 150 L Ed 2d 653（2001）.

[43] 但是，在外国的恐怖分子被下令驱逐而"又没有国家愿意接收"他们的情形下，国会授权总检察长"无论法律如何规定，保持该外国人处于拘留状态"接受进行为期 6 个月的行政审查，这一条文受到最高法院的重视，而且没有负面评论（533 US at 697）。

[44] 最高法院（第 696 页）似乎接受，尽管定居的外国人在宪法上享有显著的自由权益，但国会可能已经授权了（如果关于其意图已足够明确），对那些在合理期限内找到任何接收国不存在合理前景的被驱逐出境者的无限期拘留。

[45] 533 US at 701.

以衡量。[46] 由此给公众带来的风险可能得以消除：

> 该名外国人的释放可以而且应当以一种受监管的释放形式为条件，这一形式在当时的情境中是适当的，当那些条件被违反时，该外国人无疑可能再次受到拘留。[47]

143　　法院似乎暗示了，只要经证实的潜逃的风险或对共同体的危险持续存在，且通过程序性正当程序（procedural due process）不时再次确认，且政府尽快驱逐该人的目的保持不变，那么，监管的这些或许严格的条件，可能就同样是"不确定的和潜在持久的"。

接下来，我们探讨显然更为严格的[48]澳大利亚的法律体制——"只要合理可行"就强制性地驱逐所有不合法的非公民，并**强制性地**拘留"直到……不合法的非公民被驱逐出境"——高等法院将与拘留之目的有关的诸项限制解读为附属于驱逐出境之目的。尽管 Al Kateb v Godwin 案（2004 年 8 月 6 日）[49]拒绝将法律解读成 Hardial 或 Zadvydas 案中暂时限制的类型（"在合理可见的未来不存在驱逐出境的真实可能性或前景"时就终止拘留），但该案隐含地接受了[50]副检察长向法官提交的如下意见："在没有作出真正的努力驱逐被拘留者的情况下，拘留不能无限期地延长，而且法院有权力命令作出合理的努力"，以及"检查……为实现驱逐是否作出了合理的努

---

[46] 533 US at 699.

[47] 533 US at 700.

[48] 然而，请注意《欧洲人权公约》第 5 条第 1 款第 f 项表面上授权了"为阻止［某个人］实现未经授权而进入该国"没有时限的拘留。

[49] ［2004］HCA 37，（2004）219 CLR 562，与 Minister for Immigration & Multicultural & Indigenous Affairs v Al Khafaji ［2004］HCA 38，（2004）219 CLR 664 案同时被裁决，两案有着相同的多数意见［麦克休（McHugh）、海恩（Hayne）、卡利南（Callinan）和海登（Heydon）4 位法官］和相同的少数意见。

[50] 参见［224-5］（海恩法官、海登法官的同意意见），［294］（然而，卡利南法官在［290-1］中进一步认为，除非"正式且明确地被放弃"，否则应当推定拘留其人的目的为驱逐——或许目的暗含限制的说法过于狭窄）。

力"。[51] 多数大法官[52]强烈反对这种主张,即延长的甚或无限期的推迟,与维护驱逐被拘留者这一不可或缺的**目的**不相符。正如海恩大法官(海登大法官持相同意见)对之如是解释:

> 在那种实施驱逐出境并非现在不合理可行而是一直都不合理可行的具体案件中,可能被说最多的是:**如今**不存在会接收澳大利亚试图驱逐的特定的非公民的国家,而且,这种国家什么时候会出现,**如今**也不能预测……但这并不是说它**绝不**会发生。

实际上,一份作出以下判断的裁决是失去效力的:"'在可合理预见的未来,没有驱逐的现实可能性或前景'……并不意味着,持续的拘留就不是为随后的驱逐出境之目的"或为旨在驱逐的拘留之目的。[53] 重要的是,为了完成当前似乎并不合理可行的事情,行政机关通过采取他们能够采取的合理措施,不断尝试履行他们驱逐的义务。

要是在 *A v Home Secretary*(在 2004 年 10 月被争论)案中援引 *Al Kateb* 案,律师和上议院贵族法官就都不可能——像他们视上诉的被拘留者为那些"**不能够**"受到驱逐的人那样——不负责任,一种达到极致的简化出现在里士满黑尔女男爵(Baroness Hale of Richmond)的总结中:"这些外国人只是被拘

---

[51] 219 CLR at 567 通过贝内特 S-G.(Bennett S-G.),他这样开头:"驱逐出境永远都是不可能的,因为以下情形总是可能的:属国(subject country)会存在政权更迭或改变方针;或某个其他国家将采取一种利他主义的观点。"

[52] 格利森首席法官(Gleeson CJ),反对意见也接受"并不能说驱逐 [被拘留者] 将永远不合理可行"。但他认为,凡驱逐"目前不具可行性,而且在可预见的未来也不可能变得可行",驱逐出境之拘留的主要目的均是"尚未决定或悬而未决的"(第 18 段);且就这些情形而言,法律应当被推定并未意图授权无限期的拘留,无论"个案的具体情况如何,尤其包括,对共同体的危险和潜逃的可能性"(第 22 段)。

[53] 219 CLR at paras 229,231. 同样效果的是卡利南大法官 at paras 290,291 以及 *Al Khafaji*,219 CLR at para. 45:[承审法官]对合理可行性和合理可预见性的参考被引向"当前"情形。《移民法案》没有强加这种暂时的限制。必需要注意的是目的,以及驱逐出境的目的一直没有被放弃。正如我在 *Al-Kateb* 案中观察到的那样,在人类事务和国际事务的本质中,长的期间可能涉及公正(性问题),因为情形可能很快改变。

留,因为他们不可能被驱逐出境。他们就像不可能被驱逐出境的英国国民一样!"[54] 澳大利亚的多数法官,像 Zadvydas 案中的异议者那样,如是表明:那"暂时不可能"或"在不确定的未来不可能"的事有可能明天就变得可能,因为海外政权会发生某种变化或与某个其他国家的谈判取得突破性进展;因此把这两个短语中的任何一个(或其他类似短语)视为与"[只是][在实践中]不可能"等同,就是完全错误的。在这样一种情境(假定总是这样,即行政机关尚未将驱逐出境视为不可能,并停止试图解决这些障碍)中的驱逐最好被说成是受到了"阻止(暂时地或无限期地)"。这就是 A v Home Secretary 案中受到谴责的法定条款的语言,之所以受到谴责是因为未能注意到所表示的各种情况。

那一谴责采取了与《欧洲人权公约》第 5 条和第 14 条不相容的声明形式,而《欧洲人权公约》是通过《1998 年人权法案》在联合王国生效的。因此,在 Hardial 案中确定的诸项要求,现在受到第 5 条第 1 款第 f 项的加强,该款项允许"为了驱逐出境而采取行动"时可以拘留。在 Chahal v United Kingdom (1996) 案中,欧洲人权法院坚持认为,如果着眼于驱逐出境、怀着应有的谨慎[55]而采取行动,那么第 5 条第 1 款第 f 项**不**要求拘留被认为是必要的,"例如为预防他犯罪或逃跑"。[56] 此外,欧洲人权法院坚持认为,查哈尔驱逐出境的诸项程序一直怀着如此的谨慎来进行,以致对该名被驱逐出境的外国人 4 年(实际上,超过 6 年)的拘留与第 5 条第 1 款第 f 项兼容。然而,欧洲人权法院也主张,遣返他回到其母国印度的目的,在所有相关的时间点上都与禁止酷刑和虐待的第 3 条的诸项要求不相符。对内阁大臣而言,已经花费超过 13 个月的时间来审慎考虑该外国人的主张,即把他遣送回印度将违反上述第 3 条,这并非不合理。因此,一个外国人是否"不能受到驱逐"这一问题(因存在酷刑或虐待的"真正风险")不是一目

---

[54] *A v Horne Secretary* [2004] UKHL 54, [2005] 2 AC 68, para. 235;亦参见 paras 222 and 228;这种简化在第 9、13 段 [宾厄姆(Bingham)]、第 84 段 [尼科尔斯(Nicholls)]、第 126 段 [霍普(Hope)]、第 162、188 段 [罗杰(Rodger)] 以及第 210 段 [沃克(Walker)] 中是清楚的。

[55] 23 EHHR 413 at para. 113.

[56] At para. 112.

了然的，但它"涉及对一种极其严肃且重要的本质的诸种考虑"，而且针对该问题的那些决定，不应"在没有充分考虑所有相关的问题和证据的情况下匆忙作出"。[57]

当然，自1998年以来，被**查哈尔**案[58]解读或误读的、与第3条"相违背"的驱逐出境，现在是"不可能的"，如果驱逐出境不是严格地作为一个法律问题（尽管那就是法院毫不犹豫地看待它的方式），至少也是作为一个条约义务问题。但实际上，正如**查哈尔**案阐明了这项规则，它也明确了规则适用于具体案件时可能涉及偶发事件，这些偶发事件排除了——因令人无法

---

[57] At para. 117. 宾厄姆勋爵在 *A v Secretary of State for Home Department* 案第9段中，对**查哈尔**案关于第5条第1款第f项裁决的内容错误（或最好也是隐晦）的声明如下：（欧洲人权法院）重申（第113段）："根据第5条第1款第f项，只要驱逐出境的程序还在进行中，那么，任何对自由权的剥夺均得证立。"像查哈尔先生案——在该案中，驱逐出境的程序被第3条排除——的案件中，第5条第1款第f项不会批准任何拘留，因为非国民不是"那个针对其正在采取以驱逐出境为目的的行动的人"。然而，事实上，欧洲人权法院坚持认为，尽管将查哈尔驱逐出境受到第3条的排除，但对他进行的为期4年或6年的拘留**为**第5条第1款第f项所**认可**，同时，有关当局为确定是否能够与联合王国的义务相兼容地实施对他的驱逐采取了行动。无疑，那些有关当局对欧洲人权法院在那一案件中采用的第3条并没有明确的观点。但即使他们当时有这样一种明确的观点，为确定风险并寻求通过与印度或某个其他国家的协议消除该等风险的方式，他们也可能已经合理地采取了措施，以从容不迫的速度（就联合王国那些当局而言），或许除了持续时间长（尤其是因外国政府的拖延而延长）。

[58] 如果**查哈尔**案关于第5条的裁决是无用的简洁，那么，无论在多数判决还是在主要的异议判决中，该案关于第3条的种种声明都明显属于推理错误。国家不参与酷刑和违反第3条的其他实践之义务的绝对性，绝不意味着享有这样一种绝对权利的人因此就享有以下权利，即不遭受任何那种形式的对待（例如，驱逐出境）——可能产生被某些其他人折磨和虐待的可预见但非意图且不受欢迎的意外后果。所有那些认真反思规范的绝对原则（normative absolutes）的人，都认识到这些绝对原则必然会带来无法容忍的悖论和审慎的不连贯，除非它们无例外的禁止、参照它们所约束的那（些）人的**直接意图**（或目标），限制了受到排除的行为：参见 MA 68-74，81-3. 一个国家引渡一些人到另一个国家，**以便**使后者能够折磨他们，这是一回事；而在以下情形中驱逐/引渡他们到另一个国家，则完全是另一回事：怀着消除他们的存在给驱逐国（removing state）人们的生活造成的现实威胁这样一个唯一目标；尽可能防范他们此后受到折磨。**查哈尔**案关于第3条的裁决把驱逐国的意图视为完全不相关，并宣称被驱逐出境者的种种活动，"**尽管令人不快或危险**，但都不可能成为一个重要考虑因素"（强调为后面所加）。考虑到第3条超出酷刑扩展至"有辱人格的待遇"，以及"有辱人格的待遇"这一概念在近来欧洲人权法院法理学中的广度，**查哈尔**案关于第3条的裁决由于太宽泛因而在司法上是无根据的，且由于其对人权——受准被驱逐者（the would-be deportee）威胁——的漠不关心而忤逆人心。令人遗憾的是，上述情况亦适用于欧洲人权法院大法庭在 *Saadi v Italy* [2008] ECHR 179, 49 EHRR 30 案对**查哈尔**案中这一核心裁决的一致追认；在所有主要的问题上，联合王国于其间提交的意见都是合理的，但受到欧洲人权法院的拒绝，理由是这一准则即第3条是绝对的（即在其所有的扩展和应用方面，无论其扩展和应用如何地扩展或间接）。

接受的过于简单化——任何这样的观念,即驱逐出境自始就是不可能的。相反,被驱逐者会受到酷刑或虐待的"真正风险"的存在,在各种情况下将不是那么无可争辩,以致使得驱逐出境(以及由此以驱逐为目的的拘留)自始或在此后任何可确定的时刻都是不可能的。因此,这是另外一种方式,在这种方式中,驱逐之"可能"或"不可能"以及具有驱逐之目的的"可能"或"不可能",往往是相对的、暂时的、受限制的和有争议的。

V. 宪法性原则的基本原理

那么,什么是国家区分风险可接受性原则(the principle of nationality-differentiated risk-acceptability)的基本原理?或者,用欧洲人权公约法理学更为严格的语言来说,什么是该原则的"合法化目标"?它代表、促进或保护了共同善的哪一基本方面?

这一原则对两项毋庸置疑的规则(不只是一项)产生影响:外国人可能被驱逐出境;本国国民不可能被驱逐出境。与后者相联系的是这样一项规则:本国国民不可能被剥夺他们的公民权,如果这样做会使他们处于无国籍状态。这两项规则表明了一种基本的理解和倾向:人类共同体在政治上和司法上被组织成国家,是民族政治共同体的群体("国度")。一个人无论可能是谁以及可能身在何处,他既有资格又肯定认为自己属于那些国家中的一个的一员;无国籍是一种反常现象,一种缺陷,一种推定的不正义,需要有组织地将之最小化。[59]

什么构成了这样一种政治共同体?亚里士多德提炼出了这样一种假设:一个**城邦**(国家)是一群由政制赋予确定的特征**形式**(identity-establishing *form*)的人;其蕴涵是:当城邦的政制改变时,例如从僭政到民主政治,**城邦**(国

---

[59] 矫正这一反常现象的措施由与《1954年无国籍人士身份法》(由联合王国于1959年正式批准并自1960年生效)相关的《欧洲人权公约》制定,公约规定:无国籍人士合法居住的国家要尽可能地把他们视为其他的外国人;并促进(第32条)最终的"同化和归化",服从(第2条)无国籍人士"对他发现自己置身其中的国家"的义务,尤其是"遵守其法律、法规以及为维护公共秩序所采取的诸项措施"的义务。

家)的特征也会改变。但这一点不会实现,正如亚里士多德通过以下问题来总结他的讨论时默然承认的那样:新政权是否可以正当地拒绝(或视为无效)国家根据先前的宪法签订的协议和发生的债务——一个他有可能回答但没有尝试回答的问题。[60] 弄懂了凯尔森和哈特对法律体系之说明的含义后,约瑟夫·拉兹和我,完全独立地得出如下结论:一个法律体系在时间中持续存在有效的统一,不可能在没有基本参考群体——它是其法律体系——的情况下得到解释。[61]

可以肯定的是,那些有着复杂且意义深远的从属关系(membership)和目的的团体,诸如世界范围内的教会,可能合理地自我组织并自认为有一个法律体系,而且该法律体系平行于并在原则上与那些国家的法律体系——它们的拥护者是公民——相兼容。那些国家相当多,而且是特殊的,不是普遍的。因为,正如经验令人信服地表明,人类的生活和福祉所依赖的那些资源,通过特定资源为特定所有者占有的制度,得以最好地节用、发展和为人所用。[62] 因此,经验也令人信服地表明——而且**国际秩序通过其结构和调整原则**(regulating principles)证实——人需要生活在政治组织或国家中,那些占有一块确定的领土作为它们自己版图的政治共同体,受制于国家的法律体系,而该法律体系尤其定义了该国的宪法。

关于这种需要,我们可以而且应该更具体一些。针对德国不同种族和文化的受众,拉兹表明了为什么政治社会需要一个共同纽带。政治社会权威地要求个人为其他成员的利益做出牺牲:见证/经历(witness)了福利国家的重新分配税收和所有其他的制度。但是,"共享的意愿不容易买到。没有这种意愿,政治社会很快就会土崩瓦解,或不得不依赖广泛的暴力和高压政治"。而且,这一共享的意愿本身没有一种共同的文化便不可能得到维护,而共同文化的根基是"人们感受他人、将心比心的必要能力",这种能力"取决于他们理解他人的经历、渴望和忧虑并与之共鸣的能力"。因此,由每一个福

---

[60] *Pol.* III. 3; 1276a7-b15; *Aquinas* 28, 53.

[61] *CLS* 101-5, 188, 210; and essay IV. 21 (1971a).

[62] 参见 *NLNR* 170-1(另参见上述第 35 个注释)。

利国家所预设的政治统一——

取决于人们自由且情愿地认同他们所属的政治社会：取决于他们体谅德国人这一事实，以及他们对自己德国人的身份的那种感觉完全出于本能且毫无瑕疵这一事实。它还取决于他们为身为德国人而自豪的事实。[63]

那些正如它们所作的如此占据宝贵领土的国家，可能还面临着比维护福利国家更紧迫且意义深远、更实在/存在主义的挑战。这些挑战也会呼吁它们的成员对其同胞生发出认同感——呼吁"公民之间的同心同德"，正如戴维·米勒（David Miller）所主张的，这种同心同德为"民主政治所要求"。[64] 近来更多的政治理论表明，平等的法律、公共廉洁、公正的政府、社会正义、对履行集体承诺和义务的民主审议以及国际行动，全都如何取决于——且反过来促进——一种足够普遍的信任：这种普遍信任足以压倒**相竞争的**家族、种姓、宗教或种族的纽带；足以压倒只在有界限的政治共同体、民族国家内可获得的一定程度的信任和通常所有的同情之心。[65] 国民和外国人之间的区分是一个不可或缺的框架，用以阐明、表达、认可并要求这种共享的意愿，这种作为共同的传统与未来的共有人的意识，[66] 这种对**这个**民族国家而非某个其他民族国家的融入和与之同化。

但是，作为共同的继承者，这种分享共同命运、促进共同生活、接受共同的负担和利益并对之有所贡献的意愿，不应被认为是压制了个体、家庭和

---

[63] Raz, "Multiculturalism" at 202-3. 因为同化或融合的政策或许正是为了维护对所有人而言的国家团结的利益，这些利益受到拉兹如此中肯的描述：他进一步的命题，即那些侮辱了移民文化之成员的政策是错误的。

[64] Miller, *Citizenship & National Identity*, 62.

[65] 参见 Canovan, *Nationhood & Political Theory*, 44 及其他各章节。为了证明一种不加掩饰的民族自豪感——爱国主义——植根于历史并用作司法推理和判决的理由，参见例如 A v Secretary of State for the Home Department（No. 2）[2005] UKHL 71，[2006] 2AC 221, at [82], [99], [152], [171]; 或者再例如 A v Secretary of State for the Home Department [2004] UKHL 56, [2005] 2 AC 68 at [86], [96]（霍夫曼勋爵）。

[66] 参见 Canovan, 54-75; also Raz, *Ethics in the Public Domain*, 172-3，论共同文化作为市民团结之必需，市民团结反过来"对一种秩序良好的政治社会的存在是必要的"（第172页）。[关于这一点以及在第63-65个注释中讨论的诸议题，参见 essay II. 7.]

其他团体的以下种种自由：占据他们自己空间的自由；以及享有——作为权利——他们自己的主动性、自我引导和自我决定的自由。这些自由必然会——作为一种副作用——对他人和共同生活造成意想不到却真实的风险。（这种相互性加强了**卡尔文案**以忠诚的语言所表达的保护与服从之间的相互关系；那种语言不应模糊统治者的义务，也不应模糊这样一个事实，即每个人根本的政治义务和法律—道德义务，对我们的统治者或管理机构而言，并不比对我们的臣民同胞而言更根本。[67]）那些在政治上（法律上）受到尊重和捍卫的自由的益处，以及相伴而来的风险的负担，都是我们作为这个政治共同体的成员所共担内容的一部分。这是以下原则的合理性根据：我们应当愿意接受由同胞成员引起的一定程度的不利风险，而该等风险如果由非成员引起则我们不必接受。

此处，我们的宪法介入并提醒我们：尽管非成员或外国人就在我们中间，但他们只是与维护成员和非成员——根据正当权利的成员与根据可撤销之许可的成员——之间区分之核心相兼容的范围内被视为成员。因此，我们接受由非成员引起之风险的较弱的正当意愿（justifiable lesser willingness）所保障的，不是领域内外国人的一系列特殊的义务、责任或丧失资格，而只是他们被驱逐出该国领土的个人责任，以及为了那一驱逐并在驱逐期间通过人道主义的拘留或控制而被与共同体隔离的个人责任。[68]

正如在 *Zadvydas v Davis*，*Al Kateb v Godwin* 以及 *A v Home Secretary* 案中呈现的那样，无限期地"不能驱逐的"外国人问题，是我们的体制上述两个组成部分之交叉的边界问题。美国和澳大利亚判决中的论证，多数意见和少数意见同样都敏锐地揭示了这个问题的轮廓；[69] *A v Home Secretary* 案则

---

[67] *NLNR* 359.

[68] **敌对的外国人**（*enemy aliens*）——本文未予以考虑的一个类别，且至今被认为是与我们交战的国家的国民——对于战时依法授权的拘留的责任，可能被理解为这样一种形式：当环境阻止实际的驱逐（或使之不合理）时，对驱逐出境的那种责任所合理采取的形式。

[69] 加拿大最高法院在 *Charkaoui v Canada* ［2007］SC 9 案中的判决亦如此；该判决认为，为驱逐出境之目的而采取的无限制拘留中，没必要违反人权或宪法性权利，倘若定期检查顾及了所有因素，尤其是与被拘留者给国家安全或任何人的安全造成的任何余留危险相比，加诸被拘留者的负担：参见第 110、126–127 段。

没有。

当然，除了那一边界问题，还存在由**国民们**提出的对合宪性秩序和理论的更深刻挑战；那些提出挑战的国民们，视他们的国籍为身份的一种形式，他们之所以提出挑战是因为，无疑像 A v Home Secretary 案中的一些被拘留者——如果不是全部被拘留者的话——一样，他们认为真正的国家完全超越于——但注定已经统御——边界和领土，以及创设并建构了我们国家的共同善的那些合宪性原则和权利。[70]

---

[70] 参见伊斯兰世界开罗人权宣言（the Cairo Declaration on Human Rights in Islam），该宣言在1990年8月5日举行的第19次伊斯兰教外交部长会议经45个国家一致批准，英语版本 UN Doc. A/CONF. 157 / PC / 62 /Add. 18（UN GAOR, World Conference on Human Rights., 4th Sess., Agenda Item 5）(1993)，尤其是序言和第10、19、22-25条；一般可以参见 essay II. 7; essay V. 1 (2009c) sec. VII; essay V. 4, sec. VII (2006a at 122-7); and essay 2009e, sec. 4.

第二部分
正义与惩罚

第 10 篇

哈特的惩罚哲学*

在这些论文丰富的当代参考文献背后，涌动着西方文明的时代浪潮。我们穿行于各种"学说"和"理论"的向导，是那些未曾受到强调但却始终存在的航标（sea-marks），也是这些航标赋予哈特的论文集以其固定的格调："此时"对比"彼时"、"旧有的"对比"较新的"、"传统的"对比"现代的"、"陈旧的""过时的"对比"目今……"不过，我们不应误解这种格调。那古典的或传统的或仅仅陈旧的和过时的，通常被证明是来自18世纪启蒙运动的各种学说和理论。而"最新的观点"通常多半被解释为"堕入乌有之乡"或美丽新世界的邀请，因而本身受到礼貌的拒绝。书中无处不在的"我们""现代人"，站在过去——曾为其现代性感到骄傲——的种种谬论与未来——也为其现代性感到骄傲——的种种危机之间。一种谬误与幻觉（error and illusion）重复发生的感觉如此强烈，通常会引发一种普遍的怀疑主义；但是，如果说哈特此书有什么寓意的话，那寓意就是启蒙运动的各种怀疑主义因荒谬性和危险性（as fallacious or menacing）都遭到了抵制。"怀疑主义"一词几乎使用于和重复于每一篇论文。当然，哈特教授太温文尔雅了，他既没有赋予这个词本身任何贬义，也没有表达我们已经提出的那种寓意。事实上，他可能不会感激我们提出了上述寓意。但读者最终会发现，哈特一贯对怀疑主义持中立态度。人们唯一怀疑的可能是，这种爱尔兰式的中立是否足以为这个时代智识上的混乱恢复秩序。哈特会第一个赞同亨利·梅因爵

---

* 1968a（"Old and New in Hart's Philosophy of Punishment"：a review of Hart, *Punishment and Responsibility*）.

士（Sir Henry Maine）——他自己的法理学教席的第一位持有者——的以下观点："关于惩罚这一主题的所有理论或多或少都已被推翻，我们关于惩罚的基本原理（the first principles）也是茫然无知。"

I

154　　书中的9篇论文最初发表于1957-1967年，故追踪学说的某些发展轨迹或许是可能的。但是，正如哈特通过打乱时间顺序来安排这些论文所暗示的那样，这样做不会获益良多。书中的主题少而简洁且一以贯之。惩罚的一般正当化目标是其有益的社会后果，但任何关于惩罚制度在道德上可接受的说明都必须承认：正义"禁止为了他人的利益而将某人当作手段，除非作为对其不利于他人的自愿行为的一种报偿"（第22页）。因此，存在一种报应原则（a principle of retribution），调节的不是惩罚的目标，而是惩罚的分配。这一原则无法根据纯粹的功利主义思路得到说明；而边沁提供一种功利主义阐述的尝试——基于对非自愿违反法律的惩罚作为一种威慑肯定是无效的，"事实上是一个公开展示的不合逻辑的推论"（第19页；哈特的观点在第40-43、77、179、230页一再重复，其阐述方式之丰富多样令人吃惊）。鉴于惩罚分配的报应原则是法律宽宥（legal excuses）的理论基础，宽宥条件（excusing conditions）的相关性必须得到辩护，以反驳决定论怀疑论者（determinist sceptics）（第二章）。此外，鉴于报应原则既不是惩罚的正当理由，亦不是惩罚严重性的"自然"标尺，死刑问题应当按照（有限度的）功利主义的以下要求解决：任何惩罚——作为一种痛苦初步来看是邪恶的——都必须由确凿证据加以证成，证明该惩罚为最大限度地减少犯罪所必需（第三章）。同样，分配和宽宥的报应性理据中包含的自愿概念，必须与18世纪（许多英国法学家接受的）这样一种理论区别开来，即刑事责任的基础在于肌肉收缩欲望的产生、随后的肌肉收缩和随后可预见的后果。哈特认为，实际上，一种运动（a movement）不具有相关意义上的非自愿性，除非"尽管行为人没有理由以那种方式运动自己的身体"，但运动还是发生了；不作为也不具有相关意义上的非自愿性，除非行为人无法实施任何有意识的行为，或者无法作出法律要求的特定运动（第四章）。事实上，**犯意**的整个概念应当超越欲望和预见等理性主义要素，以便包括正常人思考和控制自身行为的能力和力量。因此，对过失行为施加刑事责任之正当性的怀疑论是毫无根据的（第六章）。同样地，关于威慑过失行为之可能性的理性主义和功利主义怀疑论也是毫无根据的，因为威胁不仅可能指导人们的慎思，还可能激励人们进行思考（第五章）。

至此，这一论证相当于对古典和传统的行为、责任（responsibility）、法律责任（liability）诸概念的一种持续重构，以反驳衍生于18世纪启蒙运动的狂热怀疑［这不是哈特描述问题的方式：在他的描述中，"传统"一词通常指的是从启蒙运动中流传下来的各种观念。柏拉图是书中出现的唯一一位古典思想家，而且只是以改革者的姿态出现；这位改革者在对犯罪人的处理和治疗问题上谴责了所有后顾性（backward looking）视角］。但是，论证之后转而反驳一种当代怀疑论，这种怀疑论质疑"整个惩罚制度是否包含任何使其区别于纯粹前瞻性的社会卫生（purely forwardlooking social hygiene）系统的要素"（第193页）。这种进步主义的怀疑论很大程度上源于"科学的意识形态"（第179页），以科学的名义，我们受邀放弃这样一种观念，即一个人本来能做某些他事实上没做的事，或人们能够知道他本可以如此。我们应当拒绝这一邀请；公平和个体自由的价值足以证明责任原则的正确。在人类社会中，人的本性是其所是（being as it actually is），人的运动被解释为意图和选择的表现形式，而意图或选择的缺乏，或意图或选择之能力或机会的缺乏，确实应当修改我们对责任和法律责任的评价（assessments of responsibility and liability）（第七章）。这么说并不意味着惩罚的报应理论为进步主义者如此厌恶：

> 因为，尽管我们必须为因一个人自愿违反法律的行为而惩罚他去寻求一种道德许可，但是，我们据此获准使用的惩罚，可能仍然只是为了防止他或他人未来的犯罪，而不是为了"报应"（第八章，第208页）。

II

因此，哈特的这些论文尽管摆脱了党派精神和好辩精神，但为惩罚与责任的传统（即希腊和犹太-基督教）道德观念的某些主要内容提供了一种机智的辩护，作为对新旧革新/进步主义的反驳。这些论文的哲学基础因此会引起某种认真彻底的审查。

哈特并没有在哲学方法的阐述上浪费太多时间。然而，在他对约翰·奥斯汀（John Austin）行为理论的攻击中，对方法的考虑的确变得明显。正如我们已经指出的那样，奥斯汀的行为理论"把一项普通的行为分成三个部分：肌肉收缩的欲望、随后的肌肉收缩和随后可预见的后果"（第101页）。哈特说，这种说明"真的只不过是一种过时的虚构"。为什么？因为"这样的划分与常人的经验及其看待自己行为的方式完全不符"。因为只在某些特殊的场合（例如，当体操教练命令一个人抬起胳膊并收缩上臂的肌肉时），说一个人意欲收缩肌肉并的确收缩了肌肉才会是妥当的。"我提醒人们对此予以注意，不是作为一个语言问题，因为此处的语言的确有效标示了一种至关重要的、事实上的区别，而这种区别是我们正在批判的理论所忽视的"（第102页）。

对此评论之前，让我们摘取另外一个段落，这个段落展示了哈特的哲学方法、哈特这次对同时代人诸如伍顿女士（Lady Wootton）的攻击中所采用的哲学方法。

> 人类社会是由个人组成的社会；而个人并不只是把他们自己或彼此纯粹视为以那种有时有害且必须加以预防或改变的方式活动的一具具身体。相反，人们把彼此的活动解释为意图和选择的表现……如果一个人殴打了另一个人，被殴打者不会仅仅把殴打者视为他疼痛的一个原因……如果殴打虽然轻微却是故意实施，那么，它对被殴打者的意义就完全不同于一次严重得多的意外殴打……殴打是故意的这样一个判断将导致恐惧、愤怒、生气、怨恨……

［且］同样的判断会影响关于我将来对你采取何种自愿行为的慎思……这就是人类社会中人性的实际样态，而且好像我们还没有能力来改变它（第 182-183 页）。

对上述几组言论的反思，会预先阻止许多有关"语言"哲学或法理学的肤浅看法。哈特不仅没有为语言而考察语言，而且考察的是语言"在此处"可能"有效标示"但人们认为语言在其他语境中可能误导性地标示或无法标示的"事实上的区别"。哈特直接言及人性的以下特征：（1）"常人的经验"；（2）他"看待"/"解释"或"判断"自己和其他人的那些行为的方式；（3）那些判断"会引起"的各种回应（"非自愿的"，第 183 页）；以及（4）基于"慎思"的判断——那些行为对于针对行为人采取"将来自愿行动"之"意义"的判断——范围。对"经验"一词的使用或许（但也或许不）比在前述句子中的使用更宽泛，我们可以说，哈特正在用一种全面的（尽管未经强调的）经验哲学来吸引我们，并且直接诉诸我们自己的个体经验进行求证。作为对已使哲学和法理学陷入麻烦的严格的教条主义者（Procrustean doctrinaires）的反驳，对语言的关注有益地促进了人们对语言使用者的关注，以及对建立在他们语言的使用基础之上全部经验的关注。

在这项事业中，哈特受助于（并帮助了他的读者）体现在法律中丰富反思的关注。因为法律人正在努力地贴近生动而平凡的事件和行为，同时必须共用一套对那些事件和行为的普遍可理解的审慎评估标准。因此，"经验"和"学说"都要受到持续的改善和控制。偏差（aberration）当然是可能的。但是，在几乎每一个问题上，哈特都认为合适的做法是：引导"理论"回归到至少在法院的实践——如果不总是解释——中已经接受的学说。哈特可能认同阿奎那的如下建议，即普通法法律人，作为一个整体，应该从亚里士多德的格言中获益："我们应该注意已有的论证，也应以同样的程度注意有经验的长者和具有实践智慧之人未经论证的说法和见解；因为经验已经赋予他们看清人类事务的慧眼"（*NE* 1143b11 ［*ST* I-II q. 95 a. 2 ad 4］）。

但是，哈特在探索人类经验和本性的道路上是否走得足够远？我认为不够。鉴于西方文明的时间之流里学说的盛衰荣枯感在全书体现得如此强烈，不妨先从考察哈特对文明的古典起源的引用入手，以此切入正题。这些引用是关于柏拉图的——确切地说，因为西方人的灵魂的经验范围在柏拉图那里被勾勒得如此完整并富有影响力。哈特认为，正如我们前面注意到的那样，柏拉图——

> 认为回顾过去并探究责任问题或犯罪的前科是一种迷信，除非这样做可能阐明了矫正罪犯所需要的东西（第51-52、163页）。

主要的引用是《普罗塔戈拉》324。当读者们发现该处表达的观点是普罗塔戈拉这个诡辩家的观点时，他们会感到些许的疑虑：鉴于苏格拉底整篇对话中都在强调普罗塔戈拉关于美德可教性的观点之不完整且不充分的基础。另一处引用是《法义》861、865；但这两处正是柏拉图于其中努力构建一种先前未经阐述的学说，即非自愿的伤害不属于错误（wrongs）的那些段落。而且雅典异方人设想的作为人类惩罚目的的"治愈"，绝不是现代改革者提出的"矫正"；对某些罪犯而言，最重要的治愈是死亡：《法义》855、957。此外，人定法的序言是要表述"真正的原理"，即罪犯死后在阴间会按照他生前所为受到自然的处罚（natural penalty）：《法义》870、872、905。《王制》《高尔吉亚篇》《斐多篇》伟大的末世论，确实强调了惩罚的宣泄目的和威慑目的。但给这一切蒙上阴影的只是它们通过奖励有生之年受苦受难的公正之人，并惩罚可能在某种层面已经功成名就的邪恶之人来恢复秩序的戏剧性情节。尽管基督教通过消除循环（cycles）和转生轮回的神话突显了这种报应功能，但仍然能够自信地采用柏拉图的以下格言：绝不以伤害为目的施加惩罚（《法义》854），以及已经做了的事情是无法取消的（《法义》934）。因为基督教保留了普罗塔戈拉未曾提及的基本的柏拉图式的经验：由犯罪所带来的失序的体验，在犯罪者灵魂中的失序，以及犯罪者与社会（或宇宙或上帝）之间关系的失序；以及这样一种意识，即尽管这种失序本身不能被消除，但在适当的时候（对柏拉图而言是生命轮回之时，对基督教而言是超越时间的最后审判时刻）能够被一种支配一切的正义秩序所吸收。所有这一切，尽管并非不兼容改革者对犯罪者灵魂中由犯罪所揭示的失序的兴趣，但与后者完全不同。

　　此处之所以提及这些先验的报应观念，是因为它们揭示了普通人对灵魂和社会中的秩序、失序和秩序之恢复——均从时间的角度来看——的更世俗的感觉所共享的某些特征。因为犯罪者及其同胞的过去、现在和未来被视为一个整体，而且，如果出于没有充分理由而未对犯罪者的处境作出任何调整以回应犯罪，那么，这一整体就会被认为是无序的（更不用说威慑和革新了）。每一个关心正义的人都承认，公平份额是根据可获得的全部（价值和非价值的集合）以及该全部对其可得的整体（人的集合）来评估的。报应性正义只是从时间的另一个维度理解整体；当人们以诸如功绩、奖赏、应得、赞扬、责备、感激、悔恨等术语评估公平、正义或正确性时，当人们共享不义之人普遍意义上失序的繁荣时，他们也从时间的另一个维度理解整体。

　　此外，哈特试图否认报应可以成为惩罚的正当目标。那不是哈特缺乏或忽视秩序、失序和恢复秩序的经验。相反，他在《法律的概念》中已经给了我们一种关于以下内容的优雅说明：正义的秩序（由"对等的权利和义务结构"所创造的"一种人为的平等"）；不是由所有的伤害而是由"肆意地"、故意地或疏忽地造成的伤害而引起的失序；秩序的恢复，例如通过不当行为人向受害者偿还某种东西，某种与其通过自己"纵容"想要伤害的"愿望"、以受害者"损失"为代价获得（"并非字面意义"）的"益处"相当的东西，来恢复秩序（第160-161页）。事实上，支付"从违反法律中获得的某种满足的代价"这一概念在《惩罚与责任》中一再出现（第47、23、130页）。哈特辩护以下理论时使用了这一概念：惩罚分配中的正义，要求惩罚在以下意义上是报应性的，即只有自愿的违法者才应受到惩罚。他从未解释的是，为什么通过让犯罪者为其放纵伤害愿望、将自己的意志置于社会意志之前而非法获得的满足（ill-gotten satisfactions）——其守法的同胞已经自我拒绝的满足——付出代价、恢复正义的秩序不应是惩罚的一个目标。〔此外，哈特没有解释为什么惩罚应当只有一个目标，而不是多个：关于他在定义、一般正当性目标（General Justifying Aim）（单数）与分配（Distribution）之间的区分,有着某种令人起疑的严格。]另外,人们可能会问:为什么哈特的功利主义的一般正当性目标不应包括报应,被理解为对公民之间公平秩序之恢复的报应?因为那个目标是"对社会有益的结果";但是,应当在公民之间维持一种持续可调的公平秩序,以便使人们不能逍遥法外地享受那些非法获得的"满足"(此处保留了一个或许有待批评的术语),以便对社会生活之益处的享有是以参与社会游戏的意愿为条件并与该意愿成比例,这难道不是社会之善的必要组成部分吗?(我们可能同意哈特的这一观点,即"在邪恶与某种程度或种类的惩罚之间,不存在值得注意的自然关系"。但这不是一个现代洞见。亚里士多德和阿奎那都坚持认为,虽然犯罪应受惩罚是自然法的一项原则,但是并不存在自然的惩罚措施;惩罚的程度和种类,事实上是什么留给了纯粹实证法的一个传统惯用的例子:*NE* 1134b22;*ST* I-II, q.95, a.2c.)

如果前述评论中"经验"一词的使用在哲学上可能有些令人不安,那么,人们至少应该注意到,哈特的技术性注释(technical apparatus)中存在类似的问题。我们已经注意到,描述人类行为和对人类行为的实践反应时,哈特采用了这样一些术语,诸如"经验""诠释""意义"等;言及正义时,他通常谈论其"原则"。但是,谈及报应(作为惩罚的一个目标)时,他经常使用的术语是"理论"(有时用引号将之括起来,或许是作为一种不安的标志)。经验、诠释、原则和理论,这些术语之间到底是什么关系?(更不要说哈特十分倚重的"我们大多数人共享的信念"——或许是另一个留意"未经证实的说法……"的例子?)哈特说,"绝对论者[报应主义者]必须公开其关于惩罚的真正的道德基础的主张,以便人们检验和接受他的主张"(第75页)。但这是一种命运,没有道德学家在他的"各种主张"的陈述中能够逃脱的命运。然而,人们可能怀疑,一种成熟的伦理认识论是否会保留"公开各种主张"以待"检验和接受"那些奇怪的外部概念。

我认为对哈特而言,报应作为惩罚的一种目标是"纯粹的"理论,这一点至少是清楚的;他的这些论文几乎没有传达任何经验、任何可以恰当地以这种强意义上的"报应"进行标记的经验。他对于"报应理论"的表述,即使在最后一篇论文作专门讨论的那几页里，也总是尤其干瘪、简短且无所助益：通常他提到的不过是"对自愿实施的道德上罪恶的行为报以痛苦"（第231页），或"伤害他人的邪恶行为本身就需要惩罚"的理论（第234页；比较第8、52、81、165页）。"罪恶"和"邪恶"这些一再重复的术语设法使该"理论"听起来遥远又古老。他对这一理论缺乏变化的表述方式，与我们在他反驳边沁的论述中注意到的丰富表述方式形成鲜明对比。很容易看出，什么已被哈特内化为自己的以及什么始终是外在于他的，西方文化包袱中的一个小物件，尽管需要以不寻常的绅士方式待之，但最终没有获得同情。

最后，我们必须指出早期遗留下来的未经重构的功利主义残余（我们难道不能这样说吗?）。在这些残余中，值得注意的是根据痛苦和快乐对惩罚所下的定义（第4页）；这个定义损害了后文关于反驳报应作为一项正当化目标之可能性的正当理由的所有论述，因为惩罚的报应性说明倾向于将惩罚定义为对任性意志的制服（subjection of wayward will），或对社会生活之益处的否定。另一处残余是讨论"天主教双重效果原则"时，对"行为"和"结果"或"后果"之间未经审查的区分（第122-124页）。如果我们考虑哈特对惩罚与责任的古典理论那些引人注目的——如果不是完全成功的——反思（我们难道不能这样说吗?），这些残余将更加明显。

第 11 篇
报应的复归[*]

161 在《关于报应主义的三个错误》("Three Mistakes About Retributivism") 一文中，杰弗里·墨菲 (Jeffrie G. Murphy) 认为，报应主义者的主张即犯罪应受惩罚，未必一定要作为一种凭直觉感知的、原始的和未经分析的观点 (proposition) 之断言，也可以作为政治义务之一般理论的一种具体应用，或其中的一个原理。因此，如果政治义务是基于共享社会生活的负担和益处方面的互惠或公平的正义，那么，犯罪可能被分析为获得（或使自己处于可以获得这种优势的有利地位；墨菲对此是不明确的）一种优势、一种相对那些尽管不想遵守但仍自愿遵守法律的人的不公平的优势；而惩罚可能被分析为某种尝试、某种"通过确保犯罪行为无利可图而在益处和服从之间维持适当平衡"的尝试（第166页）；公民之间的一般公平原则于是证立了对犯罪的惩罚。

这种观点显然优越于诉诸未经分析的"应报"(desert)。如果某些晦涩不明得以澄清，又如果它远离一种严格的康德哲学的背景，那么，这种观点可能会进一步得到加强。

正如我已附带暗示的那样，墨菲关于犯罪者**如何**从犯罪中获益的阐述是模糊的。墨菲说："如果一个人的确从自己的不法行为中、从他的不服从 (disobedience) 中获益，那么，这是**不公平或不公正**的，不只对他的受害者**不公平或不公正**，而且对所有那些一直服从的人也**不公平或不公正**"（第167页）。这一表述方式引发了如下问题：**什么时候**犯罪者不公平地获益了？在犯罪的时刻吗（这种情况下，惩罚与其说是在益处和服从之间**维持**一种恰当

---

[*] 1972a.

的平衡，不如说是在**恢复**一种被打破的平衡可能更准确)？或是在获准免于偿还墨菲谓之（第168页）"某些种类的犯罪的生命和劳动力成本"的时刻？墨菲或许支持后一种观点，因为他言及首先计算犯罪的这些成本，然后计算"惩罚的成本"，"以便报应能够被理解为**阻止犯罪者获益**"（第168页，强调为作者补充）——好像不公平的获益源于未能作出赔偿且对此有过错（当然，不是对受害者的赔偿——对受害者的赔偿完全是另一回事，而是对"所有那些一直服从的"人的赔偿）。后一种观点或多或少是这样一种观点，即报应主义是一种道德结算理论（a theory of moral accounting）与——正如威廉·涅尔（William Kneale）已经主张的那样——"把所有道德义务都同化为借款人承担的义务的尝试"相关联。[1] 而且这样一种尝试完全不合理。

如果我们比墨菲走得更远，并且有以下认知，那么，这些关于犯罪者获益的性质和场合的模糊之处就能够得到澄清：

（1）犯罪者通过实施犯罪行为获得的东西（不管非法所得——如果存在——的数量和性质，甚至更不用说其整体目的是否达成）是放纵（不法的）自我偏好的优势，是让自己享有选择上的过度自由的优势——这种优势（行使一种更广泛的自由的优势，以及按照自己的品味而行为的优势：为避免任何深奥"学说"的建议，我使用多样的表述方式）正是其守法的同胞选择使自己的意志（习惯和选择）在符合法律的范围内丧失的东西，即使他们原本"更喜欢"不合乎法律的选择。

（2）这种优势在犯罪之时获得，因为/并且只要犯罪是（因为实际上不可能是导致**在法律**上对"犯罪人"罪行进行正确认定的所有或很多表现）对自我意志的一种自由且"负责任的"行使；获得这种优势的不正当性是惩罚主义者对罪犯"罪行"的谈论中提及的具体相关的道德败坏；而且这种优势是不可能失去的优势，除非并直到——

（3）犯罪者具有劣势：在整个惩罚过程中，使其任性的意志因受制于有代表性的"社会意志"（他无视法律时无视的"意志"）而在其自由方面受

---

[1] Kneale, "The Responsibility of Criminals".

到限制；由此，从形式上讲，惩罚的界定不是依据痛苦的施加（也不是依据监禁），而是依据对意志的征服（这种对意志的影响通常但不一定通过对社会生活的好处和优势的剥夺而产生：强制犯罪人从事某种其本不会选择去做的有用工作，就满足这个定义）。

163 对犯罪和报应性惩罚之间关系的这种说明，比之康德的说明，既年轻又古老。这种说明的主要元素隐含于 H. L. A. 哈特在《法律的概念》（1961）一书对恢复性正义的说明之中，而后者可能呈现为对以下内容的一种说明：（1）正义的秩序（即由"相应的权利和义务结构"所创造的"人为的平等"）；（2）"肆意、故意或疏忽"造成的伤害（而非所有的伤害）引起的失序；（3）秩序的恢复，通过例如偿还受害者某种东西，某种因不法行为人"放纵其"伤害的"愿望"，或因其"拒绝牺牲自己的舒适来履行采取适当的预防措施的义务"而以受害者的"损失"为代价获得的"益处"相等值的东西（"非字面意思"）。[2] 事实上，付出"通过违法获得的某种满足的代价"这一概念在哈特的论文集《惩罚与责任》（1968）中反复出现。[3] 但是，在《法律的概念》一书中，哈特没有承认应当恢复平等关系的不仅仅是受害者与不法行为人：不法行为人获得的"满足"不仅是一种相对于受害者的优势，也是相对于所有那些本可能成为违法者却克制了自己的人的优势。这一点，哈特在《惩罚与责任》一书的第 131 页予以部分地承认，彼时他着重指出对犯罪未遂（unsuccessful attempts to commit crime）的惩罚：

> 人们指出，在某些情形下，成功地实施一项犯罪可能是满足感的一种来源，比如取得实际收益的一次盗窃，而在这些情形中：更严厉地惩罚成功的罪犯，可能是剥夺他这些非法满足的一种方式，而这些非法的满足是犯罪未遂的罪犯从未有过的。

我们必须再次指出哈特没有观察到的东西：从未有过"这些非法满足"的，不只是犯罪未遂的罪犯，还包括所有的守法者。然而，最奇怪的是，哈

---

[2] *CL* 160–1（*CL*² 165）.

[3] *Punishment and Responsibility*, 47（and cf. 23, 130）.

特应把"不应允许恶人通过他们的犯罪获益"这样一项原则描述为"对惩罚理论的一个值得一提的补充"——这项原则无疑一直是人们对作为犯罪的一种**回应**的惩罚的正当性确信的根源,而墨菲试图在哲学论争中恢复其昔日荣光则正确无疑。

对报应的一种最近的(且片面和犹疑的)说明就到此为止。更早的时候,在《神学大全》I-II q. 87 a. 6 中,阿奎那提出了这样一个问题:假设罪犯不想再次参与犯罪,惩罚的责任在犯罪活动结束之后是否应当持续。异议者被唆使着提议,正如亚里士多德曾说的那样,所有惩罚都是治疗用的,而且这样的犯罪人根本不需要治疗。阿奎那如是回答(我稍微精简了他的评论):

> 犯罪活动使一个人应受惩罚 [*reum poenae*],在其违反了正义的秩序 [*ordinem justitiae*] 的限度内。除了通过某种惩罚性的赔偿措施 [*per quandam recompensationem poenae*] 把 [他] 带回 [到] 正义的平等 [*aequalitatem justitiae*],否则他无法回到那种秩序之中;任何通过违反法律而纵容其意志超出其应当程度的人 [*plus voluntati suae indulsit quam debuit*],都应要么他出于自愿,要么在未经其同意的情况下遭受某种与其意志内容相反的东西——以便正义的平等由此可能得以恢复 [*reintegretur*]。

此外,这种公平秩序的恢复给惩罚提供了意义和正当性证明,即便是对所讨论的这种"洗心革面的"犯罪人的惩罚也是一样。

根据这种观点,正如由那些对我在上文已经提供的墨菲观点的澄清所详述的,我们可以说,恢复公民间优势和劣势的公平分配是惩罚的**一种目标**(而这正是哈特在《惩罚与责任》一书中着力否定的)。当然,犯罪及其引起的伤害从来都不可能像**没有发生过一样**。但是,通过对犯罪人相对于其同胞之地位的一种调整——一种在特定的相关方面的调整,即通过剥夺他不法地(但必然获益地)放纵自我偏好的倾向,这种由现在已成为过去的犯罪所破坏的公平的分配(或平衡或秩序)可以被归入一种新秩序,以便在社会生活中花上一段时间而非一时片刻，长期的公平秩序便得以维护（通过革新）。诚然，若公平的秩序从未遭到破坏就是更好的；但情况往往是，在一段时期的末尾，一个人应当能够回顾**整个**时期并认为，由于回应罪犯对那种秩序的破坏而作出的种种调整，所以没有人因试图严格按照那种基本的公平秩序生活而一直（把那段时期视为一个整体）不公平地处于劣势当中。惩罚是前瞻性或关涉未来的（尽管这种前瞻性或关涉未来的属性不是在"功利主义的"意义上而言），因为**在相关时期内**，惩罚的施加考虑到从该时期末尾的有利角度出发将来的后向性审查（future backward-looking scrutiny）。

最后，对康德而言，报应既是一种无条件的、绝对的命令，又是一种同**态复仇法**（lex talionis），要求以眼还眼、以牙还牙。而墨菲认为"惩罚的报应理论坚持认为，犯罪人之罪责使之应受惩罚，不论是否符合社会功利的种种考虑"（无视"不论"这一用语的模棱两可性）（第166页）。但是，在例如以阿奎那为代表的古典且更标准的观点看来，尽管犯罪人通常应受惩罚是显见的，但是，有关时间、地点、环境和程度等诸多问题都是纯粹实证法的问题，而且不可能由抽象的道德推理确定。（参见，例如《神学大全》I–II q. 95 a. 2.）这种立场似乎比康德的立场更合理。因为尽管公平是整体社会善（the overall social good）的一个组成部分，但也只是一个组成部分，故仅仅为了确保审慎地加以恢复的公平秩序而牺牲重要的社会诸善会是愚蠢的。事实上，如果不惩罚犯罪人对守法公民是不公平的，那么，当惩罚显见地会导致更多的犯罪、由犯罪人带来的更多的不公平以及对守法公民的更多的危险和劣势的时候，惩罚他们对守法公民就更不公平。因此，尽管对公平秩序的报应性恢复是惩罚最具体且最本质的目标，但是，在决定惩罚的形式和程度的实践意义上，却不一定是最重要的目标。

简言之，尽管哈特满足于认为**惩罚无辜者是不公平的**，以及在康德热衷于坚称**不惩罚有罪者是错误的**，我们却应当说，主张**不致力于惩罚有罪者是不公平的**（或在其他条件相同的情况下，不惩罚有罪者是不公平的）从道德上说更合理（且更代表西方常识），但这种公平不是政治义务的唯一基础，因此没必要不顾后果地去追求。这种对惩罚（不同于其他的社会制度和实践，如对敌国侨民和精神病患者的监禁）目标的说明，解释了为什么**惩罚**无辜者、精神失常者、婴儿以及那些"责任［能力］减损"的人[4]是不公平的，即使基于其他理由和其他目的对这些人施以强制性限制可能是正确的。原因在于，如哈特的理论一样，任何否认报应是惩罚的一个正当目标的理论（即便断言惩罚的分配要受报应性原则的限制），都有一个主要弱点：鉴于（正如这一理论热衷于断言而我此处着重否认的）惩罚与其他强制性社会制度共享了同样排他的"功利主义的"目标，这样一种理论不能解释为什么报应性分配原则尽管在其他强制性社会制度中并不重要，但在惩罚中却如此重要。

注

⁺**能力责任减损**……（正文和第4个脚注）。《1957年自杀法案》第2节规定：

能力责任减损者如下：

（1）凡一个人杀害另一个人或参与杀害另一个人，若他当时正遭受精神异常（无论是否由被捕或心智发育迟缓，或任何遗传原因，或由疾病、伤害诱发等状况引起），而这种异常实质性地损害了他对其行凶杀人或参与杀人的作为和不作为负责的精神责任能力，则他不得被判处犯有谋杀罪。

（2）在被指控犯有谋杀罪的情况下，证明因本节之规定被指控之人不对被判犯有的谋杀罪负责，这一点将可用于抗辩。

（3）一个人，若不是本节规定就应当对被判处的谋杀罪（无论作为主犯或是从犯）负责的人，相反应当对被判处犯有的过失杀人罪承担责任。

第（1）条经过了《2009年验尸官和司法法》（Coroners and Justice Act 2009）

---

［4］ 比较《1957年自杀法案》（英国），第2节（旁注/标题）。⁺

的修订，结果，在"能力责任减损者"的同一标题下，修订后的内容如下：

第（1）条：一个人（"D"），他杀害或参与杀害了另一个人，如果 D 行为时患有精神功能异常，则他不得被判处犯有谋杀罪；这种精神功能异常——

（a）由一种可识别的医疗条件所引起；

（b）实质性地损害了 D 做第（1A）款中提及的一个或多个事项的能力；

（c）为 D 杀人或参与杀人的作为和不作为提供一种解释。

第（1A）款：那些事项如下：

（a）理解 D 的行为的性质；

（b）形成理性的判断；

（c）实施自我控制。

第（1B）款：为第（1）(c) 条之目的，精神功能异常为 D 的行为提供了一种解释，如果这种异常引起 D 实施那一行为，或在引起 D 实施那一行为时是一项重要的促成因素。

凡这种辩护适用之处，D 仍然对过失杀人罪负有刑事责任，而且英国法院采用的量刑指南认为，在某些情形下，D 为其行为保留这样的实质性责任，以致他可能受到惩罚性监禁（不是仅仅因为对公众构成危险或精神治疗而受到拘禁）：*Chambers*（1983）5 Cr App R（S）190. 我在正文提及能力责任减损时，忽略了这类情形。

第 12 篇
报应：惩罚的形成性目标[*]

I

弗里德里希·尼采在其《道德的谱系》(1887) 一书的核心章节所提供的对惩罚的说明，有助于解释为什么这位傲慢的、怀有恶意的[1]和深刻迷茫的思想家仍然被视为哲学谈话的参与者。他认为，需要区分惩罚问题的两个方面：

> 一是惩罚的相对**持久**的方面——习俗、法案、"戏剧"（the "drama"）、一系列严格的程序；二是惩罚的**流动变化**的方面——意义、目标以及与这些程序的实施相联系的期待。[2]

因此，情况并非"像我们那些天真的道德与法律的系谱学家们先前所假定的那样，这些天真的道德与法律的系谱学家们全都认为程序的**发明**就是以惩罚为目的……"[3] 相反，应当假定，"较之程序用作一种惩罚的手段，程序本身是更为古老、更为早期的东西……"[4] 因此，

> 事实上，"惩罚"这一概念在文化发展的某个非常晚的阶段

---

[*] 1999b.

[1] "self-assured intellectual malice which belongs to great health": Nietzsche, *On the Genealogy of Morals*, II. 24 at 76.

[2] *Ibid*., II. 13 at 60.

[3] *Ibid*.

[4] *Ibid*.

（比如今天的欧洲）不再表现为一个**单一的**含义，而是"诸意义"的合成物。迄今为止的整个惩罚史，一段以之实现各种不同目的的历史，最终凝结为一个难以解开、难以分析的整体，而且——必须强调的一点——根本**无法定义**。（现在，已经不可能准确说出，**为什么**人们要受到惩罚：所有以符号形式概括整个过程的概念都无法定义；能够加以定义的东西，只能是那些没有历史的东西。）[5]

此处，尼采一语道出社会理论的真正问题，即定义社会-历史概念（defining social-historical concepts）的问题——或者，更准确地说，超越历史上各种已有的术语（"符号"），赋予这些概念任何理论上的一般说明的问题。（在《自然法与自然权利》的头两页中，我给出了自己对于这个问题的说明，而该章的其余部分是我的回复——可见的是对诸如边沁、凯尔森、哈特和拉兹等法学家的回复，不可见的是对尼采这篇文章的回复，我在20世纪70年代早期讲授过这篇文章。[6]）尼采的讨论进而提供了一份清单，一份包含惩罚的以下11种"意义"或"意图"的清单，但还"远未穷尽"：消除伤害和进一步止损的方式；赔偿受害者；隔离并遏制破坏平衡的东西；对那些决定和实施破坏平衡的人逐步灌输畏惧的手段；"一种对罪犯先前［直到那个时点］享受的优势的抵消［补偿］形式（比如让罪犯去矿山做苦役）"；消除堕落的要素或分支；一种侵犯和羞辱敌人的庆祝活动；一种制造记忆的手段——无论是惩罚所施加（所谓的改造）的对象的记忆，或是惩罚的见证者的记忆；一种为了免受过度报复而支付的代价形式；一种与复仇精神的妥协；一种对被视为危险和背信弃义的敌人的宣战。[7]

这是一个相当不错的清单。但尼采有更重要的事去做，那就是弄清楚道德本身的谱系，尤其是良知和一个人的负罪"感觉"或意识的谱系。尼采认为，惩罚本身通常并不引起负罪感或良知谴责——实际上，在典型意义和

---

[5] *Ibid.*

[6] ［关于该章的各种意图，亦参见2008d，第1节；同上，第2节重访了对尼采的这一讨论。］

[7] *On the Genealogy of Morals*, II. 13 at 61.

历史意义上，惩罚阻碍或曾经阻碍负罪感的发展，[8]而且它在起源上和应报或责任毫无关系。相反，它起源于以物物交换和销售为蓝本的等价概念。犯罪人是债务人，受损的债权人收到对以下这种形式的快乐的补偿，即"能够毫不犹豫地把他的权力（power）发泄在没有权力的人身上的快乐……侵犯[强奸；行凶]的快乐"。[9]但随着共同体逐渐变得强大，它不再把犯罪看得如此严重，并开始保护犯罪者免遭民众的愤慨及其伤害之人的暴怒。[10]这样，我们就得到了尼采关于良知起源的"假设"，该假设首先出现在"良知谴责"或负罪（第二部分，16）但从根本上说是良知本身（第二部分，22）这一部分。在这个假设中，我们看见了试图把良知解释为克制、死亡的愿望、本能等的升华或产物的弗洛伊德精神分析法的、[11]社会-生物学的以及无数其他还原论的尝试的前身。

> 我认为良知谴责是一种重病，在人所经历的所有变革中，那场最深刻的变革带给人的压力必然使其罹患此症——彼时人最终发现自己已禁锢在社会与和平的魔咒之中……一切不向外发泄的本能都**转而向内**——我称其为人的**内向化**（the internalization of man）：正是在这一点上，后来谓之"灵魂"的东西才首先在人的身上滋生……那些被国家机构用来保护自己免受古老的自由本能侵害的可怕屏障——惩罚乃是这些屏障中最主要的部分——引起野蛮的、自由的与散漫之人的所有那些本能都趋向倒退，转而**反对人自己**。敌意、残忍、迫害、攻击、改变和破坏的意愿——所有这一切都转而反对这些本能的拥有者：**这**就是"良知谴责"的起源。人，由于缺少外在的敌人和反抗，而且自己也被束缚在一种令人压抑的狭隘且普通的道德中的人，开始不耐烦地流泪、迫害自己、啃噬自己、吓唬自

---

[8] *Ibid.*, II. 14 at 62.
[9] *Ibid.*, II. 5 at 46.
[10] *Ibid.*, II. 10.
[11] 参见 Jones, *The Life and Work of Sigmund Freud*, 596，总结了弗洛伊德在 *Civilization and Its Discontents* (1930) 一书中的命题。

己、虐待自己，这只人们希望"驯服"的野兽，猛烈撞击着笼子栏杆，把自己撞击得遍体鳞伤，这个一无所有的家伙，这个因怀念自己的荒漠家园而备受折磨的家伙，他别无选择，只能将自己转化为一场冒险、一座刑房、一片动荡不安且危机四伏的荒野——于是，这个傻瓜，这个充满渴望和绝望的囚徒变成了"良知谴责"的发明人。[12]

简言之：良知谴责，也就是说，经由对自己过去行为作出负面判断的一个人的良知，是"自我虐待的意志"，[13] "自我折磨的意志，那种已被撵回自身的、内向化的兽人受到的压迫的残酷，那种被禁锢在'国家'中"——最初被禁锢于"某个金发的食肉动物［金发野兽］的部落，某个征服者和主人的种族"（尼采对"征服者和主人"的赞赏是不加掩饰的）手上[14]——"的人受到的压迫的残酷"——"为了被驯服，那个人在制造痛苦的欲望**更为自然**的出口被阻塞后，为了自己给自己制造痛苦而发明了良知谴责……"[15] 等等。因此，我们说尼采在这种对他的"假设"阐述的末尾，一直在"一劳永逸地处理'神圣上帝'（holy God）的起源"，通过"神圣上帝"，他既意指良知（康德谓之我们神圣的主），又意指上帝，那个受折磨的"悲伤的、疯癫的兽人"的另一种升华和投影。[16]

在数页篇幅之内，尼采已经转向他的《道德的谱系》一书的第三部分，也即最后一部分。在这一部分，他把他的反思连同他的修辞一起推向了自我无效的结论（self-stultifying conclusion）或僵局中。求真的意志（the will to be truthful）、寻求并坚持真理的意志，本身就成了那种疾病即良知的产物。良知是一种疾病以及上帝——真理价值的唯一基础——是不存在的这些真理，因而对求真的意志、真理之价值以及求真的价值都提出了质疑，致使它们成了有

---

[12] *On the Genealogy of Morals*, II. 16 at 64–5.
[13] *Ibid.*, II. 18 at 68.
[14] *Ibid.*, II. 17 at 66.
[15] *Ibid.*, II. 22 at 72.
[16] *Ibid.*, II. 22 at 73.

问题的："通过实验，真理的价值应当马上**受到质疑**……"[17] 尼采"通过实验"的短语最终揭示了他思想的轻浮、浅薄的特征，或他的任意断言和否认将其所驱入的僵局之深。但他并不否认，实际上他在这个关键之处承认，良知的"核心"[18]事实上在于求真的意志、求符合实际的意志。[19]

逃离尼采书房陈腐的空气再好不过。该书——一本你可以看到其魅力感染了当今大学校园里很多人（例如，这在1997年哈佛大学法学院波斯纳法官举办的霍姆斯讲座中是十分明显的）[20]的书——的这一部分，以尼采一部早期作品的引文开头：

> 漠不关心［无忧无虑的］、目空一切［嘲讽的］、强壮有力——这就是智慧要求**我们**成为的样子（或因此智慧想要**我们**成为的样子）：智慧是个女人，她永远只爱斗士（a warrior）。[21]

此处"斗士"一词有助于尼采为其对强奸的赞赏（以及他关于自相矛盾的好斗、那种激发了上述引文的好斗的钦佩）增添光彩。为了从尼采的研究中脱离出来，让我们考虑现实中的士兵所实施的一起真实的强奸案例。丹尼尔·朗（Daniel Lang）于1969年发表了一份详细报导，详细描述了1966年11月在南越中部192岭（与军方对它的定名相同）几名士兵对一名妇女实施的一种暴力行为。[22] 这一报导是从巡逻队五名士兵中的一名士兵的视角

---

[17] *Ibid.*, III. 24 at 128. Also at 126：这些严酷的、严格的、节制的、英雄的人……这些苍白的无神论者、反基督主义者、非道德主义者、虚无主义者……今天只有在他们身上还残留着、活跃着理智的良知……这些人还远非什么**自由**意志者：**因为他们仍然相信真理！**……此处尼采将他自己与"那个不可战胜的阿萨辛派教团，那是一个**真正的**自由精神的教团"的最高级**秘密**联系在一起，这**秘密**就是，"什么都不是真的，一切都是允许的"。他称这为一个有着"错综复杂**结果**"的"命题"（真的？假的？）（同上），且当他说如下这些话时，他心中所想的似乎也是这一点，III. 27 at 135："在这求真意志意识到自己的存在之际，道德开始走向**毁灭**，即道德开始"意识到自身作为一个**问题**"；且"对欧洲而言，在接下来的两千年里，那出伟大的百幕戏剧将会得到保留，那将是所有戏剧中最恐怖、最可疑或许也最富有希望的戏剧……"

[18] *Ibid.*, III. 27 at 134.

[19] *Ibid.*, at 134–5.

[20] Posner, "The Problematics of Moral and Legal Theory".

[21] Nietzsche, "What is the Meaning of Ascetic Ideals?", in *On the Genealogy of Morals* at 77.

[22] Lang, *Casualties of War*.

来讲述的，该巡逻队的队长——梅泽夫（Meserve）中士当时事先决定掳掠一名年轻的村妇潘施茅（Phan Thi Mao），用她这个双手被反绑着的女人来性交，之后杀了她并藏匿了尸体。除一个人之外，所有人都参与了强奸或谋杀或强奸兼谋杀。这个没有参与的人就是士兵埃里克森（Eriksson）；置身现场的埃里克森当时就意识到"除非他自愿毫无保留地说出，否则潘施茅死亡的事实会一直是个秘密"。[23] 返回基地后，他向长官们汇报了这起犯罪，这些长官最终，然而不甚情愿地指控其他四人犯有强奸和谋杀罪。但是，各种障碍、各种延迟以及埃里克森在起诉过程中所冒复仇风险的种种警告如此严峻，以致他所能依赖的只有被人们获悉和承认的真相的重要性，进而能依赖的是军队中其长官们的良知和司法系统。在审判中，证人和被告两者都对能够打仗的可用的士兵应当受审表示怀疑，尽管原则上无人否认诸如强奸和谋杀等犯罪应受惩罚。

在《路加福音》23：39-41 中，我们读到如下一段话：

> 那两个被钉［在十字架上］的罪犯，其中一个不停地讥诮耶稣说："你不是弥赛亚吗？救救你自己和我们吧！"另一个人应声责备他说："你既是一样受刑的，还不怕神么？我们事实上已被公正地宣告有罪，因我们所受的，与我们所作的相称，但这个人没有做过一件不好的事。"

尼采坚持认为，这种对有罪的承认以及相伴随的对惩罚正义性的认可，都纯粹是一种疾病，一种在某种程度上遗传自更早世代的自我伤害的奴隶和傻瓜的纯粹疾病。如此认为正确吗？

我们应当把尼采的良知与道德的谱系视为事实上的、历史上的，远非基于证据。但是，即使该谱系以证据为基础比其当前的情况要好得多，我们也应牢记并接受尼采自己的如下认识——尽管他在这里的承认对他自己的规划是颠覆性的——

---

[23] *Ibid*., 54.

在某事物开始存在的原因与该事物的最终用途、该事物的实际应用及其与一个目标体系的融合之间，有着天壤之别。[24]

像我们通常的欲望和厌恶一样，我们的反应性倾向很可能在本质上受到我们的理解、我们对于所有人共有的机遇和裨益以及相应的缺乏和损失的理解和推理能力的调整和引导。我们的反应本能，即使它们内在于我们的智识能力、我们的意志，它们也仍然能够且——为了真理之故——应当融入灵魂这种本质性的秩序中，这是所有社会人与人之间所有本质的、得体的秩序来源。

那么，在无论情感和困惑有着怎样混合的情况下，那种仍然为悔过的罪人和目击了其战友在192岭所犯罪行的士兵埃里克森，所真正理解的东西，是什么呢？

II

真正使我受益的东西的内在价值，在任何的确分享或能够分享那种益处的其他人的生命中，有着同样的价值。这一真理和我们对它的初步理解是所有人类共同体的直接来源，比任何同情的情感或休戚与共的次理性本能都更具决定性。这些情感和本能恰当地支持并激励着一个人在智识上把握这一真理，即每一种人类善都是一种共同善，但是它们也必须与那些为尼采所珍视的相互对立的自我放纵和骄傲的情感或倾向相竞争。我们的实践知识，我们对那些可理解的机运和益处的理解，正是我们考虑如何选择和行动时能够并因此——为了真理和友谊的缘故——应当发挥决定性作用的东西。我们谈论良知时，我们想到的是在我们的慎思中、在我们对我们过去的选择和作为或不作为的反思中，如下这一判断的主导地位：关于什么是真正值得且应当被追求，或被实施，或加以避免的**判断**。

尼采宣称，一代代残忍惩罚的施加之所以为人类所需要，是为了在人类

---

[24] *On the Genealogy of Morals*, II. 12 at 57.

中创造所需的**记忆**，以使人们认真对待自己的承诺或承认其"罪恶"或责任。[25] 但是，尼采完全没有证据，如此自由直率断言的内容应当被直率地否定。记忆的缺失不是阻碍或曾经阻碍承认一个人的允诺的强制性，或其赔偿或补偿之义务的强制性（obligatoriness）。它至多是，通过抵偿关注一个人自己的利益并追求其从现在到未来的倾向等种种欲望，或者可能通过对抗那些鼓励对群体外人士之利益漠然置之的习俗，对某种记忆的遮盖，对某种稳定的意愿、忠诚、责任和悔恨的推翻。我们复杂天性的深刻统一体即个体的人的一部分，是一个人将自己识别为这样一种存在的能力：从这种主张的一种目的到另一种目的、从整个选择慎思的开端到实施选择并享有一个人最初预想的益处（或遗憾未能实现其目的）的持续存在。人们也可以毫不费力地回忆和识别出自己的父母，其他人已经作出而且某人已经信赖或考虑信赖的承诺，他们已对他人造成的伤害，已经形成或维护或破坏的关系，已经完成而现在要求支付报酬的工作。

因此，士兵埃里克森和悔改的罪犯（"诚实的小偷"）首先是诚实的：诚实地对待过去，以及诚实地对待一个人如何因过去所做之事与另一个人或他人关联起来。强调这一点的同时，我并不承认报应像人们常说的那样，是"纯粹后向性的"。惩罚的报应性形塑目的（the retributive shaping point of punishment），像惩罚可能适于的其他目的一样，是前瞻性的（forward-looking）。阿奎那经常谈论的惩罚的"治疗性"或"疗愈性"目的，在他的设想中是**包括**惩罚的报应目的的。在圣托马斯的术语和《天主教教义问答》的用语之间，此处存在一个显著区别。教义问答采用的术语"治疗的"专指惩罚可能的作为革新的价值："最终，惩罚具有一种治疗性价值；它应当尽可能地有助于犯罪者的矫治。"[26] 但是，当阿奎那谈及惩罚的治疗性功能时，他心中所想的不仅是革新、威慑、克制以及朝向正派行为的强制性劝诱，还包括教义问答所称的主要功能：对犯罪所引起的失序加以恢复平衡。为什么是这种治

---

[25] *Ibid.*, II. 1-3.

[26] *CCC*, para. 2266.

疗的、有功效的疗法呢？因为它是对一种失序——确切地说是一种不公正的不平等——的疗愈，而这种失序是由不法行为人的犯罪的选择和行为引入整个共同体中的。

为了理解这一点，有必要搁置由尼采也是由边沁、哈特和无数其他理论家都太过随意作出的假定，即惩罚的本质是施加**痛苦**。[27] 在感觉、知觉和情感等层面表述惩罚，会有效阻碍人们获得对惩罚的真正要旨和作用的全部理解；而惩罚的真正要旨和作用是在意志层面上讲的，即在一个人对其所**理解**的**可理解的**诸善的回应性层面上。

正如阿奎那清晰且经常解释的那样，诸惩罚的本质是它们使犯罪者遭受某种**与他们的意志相悖**的事情——某种**违反自愿的**（contra voluntatem）事情。[28] 这一点，而不是痛苦，是惩罚的本质。为什么？因为犯罪的本质是，犯罪者在他们的不法行为中，"受他们的意志的驱使程度超出了他们所应当的程度"[29]"过度跟随他们自己的意志"[30]"给予他们自己的偏好过多分量"[31]——判断是否过度的尺度是维护和促进共同善的相关法律或道德规

---

[27] 参见哈特《惩罚与责任》，第4页："我将用五项要素来界定'惩罚'的标准或核心情形：（1）惩罚必须包含痛苦或通常被认为不快的其他后果……"此处值得一提的是，痛苦的法语单词是 douleur 而不是 peine（惩罚的法语单词），就像痛苦的拉丁语是 dolor 而不是 poena（惩罚）。

[28] *Sent.* II d. 42 q. 1 a. 2c；*ST* I-II q. 46 a. 6 ad 2："惩罚的本质是要违反其愿意"（"est de ratione poenae quod sit contraria voluntati"）；类似地还有 I q. 48 a. 5c；I-II q. 87 a. 2c and a. 6c；*ScG* III, c. 140 n. 5 [3149]. 尽管如此，根据人们自己的说明或代表其朋友的说明，惩罚能够被自愿且自由地（libenter）承受或接受：*Sent.* IV d. 21 q. 1 a. 1 sol. 4c. 参见 *Aquinas* 212.

[29] *ST* I-II q. 87 a. 6c 他们的意志超越了授予他们的范围（plus voluntati suae indulsit quam debuit）；III q. 86 a. 4c（same）；《与歌手安提阿哥的信仰相关》（De Rationibus Fidei ad Cantorem Antiochum） c. 7 [998]（same）.

[30] *ST* II-II q. 108 a. 4c 犯罪是追随其自身意志的（peccando nimis secutus est suam voluntatem）.

[31]《致雷吉纳多兄弟的神学纲要》（Compendium Theologiae ad fratrem Reginaldum），I c. 121 且其意志超过必要限度（plus suae voluntati tribuens quam oportet）. 在阿奎那写作 *Sent.* 时，他似乎尚未明白过度（in terms of excess）的意志的犯罪，因此没有直截了当、明确无误地把惩罚识别为在意志领域里做减法：参见，例如 *Sent.* IV d. 15 q. 1 a. 4c；但是 *Sent.* II d. 42 q. 1 a. 2c and ad 5 变得非常接近于对晚期作品的澄清。

范。[32] 因此，阿奎那对惩罚整个说明的基础是这一命题：与犯罪者相关的公正平等的秩序得以恢复——犯罪者被带回那种平等中——主要是通过对那种过于看重自己的**意志**（我们可以说过于自由或自主）进行"削减"来完成的，而这种削减通过相应的、成比例的[33]抑制[34]得以实现。[35] 通过这种方式，惩罚将本质是非法意志的罪行[36]"调正回秩序之中"；惩罚的这种（重新）恢复秩序的目的，或可能被解释为治疗性的（medicinalis），[37] 或可能与治疗性的（威慑的、改良的）目的形成对比（因为《天主教教义问答》采用的是阿奎那表达方式的其中**一种**）。[38]

尼采在债务人—债权人的关系中看见了惩罚的起源。或许吧；因为证据是不充分的。然而，我们应当关注的不是起源，而是实践的、道德的可理解性。公正的惩罚把犯罪者[39]从中解放出来的债务不是欠受害者的债务，这里的受害者可能是民事诉讼中的原告，或者可能虽可理解但却错误地意欲复

---

[32] 因此，犯罪者的刑事犯罪本身与其说是针对受害者，不如说是针对"普遍公义"，就像在 ST II-II q. 66 a. 5 ad 3 中讨论的情形一样：我借给你某种东西，当逾期未归还时，我通过武力或偷窃而不是说服或正当法律程序取回它；这种行为"并没有伤害［你］，却是一种违反普遍公义的犯罪，因为［我］对于［自己］的财物擅自专断，而置正当法律程序于不顾"。

[33] Sent. II d. 42 q. 1 a. 2 ad 5：就一个人已通过违反法律服从其自身意志而言……他应当在相反的方向上进行赔偿，以便由此平等的正义可能受到尊重。

[34] ST I-II q. 87 a. 1c：惩罚——无论通过一个人自己在懊悔中的良知，或是通过某种外部的统治权威——的本质，都是这种抑制，这种通过或代表违法者曾反抗的秩序所实施的抑制。相比之下，请注意赔偿（它往往针对受害者）的首要目的"不是得利（plus quam debet）之人应当停止得利，而是受损之人应当获得补偿"：II-II q. 62 a. 6 ad 1.

[35] ST II-II q. 108 a. 4c："正义的平等通过惩罚得以修复，因为他们遭受了与他们的意志相反的某种东西"；《致雷吉纳多兄弟的神学纲要》I c. 121 [237]："有一种通过惩罚对正义秩序的恢复，通过惩罚某种东西从意志中被减去了"；ST I-II q. 87 a. 6c；参见 III q. 86 a. 4c："经由惩罚的补偿，平等的正义得以恢复"；《与歌手安提阿哥的信仰相关》（De Rationibus Fidei ad Cantorem Antiochum）c. 7 [998]："为了使他们恢复到正义的秩序，他们意欲的东西需要从他们的意志中剥离——这就是惩罚通过剥夺他们想要拥有的诸善，或施加他们不愿遭受的诸恶所做的事情。"亦参见 In Eth. V. 6 n. 6 [952]：同时但某种程度上又有所区别地论述了刑事惩罚和民事赔偿。惩罚所剥夺的相关诸善以及所施加的相应诸恶都是生命、人身安全、自由、财富、祖国（homeland）和荣誉。ST II-II q. 108 a. 3c.

[36] ScG III, c. 146 n. 1 [3193].

[37] As in e. g. Sent. II d. 36 q. 1 a. 3 ad 3.

[38] As in e. g. ST II-II q. 108 a. 4c.

[39] Compendium Theologiae, I c. 226 [470].

仇。相反，我们可以说，那些债务是——优势不平等，在实施违法行为的意志中，这种相对于共同体——违法行为违反了其法律，因此也违反了其共同善——中犯罪者的全体同胞的优势是非法获得的:[40]在选择和行为时摆脱外部约束的优势。[41]

尽管阿奎那在我们称之为民事的法律与我们称之为刑事的法律之间所标示的区别，并没有比亚里士多德或罗马法所标示的区别更加清晰，但阿奎那的确识别出了那一区别的基础：一个人赔偿的义务与他受惩罚的法律责任之间的区别。同样显而易见的是，他识别出目的的根本相似性：法律的上述每一种分支都关注对一种被打破的平等的恢复，消除人与人之间无正当理由的不平等；正义所要求的那种恢复在民事法律或刑事法律的任一分支中都能被称为赔偿。但是，一个分支关照的是由具体的个人所遭致的损失，而另一个分支关照的是相对于共同体中所有其他成员获得的那种优势。因为赔偿（reparatio; restitutio; satisfactio）本质上是一个恢复具体受损者——那些当前拥有的少于他们应当拥有的人[42]——已被剥夺之物的问题。[43] 但是，惩罚（poena; retributio [44]）本质上是去除违法者所获得的那种优势的问题，而那种优势主要体现在他们偏爱自己的意志远胜过为该共同体的共同善所权威地规定的诸要求。[45] 因此，在那种我们称之为民事的诉讼中，法院有义务授予

---

[40] 因此，一个人应得奖赏或应受惩罚（无论奖罚，只能由对共同体负责、实施共同体法律的人正当地实施）主要是因为某人，这个人是（或者，像一个游客，被合理地视为）共同体的一部分：*ST* I-II q. 21 a. 3 ad 2, a. 4c and ad 3; q. 92 a. 2 ad 3. 在很重要的意义上，对类人动物不存在惩罚（或奖赏）：参见 *Compendium Theologiae*, I c. 143 [285].

[41] 因此，惩罚治愈并消除了这种不平等：*Sent.* IV d. 15 q. 1 a. 1 sol. 3c; *ScG* III, c. 140 n. 5 [3149]；以及上述第 35 个注释。

[42] *Sent.* IV d. 38 q. 2 a. 4 sol. 1 ad 1; *ST* II-II q. 67 a. 4c.

[43] *ST* II-II q. 62 a. 5c. 赔偿非法行为和归还已被或否则会被非法留置的某物，阿奎那时常对上述两者进行区分：*Sent.* IV d. 15 q. l a. 5 sol. 1c. 但是，按照通常的民事赔偿的分类，恢复（*restitutio*）和补偿（*reparatio*）往往是同义词。不对其作出赔偿便不公正的那种损失，原本无需由被告人的错误造成：*ST* II-II q. 62 a. 3c.

[44] 注意：*retributio* 不同于英语单词"retribution"的现代用法，涉及（像古英语中的"retribution"一样）奖励功绩和惩罚罪行（see e. g. *ST* I-II q. 21 a. 3c）；像阿奎那的许多其他关键术语一样，它从上下文取其使用中的意思（meaning-in-use）。

[45] See e. g. *ST* I-II q. 87 a. 6c and ad 3.

176 原告们以权利（公平），一切他们有权得到的、作为对他们有害损失的补偿的东西。[46] 但是，在那种我们称之为刑事的诉讼中，法院着眼于对公共利益更周全的考虑，能够被授权施加、豁免、减轻或克制刑罚。[47]

简言之，报应是政府的一般职能中的一个要素；这个一般职能即在政治共同体成员（和其内的旅居者）之间，维护优势与劣势、收益与负担的公平分配的比例平等（proportionate equality）。人们作为惩罚的首要目的和塑形目的（shaping purpose）而维护其公平分配的确切益处或优势，是在一个人的选择和行为中免于外部的各种约束，包括由为共同善而制定的法律所适当施加的各种限制。在国家之政府和法律确保平等正义的更广泛的责任中，哈特近乎识别出惩罚的形成性目的（formative point）及其位置。因为他看见道德——而且他本应补上法律——把强者和狡猾者置于与弱者和头脑简单者（为尼采所憎恶的特质）同样的层次上。

> 他们的情形在道德上都是同等的。因此，当强者无视道德存在并利用其力量去伤害他人时，我们会认为他破坏了由道德所建立的这种平衡，或者说平等的秩序；于是，正义要求不法行为人应当尽可能地恢复这种道德状况。[48]

此处，哈特谈论的是民法，尤其是侵权法以及其赔偿不法行为的受害者的功能和效用。他表明了不法行为人的优势利用（advantage-taking）甚至在纯粹疏忽的情形中如何适用：

---

[46] *ST* II–II q. 67 a. 4c：注意，此处原告被称为**控告者**（*accusator*），被告被称为有罪之人（*reus*），他因损害赔偿的裁定而应受处罚；此外，*ibid.* ad 3 如此表述：违法行为的受害者可能会因无根据地免除刑罚而受到伤害，因为他们有权要求的一部分赔偿是那种通过惩罚施害者而对人格利益的恢复（恢复名誉）（*restitutio honoris*）。还请注意：民事法院签发的支付补偿性损害赔偿金令或返还物品令，的确只是重申了被告人应当履行的道德义务；但是，关于任何（民事的或刑事的）处罚，被告们在道德上有权要求等待法院的命令：II–II q. 62 a. 3c. 但凡有犯罪发生处，当事人（违法者和受害者）之间破裂的关系并不是通过恢复受害者损失的东西就能完全恢复的；还必须得有违法者某种进一步的赔礼道歉、某种特别的谦逊（*humilitas*）：*Sent.* IV d. 15 q. 1 a. 5 sol. 1 ad 1.

[47] *Sent.* IV d. 38 q. 2 a. 4 sol. 1 ad 1；*ST* II–II q. 67 a. 4c. 作为整体"关照共同体"的一个方面，惩罚只能由最高统治者的权威施加：*ST* I–II q. 21 a. 4c.

[48] CL^2 165.

在身体上伤害别人的人，无论故意还是过失，我们都认为他已从其受害者那里拿走了某些东西；尽管他没有真正地这样做，但以下这个描述还不算太牵强：因为他以其受害者为代价而获益，即使这种获益只是通过纵容其伤害别人的意愿，或是拒绝为了采取适当的预防措施之义务而牺牲自己的便利。[49]

我相信，通过对这一段落进行反思，哈特的学生赫伯特·莫里斯（Herbert Morris）通过将恢复平等——违法者与守法者之间的平等——作为惩罚的目标，从而能够认为惩罚在目标上是报应性的。[50] 他的论证为杰弗里·墨菲（Jeffrie Murphy）所接受，[51] 而且它剩下的问题仅仅是识别由违法者相对于守法者所获得的确切优势。当这一优势被确认为是阿奎那所指的内容即意志的放纵时，惩罚的目标，它的一般性证成目标，再次变得清晰起来。[52] 哈特从未足够清晰地设想过以这种思路来拒绝它；在他看来，该思路受阻于以下假定：惩罚顾名思义是痛苦的施加——因为：向错误行为施加痛苦，怎么可能恢复任何事物？或平衡任何利益（balance any account）？[53]

覆水难收。但报应性惩罚的目的是前瞻性的，且并非徒劳。它是为了确保：从犯罪前直到惩罚后的这段时间，没有人因为选择留在法律的限制范围内而本应处于劣势——相对于这种具体但真实的优势类型。惩罚并没有使犯罪失效，但它的确否定并取消了犯罪者在犯罪中获得的优势，这种优势不一

---

[49] *Ibid.*
[50] Morris, "Persons and Punishment".
[51] Murphy, "Three Mistakes about Retributivism".
[52] See essay 11; *NLNR* 261-6.
[53] 哈特在《惩罚与责任》一书的第 12 页（还有第 18 页）试着表明，他所接受的报应性的分配原则（尤其是只有犯罪者应当受罚，且只在与他们的犯罪成比例的情况下），"不能被解释为只是一般正当化目标（the General Justifying aim）是报应……这一（他不接受的）原则的结果"。论证如下：若法律要求了不道德的行为，那么对它的不服从便不是不道德，而是为道德所要求，而对那些**没有**不服从该法律的人的惩罚"会是进一步**特殊的**极端不公正"。但这不能令人信服。假设 Y 不服从那部"骇人听闻的不道德"法律，而 X 服从了。Y 与 X 有同样多的道德权利主张免受惩罚，但 X 不能正当地抱怨在受惩罚之前他本来应被给予服从法律的机会。X 最多能够抱怨的是：不存在正当的理由选择他来受惩罚，而不是在总人口中选择 Z 或任何其他人。但这不再是一个关于违反**报应性**分配原则的抱怨；它与 X 在以下情形中能够作出的抱怨是相同的：如果 X 在一项完全与犯罪无关的计划（例如，一项通过挑选十分之一的人来杀掉以减少人口压力的计划）中被选中受死。

定是战利品或心理满足感层面的，而是，即使在法律要求人们克制那样做时也仍然追求他自己目的的那样一种优势。在由此恢复犯罪者与守法者之间的平等以及取消违法者不公平的获益（相对于守法者的优势）中存在着目标、价值、优长、适宜；这是埃里克森和诚实的犯罪分子都承认的事实。它经受住了尼采的攻击和许多人的疏忽和误解。

报应性惩罚，这唯一真正和正当的惩罚形式（无论什么其他目的在惩罚的场合以及在某种意义上借助惩罚，可能被正当地追求），因此的确与复仇相距甚远。惩罚不可能由受害者本人施加。事实上，它不可能代表受害者本人，而只可能代表愿意遵守法律的公民共同体被正当地施加。在刑事诉讼中，赋予受害者某种除了犯罪事实目击者（与其他目击者一样）之外的角色的任何实践，肯定都高度可疑。

III

尼采谈到地狱学说是人类疯狂的自我裂伤的高潮，"一种疯狂的意志，在心灵上残酷，只知道不平等"。[54] 但是，他既不理解地狱学说，也不明白不法行为的严肃性——事实上，他对无法且不道德行为的反常残酷的羡慕赞赏几乎没有隐藏。他误解了地狱这一概念严肃的本质，因为他认为惩罚就是施加痛苦，而且未能理解地狱只在扩张的类比意义上才是一个惩罚问题。而且这个类比的核心不是那种施加一种刑罚的选择，那种对人类惩罚至关重要的选择（量刑）。这一类比只在于下述两个要素：违法者意志之屈服；违法者的违法行为所打破的人与人之间的平等之恢复。[55] 而且，实际上，意志的屈服在本质上是以下两者之间的不可相容性的问题：违法者自我选择的立

---

[54] *On the Genealogy of Morals*，II.2 at 73.

[55] 比较 John Paul II, *Crossing the Threshold of Hope*, 186：在人的道德良知本身中有着某种东西，它对抗着这一信念［即存在永恒的诅咒］的任何失落：上帝不是爱和正义的化身吗？他能够容忍这些可怕的犯罪吗？这些可怕的犯罪能够不受惩罚吗？对于在复杂的人类历史中重建道德平衡，最后的审判在某种程度上不是必要的吗？

场（一种因该人的死亡已不可改变的立场）[56]与宇宙中所有造物之内和彼此之间，以及它们与它们的造物主之间的恰当秩序。损失的痛苦是这种被选择的立场的一种糟糕的副作用，而不是某种量刑之选择的目标。

　　此外，在人类的惩罚中，刑罚肯定是由法官在一定范围内所选择的。不存在惩罚的"自然的"尺度，即不存在理性上具有决定意义的且独一适切的刑罚以匹配犯罪。惩罚是需要作出**决断**的传统上惯用的例子，是一个从一系列合理选项中自由选择的过程，而这一系列选项中没有一个在理性上完全优越于其他选项。因此，并不存在一种"自然的"即理性的要求，主张谋杀——甚至最骇人听闻的谋杀——应当被处以死刑。

注

　　妨害守法共同体的犯罪可以被阐述为行使了过多自由，这一事实并不意味着用罚金或监禁对自由进行的种种限制是唯一适当的刑事处罚。其他推定为与违法者的意志（自利的意志）相悖的措施，也可能是完全合理的，诸如为共同体和/或受害者之善而进行强制性劳动；不损害健康的体罚已经遭到近来兴起的**欧洲公法**（*jus publicum Europaeum*）或**国际法**（*jus gentium*）的排除，而**欧洲公法**或**国际法**可以被认为是一个实证法问题（这种采用在对滥用和过度之正当的强烈反感中有其根源，在纳粹暴行以及在快乐/痛苦与实质性的人类诸善之间不正当的混淆中达到顶峰），而非自然权利的问题。对欧洲人权法院来说，裁定——正如它在 *Hirst v United Kingdom*（*No. 2*）(2005) 42 EHRR 41 案中所做的那样——人权受到侵犯，受到包括回应严重罪行的监禁期间自动剥夺选举权在内的诸报应性措施的侵犯，是相当武断的（实质上是不理性也不合理的）：参见上述第 1 篇论文的第 1 个尾注。

---

　　[56]　比较 *CCC* para 1033：在没有忏悔并接受上帝仁慈之爱的情况下而死于弥天大罪，这意味着经由我们自己的自由选择永远与上帝保持分离。这样一种明确的自我排斥与上帝交融及蒙福的状态叫做"地狱"。

第二部分
战争与正义

第13篇
自然法传统中的战争与和平[*]

Ⅰ．和平与战争

法律，以及一种教条主义的（legalistic）道德和政治，可以通过和平与战争的相互对立（mutual opposition）对其进行定义。任何两个共同体之间要么处于和平状态，要么处于战争状态。如果它们处于战争状态，则每一方所寻求的与另一方的关系（"战胜""压倒"），正是另一方所设法挫败或克服的。如果它们处于和平状态，则每一方都追求自身的关切，而对另一方的诸种关切处于漠不关心、不干涉或与之合作的状态。

但是，健全的道德和政治的考虑与反思不是教条主义的。尽管有某些法条主义（legalism）的倾向，但自然法理论的天主教传统很早就阐明并且长期持有一种更丰富和更精微的和平与战争的观念。从一开始，这一传统的哲学家们就已经认为，社会理论（一种实践理论）应当采用一种与其独特复杂的主题（subject-matter）相适合的特殊方法。该方法不应试图阐述词义单一的术语和概念，这些概念像律师所需要的概念那样，能够在相同的意义上适用于边界分明领域内的所有实例。相反，它应当识别所关注的各种可能和现实的核心情形（central cases），并提取出那些可能和现实情形的相关术语的焦点含义（focal meaning）。什么是核心的、首要的和焦点的，以及什么是边缘的、

---

[*] 1996b（"The Ethics of War and Peace in the Catholic Natural Law Tradition"；本文采用了由研讨会组织者指定的模板，在该次研讨会中，与各种"传统"相关的战争与和平的伦理得到研究）。

次要的和失焦的，取决于（即参考……得以确定）对人而言什么是重要的，这反过来又取决于对选择和行动来说什么是好的理由。因此，存在关于共同体、友谊、宪法、法治、公民以及和平的核心形式和次要形式。次要形式是现实中的实例。但是，一种聚焦于它们的反思会忽视太多对慎思（实践）和充分解释性的反思（理论）重要的东西。

184　　因此：把和平描述或解释成战争的不在场，就错失了为什么——正如传统所坚称的——和平是战争之意义的重要理由。这一坚称并未在塔西佗他们**造成一片荒凉却称之为和平**（*ubi solitudinem faciunt, pacem appellant*）[1]的无力感和反讽感中有所体现。传统非常清楚人们有时会出于仇恨，或由造成痛苦、毁灭和死亡所带来的纯粹喜悦而发动毁灭性的战争，这样的战争甚至会被称为"为了和平的缘故"，即为欲望满足所实现的内在和平，以及对自己疆域不受挑战的统治权所实现的外在和平。[2]但即使通过这种手段获得的内在和平也是不完全、不稳定以及不令人满意的，而不公和残酷统治之下的和平在深层次上也是失序和有缺陷的。一个更妥当的理解是，和平是"秩序的安宁"（tranquillity of order），而"秩序是在那种使一切各得其所的模式中，对平等和不平等事物的安排"。[3]

　　但是，那种按照万物安宁地停留在它们适切的位置对和平所下的定义，仍未阐明可能构成战争之意义的和平。这种定义仍然过于消极。这种说明需要补充，或者是重新回到前两句话中被奥古斯丁视为首要的东西——**和睦**（*concordia*）**与社会**（*societas*），即和睦（concord）与共同体（community）。和睦是在意愿上（in willing）的一致与和谐，即在慎思、选择和行动上的一致与和谐；共同体是在共享目的和共同或协调的行动上友爱和谐。安宁的隐喻（with metaphors of rest）并未抓住和平的精髓。和平是一种在自愿合作所具有的

---

[1] Tacitus, *Agricola*, 30, 设想了一位不列颠酋长的演说："他们（罗马人）造成了一片荒凉，却称之为和平。"

[2] Cf. Augustine, *De civitate Dei*, 19.12.

[3] *De civitate Dei*, 19.13："一切事物的和平在于秩序的稳定，秩序是平等与不平等事物的配置，使每一事物有其恰当的位置。"（"*Pax omnium rerum tranquillitas ordinis. Ordo est parium dispariumque rerum sua cuique loca tribuens dispositio.*"）

睦邻友好的积极倾向中得以充分实现的成就，这种合作出于本身是好的，同时也与其他人好的目的和事业相和谐的目的。

因此，和平通常会因任何有损于一个社会公平的共同善的每一种态度、行为或不作为而被削弱和破坏，确切地说，被或多或少直接损害一个社会和谐的倾向和选择削弱和破坏。这样的倾向和选择包括：一种与个体所处社会（或多个社会）的种种关切与共同善相疏离、骄傲且自私的个人主义；[4] 争论、固执或言语论战；[5] 与自己的同胞争斗[6]和煽动反抗合法权威（proper authority）；[7] 以及最极端的战争。

选择战争就是选择了这样一种关系或互动，在这种关系或互动中，**我们**试图通过致命的武力来阻止和毁坏至少**他们的**部分事业，并夺取或毁坏至少某些他们用以经营这些事业或抵制我们使用武力的资源和手段。[8]（不要将"致命的"等同于"意图杀人"：参见下述"对战争与非暴力的态度"。）在战争的经典情形中，**我们**和**他们**都是政治共同体，以被传统称为"完整的或自足的（**完美的**）共同体"的方式行动。但是，在经典情形（严格意义上的"**战争**"）与其他情形之间，只存在"实质上的"而非"形式上的"（本质上的、道德上具有决定意义的）差异；这些其他情形如下：[9] 政治共同体打击海盗的战争；政治共同体中的部分反抗其统治者的叛乱，或统治者打压共同体中某部分的行动，或国内战争的其他形式；团体或个人打击黑帮、歹徒或海盗的武装斗争；一个人挑战另一个人的决斗。在这些情形中，我们选择开战时所带来的**我们**与**他们**之间的关系和互动，在战争持续的过程中取代了本可能存在于我们和他们之间的睦邻合作。但是，传统教导我们，选择一种会阻碍（和睦、睦邻和协作的）和平的行为不可能被证成，除非一个

---

[4] *ST* II-II q. 37 aa. 1 and 2 (*discordia in corde*)（心中的不睦）。

[5] II-II q. 38 aa. 1 and 2 (*contentio in ore*)（争论）。

[6] II-II q. 41 aa. 1 and 2 (*rixa*)（争论）。

[7] II-II q. 42 aa. 1 and 2 (*seditio*)（叛乱）。

[8] 传统很少关心提供一个对战争的定义，这不比西塞罗的 *Decertare per vim*，"通过武力解决争端"（*De officiis*, 1.11.34）更令人满意。

[9] 关于通常意义上的战争诸形式，参见 Francisco Suarez, *De bello*, prol., in Suarez, *Selections from Three Works*, 800.

人选择这种手段的目标［目的（end）］，包含对（和睦、睦邻和协作的）和平的修复，或者在可能情形下对和平的促进，这种和平构成由任何两个互动的人类社会所组成的不完美共同体之共同善的一部分。[10]

对传统来说，这种对和平意图的要求是道德的题中之意；其是全体人类选择和行动的真正的正当意义（truly justifying point）的必然要求。在其丰富的核心意义和现实中，和平实质上等同于作为全体人类和共同体繁荣的整体人类实现（integral human fulfilment）的理想状态。[11] 对这一理想保持开放，以及一个人的所有选择都与这种开放性保持一致，是道德合理性（moral reasonableness）的首要条件。[12]

在传统的经典来源中，首要的道德原则并非被表述为我刚才陈述的那样，而是被表述为爱邻如己（one is to love one's neighbour as oneself）这一原则，该原则被认为不仅是福音法（Gospel law），也是自然法，以及实践合理性本身的基础。[13] 相应地，传统有关战争的经典论述见诸关于爱心（caritas），确切地说关于爱邻的论述之中。[14] 正义消除了和平的障碍、和平的内在要求，但和平的直接来源是爱邻。[15] 而且，战争是为了和平。[16]

是为了真正的和平，而不是虚假的或表面的和平。战争可能因为投降而得以避免。但由此而赢得的和平往往是一种虚假的和平，会被不正义、奴役和恐惧所腐蚀和冲淡。保护、重获或实现真正的和平可能需要战争（虽然战

---

[10] "为了获致和平，我们才发动战争。因此，即使在战时，你也要爱好和平，以便在战胜了那些与你交战的人之后，你可以带给他们和平的好处。" Augustine, *Epist. 189 ad Bonifacium* 6，被援引于 *ST* II–II q. 40 a. 1 ad 3. 亦参见 *ST* II–II q. 29 a. 2 ad 2.

[11] "完美的和平在于对至善的完美享有，……理性造物的最后目的"：*ST* II–II q. 29 a. 2 ad 4.

[12] See e. g. 1987f at 125–31.

[13] See *ST* I–II q. 100 a. 3 ad 1.

[14] 在 *ST* II–II q. 41 [论争斗(*de bello*)] 中，并内嵌于 qq. 34–43（与爱心相反的恶行）; see prol. to q. 43; Suarez, *De bello*, disp. 13 in tract. 3 (*De caritate*) in his *De triplice virtute theologica* (1621).

[15] *ST* II–II q. 29 a. 3 ad 3.

[16] 参见上述第 10 个注释，亦参见 Plato, *Laws*, 1. 628d–e; 7. 803c–d; *NE* X. 7; 1177b5.

争本身绝不足以实现那种和平）。[17]

Ⅱ. 动机或意图

一个行为（act），一项行动（deed），本质上是选择做它的人意图它成为什么。意图总是指向意义、目的，而不是手段本身；意图对应的是这一问题，"你为什么做这件事？"但任何复杂的活动都是一个嵌套的目的秩序，这些目的也是进一步的目的的手段：我起床是**为了**走到橱柜边，走到橱柜边是**为了**拿草药，拿草药是**为了**做药剂，做药剂是**为了**喝药剂，喝药剂是**为了促进排泄**，促进排泄是**为了**变苗条，变苗条是**为了**恢复健康，恢复健康是**为了**准备战斗，准备战斗是**为了**……[18]因此，尽管意图是对目的的意图，但也是所有作为手段的行为的意图。

英语世界的法律人以"动机"（motive）来表示一个人进一步的意图，将一个人更直接的意图与其进一步的意图区别开来。一个人行为中蕴含的精神，即支持其选择和努力的情感，也可被称为一个人的动机，但只有且只在它们对被意图和选择**什么**产生影响时，它们才变成道德家的直接关切。如果一个人在慎思中形成并通过选择采纳的计划，在一定程度上受其情感性动机[更准确地说，受其为那些情感服务的理智（intelligence）]的影响，那么，那些动机将被视为一个人意图（和动机）的一部分，帮助使其行为是其所是（make one's act what it is），并直接落入道德审查（moral scrutiny）的范围。

当且仅当选择参与一场战争是正确的，这场战争才是正义的。当且仅当一项选择满足了所有实践合理性的要求，即**所有**相关的道德要求，该项选择

---

[17] Leo XIII, *Nostis errorem*（1889年2月11日），*Acts Leonis XIII*, vol. 9（Rome, 1890），48：我们应该为和平寻求更坚实且更符合自然的基础。原因在于，尽管以武力捍卫一个人的权利是可允许的、符合自然的，但**自然并不允许暴力成为权利的一个有效理由**。因为和平存在于秩序的宁静之中，因此，统治者的和睦就像私人的和睦一样，首先建立在正义和慈善之上。（我的翻译；强调为后面所加。）

[18] 这个例子，除军事目的不谈，取自亚里士多德和阿奎那：Aquinas, *In II Phys.* lect. 8（no. 214），*In VII Meta.* lect. 6（no. 1382）；*In XI Meta.* lect. 8（nos 2269, 2284）。

才是正确的。如果一个人的目的（动机、进一步的意图）是好的，但其所选择的手段是恶毒的，那么整个选择和行为便是错误的。反过来说，如果一个人的手段是正直的（例如，施舍穷人），但其动机——他做出选择的理由——是败坏的（例如，在关于他的性格和目的方面欺骗选民），整个选择和行为也是错误的。经院哲学家们有句不适宜翻译的格言可说明这一点：**善源自完备，而恶源自欠缺**（*bonum ex integra causa, malum ex quocumque defectu*），如果一项行为涉及的内容完全是善的，则它将是道德上善的（正确的），但如果它在**任一**道德相关方面有缺陷（邪恶的目的或邪恶的手段，或不适当的环境），则将是在道德上恶的（错误的）。对正义战争的论述都是关于如果一场正义要成为正义的，必须**全部**满足哪些条件的讨论。

前三段使我们明白，在传统中，在战争的"理由"和发动战争的"动机或意图"之间无法做出清晰或相对清晰的区分。恰当的问题总是：什么是开战的好理由？哪些理由绝不会被允许用来塑造我慎思的计划，或激发我采取一项计划？

第一部主要关于战争的论述来自哲学神学家（与经院派相对）哈尔斯的亚历山大（Alexander of Hales）（约公元1240年），他在其中确定了正义战争的六个先决条件。宣战者必须具备：（1）正确的**感情**（精神状态）；（2）宣布战争的权威；交战者必须：（3）不是神职人员；且必须具有：（4）正当的**意图**（*intentio*）；被宣战者必须：（5）应得战争（战争必须有**价值**）；另外还必须满足：（6）**理由**（*causa*），即战争必须是为了惩恶扬善以及所有人的和平。[19] 此处**理由**一词没有格言 *bonum ex integra causa* 中的笼统，也没有三十年之后的阿奎那（约公元1270年）在正义战争的讨论中具体。阿奎那把这些先决条件压缩为三个：权威、**正当的理由**（*causa iusta*）和**美善的意图**（*intentio recta*）。阿奎那的**理由**本质上是哈尔斯的亚历山大所认为的有**价值**的东西（*meritum*）。阿奎那认为，当遭受攻击的人因他们的可被谴责性（culpability）而应得攻击时，战争就存在一个正义的**理由**；正义的战争是纠正错误的战

---

[19] Alexander of Hales, *Summa Theologica*, 3.466, 在 Jonathan Barnes, "The Just War" 中有认真的分析。

争，尤其是一个国家因忽视惩罚其人民所犯下的罪行，或忽视修复被不公正剥夺时所犯的错误。[20]

因此，在阿奎那处，术语**理由**显然不等同于"正当化依据"（a justifying ground）。相反，它指向某种更像英语世界法律人所说的"行动原因"（cause of action）的东西，某种能被作为诉讼依据的法律识别的错误，某种应获得法律补救的错误。正如 350 年后弗朗西斯科·苏亚雷斯（Francisco Suarez）所指出的，对战争的**正当理由**（iustae causae）的讨论，主要是对发动战争正当化依据的讨论，除自卫以外：[21]自卫中的行为确实不需要**理由**（使用"自卫"这一术语时，我将自始至终遵循《联合国宪章》第 51 条的用法以包含正当防卫的所有情形，即 legitime defense）。因此，在当今对战争正当化依据的探究与中世纪**正当理由**的探究之间，存在着重要的区别。较之我们如今不得不在"依据"（ground）和"动机或意图"之间作出区分，阿奎那更有理由区分（正如他坚定地做的那样）[22]**理由**（在他的意义上）和**意图**。

尽管如此，考虑发起或参与一场战争或战争行动的正当性时，还有探究某个人、某位官员或公民行动时所处的精神或情感状态的空间吗？或许有。通过重申战争是一种典型的社会和**公共**行动，我们可能会在"依据"与"精神"之间做出区分。现在，正如个体的行为或行动在本质上是选择做它的人意图它成为的样子，社会行动也是如此，本质上它们是社会成员被请求或被要求参与执行的公共政策中所定义的样子。那种起定义作用的政策，通过或多或少明确表达战争目标和策略，将战争中个体参与者的行动组织起来（因此使他们的行为成为一项社会行为），[23]这种政策通常既能区别于任何附随的宣传，又能区别于形成并采取该政策的领导人的情感和倾向。因此在原则上，个体公民可以评估公共政策、已宣布的开战理由、已宣布的战争目

---

[20] *ST* II-II q. 40 a. 1c（以一种轻微混乱的形式）援引 Augustine, *Quaestiones in Heptateuchum*, 6.10；另参见 Barnes, "The Just War", 778.

[21] Suarez, *De bello*, 4.1（Williams, trans., 816）.

[22] "即使合法的权威宣布了战争，而且存在**正当理由**，但仍可能是这种情况，即因不正当的**意图**，战争变得不道德/非法"：*ST* II-II q. 40 a. 1c.

[23] See *NDMR* 120-3, 131, 288, 343-4; essay II. 5 (1989a).

标以及已采用的策略（基于他们的了解），并且评估战争的正义性（基于他们能够发现的信息，考虑有关敌人的行动、作战和计划的事实）。这样的评估可以搁置该社会领导人的道德缺陷（deficiencies），当判断领导人关于事实和缺乏对战争的合适替代选项的主张的真实性时，表现了好战、报复、沙文主义的缺陷应当被考虑。

请注意，这不会是一个过分的要求。个体公民（在不同程度上）负有考虑战争正义性的某种义务，即使存在支持接受公共政策的重要假定；履行这一义务时，他们不得允许自己受令人兴奋但邪恶的动机的影响："伤害人的热望、对报复的强烈渴求、好战和无法平息的心神、对反击的狂热、对统治的欲望等诸如此类。"[24] 领导者亦是如此：如果受任一这种诱惑性情感的**影响**，他们的开战选择、作战目标以及策略的形成和采纳，都将是错的。

然而，那种恶劣影响可能（或许经常如此）不为那些应召参战者觉察。对这些公民而言，战争的依据以及为特定军事行动提供依据的战争的目标和策略，可能被合理地认为是道德上可接受的。确实，那些依据有时可能**是**道德上可接受的，即使该社会的领导人事实上没有按照它们而是出于他们自己不道德的性情（"精神"）和动机（"意图"）而行动。

Ⅲ. 战争的依据

我们主要利用理性来构想情感如何创造对不正义（以及对其他不道德）的诱惑的合理化说明。合理化说明是看似合理的依据，其使得关于选择和行动的计划对理性和意志具有吸引力，但事实上（正如审慎或反思的行动者能够辨识的）无法满足实践合理性的全部要求。正如我们已经看到的，第一个这样的要求是对完整的人类实现（integral human fulfilment）保持开放，其在传

---

[24] "Nocendi cupiditas, ulciscendi crudelitas, impacatus et implacabilis animus, feritas rebellandi, libido dominandi, et si qua similia, haec sunt quae in bellis iure culpantur." Augustine, *Contra Faustum*, 22.74; *ST* II–II q. 40 a. 1c.

统中被表述为爱邻如己。[该传统——甚至，以其纯粹哲学表述尝试性地[25]——补充道："出自对上帝的爱，（它是）一切存在和自我与邻人生命的来源。"]所有其他的道德原则都或多或少大体是对这一首要道德原则的具体化（specifications）。其中最直接的说明是公平的黄金法则（Golden Rule of fairness），其被表达为肯定句和否定句的形式：己所欲，施于人；己所不欲，勿施于人。这反过来被具体规定为遵守承诺、尊重他人的领土和财物、补偿不法伤害等推定义务。这些义务反过来又排除了很多被声称的战争的依据。

通过筛选被提出用以证成或解释一个战斗决定的理由类型，传统清晰地指出，只有两种理由能够证成这样一种决定：自我防御（self-defence）以及对已经做出的不当行为的矫正（惩罚性或赔偿性的/恢复原状性的）。

阿奎那将这两个理由合成一个单一的、基本命题：

> 正如当统治者**惩罚**犯人时，他是在正当地使用武力，以合法**防御**那些扰乱领域和平之人……因此他们也正当地使用战争的武力，以**保护**他们的政体免受外敌攻击。[26]

后来的经院哲学家，诸如维多利亚（大约 1535 年）和苏亚雷斯（大约 1610 年），尽管未否定阿奎那将防御纳入惩罚的论证，但的确区分了防御性战争（defensive wars）和攻击性战争（offensive wars）：如果战争的发动是为了避免仍在发生的不正义，则是自我防御性的；如果不正义已经发生，而且寻求的是赔偿，则战争就是攻击性的。[27] 尽管他们将自我防御视为明显正义的依据，以致几乎无需论证，[28] 但他们认为攻击性战争主要是通过报应（retri-

---

[25] See e. g. Plato, *Laws*, 4. 715e–716d; cf. *Republic*, 6. 500c.

[26] *ST* II–II q. 40 a. 1c：正如他们可依法使用武力，以保护公共利益，镇压内部暴乱，严惩作恶的歹徒，如《罗马书》第十三章第四节所说的"他不是无故带剑；他既是天主的仆役，就负责惩罚作恶的人"。同样，这也是他们的事，使用战争的武力以保卫大众的利益，抵抗外来的敌人。

[27] Suarez, *De bello*, 1. 6 (Williams, trans. , 804); cf. Vitoria, *De iure belli* (1539), sec. 13, in Vitoria, *Political Writings*, 303.

[28] Vitoria, *De iure belli*, sec. 1 (*Political Writings*, 297); Suarez, *De bello*, 1. 4, 6 (Williams, trans. , 803, 804).

bution)（*vindicatio*）性正义得以证成。[29] 攻击性战争就像警察在辖区内追踪并迫使犯罪人屈服的行为，该行为（以这种思路）与法官和狱卒或行刑者的行为相似。

如常，苏亚雷斯的关注使一个在我看来呈现该传统显著困难的问题被带入讨论的视野。个人可能被迫自我防卫，[30] 但"由一个人自己私人的权威所施加的惩罚在本质上是邪恶的"，换句话说，即使一个人不可能从法官处得到报应性正义或补偿性正义，其也在任何情况下都是错的。[31]（因为惩罚在本质上是对违法者和守法者之间合理平衡的恢复，犯罪行为的实施通过当法律要求一种普遍约束的时候，产生犯罪者想要随心所欲的意愿，从而打破了这种平衡；而对维护共同体内有利和不利公平分配的平衡不负有责任的人，**不可能**通过"惩罚性地"制裁不法行为人来实现对公平的恢复，这种恢复是被他们声称为惩罚的行为所要假装实现的）正因私人的惩罚总是不道德的，故自西塞罗以降[32]的传统坚持把公共权威作为正义战争（指正义的攻击性战争）必不可少的先决条件之一。但是，在一个没有任何世界政府的世界里，各个国家及其统治者不正处于个人的地位吗？如果他们不是世界的统治者甚或国家间的统治者（international rulers），他们如何能够在缺乏为惩罚奠基的责任类型的情形下，即在缺乏为维持和修复违法者与守法者之间或违法者与其受害者之间正义的平衡的责任之外的责任类型的情形下，施加惩罚呢？这一困难通常以一种稍微不同的形式被提出：国家或政府如何能够既作为法官又作为当事人而正当地行动？这是一个好问题，苏亚雷斯发现并试图

---

[29] Vitoria, *De iure belli*, secs 1, 44（*Political Writings*, 297, 319；但是注意，编辑们往往将 *vindicatio* 及其同源词误译为"revenge"；实际上，在现代英语中，"vengeance"作为 *vindicatio* 的一种翻译具有误导性）；Suarez, *De bello*, 1.5（Williams, trans., 803-4）。

[30] Thus Vitoria, *De iure belli*, sec. 3（*Political Writings*, 299）："任何人，即使是普通公民，都可能宣布并发动防御性战争。"

[31] Suarez, *De bello*, 2.2（Williams, trans., 807）and 4.7（820）；cf. Vitoria, *De iure belli*, sec. 5（*Political Writings*, 300）. 支持他们的有 Augustine, *De civitate Dei*, 1.17, 21. 比较追随格劳秀斯的非天主教传统，Grotius, *De iure belli ac pacis*（1625）, 2.20.8.2, in Grotius, *The Law of War and Peace*, 472 以及之后 Locke, *Two Treatises of Civil Government*（1689-90）, 2.2.7.

[32] Cicero, *De officiis*, 1.11.36-7.

回答这个问题，[33] 但我认为我用以构造这一困难的形式是更根本的。

　　这一问题是复杂的，最重要的是因为"防御"和"惩罚"两个词的灵活延伸以及它们在一系列情形中的一致甚或重叠。首先请注意，战争或军事行动并不因它们被发动是为了阻止一场能够被合理预见又迫在眉睫的非正义攻击这一纯粹事实，就不属于**防御**类行为。[34] 更重要的是，防御是对权利的防御，并不因权利已被完全侵犯就变得不再适用。如果强力抵制闯入者进入我家房屋是自我防御，那当我晚上发现他们正回家时强力将其驱逐，难道就不是自我防御？防御性措施似乎扩展至对一个人已失之物的自助式收复。[35] 那么，为什么一个人采取措施的时间上的紧迫或延迟就应当有本质上的区别？同时，维多利亚，在没有试图基于这一理由证成西班牙人对美洲的占有或殖民的情况下，维护了西班牙人对美洲印第安人发动战争的权利，以**保卫那些因**美洲印第安人同类相食、活人献祭、老年人安乐死而产生的许多可能无辜的美洲印第安受害者。[36] "因为保护我们邻人是我们每个人的正当关切，即使是为了个人，即使它会涉及流血。"[37]

　　此外，传统中对国家间战争的**惩罚性**功能的许多论述，都与惩罚的主要的、报应性基本原理无关，而与惩罚作为一般性或特殊性的威慑功能有关。"如果没有对惩罚的恐惧来阻止他们实施不当行为，敌人只会对第二次入侵变得更加大胆。"[38] 当个人决定是否要把闯入者驱逐出其地盘时，同样的想法在其慎思中难道不能扮演同样的角色吗？注意维多利亚如何不仅在防御和惩罚之间来回摇摆，而且把它们中的一个视为另一个的某一方面：

192

---

[33] Suarez, *De bello*, 4.6, 7 (Williams, trans., 819).

[34] 这一点为某些作者所否认，例如 Ottaviani, *Compendium iuris publici ecclesiastici*, 88.

[35] Vitoria, *De iure belli*, sec. 3 (*Political Writings*, 299); contrast, however, sec. 5 (300) and Vitoria *De bello*, in Scott, *Francisco de Vitoria and His Law of Nations*, cxvi: "个人不通过法官而为自己复仇或**收回自己的财产**是不允许的。"

[36] Vitoria, "Lecture on the Evangelization of Unbelievers" (1534–35), para. 3, in *Political Writings*, 347; "On Dietary Laws, or Self-Restraint" (1538), idid., 225–6; *De Indis* (1539), para. 15, ibid., 288–9.

[37] Vitoria, "Lecture on the Evangelization of Unbelievers", idid., 347.

[38] Vitoria, *De iure belli*, sec. 1 (*Political Writings*, 298); see also sec. 5 (300).

发动战争的许可和权威可能会通过必要性被赋予。例如，如果在同一个王国内一座城市攻打另一座城市……而国王因过失或胆怯而未对已造成的损害进行修复（为其施加报复），那么，受损害的……城市……不仅可以自我防卫，而且可以把战争带入攻击者的领土，教训它的敌人（animadvertere in hostes），甚至杀掉不当行为者。否则，受损方就没有充分地自我防卫；如果受害者只是满足于防卫他们自己，则敌人不会停止伤害他人的行为。同样的道理，如果私人没有其他方法保护自己免受伤害，那么他也可以攻击其敌人。[39]

因此，防御和惩罚之间的概念边界有点模糊。但区别依然存在，并且伴随着以下问题：为什么在国家及其政府那里，惩罚是道德上可容许的（morally allowable），而对于权利没有受到且或许不可能受到国家维护的个人来说，就是不可容许的？苏亚雷斯给出了技术性的回答：

> 正如拥有独立主权的君主在其臣民伤害他人时可以惩罚他们一样，他亦可对另一位君主或**因某次攻击而臣服于其的国家要求惩罚**[*自己声称*（se vindicare）]；而且这种惩罚不可能诉求于另一位法官，因为我们正谈论的君主在世俗事务方面没有上级。[40]

但是，我用斜体字*书写的观点在前提中已经预设了结论。如果受到不公正对待的国家或政府在世俗事务上没有正当的人类上级，攻击国（offending state）或政府也同样如此，说攻击把攻击国（从道德上说）转变成隶属国（state of subjection）[41]是循环论证的（question-begging）或虚构的。

近代许多作者猜测，传统经典作者可能被这一观念所遮蔽，即认为所有基督教世界是同一疆域，因此在这一准普世疆域（quasi-universal realm）之内的国家和政府的战争，能够更容易地被类比为警察权在其辖区内对不当行为

---

[39] Vitoria, *De iure belli*, sec. 9 (*Political Writings*, 302).

[40] Suarez, *De bello*, 2.1 (Williams trans., 806, emphasis added).

* 英文版中的斜体字在中译文中对应的为加粗体。此处作者意指上一段中的"因某次攻击而臣服于其的……国家"。——译者注

[41] e.g. Suarez, *De bello*, 2.3 (Williams trans., 807).

人绳之以法的行为。[42] 这一假设尽管并非全无根据，也几乎不能令人满意；君主对基督教世界的主权显然是一场虚构，且在帝国之外国家的存在也显而易见。并且，即使在每个人所接受的构成完全独立的主权国家替代了基督教世界以后，认为惩罚性战争是正当的传统立场也仍然是正当的。

我认为，由于没有这些对传统代表性主张更清晰的讨论带来的启发，传统的近代见证者——尤其是庇护十二世、约翰二十二世、第二次梵蒂冈大公会议——的言论似乎认为战争的唯一正当依据只是防御。[43] 几位维护天主教自然法传统主要思想的道德学家认为，这是对传统的正当发展，使得传统更符合其自身的原则。[44] 由于他们依赖技术发展而改变了战争本质的预设，所以他们的论证并不具有说服力。许多以传统方式进行的现代战争或多或少都有着传统层面上有限的破坏力。此外，尽管世界政府如今在某种意义上能够被设想为一种实践可能性（再次借助技术发展），且尽管领导者和人民应

---

[42] Barnes, "The Just War", 776-7 and 775 n. 23; Regan, *Thou Shalt Not Kill*, 77-9; *NDMR* 315 n. 3; Grisez, *Living a Christian Life*, ch. 11. E. 3. b.

[43] Pius XII, Christmas Message (24 December 1944), *AAS* 37 (1945), 18 教导说每个人都有义务禁止"侵略战争作为国际争端的合法解决方式以及作为实现国家抱负的手段"。Pius XII, Christmas Message (24 December 1948), *AAS* 41 (1949), 12-13, 教导如下：每一场破坏那些善——神圣的和平计划使人们负有无条件地尊重和保障并因此保护和捍卫这些善的义务——的侵略战争，都是对抗上帝、造物主这个世界的主宰者的最高权威的一种罪孽、一种犯罪和一种暴行。

John XXIII, *Pacem in terris*, *AAS* 55 (1963), 291 教导如下："在这个吹嘘其原子能威力的时代，保持这一观点，即战争是用以修复对正义之侵犯的合适工具，已不再有意义。"留意到约翰教皇的观点，第二次梵蒂冈大公会议解释了"战争的恐怖和邪恶是如何被科学武器的倍增无限放大的"，并得出结论："所有这些考虑迫使我们用一种全新的态度评估战争"，*Gaudium et spes* (1965), para. 80 with n. 2 (n. 258 in the Abbott ed.). 在第 79 段，大公会议声明：只要战争的危险仍然存在，且在国际层面没有能胜任且充分有力的当局存在，一旦和平解决争端的方式穷尽，就不能否认各国政府享有**正当防卫**的权利。因此，政府当局以及负有公共责任的其他人，都有义务保护人民交由他们照料的财产以及冷静地处理这些重大事情。但是，出于**对人民的正当捍卫**而采取军事行动是一回事，而试图征服其他国家而发动军事行动又是另一回事（强调为后面所加）。上述声明中没有一处明确否认传统的一贯教义，即惩罚性的以及在此意义上的攻击性战争可能是正当的。

[44] Grisez, *Living a Christian Life*, ch. 11. E. 3. b.; Augustine Regan, "The Worth of Human Life", *Studia Moralia* 6 (1968), 241-3; Ottaviani, *Compendium iuris*, 88.

当为建立这样一个世界政府做任何（如果有的话）他们责任范围内所能做的事，[45] 但是，这些考虑并没有证成以下结论：与此同时，各国必须按照它们似乎已经拥有同一上级的方式行动，这一上级积极地为维持世界范围内的共同善而承担责任，且它们必须将警察权（将不当行为人绳之以法）视为已排他性地移交给这一上级。如果自我防卫被认为是战争唯一正当的依据，那么它肯定基于：传统（1）正确地判断了私人自身无权惩罚那些不当对待他们的人；但是（2）错误地预设那些声称要惩罚对其不当对待的国家的独立国家与声称要惩罚对其不当对待之人的私人处于本质上不同的道德地位。维多利亚和苏亚雷斯不安地把这种预设的私人和独立国家地位之间的道德差异，归因于"世界的同意"以及惯例性（customary）的实在法（**万民法**），而不是归因于自然法。[46] 同样的同意和习惯也为奴隶制提供了根基。[47] 正如惯例性的奴隶制逐渐被传统本身识别为与自然法背道而驰，而不是对自然法的补充，传统亦开始（或正在开始）识别将发动惩罚性战争的权威归于国家的惯例的真实的道德特性。

Ⅳ. 其他有区别的标准

有一个好的依据并不是正义发动战争（以及参战）的唯一先决条件。善

---

[45] John XXIII, *Pacem in terris*, paras 43-6, in *AAS* 55（1963），291-4.［本笃十六世，教皇通谕 *Caritas in veritate*（2009年7月29日），第67段回顾了这一声明并如是说，为追求第67段所提到的各种值得向往的目的，"迫切需要一个真实的世界权威"；但第67段也声明了一系列合理的先决条件，这样，读者可以判断，在可预见的未来，为满足这种需要遭致任何成本或风险都是不负责任的。］

[46] Vitoria, *De iure belli*, sec. 19（*Political Writings*, 305）and sec. 46（320）; but cf. sec. 5（300），试图从国家的自足中获得它们的惩罚性权威；Suarez, *De legibus*（1612），2.19.8（Williams, trans., 348）：战争法——仅就该法建立在某一特定国家所拥有的权力之上而言……对惩罚、复仇或修复由另一个国家给其造成的伤害的权力——似乎恰当地附属于**万民法**。因为单凭以下自然理性，战争法并非不可或缺的：既然人们本可以建立施加惩罚的某种其他方式，或把那种权力委托给某位君主或有强制力的准仲裁者，我们上述所说的那些权力就应当在受害国存在。不过，鉴于正在被谈论的方式——目前正在实践中——更容易符合且更符合自然，它已被习俗（**通常**）采用，而且可能不会被正当抵制的意义上，它是公正的。我把奴隶制归入相同类型。

[47] Suarez, *De legibus*, 2.19.8（Williams, trans., 348）.

源自完备，而恶源自欠缺；如果某个国家的战争要被证成，则还应必须全部满足其他条件。所有这些进一步的条件，我认为都是公平这一黄金法则（原则）而非一个人禁止选择伤害无辜这一原则的推论。其中最重要的推论是，以下行为不仅对敌人，而且对己方也不公平：（1）发起或继续一场没有成功的合理期望的战争；或（2）发起一场能够通过非战争的替代性选择而得以避免的战争，这些替代性选择诸如协商和非暴力行动等。

要求开战的可预见的负面影响不得过度（"不合比例"）这一条件，在传统中，通常和惩罚性战争的正当化条件关联起来进行表述。如果战争会使一个国家面临不合理的损失或损失的风险（例如实质性损失的巨大风险，或巨大损失的重大风险），该国家政府出于报复性地修复被对其不当行为所破坏的秩序而发动的战争不可能得到证成。确实，似乎只有针对这种类型的战争，传统才会明确表示受制于这一条件。[48] 但毫无疑问的是，即使进行防御的决定也必须受制于相同类型的先决条件。将防御作为战争的唯一正当依据的当代传统重述中，也将（对预期损失和获得可期待的好结果的成本）成功的可能性和合比例性作为先决条件。[49]

这并不是说，公平起见，一个军事团体（military unit）出于公平的理由，面对强大的不确定性时就必须投降。众所周知，一个军事团体战斗到最后一刻的意愿有时可能造成这样的伤亡，但这将削弱和阻碍敌人的整体军事行动和策略，因此而将其击败——对该被破坏的团体的胜利是付出极大代价而得到的。同样众所周知的是，一个孤立的战斗群体在尘土飞扬的战斗中，很少能够确切了解到其抵抗会怎样影响战争的整体结果。因此，军事纪律向其施加支持继续战斗的强大假定并非是不公平的。但是，当孤军御敌时，那些统率整个国家或其作为整体的武装力量的人必须非常认真地追问：进行一场将给双方参战人员、非参战人员（尤其是受攻击国）还可能包括受波及的中

---

[48] See e.g. Suarez, *De bello*, 3.8（Williams, trans., 821）.

[49] Pius XII, Address to Military Doctors（19 October 1953）*AAS* 45（1953）, 748-9; United States National Conference of Catholic Bishops, *The Challenge of Peace*, Pastoral Letter of 3 May 1983（Washington, DC: US Catholic Conference, 1983）, paras 98-9.

立国的公民带来巨大损失的无望抵抗，是否符合黄金法则。

基于公平类型的考虑构成了这一要求的基础，即战争应当被认为是穷尽和平的替代性选择之后的**最后选项**。[50] 在协商的解决方式中接受的损失，尽管令人不快，但必须与由战争这一替代性选择可能破坏或伤害的对象所产生的损失相比较。

（不）成比例的这些比较和判断是如何作出的呢？不是通过被功利主义、后果主义或比例伦理学（proportionalist ethics）视为理所当然的简单的加总方法，该方法淡定但荒谬地忽视了在人类选择中至关重要的善和恶的不可通约性。[51] 相反，它是这样一个问题：当一个人设想自己处在那些将遭受各种替代性选择影响的人的位置上时（没有忘记潜在受害者不同阶层的地位，其中某些人可能已经意愿并发起了这场战争且因此接受了风险），通过把握自己**情感中**的一种直觉性意识，而坚持不偏不倚（impartiality）的**理性**要求。正如美国天主教主教所表明的那样，为了识别合比例性，人们必须要（不是处于衡量不可通约之物，而是）出于"评估损失是否正义"的目的，同时"考虑"预期利益和预期损失，在这种评估中"至关重要的是……考虑穷人和无助者，因为当战争的暴行影响到他们的生活时，他们往往是获得最少、失去最多的那些人"。（然而，不要忘记他们的命运处于不正义的和平之中）[52] 正如我们将看到的，当我们考虑军事作战中行动的不公（"不成比例"）时，因为不偏不倚等要求也对这一方的其他行动产生了影响，因此冲突的一方的慎思和行动将提供评估这些要求的参照物（referent）。

V. 战争的行动

所有影响交战决定的道德要求，既适用于继续战斗的意愿，也适用于特

---

[50] *The Challenge of Peace*, para. 96（穷尽和平的办法）。
[51] See *NDMR* ch. 9.
[52] *The Challenge of Peace*, para. 105.

定军事作战中战争的行动。确实，它们亦适用于希望战争得以避免的威慑策略。[53] **开战条件**(ius ad bellum) 与**沙场守则**(ius in bello) 之间的区分，几乎不是天主教自然法传统的一部分。它也不是一个有用的区分。诚然，这一区别教导我们，战斗决定的正确性并不意味着在战斗中所做的一切都是正确的；但更根本的教导来自更一般性的原则，这一原则适用于所有决定和行动：**善源自完备，而恶源自欠缺：每一项**选择都必须满足所有的道德要求。

因此，必须从一开始就清楚，天主教自然法传统中无疑存在不同的彼此关联的道德约束。每一项约束都是正当化的必要条件，仅符合其中的一项或几项无法成为正当化的充分条件。参战人员，就像选择战争的领导者一样，必须拥有正确的意图：他们的动机必须摆脱不公平的偏见和残酷，他们必须意图某种正义的依据而战斗，他们不得任意施加不公平的毁灭行动。而且，正如他们的领袖慎思是否开战时，既不得意图无辜者（非参战人员）的死亡作为目的（恶意或复仇），也不得意图其作为（例如瓦解敌人的战斗意志，或将中立者卷入战争的）手段，那些计划和执行军事行动的人也完全受制于同样的约束。确实，那些参与公共政治（public polity）以及维护威慑策略行动的那些人也受到这些约束，他们的震慑策略涉及他们也希望永远不会（但就政策而言，可能且将会）被实施的威胁。[54]

奇怪的是，阿奎那的小论文《论战争》(de bello) 并没有提及这一绝对的道德规范，即无辜者不得被蓄意杀害。但无疑，他认为这一规范应适用于战争。因为在稍晚的《神学大全》的相同部分，阿奎那明确地确认并辩护了该规范本身所拥有的绝对地位。[55] 而且，正如我们将在下一节看到的，他明确（在整个传统中）指出，无论情况如何，这样的规范同样是理性，因而也是道德的要求。可能是为了更加简洁地说明这一点，他的论文《论战争》确认了另一条许多人在战争中违反并且可能更随意且更少良心不安地违反的道德规范：这一道德规范排除了所有的谎言（不同于不涉及将一个人明

---

[53] *NDMR* esp. ch. 4.

[54] See *NDMR* ch. 5，论复杂社会中恐吓之不可能。[Also essay II. 4, at 86-91.]

[55] *ST* II–II q. 64 a. 6.

知不真实的东西主张为真实的诡计)。[56] 在他之后的整个传统无争议地接受了非参战人员对蓄意攻击的绝对豁免权，该意图伤害他们的攻击要么将此作为目的，要么将此作为其他目的的手段。[57]

参战人员是所有那些其行为构成一个社会武力使用之一部分的人；如果我们从事的是正义的防御，那么敌方参战人员则是那些其行为促进他们社会的武力的不当使用的一群人。而非参战人员显然是那些在战争期间其行为无法被用来证实"那个社会和我们开战"这一主张的人。但是在这些人中，某些人的战时行为可被用来证实这一主张（例如老太太针织卡其色短袜），但因他们对破坏正义秩序而能够作为战争依据的战争行为的贡献如此少，且仅仅是象征性的，因此他们可以被合理地视为非参战人员。区别原则（The principle of discrimination）——一个人不得像将参战人员作为攻击目标一样，也将非参战人员作为攻击目标——要求人们尊重参战人员与非参战人员之间的区分，但并不预设划定这一区别是很容易的。事实上，有很多边缘情形：农民、公共事业的工人、消防队员等，这些人参与了由战争规定且对战争必不可少的活动，然而这与他们和平时期所从事的工作没什么不同，而且对那些肯定是非参战人员的人们的生存和福祉也是必不可少的。传统中的一些理论家将他们称为参战人员，而其他一些理论家则将他们称为非参战人员。但无论如何，一个政治共同体的群体都包括许多肯定是非参战人员的人；他们的行为绝无助于证实该社会参与到对抗另一社会的战争之中。他们尤其包括那些无法照料自己的人，以及那些全职照料这些无助之人的人。这类人的行为丝毫无助于一个社会的战争力量，但实际上转移了本可投入到这一力量的某些资源。

那么，非参战人员是无辜的；也就是说，他们不是**有罪的**（nocentes），没有从事某些军事行动，这些行动被传统中的大部分理论家归为死罪（capital

---

[56] ST II–II q. 40 a. 3; see also q. 110 a. 3. Likewise Suarez, *De bello*, 7.23 (Williams, trans., 852).

[57] Vitoria, *De iure belli*, secs 34–7 (*Political Writings*, 3, 14–17); Suarez, *De bello*, 7.6, 15 (Williams, trans., 840, 845); *The Challenge of Peace* (n. 49 above), paras 104–5.

crimes），并被例如由格里塞茨提出的更新的观念认为是允许自卫中的强力抵抗的活动。非参战人员不可以被直接地伤害或杀害；此处"直接地"意味着"作为某种手段或某个目的"。[58]（这是否意味着参战人员可以被直接杀害？参见下述最后一节。）但是，在没有意图对非参战人员造成任何伤害的情况下，一个人可以选择计划和执行那些他明知事实上会造成非参战人员受伤或死亡的军事行动；而且，只要该选择是公平和有充分的动机（**恶源自欠缺**），这样一个没有杀人倾向（non-homicidal）的选择是可以被证成的。上述提到的要求通常被表达为："只要对非参战人员涉及死亡的或者其他的有害影响不是不成比例的。"这里的"成比例的"如果仅仅指单纯的数值，那么它将不具有合理的含义，其合理的含义是不公平，该不公平由偏颇的和片面的而非不偏不倚的衡量与判断所施加。判断标准是黄金法则，我在上一节已勾勒了其获取内容的方式。基本的衡量要素是：人们对他们自己以及他们的朋友做什么或不愿做什么。例如：在1944年，当盟军空军攻击德军在法国的据点时，遵守的是精确轰炸的政策；当攻击德军在德国的军事据点时，遵守的是盲目或其他不精确的轰炸政策。[59] 因此，这表明了他们自己愿意向德国的非参战人员施加一定程度的附带伤害和死亡，而这一程度的附带伤害和死亡是他们不愿施加于法国平民的。这是不公平的；因此，对德国平民的附带损害是不成比例的。

战争一旦开始，还存在对战争行为的种种审慎的和道德的约束吗？此处，我在其现代意义上"审慎的"一词：基于我/我们自己的利益。无疑，明智的领导人会根据对他们自己及其共同体的后果来调整决定。但是，在传统中可以清晰地看到，除了一种受道德调整或实际上受道德指导的审慎之

---

[58] 因此，"直接"杀害无辜者被以下人员或机构解释为或作为一种目的，或作为一种手段的杀害：庇护十二世（12 November 1944, in *Discoursi e radiomessaggi* 6：191-2）、保罗六世（*Humanae vitae* [1968], n. 14）以及 the CDF（*De abortu procurato*, 18 November 1974, para. 7；*Donum vitae*, 22 February 1987, n. 20）.想要了解按照"作为一种目的或作为一种手段"对"直接"的类似解释，参见 Pius XII, AAS 43（1951），838（杀人）以及 843-4（绝育）and AAS 49（1957），146（安乐死）.

[59] NDMR 39-40，264-5，271-2. 当然，我此处谈及的攻击不是 1942-1945 年直接针对城市及其居民本身的常规英式清洗或"地区"轰炸突袭，但对铁路站或潜艇的袭击集中在基尔等城市。

外，并不存在融贯的、非任意的审慎，那种受道德调整的审慎尊重所有实践合理性的**所有**要求，例如公平以及尊重每个共同体中**所有**人的人性。因此，在最后的分析中，讨论一种不同于道德的审慎是徒劳的和令人误导的。马基雅维利主义尽管有着令人深刻的实践规则，以及对自利情感和手段美学的吸引力，也仍然只是经不起理性批判的合理化说明。因为马基雅维利主义不能证成其视野（horizon），即他所预设的一部分人或共同体的区分，这些人和团体的福祉被用来作为衡量审慎地"正确"行动的单位。所谓核威慑的悖论，只不过是审慎的不合理性（unreasonableness）的一个典型示例，这种不合理的审慎未能满足道德的第一原则要求。

VI. 极端情境中的道德

上一段暗示了传统对极端情形中（in extremity）的道德这一问题的根本回应。"绝境"意指**我们**（除非采取某些措施）将被压垮或摧毁的严重和迫在眉睫的危险。传统并没有表明，道德上妥当慎思的诸项要求不考虑这样的危险。相反，黄金法则的所有要求可能都会因这种类型风险的出现和程度而受到深远的影响。

所谓的战争规则包括了许多有效和具有约束力的规范，因为这些规范已经被习惯、契约或被习惯或契约授权制定该规范的机构的立法所**采用**（认定）。不仅现代国际公约如此，传统中有关战争的很多道德论述也如此，在这些论述中，这些规范被描述为**国家的法律**(有别于**自然法**)。[60] 现在，实证法当中也包括几乎被认为是实证法的**万民法**，它们的道德拘束力取决于黄金法则（连同这一理性要求，即一个人应关心他人福祉，从而关心其所属共同体的福祉）。由于已经从他人遵守规则的行为中获益，因此当我被要求遵守时，违反这些规则中的任何一条就是不公平的。前一句论述的原则尽管是合理的，且通常也具有决定性，却不是绝对的。也就是说，它并非毫无例外

---

[60] e.g. Vitoria, *De iure belli*, sec. 19 (*Political Writings*, 305); Suarez, *De bello*, 7.7 (Williams, trans., 820-41) 以及非常明显和基础的 *De legibu*, 2.19.8（引用上述第 46 个注释）。

地适用。因为如果现在的情形是：若他人是否会遵守某项规则时存在争议，我也不会希望和期望（要求）那些人遵守，那么，对我而言暂时不遵守可能就是公平的；我可以公平地这样做，是因为我确实会愿意为了他人在相似情形中**去**遵守这些规则。

因此，原则上，那些建立在习惯法、契约或法规基础之上的战争规则，很容易在极端情形中被搁置。与此同时，传统坚持认为，即使是实在法（**国家的法律，非自然法**），只要一条规则的采纳是**为了**并且是**希望**调整极端情形中的行为，其就不可能被正当地搁置。因此，由于公正审判死刑犯罪的那些规则正是为了因这些罪行而受审之人发现自己所处的极端情形而设计，那些因伪证而被定罪之人必须耐心忍受死亡，[61] 而且了解真相，但尝试所有努力后仍不能合法地证明真相（或排除伪证）的法官们，必须遵守证据规则并判处他们知道是无辜的人死刑。[62] 因此很可能存在这样的战争规则，尽管是实证法，但由于它们正是为了在极端情形下被采用，因此在紧急情形中并不会被排除适用。

此外，不是所有的"战争规则"都是完全实证的。一些战争规则是作为道德的（自然法的）根本原则的实践合理性基本要求的推论。并且，其中某些基本要求蕴含着没有例外情形的道德规范。康德所识别的总是将人视为目的本身（ends in themselves），而非纯粹的手段要求，是以下两项要求的综合：一项要求人们不能以眼还眼、以牙还牙（即使一个人能够公平地这样做），这一要求排除了所有纯粹报复的行为；另一项要求不能为了善的目的而为恶（诸如故意破坏、损害或阻碍基本的人类善）——反过来，每一项要求都构成向完整的人类实现开放的第一道德原则（爱邻如己）的推论。不要为了善的目的而为恶这一由根本要求所蕴含的无例外情形的道德规范，排除了意欲杀害（intending to kill）和故意杀害（intentionally killing）任何（无辜）之人。

但是，至少在某些极端情境中，为了阻止数千人灭绝以及一个体面共同

---

[61] Suarez, *De bello*, 9.5（Williams, trans., 859）.
[62] *ST* II-II q. 64 a. 6 ad 3; q. 67 a. 2 [参见第 4 卷第 17 篇论文的尾注]。

体的彻底毁灭而杀死多名无辜者（例如作为人质的儿童），这难道不是更小的恶吗？尽管整个传统非常关注防止不良后果的必要性以及可能的不良后果对公平义务的影响，仍然否认理性会将这种对无辜者的杀害视为更小的恶。[63] 它接受了苏格拉底、柏拉图和天主教的准则，即遭受不义比行不义更好（恶性更小），[64] 将陷害并杀死一个无辜的人比令所有人毁灭更好这一想法，[65] 视为可理解但根本上不合理的诱惑并加以拒绝。它接受了自我防卫的必要性，[66] 但拒绝罗马人和克伦威尔式（Cromwellian）的准则，即必要性面前无法律（necessity knows no law），认为这是不合理的且在道德上错误。[67] 更确切地说，该准则被赋予其恰当的、从属的作用：必要性（即极大的危险）可以使一个人有权对那些为人类便利而采用或关注非基本人类善的规则做出例外；因此正如公平所表明和允许的那样，关于斋戒和安息日礼拜的规则，或关于财产权利的规则，都可能被"必要性"压倒。[68] 但是，人类的基本善必须被无条件地予以尊重。

人们可以在传统中找到一些零碎的陈述，这些陈述明确面对了这一问题的严重性：

> 在这一情境中，同时也是理性规则的上帝的律法，提出了非常高的要求……教会宣称的那些原则，并不适用于某种理想、理论世

---

[63] 关于杀害无辜的人质，参见 Vitoria, *De iure belli*, sec. 43 (*Political Writings*, 319).

[64] Plato, *Gorgias*, 508e-9d; Vatican II, *Gaudium et spes*, para. 27; see *FoE* 112-20; *MA* 47-51.

[65] 对传统明晰的阐明参见约翰的 1：50；18；14.

[66] Vitoria, *De iure belli*, secs 1 (*Political Writings*, 298), 19 (305); Suarez, *De bello*, 1.4 (Williams, trans., 803); 4.10 (823).

[67] See *MA* 51-5; *NDMR* ch. 9.

[68] 格劳秀斯尽管不是天主教徒，但他足够准确地如是表述传统："'迫切需要'，塞尼卡（Seneca）说，'……人类弱点的巨大源泉，违反了每一项法律'，当然意指每一项人定法或模仿人定法制定的法律"：*De iure belli ac pacis*, 2.2.6.4（Kelsey 的译本，第 193-194 页）。在 1.4.7.1 (148-9)，他通过指出安息日休息这一神法，受制于极端必要情况下的默认例外，示例了后一种分类。亦参见 3.1.2.1 (599)。在阿奎那看来，这一格言 *necessitas non subditur legi*，即必要性并不受制于法律，只是被用来说明这一点：在如此突然以致来不及请示长官的紧急情况下，允许国民对法律作出一种他们认为会受到立法者（假定在道德上具有正当性的立法者）赞同的解释。例如，"禁止打开城门"可能被视为属于这样一种解释性例外，即"除了准许你自己从战场撤回的军队进入"，*ST* I-II q. 96 a. 6c and ad 1.

界或抽象的人性。它们直接指向现世男男女女的良知。它们是那些会在某些场合要求个人和国家做出英勇的自我牺牲的原则。因为存在这样的情境，例如在战争中，无论发生什么后果，若不实施绝对不能做的行为，自我防卫就不可能有效。例如，无辜的人质绝不能被杀害。[69]

相比这一陈述，以下陈述更经常地被提起：在任何事情都或看起来都迫在眉睫的情形中，有必要让人们做好承担因遭受不当行为（suffering wrong）而引起的繁重责任（the taxing responsibilities）的准备，而不是去实施这一不当行为。

可以肯定的是，传统对这种没有例外的道德规范的遵守，由于对上帝的旨意、救赎和永恒得救的承诺的信仰而得到巩固。但它在逻辑上并不依赖这种信仰。它在根本上也不是法条主义（legalism）：在这种主义中，没有例外的规则可能会由于对例外所造成的坏的结果的恐惧而被提出（例如，通过对允许的无限制扩展）。相反，它将自身理解为对关于理性要求什么的真理的无条件遵守。对传统的理解和辩护因此依赖对这些主张的批判，即理性并不能证明这些（或任何）没有例外的具体规范。[70]

Ⅶ. 对政治权威的抵抗

传统对如此模糊、委婉且具有现代特征的"抵抗"一词并不满意。抵抗曾是试图推翻德国人在法国的统治，而通过认真反思，应当知道这一冒险举动究竟是什么以及与公民不服从或其他的不服从有什么不同。

传统对暴力推翻政府的反思，正如其对国家间战争的反思一样，通过私人权利与公共权威、防卫与惩罚的相同的辩证逻辑进行。因为这样的推翻确实是一种类似战争的冒险（a war-like venture）。有两种可能会被正当推翻的不

---

[69] 大不列颠大主教，"Abortion and the Right to Live"，24 January 1980, para. 24.
[70] 这样的批判在例如 MA 中是容易找到的。

正义的政府类型：（1）那些不公正地以暴力夺取政权且没有因时间的流逝和替代者的缺乏而合法化的政府；（2）那些合法上台执政但统治得明显严重不公正（掠夺、谋杀、陷害等）的政府。[71] 如果上述任何一类政府为了杀害或残害而追捕某些个体公民，这些公民在行使他们的自卫权时就可以正当地使用暴力，而且这样做不一定会因为它将导致杀害最高统治者的副作用而不可接受。[72] 但也因此，任何普通公民都不能正当地像对不当行为的惩罚（或抱负）那样，杀害无论多么邪恶的任何或所有统治者，一如普通公民不能因为他们正在执行死刑（或复仇），就正当地杀死一位众所周知的杀人犯一样。[73]

不过，难道这样的公民不可以声称是在保卫共同体免受政府未来的罪行吗？对于政府已经正义地拥有权力或已获得统治之道德授权的情况，传统给出的答案是：是的，如果这样的公民设法阻止的不义行为（wrongs）是暴力的，而非其他的情形；因为在任何其他的情形中，这一企图等于发动一场攻击性战争，而发动攻击性战争绝不在私人的权限范围内，正如普通公民不能正当地诉诸个人暴力使伪造者（forger）丧失行为能力一样。在政府以不正当的方式掌权且仍然未正当化的情形中，传统愿意把无论其本身多么和平的统治行为均视为对共同体持续的不公正的暴力行为（强盗行径）。因此，除非公共体通过某个公共行为明确表示它不希望被解放，任何私人个体都拥有推翻一个不正当政府暴力的默示的且被预设的公共权威和推定同意，这不是一项惩罚行为，而是自己、国家以及共同体中所有无辜成员的防卫行为。[74] 当然，这样一项行为肯定满足适当的动机、穷尽其他可能选择、成功的可能

---

[71] Suarez, *De iuramento fidelitatis regis Angliae* (1613), 4.1 (Williams, trans., 705).

[72] *Ibid.*, 4.5 (709). 一如往常，统治者的死亡或推翻的副作用仍有待评估，以判断招致这些副作用的公平或不公平。

[73] *Ibid.*, 4.4 (708).

[74] *Ibid.*, 4.11-13 (714). 阿奎那在其早期的 *Sent.* II d.44 q.2 a.2c 中，根据这一基础，将杀害尤利乌斯·恺撒视为正当的。

性以及在接受可预见的不良副作用时的公平性等所有其他相关要求。[75]

任何暴力推翻政府的尝试都会产生非常糟糕的副作用,这种风险往往是巨大的。传统在很大程度上反复教导着谨慎的重要性,并强调倾向于抵抗的非暴力或"消极"形式的普遍可欲性;传统的这种教导和强调总是发生在这样一个更广泛的教导背景下:政府和实证法创造了道德义务,这些被创造的道德义务尽管不是绝对的、不能废弃的或总是强有力的,但它们意义重大,除非所讨论的政府权力的行使确实不公正,它们在所有情形中战胜了国民相反的倾向和愿望。传统也承认不存在旨在推翻不正义政体的革命性暴力的其他可证成的不服从情形,这种革命性暴力即针对不正义政体的战争行为。

首先,有一类重要情形,在这类情形中,行政或法律规定要求履行不道德的行为(例如,将犹太人移交给纳粹当局)。违反这样的规定既是允许的,也是必须的。

其次,政府(甚或私人)财产可能专门用于从事邪恶活动:集中营、奴隶船、**堕胎**(abortoria)、人类胚胎实验设备、凭借那种涉及城市交换(city-swapping)和最终的等值报复(final countervalue retaliation)的战略部署、用于威慑的核武器,等等。在摧毁财产并阻止邪恶的活动可能会使一些人免于严重不公正的情况下,那些行动将有正当的理由。

最后,存在所谓严格意义上的公民不服从。这在实质上涉及以下三点:(1)公然违反法律;(2)表达对该法律的抗议,或对与该法律的某种适用密切相关的公共事物的抗议;以及(3)随时接受法律制裁(在其他可证成的不服从情形中,这一接受不是道德上所要求的)。这种违反不得涉及做任何其他不道德的事,而且其方式和情况必须向其他人表明:不仅它**象征着**反对某一重要的且清晰确定的法律或政策问题,而且这种反对追求的是正义,而不是利益。鉴于公民不服从不得涉及做任何其他不道德的事,其正当性证

---

[75] Suarez, *De iuramento fidelitatis*, 4.7-9. "教会的教权承认,[诉诸武装斗争]是结束一种明显而长期的僭政的最后手段,这种僭政严重损害了个人的基本权利和共同善": CDF, Instruction on Christian Freedom and Liberation, *Libertatis conscientiae*, 22 March 1986, para. 79.

明不包括对任何人使用武力。它也不包括对和个人福祉紧密联系的财产的破坏，这些财产的破坏、移除、暂时或永久的失去将严重破坏个体的福祉。最重要的是，它不适用这一准则，即"邪恶可以被做，因为［更大的］善可能会继其踵而至"；事实上，这是支持大部分（尽管不是全部）试图为构成公民不服从所反对的目标的法律、政策、提议贡献证成依据的格言。如果公民不服从运动的参与者诉诸这一准则，并因此意图在促进他们的目标而非自卫中实施真正的伤害，所谓的公民不服从就会遭到败坏和腐蚀。在可证成的公民不服从中的"伤害"，必须是一种能够在他们的所有语境下（正如在上述给出的定义中阐明的那样），为其正直的同胞接受为本质上并非单纯的、本真的道德政治关切的生动表达，因此并非真正伤害的一种行为。此处最基本的类比是在足球场上向别人或者自己所受到的拳击，或在交通高峰时段的人群中的触碰或推搡；在它们的所有语境下，这些"伤害"都不是伤害，即使在某些语境中，它们会构成攻击。[76]

公民不服从最根本的意义和证成是要**表明**：所讨论的那些法律或政策的邪恶使它们脱离了一般性的政治和法律网络，并挫败了国家或政府自身的正当性，即一种建立在正义之上的正当性，而不是基于对利益的计算，在这种计算中，无辜者的生命可能因他人的利益而被直接牺牲。

Ⅷ. 对战争与非暴力的态度

传统在与大量习惯法（**万民法**）的共存中出现并繁荣，这些习惯法中的某些部分被传统所改变，但是某些部分曾经被满意地接受，现在却看起来令人不安。但在任何时候，传统都不是对战争的一种辩护（an apologia for war）。相反，传统的要旨一直而且越来越明确地告诉我们，除非满足若干条件，战争**肯定是不正当的**。它不相信许多战争是正义的，也不相信任何战争中的行为事实上摆脱了邪恶的不公正。即使告诉我们（正如它过去做但现在几乎没

---

[76] 进一步参见 *NDMR* 354–7.

有做的那样）惩罚有罪的统治者及其代理人的攻击性战争可能会被证成时，该传统也要求战争必须作为最后的手段，只有在沟通、谈判以及为了和平在可行的情形下放弃权利等情况失败之后才能发动。

传统仍在基于其基本原则向前发展。我认为，那些基本原则意味着：战争只有作为防御才能被正当化。在没有世界政府的情况下，没有国家或政治共同体或统治者能够正当地主张惩罚的权威；那种权威先前以之为基础的习俗〔77〕现在应当被视为不道德的和无效的。在这些情形中，声称行使这样的权力所做的显然只是再次产生争斗的实践。又假如存在一个世界政府，其统治者对各共同体享有的正当权力将是警察权：采取措施将违法的个人绳之以法，在采取这些措施的过程中为他们自己辩护并镇压抵制，但除非通过不偏不倚的司法审判和公共判决，不对整个共同体和个人实施惩罚。

当传统发展到这一点时，人们可以看出，传统的基本原则隐含地意味着对一种信念的拒绝，这种信念不仅在传统中是明确的，而且在经典的和平主义（pacifism）和"政治现实主义"（political realism）中也都是明确的，即战争肯定涉及**意图杀人**的信念。阿奎那讨论私人自卫时所涉及的行为分析意味着，正如他明确指出的，被预见为很有可能或明确会杀人的防卫行为可能以没有任何杀人意图的方式做出。一个人对这样一种防卫行为的选择应当只能是为了阻止攻击，并将攻击者的死亡接受为一种副作用，一种由唯一可行有效的防卫措施不可避免地造成的副作用。这样的选择并没有违反那些排除了会破坏基本善的所有选择的绝对道德规范。只要满足以下条件，这些选择将是可证成的选择，即只要其不涉及违反任何其他的要求尤其是公平的要求，后者主张一个抵御无害打击的致命行为不可能是一个公平的选择；那些本身行为不正义的人，不能公平地诉诸致命的武力以抵抗那些合理地试图逮捕他们的人。

政治社会的行为结构可能与个人自卫行为的行为结构相同。致命的行为可以被选择，但并不是出于杀害那些正使用武力以支持其挑战正当秩序的人

---

〔77〕 Vitoria, *De iure belli*, sec. 19（*Political Writings*, 305）；参见上述第46个注释中苏亚雷斯的引述。

207　（其他的社团及其成员）的精确目标，而只是挫败那一挑战。如果社会行为仅限于使用达成其适当目的所必需的武力，那么，那些挑战社会正当秩序之人的死亡所带来的副作用，可以正当地为人们接受。[78] 无辜者（非参战人员*）与非无辜者（参战人员**）之间的区别依然存在：致命的武力可以被正当地用来对付那些其行为是敌方社会不正当使用武力（对付参战人员）之一部分的人，但不可以被正当地用来对付其他人。无辜者（非参战人员，那些不参与使用武力对抗正当秩序之人）不能正当地成为致命武力的目标。

即使通过排除对战争的惩罚性证成和战争中杀人的意图，而得到了实质性的发展和重新界定，传统也完全地排除了和平主义（pacifism），即这一主张：致命武力绝不可能被正当使用。和平主义并非发现于《新约》[79]（其中天主教对自然法的理解已经出现）中，后者被解读为一个完整的整体。在《新约》中的确出现的内容是，一些致力于非暴力（无条件放弃这样使用武力）的个人和团体的使命证明了以下真理：像所有真正的善一样，和平是天赐的礼物，是神恩典的礼物，是神圣恩典通过治愈性的仁慈与和解这一特别方式的礼物；而战争，尽管其目的在于和平，但永远不可能成为和平的有效理由（efficient cause）。

---

[78] 进一步参见 NDMR 309-19。

* 此处英文原文括号内为"combatants"（中译为"参战人员"），疑是错误，正确的似乎应为"non-combatants"，故译文此处处理为"非参战人员"。——译者注

** 此处英文原文括号内为"non-combatants"（中译为"非参战人员"），疑是错误，正确的似乎应为"combatants"，故译文此处处理为"参战人员"。——译者注

[79] See Grotius, *De iure belli ac pacis*, 1.2.6-8 (Kelsey trans., 61-81).

第四部分
自主、安乐死与正义

第 14 篇
安乐死与正义*

I. "安乐死"

创造"安乐死"这一术语是为了以一种修辞的方式发挥说服作用,但这一术语并没有被普遍接受,在哲学上也没有确切的核心含义。

荷兰医学界和民政当局如是界定安乐死——应死者请求而杀害之。但我把这种情形界定称为**自愿安乐死**(voluntary euthanasia),以使之区别于无意愿安乐死(non-voluntary euthanasia)(在这种情形中,死者既不能作出也不能拒绝作出这样一项请求)和非自愿安乐死(involuntary euthanasia)(在这种情形中,死者能够作出这样一项请求,但没有这样做)。[1] 可以肯定的是,荷兰医务人员故意杀死患者的行为,虽有民政当局或多或少的明确许可,但远远超出死亡是应死者请求的那些情形;荷兰安乐死的实践包括无意愿安乐死以及或许某种非自愿安乐死。无疑,(正如我们将看到的那样)荷兰通常把有时从"积极"安乐死与"消极"安乐死之间得出的区别,视为与道德无关而加以

---

* 1995b,本文由我与约翰·哈里斯(John Harris)论争的三个阶段组成。此处诸节是从头至尾连续编排的。哈里斯和我独立写出我们各自的第一篇论文,且彼此没有互看对方的作品;我们第二部分的论文是各自对于对方第一篇论文的回应(同样也是在没有互看对方回应的情况下写就);第三轮的写作方式同第二轮。因此:我的第一篇论文是本文的第 1-4 节,第二篇论文是本文的第 5-8 节,第三篇论文(在一个简短的序言之后)是本文的第 9-12 节。

〔1〕 这些"自愿"安乐死、"无意愿"安乐死、"非自愿"安乐死的定义,与上议院医学伦理特别委员会(the House of Lords Select Committee on Medical Ethics)(沃尔顿委员会)采用的那些定义相符(参见 House of Lords Paper 21-1 of 1993-94,para. 23),而且这些定义似乎比哈里斯在《生命的价值》(The Value of Life)一书的第 82-83 页中提供的不同定义更可用。

拒绝；此处，"积极"安乐死即为了加速死亡而使用技术或手段而杀人，"消极"安乐死即通过不提供食物和/或治疗而杀人，若无终止生命的决定和意图，这些食物和/或医疗是本应提供的。

在纳粹的话语中，安乐死是通过医疗手段或由有医疗资质的人员实施的任何杀人，无论该杀人行为是否意图终止一个不值一过的生命的痛苦和/或负担，或尊严，或是否意图某种更明显的公共利益，诸如优生学（人种纯化和保健）、栖息地（德意志人的生存空间）和/或将用于"无用人口"的资源浪费最小化。

在多元民主化的今天，人们不愿与纳粹的观念和实践联系在一起是可以理解的。种族优生学依然受到谴责，尽管人们偶然会谨慎地提及供养严重精神残障者的负担和无益。更为流行的是某些种类的生命不值一过的观念；在这样一种状态中的生命有损病人的尊严，维持它（除非应病人的明确请求）侮辱了那种尊严；对病人及病人最佳权益的应有尊重，都要求结束那样的生命。

鉴于本文旨在提出一种反对安乐死的哲学解释，我对安乐死的有效定义应当满足两个要求。该定义应当确保，根据其最吸引人的真实描述，就能够识别出我所反对的提议类型。该定义还应识别如下全部范围的提议：鉴于适用相关道德原则和规范之目的，这些提议全都在同一道德意义的类型范围之内，而且是单一的道德结论的对象。

因此，我把**安乐死**的**核心情形**界定为采纳并实施这样一项提议：作为给予某人的医疗护理之一部分，提议他或她的生命应当被终止，理由是终止对他或她会更好（或至少无害）。但是，对这一定义应当附加两个相关的且相互关联的要点。如果正如我将主张的，某些道德规范排除了安乐死的核心情形，那么，无论在医疗护理的语境之内或之外，同样的道德规范都将排除所有旨在终止人生命的提议。（只要这些提议的理由是，通过减轻人的痛苦或负担，终止人的生命是有益的。）另外，反过来说，如果没有在道德上排除安乐死的核心情形，那么，在医疗护理的语境之外终止人的生命，和/或基于可至少减轻**他人**负担而使之获益的理由来终止人的生命，这两类提议也都不会遭到排除。

　　表明这最后一点，不是暗示源自准许典型的安乐死所产生的预期不良后果的某种粗糙的"滑坡"论证。它只是在一开始就预先表明：无论那些在讨论中显得岌岌可危的真正的道德原则，抑或任何貌似有理的（尽管非真正的）原则——如果这些原则是真正的道德原则，便会证立典型情境的安乐死——都不会使我们有理由认为：道德论证的结论，可能取决于致命行为的医疗（或非医疗）特征或语境，或取决于那个（些）被为其益处而终止生命之人的身份。换句话说，它是在表明，人们会在这一带发现那种有效[2]且精致的"滑坡"论证，该等论证不太注意对将来结果和事态的种种预期和假设的价值评价（attempted evaluative assessments），而是注意融贯性在判断中的意义。

　　有一种源自融贯性的有效论证（arguments from consistency）会认为：**为了终止生命而采用故意不作为（或克制或节制）（"消极安乐死"）与出于同一目的而采用"一种故意干预"（"积极安乐死"）之间，不存在道德上的相关区别。**因此，我对狭义上的安乐死核心情形（the narrow central case of euthanasia）的定义，实际上要宽泛于像沃尔顿委员会[3]这样的一些主体所提供的定义；这些主体希望（出于好的理由）反对安乐死，但（出于没有原则上可觉察的理由）又不愿质疑"意图终止生命的积极行为"与"意图终止生命的不作为"之间的界限——例如在 *Airedale NHS Trust v Bland*[4]案中，由承认该案法律空缺（legal misshapenness）和道德不相关性的上议院贵族法官得出的界限。[5]

---

　　[2]　See Douglas Walton, *Slippery Slope Arguments* (1992).

　　[3]　Report of the Select Committee on Medical Ethics (Chairman Lord Walton), 31 January 1994 (House of Lords Paper 21-1 of 1993-4), paras 20-1.

　　[4]　[1993] AC 789.

　　[5]　See essay Ⅱ.19 (1993c).

Ⅱ. 意图如何重要

上议院在 *Bland* 案后组建的医疗伦理特别委员会（沃尔顿委员会）于 1994 年初报告，一致拒绝"越过那条禁止任何**故意**杀人的界线，那条我们认为有必要维护的界线"的任何提议。[6] 委员会把"禁止故意杀人"描述为"法律和社会关系的基石"。[7] 随后，他们通过直接拒绝以下观点[8]表明了他们对**意图**的本质和重要性的理解：在明知药剂量既会减轻痛苦又会缩短生命的情况下，施用止痛剂或镇静剂的对错并不取决于用药时怀有的意图，而只取决于各自结果的相对价值。委员会的观点如下：

> 我们感到欣慰的是：医护团队的专业判断，能够被用来允许增大**为了**缓解症状而施用的药物（无论止痛剂还是镇静剂的）剂量，即便这缩短了生命。在某些情形中，患者可能比不给他们增大剂量死得更快，但在我们看来，这不是拒绝能够提供缓解的治疗的理由，**只要**医生**抱着**减缓疼痛或不幸的**目的**，且**不怀杀人的意图**，按照负责任的医疗实践去行为……医生的意图以及对患者所遭受的疼痛和不幸的评估，在判断双重效果时都具有至关重要的意义。如果这一**意图**是减轻疼痛或严重的不幸，而且所给予的治疗合于那个**目的**，那么，可能的双重效果应当不是给予这种治疗的障碍。一些人可能认为，意图不容易确定。但是，陪审团每天都被要求评估各种案件的意图。[9]

---

[6] House of Lords Paper 21-1 of 1993-94, para. 260. 此处同别处一样，重点都是我自己添加的，除非有特殊说明。

[7] *Ibid.*, para. 237.

[8] 英国人文主义协会寄涵给委员会，信函内容如下：在我们看来，双重效果原则似乎是一个在道德上尤其有害的诡辩。当一个既定的行为存在两个结果，一个好结果，一个坏结果，只有好结果在道德意义上压倒了坏结果，该行为才得以证立；且两个结果的道德权重取决于两个结果本身及整体的背景，而且完全独立于医生自我描述的意图。(*Ibid.*, para. 76.)

[9] *Ibid.*, paras 242, 243.

在这一段落中，委员会合理采用了日常用语所采用的一些同义词，用作其关键性通用术语"意图的"（intentional）所意指东西的替代表达："怀有……的意图"（with the intention to）、"为了"（in order to）、"目的在于"（with the objective of）以及"为了那一目的"（to that end）。[10]

我提及沃尔顿委员会的结论，并不是要诉诸权威，而是要指出最近许多哲学研究中所确认的一个事实的简便证据。意图是一个棘手、复杂和有用的概念，完全配得上其在道德慎思、分析和判断中的核心作用，因为它辨识出了慎思和选择的核心事实：在由**选择**所**采用**的优先于替代性建议（包括：什么也不做）的计划或行动**建议**中，手段与目的之间的联系。一个人所意图的东西就是一个人所选择的东西，无论作为目的还是作为手段。一个人的意图中所包括的一切都是其计划（建议）的一部分，无论作为目的还是作为影响其目的的方式。该计划的诸部分往往通过诸如以下这样的短语得以辨识："试图"、"为了"（in order to）、"怀着……的目的"、"以便"或足够常见的、普通的"为了"（to）。

近年来，英国法院坚决反对一种由法律学者多年广泛推进的观点。这一观点是亨利·西季威克（Henry Sidgwick）最明确提出的：

> 为了进行准确的道德或法律讨论，最好是在"意图"这一术语下包含一项行为的所有后果，一项行为被预见肯定发生或可能发生的所有后果。[11]

上议院贵族法官已在 *R v Moloney*（1985）和 *R v Hancock*（1986）两起案件中确定，按照西季威克的思路指示陪审团是一个致命的误导。对后果的预见显然与被指控者意图什么这一问题相关，但是陪审团可以理所当然地坚持认为，一个人所预见的很可能甚至必然源自其行为的东西，仍然不是其所

---

[10] 因此，委员会明确表示，他们将"意图的"与"故意的"或"怀着……的意图"等同使用，而且不是在较弱意义上使用之（相当于"不是无意的"，即不是偶然地、失误地或意外地）；该较弱的意义出现在对这些议题的某个常见用法和某些哲学论述之中。

[11] *The Methods of Ethics*, 202.

意图东西之一部分。[12]（而且法官们希望有关谋杀法的"法律讨论"与健全的"道德讨论"相符。）边沁、西季威克、霍姆斯和格朗维尔·威廉姆斯（Glanville Williams）的"间接意图"根本就不是"意图"；它是预见和接受一个人将引起某某作为意外后果（side effect）的一种状态。上述思想家们都主张，一个人对已预见的（或可预见的?）意外后果，**应当**对其故意引起的后果负有相同的道德责任。但是，这种主张并不取决于对行为清楚且现实的分析，而是取决于一种有关真正道德规范之内容的（高度有争议的）理论。在有关人类行为的健全理论中，功利主义者构建的"间接意图"是一种纯粹的想当然，但为常识、法律和严谨的哲学等所熟知的**意图**却是行为的核心事实。它是一个人在选择按照**这个**建议/计划而非那个或那些建议/计划行为的过程中形成的东西。在实现一个人意图的过程中，一个人**所做的**正是其所意图的东西。对一个人的行为基本且恰当的描述，以及该行为作为一项人类行为的基本特征——参考相关道德规范在道德上是可评估的，都被一个人意图的东西、打算做的东西确定下来。

因此，在常识和法律中，在为了减轻某些人所遭受的痛苦和折磨而选择用药物（例如为了不引起怀疑施用了超过三天的剂量）杀死他们，与选择通过在由药物缓解疼痛的能力所决定的剂量内、施用药物来减轻某些人的疼痛、同时预见到那个剂量的药物会在例如三天之内引发死亡这两种情形之间，存在一种直接的、非人为的实质性区别。前一种选择，在法律和道德上都是谋杀（有可以减轻罪责的情节）；后一种选择则不是。后一种**可能**仍然在道德和法律上应受责备，但那不是因为排除了故意终止生命的道德和法律规范，而是因为其他的法律和道德规范：那些规范适用于不公平或以其他不合理的方式引起和接受意外后果的情形。因此，如果疼痛无论如何都有可能减轻，且患者无论如何都并非处于垂死状态，那么，即使作为减轻疼痛的一个意想不到的后果（意外后果），强加死亡（imposition of death）通常也是极其

---

[12] See essay II. 10 at 174-5, 182-3 (1991b at 33-5, 45-6); Goff "The Mental Element in the Crime of Murder" at 42-3.

不公平和不合理的，在法律上尽管不属于谋杀，但也属于过失杀人的情形。

作为手段或目的被意图的东西与作为意外后果被接受的东西之间的区别，并不取决于意外后果是否被希望、受欢迎或被不情愿地接受。倘若一个人坚决不调整他的计划，以便使意外后果更有可能发生，那些意外后果就可能作为没有被意图的"额外所得"而受到欢迎。对某些人来说，欢迎死亡的到来可能是合乎情理的，正是因为死亡涉及苦难的终结或被设想为天堂之门。当然，这样一种对死亡的渴望可能会是或变成一种诱惑，诱惑形成一种终止或确保终止一个人生命的意图，即使只是一个附条件（"如果事情变得更糟，我将……"）或假设的意图（"如果我有勇气去做，我会……"）。但是，对死亡的渴望并非一定导致形成这样一种可理解的但总是在根本上不同的（且不道德的）意图。

因此，谴责安乐死是一种意图杀人的道德论证，并没有谴责引起作为意外后果的死亡的药物使用，也没有谴责一些人对死亡具有的渴望。它也没有谴责那些人的决定，那些人拒绝经受某些挽救生命或维持生命的治疗形式，因为他们选择避免由这种治疗所强加的负担（例如，疼痛、毁容或花费），并将更早开始他们的死亡视为那种选择的意外后果。这样的决定可能或多或少是不道德的，因为缺乏有理性的献身中（reasonable commitment）的不屈不挠和/或坚忍不拔，或因为对被抚养人或同事不公平，等等。但倘若他们无论如何都不涉及通过不作为来终止生命的选择（意图），那么，他们便不是自杀，且基于某人的利益而作出的类似决定不是安乐死。

翻到硬币的另一面。通过不作为——饿死某人或不给他们胰岛素，诸如此类——而意图终止生命与通过"故意干预"（"命令""积极安乐死"）而如此同样都是谋杀。至少 Bland 案中大多数上议院贵族法官没有直面这个问题，他们经由对"照顾义务"的混乱分析，不知不觉地陷入一个一个无异于否认意图之重要性这一本质的立场。且沃尔顿委员会如此不幸地安排了他们的定义和讨论，以致他们甚至设法避免面对通过故意不作为识别安乐死的需要，以及把安乐死从拒绝或阻止难以负担的或无甚益处的治疗中区别出来的需要。

III. 意图为何重要

　　一个人意图（并做）什么与一个人接受什么作为预见的意外后果，这之间的区别有重大意义，因为自由选择是至关重要的。只有当一个人在不兼容的、可供选择的可能目的（X 和 Y，或 X 和非 X）——由于这些目的所提供的可理解的善（工具性的和基本的），他认为它们是可欲的——上受到理性的激发，才存在自由选择（从与道德相关的意义上说）——而且只有其选择本身确定了哪个选项被选择。在选择中，一个人采用了一项提议，该提议引致了某些事态——该人的工具性和基本的目的——这些目的正好是根据使它们似乎在理性上具有吸引力且可选择的描述得以辨识的。可以说，一个人由此采用的东西是一个人意志即作为行动者的自己的合成。受理性激发的选择，受到理由支持，从来不是特殊的。因此，一个人**变成**他看到理由去做、选择、设定他自己做并实现的**那种**事情的行动者——简言之，他变成了有**这样**一种意图的那种人。只有相反的自由选择能够逆转这种自我建构。

　　在自由选择中，形成意图不是拥有一种内在感觉或印象的问题；它是**设定自己**去做某事的问题（此处及附近的"做"和"行为"包括诸如饿死一个人的孩子等故意不作为）。除意图外，没有任何自由意志（voluntariness）的形式——例如，明知一个人本应不选择其已选择的东西，避免引起意外后果——能够拥有真正形成一项意图的自我建构的重要意义。

　　意图之物与附带后果之间的区别，在道德上具有重大意义。一个选择（意图）破坏、损害或妨碍一项基本人类善例示的人，其选择和行为与由那项基本人类善所构成的实践理性相反。选择与理性相反，除非一个人有理由这样做，且这种理由在理性上优先于不这样做的理由，否则绝不可能是有理性的——并因此它在道德上永远无法令人接受。但是，凡**不**去行为的理由是一项**基本的**人类善——在一个人们会选择通过如此行为去破坏、损害或妨碍的实例中——就不可能存在一个于理性上优先的理由去选择如此行为。［因为诸基本善是能够参与它们之人的诸面向，且它们在特定人身上的实例作为行动理由不可能在理性上彼此通约。事实上，如果它们能够通约，根据某种尺度被衡量为较低的理由会因这一事实不再是一个**理由**，而位阶较高的理由拥有较低级别理由的**全部**价值**以及一些额外价值**的更高级别的理由，在理性上不会遭到反对；此时将不再是一种于道德上具有重大意义的选择，在理性上有吸引力的诸选项之间的选择。但是，复言之，因为包括自由选择之自我建构性重大意义在内的许多因素，行动的可供选择的提议涉及的、**先于道德**判断和选择的行动理由（诸善与诸恶）不可通约。不道德的提议——尽管不完全合理，但能够且往往的确具有理性上的吸引力，以及在正确与错误之间于道德上具有重大意义的选择，仍然是非常可能的。]因此，一个**意图**破坏、损害或妨碍一项基本人类善例示的人，其行为一定不仅仅与一项理由相反，而且与理性相反，即不道德的行为。

　　用非常抽象的术语来说，这些是更具象、更传统的道德智慧的理论基础：存在不可能通过任何目的得以证立的手段；不行恶，便是扬善；遭受不义，好过行不义——不去提及康德在反对早期功利主义时所作的重述：把自己和他人的人性总是视为目的，而绝非纯粹的手段。

　　赋予上述原则特性的无例外道德规范是——且，如果道德将要给认真的慎思以一贯的指导，肯定是——消极规范，关于什么被选择和意图而不是关于什么作为意外后果被引起和被接受的消极规范。但是，尽管一个人总能克制选择伤害一项基本人类善的实例［即克制诉诸不可证立的手段、行邪恶、为不义、把某人的人性（someone's humanity）视为纯然的手段］，但他**不可能**避免对人类善的某些实例**造成伤害**。因为每一项选择和行为都会对某个（些）基本人类善的实例有着某种或多或少直接或间接的消极影响——以某种有助于损害或妨碍某个（些）基本人类善的实例的方式。而且，既然这样的伤害不可避免，故它不可能被理性的行动规范排除。因为道德规范只是排除了我们对其有某种控制的非理性；它们没有排除接受我们作为理性行动者面临的不可避免的限制。只有当这样做与另一种理由——一个恰好与选择/意图本身无关，而宁与接受、意识和因果关系有关的理由——相反时，接受——明知造成——对基本人类善的伤害作为意外后果才会与理性相反。诚如我涉及用缓解疼痛的药物或拒绝或阻止挽救生命的治疗等选择时所指出的，肯定存在另一种理由——尤其是公正和公平的理由（黄金规则）以及起因于角色责任和在先承诺的理由。不过，一个人能够确定的是，有害的意外后果还**不**至于给出理由来拒绝一项选择，如果可行的替代性选择涉及**意图**破坏或损害一项诸如某人生命的基本人类善的某种例示。

Ⅳ. 为何选择终止幼者、病者和/或老者的生命总是错误的

219　沃尔顿委员会在表达了禁止故意杀人是社会关系基石的判断后，立即补充道："它不偏不倚地保护了我们每一个人，体现了**众生平等**的信念。"[13] 谁/什么是众生？答案显而易见：人们（people），包括弱势和处境不利的群体。[14]

借助什么（如果有的话）是人们，连同所有他们多方面的差异，平等且如此有权被珍视并被视为——不只是**好像！**——众生平等？回答上述问题也是回答这样一个问题：是否以及为什么人的生命是一项基本善，而这项基本善在其任何一个例示（活着的人）中，一个人可能永远不会正当地选择摧毁的一项基本善。

全体人类（human beings）有什么共同之处？共性乃是他们的人性。这不是纯然的抽象或有名无实的分类；也不是康德空洞、纯理论的把人的人性降低到并不与其他地球生物共享的人的本质的那个方面：人的理性和理性的意志。相反，人之人性是人生活的能力，不是过一株胡萝卜或一只猫的那种生活的能力，而是过一个人（a human being）的生活的能力。且一个人拥有这种根本的能力不再是纯粹的抽象；事实上，它是一个人真正的生命，一个人作为一个活着的人的存在。胡萝卜和猫也活着。但人的生命并非部分是胡萝卜的生命，又部分是猫的生命。它完完全全是人具有人的新陈代谢、意识、感觉、想象、记忆、反应性和性欲以及人的好奇、联想和沟通、慎思、选择和

---

[13] House of Lords Paper 21-1 of 1993-94, para. 237.
[14] See *ibid.*, para. 239.

行动等的一种能力——或多或少地在诸如醒着、睡着、幼年、创伤性昏迷、衰老等各种存在状态中实现。失去人的生命就是失去了所有这些能力，这些人的人性的具体表现形式；就是失去人之为人的真正现实。

这一现实完完全全是一个人、一个有着慎思和选择根本能力的存在的现实。诚如我已说过的，自由选择在参与可理解的诸善过程中，从内外决定中获得的自由以及形塑世界和自我决定的创造性，都是精彩的。个人的生命因此具有了尊严，传统力图以"神的形象"这一短语——诸如苏格拉底、柏拉图和亚里士多德等严肃的哲学家，都没有将这一短语作为纯粹神学的繁荣、无关哲学对万物终极原则的反思而不予考虑——予以表达的尊严。[15] 在睿智思考、按照正直和完全合理性的正义选择和行为的人们与共同体的倾向和活动中，那种尊严得以最充分的体现。但是，再说一次，思考（以及坦率地思考）和选择（怀着全部合理性的自由，不受转向的情绪羁绊）是**重要的**活动、生命机能，是人在新陈代谢、感觉、想象、智力和意志等所有活动中实现的根本、变化发展的能力（dynamic capacity）的实现。

所有活着的人都具有这种以人的方式——明智地且自由地——参与人类善的根本能力。那是，每一个起因于人的受孕且有着足够正常人体的表观遗传原始细胞（epigenetic primordia）[它是每一个葡萄胎（hydatidiform mole），以及甚至更明显的，每一个人的精子和每一个卵子所缺少的]作为某种智力活动的身体基础的活着的存在，都是一个真正的属人的存在，一个具有人性的人。但是，再说一次，人的生命并非补充了动物生命——补充了智能生命——的植物生命；它是整体存在的一种生命。因此，一个一旦拥有人的（并由此是个人的）生命的存在，就会依然是一个人，当那种生命（动态原则支持那个存在的完整的器官功能的）继续存在，直至死亡时。凡人脑尚未发育完全或已经如此受创以致不能修复，甚或被损毁了其智力活动的能力，则人就是发育不全的人或被损害的人。

另一种选择是某种二元论，根据这种二元论，一个人寄居并使用一个活

---

[15] See e.g. Aristotle, *Metaphysics*, XII. 7-8：1072a18-639.

着的、有机的人体,当那具身体处在一定的发展和健康状态时;但在其他时候(稍早以及在很多情形下又稍晚),人就离开了那具身体,因为它尽管活着,但尚不能够或不再能够支撑个人的存在。但是,二元论——每一种这样使人的肉体生命与人或自我分开的努力——已经受到毁灭性的哲学批评。因为对个体存在的二元性说明着手于成为有关某事物的一种理论,但结束于不能够拣择出关于其要成为理论的任何统一的事物。更具体地说,它着手成为关于作为一个统一且存续的自我——一个总是在器官上活着,但只有不连续的意识,且不时地探究和判断、慎思和选择、交流等——的人的个体同一性(one's personal identity)的一种理论,但是,每一种二元性理论都使得人们无法说明一个人在其有意识做的每一项行为中经历的错综复杂的统一性。我们比世界上任何其他个体都更为密切和透彻地经历了这种(复杂的)统一;事实上,对我们而言,它是实质统一和一致的真正典范。当我写这一点时,我是一个人,而且是我敲击键盘的手指、我在键盘上感受到的知觉、我正表现的思想、我写这篇文章的承诺、为表达自己对电脑的使用等的同一个主体。那么,诸种二元论说明无法解释**我**;它们告诉了我大约两个事情,一个是非肉体的人(non-bodily person),另一个是非人格的肉体(non-personal body),这两者中的任何一个我都不能将之视为我自己,而且那些我通过说、笑等与之交流我的感知、知觉、思想、欲望和意图的人们也都不会把这两者之中的任何一个认作是我。对人类存在的认真的哲学反思,拒绝了许多生物伦理学家肤浅的、机会主义的二元论;这些生物伦理学家想要证立对幼、弱或其他被损害者不能自愿的杀害,但是,出于某种不可解释的(ill-explained)理由,这些人不情愿地接受了这种杀人并将不少人置于死地。它也暴露出这些生物伦理学家试图在"被视为人的活着的属人的存在与尚未被视为或不再被视为或永远都不会被视为人的活着的属人的存在"之间划清界限的武断性。

简言之,人的肉体生命是人的生命,有着人的尊严。每一个属人的存在于拥有那种属人的生命上是完全平等的,那种属人的生命亦是人性和人格,并因此是那种尊严和内在价值。人的肉体生命对人或精神来说,不是纯粹的栖居、平台或器具。因此,它不是一种纯粹工具性的善,而是一种内在且基本的人类善。人的生命事实上是人（the human person）的具体现实。维持人的肉体生命，无论该生命是多么受损害的状况，也是在维持这个人，肉体生命是他的生命。拒绝选择侵犯它，一个人就以最根本且最不可或缺的方式尊重了那个人。

生活中处于不可逆性昏迷（irreversible coma）或不可逆转的持续性植物人状态中的人，人的生命之善真实地但又非常不充分地被例示了。尊重人以及他们的福祉固有的诸善，要求人们不得选择通过终止他们的生命来违背那种善。此外，正直公允之人很可能不愿给他们自己或他们的家庭或社区强加医疗和非家庭护理中涉及的费用负担，医疗和非家庭护理是为了维持他们这样一种损伤且不健康状态中的生命。与这些人保持休戚与共，尊重而非违反他们仍参与的一种善——失去参与诸如知识和友谊等其他人类善的肉体生命——我认为，提供给他们的护理不必多于提供给（除了在最绝望的急救时）一个人尊重并对之负有责任的任何一个人的护理：食物、水和一个人在家中能够提供的清洁。做不到那一点（除了在一个人必须承担更刻不容缓责任的绝望急救中）会很难理解，除了作为表明一项选择——或许甚至一项曾由病人作出且记载于某份预设医疗指示（advance directive）的选择——是在以下基础上发生的：如果这些病人死掉，那么他们以及/或对他们负有护理之责的任何人的境况会更好。但是，这样一种选择涉及终止生命的意图，并因此违反了人的一项基本且内在的善，并否认了这些人仍然存在的价值平等以及他们平等的生命权。

这是说病人或可能的病人的自主无足轻重吗？绝非。凡一个人不知道某种请求在意图上是自杀，那么，作为一个医护专家或对病人负有护理之责的人，可以正当地充分发挥对拒绝具体治疗或事实上任何治疗等请求的影响，即使当他认为该等请求是被误导且令人遗憾的。因为一个人有权且事实上应当尊重这些人的自主，而且能够合理地接受他们的死亡作为该行为的一个意外后果。

但是，自杀和一个人将之理解为在自杀中寻求协助的请求是完全不同的。把自杀的选择视为一种"自我关涉"的决定，不影响他对之负有公平责任的人的幸福，这是纯粹的自欺。这个观点不仅仅是"一个人的死亡往往以各种方式以及不可能被预见的程度影响其他人的生命"。[16] 更为重要的是，它就是这样的。如果一个人在选择自杀或邀请或要求其他人协助他这样做，或其他人自己采取措施终止其生命的过程中真正地行使自主权，那么，他将至少助长以下两个哲学或道德错误之一：（1）在某些条件或状况中，人的生命不再保有内在的价值和尊严；且/或（2）如果一个人的生命被故意终止，那么，这个世界会变得更好。而且这两种错误判断中的每一个判断，对身体状况不佳之人和/或其存在给他人造成沉重负担之人，具有非常重大的意义。

因为：如果一个人主张自杀、协助自杀和/或安乐死的权利，那么，他就是在提出一项主张，该主张不受且在理性上不可能受一个人自己的特定身份和环境的限制。它也不可能合理地受限于以下情形：被杀之人已经自主地选择按照上述两个（错误的）判断中的一个或两个而行为。因为第一个判断主张死亡——以及由此被杀——绝不是伤害（事实上可能是一个益处）。因此，它招致了难以理解的对无意愿安乐死甚至非自愿安乐死的任何原则性的道德排除。且第二个判断也不可能受到其适用范围会受限于自杀、协助自杀和自愿安乐死这样的诸理由的合理辩护；其意义及其根据以同样的方式扩展至包括无意愿安乐死。

构成协助自杀权或自愿安乐死的权利等主张基础的道德错误是这样的错误，这些错误对我们共同体中最弱势成员犯有在行动中否认承认他们尊严以及他们生命权（所有他们的其他权利，诸如此类）所依赖的正确判断的重大不公正。

* * *

约翰·哈里斯的文章与他早期作品之间的显著差异，表明他为放弃我们深刻的沉思传统以及接受安乐死所提供理由的脆弱性。他选出的理由事实上

---

[16] Walton Committee, House of Lords Paper 21-1 of 1993-94, para. 237.

正在改变。

V. "个体"

哈里斯对安乐死的定义以及他的大部分讨论采用的都是"个体"这个术语。当然，我们交流的主题并不是堕胎。但是，忽视他文章中惹人注目的断言可能有误，该断言即"当卵子首次分裂或将使那一卵子受精的精子首次形成时，个体能够被说成已经开始存在了"。我们将这一断言与《生命的价值》一书（经常在本文中被援引）的第一章相比较，在第一章中，哈里斯坚称"受精并不导致甚至任何种类的个体产生"以及**在**受孕**之后**，"个体的出现才逐渐发生"。[17]

在 1985 年，哈里斯有过两种支持否认人类个体始于受孕的论述："受精卵"（即早期胚胎）将分化成两种元素（胚体，区别于胎盘和相关组织），以及一些早期胚胎分裂形成双胞胎。在"**那个受精卵**"（the fertilized egg）这一并不具有倾向性的短语中，定冠词所证明的内容是：从受孕开始，所有阶段都存在一个个体的、组织结构的独立存在体（organic entity）；而上述两种论述都是否认以上被证明之内容相当不充分的基础。胚胎组织分化成胚细胞和滋养层，以及滋养层发展成胎盘和相关组织，不多不少恰好就是**这个胚胎**的一个器官——一个在出生时将被丢弃的器官——的发展过程。一个胚胎分化成双胞或三胞，只是从一个个体变成两个个体的一种改变；无论原初个体是否注定变成两个，我们都发现：在这种显著的生化过程（biological process）的所有阶段中，除一个个体的或两个或更多的个体的人之外，别无其他。

另外，在受孕之前，自信地说"那个卵子"将被受精是不可能的。更不用说数百万的精子中哪个精子会使其受精是可能的，如果它被受精的话。只有最顽固守旧的拉普拉斯式的决定论者（Laplacean determinist）可能否认受精精子的身份问题——在大约同一时间形成的数以百万计的精子中哪一个精子

---

[17] Harris, *The Value of Life*, 11.

实际上会使一个卵子受孕的问题——是一个部分靠机遇、部分靠其他非决定性因素的问题（比如父母恰好在某某时间并恰好以某某方式性交的自由选择）。哈里斯谈及的精子与卵子实际上变得在原则上可辨识的最早时间是受孕之时。仅仅通过从那一时点在时间上作一个夸张的回推，哈里斯就能够表明，出现于精卵结合的个体已经构成了一个个体——事实上，已经构成了**那个个体**——从那个受精的精子首次形成的更早时间。哈里斯肯定自那一更早时刻就存在一个个体的意愿，取决于他对两个个体的未来所作的推测（那个时候只是假想上的可辨识）。

以一种相当异质于生物学家对什么是与什么不是生物体的理解方式，向前和向后推测或推断**个体**的意愿，不仅存在于与哈里斯 1985 年讨论的不轻松的对比中。这种意愿也与他**不**愿向前或向后推测那些成为人的存在特性的**能力**形成戏剧性的对比（并且我认为无法解释）。他的任意的、受到限制的**拥有一种能力**的观念，是他成为一个人的人造的和脆弱的概念基础。这由此也是他以下两种主张的基础：在一个个体的属人的存在的生命中，直到某某（非常模糊的描述）阶段，一个人才存在；在（可以说）相应的人的个体死亡之前，或许很久之前，一个人已不再存在。

VI．"人"

像哈里斯一样，传统对人有一种理解，那种理解"允许在其他星球上存在着非人类的人（non-human persons）这种可能性"。那种理解不以人类为中心；它尊重且促进人，且承认不可侵犯的人的权利，不是因为人性属于**我们**人类，以及我们只做有利于我们自己的，而是因为，成为人就是在某种意义上分享人的尊严。然而，不同于哈里斯，共同传统坚持认为，凡是人受孕的产物具有正常人体所有的表观遗传的原始细胞（epigenetic primordia），足以成为某种智识行为[18]的有机体的基础，那么，该产物就不仅仅是一个属人的

---

[18] 因此，一个葡萄胎，尽管是一个有着人的起源和人的基因结构的有机个体，却不是一个人。

存在（a human being）或个体（individual），而实际上是一个人（a person）。而且这样一个肉体的个体不仅仅从一开始就是一个肉体的人，而且直到不可挽回地死亡，无论他或她是否曾经碰巧参与智识活动，或是否暂时或长久地由于睡眠、疾病、受伤、不成熟或老迈等而不能这样做，都是一个肉体的人。尽管或许存在不属人的肉体的人，但不存在不是人的属人的个体。

和哈里斯一样，传统认为，在那个非常难以理解的短语的一种意义上，自我意识和理解力是"人格（personhood）的标准"。是人就属于一种存在，该存在以理性（自我意识的和理解力的）本质为特征。[19] 拥有特定的本质就是要如此构成且机能上完整，以便拥有某些**能力**（例如，自我意识的能力与推理的能力）。但是，如果成为一个人（人格）对一个人的机能不构成与成为一个属人的存在一样的根本和基础，而是更确切的一个习得的特征——某种和例如一片铁的磁性那样非固有的并因此潜在易逝的东西——那么，一个人成为一个人就不会拥有哈里斯实际上承认的意义重大的深度和尊严。

关于哈里斯的立场，无论在他的文章中还是书中，与众不同的都是他试图把**成为一个人**（being a person）与**有能力评价一个人自己的存在**（being capable of valuing one's own existence）联接在一起。倘若"有……能力"被理解为意指拥有某种其繁荣包括这样的评价的本质，而无论一个个体或这样一种本质是否碰巧处在运用那些能力的立场，那么，传统便接受这种联接或标准。但是，如果"有……能力"被理解为哈里斯所理解的那样，那么，人们的人格会变化不定。[20] 此外，如果术语"评价"被用来意指一种自我意识的智识活

---

[19] See e. g. Wiggins, "Locke, Butler and the Stream of Consciousness: and Men as a Natural Kind"以及在他的第 33 个注释中援引的作品。Wiggins 把洛克的人格观念融入他自己更充分的说明中。

[20] 有时，能力被哈里斯以这样一种狭窄且严格的方式理解：能力变得相当于运用能力。于是他说道（*The Value of Life*, 18）：为了珍视它自己的生命，一个存在将不得不意识到自己作为一个独立的意识中心，随着时间的流逝而存在，有一个它有能力设想并希望经历的将来。只要它能够设想将来，一个存在就可能希望生命继续，并因此珍视它的继续存在……根据人的这种概念，人和非人之间的道德区别存在于人们**赋予他们的生命**的价值。"杀人是错误的"理由是这样做剥夺了那些个体所珍视的某些东西以及使珍视任何东西在根本上可能的唯一的东西（强调为后面所加）。

动（诸如老鼠和狗，尽管它们也想要某些东西，但大概不可能实现），[21]那么，人格就越发更易逝，且属人的人这个群体就越发受限制。

因为这种不仅仅是肉体"评价"的存在或缺席，是如此难理解、不确定（indeterminate）且非可确定的（non-determinable），所以那些人，那些**享有平等权的人**，甚至原则上将之变成了一个纯粹的决定的问题，一个沿着一条谱系选择某种意义的问题。于是，在哈里斯的"我们共同拥有的东西是我们评价我们自己生命以及别人生命的**能力**"[22]中的"我们"，呈现了在"我们"和"你们"或"他们"（未完全发育者、心智不健全者、老迈者……）之间自我定义的歧视的有点儿险恶的内涵。

哈里斯对罗纳德·德沃金一个变得精神错乱的人仍然是人的认识，保持谨慎的沉默。[23]但是，无论他事实上是否同意德沃金的判断，事实都是，哈里斯的人格标准允许他对这个问题的判断没有理性基础。一切都取决于一个人如何坚定并严密地理解"能够评价他自己的生命"，考虑到：

> 为了评价它自己的生命，一个存在将不得不意识到它自己作为一个独立的意识中心，有着一个它能够设想并希望体验的未来。[24]

那么，为什么不挑选描述处于其繁荣状态中的人的本质之特性的其他特征——例如，语言表达能力、[25]幽默感和/或比人狗之间的友谊更深刻、更坦率且更灵活的友谊？进而为什么不声称这其中的这个或那个或一些特征就是那种能力？那种当它被享有时，它使我们成为人并"使一个个体有资格被

---

[21] "因为评价是一个有意识的过程，而且评价某东西既要知道我们评价什么，又要意识到我们对之的态度"：ibid., 15. 但是，猿和/或一些其他的生物满足了哈里斯自己对他成为评价者的标准的理解：ibid., 19–21.

[22] Ibid., 16.

[23] Dworkin, *Life's Dominion*, 237.

[24] Harris, *The Value of Life*, 18.

[25] 如果存在，好像很可能存在，对什么使生命有价值的说明和存在有价值的生命一样多，那么，这些说明在某种意义上相互抵消了。重要的不是每一种说明的**内容**，而是**讨论中的个体是否有能力给出这样一种说明**（*that the individual in question has the capacity to give such an account*）。[*Ibid.*, 16（对最后 13 个单词的强调为后面所加）。

认为是一个人"的能力？[26]

哈里斯方法的脆弱性给其特征打上记号；该特征是一种**选择理由**的过程，又根据该等理由来采用人格的观念。人格是比**人性**更严密且更广阔[27]的一个观念，而且它从一系列观念或阐明中被选出、建构或解释，为了它与有关"**我们赋予**拥有这些特征的造物以独特的**身份**"的当前诸观点明显一致。[28]

诚如上述第一节讨论所显示的，哈里斯无法理解有机体的同一性，以及**实质性的**改变——有机体同一性的改变——发生于受孕和死亡时。[29] 其**能力**的概念同它/有机体的同一性概念一样狭隘且易变，因为，误解了有机体的同一性，他误解了他谓之"潜在性论证"的东西，且错误地认为他已经反驳了"它"。他把相关观点误解为一种主张，即"既然受精的卵子潜在地是一个人，那么我们就得赋予它真实的人拥有的所有同样的权利和保护"。[30] 但是，有一个相关观点主张：胚胎实际上是一个人，因为它已经拥有任何其他人所拥有的全部能力或潜能，尽管处于未充分发展或未完全发育的形式中。哈里斯的反驳失败了。这些反驳值得在此予以考虑，不是因为我们的主题是堕胎，而是因为它们没有抓住在有机体的整体、统一和同一中所包括的什么东西使得不可能对有机体在疾病、衰弱、受伤和死亡的过程中所经历的改变给出正确的说明。

哈里斯关于"潜在性"的第一个论证如下：

> 某物将变成 X 这一基本事实……不是如今就将其视为好像它事实上是 X 的一个好理由。我们所有人都不可避免地会死亡，但那是……现在就把我们当作好像我们是死人的一个不充分的理由。[31]

---

[26] Ibid., 14. 那么，一些个体的属人的存在没有被"给予"成为"被认为的"人的资格。
[27] "我认为，她［Washoe，一个黑猩猩］明显能够［说］，并因此同样明显是一个人"：ibid., 20.
[28] Ibid., 15（强调为后面所加）。
[29] 在相对极少的双胞胎情形中，似乎亦如此。
[30] Ibid., 11.
[31] Ibid.

这个论证无法领会在一项积极的能力和弱点（vulnerability）或易感性（susceptibility）之间的区别。有机体发展出视力的能力不是"某东西会变得"具有视力的"基本事实"；它是一个存在的事实，是完全单一的整体动态上相互关联的原始细胞的发展——这些原始细胞是发展的基础和结构。

哈里斯第二个反驳，同样无视什么属于一个有机体与什么不属于一个有机体之间的真正区分。"未受精的卵子和那个精子同样有可能成为新的人。"[32] 但是，这种主张直接面对它所诉诸的生物学对事实的理解。即使"那个精子"在受精之前能够被识别出来（即便原则上它并不能被识别出来），在未受精的卵细胞中的无论任何东西与那个精子构成一个有机体、动态的统一、同一、整体，也是没有任何意义的。那个受精卵正是：一个崭新的人。它将保持一个且同一个（除非成为双胞胎）直到死亡，无论数天还是数十年之后。使一个属人的个体完整并引导他或她的发展的同一组织原则继续这样做，直到死亡。因此，这一个体仍然是同一有机体的个体，即使因未完全发育、衰老或疾病而严重受损。

有人可能说，谈论有机体是一回事，谈论人又是另一回事。就像物理学本身对化学合成物一无所知，化学本身对活细胞一无所知，生物学本身也对人一无所知。但是，一位哲学人类学家专心于包括生物学和动物学事实的所有相关数据，能够对人这个有机体的人的本质作出有充分根据的主张。人的基因构成足够正常以提供或充分发展以提供至少某种智识行为的生物基础的生物体，是一个人的实体，即使当它过于受损而不能实施这样一项行为时，它仍是一个人的实体。否认这一点，要么是忽视正常成年人存在的人的特征（由语言的身体智能事实最完美代表的特征），要么是接受据其一个人暂时地栖居于[33]一个生物体内的那种二元论。那种二元论是站不住脚的，因为我第一部分的文章中所勾勒的一些理由。[34]

---

[32] *Ibid.*; see also 12.

[33] See e. g. Dworkin, "The Right to Death" at 17.

[34] [第四节] See also Braine, *The Human Person：Animal and Spirit*. （这是一本书，如其副标题所描述的，它本身是以不止一种方式的人的胜利。）

Ⅶ. "关键权益"

我们现在到了哈里斯论文最有意思的部分——有意思至少不是因为它背离了他的《生命的价值》一书提出的立场。这里最有意思的部分是他采自或改自德沃金的**关键权益**（critical interests）理论。这个新命题和刚刚讨论过的那些问题之间的联系能够在哈里斯引人注目的命题中看到：一个属人的存在（a human being），他——更精确地说，它或——已不再是一个人，仍然可能保有关键权益。他说，即使当一个人可能不再想要或珍视任何事情时，他仍可能拥有关键权益；托尼·布兰德（Tony Bland），当他"不再是一个人"，"仍然能够且仍然的确拥有关键权益"。[35] 这整个命题生动地表达了哈里斯人格观念的不自然。正如我将主张的，关键权益的思想也削弱了他支持自愿安乐死以及对在禁止自愿安乐死中涉及的所谓"暴政"或"家长主义"的"自由主义式"异议的理由。

哈里斯对罗纳德·德沃金支持安乐死的理由作了一些敏锐的观察。但是，可以这么说，他现在接受了德沃金名之**关键权益**的观念。

德沃金区分了体验性权益（experiential interests）和关键权益。他说，一个人的体验性权益之所以是一个人的权益，仅仅是因为他喜欢在满足那些权益中涉及的那些体验；且"这些体验的价值……完全取决于这一事实，即我们的确发现它们**作为体验**令人愉悦或令人兴奋"。[36] 然而，关键权益是"满足它确实使（一个人）的生命真正更好的权益；如果一个人不能辨识，则一旦弄错，生命就真的糟糕了的权益"。[37] 因此，这些权益不仅仅是一个人碰巧拥有且碰巧想要满足的权益。而是，它们之所以是"关键的"，正由于它

---

[35] "和体验性权益相反，关键权益的一个重要特征是，它们经受得住知道这些权益是否正被实现这一能力的永久性丧失，即知道这些权益是否正被实现这一能力永久丧失之后，关键权益仍然存在"：Harris, "Euthanasia and the Value of Life". 为什么这一点应当如此，我认为哈里斯从未暗示过甚至模糊地暗示过。

[36] Dworkin, *Life's Dominion*, 201.

[37] Ibid., 201.

们是一个人判断他"**应当想要**"的那些权益。[38]

> 与所有有知觉的生物一样,我们不仅拥有对我们将来经历质量的体验性权益,而且拥有对我们作为一个整体的生命的特征和价值的关键权益。这些关键权益与……我们关于我们自己生命的……内在价值的信念相联系。一个人担心他的关键权益,因为他认为自己已经过着什么样的生活是重要的,为其自身的缘故是重要的,且不仅仅为了过一种有价值的生活(或相信它有价值)可能会也可能不会给予他的体验式欢乐……他是那种生物,有道德立场,以致生命如何进行内在地、客观地重要。[39]

哈里斯指出"关键权益是客观的",这也是他事实上的标题。他指出,这种客观性如何意味着,一个人可能误解关于生命什么是重要的并错置他的关键权益,以及这种可能性如何为"'用她自己的关键权益'为家长主义式地干预一个人的愿望辩护"提供基础。他似乎对关键权益这一概念的这种含义感到不满意,然而,既不拒绝这种含义的合理性,又不拒绝关键权益的概念本身。事实上,他的论文通过怀着某种热忱接受并采用这一概念——如果不是含义——而得出结论的。他似乎不明白它造成了什么混乱,用他的基本结论,即禁止自愿安乐死是"专制的一种形式,这种形式像所有专制的行为一样,是对人之尊重的终极否认"。

哈里斯关于所有文明国家创制的法律的专制性质的断言,不可能得到认可。第四节的论述在此处通过关键权益这一概念得到加强。因为,若如我主张,它是这样的情形,即那些选择请求被杀死的人(用哈里斯对德沃金的改写)"悲剧性地误解了"他们自己的生命及其意义——没有提任何肉体上的人以及由此任何属人的存在的生命的意义和价值——那么,它肯定也是这样的情形,即阻止人基于这样一种误解而行为的行动,需要涉及的不是"对人

---

[38] *Ibid*., 202. 德沃金如是阐述他的观点:"与我的孩子拥有一种亲密关系是重要的,并不是因为我碰巧想要这种体验;相反,我认为,不想要这种体验的生命会是一个糟糕得多的生命。"

[39] *Ibid*., 235-6.

的尊重的终极否认",而是能够体现对人甚至包括被如此阻止的那些人的最意义深远的尊重。

我怀疑哈里斯希望通过"重新诠释"关键权益这一观念来逃避该观念的这种含义。根据德沃金对它的理解,客观上重要的东西是一个人的生命如何继续,以及一个人能够正确地谈论"人的生命本身内在的、无限的重要性"。[40]

我认为,哈里斯希望用一种对**关键权益**更主观的理解来取代对它的这种理解:"内在的、无限重要的"东西(如哈里斯解释它的那样)是,个体**关于**进展顺利对他或她自己的生命意味着什么的**意见**。但是,如果不放弃关键权益这一概念,这种对德沃金观念的主观处理是不可能得到贯彻的。德沃金当然可能接受且事实上很可能接受,在无限重要性的项目之中,是强烈的和真正的人的喜好以及自我指涉的意见——对或错。但是,在以下观念中无论什么——那似乎是哈里斯正在暗示的东西——都没有合理性;这个观念即无限重要性的**唯一**内容是偏好或自我指涉的意见本身,无论它们是否正确。如果关于人的生存及其形式和条件都没有什么客观上的重要性,那么,也就没有任何理由认为,有一项意见或偏好的纯粹事实**是**如此重要,且的确要求这样的尊重。

正如德沃金所言,在哈里斯持保留态度所援引的一个段落中,关于人的生命重要性的意见关切价值,该等价值"没有人能够视它们……微不足道,以致接受其他人关于它们意味着什么的命令"。[41] 受他关于"命令"的偏见性言论以及关于"毁灭性的、可憎的专制"迫在眉睫的雄辩所打动,德沃金未能发现,他在这一段落中的命题模棱两可。因为"价值"事实上如他说的一样重要,那么,当在一个人关照之内的某人对这些价值的理解有误,且该错误威胁着直接对那个人并间接对其他人产生不可逆转的后果时,他就几乎不可能把它们视为微不足道以致可以袖手旁观。反过来,哈里斯没有看到,如果该等价值本身缺乏"无限的重要性",那么,人们关于它们的

---

[40] *Ibid.*, 217.
[41] *Ibid.*

意见也必然缺乏"无限的重要性"。因为，如果一个人的存在、自我、繁荣或毁灭都不具有无限重要性，那么，把这种重要性归因于（如哈里斯所做的）人们的自我评估或自我倾向就是纯粹无根据的自负。

Ⅷ. 无意愿安乐死和非自愿安乐死

231　　哈里斯说，"安乐死的真正问题是每个社会里成千上万死于缺乏医疗或其他资源的人过早死亡和不必要死亡的悲剧"。因此通过故意地将**杀人的意图**视为无关紧要，哈里斯有意把关于安乐死的争论搞得模糊不清。根据他的说法，"每当挽救生命的资源被'花费'在除救生之外的事情上时"，[42]那些决定将这些资源花在除救生之外事情上的人，有（或认为他们自己有）"道德理由支持杀"那个他们本可以挽救的人，而且实际上也正在杀那个人。[43]既然钱几乎总是能够买到救生资源，所以几乎每一个把钱花在除这些资源之外事情上的人都是在决定杀人，以及正在杀人。哈里斯对我们语言的这种放荡的使用是最容易解释为意图说服他的读者，以支持故意的、意图的杀人的广泛项目。

　　哈里斯第一部分文章中所提供的自愿和无意愿安乐死的定义，明显不同于其《生命的价值》中提供的那些定义。但是，所有这些定义在语句构成上都具有误导性。这些定义所共有的一个短语是，"一个特定个体的生命行将结束的决定"，该短语会被大多数读者善意地视为和"**欲**引起一个个体生命结束的决定"即执行终止生命的选择或**意图**（无论通过"作为"还是不作为）的决定具有相同的意义。但哈里斯意图该短语包括由国会作出的不增加医疗预算金额的决定——这些金额将被要求用以挽救每一个本可被挽救的生命——所有把钱花在除挽救生命之外的其他事情上的决定。在此基础上，他可以自由地且相当具有误导性地谴责"政府的安乐死项目"。[44]因此，他的

---

[42]　Harris, *The Value of Life*, 160.
[43]　Ibid., 65-6.
[44]　Ibid., 84-5.

定义提及"**特定人的生命**"是在转移人们的注意力,且很难为找到任何适当的理由来解释他为什么要将其包括在内。

当然,哈里斯完全有资格主张:更多的钱应当花在挽救生命上,而且不这样做是真正应受谴责的。他完全有资格主张(尽管他这样做会是错误的),被意图的东西与只是作为意外后果被接受的东西之间的区别没有道德意义。但是,我认为,以下做法都是对其意义深远的误导:不存在应有的注意而只是忽视这种区别,以及通过主张(正如他事实上做的那样),任何政府或私人对挽救生命的限制都是"无意愿安乐死或谋杀"来操纵术语"**谋杀**"——该术语集中包含了**杀人意图**,在法律上和公共道德中。这种手法实际上承担了减轻他**论证**这种限制是不正当的义务。

与此同时,每个人都应注意到,哈里斯所采用的道德原则、价值观念和责任观念都意味着什么。根据他对事情的看法,不存在排除无意愿安乐死(无论根据他的定义,还是根据沃尔顿报告中的定义,还是我的定义)和非自愿安乐死(再一次,根据他的或我的定义)的原则的任何障碍。甚至他的尊重人的"自主"的"自由"观念受制于一个心照不宣的条件,即自主,作为许多价值之一种价值,能够被"压倒"。[45] 既然理性并没有为这种价值"衡量"提供尺度,我们不被故意杀害的权利几乎不可能——如果哈里斯正确的话——是一项权利,那么,它甚至会在原则上根本地受制于那些支持诸如他的论述那样论述的人的情绪。不断变化的、不稳定的理由。

* * *

约翰·哈里斯的第二篇文章依赖于对我第一篇文章"反对安乐死的哲学情形"几个核心立场的一些引人注目的误解。这些误解或误述超出了局部权益或个人权益。它们是安乐死主张者试图使情绪(sentiments)——安乐死运动的真正向导——合理化所具有的特征。

哈里斯的第二篇文章也以其公开依赖有些人就是"应当死"这一思想而

---

[45] See *ibid*., 66.

著称。为有些人缺乏"人"的资格这一观念以及一些无可争辩地的确具有这种资格的无辜之人依然**应当**死而且因此应当被杀死的思想,增加了一些同样邪恶有害的东西。

当然,我写这些文字的时候还没有看到哈里斯的第三篇文章。但是,在论争的最后,我认为,读者会想要问:哈里斯为怀疑所有活着的属人的存在尽管残疾但仍然是人的观点,提供任何清晰且明确的理由了吗?或为怀疑意图对我们的基本权利和尊重义务的内容非常重要,提供任何清晰且明确的理由了吗?或允许情绪统辖这些问题会驱使我们越来越深地陷入对年迈体弱者可怕的压迫中,提供任何清晰且明确的理由了吗?

IX. 意外后果的责任

尽管哈里斯甚至在我的那些谈及我们对我们的选择所引起的意外后果负有严格的道德和法律责任的若干段落中援引了一段,然而,他暗示,根据我的"行为理论",一个人可以"忽略"所有的意外后果,诸如一个人通过过度饮酒导致宿醉或肝脏疾病。"对菲尼斯而言,一位行动者……是……只对他专注的世界负责的。"在与这个稻草人斗争之后,哈里斯主张,"我们的道德责任〔包括〕我们故意和自愿引起的一切"。然而,在其他场合,他默示承认,我的理论确实肯定了对意外后果应负的道德(和法律)责任。但是,他的承认是畸形的。

因为,在我看来,他主张,我们对"我们……并**不积极渴望**的事情,或不是我们**主要目标**的事情……负有**较少的**责任",我们对意外后果不负有"**同样的责任**",或"**完全的**道德责任"。我已用加粗字体标出了这些误述。根据我的说明,意图,不是渴望的问题,更谈不上积极地渴望的问题;相反,它是一个选择目的和手段的问题,往往逆着相反渴望的拉扯/拉力。意图不仅扩展至主要目标,也扩展至次要目标和被选择的手段(不管选择它们可能有多么勉强)。我们对我们所意图东西的责任与对我们所引起东西的责任,这两种责任之间的区别并非后一种责任不可能是"完全的",或必然

"少"于（且在那种量的意义上不"同"于）前者。而是，正如哈里斯所援引的那一段落所清楚表明的，它是一种真正的且往往非常严肃的道德责任，但也是受另一种道德规范规制、衡量和识别的责任；而这些道德规范**不同于**那些适用于我们对目的和手段之意图和选择的道德规范。

哈里斯的误解不仅仅针对我的文本，还误解了我的行动理论及我对道德的说明。那是一个彻头彻尾的误解，一个对近来在我第一篇文章摘录的沃尔顿委员会报告的段落中表明的整个共同传统的彻头彻尾的误解。在我第一篇文章中，沃尔顿委员会、法律、共同传统和我，都在用药**以杀人**和用同样的药**以止痛**二者之间进行了区分，而哈里斯"完全没有看见任何道德区别"（他对我假想的主张安乐死的医生花三天去做这项工作的动机的改变，是无关紧要的）。哈里斯说，上述两种用药方式的每一种都是"**为了**引致死亡"。这种主张是错误的，理由正是哈里斯所承认并反驳了西季威克（Sidgwick）的——普通的醉汉不是**为了**宿醉或得肝病而饮酒。

这一点也不取决于意外后果是否都一并是不受欢迎的（如宿醉和肝病通常都是），还是在一方面不受欢迎但在另一方面又受欢迎。假设一名指挥官命令轰炸一座工厂，作为一个人，他为由于不可避免的失误所造成的平民死亡（不受欢迎的结果）而感到遗憾，但作为一个战士，他也欢迎这些平民的死亡对敌人士气的影响（"红利"的意外后果）。他可以如实地说（不像许多不道德的无情的指挥官一样），他轰炸根本就不是**为了**瓦解平民的斗志，而仅仅是**为了**摧毁工厂。如果他绝对没有校准或调整他的计划，以便达致平民死亡——甚至不是作为一个次要目标——且一旦工厂被摧毁，他就停止轰炸，那么这种说法会是真实的。

哈里斯认为，这种区别只是"对道德品格——一个人的灵魂状态——比对世界上发生了什么更感兴趣"的那些像我（他说）一样的人的兴趣。这种对比是误解的。依赖于意图的东西和非意图的东西（意外后果）之间区别的道德原则和规范，对"世界上发生了什么"是非常重要的。"在这个世界上"，放弃这些原则以便把目的（结果）视为潜在地证立任何及每一类型的手段，其后果是且将是巨大的。在某种程度上，我们接受哈里斯的（或马基雅维利的或边沁的）邀请，搁置以意图为中心的道德规范，且只应当按照目的或预期的或实际的结果做出道德判断，我们变成了一种不同的人和社会，我们以那种肯定（**如果且在我们是自洽的这个意义上**）包括在我们诸行为方式以及由此在"我们创造的世界"广泛改变的方式改变品格。

承认绝对的人的（个人的）权利以及无例外的尊重义务，对哈里斯所拒绝的道德如此重要；这一承认已经对那些世人，即不然就会成为意图剥夺他们生命行为的牺牲者的现实生活中的人产生不可估量的有益影响。对那些无条件尊重人的尊严的人的品格、灵魂的有益影响，已经成为和正在成为意外后果（尽管是固有的且受欢迎的），不是那种尊重的主要动机。正如伊丽莎白·安斯科姆（Elizabeth Anscombe）所观察的，它是"关于听起来颇有启发的那些问题之思想的非常糟糕的堕落的真正特征"。[46] 她谈的正是哈里斯由此在他第二篇文章中详细阐述的命题：

> 行动者选择了……由她的行为（或有意识的不作为）造成的世界……我们对我们明知会起因于我们所作选择的全部后果负责。

这听起来具有启发作用。哈里斯稍后的主张亦是如此，即那些选择导致早死的医疗方案的人正在选择杀人，因为存在一种（不论花多大代价）会推迟病人死亡的替代方案。然而，这些主张是一种思想的体现，该思想也由我在我第二篇文章评论哈里斯时所表明的，哈里斯的这种主张是：如果议会选择把资金花在教育上，而这些资金原本可能花在挽救生命的手术上，那它就正在选择并运行一项安乐死的规划。相同的思想还意味着这样一个结论：如果一个人选择带他的孩子出去散步，因此拒绝了搭乘航班飞往加尔各答拯救流浪儿童的机会，那么，他对那些遥远的流浪儿童的死亡负有责任；事实上，他正在选择杀死（通过不作为）那些遥远的流浪儿童。

考虑拒绝承认存在恰恰与一个人意图的东西有别于其预见并引起的、作为意外后果的东西相关的道德规范，这种思想产生了以下结论，即故意杀人——事实上，尽可能多的故意杀人似乎会促进整体人类福祉——不仅得到

---

[46] Anscombe, "Modern Moral Philosophy" at 35.

了证立，而且还为实际所需要。得出这样一个结论所涉及的堕落不仅是个人和社会品格的堕落，而且还为每个人（整个世界）带来了严重后果。用安斯科姆的话说，它是一种**思想**的堕落，是拒绝或无法稳定且公开地致力于现实，拒绝试图获得和接受之间的区别，拒绝对我们的知识和能力以及由此对我们的责任的真实且不可逾越的限制。

X. "应当死亡的"人

正如我已经说过的，当哈里斯提供解释为什么专为缓解疼痛之目的（且绝无意图杀人）但又明知那种剂量容易杀死否则可能从他们的病中复原的某些人而用止痛药很可能严重错误时，他误解了道德思想的共同传统，也由此误解了我的第一篇论文。他认为，使得这样一种明知、尽管非故意的致命用药不道德的是——独立于对选择用药的任何道德评估——被讨论的人"不应当死"。相应地，存在一些（他说）"应当死去"的人，且因此可以正当地对他们用药，正是怀着杀死他们的意图。

哈里斯乐于由此把人分为**应当活着的人**和**应当死去的人**是对品格、心灵的改变——以及由此对行为和世界——的一个生动说明，通过从共同传统到他的后果主义伦理标准的转变介绍了这一点。在共同传统中，一项致命但非意图的致命作为或不作为[47]是否应受谴责这一问题并非通过作这样一种分类而得以回答的。而是通过考虑其作为或不作为正在考虑之中的那个人（也可能是生命处于险境的那个人）的各种相互竞争的责任的相互关系来回答。

死亡能够解除人所饱受的无望的虚弱或疾病之苦，或减轻强烈的难治之痛，因而**感觉**死亡会是受欢迎的且**渴望**死亡允诺带来的那种对痛苦的解脱就

---

[47] 正如穆斯蒂尔（Mustill）勋爵在 *Bland* 案中正确指出以及我在第一节末尾表明的那样，在意图取得结果的积极作为与意图取得同样结果的不作为之间不存在道德上的相关区别。根据那场诉讼的进程记录，*Bland* 案中一些上议院高等法官未加辩论的假定，即取消维生措施时正由该案中的原告怀着终止 Bland 生命的意图（目标、目的）所选择，很可能已经是一个正当的假定。但是，它绝不等于裁定，它也不以任何方式意味着——法官的或其他常识的建议也不意味着——所有从"没有这种治疗就会死的人身上"撤除治疗，都肯定是意图终止他们的生命。

可能完全合乎情理。但形成如下**判断**却不可能是合乎情理的，即这个人死了万事更好，或如果这个人死了整个世界会更好，或这个人是**该死**的那个人。同样不可能合乎情理的是，依赖那种判断以"压倒"人的不去选择摧毁那种基本善的理由，这些理由是每一种基本的和内在的善给予他的（参见第二章第三节）。由此，作出并依赖这样一种判断不合理地忽视了包含于每个人生与死之中的个体的善与恶以及无法预料的风险与机遇的不可通约性。它不合理地把人（其生命是他或她作为一个人的真正存在）的尊严视为好像它是一个因素，像金钱或其他工具善那样，能够在权衡中被衡量且被发现不足。

涉及禁止意图杀人或伤害但预见到会产生死亡的选择的道德是受到最重要且最具说服力的道德标准是公平标准——黄金法则——评估的。这是一条**理性的**标准，它识别且评判人与人之间区别对待的不合理性（除非出于诸如承诺或职业的理由）。但是，在决定什么算作区别对待时，黄金法则主要依赖**感觉**来衡量。己所**欲**（即，感觉愿意那样），施于人；己所不欲，勿施于人；等等。[在给理性的标准（公平）赋予内容时，为了发挥这种妥当且必要的作用，这些感觉肯定与实践理性的其他要求——承认所有基本的人类善的价值和值得追求性、忠诚于合理的承诺等相一致；但是，在由那些理性的考虑所创建的形式和限制内，**感觉**（它们本身不是理性的），**对一个人选择的后果的感觉**可能是他在慎思中的尺度和指南。] 通过感觉的这样一种洞察力，一个人能够衡量他为维护或恢复其自身健康要遭受烦累治疗的责任的程度；或一个人对其家庭或继承人或社会施加可能收效甚微但却昂贵的治疗成本（无论他自己的成本还是别人的成本）的责任的程度。

以这种方式（此处只是勾勒），一个人能够正当地作出他知道会或很可能会有他自己或另一个人的死亡作为其意外后果的那些决定和选择。且一个人能够合理地作出这样的决定，在从未作出以下形式之判断的情况下：此人是**个该死的人**。这样的判断不仅不合理、傲慢，而且在它们的实践内涵上也有着深刻的邪恶。它们认为识别和正当地拒绝治疗——繁重或无益因而过度、不人道或不公平——亦是不必要的。

哈里斯解释引起作为意外后果的死亡如何可能不公平且不合理的每一次尝试，事实上都是荒谬的。首先，他认为，它是不公平的，"因为这些'意外后果'是某人的死亡"。但是这忽视了许多情形，在这些情形中：这样一种结果是"伤病员鉴别分类"情境下不可避免的结果，或只有付出巨大的努力和花销才能避免死亡；而这些努力和花销远远超出人们通常的意愿：接受只能以高昂的代价才能避免**致命**风险的意愿。其次，他提出"如果她不想死，则那是不公平的"。但是，这忽视了那些只有通过给其他人施加她即便处于他们的位置她也不会接受的负担，一个人的愿望才能够被满足的情形。最后，他提出，引起死亡的公平或不公平取决于是否"那个人应当死亡"的判断——一个没有任何标准的判断，除了隐隐诉诸对杀死无辜者如何会整体上充分地（！）减少了"世上受苦的程度"，或可能充分地增强了其他一些"非常重要的原因"的想象的评估。[48] 但是，诚如我已经主张的，这一点荒谬地夸大了与选择结果相对应的人的推理能力，并忽视了人——其内在善为我们不可交换的尊重作出了理性的主张——的尊严。

为了好的衡量标准，哈里斯第二篇论文（第三章）的这一段落通过公开断言以下内容而告终：在没有"首先确定在不管怎样引起的那些环境中这一死亡在道德上是否允许"的情况下，引起死亡（无论故意地还是通过意外后果）的道德性不可能被确定。那是一种绝望的恶性循环。它也涉及一个有关许可性的分类错误，只有诸行为及其后果本身的许可性是可断言的，被认为先于人的行动的任何考虑的事件或状况不是可断言的。

在这同一篇文章中，哈里斯不止一次提到，"其死亡被允许的那些人肯定是自主地选择了死亡"。这一对自愿安乐死的可准许安乐死的所谓限制，必须被慎重地对待且不可尽信。小心翼翼地，因为正如他在该文冷酷的结束语中所说，"非人，即使属人，也是……一个不同的东西"。并且带着一个大大的狐疑，因为在其《生命的价值》一书中，哈里斯直抒胸臆地断言，那些可能正当地（事实上应当）被杀死的人，不仅包括那些自主选择死亡

---

[48] See Harris, *The Value of Life*, 81.

的人，还包括"那些活在死亡反倒更好的处境中的人，或面对其中这将成真的未来但不能够表达对死亡偏爱的那些人"，[49] 还有那些其他的无辜者，他们的死亡尽管并非他们所渴求，但仍被期待"促进"充分重要的"其他价值"。[50] 哈里斯目前的两篇论文真的正在放弃他书中对无意愿安乐死和故意和意图杀死无辜者以及不愿死亡的人的宣传吗？这样想会是轻率的。

XI. 基本能力、能力和二元论

哈里斯第二篇文章中对能力、人格和二元论的讨论是另一笔糊涂账。

甚至在做援引时，哈里斯还是忽视了我在"能力"和"基本能力"之间所作的区分，他声称我"想要××坚持当属人的存在缺乏这些能力时，他们仍然是人"。但是"这些能力"追溯至他自己紧临的前面一句话，在这句话中，他说，我"需要××人具备这种思考和选择的**基本**能力"。因此，他的阐述严重扭曲并改变了我的主张，它是这样一种主张：每一个活着的人都具有思考和选择的基本能力，即使当一个既定个体的人这样做的能力——运用基本能力的能力——已经受损。那么，为什么它是这样的呢？因为，正如我说过的：

> 思考……和选择……都是**重要的**活动、生命功能，是对**一个人**在其新陈代谢的、敏感的、想象的、智力的和意志的等所有活动中实现的基本的、有活力的能力的实现。

正如我所表明的，这个替换物是忽视了人的生命中肉体和精神**统一**的某

---

[49] *Ibid.*, 78. See also 83：无意愿安乐死……将是错误的，除非似乎肯定，相关个体宁愿死也不愿继续活在横阻她面前的环境中，**而且**，找出该相关个体是否分享了这个观点是不可能的（重点为哈里斯强调）关于哈里斯对"错误的"一词少有的使用，这一使用将允许完全正当化的不能自愿（和非自愿）安乐死的其他情形，参见下述第 50 个注释。

[50] *Ibid.*, 81. 哈里斯有时以一种受限的、技术的且非常独特的方式使用"错误的"一词，按照这种方式，一项行为可能是"错误的"，但完全地正当化正是要做的关切之事。因此，在第 83 页，他总结了他的立场："因此，非自愿安乐死［违反一个个体的明确意愿杀死该个体：82］将总是错误的，尽管由于早先所考虑的任何理由它可能被**正当化**"（重点为哈里斯强调）！

种二元论。我回忆了我们对这种统一所有的体验——例如，（就像一个人在文字处理器上排字）作为单一主体的一个人对其敲击键盘的手指、在那些手指间的感觉、正在表达的思考等的体验。哈里斯援引了这一段落，之后宣称：

> 菲尼斯提到的所有事情，作为体验复杂中的统一性的例子，都是具有理解力和自主是什么的不同维度。正如他正确说明的那样，它们是对那无法分别存在的理解力和自主的外在表现。

哈里斯大错特错。我"正确说明"的不是这样的事情。至于我提及的那些事情中的一部分并不是"有理解力和自主是什么"的"外在表现"或"维度"。例如，感知一个人的手指在敲击键盘，反而成为一具活着的、不管有无理解力的身体是什么的一个"维度"或"外在表现"。当然，在"人"这一主体中，肉体生命在其所有的外在表现形式上，都是**一个人的生命**的一种维度，通过这一维度，一个在文字处理器上排字的人**同时**运用和体验了理解力与自主，也是通过这一维度，一个睡着的人呼吸、新陈代谢空气和食物、做梦以及对刺激作出反应。

于是，哈里斯在又一次把我的论证删改得支离破碎后，对他的二元论提供了一个相当清楚的断言。一个处于永久植物人状态的活着的人是"一个活着的属人的身体"，但不再是一个人的身体。但是，这一断言意味着，一个人和同一个活着的属人的身体，在某个时刻是一个人的身体，而在另外的时刻却又不是。这个人来来（在胎儿或婴儿发育过程中某个不明确的阶段）又去去（在疾病和衰朽过程中某个不明确的阶段），尽管该存在的肉体生命能够移动，而且或许也能感知其手指的存在，自始至终，直到死亡。在人和身体之间的这种划分正是我的论证指向的二元论，但这些论证仍然没有答案。

我称这样的二元论是偶然的和机会主义的，因为这种二元论的基础——例如，在哈里斯的《生命的价值》一书中——在我看来似乎就是那样的。在他的情形中，这些基础仅仅是关于"人"的定义，而该定义不加批判地建基于由洛克提出的一项未经诠释（under-interpreted）且在理性上最脆弱的主张的权威之上。[51]

从一个人受孕到死亡，那积极地为一个人存在的每个方面注入活力并组织和赋特征于其存在的每个方面的生命原则（有活力的与构成性的内在资源），创建、构成了一个人新陈代谢、感觉、移动、注意、理解、回应、想往、选择并以人的方式实施所有选择的基本能力。即使当一个人器官中的一处或多处被破坏了，剥夺了一个人在一种或多种维度上行使那种基本能力的能力时，那种基本能力仍然存在。处于深度且不可逆转的永久植物人状态中的托尼·布兰德（Tony Bland），身处一个极度有缺陷的状态。他已经失去了思考和感觉的能力——但不是人性，**人的**生命，这是直到他死亡都在继续**朝向**的内在于人的生命的（即人的生命在根本上能够且定位于）感觉和思考，型塑、组织并赋特征于他的存在的东西。

24岁的病人"S"，在司法授权终止营养、氧气及所有其他维生措施之后，被他的护士们以及至少一名关注他不时遭受痛苦、作出非言语的声响以及在床上蠕动的神经学家认定为1994年1月死于南英格兰。[52] 他的缺陷程度不如布兰德，在人的能力的盛极和衰减的不同状态的大谱系中占据了一个稍微不同的位置。那是哈里斯在某处一分为二的谱系：那些满足了一个人作为一个人的人的生命状态，以及那些满足一个人现在作为一具没有权利和内在价值的纯粹活着的属人的身体的状态。他的划分，正如我在第6节所主张的，是一个纯粹决定的问题，因此不确定的以及事实上的转变是他的标准。

XII. 自主、价值与选择的不公平的基础

在我第一篇论文的结尾部分，我曾这样主张，如果一个人在选择自杀或故意被杀时真的在行使自主权（不是纯粹屈服于神经冲动或强迫性冲动），

---

[51] *Ibid.*, 15. 关于在洛克对人的说明中的无条理性，以及在当代准洛克主义者诸如哈里斯的定义中的任意性，参见 Teichman, "The Definition of a Person".

[52] *Frenchay NHS Trust v S*［1994］1 WLR 601，［1994］2 All ER 403 at 407, 410.

那么，他将在以下两个在哲学上和道德上错误的判断中的一个或两个的基础上继续推进：（1）在某些条件或状况中的人的生命不再保有内在价值或尊严；且/或（2）如果某人的生命被故意终止，那么这个世界会变得更好；且上述两种内在地具有普遍性的错误判断对弱者和有缺陷者具有重大影响。

尽管哈里斯自由且不太认真地提出我错了的断言，但我的论证仍站得住脚。它也可以被做得更准确一些。我所识别出的两类错误判断中的第一类能够被更精确地表述为：在某些条件或境况中，一个人的生命不再保有内在价值或尊严，或总而言之没有净价值（net value），以致一个人的生命不值得过，其死了反而更好。

针对这一点，哈里斯断言"一个人能够理性地认为"，实际上那些其生命没有净价值的人们，有权利不被违逆他们的意愿杀死或在没有行使他们的自主选择的情况下被杀死。哈里斯对不确定的消极短语"一个人能够明智地认为"和"一个人能够理性地认为"的使用意义重大。无论别人可能理性地认为什么，没有人怀着诸如哈里斯的价值和道德理论能够理性地即一致地且有理由地认为，存在并不根植于对形势中价值和反面价值整体平衡的评估的人权（或权利以及相应的剥夺权利）。正如我在前述第 10 节的结尾所指出的，哈里斯的书声称在没有做要被杀死的选择的情况下，许多人能够正当地被杀死，且至少一些人能够在违逆他们意愿的情况下被杀死。自主，在他对事物的规划中，是一种价值，且是能够被其他价值，被"非常重要的原因"压倒的价值。[53]

在我一直为之辩护而哈里斯希望取而代之的共同传统中，自主事实上是一种大善。但是，它的行使应当与他人的权利以及与所有其他的人道且得体的行为的诸要求相一致。没有人是一座孤岛。这是为什么努力理解作出自主选择所基于的前提，以及反思那些前提含义的重要理由。那种产生于两个皆错误的前提——且在它们的内涵中，有害于社会其他成员——的自主权的行使，能够正当地被法律所压倒。

---

[53] See Harris, *The Value of Life*, 81.

第 15 篇
经济学、正义与生命的价值*

I

242　借助经济推理解决伦理问题的最严肃的努力之一，是法律的经济分析。理查德·波斯纳，芝加哥大学一位成熟儒雅的法学教授，领导了一场运动，该运动根据经济效率（尤其通过将无用的"交易成本"最小化来实现社会财富的最大化）对诸项法律安排进行了广泛的描述和评估。在这场运动的巅峰时期，波斯纳本人提出了：财富最大化伦理学（the ethics of wealth maximization）优于道德的其他综合理论，尤其是功利主义，而且财富最大化伦理学提供了"权利与义务的全面且统一的标准"。[1] 财富最大化伦理学的一些结果——诸如"赤贫之人……只有在他们是富人效用函数之一部分时才值得考虑"——的确（他承认）"触怒了现代人的情感"；但他力主，它的立场和含义都没有与"我们共同的道德直觉严重不一致"。[2] 十年之后，彼时身为联邦高级法官的波斯纳撤回了他的主张，即法律的经济分析提供了道德判断的一种妥当的"综合判准"，并承认它对那些不能回应的批评是开放的。人们可能怀疑他对那一最深刻批评——财富最大化支持奴隶制的潜在可能性"违背了美国人不可动摇的道德直觉"——的简洁陈述的哲学深度。[3] 但

---

* 1992c.

〔1〕 Posner, "Utilitarianism, Economics, and Legal Theory" at 140.

〔2〕 *Ibid*., 128, 131.

〔3〕 Posner, *The Problems of Jurisprudence*, 377.

是，这些有理论野心并富有洞察力的理论家的勉强承认（the reluctant admissions），与对本书中讨论的诸议题的一种反思相关。

训练有素的经济思维是有助益的。它揭示了一个人的选择所产生的影响的复杂性，超出了该等选择的目的和意图。而且它不断提醒我们：在一件事情上花费就是耗尽那本可以花费在其他目的上的东西（时间、精力、金钱和其他资源）。但是，训练有素的经济思维不能理解正义的观念或我们追求公正以及行公义的目的感。因为经济思维本身不能理解和解释两种基本形式之任一形式的正义要求：一种要求是禁绝那些与正派、适当、可接受地对待另一个人不兼容的选择和行为类型；另一种要求是禁绝引起并接受（更不用说意图）不公平的结果，甚至一个人选择之行为以及该行为预期之效果的"纯粹"意外效果。

任何一种被视为理性选择综合判准的经济推理，其问题都在于它寻求价值的最大化，通过使价值的单一衡量的诸单位综合在一起（aggregating units of a single measure of value）——人们愿意并能够用美元或美元的等价物支付什么，来衡量更好与更坏、更大的善与更小的恶。[4] 但如果理性能够实现这样一种综合，即如果涉及整体总净值最大善（overall aggregate net greatest good）的行为可辨识，那么，**选择**，那在道德上具有重大意义且在理性上指导于开放的诸可供选择项间（between open alternatives）进行选择的**选择**，将既不必要，严格来说亦不可能。因为那包括了总体上更少之善的可供选择的行动方案，**不会有任何**理性的吸引力。当然，现实中，在道德上具有重大意义的那些选择处处都是开放且紧迫的，主要是因为这些选择涉及的诸善，尤其是对人而言具有根本意义的诸善，不可能以经济学——像为指导选择所提出的每一种综合方法（如功利主义）——所要求的那种方式加以衡量。这样的选择涉及不可通约的东西。[5]

并非所有与人的行动相关的衡量和比较都绝非不可能，或超出理性的范

---

[4] See Posner, "Utilitarianism, Economics, and Legal Theory" at 119-120.

[5] *NDMR*, 243-72; 1990f [Boyle, Grisez, and Finnis, "Incoherence and Consequentialism (or Proportionalism)—A Rejoinder"].

围。例如，某个具体手术或药物干预或施用药物的精确目标，提供了对疗效（efficacy）以及在此意义上对收益的一种理性衡量尺度；至少在追求那一目标的过程中涉及的某些成本，能够参照诸如金钱或施加的痛苦与减轻的痛苦相比较等具体尺度，类似地得以理性地评估。

但是，对需要长期护理的老年病人的治疗所涉选项的任何全面评估，都会逃逸出可衡量性（measurability）的界限。因为病人不可逆转的衰弱和依赖性（dependence）提出了一个问题，该问题与其说是具体医疗在生理上的益处或无益，不如说是从任何医疗、即使是最普通和最便宜的医疗中获得的具体益处，是否一个**通盘考虑**值得追求和拥有的益处。或许，这位病人的继续存在，即使有茶饭提供舒适和营养（sustenance），仍对任何人没有任何益处了吗？我们应如何回应这个问题是下一节的主题。我目前重点关切的是实践语境——这一问题在该语境中是个有争议的问题，在可供选择的选项间（alternative options）选择的语境。

因为：很多人开始认为，一个人应当通过首先将一个选项识别为预示了比可供选择的选项更大的整体净善（greater overall net good）或更少的整体净恶，来指导他的道德判断。但是，凡存在一种道德上具有重大意义的选择，这样一种对更大的前道德之善（greater pre-moral good）和更少的前道德之恶（lesser pre-moral bad）的计算，都是不可能的（不只是不切实际，而是不可能）。而且，当前的语境很好地阐明了诸选项这种前道德不可通约性之主要来源的其中一种来源。第一个选项是，继续提供或接受营养。第二个选项是，拒绝给予或撤回营养，因为相信病人持续的生命本身涉及且施加的成本大于从它本身及其维持中获得的任何收益；建议是为了削减上述成本，通过中断营养而终止生命——换句话说，通过故意不作为而杀死病人，所选择的不作为作为目的的一种手段。第三个选项是，拒绝给予或撤回营养，基于略有不同的理由，即提供营养是浪费的，因为病人持续的生命不能产生任何净收益；一个人的目的再次是将成本最小化，且其提议并不是杀人（作为降低总成本的一种手段），而是**遗弃**病人致其死亡（认为维持该病人生命的那些手段最好是留给或用于某种其他目的）。那么，我的重点是这样的：在可供选择的选项——诸如上述这些选项——中涉及的收益和成本，是真实而醒目的，但避开了一种经济算法或加总前道德之善的任何其他过程。每一个选项对每一个人的生命和存在而言，都是一种有着重大意蕴和影响的选项。无论哪个提议得到采用或推荐，选择（或推荐）都会对以下产生影响：选择者（或推荐者）以及每一位潜在选择者的品格，对医护人员的品格，对医护人员与其患者之间的信任关系，对每个人对他/她自己的身体和肉体生命的态度，对生命的所有阶段中强者与弱者之间休戚相关的整体本质（the whole substance of solidarity）……而且所有这些影响完全无法衡量，然而却非常真实，且作为收益和伤害在衡量和比较的唯一相关客体中被真实地涉及：可供选择的**选择**（治疗/维持的选择、杀死病人的选择以及遗弃病人的选择等），在慎思中被予以考虑，并在自由选择中被予以接受或拒绝。

II

为了公正地理解人的肉体生命的价值并对之有一个公正的倾向性，仅仅意识到每一种经济主义的谬误是不够的：这每一种经济主义都会把技术（在解决技术问题时是正当的）适用于非技术的决定。对法律的经济分析最严厉也最有效的批评者之一是罗纳德·德沃金，他是牛津大学（后来也是纽约大学）的法理学终身教授。德沃金对自由主义的诠释表达了广泛被接受且经常被适用的态度和政策；最近，他开始坚称他所谓的"人的生命的内在价值"。

但是，德沃金通过这一短语想要表达的无外乎是："人的生命一旦开始，其进展顺利就极其重要。"[6] 言外之意是，有些人的生命进展得不"足够顺利"或不可能进展得"足够顺利"，以致不值得一过。于是，这个迄今被视为反对堕胎、支持"亲生命"（pro-life）情形之基础的短语，被擅自使用来传达一个意思，而从这个意思中有时会得出"堕胎在道德上是被建议的或要

---

[6] Dworkin, "The Right to Death" at 17.

求的"。[7]

相应地,德沃金断然否认昏迷者的生命具有价值的观点:永久性植物人的生命"对任何人都不具有价值"。[8] 活下去不符合他们的利益,事实上,那种认为继续活着对他们而言纯属不利、他们死去反而更好的想法貌似有理或正确。[9] 润饰了美国联邦最高法院大法官史蒂文斯(Stevens)的类似言辞——**克鲁赞诉密苏里州卫生部部长**[*Cruzan v Director Missouri Department of Health* 497 US 261(1990)]一案中其他三位异议大法官对该类似言辞持更为谨慎的态度,德沃金认为:"不存在任何方式,能让继续存活的生命对这些人而言可能是好的。"事实上,"永久性植物人最重要的是已经死去,这至少是一个合理的观点";"他们过去栖居的身体"只是"技术性地活着"。而且,对他们的关照显示了"无意义的且有辱人格的关怀"。[10]

这里不是要尝试全面阐明以下种种方式:一个人的内在尊严与他可能遭受的侮辱(indignities)相关,但不受之决定的方式,或与其因疾病、衰弱、濒死等而产生依赖性的有失尊严的(undignified)方面相关,但不受之决定的方式。当然,一个昏迷之人可能会蒙受侮辱,例如由于被视为性对象,或被弃之如敝屣,或被蓄意称为植物人。但是,德沃金从最高法院大法官的(异议)判决中袭用的言辞,在其系统地混淆长期昏迷者在情感上令人讨厌的方面(胡乱地大便等)与缺乏人的尊严上,是灾难性的。这些主动为昏迷者的利益代言的杰出法律人,用侮辱性语词保护这些人,该等侮辱性语词故意要使他们去人性化(令人担忧的是,该等语词准备着证立对他们生命的故意终止)。因此,据说对这些人而言,"维持肉体存在的负担,侮辱了它意欲服务的真正的人性";他们的生命是一种堕落;病入膏肓的人是一种"有辱人格的存在"[**克鲁赞案**中,布伦南(Brennan)大法官语]。简言之,所有这些言论混淆了以下二者:情感意义上的"尊严""有尊严的/有失尊严的"

---

[7] *Ibid.*
[8] *Ibid.* at 15.
[9] *Ibid.* at 16.
[10] *Ibid.*

以及"侮辱",与理性且必要意义上的"人的尊严"。因为,在后一种意义上,说一个帮助昏迷者或其他精神严重残疾者的人,正在肯定并服务于他们的尊严以及表达与他们——因为尽管他们严重残疾,但仍然是人——休戚与共,确实是真的。

但这样的关照毫无意义吗?它在最好的情况下肯定了一种缺失的价值?在最糟的情况下仍对关照对象施加进一步的反面价值?那些不再能够行善或拥有良好经验的无意识者(或其他精神严重残疾者),还能从他们持续的存在中获益吗?照顾他们,使他们受益还是使其他人受益?照顾他们能维持人们与他们休戚与共吗?或只是感性的愚蠢?

如果正如德沃金、史蒂文斯明确主张而布伦南和其他人含蓄坚称的那样,一个人没有认知—情感功能的生命、一个人纯粹的肉体存在是没有任何价值的,实际上等于没有任何益处,那么,肉体生命肯定只是一种工具性的善,是人们拥有并用于他们具体的人类或个人目的但的确与人**是**什么截然不同的东西。只拥有肉体生命的人已不再**是**一个人,在生死存亡的紧要关头**没有个人权益**,"最重要的是已经死去"。

但这是一个应由理性而非由感觉以及在修辞上激发出的想象决定的议题。当一个人细思昏迷不醒的状态,他会被这种状态与一个欣欣向荣的个体所拥有的完整的善之间的距离所震撼。无人愿意身处这种状态,正派之人都不希望任何人处于这种状态。在这样一种生命中,人的生命之善例示得**非常不充分**,如此匮乏,如此不健康。但这并不表明,那被认为脱离了所有其他人类之善——诸如游戏、友谊、对真理和美的意识——的人的生命,就没有任何内在的善(intrinsic goodness)。那被认为**脱离了**所有其他的人类善,在一种无法得到所有其他善的存在模式中(如果该模式可能)的人类善,**没有一种**是吸引人的。但这并不表明,基本的人类善,诸如我刚才已经提及的那些,是工具性的,或绝非内在地善。昏迷的生命无吸引力的本质也并不表明它是无价值的。因为它是一个人活着的身体的真实现状,而且一个人活着的身体就是他这个人。

否认一个人活着的身体就是他这个人,就是接受某种关于人的二元论,根据这种二元论，那些仅仅**拥有**他们的身体、仅仅栖居于它们并使用它们的人，内在地是灵魂脱离了肉体的现实（disembodied realities）。（这显然是史蒂文斯大法官在**克鲁赞案**中推进的基础：无意识，因此不是一个人，**因此**不是真正地活着。）

任何形式的二元论在理性上都是站不住脚的。因为每一种二元论都力图成为一种理论，一种关于一个人作为一个一元且持存的自我（as a unitary and subsisting self）——总是在生物体上活着（organically living），但只是间歇性地有意识且时不时地探寻、判断、慎思、选择并采用技术和工具以实现目的的自我——的人格同一（personal identity）理论。但是，每一种形式的二元论都致使人们在有意识所为的每一项行为中体验到的那种复杂中的统一（the unity in complexity）令人费解。我们体验这种（复杂的）统一性要比体验世上任何其他的统一性都更为熟悉和了解透彻；事实上，对我们而言，它是实质统一性和一致性的真正典范。当我写下这一点时，我是我敲击键盘的手指、我在敲击键盘中感知的感觉、我正表达的思想、我写这篇文章的承诺、为表达自我对电脑的使用等的一元主体（the unitary subject）。因此，一个现实是：我同时包括意识和身体行为；而二元论力图解释**我**。

但是，每一种二元论都以否认存在任何**一种**归属于那一理论的东西来结束。它并没有解释**我**；它告诉我两件事：一是非肉体的人（a nonbodily person）；二是非人格的肉体（a nonpersonal body），这两者中哪一个我都不能将之认作我自己。[11]

因此，一个人活着的身体是他的人格现实（personal reality）的内在要求。一个人并不只是拥有、栖居或使用其身体，就像他拥有并使用一件工具或栖息于一处居所。因此，人的生命，那无非是肉体之真正实现的一个人的生命，是人固有的一种善。它不只是人的一种工具性的善，或外在于人。固有于人的原初的统一，它分享着人的尊严。

---

[11] Grisez, "Should Nutrition and Hydration be Provided to Permanently Comatose, and Other Mentally Disabled Persons?" at 37; see also *NDMR* 304-9; essay II. 5, sec. I (1989a at 267-8).

像其他基本的、固有的人类善一样，人的肉体生命也能够被或多或少完美地例示。当被最完美地例示时，它包括诸如演讲、慎思以及自由选择等重要功能；那么，它显然是最适合于人的。但即使对生命之善贫乏的例示，具体而言，也仍然是人的生命之善，且适合于生命是他的那个人。人的生命是固有的善，且当一个人不再能够享受某种程度的认知—情感功能或实现其他价值时，其生命始终是善。人的肉体生命，即使是处在昏迷状态中的一个人的生命，都是有价值的。选择杀死即使这样一个人，也是选择伤害了该人。它因此与对那个人的理性之爱不相符，而且（无论多么受爱的感觉驱使激励，且被有关尊重的各种思想和言辞环绕着）与尊重该人及对该人行公义不一致。无论可能伴随并建议这样一种选择的休戚与共的感觉是什么，它都是这样一种选择：与如此被杀之人合乎情理地休戚与共不相兼容的选择。

这样一种选择在根本上有别于以下两个其他种类的选择或态度，而安乐死主张者通常将此与这两种选择或态度混淆。（1）鉴于**通过杀人**（作为或不作为）减轻痛苦或难堪（"侮辱"）或花费的选择，是对**整体的**人施加**作为一种**（使该人受益的）**手段**的伤害的选择，那么，为挽救病人切除病变器官或肢体的选择，就根本不是**伤害那人**的选择。[12] 什么是伤害、什么不是伤害应当参照整个人——其器官上完整的身体福祉是选择切除病变部位的理由——来判断，不是参照其疾病威胁了那一器官整体的部分来判断，也不是参照其被损害是作为治疗不可避免的意外后果的任何部分来判断。治疗性手术不是为了追求善而选择行伤害（或任何其他种类的恶）的情形。（2）由于医疗的费用、风险、痛苦或其他负担，不接受进一步医疗的选择可能是一个合理的选择，即使在那种明知选择的结果会是早死的情形中。此处，死亡不是作为一种手段（更遑论作为一种目的）而被追求，只是作为一种意外后果被接受。

这样一种接受不需要建立在将持续的生命评估为无价值，或在客观上不

---

[12] 敬请麦考密克原谅，McCormick, *Notes on Moral Theology 1965 through 1980*, 647；根据麦考密克对截肢的分析，丹尼尔·马奎尔（Daniel Maguire）创建了"相称理性"（proportionate reason）的伦理理论，他采用该理论捍卫和支持安乐死：Maguire, *Death by Choice* 71, 126.

如减轻花费、风险、疼痛或其他负担有价值的任何尝试之上（这种尝试注定会失败）。它可能只是基于对治疗负担或成本的厌恶。这些是理性的慎思可能考虑的负担或成本；它们提供放弃治疗的理由。但是，如我已强调的，在道德上意义重大的选择的那些情景中，由成本和负担构成的那些理由，不可能通过加总它们来与净收益比较（"权衡"）得以衡量。相反，慎思又归结为一个人对相对立理由的个人回应的问题。一个人的慎思应当抛开诸如焦虑感等**纯粹的**情感动机。但是它不会排除一个人对相关理由的情感反应。

在这样一种情感反应中涉及的那些情感，本身并不为理性所要求或形塑。在心性端正的人那里，这些情感也不会与理性相反。但是每一种对人（意图去行）伤害的选择都将有违理性，因为它有违一种不可能在理性上被压倒的理由（例如，"生命和健康的基本人类善应当予以追求并予以尊重）。因此，无论一个人的情感如何，意图死亡或对自己或他人造成任何其他伤害都不可能是正确的。倘若一个人正在做的选择与我们谓之道德标准的理性诸要求的任何一种要求不相违背，那么他采取的背离成本和收益的行为就是合理的。这些标准不仅包括排除了意图杀人或伤害的规范，以及要求公平待人的规范（例如，一个人的孩子或其他人依靠其持续存在的生命和活动），而且还包括一个人通过其承诺、使命和特定事业（particular undertakings）而作出的与己相关的非常具体的标准。[13]

III

维持与完全依赖他人者（the very dependent）休戚与共并对其忠诚，这种谈论虽说不上抽象和可疑，但听起来似乎模糊又夸张。但在这本作品集[14]中，几位医疗保健专业人士的若干论文——尤其是格雷厄姆·马利（Graham

---

[13] 此段仅仅勾勒了一些要点；想要了解包括类似的原则和判断的全面得多且更为细致的讨论，参见 Grisez, "Should Nutrition and Hydration be Provided to Permanently Comatose, and Other Mentally Disabled Persons?"; [also *LCL*, 8. F. 3-4; Grisez, *Difficult Moral Questions*, QQ. 44-7].

[14] Gormally (ed.), *The Dependent Elderly*.

Mulley)、马里昂·希尔迪克-史密斯（Marion Hildick-Smith）和罗伯特·斯托特（Robert Stout）的那几篇论文，传达了关于休戚与共的实践内容和现实态度的某些东西。他们提出的考虑和措施相对简单明了（尽管它们肯定需要想象力和同情心）。但是，这些考虑和措施是对古典哲学和神学谓之**普遍正义**（general justice）的那种态度的研究：一种对个人的全面尊重，不论该等个人是以他们的个人身份还是代表共同体（无论在医院、地方当局的层面还是在中央政府的层面）作决定。

至于公平，即其具体内容无论如何取决于情感和其他偶然性因素的理性标准，其要求模棱两可。有着极高政治要求和政治影响力的老年人群体，可以提议并争取给那些对孩子们负有直接责任的青壮年设置不合理的负担；在一些现代西方民主国家，诸如养老金水平和房屋所有权的安排，都可以为了老年人的利益而对年轻人施加不合理的负担。但这不应分散我们的注意力，使我们暂时忘记在迈克尔·班纳（Michael Banner）、约瑟夫·波义耳以及勒克·戈尔马利（Luck Gormally）的论文中表达的真正现实的关切。约翰·基翁（John Keown）对荷兰安乐死的出现与野火般蔓延的调查，为我们提供了一个引人注目的恶性循环的例子，在这个例子中，对人的肉体生命的非理性态度（将一种内在且基本的善视为好像它是外在的且是工具性的善）强化了以下内容，同时也被以下内容强化：非理性地相信理性地加总可供选择的选项涉及的成本和收益的可能性；这些可供选择的选项有：（a）出于同情而杀人；（b）护理，这种护理既排除了（通过作为或不作为）杀人的选择，又排除了继续医疗的选择，这里的医疗是无效的，或给一个人施加了他没有责任公平承受或没有勇气承受的负担。

正如罗伯特·斯托特建议的那样，资源的分配或定量配给的一些问题容易处理。其他问题一向是疑难问题，关于这些疑难问题，理性人彼此之间会合理地产生分歧，在并非不合理的选项范围内作出不同且不兼容的选择。但是，有关分配或定量配给的某些问题，将仍是我们能够并应当优先于所有有关分配的、有合理争议的议题回答的问题，也是我们能够并应当明确回答、从而为所有随后的分配性选择确定边界的问题。勒克·戈尔马利指出了这些边界的其中一种：

> ……在有关对衰弱的老年人进行医疗护理的条款中，**最低的**要求是护理的品质，即尽可能地减少对医生、护士和其他相关人员的诱惑，该诱惑使得他们认为：相比给他们的一些患者提供明显不充分的护理，即那种导致快速恶化或不能减轻痛苦的护理，他们杀死这些患者可能更好。对病人不充分的护理，产生了除掉那些明显不受尊重的病人的诱惑。相比之下，充分的护理意味着这些病人是有价值的。[15]

当然，这使得在资源充足的社会中什么是"最低要求"易于辨识；可能存在这样的社会状况：实际上没有任何可得的医疗阻止快速恶化或有效减轻病痛，以及可得的护理和食物都完全为年轻人保留。但是，即使在这样的、与我们的社会状况相去甚远的状况中，正义仍排除了所有杀人的选择，而且理性削弱了每一种这样的主张，即依赖他人的老年人的生命是一种人们可以合理地选择终止的零价值或消极价值。

---

[15] Gormally, "The Aged: Non-Persons, Dignity and Justice" at 187.

第 16 篇
安乐死与法律*

I

支持安乐死合法化的论述依赖关于自主权的主张,或关于政治多元化的主张,又或对这两种主张都有所依赖。我的回应将提出以下三个要点。

首先,那些要求安乐死合法化的人逃避了他们的基本义务:描述所宣称的权利;识别何人享有这项权利;以及为其作为一项权利——被认为胜过其他的善、权益和他人的福祉或权利——划定边界。

其次,他们已经忽视了,或者说得好听点是严重轻视了受害者,即那些由于他们运动的成功可能造成的以及在某些地方已经造成的受害者。也就是说,他们忽视了公平和正义的基本责任。

最后,他们行事所按照的是一种有关人之生命和尊严的本质及价值的绝对不可接受的观念,即一种基于平等和尊严的理由应当被拒绝的观念——这一理由已经引导我们拒绝把通过将自己卖身为奴,从而使自己摆脱那些或许无法承受的重负的权利(在旧社会中为人们所普遍承认)视为**一个原则**

---

* 1998b [1996 年 11 月 22 日举办的一场讲座,该讲座与罗纳德·德沃金同一主题的讲座"安乐死、道德与法律"("Euthanasia, Morality and Law");这场讲座的时间落在第九巡回法院于 1996 年 3 月对 Compassion in Dying 案作出判决与最高法院于 1997 年 6 月对 Glucksberg 案作出判决之间,这两份判决在实质性方面分别与德沃金的观点和我的观点相一致]。

问题。[1]

余生，我们都将卷入这场争论中，这场为权力而进行的斗争，这场伟大的集体慎思。我们需要自始至终保持我们的批判能力。法院、立法者、选民，以及有时被标签化为"共识"的广泛的便宜行事的权力（wide margins）将会作出多数派决议。但是，为了解决这些有关道德真理和判断的重大议题，我们每个人都得有标准，借助这些标准，我们任何一个人都能批判性地评估和**判断**立法机构、元首以及法院。那些在法学院、媒体和法院发号施令的"正确思考"的人们，很可能像那些在 Lochner v New York[2]案中裁决支持个人自主权、反对社会正义或在 Buck v Belt[3]案（为证立使一名智障女孩绝育，霍姆斯大法官曾如是说，"三代低能者够多了"）中裁决支持生活质量、反对基本的人类尊严的"正确思考"的人们一样。并且，另一方面，也许数世纪以来被如此频繁地重新制定和确认的那些禁止自杀的法律，如罗纳德·德沃金认为的那样，当它们被适用于阻止医生杀死罹患绝症的病人时，它们施加了一个"严肃的、不正当的、非必要的……[4]极度有害的、使人蒙羞的……[5]毁灭性的、可憎的僭政形式"。[6] 这是一种我们必然应根据其本身价值考虑的思想。

但是，如果我们想保持我们重要的自由，我们便不能接受"历史已经决定"或正在决定这个问题；或已经解决了其他问题，以至于作为一个原则和

---

[1] 德沃金在他的讲座中，原则上把这种拒绝描述为"不同寻常的""生硬的""一揽子的""粗糙的"——就安乐死而论。他未曾利用之后由我的评论所提供的机会，回应这些描述词是否也适用于我们的法律对奴隶制、酷刑、逼供等的拒绝。

[2] 198 US 45 (1905).

[3] 274 US 200, 207 (1927).

[4] Dworkin, *Freedom's Law*, 146.

[5] Dworkin, "When Can a Doctor Kill?"

[6] Dworkin, *Life's Dominion*, 217.

整全问题,这个问题现在必须得按照某种特定的方式决定。[7] 良知的裁判依据的并不是司法的或任何其他多数主义者的或精英的力量、意见、意志所产生的影响,而是依据寻找**作为理由**的善作为理由。因此,我将把该等问题看成是针对每一个当代共同体(包括美国)而被提出的问题,不会把它们认为是美国宪法本身的问题。

II

法官莱因哈特(Reinhardt)在其赞同第九巡回法院 8 位法官于 *Compassion in Dying v Washington*[8]案中的法律意见的观点中,以一种近乎独特的反常方式使用了"安乐死"这一术语,即**未经请求地**置一个遭受不治之症且痛苦不堪的人于死地。[9] 几乎所有其他讲英语的人都将这种情况称为**无意愿**

---

[7] 在德沃金自己的讲座中,他准确地提出了这样一种主张,使得以下观点成为他演说的中心:在 *Cruzan v Missouri Department of Health* 497 US 261(1990)案中,美国人民已经决定,或至少以为(有着决定性的影响)作为一个宪法性权利问题,患者和他们的医师可以合法地**追求死亡**(*aim at death*)。这一主张犯了双重错误。如果 *Cruzan* 案事实上已经做出了这样一份裁决或推定,那么现在法院和美国人民都可以判断它是否是轻率的行为,是否抛弃了禁止谋杀法律之历史的和道德上合理的基础,是否是一份已经需要推翻的错误裁决。但是,在历史上和司法上都十分清楚的是,*Cruzan*案既没有裁定,也没有推定,更没有接受这种可能性,即患者及其医师享有追求死亡的宪法性权利。持异议的法官们以如下措辞准确地说明了多数意见的核心:最高法院尽管暂时承认:**在避免不必要的医疗措施**——包括诸如人为输入营养和产生水合作用等的维生医疗措施——方面存在某种程度的、受宪法保护的自由权益,但支持了密苏里州最高法院的裁决。[*Ibid.* at 302,布伦南法官的反对意见,之后马歇尔和布莱克曼两位法官加入该反对意见](强调为后面所加。]

他们补充道:奥康纳法官的[相同]意见**没有那么小家子气**。她公开断言,"最高法院常常认为,州**侵犯人的身体违背了**受正当程序条款保护的诸项权益";存在避免不必要医疗的自由权益,且该项权益包含了免于"人工输送食物和水"的权利。[*Ibid.* at 304,布伦南法官的反对意见](强调为后面所加。)]

因此,最高法院预设的权益只是**拒绝对一个人身体不必要的干预**的权益。可以预见,一些患者或医生可能会滥用或利用这项受保护的自由权益——把它作为某种引起死亡的目标(意图、目的等)的工具,这一事实绝没有使这些动机成为受宪法保护的权益的一部分。即出于欺骗陪审团的目的,被告人会充分利用他们受宪法保护的**作证自由**,这一容易预知的事实并不使这样一种目的成为受宪法保护的自由权利的一部分——好像每一伟大的自由能够被准确地理解为"**撒谎的权利**",又好像辩护律师在听取了委托人对罪行的清楚供认后,仍然享有正是为了撒谎而把委托人送上证人席的宪法性权利。

[8] 79 F3d 790(9th Cir.),被 *Washing v Glucksberg* 521 US 702(1997)推翻。
[9] *Compassion in Dying v Washington* 79 F3d at 832 n. 120.

安乐死，我也这样称之。我将假定罗纳德·德沃金同意这一点，因为他将安乐死简单定义为"出于好心故意地杀死一个人"[10]——作为一个法律定义不是很有用，但与通常用法兼容，而与第九巡回法院的用法不兼容。

荷兰人对"安乐死"的官方定义恰与第九巡回法院的定义相反，但同样异乎寻常："基于某人的请求，由其他人而不是这个人来"终止生命。[11] 几乎英语世界里的每个人都将这种情况称为"**自愿安乐死**"，我也将这样称之。

当我们读到1990年荷兰全部死亡人口的2%源于"安乐死"时，我们必须牢牢记住荷兰人的古怪定义。[12] 如果我们这样做了，我们会记得更深入地解读这些数字。然后我们会发现，荷兰全部死亡人口中另外有近1%——超过1000例的更多死亡——紧随的是"在没有**病人明确请求**的情况下，怀着加速生命终结的明确目的"而施用药物的行为。[13] 根据荷兰人古怪的定义，这1000例死亡并不是安乐死；而按照第九巡回法院的定义，它们在荷兰是**仅有的**安乐死。在我采用的更常用的习语中，这1000例死亡当然属于无意愿安乐死的情形。

在罗纳德·德沃金的新书《自由的法》中，他这样说：

> 许多批评家担心荷兰的实践，因为那里的医生已向没有明确要求赴死的、无意识的或机能不全的（incompetent）临终病人实施致命的注射。[14]

的确，"医生们已经实施了致命的注射"。但事实上，官方所知的在没有他们请求的情况下就被杀死的那1000人中，大约有40%既非无意识，也非

---

[10] *Life's Dominion*, 3. 难以理解的是，当他行至本书处理安乐死的部分时，他提出了一种新的且十分反常的定义，这一定义极大地减轻了他作为一位安乐死支持者的任务："形式多样的安乐死——自杀、协助自杀或阻止医疗或生命补给——或许［等等］……"：ibid．，213．

[11] Keown, "Euthanasia in the Netherlands: Sliding Down the Slippery Slope?", in Keown, *Euthanasia Examined* at 261，270（强调为后面所加）．

[12] See *ibid.* at 268．

[13] *Ibid.*，269．

[14] Dworkin, *Freedom's Law*, 144．

机能不全。[15] 我们可以使用"非自愿安乐死"的标签来表述无意愿安乐死的这一分类：在尽管有能力请求但没有请求死亡的情况下遭到杀害。对于医生违逆病人请求而终止他们的生命的做法，我们仍然缺乏一个可以接受的标签：或许，"反自愿安乐死"（"contra-voluntary euthanasia"）是那个标签吧。

截至目前，我已提过的这几种定义留下了一个重要问题有待澄清。我再次参照荷兰经验介绍该问题，尽管它具有普遍意义。1984 年，荷兰最高法院作出的一项裁决豁免了安乐死和协助自杀的刑事制裁。[16] 早在那之前的三个月，荷兰皇家医学学会已经为可允许的安乐死制定了标准，该标准后来在国家医学"安乐死指南"[17]中得到采纳。在该医学学会的报告中，并没有对"积极的"和"消极的"安乐死做出任何区分。"所有怀着终止病人生命目的的活动**或非活动**（*non-activities*）都被定义为安乐死。"[18]

这种对"非活动"、不作为、"消极的"行为的包括是完全合理的。从任何角度来看，安乐死都是禁止自杀的法律，更具体地说是禁止谋杀的法律的一种例外或一种被提议的例外。你无疑可以通过不作为来谋杀。父母有时用一个枕头谋杀孩子，但有时是通过饥饿、不给其食物而谋杀。为了继承财富，不给患有糖尿病的孩子胰岛素。为了自由地与其秘书结婚，D 医生在妻子维生设备的日常服务结束后不重启该设备。各地禁止谋杀的法律，其核心概念都是**引起死亡的意图**。原因——饥饿、脱水、胰岛素休克——加上意图：通过不作为而谋杀。当然，被指控的人必须已经控制了死者——护理或者一种公认的、可履行的护理义务——否则不存在意图，最多只是愿望。

简言之，为使安乐死合法化，被追求的禁止谋杀法律的例外（the desired

---

〔15〕 See Loes Pijnenborg et al., "Life-Terminating Acts Without Explicit Request" at 1197；纽约州生命和法律特别委员会，*When Death Is Sought: Assisted Suicide and Euthanasia in the Medical Context*, 134 n. 31 (1994) [以下简称 *When Death Is Sought*]。Pijnenborg 的研究与一个不同的系列相关；官方委员会提供的相关数字表明，那些在未经他们的请求下被杀的人中有 25%的人，据他们的医生说，是完全（14%）有能力请求或部分（11%）有能力请求死亡的。See Keown, *Euthanasia Examined* at 292 n. 104.

〔16〕 See *ibid.* at 261；Keown, "The Law and Practice of Euthanasia in The Netherlands" at 51-7.

〔17〕 由荷兰皇家医学学会和国家护士协会联合公布。See Keown, *Euthanasia Examined* at 264.

〔18〕 See *ibid.* at 271, 290（强调内容有所改变）。

exception to）需要涵盖意图终止生命的不作为情形。荷兰的指南注意到了要涵盖这些情形。

但是，荷兰官方对1990年**统计数据**的实况报道仅选取了**作为**的安乐死的情形。为了明白怀着缩短生命的主要或次要**目的**而撤回或阻止治疗的很多情形，以及正是**怀着**缩短生命**的意图**而施用令人痛苦的药物的许多情形，人们不得不留心潜在的官方数字。[19]

当总结荷兰安乐死制度实施第五年情况的那些官方统计数据时，我们发现在26 350例中，因意图或部分意图而终止生命的医疗干预加速了死亡。这一数字**超过荷兰全部死亡人数的**20%。在美国，这样的死亡会超过400 000例。[20]在荷兰这样的死亡人数中，一半以上——59%（15 528）——是没有任何明确的死亡请求的。在美国，每年有超过235 000例未经请求的医疗加速的

---

[19] See *ibid.* at 268-73. 官方另外承认的1000例未经请求而终止生命的情形只包括那些怀着终止生命的意图通过施用药物而为的情形。被漏掉的例子——根据指南它们属于安乐死，但是通过**不作为**实施的——按照以下两个标题分组："部分怀着缩短生命的目的而撤销或阻止治疗"（9042例），以及 "怀着明确的［即唯一或主要是为了］终止生命的目的而撤销或阻止治疗"（5508例［4000+1508］）——总共是14 550例——约占荷兰全部死亡人数的9%。See *ibid.* at 270，附录一。［在这些另外的死亡案例中，大部分（60%）是无意愿安乐死］。当然，没有任何终止生命的目的，但是明知死亡会或多或少作为无可避免的副作用而产生，治疗也往往被撤销。我刚已经给出的数据——那里终止生命是一种**目的**——只代表了所有治疗一旦被撤销，死亡就接踵而至的例子中的一小部分（约47%）。在使人宽心的官方实况报道中，另一组不被注意的是那些例子：那里，疼痛或症状的缓解是怀着明确的［即主要的］缩短生命的目的而实施的（进一步有1350例），或部分怀着那一目的而实施（另有6750例）——这些大部分是致命的注射，尽管不是即时致命的注射。同上，附录一。在这8100例中，68%（5508例［5058+450］）的例子将被添加到那1000例上；当德沃金说"医生们已经给没有明确要求赴死的无意识或机能不全的临终病人实施致命的注射"时，他大约是记得这1000例的。［在没有改善与文明实践以及尊重弱者生命相分离的整体趋势的情况下，对于荷兰统计数据的某种更新，参见Keown，*Euthanasia, Ethics and Public Policy*，115-35.］

[20] 即使一个人排除了终止生命不是医生**主要**意图的所有例子，以下情形依然是真实的——差不多每12例死亡中，就有1例正是明确地怀着终止生命的意图而被加速——在美国，每年这种情形的死亡会超过160 000例，其中超过80 000例是在没有明确请求的情况下实施的。总之，依据我对安乐死的定义，即唯一真正与禁止谋杀的相关法律相符合的定义，在美国至少会有大约160 000例**安乐死**，且更实际的数据会超过400 000例——那些由意图导致死亡的决定和行为过程引起的死亡。这些死亡中不到一半会是**自愿安乐死**，余下的大部分会是**无意愿安乐死**。且这些无意愿安乐死中有超过三分之一无疑是对那些当时有能力作出明确请求但没有这样做的病人的杀害。

死亡。[21]

离开这些词汇和定义之前,我应当多花些笔墨在意图上。莱因哈特法官支持第九巡回法院在 *Compassion in Dying* 案的判决的整个意见依赖法学院对意图的定义,这种定义不仅包括你意图什么,而且也包括无论你预见到的什么作为你行为的确定甚或可能[22]的后果。因此,莱因哈特法官嘲笑美国医学协会坚持以下二者的区别,即怀着杀人的意图提供止痛剂和怀着止痛的意图提供它们这二者之间的区别。[23] 他宣称,那些尊重病人放弃维持生命的治疗这一决定的医生,都**意图**加速他们病人的死亡。[24] 而且授权人们拒绝治疗的法律就是支持授权自杀的法律。在谵妄的言辞中,他甚至认为,那些支持阻止自杀的法律有着延长将死之人痛苦的"目的"。诸如此类的说法——这是整个意见书的关键。

"意图"这一语词事实上能够被赋予一种特别的引申义,包括可预见的可能后果,该等后果并没有在侵权法中造成很大影响,但不得不通过决策和颁布的漫长过程将其从禁止谋杀的法律中谨慎地排除出去。[25] 引申义总是一种法律拟制。意图是一个事实,而不只是一个语词。这就是为什么它在其非拟制的意义上与"目标是"("with the aim of")、"目的是"("with a purpose of")、"试着"("trying to")、"以便……"("in order to")、"目的在于"("with a view to")

---

[21] 当然,关于美国的这些推断是可争论的。荷兰遭受了纳粹侵略和清洗的恐怖,有一个更有效和普遍有效的医疗系统,并且相对摆脱了种族和底层社会的贫困。此外,它无疑已经比美国受到无神论和无信仰且因此受到犬儒主义和绝望/无信心的更深刻的影响。

[22] See *Compassion in Dying v Washington* 79 F3d 790(9th Cir.)at 823, n. 95.

[23] See *ibid*. at 823-4 and n. 94. 这一区分受到以下人或机构的坚定且巧妙的辩护:(1)克莱因菲尔德(Kleinfeld)法官,在 *Compassion in Dying* 79 F3d at 858 中的异议;以及(2)沃尔顿委员会:Report of the House of Lords Select Committee on Medical Ethics, HL Paper 21-1 of 1993-94(31 January 1994), paras 242-4, 在 Keown, *Euthanasia Examiend* at 103-4 中转载。[参见最高法院在 *Vacco v Quill* US 798(1997)案中肯定且明确的说明,尤其是来自 *United States v Bailey* 444 US 394, 403-6(1980)以及克莱因菲尔德法官判决中的引文。]

[24] See *Compassion in Dying* 79F3d at 822.

[25] See *Sandstrom v Montana* 442 US 510, 513(1979); and essay II. 10(1991b).

或普通的"为了"("to")[比如"他来洛约拉（Loyola）大学*是为了做一场演讲"，或"她提供吗啡是为了杀死病人，以便孩子们根据即将到期的保险政策索赔"]等许多其他单词和短语同义的原因。你意图你的目的（目标、用意、被追求的结果）和你选择的手段。你预见的结果即使确定无疑其发生都并非被意图，除非它们是你的目的或手段之一。我预见到飞越大西洋后的时差综合征、聚会后的宿醉、在白日下帷幕的颜色变浅、听我结结巴巴说话的人们的苦恼、我自己的军队在我下令的猛攻中覆没。我并不意图上述结果中的任何一个，尽管不可避免。

不亚于第九巡回法院的错误与武断，第二巡回法院在 *Quill v Vacco* [26] 案中完全地既歪曲了拒绝医疗之权利的立法保障的意图，又歪曲了颁布这一立法目的的意图类型：不是加速或决定我的死亡时间的意图，而是即使我的死亡是一个可预见的结果，仍使我的身体免于不必要的负担或干预的意图。立法者当然预见到法律颁布的一个后果会是，一些人将通过带着加速死亡的**意图**行使这项权利而使用——滥用——它。但是，正如一项立法声明所表明的，[27] 以下内容不是立法者意图的一部分——当我们授予法律的正当程序时，我们意图的无非使罪人逃脱，或当我们授予一项律师-委托人特权时意图的无非律师们合谋说谎。

就说到这里。如果我们想要区分正在谈论的是什么，那么，我们需要的不只是定义，还有命题。我们不得尝试用非命题式的诸如"生命的神圣不可侵犯性""有尊严的死亡""死亡的权利"等标语来应付——或做任何事情。

考虑最后那个短语——"死亡的权利"。这具体化**谁**拥有这项权利、针对**什么**行为、由**哪些人**行使的命题是什么？它是绝症病人的权利吗？（那么是什么不治之症？）或只是正在遭受痛苦的那些病人的权利吗？（那所遭受

---

* 洛约拉大学，位于美国伊利诺伊州芝加哥市。该校成立于1870年，起初名为圣伊格内修斯学院（St. Ignatius College），1908年更为现名，是迄今为止美国规模最大的耶稣会大学之一。——译者注

[26] 80 F3d 716 (1996).

[27] See Health Care Agents and Proxies Act, *NY Pub Health Law* § 2989 (3) (McKinney, 1993); *Quill* 80 F3d at 734 n. 7.

的痛苦又是什么种类、什么程度？）还是那些正在遭受痛苦而不论他们所患之病是否为不治之症的所有病人的权利？它只是一项在自杀有获得协助的权利吗？正如它在那部暂时搁置的1995年俄勒冈法中被创造的那样？或是其他人被允许（或者可能出于一种义务）杀我的权利？（当我不能亲自这样做的时候？或者当我可以这样选择的时候？）[28]

在美国，争论目前聚焦在协助自杀上。但这只是一个短暂的停留。[29] 第九巡回法院的意见，在它保护性地拒绝甚至原则上识别哪类人享有它宣布的宪法性权利之后，明确表明：除了"自愿"终止生命与"非自愿"（无意愿）终止生命之间的区别外，该院就没有看到任何相关的区别。[30] 而且，甚至这个区别也立即被指出是令人迷惑的：补充说明提醒道，法官们"并没有暗示"有关无意愿安乐死或非自愿安乐死的"任何观点"，而且如果"一位被恰当指定的代理决定者"决定终止机能不全的病人的生命，这就算作"自愿"安乐死。[31]

---

[28] 荷兰最高法院1984年的判决不仅使安乐死，而且使协助自杀免于刑事制裁，这也是荷兰刑法典另一条款的主题。但是，在荷兰协助自杀是少数人的追求。与26 000例安乐死相比，只有大约400例协助自杀被报道。

[29] 有时，在单独一部法规范围内通过了这种方式的停留。因此，在澳大利亚的北部地区，作为关于协助自杀的、世界上该领域内第一部（短时间内）唯一一部有效的制定法，《1995年临终患者权利法案》公之于众，且该法案有一条核心条款，似乎明确意味着：一位身患不治之症的病人，如果经历的疼痛、饱受的折磨和/或不幸达到该病人无法忍受的程度，则可以请求该病人的医师协助其终止生命。

Rights of the Terminally Ill Act 1995（N. Terr. Aust.），s. 4. 但是，在列举的最后，该法案关于"协助"的定义为"且给病人注射药物"：ibid.，s. 2. 因此，这是在协助自杀法律的幌子下的一部安乐死法律。该法于1996年7月开始实施，于1997年3月被联邦立法废止：《1997年安乐死法案》（Cth. of Aust.），其有效条款使得任何地区性法规失去法律效力，这些地区性法规允许故意死他人的所谓安乐死（包括仁慈杀人）或协助一个人终止他或她的生命的形式，或有允许（无论是否附条件）上述形式之效果。

它保留了地区立法机关关于以下事项的立法权限：
(a) 撤销或拒绝延长病人生命的医疗或外科措施，但不是为了允许故意杀死该病人；
(b) 对垂死之人提供姑息治疗（palliative care，对难治性疾病进行症状减轻型治疗——译者注）的医疗，但不是为了允许故意杀死该病人；
(c) 由病人指定的有权决定是否撤销或拒绝治疗的代理人之委任；
(d) 废除针对企图自杀的法律制裁。

[30] *Compassion in Dying v Washington* 79 F3d 790，832（第九巡回法院）。

[31] *Ibid.* at 832 n. 120.

Ⅲ

人们说每个人都享有自主的权利——身为一位美国人,一个人有"定义自己有关存在、意义、宇宙及人类生命奥秘的概念的权利"——*Planned Parenthood v Casey*[32]案中的这些措辞被 *Compassion in Dying*[33]案第九巡回法院所依赖,而且德沃金在其新书中以赞成的态度加以援引。[34] 但是,那些要求协助自杀或在医务人员手中实际上安乐死的健康美国人,会发现他们自己正被我们的改革者告知:幸运的是,毕竟权利**不**属于那**些**在定义他们自己有关存在等概念方面享有自主权益的人,而是属于其生命不再值得一过的人——而且这意味着,在法院、医师看来,在法院或立法机关不时采纳的立法标准的语境中,那些人的生命不再值得一过。甚至当你病情危急或被诊断为抑郁,你将发现(如果改革者能够被信任),你的自主的权利并没有赋予你在自杀时获得协助的权利,除非你病得**足够严重**或饱受**足够多的痛苦**,或抑郁**足够**严重且无法疗愈——这每一种情形中的"足够",都是在**其他人**眼中的足够。这当然没什么令人吃惊的。因为你正提议的行为不是一项私人行为,恰恰是一项你从他人那里寻求协助的行为,或你正请求他人实施、分享你毁灭自己生命的意图的行为。它同决斗或将自己卖身为奴的契约一样,不是一项私人行为。

因此,最重要的问题就变得更清楚了。什么时候我们应当允许一些人对另一个人的生命进行评论,判断那个人的生命毫无价值,并因此授权他们自己或别人实施那个人的死亡请求?其次,如果关于一个人生命毫无价值的这些判断是决定性的,那么,为什么有关不充分或消极的生命质量的判断不也是同样决定性的呢?而寻求帮助以终止生命的请求为什么不能被作出?或还未被作出?

---

[32] 505 US 833, 851 (1992).

[33] 79 F3d at 813.

[34] See Dworkin, *Freedom's Law*, 144.

注意：问题**不**是医师们是否能够合理地做出更有限的必要的评估，来判断进一步的诊疗是否有用，或是否过于繁重，或是否所获得的回报不值得去承受苦痛、金钱、人力或使用其他资源等成本。那些是艰难的、内在地不确定的判断。但是不管怎样，那些判断在无数情形中以无数种方式被惯常性地作出。它们依然关注治疗、负担和收益，且缺少对一个人整体存在的必要的总体评估，以证明一项恰恰集中于终止那种存在的决定具有充分根据——以怀着杀死（或协助杀死）该人的意图实施行动过程；在人类力所能及的范围内，以毁灭或协助故意毁灭他或她的肉体存在。

IV

我们不应当试着通过在保持其他一切事物稳定和不变时考虑法律的新许可，而评估修改法律的影响。罗纳德·德沃金已经给了英国公众一个好建议：当考虑引进一项可司法化的权利法案的影响时，暂时不要假定它会被律师和法官以今天的态度加以诠释和实施。全**新类型**的律师、法律教师和法官会迅速形成，以实行新的制度。[35]

因此，不要想象安乐死法正被今天的医师、护士和医院管理者实施，因为这些人的伦理准则不认为杀人是一个治疗和管理的选项。如果禁止谋杀的法律以上述提议的方式被加以修改，且尤其如果被美国最高法院的判决——宣布了什么是每一位美国人的作为自由真正意义之一部分的权利——所改变，那么，所有那些行业和阶层的伦理都会并且一定会改变。改变会非常迅速，侵权法不太温和的刺激是对这一改变的推波助澜。

---

[35] *See* Dworkin, *A Matter of Principle*, 31. H. L. A. 哈特，一位富有激情的自由主义的改革者，从未停止支持那部将英国所谓的治疗性堕胎合法化的 1967 年立法。但在 20 世纪 70 年代，他注意到该立法的效果已被那些引起这一改变的人**严重低估**了。曾被许多人设想为只是一个在禁止之处承认一块自由区域的许可的东西，已被证明是引入了新关系、制度、资金、职业义务等一种巨大的结构，涉及医生、助产士、社会工作者、精神科医生、普通大众的伦理、实践以及性情等方面的改变。See Hart, "Abortion Law Reform: The English Experience" at 408-9; and essay IV. 11 at 278 n. 79 (2009b at 183).

此处，我们不要因道德条款*分散注意力。这个问题不是关于极少数正统的天主教教徒、犹太人以及其他不随俗流者选择退出的权利。它是关于大部分普通、正派的专业人士的，[36]这些人为通过除掉引起麻烦的那个人会极大简化对疑难病例管理的新的"治疗方案"做好准备。

我们的医生总是拥有杀死我们的权力，以及掩饰他们行为的权力。去年的这个时候，我看着我的父亲死于癌症。给了他致命吗啡的那位医生，有权以决定什么能够减轻他的疼痛为幌子来终止他的生命。在许多许多情形中，没有什么能够阻止决定杀人的医生，除了一种道德；该道德简单排除了杀人的选择；它因为与禁止谋杀的法律一样坚持完全相同的以下区别而被第九巡回法院嘲笑：在意图杀人与接受死亡作为不怀这种意图而为的某事的副作用（可能受欢迎但仍是非意图的）之间的区别。现在，修改法律和职业道德。怀着意图杀人变成了常规的管理选项。是的，是有各种限制、指导方针、文书工作。这些设计的本意是好的。不是完全无关紧要的。但是，没有一样东西可以与我们的医生在心灵、专业养成和良知方面的改变相比。

因此，作为受过训练的男男女女，我们的医生会进入我们的病房，愿意借他们选择之机杀人，他们受我们信任的新的职业和法律标准的指导，而这些标准来回改变，寻找着随多数主义者在司法或立法上瓦解意图杀人与意图治愈、治疗、减轻、缓和……之间界限而消失的明显**界限**。

一个沉默的新地带。我能够安全地和我的医生交谈我的最大程度的苦痛、我的恐惧、我偶尔或经常想摆脱负担的愿望吗？我的话会被听作一个想要被杀死的恳求吗？作为一个默示的许可？另外，为什么我的医生需要我的许可、我的请求？荷兰的指南——在法院的声明中得以坚持，且在荷兰的报刊评论和文献资料中被千篇一律地描述成"严格"和"精确"——要求在

---

* 道德条款（conscience clauses），说明因宗教或道德原则的缘故，而不能遵守某一规定时，可以不受处分的法律条款。——译者注

[36] 举例来说，就像大规模反对引进作为违反专业人士由来已久的伦理的《1967年英国堕胎法案》的所有人，这些人的医疗辩护委员会在1968年告诉他们，修改刑法意味着修改他们的医疗侵权民事法律责任，以及那些几年之内大规模反对任何有可能稍微减少可为他们所用的治疗选择之改革的所有人。See Keown, *Aboration, Doctors and the Law*, 84–109.

安乐死实施之前必须有一个明确的请求。但是，五年之内，无论如何，荷兰**大部分**的医疗杀人都是在没有任何明确请求的情况下实施的。而且尽管按照指南的要求需要上报，且不上报是一种刑事犯罪，但仍有87%的杀人没有被上报——在一个以守法而闻名的国度。

另一个可怕的沉默地带。病房门外都是亲戚。关于我的状况、我的愿望，他们愿意告诉医生什么？告诉他们我的苦痛、我的沮丧、我的愿望是审慎的吗？他们正在如我希望的那样解释我的精神状态吗？他们的利益与我的利益一致吗？许多人会发现，他们最近最亲的人越来越不亲、越来越不近。[37]

为什么荷兰医生几乎总是通过伪造死亡证明书和上报死亡是由于"自然原因"来违背指南和刑法，荷兰的医生们给出了官方（匿名）调查的两个主要原因：一个原因是避免小题大做的法律调查；另一个原因，几乎同样重要，是试图保护亲属们不受官方调查。[38]

罗纳德·德沃金的新书回应了这样的关切。即使到现在，他说，"医生们有时故意给垂死的病人足够大剂量的止痛药来杀死他们"。[39] 他忽视了他们这样做的意图这一问题，并说这是一个"隐秘的决定，比自愿安乐死计划更容易引起滥用"。[40] 他没有注意到，无论"自愿安乐死的计划会"如何，医生们用致命剂量的止痛药的权力和机会都仍将绝对不受限制。但是，同样的权力和机会会在"新类型的医生们"（像德沃金为英国人预测的"新类型"的律师和法官）手中，医生们得到指示将**意图杀人**视为一种医疗选择，这是好医生经常做的事情。现在，这个使用致命剂量止痛药的"隐秘决定"会是容易获得的，该决定迂回绕开法律针对合法的自愿安乐死的文书工作的诸要求——被那些不想使用由荷兰医生在八分之七的普通安乐死病例中采用

---

[37] See Scruton, "Not Mighty But Mundane", 一篇对 Keizer, *Dancing with Misterd D* 充满同情的评论，该评论经由一位敏感且具有哲学倾向的前天主教荷兰安乐死医生之口，详述了他杀死病人的经历，他获得并使用这一杀人许可之轻而易举令人吃惊，实际杀人的快速简便（为保持这是一起**医疗**事件的感觉，速度和简便是必要的），以及亲属们频繁的厌倦态度。用 Scruton 最后的话说："由于无神论、犬儒主义以及安乐死实践的传播，你最亲最近的人会越来越不亲、越来越不近。"

[38] See Keown, *Euthanasia Examined* at 281.

[39] Dworkin, *Freedom's Law* at 145.

[40] *Ibid.*

人权与共同善

的另外一种迂回术的医生们使用的一种迂回术——忽视文书工作。这两种方式中的任何一种都想：避免小题大做。不要将亲戚卷入烦人无聊的法律程序中。[41]

依据他摆在沃尔顿委员会（1993年英国议会关于安乐死的委员会）面前的证据，他被一再问及有关这些问题。他的回答可以被合理地概括进下面一段引文。这种合法化的坏结果：

> 不是小心翼翼的理由，因为［通过遵守反对安乐死的现行法律］而伤害很多人是错误的，仅仅因为我们感到，在某种情况下，一项决定可能会在错误的基础上作出。那些负责这些决定的人，以及会处在一线的医生，将只是不得不非常小心地遵守生前遗嘱*模范统一法典……指示医生们要注意的各种条件。[42]

但是，当然，医生们将不只是"不得不"，而且委员会一致拒绝了他的再保证。

在新书中，他的回应同样不足以令人信服："国家显然有权力预防要求受到内疚、沮丧、缺少关心或经济忧虑等的影响"。[43]几乎每一个对之有过认真思考的人都会得出结论：这种权力事实上是空的。

无论如何，明白此处发生了什么非常重要。暂时**假设**有一项选择何时死亡的权利（道德的或宪法的），也就是选择加速一个人的死亡的权利。更明显的是，还存在一项选择**不被杀死的权利**。问题是，哪一种法律体制会**最认真地对待那些权利**。这在很大程度上是一个经验问题。这是一个德沃金承认，但完全没有合理回答的问题。此处，论争的要点是，我们不是在处理一个法律理论家关于我们的宪法要求什么东西作为一个整全问题的观点，我们

---

[41] 大多数没有进行上报的荷兰医生对他们违反其要上报的明确法律义务给出了两点理由：避免法律调查的小题大做；保护亲属远离司法调查。See Keown, *Euthanasia Examined* at 281.

* living wills，生前遗嘱，又称活遗嘱，是病人要求在病入膏肓、无望恢复时不要用人工手段延长生命的书面声明。——译者注

[42] House of Lords Select Committee on Medical Ethics, HL Paper 91-vii of 1992-93（29 June 1993），162, para. 452.

[43] *Freedom's Law*, 144.

也不是在处理赫拉克勒斯式的对整个法律体系及其历史诸原则的领会。我们都正在处理一个普通民众和任何人领会得一样好的问题：在医疗法律和道德的新世界中，可想象的立法声明、优雅的序言、政府的宣传册、医院文书工作的详尽阐述、医生的报告、官方的调查，诸如此类，所有这些中，什么能够消除甚或明显地减少病人遭受的思想压力，即我被杀是我的亲戚对我的期待，而且无论如何，我被杀是正当之事，即使我完全害怕它且或许把它当作最大的和终极的侮辱，即一种可憎的、毁灭性的对他人的需要和意志的屈从？同样正在处理的是，医生们的专制、新权力、机会和道德的其他来源以及亲戚们真实和新奇权力的问题。

在新书的这个地方，德沃金终止了他对这些关切的简洁回应。他断言，这些"滑坡论证""是非常无力的论证；它们似乎只是对实际上打动了大多数反对所有安乐死的人的更深信念的伪装"。[44] 为了阐明**大多数反对安乐死的人**的这些信念，他小心挑选了一位将安乐死与避孕联系在一起的天主教神父！但是，我的同行罗纳德·德沃金对那些结果和影响的评估真的"非常无力"。13名成员的沃尔顿委员会仅包括1名天主教徒，以及代表了世俗的非宗教的英国社会的多种自由主义和世俗观念——医学的、法律的、哲学的。他们听闻过他，读过他的书，收取过堆积如山的其他证据，并为与荷兰医学和法律权威讨论而拜访荷兰。他们一致建议反对修改界定了谋杀或协助自杀的法律。他们一致认为，对禁止**意图杀人**的"任何修改"都应被拒绝，因为任何修改都"会产生这些严肃且广泛的反响"。[45]

> 我们不认为对自愿安乐死设置安全限制是可能的……如果自愿安乐死被合法化，那么，设计针对无意愿安乐死的充分防范就是不可能的。[46]

诸如此类，得出的结论就是，"任何对自愿安乐死的合法化都会产生比

---

[44] *Ibid.*, 145.

[45] Report of the House of Lords Select Committee on Medical Ethics, HL Paper 21-1 of 1993-94 [以下简称 *Walton Report*], para. 237. 在 *Euthanasia Examined* at 102 中有节录转载。

[46] *Walton Report* para. 238; *Euthanasia Examined* at 103.

它力图解决的那些问题更多且更严肃的问题"。[47]

那些阐明这些非常明智判断的大多数人正在掩饰他们真实信念的这一暗讽,甚至遭到纽约州生命与法律特别委员会1994年报告更加生动的反驳。[48] 如果你想要一部最新的而且是美国人的作品作为你反思这整个问题的基础,那么,就是它了。由州长马里奥·科莫（Mario Cuomo）设立于1984年的特别委员会,其24名成员或许甚至比沃尔顿委员会更具代表性、更世俗、更自由主义。他们中的一些人认为,平心而论自杀和安乐死在道德上是可以接受的。[49] 考虑了大量证据之后（包括罗纳德·德沃金的作品,他们对之予以认真回复）,[50] 在至少其中有一人强烈支持安乐死的顾问们的帮助下,他们"一致认为协助自杀和安乐死的合法化会对很多病人产生极大的危险",尤其是：

> 那些少数群体中的贫老成员,或没有得到良好医疗护理的人……已被提议用以阻止滥用和错误的临床安全措施,在很多情形中都不能被实现。[51]

这些理由和他们支持一致建议不得对禁止安乐死和协助自杀的法律作任

---

[47] Ibid.

[48] When Death is Sought.

[49] Ibid., xii-xiii, 119-20.

[50] Ibid., 74 n. 112：

将协助自杀或安乐死合法化的支持者们往往不能参与［这一］至关重要的平衡过程。例如,罗纳德·德沃金主张,因为"无论是将安乐死合法化还是拒绝其合法化,都存在危险",社会有义务开拓出中间立场。See R. Dworkin, Life's Dominion 198（New York：Konpf, 1993）（"一旦我们理解禁止安乐死合法化本身对许多人有害……我们意识到,我们尽力划出并维持一个可防御的界限……比完全放弃那些人要好。"）。一旦意识到真正被禁止安乐死或协助自杀的法律所伤害的人数极少,以及为了这极少数人将安乐死或协助自杀合法化——无论防范措施如何被写进法律——会危及更大群体的人的生命——这些人可能把这些选择当成沮丧、强制或无法医治的疼痛之结果,德沃金的论证便失去了大部分力量。

而当一个人注意到德沃金完全忽略了对可能被提出并加以维持的"可防御的界限"提供任何说明,德沃金的论证就失去了其剩余的力量。他表示,如果他提供一个"详细的法律计划"的话,该计划会包含支持裁决"什么时候医生可以加速［多么无力的措辞！］……那些不能作出死亡选择的无意识病人的——死亡"的规则。Life's Dominion, 216. 至于其他,他愿意攻击现行法律的"专制"——"刑法的暴政"：ibid., 15.

[51] When Death is Sought, xiii; see also 120.

何修改的其他理由，都是用逾 200 页的完整的文件材料认真论证的。

特别委员会肤浅地判断了在使人宽心且令人误解的官方实况报道中给出的 1990 年荷兰"安乐死"的数据，忽视了该报道后面的表格中显示的压倒性的更大数字。[52] 但即使是这一不实的荷兰数据，外推到美国（平均每年 36 000 例自愿安乐死和 16 000 例无意愿安乐死），也被特别委员会成员判断为一种"不能接受"的风险，一种滥用的风险；这种风险，他们补充道：

> 既不是不确定的也并非遥远，而是在这些做法会被适用的多元化环境中，从政策运用到实践的过程中一种不可避免的产物。[53]

最重要的是：沃尔顿委员会与纽约特别委员会那些尘世的、经验丰富且老于世故的成员认为：如果安乐死被完全合法化，那么，**不被杀死的权利**对很多人而言就灾难性地失效了，而这个人数相比其想象的死亡权利受现行法律损害的少数人来说，多得太多。比较而言，第九和第二巡回法院对抗性的裁判似乎强词夺理、天真且草率。

正如骗子律师所说，**一切向钱看**。谁会怀疑，如果协助自杀被司法命令引入，那么自愿安乐死也势必跟着被引入——如果它没有一同引入的话？谁会怀疑，为证实这些的自主权利一定可以对机能不全者实施且为了机能不全者的利益，**随之而来的**不可阻挡的诉讼进程（其结果似乎在第九巡回法院的补充说明中有所预见）[54] 会是由医疗金融利益（healthcare financial interests）提供大量资金资助的诉讼？谁会怀疑，与此同时，用纽约特别委员会的话说：

> 基于延缓并诊断小组的时间长短、医院收入的下降以及分配医疗经费的社会需要对医院补偿的诸限制，都可能影响在病人床边的医生的决定……在任何新的医疗服务供给（health care delivery）体系下，比如目前的医疗服务供给体系，相比在病人整个向死过程中给予照料，给其一针致命的注射成本会低得多。[55]

---

[52] 参见上述第 19—21 个注释。
[53] *When Death is Sought*, 134.
[54] *Compassion in Dying v Washington* 79 F3d 790, 832 n. 120.
[55] *When Death is Sought*, 123.

没有任何人的痛苦、神志失常或其他身体不适是无法医治的。[56] 在极小比例的病例中，治疗可能不得不延长，以维持病人的无意识。[57] 但是，提供护理者很可能有这样的异议：看护的成本。

V

另外，我们应当**留意权力意志**。对安乐死——自愿的或非自愿的——的任何许可都明显是对医生和医护人员权力的极大增加。荷兰医生不仅仅是规律性地且有效免受惩罚地杀死没有同意死亡的病人。他们以同样的自由拒绝了数以千计的安乐死请求。病人完全没有独立性了，而且，用特别委员会的话说，"通常都是做他们的医生推荐的事情"。[58] 因为他们也说：

> 如果医生确定病人是协助自杀或安乐死的合适人选，他们就更不可能倾向于提出其他的治疗方案，尤其是如果治疗需要医护人员的大力配合。[59]

而且，特别委员会同样令人信服地充分说明并用文件证明了更多内容。

特别委员会的评论是基于广泛的、亲自参与的医疗和其他相关实践经验。从我完全不同的立场来看，权力意志有另一种可能的相关性。罗纳德·德沃金的安乐死权利理论——其中确有让人钦佩的东西，尤其是他对"关键权益"的说明以及对怀疑主义的拒绝[60]——是受以下观念驱使的理论：把一个人的生命看作一场叙事，他是这场叙事的作者，因此当他不再**掌控**故事情节时，他余下的生命——被指责为纯粹是生物学意义上的生命——即使不

---

[56] 我在牛津的同事，罗伯特·特怀克罗斯（Robert Twycross）医生，在过去的 20 年间已经医治过数以千计死于癌症的病人，他给出理由以支持认为那些对娴熟的医师来说控制疼痛仍然困难的病例比例达到 1%，仅仅完全镇静就已足够的病例比例远低于 1%。See Twycross,"Where There is Hope, There is Life: A View From the Hospice" at 147-9, 165-6.

[57] *Ibid.*

[58] *When Death is Sought*, 122.

[59] *Ibid.*, 124.

[60] *Life's Dominion*, 201-7.

是事实上"下流的"和可鄙的,也是无甚价值的,这样一种看法是合理的(而且他暗示,是正确的)。并且此处,他明显赞同性地援引了一些段落;在这些段落中,尼采猛烈攻击那些"当生命不再可能骄傲地活过"[61]却不选择死亡的人。不管德沃金个人的观点如何,这里都有太多需要反思的东西——尤其是尼采强烈地蔑视弱者,以及蔑视对他们的同情。作为一种美学——一种自我创造的生命美学,事实上是一种自我叙事的生命美学,以及在那种方式中的一种拥有高贵的著者权力的生命——的尼采的道德观念,深深地且普遍地误解了道德,因而也就误解了人权的真正基础:一个我此处不可能继续探索的主题。

VI

第九巡回法院遍寻语言以描述其判决将救人于"未能减轻的悲惨或折磨"。判决的最后措辞是"疼痛的、旷日持久且痛苦的死亡"。[62] 但是,正如荷兰著名的安乐死倡导者和实践者彼得·阿德米拉尔(Peter Admiraal)医生在20世纪80年代中期所言,疼痛绝不是支持安乐死的一个正当理由,因为存在减轻疼痛的方法,[63] 事实上,在大多数病例中,在不对病人正常机能造成不利影响的情况下,疼痛能够得到有效控制。[64] 世界卫生组织委员会的一位专家在1990年这样总结道:

> 既然存在于一种切实可行的替代在痛苦中死亡的方法,那就应当集中精力实施姑息治疗方案,而不是屈服于合法安乐死的压力。[65]

---

[61] *Ibid.*, 212.

[62] *Compassion in Dying v Washington* 79 F3d 790, 814, 839.

[63] See Twycross, "Where There is Hope, There is Life" at 141.

[64] See Admiraal, "Justifiable Euthanasia" at 362.

[65] World Health Organization, *Cancer Pain Relief* (1986). [至于背景,参见 Meldrum, "The Ladder and the Clock".]

尽管德沃金非常不严肃地讨论"可怖的疼痛"[66]以及"持久的挣扎",[67]但据我看来,他支持希望安乐死合法化的主要论证在别处——在于这样一种观点,即有一种对依赖(dependence)的准尼采的、美学式的憎恨,以及对这样一种例如桑妮·冯·布洛(Sunny von Bulow)数年来完全无意识、每日只有她的发型师来拜访的局面的嫌恶,是合理的。他告诉沃尔顿委员会,"真的可憎"。[68]

事实上,对诸如法官、教授、古典学者——习惯于掌握、获得和控制——等人而言,接受变得或正在遭受巨大的丧失以及或多或少完全的不独立的前景,是困难的。他们——我们——可理解地但被误导地倾向于将这样一种状态视为毁掉了他们的"叙事"。这种看法是完全错误的:他们能够(在他们正当地能够之处)引以为傲的那种叙事,是一种结束于他们实现选择的实际能力结束时的叙事。超过那个时点,就像在此之前(在一个人最早年的时光里),生命是真实的、人性的和个体的,只是没有一个可引以为傲或为之羞耻的故事。一种全然的普遍的人类状况。我认为,对被简化为这种不独立和无力(dependence and powerlessness)的平等所持的美学异议,对于给许多人施加严重不公正——对被置于死地的恐怖和内在于任何安乐死工作制度中的强制且未经请求的灭绝之事实——并没有充分的根据。

VII

关于疼痛,我所说的内容就是我对那些诱使人们自杀或寻求自杀的协助或要求经合法授权的医生杀死他们的痛苦事实所言甚少的原因的一种解释。另一个理由是这样的:对于你可以描绘或报告的、属于任何一种在当下公共论辩中被认真辩护的合法化的安乐死的每一个悲惨案例,人们都可以发现许

---

[66] *Life's Dominion*, 209.

[67] Dworkin, "Sex, Death, and the Courts" at 47.

[68] House of Lords Select Committee on Medical Ethics, HL Paper 91-vii of 1992-93 (29 June 1993) at 162. See also *Life's Dominion*, 210.

多同样悲惨却落在任何这种界限的另一边的案例。阅读安乐死主张者的书，是令人困惑的，但隆尼·莎沃森（Lonny Shavelson）医生《**被选择的死亡**》一书（似乎）是诚实的。[69] 在他描述的6个悲惨病例中，只有一或两例属于任何巧言令色的安乐死倡导者的脚本（而且这6例当中的1例，一位始终在移动他的"界线"的艾滋病患者自然地死亡了）。读一读那些在临终关怀医院里全职医生的经历的说明。[70]

在我们关于安乐死的讨论中，不应排除那些疑难情形，那些真实之人之真实的痛苦。我们需要仔细考虑那些疑难病例，至少要自问：关于疼痛、抑郁以及其他可减轻的痛苦来源，我们现在该做什么。但是，我们也应寻找界线，任何被严肃提议的界线，并询问划界者，在何种意义上他们能够理解界线两边病例之间的区别——在诸如自主、压抑以及存在本身等如此重要的事物上。

在德沃金关于安乐死的最新著作中，他把他争取的这项权利描述为"亲自决定是否**立刻**死亡还是在持续很久的垂死挣扎后死亡的公民基本权利"。[71] 但"立刻"是什么？决定死于**何时**？在临终关怀医院，请求安乐死的绝大多数人改变了他们的心意，并开始珍视他们患病——严重但通常如此——的最后数月或数周。那些将死于艾滋病的患者很少有人请求安乐死；许多自杀的艾滋病患者是相当健康的人，他们中的大多数是在医生告诉他们预后（prognosis）之后迅速自杀的。[72] 那些坚持下去的患者时常发现，他们的希望最终从继续活着转变为善终——尽管在畸形和衰弱等绝境中——在他们亲戚或朋友的肯定而非遗弃中死去。这许多多多人，彻底抛弃了关于控制、征服和成就的那种排他且主导的错误伦理或审美，他们带着一个人曾被给予的一切中剩余的东西，已经发现了一个对只是存在着的价值的更深刻、更谦卑但更人性的理解。

---

〔69〕 Shavelson, *A Chosen Death: The Dying Confront Assisted Suicide*.

〔70〕 See e.g. Twycross, "Where There is Hope, There is Life" at 141-68.

〔71〕 Dworkin, "Sex, Death, and the Courts", 47（强调为后面所加）。

〔72〕 See Twycross, "Where There is Hope, There is Life", 152-4.

VIII

最后但并非不重要的是，我们应当希望保持不被安乐死主张者在**一种有损尊严的情形或状况中存在**与**缺少人的尊严**二者之间可怕的混淆所腐蚀。由于没忘记纳粹的恐怖，大多数的美国和英国的安乐死主张者还没有将他们运用修辞贬低死者或昏迷者——"植物人"等——的才能转向对智障者做同样的事情。什么理性原则会支持他们的这种克制？

罗纳德·德沃金研究安乐死的方法中最严重的错误被概括进《生命的自主权》一书所显示的他对以下观点所持的赞同中：那些照料永久性昏迷者以及相信他们正在照料一位昏迷者的护士，事实上只是正在"以……一种最糟糕的侮辱照料一个植物式的身体，即他们为**他做照料之事的确信**"。[73] 他并没有解释认为一个假定是纯粹植物式且不再具有人格的身体能够被表示尊敬且友爱的照料所侮辱，这如何可能是合理的。而且，他断言护士们错误地认为她们正在为一个人——即便处于疾病和无行为能力（disability）的极窘迫境地的人——而行动时涉及了不合逻辑的人格—身体二元论，但没有为这种二元论提供辩护。[74] 同护士们以及尊重根本人类平等的整个传统一样，我认为，我们应当在这一基础上判断和行为，即个人至死都保有他们的根本尊严，自始至终。

沃尔顿委员会阐明了德沃金的议题之后，立即表达了这样一种最基本的观点："禁止故意杀人……是法律和社会关系的基石，它不偏不倚地保护着我们每一个人，体现了众生平等的信念。"[75] 委员会已经识破了基于自主和多元论的诸论证；除非医生们被允许杀死作出"坚定且合格的"死亡请求

---

[73] *Life's Dominion*, 212.

[74] See e.g. *NDMR* 304–9; essay 14, sec. IV at 220–1.

[75] *Walton Report*, paras 236–7; *Euthanasia Examined* at 102；236 段：我们也深入思考了德沃金以下意见，即对那些没有宗教信仰的人而言，个人最好能够决定哪种死亡方式适合此生的生命。237 段：然而，最终，我们不认为这些论述是削弱社会禁止故意杀人的充分理由。在委员会的长篇报告中，没有其他人因名字而得以区分。

的每一个人，否则他们只能按照"值得过的生活"或"不值得过的生活"这一分类行事。由于它现在的倡导者和促进者无疑一般都是善良的，这样一种分类会以那种最险恶的含义在我们的社会中创造一种激进的不平等的新结构。[76]

德沃金现在主张，关于什么让人的生命具有价值，肯定没有什么"官方的正统说法"。他说"没有人能够把［那些存在争议的价值］看作如此无足轻重，以致接受其他人关于它们意味着什么的命令"。[77] 他说：

> 无论我们持什么样的观点……我们都想要自行决定的权利，因此，我们应当由此准备好坚持认为：任何可敬的宪法，任何真正的

---

[76] 这些含义很容易被处于不利境地和弱势的群体成员识别出。提交给澳大利亚北领地立法机关中负责土著居民事务的立法委员会的签署日期分别为1996年6月28日、7月9日和7月23日的三份报告均出自奇普·麦基诺蒂（Chip Mackinolty）先生之手，他是北领地政府委任的顾问，负责向澳大利亚北领地全体土著居民社区解释领地安乐死法规（参见上述第29个注释）的含义、范围及益处。尽管他支持该法规的诸原则，但麦基诺蒂先生对土著居民社区恐惧和对抗的经历——随着他们听到他的解释，对抗在增长而非减少——导致他建议北领地立法机构废止该法规。首先：

他们对这部立法的恐惧和敌意程度远比原初设想的要广泛得多……尽管曾经预计走出丛林的土著居民会反对该法案且非常不可能使自己获益于该法案，但必须把对该法案存在的反对视为是普遍的……一个澳大利亚的中心社区听完某些教育计划后，对该部立法的存在变得极度愤怒。(达尔文市的男子杀死其母亲也许是没有问题的，但我们这里不能这样做!)并要求我们离开——安乐死被一些人视为对土著居民进行种族灭绝的进一步方式，这种认识已经由许多个人传达给我们了……相反地，卫生工作者和社区领导一直都有真正的兴趣想要弄清楚该部立法到底在说些什么（尽管是带着试图理解这些疯狂的白人现在打算干什么的意识!）……果不其然，人们对于姑息治疗一直有相当大的兴趣，姑息治疗已被所有人视为"土著居民之路"。

奇普·麦基诺蒂提交给澳大利亚北领地土著居民事务立法委员会的报告（1996年6月28日）。两周后，该立法生效：

继续先前的报告，我将尽可能以最强烈的措辞重申先前关于土著居民对这部立法、该立法引起的领地卫生服务业（Territory Health Services）声誉的损害以及走出丛林的诸态度而作的说明。

奇普·麦基诺蒂先生提交给澳大利亚北领地土著居民事务立法委员会的报告（1996年7月9日）。最后，又两周之后：

我很想报告《末期病患权利法案》（ROTI，即 The Right of the Terminally Ill Act）［安乐死］立法之路上的某种顿悟，但它只是还未发生。如果关于整个事件及其对卫生部的影响，有任何使我感到稍微有些许沮丧的话……关于这部立法最大的恐惧和不情愿似乎来自土著居民卫生工作者自身……关于这部立法的诸情绪远比原初设想的要广泛得多，即它们不限于那些有坚定的"教会"追随者的社区……

奇普·麦基诺蒂提交给澳大利亚北领地土著居民事务立法委员会的报告（1996年7月23日）。

[77] *Life's Dominion*, 217.

宪法原则，都将保障每个人的那项权利。[78]

但是，他提议的保障是无价值的。尽管它使几乎每个人都处于一项真实权利（不被故意杀死）被违反的处境之下，但它会保障少数人假定的"自行决定的权利"，但对更多的人而言，它是把授权或撤销自主权本身的裁量权转移给医生。在医生行使他们裁量权的过程中，像那些请求他们给予其致命关怀（lethal attentions）的人一样，医生会按照对人的生命价值和尊严完全错误的评估行事。我们不应该把"存在争议的价值"视为如此"无足轻重"，以允许医生、法官及其他有权力的人通过削弱和规避谋杀法来施加这种错误的评估。

在涉及奴隶制或恋童癖之类的问题上，我们有听过这种"官方正统说法"的谈论吗？除非我们坚持真理——或者，如果你愿意，坚持这一自明之理——我们中没有一个人被授权按照另一个人的生命不值得过这一意见而行动，否则，一个公正的社会不可能被维持，且人们不可能被待以他们均被赋予的平等的关切和尊重。将这个真理——或自明之理——当作一种纯粹的、不合宪的"官方正统说法"而加以抛弃，就是抛弃**对自由中的人们、他们对幸福的追求，及其生命公正且平等的尊重**的真正基础。

---

[78] *Ibid.*, 239.

第五部分
自主、体外受精、堕胎与正义

第 17 篇

C. S. 刘易斯与试管婴儿*

刘易斯**自己对试管婴儿的讨论是在第三场也是最后一场里德尔纪念讲座（Riddell Memorial lectures）上；他于 1943 年举办了上述系列讲座，并于 40 年前就该讲座之内容发表了相关著作。他用于系列讲座和那本书的标题都是"人类的毁灭"。[1] 无论对书还是对讲座而言，这个标题都不是最恰切的；该标题来自以下一种思想，我不认为刘易斯真的能够证明该思想的正确性："当人类通过优生学、产前调节（pre-natal conditioning）以及一种基于完美的应用心理学的教育和宣传，已经获得对人类自身完全的控制时"，那时调节者（the Conditioners）和受调节者（the conditioned）都将不再成其为人了：[2]

> 并不是说他们［调节者］都是坏人。他们根本就不是人。走出了道（Tao）［自然法，在宇宙秩序内真正的人类善的秩序］，他们已经步入了虚无。他们的对象（their subjects）未必是不愉快的人。

---

* 未发表，1984 年，为牛津的 C. S. 刘易斯社团。

** 刘易斯（C. S. Lewis）（1898-1963），英国文学巨擘，著名学者，生前曾先后执教于牛津大学和剑桥大学，代表作有《纳尼亚传奇》系列；与《魔戒》作者托尔金相交甚笃。——译者注

［1］ Lewis, *The Abolition of Man*.［约翰·卢卡斯（John Lucas）的里德尔 50 周年纪念讲座"人类的复归"（"The Restoration of Man"），对于刘易斯的头两场反对道德怀疑主义、相对主义、主观主义的讲座的核心论证（自我指涉不一致的论证），给出了一个有着细微差别又具有启发性的说明，但完全没有注意到我认为对第三场讲座至关重要的主题，也是我在本文中予以讨论的主题。刘易斯头场讲座的批判目标是一本为学校和教师写的书，一本出版于 1939 年、之后迅速流行的关于阅读和写作方面的书；这本书主张所有的价值都是主观的，而且评价性命题都纯粹是感觉的陈述（或表达）；该书的两位作者之一凯特利（M. A. Ketley）于 20 世纪 50 年代在阿德莱德的圣彼得学院教过我。刘易斯的第一份学术职位是在他的（也是我的）牛津大学大学院（Oxford College, University College）哲学系当助教（"讲师"）。］

［2］ Lewis, *The Abolition of Man*, 37.

他们根本就不是人：他们是人工制品。人类的最终征服已被证明是人类的毁灭。[3]

正如我所说，我不认为刘易斯真的那样认为。他关于创造和毁灭的思想的真正核心在他写给英国圣公会修女佩内洛普姊妹（Sister Penelope）的信中有更充分的表达，而该信写于1943年2月20日，正是上述系列讲座的时间：

> 在我看来，适用于人的著述的"创造"一词……完全是个误导性的语词。我们……重新安排了上帝已经提供的元素。在我们身上**丝毫**没有真正的、**新的**（de novo）创造力可言。试着想象一种新原色。

[在他的第二场里德尔讲座中，"方式"——在关键时刻——刘易斯曾如是说："人类心智创造一种新价值的能力和想象一种新原色的能力一样……"[4]]

> 第三性别，第四维度，甚或一个庞然大物、一个并非由现存的各种动物之一部分黏在一起组成的庞然大物。什么都没有发生，而且这肯定就是为什么我们的作品（正如你所言）对其他人绝不完全意味着我们意图的内容的原因；因为我们正在重新组合由上帝创造，并且已经包含了**上帝**意思的那些元素。因为在我们的材料里所包含的那些神圣的意义，所以我们应当始终知道我们自己作品的完整意义是不可能的，而且我们从未意图的意义可能是最好且最真实的。比之栽植一座花园或生育一个孩子，写一本书远不像是创造；在所有这三个例子中，我们都只是作为**一个**原因进入一个可以说以其自身方式在起作用的因果之流里。我不希望它以别的方式起作用。[5]

---

[3] Ibid., 39-40.

[4] Ibid., 30.

[5] Hooper, C. S. Lewis. Collected Letters, vol. II, 555（on Sister Penelope CSMV see ibid., 1055-9）.

不：该讲座的真正主题不是人的毁灭而是人的奴役——对调节者的奴役——调节者通过他们自己不可避免的非理性冲动拒绝了道；以及通过调节者对其余所有人的奴役。这个主题在那些一直说给很多人——他们现在面临现实的造人（real man-making）——的段落中，得以娴熟地发展：

> ……所有对权力的长期行使，尤其是在生育方面，肯定意味着前人控制后代人的权力……为了充分理解人类控制自然的力量，以及因此一些人控制其他人的力量真正意味着什么，我们必须描画出在时间上自其产生之日绵延至其灭绝之日的种族。每一代人都行使控制其后继承者的权力……如果任何一代人通过优生学和科学教育真的获得了随心所欲制造（make）其后代子孙的权力，那么，活在其后的所有人都是那一权力的病人。他们更弱了，而不是更强了：因为尽管我们已经把精妙的机器放在他们手中，但我们已经预先规定了他们即将如何使用它们……因此，无疑赋予作为一个整体的种族的权力就会稳步增长，只要该种族继续存在。最后的人类，远非权力的继承人，他们将是最易遭受伟大的规划者和调节者流毒的所有人，而且他们自己对未来将行使最小的权力。真实的画面是一个主导时代的画面——让我们假设是公元第一百个世纪——它最成功地抗拒了先前所有时代，并最难以抗拒地主宰了随后所有时代，因而是人类种族真正的主人。但即使在这主人一代（本身是物种里一个极微小的少数群体）里，权力仍将被一个更小的少数群体行使。如果一些科学规划者的梦想得以实现，那么，人类对自然的征服意味着数百人对数十亿人的统治。[6]

诚然，接近讲座的末尾，这一点与人的毁灭的主题联系起来，那是人的实践认知的毁灭（对真正人类善的智识理解）以及自由选择的毁灭（那种即使在"公元第一百个世纪"，刘易斯也没有充分理由料想到的毁灭）。因为，我们发现他如是说：

---

[6] *The Abolition of Man*, 35-6.

>……若没有"仁慈是善"这一判断——没有重新步入**道**——那么，他们（调节者），而非任何其他人，不可能有任何理由促进这些冲动或使之稳定。按照他们所处立场的逻辑，当这些冲动来自偶然时，他们肯定就接受了他们的冲动。而此处的偶然（Chance）意味着自然。从遗传、领悟（digestion）、天气以及联想中，调节者的动机将涌现……自然，不受价值约束的自然，统治着调节者，并通过调节者统治着全人类。人类对自然的征服在其臻于实现的那一刻，结果发现是自然对人类的征服。[7]

但是，这种论证思路中存在着某种模棱两可，这种论证说起来好像是：自然和人性真的会变成正如调节者错误的哲学理论（错误）设想它们所是的那种样子。为了明白我的意思，我们举一个稍微不那么复杂的论证。关于那些"致力于决定'人性'从此以后将意味着什么这一任务"的调节者，刘易斯如是说：[8]

>适用于[那些调节者]的"善"与"恶"都是没有内容的词汇：因为，自此以后，正是从他们那里，这些词汇的内容才得以派生。[9]

无疑，这就是调节者关于善与恶以及"善"与"恶"会考虑的内容。但事实上，人之善和人之恶、人的理解力和人的自由选择，都仍是造物主曾使它们和使它们成为的样子。诚然，刘易斯设想的那些调节者、很多人的奴役者，他们自己不仅成了他们自己冲动的奴隶，而且还成了一种**创造性统治**的幻景的奴隶，一种刘易斯的这些讲座——根据它们真实的趋势——揭开的幻景。然而，那种幻景将为他们提供一种可以理解的动机，无疑令人困惑且未经批判，但有别于一种纯粹冲动或其他次理性的（sub-rational）、"自然的"（动物的）动机。关于如何行使**好**他们选择自由的批判性思想和反思性慎

---

[7] *Ibid.*, 39-40.
[8] *Ibid.*, 39.
[9] *Ibid.*

思，对他们而言都仍然和……即将成为下一个的一种思想———一样近。

在刘易斯写给佩内洛普姊妹的信中，在他所讨论的现实世界中，我们可以选择并通过我们的自由选择构成我们自身（不是创造我们自身！）。我们能够且应当作出道德判断，这些道德判断是对那些选择的评估，它们不仅判断他们的动机和他们的预期后果，而且判断选择行为本身所体现的人的本质特征（essential human character）。各种选择并不是纯粹孤立的事件，但它们都对人类诸善采取一种立场，并塑造了选择者的特征，它们不仅倾向于在具有社会意义的行为和态度中找到表达方式，而且将持续到永恒，除非被忏悔和改变的另一种自由选择所拒绝……

因此，我想谈谈：不是在为整个未来调节整个人类物种，而是在造单个试管婴儿的过程中涉及的选择行为中所呈现的人的特征。我想要表明的是，在所有的试管造婴（test-tube baby-making）中都存在道德瑕疵，即使没有伴随着（因为事实上它几乎总是伴随着）杀人的意愿，而且即使它充分地尊重（因为经常不尊重而且将愈来愈不尊重）婚姻的诸善和诸界限（那些界限对任何孩子而言都是善，而这些善是其稳定身份的来源）。

我的论证的核心如下：体外受精的孩子开始存在，不是作为**与一项表达婚姻和睦**（*marital unity*）**的行为相伴生的一份礼物**，因此不是以由那项行为如此生动表达的共同生活中的一位新伙伴（a new partner）的方式，而是以制造产品的方式（事实上，通常情况下，作为由其父母以外的人管理并实施的一个过程的成品）而存在。

在通过性交生儿育女的过程中，由每一位配偶作出的**一项选择行为，而且是同一项选择行为**，**既**支配了可体验的且富于表现力的（experienced and expressive）性的结合，**又**支配了孩子的生育。存在一种意图行为，而且即使当生育有赖于通过一些技术手段辅助性交时，其意图仍然居于支配地位。

但是，在体外受精的情形中，存在的是各种不可化约的单独的选择行为，这些行为都是不可或缺的，且都是不同人的独立行为：在**产生和收集精子**的过程（一个可能涉及但在实践中并不涉及性交的过程）中涉及的那些人的行为；母亲的行为和在**收集卵子**的过程中涉及的那些人的行为；**混合精**

子和卵子的那些人的行为，以及**转移**那个混合或结合的**产物**的那些人的行为；以及母亲**允许那一转移**的选择。或许，在上述选择中没有一项选择，应该说是生育完全依赖的；或者如果一项选择具有这种最初的起源意义，那么，它是配子（gametes）*的混合。我已列举的这一系列行为中的每一项对结果而言都是内在必要的；每一项行为都涉及自由选择，而这些自由选择可能受到克制；而且，**没有哪一项行为具有人与人之间相互牵连的行为**（a person-to-person act of mutual involvement）**特征**。

选择通过体外受精生一个孩子，就是选择生一个作为制造的产品的孩子。但是，产品和制造者之间的关系是一种完全不平等的关系，一种意义深远的从属关系。因此，通过体外受精生一个孩子或创造一个孩子的选择是这样一种选择，在这种选择中，孩子并不具有因性结合而生的孩子所具有的那种身份，一种对任何孩子来说都是一种大善的身份：那种与父母亲完全平等的身份，那种在家庭共同体中作为同父母亲一样的伙伴的身份。

当然，膝下无子的夫妻选择体外受精是**想要**一个**孩子**，而孩子一旦受孕**事实上**就不是——与人类种族相关——一个纯粹的客体或产品；另外，体外受精团队致力于与不孕不育者一起使孩子成为一个纯粹的客体或产品，以帮助满足他们的需要。但是，正如通过婚外性行为孕育一个孩子——即使婚外性行为是"为了婚姻"和"给我们一个孩子"——违反了正当的婚姻关系和亲子关系（parental relationships）一样，对体外受精的道德分析同样也不可能停留在动机和预期结果的层面上。

核心家庭**是一个共同体。尽管通过配偶双方的自愿选择和承诺得以建立和维持，但也不是一个纯粹的"自愿的联合"。核心家庭涉及其成员的责任，这些责任超出他（她）们关于成为该核心家庭中的一员曾设想的以及本身曾同意的任何东西。婚姻中，伴侣双方的承诺是"无论顺境还是逆境；

---

* "配子"是生殖细胞，男性配子是精子，女性配子是卵子。——译者注

** "核心家庭"（the nuclear family），又称"小家庭"或"生物学家庭"（biological family），指由夫妻二人及子女组成的家庭；核心家庭通常是相对于"扩大的家庭"（extended family）而言的，扩大的家庭是一个更大的家庭单位，通常由数个核心家庭组合而成。——译者注

无论富有还是贫穷"；因此，该承诺包括夫妻双方完全**服从**（*submission*）于如此毫无保留的相互承诺的偶发事件，无论那些偶发事件是多么不可预见。子女这一礼物和责任是那些偶发事件中最重要的一种，因为父母不可能正确地**决定**他（她）们孩子的性格，或拒绝他（她）们不喜欢的孩子。

让我回到刘易斯那里。他在《黑暗之劫》（*That Hideous Strength*, 1945）这部成年人的现代童话的序言中如是说，"在该书的背后，有一个严肃的'要旨'，这个要旨我已在《人类的毁灭》中尽力陈说"，[10] 陌生人梅林（Merlin）问兰塞姆（Ransom）："为什么子宫一侧贫瘠无孕？冷漠的婚姻在哪里？"兰塞姆如是回答：

> 她的［月亮的，苏瓦（Sulva）的］半球朝向我们，同遭诅咒。她的另外的半球望向深空……在这一侧，子宫贫瘠无孕，婚姻冷漠。那里生活着受诅咒的人，他（她）们充满了骄傲和淫欲。那里，当一位年轻男子迎娶一位少女为妻，他（她）们并不同床共枕，却和彼此美妙的幻影共枕席，邪恶的法术使幻影行动并使其温暖，因为真实的肉体并不会使他（她）们感到愉悦，他（她）们在淫欲之梦中如此秀丽雅致。他（她）们真实的孩子却是他（她）们在秘处以邪淫之术生出。[11]

"'你回答得很好'，陌生人说。"

小说的主题之一是性爱的意义——事实上是谦恭的"性爱的必要性"；[12] 不只是伴侣一方在另一方面前的谦恭，撇开与对方平等的关注不谈，而且尤其是伴侣双方对比他（她）们都伟大的事物的谦恭。"那些同甘共苦的人是伴侣。那些不能同甘共苦的人，就不是"……"求爱不知何谓[平等]；婚姻也一样。"[13] 导师（兰塞姆）正在和珍（Jane）谈话；珍**有意的**不孕，击败了神的目的，后来受到梅林的谴责；最后，珍喜欢了她的丈

---

[10] Lewis, *That Hideous Strength*, 7.
[11] *Ibid.*, 337.
[12] *Ibid.*, 179.
[13] *Ibid.*（强调为后面所加）。

夫,"走下谦恭的阶梯",走到一张不再"贫瘠"而是"富有"的床上。而且这把梯子的第三阶,那带她到半程处的一阶,是:"她想到了孩子,想到了痛苦和死亡……"[14]

性交行为深刻地体现、表达和展现了这种对伙伴关系中的成员身份的服从。就这一点而言,在通过体外受精生育与通过性交——实际上,是那种配偶双方希望和期待将导致生育的性交——生育之间,存在着深刻的区别。这样一项行为,即使在某个他们计算着最有可能受孕的时刻从事它,仍将恰当地成为一项内在地表达婚姻关系(marital partnership)的行为,因而完全不同于制造、生产或获得一项财产的任何人类行为。这样一项行为虽由配偶双方自由地选择,但它所具有的身体和情感上的结构,使得它内在地易于被每一位伴侣体验为献出自己(giving of self)和接受对方,而那种给予可能会以孩子这样的礼物作为补充。那么,孩子这份礼物不会源自对体外材料甚至自然的生物材料的任何掌控行为,即使是共同同意的掌控行为。相反,**孩子将出生于人与人之间相互爱恋牵缠**(在身体、情感、智识和道德等各个层面的爱恋牵缠)**的行为**。

在这样彼此给予彼此的顺从中,这些婚姻中的伴侣们正在将自己向以下内容开放(并使自己顺从之):孩子(他们希望)可能源出的深奥的生命来源,以及在他们为人父母的新角色——一个会一直存在,直到死亡把家庭分开的角色——中,在无法预料的偶发事件中,为孩子服务,为彼此服务。

简单来说,这就是为什么这样一种结合而生的孩子,尽管弱小又不独立,却也不是作为生产的客体而是作为家庭规划(familial enterprise)中的一类**伙伴**进入家庭这一共同体;因此,这个孩子**与父母**有着一种根本的**对等或平等**。

此外,体外受精的孩子源初的那些必要条件,往往在这个孩子形成之初就赋予了与其他收获的客体(other objects of acquisition)同样的地位。孩子制造者的技术能力及决定,会生产他们希望的好产品,一个值得拥有的收获。

---

[14] *Ibid*., 362["barren beds"(Ransom)], 476.

破坏性试验、观察和选择的大恶，我认为也是我如今关注的道德缺陷的**征象**（signs）：其中，人的孩子被设想为产品的种种决定的征象。因为产品通常容易受到质量控制、利用和抛弃。[15] 同一缺陷的另一（次要的）征象，是这样一个事实：那些在体外受精领域工作的人频繁地表达他们的担忧，关于他们用以工作的人的配子**以及他们已经生产的人的胚胎的所有权**的担忧。

如果父母都是好父母，那么他们会努力赋予孩子真正的身份，作为人类种族的一员以及作为他们自己家庭的一员的身份。但如此行事，**他们将是对以下内容的反其道而行之：决定性选择的真实结构，以及为了让这个孩子来到世上所做的一切的深刻象征意义**。他们将不得不对抗所有的压力：为增大受孕的机会创造"体外"胚胎的所有压力；挑选出"不适合的"或"较差的"或"错误性别的"或其他"不想要的"胚胎的所有压力；以及，将正常孩子的基因构成塑造为他们或他们的社会所偏爱的某种特殊类型的所有压力。但是，在对抗这些压力的、道德上令人钦佩的真正行为中，他们会发现，选择体外受精时，他们已经选择把他们自己置于一个不是真正的家庭的位置上，一个**不是真正的父母主导地位**的位置上。（不同于诸如我们正在想象的父母，许多其他体外受精的父母以及今天大多数体外受精的工作团队，的确把完全支配的"逻辑"进行到底。）这种完全支配的立场也内在于这样一个事实，即在体外受精的孩子受孕之后，父母（或至少母亲一方）必须作出一个明确且积极的选择行为：授权把该胚胎植入她的子宫。

从人被如此生产、遭受支配和经常（通常情况下）遭受毁灭的角度，我应当就体外受精的若干致命方面说几句。自受精过程的高潮之后，我们每个人不仅获得了相同的遗传密码或更准确地说是基因构成（实际上为他或她所独有），而且获得了有机融合（organic integration），这种有机融合会一直保持，直到死亡。因此，它不**只**是每一个阶段（事实上在每一个细胞中）基因构

---

[15] 我不是说这种对待孩子的态度为体外受精（实践）所特有，甚或它是人们在体外受精实践中见过的最糟糕的态度。相反，着眼于毁掉据称有缺陷的胎儿的羊膜穿刺术的广泛实践，是对这种态度更明显的表现；在这种态度中，孩子作为获取的客体而出现，被评估为可欲或不可欲以及据此被接受或抛弃。

成的一致性和独特性，这种一致性和独特性证立了以下基本命题：人的肉体生命始于受孕，终于那一个体的死亡。

我正言及的内容中的某些东西，R. G. 爱德华兹（R. G. Edwards）博士，这位体外受精的先驱，在他关于"生命之始"的说明中也有所表达：

> 胚胎正经历伟大探索的一个关键的生命时期：它出色地变得有组织起来，开启它自己的生物化学过程，个头儿增大，并迅速为着床子宫准备着。[16]

爱德华兹博士的看法似乎不容忽视，即孕体（conceptus），即使在"植入前阶段"，也是"一个微观的人——一个处于其发育的真正最早阶段的人"。[17]

尊重人要求尊重每一个人，在他或她肉体生命的所有阶段。这反过来要求不仅仅是某种精神状态（例如"我敬重此人，我特此摧毁其生命"），诸如可能伴随着甚至最让人不快的剥削行为的精神状态。确切地说，对人的充分尊重排除了某些种类的**决定**和**行为**；尤其排除了故意和直接杀死或伤害无辜者。它也排除了对人的生命、对处于某人的直接责任和控制之下的人的生命的故意忽视和消耗。

因此目前许多体外受精实践的某些方面，在根本上令人无法接受，并应当受到一切文明共同体的禁止。存在许多如下这样的实践和程序，它们在这个国家以及欧洲、美国和澳大利亚的其他地方的体外受精领域的那些有名望的医生和科学家中间被广泛接受：

• 对一个人类胚胎多种方式的观察。这些方式的观察损害或摧毁了那个人类胚胎，或通过延迟其转移和植入的时间而使其处于危险状态；而且，它们并非为该胚胎本身的利益而进行的观察。

• 进行冷冻或其他存储，在没有随后完好无损地植入一位母亲体内的真实且明确的前景的情况下。

---

[16] Edwards and Steptoe, *A Matter of Life*, 101.
[17] *Ibid.* （强调为后面所加）。

- 在活着且发育着的人类胚胎之间选择，只是为了转移和实现（implementing）最健康或最可欲的胚胎。

上述所有的实践和程序都涉及一个人对另一个人真实的生命予以评判，以及将其他人的生命视为一种目的（或许是一种非常有价值的目的）的纯粹手段；或一个人无视其他人的福祉而行为，这等于把其他人视为一种纯粹的手段。在一个如此彻底地除去了任何自卫问题的决断的领域，允许这样作出判断或允许这样无视，就是从根本上破坏了人类的基本尊严。因而它是堕落的，其本身也是不公正的。

阻止这些实践的发生，也会阻止对"胚胎库"中的胚胎、那些作为组织——或器官——移植或药物检测之资源的胚胎的维护。但是，还存在其他的实践，这些实践基于如下一项不同的但却密切相关的原则而应当被排除出人类共同体：人类（humanity）本身应当受到尊重。让我们考虑那种**用非人类的配子使人受精，或用人的配子使非人类受精**的实践。通过这样的、无论多么短命的"嵌合体"*的生产，人类含糊不清地湮没在一个较低的存在秩序之中，伴随着在每一个这样的嵌合体中对人的尊严的侮辱。人的边界，因而人类种族的每一位成员的基本平等都遭到了质疑。

我一直隐瞒了刘易斯从未谈及"试管婴儿"这一事实。在《人类的毁灭》一书中，他谈及的是——我是指他使用的词是——"避孕"。[18] 他在那本书中，尤其是在《黑暗之劫》中探讨的是，当生育**得以脱离**婚姻性交时会发生什么；生育变成了**繁殖**，一种生产方式，意味着完全支配（出于无论多么仁慈的动机，或许）的制造者—产品、主人—奴隶的根本关系；而婚姻性交变成了一种相互自慰，在这种自慰中，如果以下**体验**将因此而得以增强，即"每一个人和彼此美妙的幻影共枕席……"那么，即使真实的相互爱恋也将遭到搁置。像许多基督徒一样，晚年的刘易斯变得沉默寡言、迟疑

---

* 嵌合体（chimaera），在遗传学上是指生物具有一种以上的细胞类型。——译者注
[18] *The Abolition of Man*，40（最后一场讲座的第2页）。

不决[19]并最终接受了避孕。在为其书的扉页选择以下箴言的那个时刻，刘易斯对这一点看得或许比他晚年看得更为清晰。

　　子曰，攻乎异端，斯害也已。

——孔子《论语》

---

〔19〕 参见他 1947 年 8 月 19 日写给巴克斯特（E. L. Baxter）夫人的信：胡珀（Hooper）编辑版本，第 798 页。

第 18 篇
堕胎的权利与错误[*]

幸运的是，在支持和反对堕胎的论证中，没有一项**需要**用"权利"这一术语加以表达。正如我们将看到的，朱迪斯·汤姆森（Judith Thomson）在她的文章中实际上同样承认这一点。[1] 但是，鉴于她已经选择通过使"生命权"和"决定什么发生在一个人的身体内和身体上的权利"相互对立来表现她的观点，我将通过表明以下内容而开始：这种争论堕胎的权利与错误（the rights and wrongs of abortion）的方式，如何不必要地复杂化且混淆了这一议题。在我尝试识别的语境中，出于我尝试识别的那些目的而谈论"权利"是方便和妥当的；最不方便和最不妥当的是：一个人争论行为类型的道德许可性，诸如"没有杀人的意愿而实施堕胎"的类型，这是汤姆森希望将之辩护为大多数情形下在道德上都是可允许的行为类型。因此在本文第一节中，我将表明，她对这种行为类型的明确说明（specification）和这种行为类型的道德特征（moral characterization）在逻辑上如何独立于她对"权利"的讨论。之后，在第二节中，我将勾勒道德特征和道德许可性（moral permissibility）的一些原则，这些原则能够解释汤姆森在她的文章中表达的但仍然全都太过脆弱且晦涩的一些道德谴责。在第三节中，我将表明，对这些原则的详细阐述如何证明了对堕胎的谴责，这些谴责被汤姆森认为是错误的；以及，证明了她完全认为理所当然的很多人权属性。在第四节中，我简要陈述了为什么胎儿自受孕时起就享有人权的理由〔被汤姆森误述，也被沃特海梅尔（Werthei-

---

[*] 1973b.

[1] "A Defence of Abortion". 另外，文中未经识别的页码索引均出自该文。

mer)误述],[2] 即应被给予与其他人类同等考虑的理由。

I

283 汤姆森关于权利的反思展开于三个阶段。(A) 她指出了关于权利是对什么的权利 (what rights are rights to) 那些问题的症结;她尤其详述了"享有生命权到底意味着什么"这一问题(第55页)。(B) 她不那么明确地指出了关于权利来源问题的症结;尤其是她建议,在各种各样的(未限定的)权利类型中,一个人仅对他因另一个人对他的某种赠与(gift)、特许(concession)、准予(grant)或承诺(undertaking)等而享有"所有权基础"的东西享有权利。(C) 她通过承认(但实在太悄无声息)以下内容解开了上述两个症结:她关于堕胎的整个论证只关注什么是"道德上所要求的"或"道德上可允许的";真正受到质疑的是母亲的责任范围和来源(以及仅仅在派生意义上,通过蕴含关系得出的胎儿的权利范围和来源)。现在我将更深入地研究上述三个阶段,之后(D)表明为什么我认为这样做是有用的。

(A) 我们如何具体说明一项权利的内容?一项权利是对什么的权利? 汤姆森至少提到了一个人据说可能正当或不正当地拥有的9种不同权利。[3] 在这9种权利中,有7种有着相同的逻辑结构;[4] 即在这7种权利的每一种情形中,所声称的权利都是一项关于P的行为(作为、不作为)——作

---

[2] Wertheimer, "Understanding the Abortion Argument".

[3] 汤姆森愿意允许一个人拥有的权利如下:权利1:生命权(第51页);权利2:决定在一个人的身体上发生什么的权利(第50页)(显然,等同于对一个人自己的身体有公正的优先权,第54页);权利3:自我防卫的权利(即自卫权,第53页);权利4:拒绝对他人施暴的权利(即使那样做是公正和公平的,第54页)——更准确地说,不攻击他人的权利……有些权利,她认为主张一个人拥有或在任何情形下总是拥有它们虽融贯却错误。这样的权利如下:权利5:要求他人给予自己帮助的权利(第63页)——更准确地说,获得……帮助的权利;权利6:被给予维持生命所需的任何东西的权利(第55页);权利7:使用(或被给予使用,或被允许继续使用)他人的身体(或房屋)的权利(第56页);权利8:不被任何人杀害的权利(第56页);权利9:割断别人喉咙的权利(显然,这是一个"保证他的死亡权利"的例子)(第66页)。

[4] 即上述脚注3的清单中第3至9项权利。

为一项可能影响 Q 的行为——的权利。在这 7 种情形的某些情形中,[5] 关于 P 的行为的权利是 P 的权利（霍菲尔德[6]谓之特权，霍菲尔德主义者谓之自由权）。在其他情形中,[7] 关于 P 的行为的权利是 Q 的权利（霍菲尔德主义者谓之"请求权"）。但是在所有这 7 种情形中，存在某种我将谓之"霍菲尔德式权利"的东西：断言一项霍菲尔德式权利，就是断言在两个人与他们当中任何一个人的行为之间以及就该行为影响另一个人的范围内存在一种三重关系（a three-term relation）。

汤姆森提及的另外两项权利有着不同的逻辑结构。[8] 在这两种情形中，所谓的权利是一项关于某个事物的权利（某人"自己的身体"，或被称为某人"生命"的事态）。此处的关系是双重的：在一个人和某个事物或某种事态之间。此种意义上的权利，不可能完全按照霍菲尔德式权利的某种独特结合来加以分析。[9] P 对某个事物（土地、身体、生命）的权利，能够且通常应当通过将霍菲尔德式权利授予或归于他或他人而得以保障；然而，正是这些会正当地或最好地确保他对受质疑事物享有单独权利的霍菲尔德式权利的结合，将根据时间、地点、人物和环境的不同而有所变化。而且鉴于道德判断主要关注**行为**，出于道德目的，我们需要的正是这种对霍菲尔德式权利的限定，而非对某些事物享有权利的祈求。

鉴于汤姆森集中论述了"生命权"成问题的特征，我将参照"对某人自己身体享有的权利"来阐明我刚才言说的内容，而这项权利她应当（但实际上似乎并不）认为同样成问题。现在，她关于这项权利的两个明确的说法是：某人"对他自己的身体享有的公正且优先的主张"，以及某人"决定什么发生在其身体内和身体上的权利"。但在这两种说法能够证明关于特定

---

[5] 即权利 3、权利 4 以及在某种意义上的权利 7 和权利 9。

[6] Hohfeld, *Fundamental Legal Conceptions as Applied in Judicial Reasoning*.

[7] 即权利 5、权利 6、权利 8，以及在另一种意义上的权利 7 和权利 9。

[8] 即权利 1 和权利 2。

[9] Honore, "Rights of Exclusion and Immunities against Divesting" 在司法语境下详细阐述了这一命题。

行为类型的道德判断具有正当性之前，它们都需要详加说明。[10]例如，"决定的权利"可能**要么**是（1）一项权利（霍菲尔德式的自由权），即一项对/或用某人自己的身体做某事的权利（例如，从身体中取出肾结石或杀死胎儿——但还有别的事情吗？任何事情？我有决定不抬起手拨打电话报警以从谋杀犯手中营救姬蒂·吉诺维斯*的道德自由权吗？比较第62-63页）。**要么**是（2）一项权利（霍菲尔德式的主张权），即其他人不得（至少没有某人的允许）对/或用某人自己的身体做某事（例如，从某人的身体中汲取营养，或占据某人的身体——但还有别的事情吗？任何事情？）。**要么**是（3）前两种权利形式彼此的某种结合，或与其他的权利形式的某种结合，诸如：（a）权利（霍菲尔德式的权力），即通过准许或允许使用某人身体的权利（自由权）（**任何**这样的使用？）来改变他人使用某人身体的权利，或者（b）使某人免于他人使用其身体的权利（主张权）、不受第三方所谓的准许或允许减弱或影响这样一项权利（霍菲尔德式的豁免权）。而且，一旦我们由此识别出这些可能的权利种类，可以将具体的道德内容赋予"对某人的身体享有的权利"，以下内容就变得显而易见了：该项权利授权（entitles）、去权（disentitles）或要求一个人实施（或授权、去权或要求他人实施）的那些行为，根据每一项可得且相关的霍菲尔德式权利的双方当事人的身份和环境，

---

[10] 除了文中那些已被提及的问题外，不充分的限定（insufficient specification）还引起了诸多不必要的问题。例如：针对"如此使用'权利'这一术语，即从A应当为B做某事这一事实中得出B对A享有A为他做那件事的权利"，汤姆森异议道，"权利"这一术语的任何此种使用，都"将使这一问题，即一个人对某物事是否享有权利，变得取决于向他提供该物事的难易程度"（第60-61页）；而且她补充道，这是"一个相当令人震惊的想法：当把这些权利赋予他变得愈来愈困难的时候，任何人所享有的权利都应逐渐消失至不复存在"（第61页）。因此，她说她没有"权利"享有亨利·方达（Henry Fonda）鲜润的手的抚触，**因为**，尽管他应该穿过房间来触摸她的额头（因而救她的命），但他在道德上并没有义务横穿美国去这样做。但是，这一异议纯粹是建立在对这项不利于亨利·方达权利的不充分的限定的基础之上。因为，如果我们说，她享有一项亨利·方达应当穿过房间来触摸她发烫的额头的权利，而且她不享有他应当横穿美国来触摸她发烫的额头的权利，那么，我们可以（如果我们喜欢的话！）继续从义务中推导出权利。

* 姬蒂·吉诺维斯（Kitty Genovese），美国纽约发生的一起谋杀案的被害人：1964年3月13日凌晨，下班后快要回到家中的28岁的姬蒂·吉诺维斯在住所附近被恶意袭击者用刀刺伤。该案发生两周后，《纽约时报》发表了一篇文章，声称有38名目击者当时看到或听到了袭击，但无人报警或前来帮助。——译者注

而**有所变化**。这一点——尽管她没有识别出——就是为什么汤姆森发现"生命权"也成问题的原因。

（B）我怀疑导致汤姆森提出那一令人费解建议的，是她对非霍菲尔德式权利（对诸如巧克力或身体之类的东西享有"所有权"）的专注；该建议在她的论文中一再出现，尽管作用非常不明确。我意指她的这一建议，即我们应当仅就一个人对什么享有"所有权"（通常，如果不是必然地，是由于对他的赠与、特许或准予）谈论"权利"。

这一建议，[11]除了赋予所有权和财产权在权利谱系中可疑的中心地位外，还在汤姆森为堕胎辩护的表述中引起了不必要的混乱。因为，如果"权利"这一术语一直保持在她所建议的"严格的限制"中（第60页），那么(a) 教皇和其他人——她正在质疑他们对"生命权"的诉诸——会简单地通过重新措辞（rephrasing）他们的主张以消除所有指涉权利的内容而使她的论文丧失出发点以及事实上的中心点（因为，正如我在下一节表明的那样，他们并非宣称堕胎的不正当产生于对胎儿"权利"的任何准予、赠与或特许）；以及（b）汤姆森同样不得不重新措辞她自己提出的各种主张，诸如无辜者肯定享有生命权，母亲为挽救自己的生命有权利堕胎，P 有权利不被 Q 折磨致死，即使 R 正在威胁 Q 如果 Q 不折磨 P 就杀死 Q，等等。但是，如果这种重新措辞是可能的（实际上的确是这样），那么，显而易见，关于使用"权利"这一术语的正确或最佳方式的那些建议，与对堕胎实质性的

---

[11] 或许值得指出的是，即使我们将注意力限于赠与、特许、准予、契约、信托以及诸如此类的东西所涉及的那些权利，汤姆森提议的对"权利"这一术语的限制（reining-in）仍会是相当麻烦的。只有受赠人享有那些"权利"吗？假设叔叔 U 给了侄子 N1 一盒巧克力，指示他与侄子 N2 一同分享，并请求父亲 F 务必确保实现这一分享。之后我们希望能够说 U 享有这样一项权利，即 N1 和 N2 将得到他们各自的份额，N1 得给 N2 他那一份额，F 得务必确保 N1 给了 N2 其相应份额，等等；而 N1 对他的份额享有权利，吃他那一份额的巧克力时，这一权利不受 F 或 N2 或其他任何人的干预，等等；而 N2 也有一系列类似的权利；且 F 有权利采取措施实施公平分配，这一权利在采取那些措施时不受干预，等等。鉴于这些关系——在不同的人与他们的行为、与由此受影响的那些巧克力之间——中的任何一种关系的争议可能出现，方便的做法是让"权利"这一术语不受限制（on a loose rein），让它限制这一关系圈（ride round the circle of relations），识别有争议的行为，并使关于"做正确事情"的相互对立的主张纳入可理解且典型的三重关系。然而，在馈赠巧克力的过程中涉及的一些权利，如 U 的权利，不是通过对权利持有者的任何准予而获得的。

道德辩护或批判不相关。

但是，这一术语上的建议与汤姆森以下这一实质性命题紧密联系在一起，即对于他人的生命或福祉我们并不负有任何"特殊的［即好撒玛利亚人或完美的撒玛利亚人］责任"，"除非我们已经明示或默示地假定了它"（第65页）。这一（或某个这样的）关于**责任**的命题，正是汤姆森整个论证最终的立基。

（C）汤姆森的明确承认，即她对堕胎的辩护无**需**取决于对权利的主张或否认，在她的论文中出现得相当晚；彼时，她说"没必要坚持"她所建议的对"权利"这一术语的限制性使用（reined-in use）：

> 如果有人的确想从"你应当"中推断出"他享有一项权利"，那么，他无疑肯定同样假定存在一些情形，在这些情形中，道德上并不要求你要允许小提琴家使用你的肾脏……[12]对母亲和胎儿来说亦如是。除了在诸如胎儿有权利要求它的情形中……没有人在道德上**被要求**做出巨大牺牲……为了让另一个人活着（第61-62页）。

简言之，争论围绕着什么"为道德所要求"（即围绕着一个人"必须"做什么，以及就那件事而论一个人"可以"或"能够"［不］做什么：参见第52页）而展开；也就是说，争论的焦点在于堕胎的权利和错误。诚然，第61页仍然存在"要求作出巨大牺牲的权利"充斥着理论图景的边边角角。但当我们来到实际上一直被搁置的她论文的最后几页（第64-65页），真正的问题被识别为：不是胎儿是否有"要求"其母亲"作出巨大牺牲的权利"，而是母亲对胎儿或为胎儿是否负有"特殊责任"（因为，如果她负有特殊责任，那么，她可能在道德上被要求为胎儿作出巨大牺牲，**因此**我们将

---

[12] 这句话接下来是："而且在这些情形中，他并没有权利使用你的肾脏，而且在这些情形中，如果你拒绝，你并没有对他行不正义。"但这些只是她形成其论证风格的"修辞"残余。顺便说一下，请注意，她的那一建议并不重要，该建议即"正义"和"不正义"应限于尊重和违反在她限制性意义上的那些权利，因为她承认，那些不是在她的意义上的不公正行为可能以自我为中心的、冷漠的、粗鄙的，但这些不道德的行为"没那么严重"（第61页）。

能够断言——通过一种适当的惯用语——胎儿有"[要求]那些牺牲的权利")。

（D）因此，大部分关于权利的论证最终都是在转移视线。我之所以下一番功夫追踪这一错误路径，不只是为了识别某些非常常见的含糊其辞（在接下来的两节中会暴露更多）的种类和来源，而且为了指出汤姆森依据"权利"指导其辩护的决定，如何使得我们尤其容易错过她辩护中最重要的薄弱环节（weak point）。这个薄弱环节就是一个人负有的"特殊责任"与他负有的普通（非特殊）责任之间的联系或关系；而且一个人会很容易注意不到它，如果他有如下认知：（a）整个问题本质上是一个权利问题；（b）权利通常甚或在本质上取决于准予、特许、获得（assumption），等等；（c）特殊责任同样取决于准予、特许、获得，等等；以及（d）所以此处整个道德问题关切的是一个人的**特殊**责任（*special* responsibilities）。这样一种思路如果不是一个全然的谬误，事实上也是一种省略推理法；但这并不令人惊讶，因为我此处正在评论的不是汤姆森所提供的论证，而是她的"修辞"的一种可能的效果。

那么，汤姆森未能充分注意的是这样一种主张（我认为，那些隐含于教皇有关权利的保守论调中的诸主张之一），即母亲不堕胎的义务**不**是她为胎儿承担任何特殊责任的某一事态，而是爱人如己（everyone owes to his neighbour）这一普通义务的简单事态。汤姆森的确承认：这些普通的非假定义务（non-assumed duties）存在，而且这些义务与正义——在她限制性意义（reined-in sense）上的"正义"——义务在道德上同样重要；但我无法辨识她这些义务所基于的，以及她（自信地）限定这些义务之范围所基于的那些原则。[13]

---

[13] 或许这就是要旨，在这个要旨上，注意汤姆森的断言——"在这个国家中，法律不会强制任何男人为了任何人而处于即使最低限度的体面的撒玛利亚人状态"——以及她的暗示，即这是歧视女性的表现——是多么可疑。这听起来很奇怪，它来自这样一个国家，在这个国家中，法律强制年轻男子而不是年轻女子，"放弃他长长的一段生命时光"，为保卫国家冒相当大的"死亡风险"。诚然，他不是为"一个没有特殊权利要求这样做的人"而这样做；事实上，使现役军人处境艰难的是，一个人并非冒着他的生命危险尤其是去救**任何特定**人脱离任何**特定**的危险。我们要说年轻的男人们已为保卫他人**承担了**一种"特殊责任"吗？这不是一种整体的虚构吗？一种只有蹩脚的道德理论才能诱使我们沉溺其中的整体虚构？但是，汤姆森用以诱使我们的正是这种社会契约论。

例如，她谈到"对自卫权的严格限制"："如果有人威胁你，除非你把其他人折磨致死，否则要你死，那么，我认为你没有权利那样做，即使是为了救自己的命"（第53页）。然而，她还说："如果世上有什么东西为真的话，那就是你不要……做不允许的事，即使你是为救自己的命而反手（reach around to your back）拔去你与小提琴家相连的循环系统的电源插头"（第52页）。*因此，为什么在第一种情形中一个人有严格的责任不引致所要求的死亡呢？她肯定不是在表明疼痛（"折磨"）使情况有所不同，否则根据倘若不服从就以死亡威胁的第三方的命令，无痛地杀死另一个人在道德上**是**可允许的？而且，鉴于她认为：

> 没有人为了使另一个人活着而在道德上**被要求**连续9年甚或9个月在健康、所有其他的权益和关切、所有其他的义务和承诺方面作出巨大牺牲（第62页）。

她会继续说，当第三方以这样"巨大的牺牲"（尽管不是要你的命）威胁你时，（无痛苦地）**杀死**另一个人或两个或十个他人就是可允许的吗？

如果汤姆森不赞成这样的建议，我想那肯定是因为她的确最终依靠在"直接杀人"与"不让另一个人活"之间某种形式的区分，那是她在她的论文中隐蔽地勉强作出的。

一个人对汤姆森的论证反思得越多，似乎就更依靠并利用这一区分的某种形式。当然，她以拒绝这一观点即直接杀人总是错误的开始，因为这一观点会（她认为）迫使一个人陷于终生与小提琴家发生联系的不幸状态。但是，正如我们已经注意到的，她继续拒绝至少一种为救某人生命而杀人的形式，理由是那似乎与后果（consequence）没有关系，而与形式语境——因而一个人的行为结构（正如我们将看到的，那种通常与"直接的"一词有关的形式上的种种考虑）——密切相关。而且事实上，她为堕胎辩护的论证的整

---

* 汤姆森在她的文章中举了一个例子，大意是：一位知名的小提琴家需要你的肾脏活命；未经你同意，你就被人绑在床上，你的身体就和他的循环系统连接在一起。医生告诉你，只要你和他在床上共同度过9个月，他就可以恢复身体。——译者注

个走向是把堕胎纳入撒玛利亚人问题的范围,根据是:堕胎被或能够被正当化为一种**没有造成特别协助**(not rendering special assistance)的**纯粹**方式。论证再次不是取决于对后果的计算,而是取决于一个人选择本身的形式特征。

那么,为什么一个人选择的这种明显的**形式**方面——不论其他的环境和预期的后果或结果——应当决定他在特定情境中的确切责任呢?当我们知道**为什么**,关于围绕着堕胎争论的双方,我们得出并依靠这些区别,之后我们会更好地考虑:(1)拔掉与小提琴家循环系统相连接的插头,究竟是不是教皇和其他人宣称的相关意义上的直接杀人;(2)堕胎究竟是不是正像从垂死的音乐家身上拔掉循环系统的插头,该插头连接着人身自由受限制的哲学家。

II

像汤姆森的道德语言一样("可允许的"与"不可允许的"对举),关于杀人的传统规则无疑主要(从历史的角度讲)从"不可杀害无辜和义人"[14]这一被视为神圣并富有启示性的诫命中获得其断然的锋利性。但是,一些(the handful of)断然性消极道德原则(peremptory negative moral principles)与人类繁荣真正的基本方面相对应,而后者反过来又与一些真正基本的且具有支配性的人类需求和人类倾向相对应。为了做到完全合理,一个人必须对人类繁荣的每一基本方面、人类善的每一基本形式保持**开放**。因为,这"每一基本方面""每一基本形式"难道不是不可化约的基本?而且,难道不是其中没有一个(种)是目的的纯然手段?诸基本善难道不是不可通约吗?当然,在那些具体的共同体和人们当中,或为了那些具体的共同体和人们(首先是他自己)——一个人的处境、天资和机遇使其与那些共同体和人们最相合——专注于实现那些善的形式是合理的。但专注(concentration)、具体化(specialization)、**特殊化**(particularization)是一回事;从理性,因而从道德上

---

[14](《圣经·旧约》中的)出埃及记23:7;比较:出埃及记20:13、申命记5:17、创世记9:6、耶利米书7:6和22:3。

讲，作出这样一项选择——只能被描述为**违背**生命（杀人）、**违背**可传达的有关真理的知识（撒谎，于此真理在交流中岌岌可危）、**违背**生育、**违背**友谊以及与友谊息息相关的正义等的选择——则完全是不同的另一回事。于是，出现了严格的消极戒律。[15]

一般意义上的"责任""义务""职责""可容许性"不是我此处的关切，我此处的关切只是我们的责任、义务、职责的**内容**，以及人类善对我们每一个人提出的各种要求的**内容**。一般的要求是：在人类善在我们的选择和安排中能够得以实现并获得尊重的范围内，我们对人类善保持充分的开放、充分的留意、充分的尊重并充分的意愿去追求之。现在，大部分的道德败坏不是经由违反严格的消极戒律，换句话说，大部分的道德败坏不是违背基本价值的直接选择。相反，它们是各种形式的疏忽、对那些基本善的**不充分**尊重，或对为支持基本善而被合理创造出来的派生性结构的**不充分**尊重。而当某人被指控直接违反了一项基本善时，他通常会如此辩护：他当时的行为是出于对在他所选择的行为的**后果**——尽管不是在该行为本身——中，实现那项或另一项基本价值的适当注意和关切。例如，一名被指控为进行医疗测试而杀死许多胎儿的实验者会指明：这些死亡对这些测试而言是必需的，这些测试对医学发现是必需的，而这些发现对拯救更多人的生命是必需的——因此，从他的行为可预见的后果来看，他展示了（他将主张）对人的生命价值的完全充分（事实上，唯一充分）且合理的尊重。

但是，以这种方式诉诸后果就是搁置实践合理性，因而搁置道德的一种标准——一个人在他所选择的每一行为中，对每一种基本价值保持开放、对某一种基本价值保持关注——而赞同完全不同的另外一种标准，即一个人选择如此行为是为了引起这样的后果，这些后果与那些经由实施向他开放的任何替代性行为所有望带来的后果相比，涉及更佳的权衡方式。黑尔（Hare）曾指出，"**就实践目的而言**"，在当前所倡导的伦理学的大多数理论之间，"没有任何重要的区别"；它们都是"功利主义的"，他用"功利主义的"这

---

[15] 这些言论某种程度上充塞于论文 1970b。See also Grisez, *Abortion: The Myths, the Realities and the Arguments*, ch. 6. 我的论证在很大程度上归功于格里塞茨这部著作和他的其他著作。

一术语涵盖布兰德（Brandt）的理想观察者理论、理查兹（Richards）的理性立约人理论、特殊的规则功利主义、普遍的行为功利主义以及他自己的普遍规定主义。[16] 他认为，所有这些理论都证立并要求采用"那些原则，即它们的教导总而言之会产生最好后果的那些原则"。[17] 此处，我不提供对这种功利主义的批判；汤姆森的论文表面上也不是后果论者。探究黑尔及其后果论者的同道们如何知道那对我们大多数人隐藏的未来就足够了。他们如何知道从人类繁荣那些不可通约且不可化约的基本方面中选择什么估算单位；向个人推荐什么产品分配的原则？该原则既考虑了他自己的权益，又考虑了他的朋友、家人、敌人、祖国的权益，还考虑了所有人现在和未来的那些权益？他们如何知道怎样定义此"情境"，即对该情境的普遍说明会出现在那样的原则中——（单独地？连同其他原则一起？）采用该原则"将"产生最好的后果；[18] 是否衡量以及如何衡量将来且不确定的后果与当下且确定的后果？另外，他们如何知道那些纯粹的好后果（net good consequences）事实上会被行为的后果主义原则——这些后果主义原则连同证立在"疑难案件"中不遵守后果主义"原则"的后果主义"原则"——的一般应用最大化（即使它们**实际上不可能计算**）？[19] 一个人不可能理解西方的道德传统，以及其断然性的消极（要求自制）原则（积极原则在所有具体的情境中都是相关的，但在少数具体情境中是断然性的），除非他明白西方道德传统为什么把后果主义当作纯粹的自欺而加以拒绝——因为黑尔及其后果论的同道们不能对前述探究思路的任何一个问题提供满意的答案，也没有对任何高于那人——认为"为了最好"而行为是多么好——层次的道德思想层次给出一以贯之的理性

---

[16] Hare, "Rules of War and Moral Reasoning" at 168.

[17] *Ibid.* at 174.

[18] Cf. Castañeda, "On the Problem of Formulating a Coherent Act-Utilitarianism"; Zellner, "Utilitarianism and Derived Obligation".

[19] See Hodgson, *Consequences of Utilitarianism*.

291 说明。[20] 一个人行为的预期总体后果并没有为作出一项选择、一项不能不将其**本身**视为直接违反基本价值（即使该基本价值将有望在**后果**中得以实现）的选择提供充足的理由——为了成为我们回应人类价值的要求（the call of human values）的决定性尺度，预期的总体后果不可能被给予一项充分合理且确定的评估，然而有人可能会说，直接违反基本善的那项选择提供了对其自身的确定性评估。

我并不期待这些孤立且碎片化的言论本身具有说服力。我不否认传统的西方意愿——（在理论上）凡行为本身不得不被描述为违反了一项基本价值，减弱（discount）预期后果的意愿——受到或曾受到如下信念的支持：上帝必然会规定"万物都是有序的"（即整个历史进程原来一直都是件好事，毋庸置疑的邪恶行为及其后果同毋庸置疑的神圣行为及其后果一样，原来一直"一切都是好事"）。事实上，后果主义的伦理学家——他们在其中通过杀死一个或两个无辜者从而挽救起数十、数千、数百万人甚或整个民族本身的种种场景中滋养着其道德想象——显然是一种后基督教现象——这样一种对上帝角色的假定，对为西塞罗和奥古斯丁所熟知的那些前基督哲学家们[21]而言，似乎是荒谬的。我满意于提出了理论语境和道德语境，在道德语境中，在被认为"不允许的"（我未对这个术语作出完全的说明）——因为选择**不可避免地**（即无论所期望的后果如何）**违反了**人类生活和行为的基本价值——行为**类型**的更宽泛语境中，形成了"直接"和"间接"的诀疑术。简言之，一个人对实现人类善所负的责任，一个人在或多或少脱离某人当前行为的将来事态中对人类繁荣的促进或尊重，并没有压倒他尊重人类善的每一种基本形式的责任，这种责任直接来自讨论中的他当前的行为本身。

但是，一个人如何选择"直接违反"一种基本形式的善呢？什么时候，

---

[20] 20：Cf. Hare, "Rules of War and Moral Reasoning" at 174：大多数道义论的缺陷是……对于高于那样一些人——懂得一些好的、简单的道德原则并遵守它们的人——的道德思想的任何层次的道德思想，没有给出一以贯之的理性说明……道义论者简单的原则是……如果我们想要拥有最好的机会……做最好的事情，那么，我们应试图给我们自己以及我们的孩子反复灌输些什么。

[21] 更不用说犹太伦理学家们，参见 Daube, *Collaboration with Tyranny in Rabbinic Law*.

诸如一个人的选择、一个人的意图行为"不得不"被描述为"必然地"违反生命，是这种情形吗？堕胎总是（或永远是）这样一种情形吗？一种解决这些问题的方式可以参照三种疑难情形加以阐明，这三种疑难情形的传统"解决方式"决定性地有助于有关堕胎的传统判断。这些"疑难情形"和"解决方式"与对汤姆森讨论的关联性，在每一种情形中都应当是明显的，但在下一节中甚至会变得更明显。

（1）**自杀**。被认为是一种完全故意的选择（无疑只有很少情况是这种情形），自杀是那种总是错误的行为的一个典型例子，因为它不得不被描述为一种这样的选择，即直接违反一项基本价值即生命。这种描述是意味深长的，因为使得自杀富有吸引力的东西通常无疑是和平、慰藉甚至一种自由或人格完整的愿景，有时是一种对他人的令人钦佩的关切；但是，即使再专注于上述积极价值的魅力，也不能向一位头脑清醒的实践推理者掩饰以下内容：正是**通过**自杀并且**在**自杀**中**，自杀者意图或希望实现那些善。而且，通过对比作战中英勇的自我牺牲或自愿殉难，这一描述获得了清晰和界定（sharpness and definition）。[22] 在涂尔干把殉难视为一种自杀情形的情况下，[23] 关注行为的意图结构（而不是关注以可预见的结果对行动进行简单分析）的任何人，都会假定殉难者不是直接选择死亡，或作为目的或作为手段的死亡。因为，无论多么确定殉难者不屈就僭主威胁的那一选择可能会带来死亡，死亡仍会继**别人的**故意行为（僭主的或行刑者的）而发生，而且作为**别人的**故意行为的目的，殉难者选择反抗的行为本身不必被解释为违反生命之善的一种选择。

自杀的情形还有一种更深远的意义。关于某人涉及他**自己**死亡的选择所作出的那些判断、描述和区分，将被用于那些涉及**他人**死亡的选择。换句话说，**权利**（诸如"生命权"）不是以下判断的根本理由：杀害其他（无辜

---

[22] 请注意，我不是在断言（或否定）自我牺牲的英雄气概和殉难是道德义务；我正在解释的是，为什么它们不必被视为道德缺陷。

[23]《自杀论》(*Le Suicide：étude de sociologie*)，5. 比较，多布（Daube）在"自杀的语言学"("The Linguistics of Suicide") 一文第 418—421 页对多恩（Donne）的评论。

的）人是不允许的。那不允许的东西是一种反对人的生命价值的意图；在这种意图中，人的生命价值在任何行为中因该行为的意图的和因果的结构而直接岌岌可危，而且这样一种不可允许的意图可能关涉你我的生命——而且没有人把他的"生命权"说成是反对他自己，说成是会解释为什么**他的**自杀行为是错误的那种东西。

事实上，我认为谈论"权利"的真正的正当理由是指出，在按照意图行为（intentional actions）向诸基本人类价值的开放性来描述它们的时候，那些人类价值既在他人的生命和福祉中，又在行为人的生命和福祉中得以或即将得以实现。也就是说，谈论"权利"的要旨就是明确表明对平等和非歧视的相关主张（不是对绝对平等的那些主张，因为**我的**生命和我的福祉**在我的**实践努力的方向上具有某种合理的优先权，即使仅仅因为我处于保护它们的更好位置）。然而，那些主张是关于**待遇的**平等的；因此，与其空谈例如"生命权"，不如最好谈论例如"不被故意杀害的权利"——这里"故意杀害"的意思和意义能够通过考虑自杀（即这样一种情形：在这种情形中，没有"权利"受到质疑，一个人与正确关系——在其行为与能够在人类行为中实现或遭唾弃的诸基本价值之间的关系——的最基本问题单独在一起）的正确与否而加以阐明。

最后，自杀这一情形及其传统的解决方案有力地提醒我们，传统的西方伦理学只是不接受一个人有"权利决定什么将发生在他身体内和身体上"这样一项权利，而汤姆森令人惊讶地（因为她正在谈论庇护十一世和庇护十二世）认为，"人人都似乎准备着承认"（第50页）这项权利。事实上，人们可以这么说：传统西方伦理学坚持认为，因为在一个人并没有"权利"决定什么将发生在他身体内和身体上这个意义层面，一个人**因此**且在那个意义上没有权利决定什么将经由他自己的行为而发生在其他任何人身体内和身体上。[24] 正如我已暗示且稍后将阐明的那样，这有点过于简化了，因为一个人对自己的生命、健康等负有的责任，被合理地视为优先于他对他人生命、健康等的关切。但是，为了指出对堕胎（作为一个人使之发生在婴儿身体内和身体上的事情）的传统谴责通过拒绝汤姆森认为人人都会承认的东西而**开始**，值得冒过于简化的风险。

（2）**为了避免死在已命令 D 杀死 V 的 P 手中，D 杀死了无辜者 V**。这种情形在传统上一直与如下情形等量齐观：诸如为救 Q（或 Q_1、Q_2……Q_n）免于死亡（或许死在 P 手中）或救其免于疾病（此处 D 是医学研究员）等，D 杀死了 V；因为所有这些情形都不得不被描述为这样一些选择，即行为直接反对了人的生命。当然，在每一种情形中，支持作出那一选择的理由都是为了救命；但是，这种救命会通过其他行为人的选择（例如在 D 已杀了 V 的情况下，P 选择不杀 D；或 P 选择不杀 Q）或通过截然不同的系列事件（例如正在给 Q 配发由 D 发现的救命药物）得以实现，如果可能的话。

因此，传统伦理学用与汤姆森几乎一样的措辞肯定道："自卫权的行使有着严格的限制。""如果有人用死亡来威胁你，要你把别人折磨至死……你也没有权利这样做，即使是为了救自己的命"（第 53 页）。而且正是这个问题，引起了近代以来第一次关于堕胎的教会声明，该声明否认"为了阻止受孕女孩被杀害或丧失名誉，在胎儿成活之前堕胎是正当的"。[25] 此处堕胎的选择不得不被描述为一项违反生命的选择，因为其意图的挽救生命或名誉的好效果都只是预期的后果，而这些后果的发生（如果可能的话），要通过其他人进一步的行为，而不是在堕胎行为本身中和通过堕胎行为本身**完成**的

---

[24] 至于这种普遍观点的一个例子，请考虑为满足个人荣誉或私下为不义行为复仇的决斗实践：决斗实践受到贵族的、军事的和延续至 20 世纪早期的世俗文化的某些其他要素的坚决维护，但它受到基督教会领导人日益严重的谴责（例如，特兰托公会议在 1563 年谴责它是一种必须要从基督教世界中消除的道德罪恶，开除允许它的管理者、决斗者以及决斗者的支持者或赞助者的教籍并惩罚他们，拒绝为决斗而亡的任何人举行基督教葬礼，等等）。决斗实践涉及通过一个人自己的选择而行使一项（道德上错误的）权利，即行使把一个人自己的身体和生命置于危险境地的一项假定权利（不是作为自卫的一种手段，而是——在核心情形中——为了处在一个毁掉另一个人的身体和生命的位置，作为维护其荣誉的一种手段）。

[25] 宗教法庭教令（Decree of the Holy Office），1679 年 3 月 2 日，第 34 个错误；参见 *DS* 2134；Grisez, *Abortion*, 174; John T. Noonan, Jr., "An Almost Absolute Value in History", 34.

行为。但是，我不知道一个人如何能够，正如汤姆森似乎乐于的那样，通过歪曲"生命权""决定什么发生在你自己身体上的权利""自卫权"以及"拒绝攻击他人的权利"——所有由 D、V、P 和 Q、Q_1、Q_2……平等分享的权利！——得出这第二种疑难情形的任何观点。

（3）**为救胎儿杀死母亲**。这是托马斯·阿奎那谈及堕胎的唯一方面，但他讨论了三次。[26] 因为，如果人们接受永恒的死亡比单纯的肉体死亡更糟糕的话，那么，一个人不应选择较小的恶吗？因此，如果胎儿很可能未受洗而死去，人们不应剖开其母亲腹部、取出胎儿并通过为其施洗而救它脱离永恒的死亡吗？（如果你发现阿奎那的问题不现实，可以修正它——换些情形考虑：胎儿的生命，无论对它自己还是对其他人而言，比其患病的或不年轻的或出身低微的母亲的生命，都似乎要更有价值得多。）不，阿奎那说。他显然认为（出于我在第三节考虑的那些理由），该方案涉及了一项违反生命的直接选择，因此直接就错了，尽管后果是好的。

因此，鉴于母亲和胎儿**同样**是人，在她们身上，人的生命价值应当得以实现（或"生命权"应当受到尊重）且不受直接的攻击，故对治疗性堕胎（therapeutic abortion）的传统谴责并非来自反对妇女或支持胎儿的一种偏见，而是将一种情形中的解决方案直接应用于另一种情形的结果。[27]

III

现在，总算到了让我们比汤姆森更仔细地察看这种"对堕胎的传统谴责"的时候了。对堕胎的传统谴责，不是谴责对诸如受一场高烧（无论是

---

[26] See *ST* III, q. 68, a. 11; *Sent.* IV d. 6 q. 1. a. 1 qa. 1 ad 4; 以及［没有明确提到堕胎］d. 23 q. 2 a. 2 qa. 1 ad 1 and 2; Grisez, *Abortion*, 154; Noonan, op. cit., 24.

[27] 汤姆森援引的庇护十二世的言论，即"处在母体营养源中的胎儿旋即从上帝那里获得了生命权"，有其主要目的（principal point），该目的不在（蒙汤姆森允许，第 51 页）这样一个前提——从这个前提，人们能够推导出直接杀人的不正当性——的断言中，而是在以下断言中，即**如果**任何人例如母亲有不被直接杀死的权利，**那么**胎儿也有同样的权利，因为庇护十二世紧接着说道，"胎儿，尽管还未出生，仍在与母亲相同的程度上且出于与母亲相同的理由从而是一个人了"。

否由怀孕引起）威胁生命的孕妇实施药物治疗，即使知道在退烧的努力中那些药物治疗有引发流产的副作用。不是谴责摘除孕妇恶性癌变的子宫，即使知道子宫内的胎儿还未到成活的时候，且离开母体必死无疑。相当值得怀疑的是，它是否谴责那种手术、那种将孕妇——其生命受子宫异位威胁——异位的子宫复归其位的手术，即使手术需要排出胎儿存活所必需的羊水。[28]

但是，为什么上述手术没有受到谴责呢？正如富特（Foot）所说的那样，在这些手术和其他致命的手术之间得出的区别，"已经引起了部分非天主教徒特别强烈的反应。如果你获准导致胎儿死亡，那么它是如何做到的又有什么要紧呢？"[29] 尽管如此，她仍在某种程度上回答了自己的问题；她不满足于让这一问题停留在哈特搁浅的地方，彼时哈特如是说：

> 或许这些情形最令人困惑的特征是：在它们所有的目的中，压倒性的目的是同一个好结果，即……挽救母亲的生命。这些情形间的区别是因果结构的区别，因果结构的这些区别导致不同的言辞区分（different verbal distinctions）的适用。按照任何道德理论，它们之间似乎都不存在相关的道德区别……在最终目的都相同的情形中，[将道德相关性归于以这种方式得出的那些区分] 只能被解释为墨守成规的道德观念之结果，仿佛它孕育于这样一种法律形式之中，这种法律以严格的形式禁止一切有别于故意引起死亡的意图杀人。[30]

富特认为，如果我们要避开诸如通过杀死无辜的人质而拯救生命等道德恐怖，那么关注"压倒性目的"和"最终目的"是不够的。作为一个一般的、尽管不是排他的且（看起来）并非不惜一切代价的原则，她提议，一个人有义务避免伤害无辜之人，而且这一义务要比他援助别人的义务更严格；这使她明白"我们可能发现"传统结论是正确的，明白我们不得为救

---

[28] 这一段落中提到的三种情形在标准且保守的罗马天主教教科书中都有所讨论：Zalba, *Theologiae Moralis Compendium*, I, 885.

[29] Foot, "The Problem of Abortion and the Doctrine of Double Effect".

[30] Hart, "Intention and Punishment", 出自其《惩罚与责任》一书第124-125页。

母亲的生命而粉碎胎儿的头盖骨（在那样一种情形中：如果让母亲死亡，胎儿就能够被救活）："因为通常我们并不认为，为了救另一个人，我们可以杀死一个无辜者。"[31] 但是，对无辜者"行伤害"是什么意思？她并不认为，**如果无论如何一名男子很快必死无疑**，那么，为了营救与他一起被困洞穴的其他人，把该男子撕成碎片或杀害并吃掉他，是一种伤害。[32] 因此我推测，无论何时勒索者 P 威胁除非 D 亲手杀死 V、V_1、V_2，否则**也杀死他们**，连同 Q、Q_1、Q_2，她终归**会**愿意（无论多么不情愿）证立 D 对人质 V、V_1、V_2 的杀害。+ 人们想知道，这是否并非对后果论的一种让步、一种尽管看似合理却不必要的让步。

无论如何，富特不仅意识到"双重效果原则""应该受到认真对待，尽管事实是它听起来相当奇怪……"[33] 而且意识到汤姆森在她简洁的脚注（第 50 页第 3 个注释）中尚未记录的，关于道德学家们赋予"直接的"一词的技术含义；道德学家们使用该"原则"分析选择和基本价值之间的关系，即该"原则"不仅要求一个人行为的某种坏效果或方面（如某人的被杀）既不被意图作为目的，又不被意图作为手段。如果一个人想要证实，他的致命的行为不必被描述为直接或意图违反人的生命之善，那么，该"原则"进一步要求，那**被**意图的好效果或方面应当是成比例的（例如，救了某人的命），即相对于坏效果或方面而言充分的善好和重要；否则（我们可以用我们自己的话补充）一个人的选择，尽管并没有意图杀人，但会合理地被算作一种选择、一种没有向生命价值充分开放的选择。[34] 而且，单凭这种考虑很可能足以排除堕胎、只为从因强奸而受孕的女人体内移除不想要的胎儿而

---

[31] Foot, "The Problem of Abortion and the Doctrine of Double Effect", 15.

[32] Ibid., 14.

[33] Ibid., 8.

[34] Ibid., 7. 这是适用"双重效果原则"四种常见情境中的第四种情境；see e.g. Grisez, Abortion, 329. Anscombe, "War and Murder" at 57 [Collected Philosophical Papers, 58]，系统地阐述了"双重效果原则"关涉到这样一种情境："除非我做一件邪恶的事，否则某个无辜的人会死"，因此："如果一个人的死亡既不是你的目标，又不是你所选择的手段，**而且如果你不得不以导致该人死亡的方式行为，否则便不得不做绝对禁止的事情**，那么，你便不是凶手。"（强调为后面所加。）[在 1973b at 135, 我的短语"尽管并非意图杀人"解读为"尽管不是直接地且意图地杀人"，这种解读使得句子不连贯。]

实施的堕胎的可能性,即使一个人想要以这样一种方式来解释"直接地意图作为目的或作为手段"这一短语,即堕胎并不等于直接的意图杀人(例如,因为母亲意欲的只是移除胎儿,而不是胎儿的死亡,而且,如果真有一个人造子宫可用,母亲就会愿意让胎儿在该人造子宫中培养)。[35]

那么,一个人**应当**如何解释双重效果"原则"的这些核心要求呢?什么时候一个人**应当**说:一项行为预期的坏效果或方面既不作为目的被意图,又不作为手段被意图,因此并不将该行为的道德特征确定为一项不尊重某一基本人类价值的选择?鉴于无论如何此处对这一问题进行充分讨论都是不可能的,让我把这个议题限缩至更困难也更富争议的"手段"问题。显然,当 D 为了遵守勒索者 P 的命令而杀 V 时(怀着从而挽救 Q 等人生命的目的),D 意图 V 的死亡**作为一种手段**,因为 D 行为的好效果只有借助于**另一个人的**行为(此处是 P 的行为)才会随后发生。但是,格里塞茨(不是后果主义者!)主张,某种**自然**过程或因果链条的坏效果或方面,没必要被当成作为那一过程的好效果或方面的手段而被意图,即使好效果或方面在因果意义上**取决于**那些手段(而且假使那些好效果不可能由那个行动者、在那样的境况中、以某种其他的方式获得)。[36] 因此,我认为他会说,汤姆森能够正当地拔下那连接小提琴家和她自己循环系统的插头(至少在那种境况下,那种连接危害了她的生命)。他以同样的方式看待挽救生命的堕胎手术,坚持认为在割断连接胎儿与母体的脐带时不涉及违反生命的直接选择,如果被意图作为目的的东西是挽救母亲的生命,而且被意图作为手段的东西只不过是移出胎儿以及随之发生的母亲身体的解脱。[37] 作为一种劝说,他再次指出这一事实,即**如果**人造子宫或恢复性手术(restorative operation)可为堕掉的胎儿所用,那么,一个思维正常的母亲和医生在这种情况下都会希望使这些设施为胎儿可用;他说,这表明,一位思维正常的母亲和医生,即使在这些设施事

---

[35] 格里塞茨如此主张,参见 *Abortion*, 343; also in "Toward a Consistent Natural-Law Ethics of Killing".

[36] *Ibid*., 分别是第 333 页和第 89-90 页。

[37] *Ibid*., 分别是第 341 页和第 94 页。

实上并**不**可用的情形下，也不需要被认为是意图杀死他们的胎儿。[38] 就我而言，我认为，格里塞茨为了详细说明人类行为在道德上的相关意义或意图而对这些反事实假设（counter-factual hypotheses）的依赖是过度的，因为这种过度依赖使道德上相关的"意图"与常识上的意图严重脱节，倾向于阐明关于自杀的传统和常识的道德判断（有人会说：我选择的不是死亡，只是很长一段时间的和平与安宁，在那之后，我愿意复活，如果可能！），而且也干扰了我们关于谋杀的判断，尤其是关于为减轻疼痛而用（加速死亡的）药与为通过杀人减轻疼痛（relieve-pain-by-killing）而用药之间的区别的判断。

无论如何，传统非后果主义伦理学的版本——最近九十年已经在罗马教会中获得了明确的教会批准——有所区别地对待这个问题；不只是当好效果（不像坏效果）只有借助于另一个人的行为 A2 才随后发生时，它把行为 A1 的坏的或不想要的方面或效果视为 A1 的一个**意图的**方面，而且**有时**当好效果和坏效果都是一个自然的因果进程——不要求进一步的人类行为以实现其效果——之一部分时，它亦将行为 A1 的坏的或不想要的方面或效果视为 A1 的一个**意图的**方面。**有时**，但不总是；那是什么时候呢？

作出这样一个判断，即坏效果应当算作一种手段被意图（intended-as-a-means）时，各种因素都被明确地诉诸或隐含地依赖；贝内特（Bennett）称，这一系列因素"杂乱无章"；[39] 但实际上，它们比他已经指出的更为多样。当同时观察这些因素对争论中的以下两种核心情形的联系时，阐明它们会比较方便：为挽救母亲生命而实施穿颅术，以及那个著名的场景：在那个场景中，"为挽救你的生命，你反手拔掉连接你和小提琴家的循环系统的插头"。

（1）若受害者不在场，被选择的行为还会被选择吗？如果被选择的行为还是会被选择，那么这是以下说法的理由：行为的坏的方面，即它对受害者（胎儿或小提琴家）致命的效果，既不是作为目的亦不是作为手段被意图或

---

[38] *Ibid*., 分别是第 341 页和第 95 页。我同意格里塞茨：这样一个事实，即使人造子宫可得可用，许多女人仍**不**会把她们堕掉的孩子转移到那里，表明那些女人直接地且不正当地意图她们孩子的**死亡**。我怀疑汤姆森也会同意这一点；比较第 66 页。

[39] Bennett, "Whatever the Consequences" at 92 n. 1.

选择，而是真正不可避免的副作用——这些副作用并不必然决定一个人的行为特征就是尊重或不尊重人的生命的意外后果。这曾是教会道德学家认为摘除孕妇癌变子宫的手术可被允许所持的主要理由。[40] 而富特援引并赞同的"强烈"反应——"如果你获准可以引致胎儿死亡，那么，它是如何实施的又有什么要紧？"——此处似乎没有抓住要点。因为，此处正在讨论的不仅仅是一个技术问题，不仅仅是一个做某事的不同方式问题。相反，它是一个人所持的支持以他那样方式行为的真正理由问题，而且这些理由可能是该行为作为一项意图行为（an intentional performance）的重要构成部分。一个人实际上没有任何理由想要摆脱（be rid of）子宫内的胎儿，更别说想要杀死它了；因此，该人的行为尽管在因果关系上肯定是杀了人，但在意图上却不是一项违反生命的选择。

但是，**这一**因素当然并没有用来区分穿颅术与拔掉使小提琴家与你的循环系统连接在一起的维生设备的电源插头这两种情境；在这两种情境中，受害者令人感到压抑的存在，是使一个人介意做那项正在讨论的行为的东西。

（2）作出选择的人是那个其生命受到受害者之存在威胁的人吗？汤姆森正确地看到这是一个相关问题，而托马斯·阿奎那使这个问题成为他讨论自卫性杀人（双重效果"原则"，作为一种理论上分析意图的精致方式，据说出自这一讨论）的核心。阿奎那如是说：

> 尽管因自卫而意图杀害其他人是不容许的（因为"杀死一个人"的行为是不正确的，除了［在某些非正义的侵略情形中］由公共权威且为了公共福利），然而，只是为了避免杀害另一个人而不去做与保护一个人自己的生命严格相称的行为在道德上是不必要的，因为，比之对他人生命做安排，一个人对自己生命做安排是此

---

[40] 参见格梅利（A. Gemelli）和弗米尔施（P. Vermeersch）之间的论争，*Ephemerides Theologicae Lovaniensis* 11（1934）：525-61 对这一争论有总结；see also Noonan, *The Morality of Abortion*, 49; Zalba, *Theologiae Moralis Compendium* I, 885.

人更为绝对的道德关切。[41]

正如汤姆森已经提出的那样，一位面临如此情境——一个无辜者的存在正危及另一个无辜者的生命——的旁观者的情形就完全不同；为救其中一个人而杀死另一个人而选择干预，就涉及一种使他自己主宰生死的选择，成为谁生谁死的法官；而且（我们可以说）他选择的这种背景阻止他合理地说那个自我防卫的人能够说的以下内容：

> 我不是在选择杀人；我只是在做——作为一个单一的行为，且不只是凭借遥远的结果或借助其他人的后续行为——对保护我自己的生命完全必要的事情，通过强制性地消除正在威胁它的东西。

现在对堕胎的传统谴责[42]关切的是旁观者的情境：旁观者不得不选择杀人，如果（a）他以一种可预见的对母亲致命的方式剖开母亲的腹部，为的是解救胎儿脱离母亲带有威胁的包裹性存在（例如，在这样一个情境中——旁观者宁愿解救胎儿，或因为他想要解救它脱离永恒的诅咒，或因为胎儿是皇室血脉而母亲出身低微，或因为母亲处于患病、年老、无用或"回光返照"等任一情形之中，而胎儿却拥有摆在它面前的完整丰富的人生——因为胎盘已经脱落，成活的胎儿被缠住且难逃一死，除非它能够得到解救，或者因为母亲的血液正在毒害胎儿）；或者如果（b）为解救母亲摆脱孩子威胁性的存在，他击碎（cuts up）或除去（drowns）胎儿。正如汤姆森所说，"万物是其所是（Things being as they are）"，一个女人为了堕胎能够安全地做的事并不太多"（第52页）——至少，在旁观者——通过帮助（直接地），旁观者会做同样的选择，就好像他们亲自选择它一样——的帮助下。但是，拔掉小提琴家维生系统电源插头的正是这个捍卫她自己的人。汤姆森承认（第52页）这赋予该情形完全不同的特色，但她认为区别不是决定性的，因为

---

[41] *ST* II-II q. 64 a. 7: Nec est necessarium ad salutem ut homo actum moderatae tutelae praetermittat ad evitandum occisionem alterius: quia plus tenetur homo vitae suae providere quam vitae alienae Sed quia occidere hominem non licet nisi publica auctoritate propter bonum commune, ut ex supra dictis patet [a. 3], illicitum est quod homo intendat occidere hominem ut seipsum defendat.

[42] *Ibid*., aa. 2 and 3.

旁观者有一项决定性的理由去干预从而支持被胎儿的存在威胁的**母亲**。而且她是在这样一个事实中发现的这个理由，即母亲**拥有**她的身体，正如向小提琴家提供供给的那个人拥有自己的肾脏，以及有对它们进行无负担使用的权利（第53页）。嗯，这一点也一直总被认为是这些问题中的一个因素，正如我们通过转向以下问题能够明白的那样。

（3）所选择的行为不只涉及拒绝援助和救助某人，而且涉及相当于对那人身体进行攻击的一种实际干预吗？班尼特（Bennett）想要否认与任何这类问题有任何关联，[43]但富特[44]和汤姆森已经正确地看到：在以他人的身份（in the persons of others）尊重人的生命的棘手问题中，以及在描述那些旨在评估他们对生命之尊重的选择的棘手问题中，一个人正直接地伤害另一个人，而不只是不能维护对另一个人维生的救助水准（maintain a life-preserving level of assistance to another），**可能**至关重要。有时，比如此处，正是一个人的行动的因果结构关切到在一项选择中支持或反对基本价值，不管一个人是否愿意。一个人的行动与生命的摧毁之间的联系可能是如此密切，如此直接，以致赋予纯粹的不维护生命（mere non-preservation of life）一种不同显著特征的那些意图和考虑，不能影响直接夺走生命（straightforward taking of life）的显著特征。这无疑是汤姆森来来回回地把堕胎的选择描述为以下这样一种选择的原因：**不**提供协助或设施的选择，**不**是一个好撒玛利亚人或各种意义上一个完美撒玛利亚人的选择；这无疑也是她以下动作的原因：仔细地描述小提琴家的状况，以便将对小提琴家身体的干预程度最小化，以及将与一个人为其福祉直接拒绝自愿捐献其肾脏的邀请（就像亨利·方达拒绝横穿美国去救汤姆森一命一样）的类比最大化。

如果这世上有什么东西为真，那就是你不要谋杀，不要做不允许之事，即使你反手拔掉将那个小提琴家与你自己的循环系统连接起来的电源插头，是为了救你的命（第52页）。

---

[43] Bennett, "Whatever the Consequences".
[44] Foot, "The Problem of Abortion and the Doctrine of Double Effect" at 11–13.

的确如此。不过，进一步测试一个人的道德反应也许有些用处：假设，不只是"拔掉插头"要求一位**旁观者的**干预，而且（出于医学理由、血液中的毒素、休克等原因）拔掉插头不能够安全地得以实施，除非直到小提琴家已经完全死去了6个小时，而且已被例如通过溺水或断头（虽不必然是有意识的）彻底杀害了。那么，作为一名旁观者，一个人能够**如此**确信为了解救哲学家而杀死小提琴家是正确的吗？但是，我提出这个修订版本主要是为了阐明如下考虑的**另一个**理由：在传统的决疑术范围内，汤姆森版本的拔掉小提琴家维生的循环设备的电源插头，**不**是那种她所主张它就是的那种"直接杀人"，也**不**是那种——如果她理解她拒绝关于直接杀人的传统原则的理由——她**肯定**主张它就是的那种直接杀人。

现在，让我们回顾一下关于堕胎的传统规则。如果母亲为挽救自己的生命而需要医疗，那么，她会得到所需的医疗——受制于一个附带条件——即使该医疗肯定杀死胎儿，因为毕竟她的身体就是**她的**身体，正如"女人们曾反复强调"的那样（而且她们已经被传统决疑论者知道！）。那么，附带条件是什么呢？即医疗不是**通过**直接攻击或干预胎儿的身体。因为，毕竟，**胎儿的身体就是胎儿的身体，不是女人的身体**。传统决疑论者已经承认，为了一个人"身体"而作出的那些主张达到了这样一种最根本的局限：在这种局限中，那些主张变成了**纯粹（可理解的）偏见、纯粹（可理解的）自利地**拒绝倾听那**完全相同的**主张（"这身体是**我的**身体"）——当这个完全相同的主张是由另一个人或代表另一个人作出时。[45] 当然，如果传统决疑论者没有最深刻地同情讨论中的处于绝望境况的女人，他就会表现得十足地缺乏情感。但是，令人烦恼的是发现哲学家朱迪斯·汤姆森在冷静的时刻不能够明白论证何时有利有弊（cuts both ways），而且没有意识到决疑论者在她之前已经明白了这一点，并已经——与她不同——允许该论证无偏私地有利有弊。胎儿，同母亲一样，"对自己的身体"有一种"公正的优先主张权"，

---

[45] 当然，并非他们已经使用了汤姆森不同寻常的以下谈论："拥有"一个人自己的身体，及其分散人注意力和墨守成规的内涵，及其将正义主体化约为客体的二元化约（dualistic reduction of subjects of justice to objects）。

而堕胎涉及攻击、操控那个身体。另外，此处我们或许找到了为什么堕胎不能被纳入撒玛利亚人问题之范围的决定性理由，以及为什么汤姆森将堕胎定位于那个范围只是一种（有创意的）创新的决定性理由。

（4）但是，该行为不利于某个这样的人吗——他有义务不做他正在做之事，或有义务在他本应在场的场合不在场？毫无疑问，其生命被夺走的受害者的"无辜"，对把一项行为描述成向人的生命之善开放并尊重人的生命之善抑或故意杀人，作出了区分。只是它如何作出区分以及为何作出区分难以阐明；此处我将不尝试作出阐明。无论出于什么原因，我们全都承认这一区分，而且汤姆森已经明确地承认了这一区分的重要性（第52页）。

但是，她谈论"权利"的方式在这一点上产生了一个最终不幸的结果。我们可以假定且已经假定，胎儿不享有霍菲尔德式的**主张权**获允在任何情况下待在母亲体内；母亲不负有严格义务允许胎儿在任何情况下待在她的肚子里。从**这个**意义上说，胎儿"不享有任何权利待在母亲体内"。但汤姆森还讨论了入室盗窃的窃贼的情形；而且窃贼也"不享有权利待在室内"，即使汤姆森打开窗户！但是，当心这种含糊其辞！窃贼不只是不享有获允入室或停留的主张权；他还负有一项**不入室或停留的严格义务**，即他不享有霍菲尔德式的**自由权**——当我们认为他"没有权利待在室内"时，我们心中想得更多的正是**这一点**：他待在室内实际上是不公正的。取走了史密斯外套、让史密斯受冻的琼斯同样如此（第53页）。小提琴家也是如此。他和他的代理人有严格义务不与朱迪斯·汤姆森或她温和的读者连接起来（make the hook-up to）。当然，小提琴家自己可能一直是无意识的，所以错不在他本人；但整个事件对其双肾被任意使用的那人而言是严重的不正义，而且对那个人的不正义不是简单地通过当事人中的一方对不正义所负的道德错误的程度加以衡量。我们关于小提琴家处境的整个观点都受嵌入（plugged into）其受害者的窃贼存在的持续窃取的不正当性影响。

但是，这能够合理地适用于胎儿吗？诚然，胎儿不享有获允在母体内生成（come into being）的**主张权**。但它没有违反任何生成**义务**，也没有违反留存（remaining present）在母亲体内的任何**义务**；汤姆森根本没有给出支持以下观点的任何论证：胎儿违反了存在（being present）的义务*（尽管其相反的例子表明，她往往默认假定这一点）。［事实上，如果我们打算使用拥有房屋这一蹩脚类比，我不明白为什么胎儿不应正义地对包裹着它的身体如此谈论："这是我的房子。无人**准予**我对其的财产权，但同样无人**准予**我母亲对其享有任何财产权。"事实是：这两个人都以相同种类的权利——这是他（她）们碰巧生成的方式——**共享**对这一身体的使用。但最好是完全放弃这种对"所有权"和"财产权利"的不恰当谈论。］因此，尽管胎儿"没有权利待在母亲体内"（从它未曾享有获允**开始**待在那儿的主张权的意义上说），但从另一种直接且更重要的意义上说，它**的确**"享有权利待在那儿"（从它没有违反待在那儿或继续待在那儿的义务的意义上说）。我认为，所有这一切都非常清楚，且明显有别于小提琴家的情形。强奸或许是特例；但即便如此，说胎儿有过错或无论如何可能有过错似乎是不着边际的，正如若不是小提琴家当时对外在环境无所意识，他也有过错或会有过错一样。

不过，我不想对强奸观念中涉及的正义或不义、无辜或过错给予教条式的回答。（我已经说过，在母亲生命并无危险的任何这类情形中，堕胎之不允许并不必然取决于表明这一点，即该行为是一项直接杀人的选择。）我已表明，在三个公认的重要方面、小提琴家的情形如何有别于为挽救母亲生命而实施的治疗性堕胎，这就够了。正如汤姆森所提出的，小提琴家的情形涉及：（1）没有旁观者；（2）没有对小提琴家身体的干预或攻击；（3）对正在讨论中的行动者无可否认的不义。上述三种因素中的每一种，于正在争论的堕胎情形中都是不存在的。每一种因素都一直被传统决疑论者视为关系重大；当汤姆森把我们和小提琴家连接起来时，她试图质疑传统决疑论者的那些谴责。

然而，归根结底，我还没有严谨地回答我自己的问题。什么时候一个人应当说：一项行为预期的坏效果或方面并非实际上作为一种手段被意图，因此并不决定该行为的道德特征为一项不尊重一种基本人类价值的选择？我已

---

* 此处的义务即胎儿违反了在母亲体内存在的义务。——译者注

做的不过是列举了一些因素。我尚未讨论，一个人如何决定这些因素的哪些组合足以以一种方式而非另一种方式回答这个问题。我尚未讨论跳板上的（on the plank）男人或跌落跳板（off the plank）的男人；也没有讨论当逃离狮口时丢下自己婴孩的女人，或为了便于逃脱，把**自己的**婴孩喂狮子的另一个女人；或威胁要枪杀一个男人的"无辜"孩子，或为了自救枪杀那个孩子的男人；[46] 或为给同伴提供食物而自杀的饥饿探险家，或离开同伴以便不耽搁他们或减少他们口粮的另一位探险家。情形是多样的、变化的、富有启发性的。对"双重效果"这一概念的适用太过泛化或太受规则支配，会冒犯亚里士多德派的学者、普通法、维特根斯坦派的智慧，即此处"我们不知道如何得出这些概念的边界"——意图的概念、尊重生命之善的概念以及有别于后果之行为的概念——"除了特殊目的"。[47] 但我认为，亚里士多德坦率称其智慧的那些人，能够对大多数堕胎问题形成明确的判断，那些不会与汤姆森的判断相一致的判断。

IV

我一直假定胎儿自受孕时起就是一个人，故不应因为发育的时间、外貌或其他这样的因素——在这些因素被合理地认为不相关的范围内，在这些不相关之处，对人的基本价值的尊重受到质疑——受到歧视。汤姆森反对这一假定，但她的反对，正如我所认为的那样，不是很充分。她认为（同沃特海梅尔一样，[48] **细节上作必要的修改**）支持把新孕的胎儿视为一个人的论证纯粹是一种"滑坡"论证（第47页），更像是（我认为）说，一个人应当把所有的男人都视为颏上有须，因为他可以很确信地得出在颏上有须和剃干净的脸面之间没有界限。更准确地说，她认为一个新孕的胎儿就像一颗橡子，橡子毕竟不是一棵橡树！令人沮丧的是，看到她不加批判地如此倚重这

---

[46] 这一例子在 Brody, "Thomson on Abortion" 中（太过随意地）使用。

[47] Cf. Wittgenstein, *Philosophical Investigation*, sec. 69.

[48] "Understanding the Abortion Argument".

陈旧的混乱。一颗橡子在稳定状态下可以保存多年，仅仅完全是一颗橡子。栽植该橡子，从中会长出一棵橡树苗，一种新的、动态的生物系统，该系统与一颗橡子已经没有什么共同之处，除了来自于一颗橡子并能产生新的橡子。假设一颗橡子结实于 1971 年 9 月，采摘于 1972 年 2 月 1 日，在良好条件下存储了 3 年，之后在 1975 年 1 月被栽植；发芽于 1975 年 3 月 1 日，50 年后长成一棵完全成熟的橡树。现在假设我问：那棵橡树什么时间开始生长？有人会说 1971 年 9 月或 1972 年 2 月吗？有人会寻找它在花园中首次被注意到的日期吗？当然不会。如果我们知道它从那颗橡子中发芽是在 1975 年 3 月 1 日，那就足够了（尽管一个生物学家可能对"发芽"有细节上更精确的认识）；那就是**这棵橡树**开始的时间。**更不必说**胎儿的受孕了，它不是**纯粹的**种子发芽。两个生殖细胞——每个仅携带有 23 条染色体——结合且几乎立即融合成一个携带 46 条染色体的新细胞，这个新细胞提供了一个独特的基因构成（不是父亲的基因构成，不是母亲的基因构成，也不是双亲基因构成的纯粹并置），这个独特的基因构成自那以后贯穿其一生，不论这一生持续多久；它将实质性地决定这一新个体的构成方式（make-up）。[49] 这个新细胞是一个动态综合系统的第一阶段，它和单个的男性生殖细胞以及女性生殖细胞没有什么共同之处，除了源自于它们中的一对儿，并将及时产生新的生殖细胞。说**这**就是一个人生命的开始，并不是从成熟期向后回溯，在每个时点诡辩地问："一个人怎么能够**在此**得出分界呢？"相反，它指一个完全清晰的开始，我们每个人都可以回顾的开始，并在回顾中明白何以——从一种生动易懂的意义上说——"我的开始之处也是我的结束之处。"朱迪斯·汤姆森认为，"直到第十周"（那时手指、脚趾等都变得可见）她才开始"获得人的特征"。我真不明白，她为什么要忽视所有特征中最根本、最独特的人的特征——受孕于人类父母的事实。那之后有了亨利·方达。从受孕那一刻起，尽管不是受孕之前，有人可能说，考虑到他独特的个人基因构成，不仅"直到第十周"亨利·方达才会有手指，而且在他 40 岁时还会有

---

[49] See Grisez, *Abortion*, ch. 1 and 273-87, 连同那里援引的文献。

一只鲜润的手。这就是为什么，等待"十周"直到他的手指等实际上变得可见之后，再断言他**现在**享有朱迪斯·汤姆森正确识别但未完全识别的人权，似乎没有条理或理由的原因。

注

⁺**在"双重效果"之"原则"中的"直接"……**（第296页，注释32之后）。此处我的论证把两个有别的议题混在了一起：什么被意图作为一种手段，与什么能够作为一种副作用被合理地施加。为了"不成为一种伤害"，死亡或伤害一定既不作为一种手段（或目的），又并非不合理地（"不成比例地"）被引起。人质是否无论如何即将死去这一问题与第二个议题相关，但与第一个议题不相关。

⁺⁺**作出这样一个判断，即坏效果应当算作一种手段被意图时，各种因素都被明确地诉诸或隐含地依赖……**（注释39处）正如在第2卷论文集第13篇文章第11个注释中所注明的那样，我对意图和行动的理解在本文写作时还不成熟：那时我还没有领会由选择所采纳的提议的重要性，以及完整序列的目的（几乎还包括所有手段）与手段（几乎还包括所有目的）的组成，所有这些都根据描述——在形成提议的慎思中，这种描述使它们值得选择——被意图。[至于成熟的说明，参见 essays II. 8（1987b），II. 9（1991a），II. 10（1991b），and II. 13（2001a）.] 本文第3节的讨论被设置成对拔掉汤姆森的使小提琴家与你的循环系统连接在一起的维生设备的电源插头，与实施穿颅术二者之间差别的考虑。我的讨论绝不肯定穿颅术总是不允许的；在批评格里塞茨把反事实假设用作一种说服以支持他穿颅术不一定是直接（即意图的）杀人这一结论时，我既不否认也不肯定他的结论。但我继续考虑，为使穿颅术（被假定是错误的）与拔掉维生设备电源插头的行为（被假定是可允许的）有所差别，通过道德传统或代表道德传统——自1884年以来（"这最近的90年，从1973年开始回溯"）获得罗马教会权威的批准——能

306 够说些什么呢？［事实上，罗马教会权威故意回避宣布穿颅术不正当：至于引证和讨论，参见第 2 卷论文集第 13 篇文章（2001a）第 3 节。］如果为使母亲脱离因胎儿卡在产道对母亲生命造成的迫在眉睫的威胁而由医生实施的穿颅术被认为——正如在第 2 卷论文集第 13 篇文章中——是可允许的，那么，仍然存在多种多样的堕胎（以穿颅术开始的堕胎通常被称为成形胎儿流产，实施这一手术是为了防止胎儿出生时还活着）；与拔掉维生设备电源插头的一些或全部可枚举的差别仍与这些堕胎相关。这些不允许的堕胎中有一些不同于拔掉维生设备电源插头的行为，因为实施这些堕胎不是为了使母亲从怀孕中解脱，而是为了使母亲从产后的儿童保育和/或抛弃孩子以求收养的悲伤中解脱。一些堕胎不同于拔掉维生设备电源插头的行为，因为尽管实施这些堕胎是为了减轻母亲怀孕的负担，但它们以前文枚举的方式不公平地歧视胎儿。

第 19 篇
母亲与胎儿的正义*

如果胎儿是人的话，那么正义原则和不伤害原则（经正确理解的）禁止任何堕胎行为，即抱着杀死胎儿或终止其发育的意图所实施的每一手术或技术过程。在［本文最初与之结合的那篇论文（第 2 卷第 16 篇）］中，我主张唯一合理的判断是：胎儿的确是人。现在我将探讨，正义原则和不伤害原则与各种伤害或很可能伤害胎儿的行为和手术相关联的诸方式。对这些原则的正确理解概述于［另一篇论文（1993d），该文最初为医疗伦理学同一卷而写］。那篇论文有一个神学背景，但我在本文阐述的诸考虑绝不依赖于信仰；它们是哲学和自然科学层面有根据的考虑，且在我看来，对每个人都具有适当的决定性，完全独立于任何宗教前提。

I

伤害无辜者的任何尝试都违反了不伤害原则和正义原则，而且总是错误的。每一次抱着杀死胎儿或终止其发育的意图所采取的手术，都是一种伤害

---

* 1993a（"Abortion and Health-care Ethics"）（第二部分）。本文曾是其一部分的那篇论文，以及与同伴合著的一篇论文（1993d）都是为关于医疗伦理学已编辑的大卷册而写；该卷围绕着比彻姆（Beauchamp）和奇尔德雷斯（Childress）在《生物医疗伦理学的原则》（*Principles of Biomedical Ethics*）一书中提出的"医疗伦理学四原则"为框架编辑而成；这四项原则是：善行原则、不伤害原则、自主原则和正义原则。论文 1993d 对上述诸原则以及它们在医疗伦理学和生物伦理学中指导反思和慎思的使用情况提出了许多批评意见。本文仅在它们似乎正确地适用的程度上参考了它们。本文谈及天主教的道德教义，因为该教义服务于那个目的；但该教义的部分内容是：它在哲学上是合理的，的确有**哲学基础**，因此可为任何人完全接受（在认知的有利环境中），无论这些人是否接受天主教信仰的那些依赖启示因而尽管在哲学上合理但不具哲学基础的部分。

的尝试，即使它只是为达到某个仁慈的目的而采取的一种手段，又即使它被极其不情愿和遗憾地实施。这样的手术通常被称为"直接堕胎"。但此处的"直接"并不涉及身体上的或时间上的紧迫性，而是指涉支持手术的诸理由：只要堕胎被选择，无论是作为目的还是（无论多么勉强地）作为手段，它都是"直接地"被意欲。[1] 如果堕胎只是意外的连带后果（an unintended side effect），则它是"间接地"被意欲。使用这一术语时，人们可以有理由这样说："直接堕胎"总是错误的，而"间接堕胎"并非总是错误的。但以下做法会更加清晰：将"堕胎"（或"人工堕胎"或"治疗性堕胎"）一词保留给怀着杀死胎儿或终止胎儿发育的意图所实施的手术，而对于那些在它们可预见但非意图的结果中有终止妊娠和胎儿死亡之结果的任何医疗手术，用它们自己正确的名称谓之。

支配那些对胎儿产生致命影响的医疗手术的诸伦理，可以被概括如下：

（1）直接杀死无辜者——杀死或作为一种目的，或作为某个其他目的的一种被选择的手段——总是严重错误的。这种道德规范甚至排除了将杀死一位无辜者作为挽救他人之手段甚或作为阻止谋杀他人之手段的选择。

（2）就生命权而言，每一个活着的个体都与所有其他的人是平等的。鉴于全称命题对于归入（falls under）其下的每一情形都同等适用，故**生命权平等**由以下两个全称命题的真值必然推出：（a）每一个活着的个体必须被视为一个人且被作为一个人来对待；（b）每一个无辜者都享有永远不被直接杀害的权利。

（3）胎儿绝不能被认为是侵略者，更不能被认为是不正义的侵略者。因为侵略的概念涉及行为。但是，只有胎儿真实的存在及其营养机能（而非其动物性活动、运动、对疼痛的敏感反应等，尽管这些都是真实的）可能引起母亲的生命或健康等问题。因此，侵略的概念只是通过隐喻扩展到胎儿。此外，胎儿，待在其自然的位置上、自始至终无任何主动亦无违反自己义务的胎儿，不能够被合理地视为入侵者、掠夺者或侵略者；它与其母亲的关系只

---

[1] Pius XII, Address of 12 November 1944, *Discorsi & Radiomessaggi* 6: 191-2; CDF, *De abortu procurato*, *Declaration on Abortion* (18 November 1974), para. 7; *MA* 40, 67-77.

是：母亲和孩子。[2]

（4）假如引起死亡或伤害不是作为行为本身之目的（例如，好玩或报复），或**作为**某个进一步目的（甚至保存生命的目的）之**一种手段**而加以选择，那么，即使该行为肯定会引起他人的死亡或伤害，但只要其对保存一个人的生命有必要，该行为也仍可能是被允许的。

（5）并非每一次间接杀人都是可允许的；有时，尽管是间接的，却是不公正的。例如，因为对可能被用来保存生命的致命手术来说，存在一种非致命的替代方案。

禁止杀害胎儿的公正的法律和正当的医学伦理，都不可能承认一个被明确阐述如下的例外："为挽救母亲的生命。"基督教国家中的许多法律过去恰恰包括那个例外（而且没有其他例外），但是，存在两个决定性理由可以说明，为什么完全公正的法律和医学伦理不可能包括一个以那种方式明确阐述的条款。首先，那种阐述方式意味着，至少在这种情况下，杀人被选择**作为**实现某种目的的**一种手段**可能是正当的。其次，由于仅涉及母亲，故任何这样的阐述方式都暗示她的生命应当**总是**被优先考虑，而这是不公平的。

然而，公正的法律和正当的医学伦理不可能通过将其禁止限于"直接杀人"（或"直接堕胎"）来为可允许的杀人划定边界。因为这会使那些间接杀人不正当的情形不受禁止（例如，因为间接杀人本可以被延迟，直到胎儿在手术中存活下来；或因为间接杀人只是为了缓解母亲的某种状态，而该状态并不威胁母亲的生命）。

凡母亲的生命或胎儿的生命处于生死存亡的情形，正当的医学伦理和公正的法律的那些要求，就能够在如下的命题中得以表达：

> 如果母亲的生命或孩子的生命仅通过某种对另一方产生不利影响的医疗手术就能得以保存，那么，怀着挽救生命的意图而实施这样一种手术是可允许的，假如该手术是为增加一方或另一方（或双方）存活的整体概率，即增加双方存活的**平均概率**的最有效可用的

---

[2] Essay 18, sec. III.

手术。

这一命题并不是说或暗示杀人作为一种手段可能是可允许的。它并没有给母亲或孩子一种不公平的优先权。它排除了任何将是不公平的间接杀人。

然而，乍看之下这一命题似乎会在某些情形下承认直接堕胎。因为人们往往认为，而且许多天主教神学家也主张：如果在因果链中，手术**立刻**或**首先**引起对胎儿的损害，那么任何这样的手术就都是直接堕胎。

但是，即使在那些拒绝向世俗后果主义和相称主义作出任何妥协的天主教神学家中，仍存在一些人，他们用托马斯·阿奎那对双重效果行为（acts with two effects）的分析框架，以及庇护十二世对"直接杀人"的解释框架——把"直接杀人"解释为以毁灭无辜者的生命为目的的行为，该行为或作为一种目的，或作为一种手段——提出了对直接杀人的另一种理解。[3] 根据这些神学家的看法，选择某种手段的直接性（directness），将不是参照因果过程中的即时性（immediacy）或优先性（priority）本身得以理解，而是参照一项选择之可理解的内容得以理解，而该选择所做之事内在地适合于引致预期利益。

上述我已阐明的观点要求任何或对母亲或对胎儿的生命产生不利影响的手术，都尽可能地意图**且在本质上适宜**于保存生命（双方的生命）。这一观点因此属于天主教教义关于"直接"堕胎的一种可接受的理解之范畴。同时，它要求任何这样的手术满足正义（公平）的诸要求，而这些要求是"间接堕胎"（可以被这样称谓，尽管正如我上述所说，其他名称会更好）在道德上可被容许的条件。这一主张在以下四个条件都得以满足的情形下最有可能得到明显的适用：某种病状对孕妇和胎儿的生命都构成了威胁；等待是不安全的，或等待将很可能导致双方的死亡；没有任何办法挽救胎儿；且一个能够挽救母亲生命的手术将导致胎儿的死亡。在现代医疗保健中，最可能满足上述情形的例子是异位妊娠（又译"子宫外孕"）的情形（假定胚胎

---

[3] Zalba, "Nihil prohibet unius actus esse duos effectus" at 567–8；Grisez and Boyle, *Life and Death with Liberty and Justice*, 404–7.［想要了解对与意图和因果关系有关的诸议题的充分讨论，亦参见 essay II. 13（2001a）.］

不可能被成功地从输卵管移植到子宫）。[4]

因为母亲正威胁着要自杀（或因为她的亲属正威胁着要杀她）而实施的为"挽救母亲生命"的堕胎，显然不属于这一主张的范畴，而且此种情形下的堕胎是一种直接的、不允许的杀人情形。堕胎既不是挽救她生命的唯一手段（看管或约束她/她的亲属是另一种手段），也不是一种符合其为了挽救生命之本性的手段。事实上，在这样一种情形下，堕胎本身就是杀人。

II

作为强奸受害者的女性，有权保护自己抵御这样一种伤害的持续影响，并有权为了阻止受孕而寻求及时的医疗救助。[5]（这种阻止怀孕的努力不一定是避孕行为，因为她们试图阻止的怀孕并不被*视为*一个新生命的孕育，而是被*视为*对她卵子的侵入——攻击者的身体物质对她身体侵入的最后一环。）但是，一个胎儿的可能存在，显著地改变了道德状况。即使终止妊娠的手术被实施时并不抱有——即使是部分地抱有——任何终止胎儿发育和生命的意图，而*只*是使母亲摆脱强奸对身体造成的持续影响，该手术对胎儿、对完全无辜于父亲不法行为的胎儿仍是不公正的。因为人们一般都愿意接受，并期望他们的亲朋好友接受，为避免某种特定的死亡所带来的除丧失生命或节操之外的沉重负担。因此，在这些情况下，对胎儿施加确定的甚或很大可能的死亡，是对胎儿的一种不公平的歧视。

然而，如果一项手术——诸如施用"紧急避孕"——被实施，只是为了

311

---

[4]〔根据本文采用的，以及在第 2 卷第 9—11 篇和第 13 篇论文中加以辩护的种种原则，以及对选择和行为的种种分析，通过以下做法治疗异位妊娠可能是正确的：不仅通过输卵管切除术（切除包含胚胎的输卵管），而且在医学上有所指示的情况下，通过输卵管造口术（通过一个切口将输卵管中的胚胎移走，而输卵管留在原处）。〕而且，在极少但并非未知的情形中——母亲病得如此严重，以致帮助胎儿度过存活难关的任何尝试都会在胎儿具有存活能力之前杀掉母亲，在这种情形下，移出胎儿尽管肯定导致他或她发育的终止（以及死亡），但为使母亲摆脱胎儿对她系统的依赖，那种正危及她生命的依赖，移出胎儿的手术能够被正当地实施。

[5] Catholic Archbishops of Great Britain, *Abortion and the Right to Live* (London: Catholic Truth Society, 1980), para. 21.

阻止强奸后的怀孕，但涉及某种**风险**导致**作为意外后果**（因为不知道该女人处在生理周期的什么阶段）的堕胎，那么，就不可能存在这样一种全称判断，即采取这样一种手术对胎儿不公正。因为存在许多合法的活动，这些活动可预见地引起某种严重甚或致命伤害的风险，而这种风险在很多情形中被正直和有识之士正当地接受为他们选择从事这些活动可能带来的意外后果。[6]

III. 产前筛查和遗传咨询

抱着——如有必要——医治胎儿或为安全怀孕和分娩做准备之目的而进行各种检查和测试，当这些检查和测试以与其他医疗手术相同的标准而得以实施时，它们都是可取的和正当的。为减轻焦虑或满足好奇而进行的各种检查和测试，只要它们不包含对胎儿的重大风险，就都是无可厚非的。但是，进行或接受一项测试或检查的那些人，如果抱着这样一种想法——如果检测结果显示某种不可欲的东西，就可能提议或安排或实施堕胎，则她（他）们已经是有条件地意欲堕胎了，并因此已使他或她自己成为不伤害原则和正义原则的违反者。

尊重那些原则的医护人员，不仅有责任克制自己去推荐或引导各种测试或检查——这些测试或检查是为了了解堕胎是否"为医学上所指示"，而且有责任告知她们看护范围内的女人：在她可能被其他人提供的各种测试中，哪些测试只是或主要是出于不道德的（却被广泛接受的）目的被实施，哪些是为了保障胎儿的健康被实施。[7]

---

[6] 天主教主教生物伦理问题联合委员会（Catholic Bishop's Joint committee on Bio-ethical Issues）：(1) "紧急避孕药：一些关于性交后'避孕'的实践和道德问题"，《简报》（*Briefing*）16 (1986)，33–9；(2) "紧急避孕药——一个回复"，《简报》（*Briefing*）16 (1986)，254–5.

[7] Sutton, *Prenatal Diagnosis: Confronting the Ethical Issues*.

Ⅳ. 参与

任何命令、指示、建议、鼓励、规定、支持或积极为做某种不道德之事辩护的人，都是该不道德之事的合作者，如果该事已经完成；而且即使该不道德之事最终没有完成，上述行为人也已经意愿它得以完成，因此已经参与了其不道德性。因此，一位医生如果他本人虽未实施堕胎，但让孕妇去找目的在于堕胎的会诊的产科医生诊治，则他意愿了（wills）堕胎的不道德性。

此外，一些其行动有助于实施不道德行为的人，并非一定意欲不道德行为的完成；他们在邪恶行为中的合作并非参与不道德行为本身。他们的合作往往被称为"实质性的"，为了使之区别于那些（不论出于何种理由以及怀着何种热忱或不情愿）意愿成功实施不道德行为之人所谓"形式的"（意图的）合作。不道德行为中的形式合作（formal cooperation）总是错误的；实质性合作（material cooperation）并非总是错误的，但如果它不公平或不必要地呈现了一个糟糕的范例，那么它将是错误的。因此，一名综合医院的护士——她不愿参与堕胎，但受雇条款要求其为病人外科手术做准备（清洗、除毛等）——可能为病人堕胎做了准备，但她不曾意愿杀死或伤害胎儿；她只是对任何道德上善好的手术做了她所做的一切；因此，**如果**在各种情况下，她的合作都不是不公平或不必要地引起丑闻（为其他人树立了道德败坏的范例），那么，她的合作在道德上就可以是允许的。此外，外科医生肯定意欲伤害胎儿，因为伤害胎儿是不道德堕胎的目标，而且他或她肯定意愿手术成功；因此他或她是不道德行为的参与者，事实上是主要参与者，即使他或她这样做也同样只是为了保住饭碗或获得医师资格（medical qualifications）。[8] 希望每一位病人都对手术作出书面且完全的同意的医院管理者，肯定希望来医院堕胎的那些女人明确地同意堕胎；因此，这些管理者不管愿意与否都鼓励了妇女们不道德的堕胎意愿；事实上，这些医院管理者不道德的意愿承诺很

---

[8] Grisez, *Christian Moral Principles*, 300–3.

可能比那些女人们的意愿承诺更甚，因为那些女人们的同意是在她们处于情绪大起大落和极为悲痛的状态下作出的。

所有医护人员都有道德权利（和义务）不参与不法行为。这一权利在本质上不是一种"良心反抗"（"conscientious objection"）的权利，因为它不是基于良心作出善意判断——这一判断可能是错误的——的纯粹事实上，而是建立在不参与道德上真正邪恶之事的基本的人的义务和相应的权利之上。但是，凡国家承认对参与堕胎有"良心反抗"的法律权利之处，医护人员都有道德权利和义务行使那种法律权利，否则他们会因"形式地"（即"意图地"）在堕胎上合作而招致任何种类的法律义务或机构责任。他们应及时采取适当措施（然而，即使他们应受谴责地未能采取那些措施，他们还是应当在医疗服务领域中拒绝与当今如此普遍的任何非道德活动进行形式合作）。

V. 胚胎实验

上面关于堕胎已经言及的内容当然适用于在试管中存活的胚胎——通过"胚胎"理解从受精开始的任何人类个体。任何可能损害胚胎（或它可能因孪生而产生的任何其他胚胎），或通过延迟其转移和植入的时间而危及胚胎的、对胚胎的任何形式的实验或观察，都是犯罪的或不公正的，或既是犯罪的又是不公正的，除非这些程序都意图使胎儿个体本身受益。在没有随后完好无损地植入合适母体真实且明确的前景的情况下，所实施的任何形式的冷冻或存储都是不公正的，除非冷冻或存储的实施是在突发的紧急情况下作为挽救胚胎的一种措施。胚胎借此得以形成的、旨在从已形成的胚胎中选出最健康或最合意的胚胎以转移且植入母体的任何程序，都包含着一种根本不公正且罪恶的意图，无论其进一步的动机多么良善。[9]

---

[9] Fisher, *IVF: The Critical Issues*; 1983e; CDF, *Donum Vitae. Instruction on Respect for Human Life in its Origin and the Dignity of Procreation* (1987); [essay 17 and II. 17 (2000b)].

Ⅵ. 善行和自主

在过去四分之一个世纪里，规范的（reputable）医疗实践对堕胎的公开接纳——一种具有历史性意义和深远影响的伦理和文明的崩溃——对仍愿意坚持不伤害原则和正义原则正确含义的所有人都带来了一种深刻的挑战。作为正直的道德主体，作为处于虚伪和种种理论性说明（rationalizations）的社会结构的环境之中维护和尊重真理的道德主体，他们需要对自己的自主有一种正确的意识。他们还需要保持并实践对善行原则（the principle of beneficence）的充分尊重。通过拒绝自己参与堕胎，他们显示了对胎儿的善行（尽管这些胎儿几乎肯定会被其他人杀死）；对胎儿母亲的善行（不管她们当时多么不感激这一善行）；以及对那些其生命因"伦理杀人"社会思潮的传播——以同情或自主的名义——而遭遇危险的所有人的善行。对孕妇和那些其怀孕因堕胎而终止的女人富于同情心地护理，他们保留全部责任，他们保有的责任不少于那些受流产或死产威胁，或在流产或死产中，或在流产或死产后遭受折磨的女人所保有的责任。他们应当意识到那些做过人工堕胎的女人们真正且真正的特殊需要和脆弱性，尽管那些需要和后遗症遭到那些人、那些提倡堕胎并为实施和接受堕胎炮制理论性说明的人的普遍否认。

＃六部分
婚姻、正义与共同善

第 20 篇
婚姻：一种基本又迫切的善[*]

I

结婚（marrying）是一项行为，是配偶双方所选择的行为，他（她）们由此承诺彼此作为丈夫和妻子而生活。婚姻（marriage）作为一种已婚的（being married）生活状态或生活方式，是夫妇二人在无数进一步的行为中，在每一配偶既要做出履行他（她）们承诺的那些行为，又要避开与该承诺不一致的各种选择，直到死亡把他（她）们分开的倾向（disposition）或意愿（readiness）中，对承诺那一构成性行为的实践（living out of that constitutive act of commitment）。作为一项制度，婚姻是法律规范和其他社会规范之网；而这些规范——鉴于婚姻那种生活方式之善——维持着结婚和已婚的稳定方式，通过增益对婚姻承诺的忠诚来支持这样的行为和倾向，并阻止妨碍作出和实现婚姻承诺的行为。

这就为本文规定了"婚姻"的核心意义。然而，该段之目的既非语言学上的规定，亦不在词典编纂学之中。概言之，它着手阐明一系列关于人类机运和实践领域的强有力的评价性判断。这些判断辨识出一种制度、生活方式和那种行为类型——它在我们的社会和时代以及在其他社会和其他时代的或多或少的非核心情形中亦有所发现——的核心情形。它们既把核心情形展示

---

[*] 2008c.

为一种可资描述的社会现实,[1] 又将其展示为一类真正值得选择的机运。阐明这样的判断,就是通过提供一系列可供批判性思考和讨论的命题来促进对话。归根结底,只有讨论的参与者意识到,这场讨论是为作出那些不只是漫谈性的而是改变生活的判断和选择作预备,讨论才能够顺利展开。[2]

什么是其要旨(point)？这是问任何行为或行为类型的第一个问题。我对婚姻要旨这一问题给出的回答将贯穿本文始末。我的回答始于两个概要性思想：婚姻的要旨是双重的,即生育和友谊;[3] 婚姻属于这样一种人类善——它们在人的实现中是如此基本且重要的构成部分,因此每一种都能被说成是一种内在的善。

道德思考,在其核心的批判-实践形式(critical-practical form)上,始于理解,一种对诸如生命、健康、知识、友谊、婚姻等基本人类善的可欲性(desirability)和价值的理解,终于判断,各种关于选择哪些类型的行为并非不合理的判断。对人的机运(human opportunity)的基本形式的理解,与经验社会学关于人的社会存在的基本方面的各种发现相应,但并不依赖于这些发现,或者说通常并不始于这些发现。[4] 最终的道德判断是判断者关于在我选择和做的事情中我应当尊重和实现什么的良知——以第一人称单数形式表达——的运用,不是将良知运用于赞扬或责备其他人或社会的行为或价值当中。然而,既然最终的道德判断期望成为理性的,确切来说是合理的判断,[5] 那么,它们就不可能不是对最根本意义上的公共理性的运用。换句话说,最终的道德判断期望成为这样的判断：任何其他人都能够且应当作出,以及又摆

---

[1] 关于在人类事务的一般描述性理论中提出的这种描述的评价性条件,参见 essay IV. 10 (2007b)。

[2] See FoE 1-6。

[3] 有些人指出在这一语境中"友谊"是个过于冷静的术语,也有一些人认为"友谊"无法指涉婚姻中涉及的生物性结合。但是,诸如"爱"和"交融"等替代性词汇对许多人而言具有分散注意力的含义,友谊可以表现出强烈的性爱,而正是婚姻对生育的定位使得生物学意义上结合的婚姻性交具有了它所具有的多重意义(参见下述第2、3节),即使从事婚姻性交时没有指望、意图或希望生育。

[4] See essay IV. 1 (2003b) at nn. 2-12。

[5] 关于"理性的"("rational")与"合理的"("reasonable")之间的区别,参见 FoE 29-30, 52-3。

脱了致使判断"主观化"的性情错误或其他错误来源的判断。它们追求成为正确的、客观的判断,那些在理想的认知条件下人人都会赞同的判断。[6]

此外,基本的人类善以一种本质上个人主义的方式加以理解并不会显得清楚明白。诸基本人类善被理解为人类幸福的方方面面,这方方面面不仅对我,而且对"像我一样"的任何人——适格者最终包括每一个人——都是善的。它们是以在陌生人的生命中和在我的生命中原则上相同的方式得以实现的善。此外,我自己对这些善的参与在根本上依赖于其他各种各样的人,通过这些人的作为和不作为,我出生了,多多少少地开始成长并继续茁壮,并能够——就我而言——助益**他(她)们的**或其他人的幸福。

婚姻显然是一种基本的人类善,[7] 因为它使夫与妻这婚姻中的双方能够作为个体发荣滋长(flourish),也能够作为一对夫妇发荣滋长,方式是既通过对人类而言可能最深远的亲密无间的形式,又通过最根本和最具创造性地使另一个人能够蓬勃繁盛,即把那人**带到世上**,把曾是孕体、胚胎、婴孩以及最终完全能够负责任地参与人类繁荣兴旺的成年人的那人**带到世上**。这样一种理解,即这种双重善是一种极其可欲且极其高要求的可能性,意味着当婚姻被设想为不过是一种由法律设定并伴随着政府的授权和要求的法定状态时,它就完全被误解了。它与人的繁荣幸福(以及由此与人的天性)明显且内在的联系,使得它远非法律安排和规定的结果。其轮廓的可理解性和价值是拒绝某些法律安排和规定以及要求他人的基础。

在组成夫妇共享生命与生活的各种活动范围的中心,是那种被适切地称为婚姻的性活动(sexual act fittingly called marital)。在婚姻承诺的核心是怀着无

---

[6] 关于这样的共识,在理想的条件下作为真理之符记**而非**真理之标准的共识,以及关于一般而言的客观性,参见 *FoE* 62-6。

[7] 《自然法与自然权利》对基本人类善的讨论没有得出关于生命传播、生育和婚姻友谊之地位的明确或坚定的任何立场。阿奎那(当其被正确理解时)正确地理解了它(在这一方面):参见 *Aquinas* 83;与《自然法与自然权利》第 81-86 页大体上对基本人类善的识别相比较,阿奎那所概述的理由类型是正确的。

间的亲密一起从事性活动的那样一种同意。[8]

II

在其他动物的交配中那纯然本能行为的东西，在婚姻性交中是这样一种交配：它实现、表达并使配偶双方在他（她）们存在的所有层面上能够感受他（她）们的婚姻本身；在婚姻的每一维度——友谊以及向生育开放——上体验他（她）们的婚姻本身。在共享整个的人生的**他（她）们的**婚姻结合中，配偶双方都尽其最大限度地实现可理解的婚姻之善，并在他（她）们婚姻行为的性结合中，以下述三种方式——实现、表达和体验——集中体现他（她）们的婚姻。他（她）们的承诺是一种合理的意志（自由选择）行为，这种行为阐明、融贯、扩展并深化了他（她）们做出承诺之动机中那本能和狂热的一切。

这一动机和所有道德上善的行为一样，不得根据休谟模式或康德模式加以理解；在这两种模式中，次理性动机（sub-rational motivations）规定了目的、目标、意图，而理性介入仅仅是为了设计手段和/或消除冲突的非理性。不，婚姻的承诺有其动机方面的可理解性、足具吸引力且可欲的已提及的**理由**：比如使我们两人能够作为以生育新人的方式延续我们生命的朋友和情人而互相帮助；此处的新人即**我们的**孩子——我们能够帮助他（她）们自己决定自己的权利，他（她）们也将有助于我们人类的存活。我们所献身的事业只能是艰辛的，而婚姻行为中可能出现的激情和欢乐，既加强了承诺确有意义的判断，又增强了持续的忠于承诺的意愿；而后两者使得婚姻行为中可能出

---

[8] 更确切地说，倘若就相关的时间和地点等情势而言不存在不进行性交的某种充分理由，那么，同意和承诺对另一方想要这样性交的意愿（无论是否明确表达）保持开放。这些理由可能正当地大相径庭；最极端的理由出现于基督教传统的一个例子中，正如阿奎那所接受和阐明的那样：玛利亚和圣约瑟，拿撒勒的耶稣的父母：一方面，他（她）们各自早早地且独立地决定保持童贞，相信上帝已为她/他拣选了一份特殊职业；另一方面，遵守这一决定与他（她）们结婚并不矛盾，因为他（她）们每个人都已经用一个进一步的、附条件的意志行为限定了这一决定；这一意志行为的限定形式如下："但如果上帝很是希望如此，那么，我同意与我的配偶做爱"。*Sent.* IV d. 30 q. 2 a. 1 qa. 1c; qa. 2 ad 3; d. 28 q. 1 a. 4c.

现的激情和欢乐更强烈。

III

当今有关性与婚姻的道德思想或评论往往倚重一种历史主义的主张或假定，即当代遭遇广泛拒绝的核心传统的道德标准为现今显然不能接受的非道德信念或态度所形塑或受其影响。几乎我们所有人在成长过程中，都相信中世纪的人们认为地球是平的。莫尔（More）愚弄了我们。中世纪的人们，即使是小学生，也都像我们一样知道地球是一个球体。[9] 几乎人人都相信：中世纪的人们或者至少中世纪的那些文化机构，都认为婚姻性行为（marital sex）：（1）只有当为生育而为时，才是正当的；（2）如果为肉体上的快乐而为，则道德就有所败坏；（3）对妇女而言，是一件被动之事，一件无权期待性高潮也很少期待性高潮的被动之事。正如阿奎那毫不含糊的文本[10]所清晰显示的以及宗教改革运动前婚姻的礼拜仪式[11]（不消说薄伽丘和乔叟）所确认的那样，人们又错了。

上述三个现代谬论中的第一个，在此最为重要。阿奎那并不矛盾的教导是：请求并参与仅作为一件愉快地表达并体验**忠贞**（fides）而不考虑生育之事的婚姻性交（marital intercourse），对妻子或丈夫而言，是完全可以接受的。这种**忠贞**是我一直称为配偶一方对另一方承诺的东西，这种东西是他（她）

---

〔9〕 See *Aquinas* 4，16（亦谈到启蒙运动对关于中世纪的这种没有事实根据的观点的捏造）。

〔10〕 在努南（Noonan）《避孕》（*Contraception*）一书中，关于这种对阿奎那大量的、根本的误读与歪曲，参见 essay 22 at nn. 18–80；also *Aquinas* 143–54. 努南的那些歪曲产生了广泛的有害的影响；它们曲解了例如在萨默维尔（Sommerville）《性与顺服》（*Sex and Subjection*）一书第 118–140 页对近代早期婚姻中性的处理/讨论，尽管她理所当然地直接拒绝了（第 2、130、139 等页）友爱婚姻/同居（companionate marriage）产生于新教（或清教主义）这一没有事实根据的观点。

〔11〕 以萨勒姆礼（Sarum Rite）——广泛使用于英格兰，比新教改革早了450年或更久——而著称的礼拜仪式，以如下宣言开始其婚姻的宗教仪式：他（她）们准备着将两个身体结合在一起（两个主体的结合），以便这两具身体以某种方式变成一个肉体、两个灵魂（今后要与灵魂成为一体）；每个人为了排他性地且恒久地给予另一方他或她的承诺（上帝赋予的信念）所做的核心一致的表述，由妻子承担"在床上以及在（木板上）都……丰满的［谦恭有礼并心甘情愿］"的许诺以及丈夫"我以谦卑的身体崇敬你"的宣言加以补充。See Palmer, *Origines Liturgicae*, II, 209-13; Freeborn, *From Old English to Standard English*, 6.

们的婚姻。如果我们将其翻译为"忠实"(faithfulness),那么我们必须丰富这个词,因为在阿奎那传授的有关婚姻的教导中所言及的**忠贞**不仅仅回避了不贞(infidelity)。它更是婚姻生活涉及的所有行为的更积极的动机,也是提议性交的最强烈的充分动机。婚姻性交所带来的互相愉悦的可能性、配偶双方爱的表达或友好承诺的表达,是性交完全合理的动机;解释上述内容的时候,阿奎那申明这是真确的,即使配偶双方都很清楚他(她)们的愉悦很可能使他(她)们狂喜得忘了所有的推理。[12]

当阿奎那说"为肉体上的欢愉"而性交在道德上有瑕疵时也是如此,他一再使其意思明确。此处"为肉体上的欢愉"只是以下这一真实命题的简写:"**只**为肉体上的欢愉"而性交是有瑕疵的。而且,如果婚姻性交表达并体现了个人对其配偶的承诺以及与他或她的婚姻关系,那么,该行为就不"只"是为了"肉体上的欢愉"。只在以下两种情形中,为"单纯的肉体上的欢愉"[意图单纯的**快感**(intendens solam delectationem)]才是有瑕疵的:(1)配偶一方或双方愿意当场与某个其他有魅力的人做爱;或(2)配偶一方(或双方)尽管决心只"在婚姻内"做爱,却对另一方的身份或人格如此淡漠,以致他或她参与他(她)们性活动时的精神状态就仅仅像是他和一位应召女郎或她和一位小白脸行此行为一样。同奥古斯丁与核心传统一样,阿奎那对贬低欢愉不感兴趣,也不关心妻子的欢愉比丈夫的多些,他在乎的只是教导反对去人格化的性(depersonalized sex):这种去人格化的性,在其内在动机上已经半道非婚姻化了,且在上述两种情形之最糟糕的情形(1)中,内在地缺乏并反对婚姻的基础之一:献身于其配偶那独一无二的人。[13]

阿奎那对上述两种相对不易觉察的不道德的性行为(sexual immoralities)的讨论,要多于对任何其他种类的不道德性行为的讨论。这个事实向我们指出一种对具体的不道德性行为的合理说明,一种与他例示的核心传统相延续

---

[12] 阿奎那有关性和婚姻命题的这一方面以及其他方面,参见 Aquinas 143-54;关于性交中的欢愉,也参见 ibid., 76 nn. 64-5;另外,关于在某些方面更饱满的欢愉,参见 essay 22, secs I-III.

[13] 至于这一段中的所有问题,参见 essay 22, sec. II,并参见该文论婚姻性交中女性快乐的第 2、51、115、127 个注释。

的说明，一种或许隐含于该核心传统中的说明。[14] 在阿奎那讨论的上述两种情形的每一种情形中，性选择和性活动的去婚姻化（de-maritalizing）和去人格化（de-personalizing）都被识别为一种附条件的意愿——在一种情形中，显示了**如果**这样一个他人可得，那么便和这他人做爱的附条件意愿；在另一种情形中，显示了用与一个人和妓女或其他不贞的情人做爱时**会**有的那样一种态度同样的态度做爱的意愿。那由于与配偶一起行事，故而是婚姻的行为，在上述情形中并不是真正的婚姻**行为**，因为该行为并不是在实现一项由婚姻的承诺形塑的选择，因此并没有**真正地**实现、表达或使夫妇二人体验其婚姻。此外，更意味深长的是，支持（以及尽可能参与）这种性活动的意愿意味着否认一起从事这种性活动是**正在**实现、表达和体验着婚姻。相反，一起从事这种性活动变成了只是人们以无数非婚姻的方式所做的那种事情之一例；努力**赋予**其额外的意义往最好里说是一种动人的想象，往最坏里说是一种虚幻的想象，而非发现或参与真正的意义。婚姻性交，对于婚姻承诺的全部可理解性［以及由此对于作为一种制度的婚姻，以及对于能够受益于婚姻虔诚（marital devotion）的子女］如此重要的婚姻性交，只在配偶双方拒绝——以及必须忏悔——参与任何非婚姻性行为的任何意愿的条件下，无论这意愿是态度上的还是附条件的，只在这样的条件下，才实现、表达以及使配偶双方能够在其中体验他（她）们的婚姻。[15] 这个论题是"纯洁"和"贞洁的婚姻性交"等传统语言的核心，也是一个人应为婚姻"洁身自好"并相信或希望其配偶也已洁身自好——或已真实地后悔没有洁身自好——这一常识性思想的核心。

　　这种说明或论证是通过其普遍化来完成的。如果，已婚夫妇不下决心在婚前和婚姻存续期间将其性行为毫无例外地保留给婚姻就不能够合理地希望真实地参与真正的婚姻性交，那么，我们当中也没有一个人能够融贯地判断

---

〔14〕 关于这一说明，参见 *Aquinas* 152；更多详细的说明，参见 essay 22，sec. IV.

〔15〕 我使用"性行为"一词意指怀着它为做或参与该行为的一人或多人获得性高潮满足的意图或意愿而参与的一项行为或系列行动。这个术语在道德上完全是中立的。参见 further essay 22 at n. 2.

婚姻这种生活方式能够使这种参与成为可能,除非我们都认为性行为专属于婚姻那种类型。这种判断暗含了上述所枚举的那些不易察觉的(心理上的)非婚姻类型的性行为的错误性,也隐含着许多不那么不易觉察而是更明显的非婚姻类型的性行为的错误性。除非性行为不仅实现、表达并使配偶双方能够体验他(她)们对其婚姻的承诺,而且实现、表达并使配偶双方能够体验他(她)们婚姻的双重意义,否则性行为不可能在类别上是婚姻行为。无论参与性行为的那(些)人设想或假定了什么,除非它实现、表达并使婚姻自由选择的对配偶间平等的承诺、婚姻的排他性、永恒性以及对生育的开放性能够得以体验,否则性行为都不可能进行。

因此,各种各样的道德上败坏的性行为都是不道德的,因为这些性行为的选择使选择人——不管他(她)们愿意与否——的意志处于违背[16]婚姻之善的状态中。因为我们经由实践理性第一原则引向那种善,因此这种违背婚姻之善的选择是不明智的。在对道德的任何非孩子气或纯然符合习俗的理解中,败坏的两相情愿的性行为的不道德性就在于这种不明智。

IV

道德(也即理性的)规范只是给出了一个概括表达,即将所有的性行为保留给真正的婚姻;由于武断地令人压抑、根植于对性的诋毁、性别定式(gender stereotyping)、拒绝承认多形态的"性别身份"等,这些道德规范遭到

---

[16] 一个人,合理地选择一种值得的、意味着与婚姻的承诺和责任不相容的生活方式,并不因此选择**违背**婚姻之善,除非他或她参与这样的性行为[在这种情形中,参与性行为的选择因已陈述的理由违背那种善:简言之,判断参与非婚姻性行为合理,意味着判断已婚夫妇的性行为并不**真正**实现、表达和使他(她)们能够体验他(她)们的婚姻]。[另参见第 21 篇论文,该文第 25 个注释所指示的段落;以及 essay 22 at nn. 75-7 and at nn. 110-114.]

广泛的拒绝、蔑视和痛斥。[17] 许多时代最见解深刻且最具判断力的哲学家们到底在多大程度上将这些规范从本质上判断为真，这一点受到普遍的忽略，甚或经由一种伪造，遭到否定。[18]

性行为应当属于婚姻的道德要求绝非对性的诋毁，反而把注意力引向各种条件；根据这些条件，性所带来的强烈快感是人性的，换句话说，注意到了相关的可理解的善，因为这些善能够在其他人的生命中（如同在自己的生命中）得以实现。[19] 婚外性行为"酒神式"的快乐与尊重某人配偶和孩子之间的冲突，只是一个例子，一个"快乐原则"给了其一种俗不可耐的诱惑力的种种非人性的例子，一个典型且易于理解的例子。把采取避孕措施的性行为当作真正的婚姻与维护婚姻作为一种连贯的社会制度和个人机遇，这二者之间的冲突无疑不那么容易把握。但这种冲突已稳步地变得更加明显，不仅在明确提出可以承认避孕但仍保留性道德的其余部分的教会团体的阐释

---

[17] 于是，泰勒（Taylor）在"Sex and Christianity: How Has the Moral Landscape Changed?"一文中列出了"性革命"的主要特征：（1）自20世纪20年代以来一直持续的、本身作为一种善的性的复兴；（2）对性别平等的持续肯定，尤其是对一种其中男女摆脱他（她）们的性别角色结合为伴侣的新观念的表达；（3）一种普遍的酒神意识，甚至把"出轨的"性当做解放；以及（4）一种有关一个人的性征作为其身份的一个必要组成部分的新观念，该观念不仅赋予性解放一种额外含义，而且变成了同性恋解放以及许多先前受到遣责的性生活方式解放的基础。

他如是总结道：……我们不得不承认道德风貌已经改变了。经历这一剧变的人们，不得不去发现允许在平等伴侣间长期爱的关系的方式；这些伴侣在很多情况下也想为人父母，并在爱和安全中抚育他（她）们的孩子。但就它们与对性的诋毁、对酒神精神、固定性别角色的恐惧或拒绝讨论身份问题等相联系而言，这些方式不可能与过去的行为规范完全相同。教会想要对仍然（至少似乎是）遭受一种或多种，有时是全部上述弊病的人强调道德准则是一种灾难。

[18] 表明苏格拉底、柏拉图和亚里士多德的性伦理学——未提他们传统的哲学思想的传承者，诸如穆索尼乌斯·鲁富斯（Musonius Rufus）和普鲁塔克（Plutarch）——在多大程度上与本文阐述的内容相符合，以及玛莎·努斯鲍姆在多大程度上愿意开始歪曲柏拉图：1994b 和 1994d；关于她的回应，参见 essay 22 at n. 109；essay 5, n. 60；George, "'Shameless Acts' Revisited: Some Questions for Martha Nussbaum"。

[19] 在《仲夏夜之梦》第2幕第2场（*A Midsummer Night's Dream* 2.2）由赫米娅（Hermia）在森林中迫使她心爱的拉山德（Lysander）恢复洁身自好的意义上：但是，文雅的朋友，为着爱情和礼貌的缘故，请睡得远一些；在人类的节制中，这样的隔分对于洁身自好的未婚男女是最为合适的，这么远就行了；晚安，甜蜜的朋友；愿爱情永无更改，直到你甜蜜的生命尽头！

See likewise *The Tempest* 4.1.14-31, 51-6, 84-97, 106-17. 尽管莎士比亚写了那么多下流的话，但他的作品中没有任何东西能与这些反复出现的将性保留给婚姻的正确性——如果要获得和维护伟大的善，那是必要的——相抗衡。

中变得更加明显，而且在西方社会世俗的现实生活中也更加显见。在这些社会中，婚姻处于被几乎不忠诚的同居或数十年性行为活跃的独居生活所取代的进程中。为了将婚姻状态的益处最小化或取消婚姻状态的益处，税收和财富再分配的其他社会机制已被改变了。类似地，还有住房和雇佣的安排。家庭工资的概念——围绕此概念，一个主要的进步的工业政治于20世纪早期建构起来——已遭致怀着敌意和轻蔑的摒弃。大量小众群体的孩子甚或大多数孩子正由他（她）们的母亲独自抚养，成长的过程没有父亲或忠诚的继父在场。最重要的是，这些社会就是面临以下不可阻遏、越来越明显的现实的社会：任何其女人平均仅生两个或更少孩子的种族将会灭绝，并在潦倒困顿的途中将太多它拥有的东西以及它代表的东西失落给其他民族。但它们仍然不愿——官方地以及在占优势的公民个人的决定中——开始对判断和偏好作出任何修正，或采取任何避免它们命运所需的措施。这些措施的核心无疑是对他们有关性能力和性关系理解的重新婚姻化（re-maritalizing）。

前述内容既不尝试亦不暗示规则功利主义者或任何其他种类的后果主义者对整体后果的衡量。相反，它进一步研究了婚姻据其是真正的机遇而非骗局或错觉的各种条件。如果不是部分地出于关心自己民族（及其祖先家族）的将来，如果不是部分且更直接地出于对一个新人的存在、完全的依赖、内在的价值以及在健康、性格和成就等方面相对的脆弱这一现实不满足的（uncomplacent）好奇，为什么要承担对婚姻起决定性作用的承诺所涉及的负担和难以估量的风险呢？没有这种头脑清醒、不感情用事的好奇，就没有关于性与婚姻的合理的道德规范，也就没有关于教育、雇佣和家庭支持（family support）等合理的政治学。

婚姻，连同界定了其核心情形的排他性和道德永恒性，是有意义的；因为其结构完全适于孕育、养育和教育的每一个孩子，都是不可替代的人的象征。配偶双方的婚约以及他（她）们对其允诺的实现本身就是一种象征，不仅是他（她）们的家庭及其所属的民族过去和将来希望与成就的一种象征，而且也是自由和自我指导的公民身份的一种象征。他（她）们的承诺和忠诚编织了新式的、最终独立且负责任的公民的摇篮。（孩子们正要成为充分自我决定的自由人。）这些就是证伪以下思想的充分重要、迫切且不可替代的诸善：守护这些善的道德限制残酷、武断地令人压抑且问题丛生，尽管实践凭靠这些限制肯定是为了大多数人（在某些方面，为了几乎每一个做有关性的选择时愿意遵循良知的人）。

V

我们都生活在四种不同且不可化约的秩序中：自然秩序（包括物理的、化学的、生化的、生物的和身心的系统/秩序）；逻辑秩序（包括我们推理的所有方面）；为掌握实现具体目标系统的技术领域（包括语言）以及自我决定具有重大道德意义的选择的领域。[20] 婚姻也涉及所有这四种秩序。但是，既然婚姻毕竟是一种行为，且是以无数其他行为实施的那种构成性行为（constitutive act），则它的首要现实是道德的，预设并参与了自然，应受到文化的支持。说多偶制不是真正的婚姻而只是一种如此被稀释和有瑕疵以致更像是模仿的说法，这并不是一种语言学或其他文化上相关的主张。更确切地说，它是提出一种道德断言，一种必须由道德论证所证实的道德断言。（这些论证会指出例如在多偶制的标准形式即一夫多妻制中多个"妻子"彼此之间以及妻子与"丈夫"之间的不平等；指出兄弟姐妹和同父异母或同母异父的兄弟姐妹之间破裂的关系。）

类似地还有"同性恋婚姻"。这个短语的意思足够清晰。判断这样的婚姻不是婚姻，就像判断无效论证不是论证、庸医之药不是药一样；关键都不是语言上的，但是，在上述两个类比中，重点分别是逻辑上的和技术上的，而在所争论的情形中，重点既是文化上的又是道德上的。在我们的文化中，规范性定义无论在文化上还是在法律上（直到不久前）都一直与前文诸节展开的道德判断相同：在一个以孩子们，这种性结合很可能生出的孩子们为导向且社会支持正是为了这些孩子们的制度中，对唯一配偶终身且排他的性

---

[20] See e. g. essay II. 2 (2005c).

承诺是真正值得选择的，对整个共同体迫切地重要且对其有着不可替代的益处。既然同性伴侣（两个人的、三个人的、四个人的……）的性行为根本就没有生孩子的倾向，那么，无论这样的伴侣希望向对方作出什么承诺（比如两个人、三个人、四个人……生活一辈子或五年……），他（她）们的性行为就没有任何理由应当被视为婚姻的。他们的关系在肉体上、生物学上、身心上不同于真正的婚姻关系的范围。

因为在婚姻关系中，婚姻行为正是在那种有时会导致生育的活动——令人血脉贲张的性器官输出与输入精子——中达到高潮。因此，即使婚姻行为没有产生生育的结果，也仍是那种行为，那种[21]通过使配偶双方能够[22]实现、体验并表达婚姻承诺而把他（她）们和婚姻的双重善三重地联系起来的行为。那种承诺对生育是开放的，尽管婚姻行为在绝大多数日子、在整个孕期，以及之后通常逐渐始于更年期到来的整个期间都不能导致生育。简言之，即使选择并参与婚姻行为的那些人，认为自己因生理期、怀孕、年老或使他（她）们有力从事这些行为的医疗条件等原因而不育，婚姻行为仍保有与婚姻双重善的两个元素的三重联系。[23] 无论什么样的想象或渴望伴随着独居者们和同性伴侣们，他（她）们的性行为都只可能在虚构的意义上是婚姻的。[24]

---

〔21〕 即，传统——正如阿奎那所表述的——所谓的那种生育行为。这些是——正如阿奎那认真注解的那样——能够为那些知道他（她）们不育的夫妇参与的行为：参见 *Aquinas* 150 n. 84；至于更详细的引文和引证，参见 essay 22 at n. 127.

〔22〕 必要但不充分：如果该行为的当事人双方在上述解释的去人格化的意义上"只为肉体快乐"而参与它，那么，与婚姻承诺的三重联系也会失败。

〔23〕 进一步，参见第 22 篇论文第 127、132 个注释。关于斯蒂芬·马赛多（Stephen Macedo）和安德鲁·科佩尔曼（Andrew Koppelman）尝试把同性性行为比作认为他（她）们自己不育［且没有做任何事情使他（她）们自己或他（她）们的行为不育］的配偶双方的婚姻性交的论证，参见第 21 篇论文第 5 节。

〔24〕 Macedo, "Homosexuality and the Conservative Mind" at 280, 如是说：［在本文所代表的性伦理中］关注生育显得机会主义：选择是为了允许不育的异性恋者进入帐篷，而把同性恋者排除在外。但是（1）尽管有动机，但一直没有选择关注；婚姻是一种生活方式，这种生活方式与为维持所有的人类善而对产生新人的需求相符合；符合为孩子而培育那些认真对待他（她）们所负带新人到这个世界之责的忠诚朋友的需求；且婚姻行为的确通过生殖器官的结合以及配偶双方存在的所有其他层面体现了对婚姻这一生活方式的承诺。且（2）在这种伦理中，异性恋者、独居者或与另一个异性恋者、独居者或其他人的非婚姻性行为也都在"帐篷之外"。

此外，众所周知地，将他（她）们自己表现为"同性恋"的那些伦理立场，并不包括要求或理解性伙伴关系之排他性的任何规范，而且太多证据表明：大多数的男同夫妇（same-sex male couples）或更多人的男同团体都有着"开放的"关系。[25] 在所有这些情形中，对真正婚姻的模仿实际上更无力、更拙劣。事实上，对同性婚姻的追求在很大程度上似乎是一个策略的要素，一个回避对同性性行为进行文化-道德批判并最终将该文化-道德批判的策略去合法化的一个要素；那些恰当的批判是对**所有**婚外性行为的批判——异性恋的还有同性恋的。这种去合法化的策略，在研究享有尊重的平等权的理论家那里发现了一位温驯的助手。这一思想——当然其平等的格言易受主观例外的影响——从所有其关于所有人类价值的怀疑主义阻止它们合理地评估受尊重的那些生活方式是否都同样地甚或充分地兼容共同善的东西中获得支持。只有通过这种对平等的专注，这样的怀疑主义才能被阻止陷入彻底的虚无主义；对专注者而言，专注的功能就像溪流之上腐烂的树枝恰好位于瀑布蒙着薄雾边缘的上方。

同性恋运动策略的种种成功，是我们的文化——尤其是受过良好教育的精英人士——对处于危机中的人类善以及这些善很可能据以实现的诸条件的理解出现了犹疑的进一步标志。如果大多数现代婚姻都没有承诺排除协议离婚（着眼于再婚或婚外性）和避孕，如果经过稀释的婚姻实例——尽管作为现在被那些考虑它的人视为婚姻的文化形式的例子足够真实——亦如此，那么这一问题就出现了：是否仍有合理的理由拒绝将目前法律-文化形式的婚姻扩展至同性伴侣身上？

上述问题不应以与另一个当前问题大致相同的方式予以回答吗？一个人应当帮助保卫自己的祖国、抵抗殖民化和接管吗？如果其许多国民和机构在

---

[25] 关于证据和论证，参见 essay 22 at nn. 130-4；那个证据证明了那里确切阐述的结论具有充分根据：作为"同性恋者"而生活的男同性恋者中，只有一小部分认真尝试实际上类似于作为一种恒久承诺的婚姻的任何东西。只有极小一部分男同性恋者认真尝试婚姻的忠诚、对排他性的承诺；考虑到他们"同性恋者身份"的其他方面，发现这种尝试似乎有意义的比例实际上就更小了。因此，即使在行为层面——比如，甚至搁置其固有的不孕性——同性恋者的"婚姻"也是一场骗局，正因为它排除了或不理解完全核心于**婚姻的承诺**。

文化认同下已变得粗鄙地颓废、选择性地嗜杀成性以及在法律上不能容忍某些直到最近几乎人人抱持的真正信念，而殖民者并不沾染这些恶习呢？当然，太多的取决于殖民者的特点。假定他（她）们的文化——尽管体现了一系列美德并谴责了我们自己文化的许多恶性特征——有其自己的特征，这些特征尽管以不同的方式呈现，却是淫欲的、不诚实的、嗜杀成性的、不公平的和令人压抑的；假定他（她）们的文化进一步缺乏那些对法律、政治、道德和文化的**改变**保持开放的自由制度——假定，更糟糕的是，他（她）们的文化甚至以死刑禁止**源自**其错误的所有改变。之后，我们所有人都应当对那个国家抱有的理性之爱——为其所有的缺点和谬误，曾有助于使我们参与所有真正的善，而且这种理性之爱（至少据推测），对我们而言是对共同善的许多持久的类型不可替代的体现[26]——应当是通过文化、政治以及其他道德上可接受的手段反抗接管和初步殖民化来自愿捍卫它的充分根据。

另外/总之，当代婚姻文化形态中的重大缺陷事实上也的确削弱了，但并没有消除其既为了孩子又为了互补——弥补了每一种性别作为人类繁荣和天性的例示类型所缺少的东西——中的男女相应且独特类型的友谊而导向排他性和永恒性的基本可理解性与价值。试着把一种性关系——一种没有在结构上导向排他性和永恒性或没有支持排他性和永恒性的内在可理解的理由、没有深层次的互补性、没有在其性的互动（sexual interactions）和父母可能得到的任何孩子之间的联系、没有辛勤抚养孩子的内在承诺等的性关系——移植到这种根本的法律-文化类型，就是设法使这种根本的制度和实践不可理解，就是设法使这种根本的制度和实践在文化上从一个值得实现的理想降为或多或少有主观想象在内的东西。它也正式地在这种主要社会制度的核心配置性不道德（sexual immorality）。甚至在短期内，婚姻的法律-文化定义遭遇了删除"**一夫一妻**"这一革命性的、令人惊愕不已的改变；这一遭遇剥夺了法律、文化及婚姻的法律制度、文化制度对以下主张的任何融贯回应：受尊重的平等要求根除排他性的"一夫一妻"，并把婚姻首先扩展至一夫多妻制/一妻

---

[26] Essay II. 6（2008b）.

多夫制,之后迅即扩展至亦根除了甚至所有对永恒性有抱负的承诺的多边恋中。对孩子们的基本尊重——正义的要求之一——以及对一个人自己民族作为一个连接过去、现在和未来的持续共同体的基本尊重,证立并实际上要求现代婚姻对以下如此疏散其意义和可能性进行公平防卫:对其意义和可理解性作为一种理想以及对一项非虚幻共同善的完全承诺的召唤的疏散。

VI

于是,许多夫妇便有着诸多痛苦、失败和不幸;这许多夫妇已在婚姻的核心形式中承诺了真正的婚姻,但他(她)们对真正婚姻的希望已为夫妇一方或双方的过错,或为他(她)们友谊的另外一种破裂或解体所辜负;这夫妇一方或双方的过错或他(她)们友谊的另外一种破裂或解体,使得彼此分开并结束作为配偶的同居生活对夫妇一方或双方而言都是合理的——而且使得——如果他(她)们(及其朋友)同时希望他(她)们每个人能够重新开始对新配偶的新婚姻承诺——完全可以理解。

但是,在一个人的一生中,在已经有一个人对其自由地作出婚姻承诺的一个人的一生中,通过"再婚"而重新开始将意味着:曾经的那份承诺,与这人"不论健康还是疾病,不论富有还是贫穷,'**直至死亡把我们分开**'"而结婚的承诺是虚假的。因为,假定婚姻可以通过彻底离婚——会使婚姻双方当事人处于再婚的自由状态〔就好像他(她)们中的一人已死去〕——而终止,那份**永恒的**、排他性的承诺将受到一种未说出但可被预知、因此是隐含的否定("尽管没有如果……")。根据这一假定,开始这份独一无二的、影响深远的友谊的双方当事人,就得自视不能作出一项承诺,而该承诺不受制于对其永恒的排他性的某种隐含的否定。但是,认为人人都缺乏能力作出如此意义深远的一份承诺,却没有充分理由。

此处的论题在哲学上是饶有趣味的,而且对于理解为什么提出"社会契约"作为政治义务基础的任何政治理论都注定失败非常重要。婚姻的纽带在每一情形中无疑都取决于婚姻双方当事人的选择和意愿,即通过互换允诺

330 (promises)，此时此地他（她）们的婚约来履行承诺（enter upon the commitment）。但是，意志的这些行为不可能产生使以下内容正确的道德效果，即双方当事人以他（她）们许诺的方式和程度彼此在道德上负有责任即彼此是有义务的，除非这些允诺能够被正当地作出，并产生它们声称和意图［在他（她）们做出允诺的时刻］产生的持久的道德约束效果，在道德上是真确的、先于并独立于他（她）们的允诺。且道德命题——将行为的意愿作为其主观事项，而不是作为支持其真理的根据——的确是正确的，由于两类原因：（1）人们并没有必然可解除的婚姻理论所预设的道德失能（moral incapacity）。另外，更为根本的是，（2）恰由选择所创建的人际关系**作为**——根据对后一种关系的描述——一种不可由选择或情势解除的关系的观念，是一种能够且应当被肯定的观念，鉴于该观念以下双重大善得以实现：（1）繁衍子嗣之善，繁衍子嗣作为对（2）的体现；（2）两个朋友的友谊之善；这两个朋友承诺将每一个孩子视为一份礼物，该礼物随友谊发生并扩展至友谊，并承诺通过以下行为对那份礼物进行回应：（1）通过无数**母亲般地**和**父亲般地**行为的选择肩负实现他（她）们最初选择的终身责任；而他（她）们原初的选择是（2）通过在他（她）们存在的所有层面以及在婚姻行为中、生物学上喜悦甜蜜地——婚姻地——结合来演绎他（她）们的友谊。因此，意愿一个恒久且排他的婚姻结合的理性（rationality）随着本文先前诸节所勾勒的双重善的含义的展开而出现：孩子们的需求和权益使他（她）们有资格享受——很可能不绝对但真实又迫切地——非常坚实的父母的意图和承诺：在父亲与母亲，以及父母与**他（她）们的**孩子以及有权要求被视**为他（她）们的**孩子的合作中，一种在类型上完全不同于生产者与其产品或所有人与其财产之间的关系而始终在类型上类似于朋友与朋友之间那种关系的关系中，维持共同生活的基本结构。

政治义务以及事实上实在法（posited law）的权威也是大致相同的。社会成员彼此之间和/或社会成员与其公认的领袖之间的契约不可能产生使契约的履行具有强制性的效果，除非存在独立于任何契约的合理理由支持将政治共同体分组并承认那些被公认为统治者的人的某些指示为权威。这样的立法指示不可能产生施加道德义务的效果，追踪据推测它们宣称具有的强制力，除非以下内容是（完整的人类实现的）实践理性的一个常设要求，即为了共同善的基本方面（尤其是正义以及维护对不公正的修正），政府和法律被公认为是权威的，否则便不可获得。简言之，实证法给传统上谓之自然法的实践合理性（practical reasonableness）的诸原则和标准增添了太多内容。然而，由于实证法与实践理性（practical reason）和良知判断的相关性，实证法取决于自然法，这里的自然法包括其"爱邻如己"的首要原则；以及识别与人类的明智的爱和他们的成就相兼容和不兼容的行为类型的那些更具体的原则。

自然法对承诺真正的婚姻结合的号召与承保（underwriting of）都指向并规定了一个道德现实，即我们的婚姻。这一现实不仅具有以上清晰表达的可理解的双重意义，而且是对在使得爱人们——尤其但不只是在爱的行动中——渴望并深信一种排他又永恒的不死结合的性吸引力，爱与情感中的那些核心要素的答复，亦是那些核心要素的一种客观上互为关联的事物。自然法原则把大量关于这类结合的边界（如血亲关系）和含义的问题，连同婚姻破碎的情形中关于配偶双方彼此之间（inter se）以及与他（她）们孩子有关的身份、财产、权利等的许多其他问题，全都交由教会或政治的相关权威通过慎断（determinatio）加以解决。我认为，由于人们的"冷酷无情"，甚至可能存在理由支持国家法律背离婚姻在道德上的真实轮廓，就像规定结婚和离婚的摩西律法由于人们的"冷酷无情"相背离一样（据说有着某种权威[27]）。背离得越远，真正婚姻的可理解性，因而可欲性将晦暗不明的风险就越大。既然婚姻和实证法律体系没什么不同，都是**实实在在的**现实，其存续都取决于人们对作为一种**理想**的婚姻的真相（"现实""价值"）的理解，那风险就是不情愿地、怀着小心和来来回回的意愿所接受的风险。

在法律正当的管辖权限——其旨在保护和促进**公共**善即正义和保护正义（尤其是对孩子们和其他弱势群体的正义）的公共道德——之内，还存在其他相关事项。对散播色情作品事实上而非只是名义上的禁止，一向而且理当

---

[27] Mark 10: 5.

如此地被认为是对有关婚姻的价值和重要性的事实的一种必要的公开见证；也一向而且理当如此地被认为是对不贞洁（impurities）的一种经验上的（尽管当然并不完整）有效约束，而不贞洁若不予以抵制，就会黯淡自然理性对贞洁与婚姻行为的真正意义和真正价值之间联系的理解，使之为人所难懂。

VII

332　　一项作为婚姻如此存在的制度，最大限度地引起许多人的怨恨、含讥带讽的谴责、污言秽语、嗤之以鼻和老于世故的倦怠；在上述那许多人的理想主义、自我利益或两者皆有中，该制度已令他（她）们或他（她）们的伴侣/同伴失望或受伤。正如在上述第 5 节，在更具体的语境中已说过的那样，如果把婚姻有缺陷的例示（defective instantiations）与被认为是理想典范的非传统理想相比较，那么，婚姻的道德主张就不可能得到公正的评估。这种情形同样适用于诸如政治社会、政府和法治等长存的制度，可怕的滥用和失败的每一持续不断的机会以及不变的原因，然而，每一种显然有价值的、需要一再重建的理想优于无政府主义或专制主义等其他选择。

　　因此，一个人因设想这样的另类世界而故步自封了：在那些世界里，一切都和我们的世界一样，除了法律和政府不支持婚姻且受制于些许禁令，使夫妇（couples）、三人组（threesomes）……五人组（fivesomes）……自己安排他（她）们的性行为以及生养孩子——之后简单地假定，在这样一个世界中，孩子们通常会得到爱和关怀。他（她）也不会在澄清问题和接近合理的判断方面取得任何进展，由于忽视母亲和父亲之间的根本差异，忽视母亲通过身体和心理纽带束缚于孩子们的程度远比父亲的更紧、更持久，父亲必需的持续不长于一次单独的受精行为。过去 30 年间，在一些民族所经历的婚姻和家庭近乎完全的解体、父性的毁灭及广泛且错综复杂的后果中，都召唤每个人反思婚姻的诸替代形式的真正本质。关于真正的不人道，例如，与其说一位母亲与临时且不负责任的性伴侣建立互信关系真正地不人道，不如说她与各种政府机关、行政官员以及政府特别基金管理机构形成的亲密关系真正地不人道。

注

20世纪50年代以来，我们社会中的规范性革命（normative revolutions）的巨大规模可以通过阅读 HJ (Iran) v Secretary of State for the Home Department [2010] UKSC 31 案中5位大法官中的每一位的判决而得以评估。姑且不论他们对严重迫害行为（公开处决刑犯、由乌合之众私刑阉割以及诸如此类）的适当关注，以及他们关于迫害和相关难民公约（参见第1篇论文的最后一个尾注）的论述。亦不论他们对同性恋倾向和同性恋活动的特别关注。在这些判决中核心的、充斥各处且未受质疑的内容是这样的：每个人都有一种性别"身份"，不只是界定为异性恋的（hetero-）或同性恋的（homo-），而是通过任何他/她倾向的性行为和性关系类型"沿着广谱"（along a broad spectrum）的并通过他/她倾向的力量加以界定。尽管这种身份或"取向"可能不时地改变，但它"对身份或人的尊严如此根本，以致不应被要求作出改变"，而且在寻找众多性伴侣并与众多性伴侣一起活动的过程中，它的公开表明性别身份或性倾向应当既受法律又受社会态度和社会舆论的积极允许和促进。将这一点与均遭到规范革命实质性颠覆的道德教义、社会传统和法律相较。那被规范性革命实质性颠覆的道德教义、社会传统和法律的核心是并且曾是一个相反的命题，连同该命题的推论。人的尊严本身要求：为符合婚姻和婚姻内的父亲身份或母亲身份，一个人的倾向应当受到规训与改造。另外，为了使作为一种制度的婚姻，一种对集体的生存及其文化和自由必不可少的制度的婚姻，为了其真正幸福取决于夫妻抚养（marital upbringing）的孩子们的正义，那些其倾向使他（她）们不适于婚姻之人，或那些选择不婚的人，或那些找不到愿意与之结婚的人，或那些其配偶在性方面变得无能的人，都可以合理地公开呼吁以一种至少不公开蔑视这些命题的方式生活。

第 21 篇
法律、道德与"性取向"[*]

I

334 在过去的 30 年间，已经出现了一种对性行为进行法律规制的标准形式。这种"标准的当代立场"有两个分支。一方面，国家无权使也不能使已达承诺年龄的成人私下参与不道德性行为（如同性恋行为）成为一种应受惩处的违法行为。另一方面，国家的确有权劝阻诸如同性恋行为和同性恋"取向"（即公然表明参与同性恋行为的积极意愿）。而且，尽管不是普遍性地，但国家通常也这样做了。换句话说，国家维护将劝阻这类行为作为其目的之一部分的各种刑事和行政的法律与政策。许多这样的法律、法规和政策，以不利于同性恋行为的方式，有差别地对待（即区分）异性恋行为与同性恋行为。

标准的当代立场本身的重点不在于以下行为的倾向，而完全在于以下行为的某些**决定**：**表达**或**显明**有意推广或准备参与同性恋**活动/行为**，包括推广某些生活方式（例如，据称的婚内同居），这些生活方式既鼓励同性恋活动，又将这样的活动作为对国家认可为婚姻的那种忠诚的异性恋结合的一种有效或可接受的替代。那些我已概述的、仅受制于关于思想讨论自由的成文或不成文之宪法规定的国家法律和国家政策，旨在阻止那些有意以同性恋行为为导向，并以公开方式予以表明的决定。

---

[*] 1997c，参见第一个尾注。

标准的当代立场认为，国家维护真正价值（道德）的应有责任是一种**次要**（即辅助性的）责任，次要于或辅助于父母的和非政治性的自愿团体的**主要**责任。采用这种政府应有职责的观念，是为了防止国家对**成年人**承担一种直接的家长式的规训职能（disciplinary role）。这一职能曾是政治理论和政治实践先前基于以下假设赋予国家的一种职能，即该职能是从国家应鼓励真正的价值并劝阻不道德这条真理的逻辑必然性中得出的。这一假设现在被判断为是错误的（一个我已在各种场合主张的判断）。✢

因此，当代的理论和实践得出了一种在先前的法律安排中得不出的区别，一种在（a）监管成年人真正的私人行为与（b）监管**公共领域或公共环境**之间的区别。后者的重要性包括以下诸种考虑：（1）它是年轻人（无论有着怎样的性倾向）在其中受教育的环境或公共领域；（2）它是背景：每一个对年轻人的幸福负有责任的人，在协助年轻人避免糟糕生活方式的过程中，都在这个背景中并通过这个背景受到帮助和遭到阻挠；（3）它也是社会环境：所有公民在他（她）们自行抵制被诱惑引诱、堕入疏离他（她）们自己抱负——要成为良好品格的人、自主且自制的人而不是冲动和感官满足的奴隶之抱负——之情境的过程中，都在这个环境之中，并通过这个环境获得鼓励和帮助或受到劝阻和损害。

（a）类对成年人真正两相情愿的私人行为的监管，现在被认为超出了国家通常应有的职责（例外情况，诸如施虐受虐式的身体伤害；以及明显但非真正的例外，诸如协助自杀）。但（b）类对道德—文化—教育环境的监管，仍然是国家正当地要求其正派公民对其忠诚的正当理由的一个非常重要的部分。

标准的当代立场是那种系统地宣布许多形式的歧视为非法的政治—法律秩序之一部分。《欧洲人权公约》（在过去的35年里，许多国家的权利法案采用的范本）就这样规定：对本公约列举之诸项权利的保护，人人得享之，不得因"性别、种族、肤色、语言、宗教、政治或其他见解、民族的或社会的出身、同少数民族的联系、财产或其他地位"等任何理由而有所歧视。

但是，标准的当代立场审慎地拒绝了将"性取向"这一细目纳入上述清单的建议。因为,"性取向"这一短语在根本上是模棱两可的。尤其当该短语被"同志权利"("gay rights")的推广者使用时,它含糊不清地摄取了以下两样东西,而标准的当代立场对之进行了认真的区分:(1)一种心理的或由心理作用引起的倾向,其内在地使一个人导**向**同性恋行为;(2)一种审慎决定,一种使一个人的公共行**为**定位于表达或**显明**其对同性恋行为和/或推定包括这种行为的生活方式的浓厚兴趣和赞同的审慎**决定**。

事实上,那些宣布"基于性取向的歧视"非法的法律或法案,总是被"同性恋权利"运动解释为远远超出了仅仅基于(I)的歧视:(I)A对B在性方面被同性之人吸引的看法。"同性恋权利"运动把这一短语解释为将全面的法律保护扩展到(II)那些意图专门推广、赢得和促进同性恋行**动**的**公共活动**。

因此,尽管标准立场接受了基于(I)类倾向的歧视是不公正的,但它判断:存在令人信服的理由否认这样的不正义可以通过反对"基于性取向而歧视"的法律得到适当补救;也存在令人信服的理由主张这样一种"补救"会造成重大歧视和不正义,不利于(甚至会损害)家庭、社团和机构,这些家庭、社团和机构已经自发地组织起来实践并传播家庭生活的观念,其中就包括关于真正的夫妻性交(truly conjugal sexual intercourse)的高尚价值观念。

II

关于法律应有的作用和政治共同体令人信服的利益,以及关于同性恋行为之恶等,标准的当代立场涉及许多或明确或隐含的判断。这些判断可以为反思性的、批判的、公众可理解的以及理性的论证辩护吗?我认为它们可以。它在道德上错误的判断,并非要么显示了对一个遭恨的少数群体纯粹的敌意,要么显示了对纯粹宗教的、神学的和教派的信仰。

我一直同义地使用并将继续使用"同性恋活动"("homosexual activity")、"同性恋行为"("homosexual acts")和"同性恋行动"("homosexual conduct")这三个术语,用以指涉那些作用于同性之人身体的身体行为;而那些身体行为之所以为人们参与，为的是参与方中的一人或多人获得性高潮的满足。

让我从关注一个很少被注意到的事实开始。苏格拉底、柏拉图和亚里士多德，这三位最伟大的希腊哲学家，全都把同性恋**行为**视为在本质上可耻的、不道德的，而且事实上堕落的或令人败坏的。也就是说，这三位最伟大的希腊哲学家全都拒绝当代"同性恋"意识形态和生活方式的关键。

苏格拉底被柏拉图（也被色诺芬）描述为有着强烈的同性恋（以及异性恋）倾向或兴趣，倡导男子和青年之间一种同性恋的罗曼蒂克的观念，但同时被描述为彻底拒绝同性恋行为。这一点在肯尼思·多弗（Kenneth Dover）爵士著名的书中说得很清楚；[1] 用多弗爵士概述性的话说："色诺芬笔下的苏格拉底缺乏柏拉图笔下苏格拉底的那份感性和温文尔雅，但毫无疑问的是他们两位的苏格拉底都谴责同性恋交配（homosexual copulation）。"[2] 这一点，格雷戈里·弗拉斯托斯（Gregory Vlastos）在其主要论苏格拉底的新书中也解释得很清楚：在包含男子和男孩或青年之间情感关系的苏格拉底的**爱欲**（eros）中，亲密局限于心灵和眼睛的接触（mind- and eye-contact），且"最终的满足"是受到禁止的[3]（**更不消说**在成年男子之间的关系中，因为几乎所有的雅典人都认为成年男子之间的性行为在本质上是可耻的）。[4] 由此，弗拉斯托斯清楚地表明：苏格拉底禁止的正是我一直谓之同性恋行为的东西。

那么，柏拉图的情况如何呢？情况亦然。柏拉图在其《会饮篇》中写了一篇著名的颂词，颂扬男人—男童的**罗曼蒂克的**、**精神上的**爱欲关系；也是这同一个柏拉图，曾非常清楚地表明，异性恋婚姻之外的所有形式的性**行为**都是可耻的、错误的和有害的。从柏拉图最后一部作品《法义》中对于该问题的处理来看，这一点尤其明显，而且在《王制》《斐德罗篇》甚至《会饮篇》本身中也足够清楚。这一点被多弗和弗拉斯托斯毫不含糊地加以肯

---

[1] *Greek Homosexuality* 154-9. 亦参见肯尼思·多弗爵士于 1994 年 1 月 23 日写给约翰·菲尼斯的信，in 1994b at 1057, 1059.

[2] Ibid., 159.

[3] *Socrates, Ironist and Moral Philosopher*, 38-9.

[4] Hindley and Cohen, "Debate: Law, Society and Homosexuality in Classical Athens" at 179-80, 188 n. 14.

定，他们两人都不支持柏拉图的上述观点。例如，按照弗拉斯托斯的观点，柏拉图——

> 把肛交看作是"违反自然的"，[脚注：《斐德罗篇》251A1，《法义》636-7]不仅是人性的堕落，甚至是他的兽性的堕落……[5]

对柏拉图而言，弗拉斯托斯补充道，它是远比任何仅仅"违反规则"的行为严肃得多的那类行为。[6]

至于亚里士多德，学术界普遍认为他拒绝同性恋行为。事实上，这种行为被亚里士多德频繁地描绘（在一些情形中是直接地描绘，在另外的情形中是通过讲授者的暗示）为在本质上有悖常理、可耻且有害，无论对涉事个人还是对社会本身而言。[7]

尽管直至希腊古典文明末期同性恋爱情（homosexual love）的思想意识（与其相伴随的对女人的贬低）都持续有哲学家为之辩护，但同样持续存在的还有那些完全未接触过犹太-基督传统的、有影响力的哲学作家，这些作家如是教导我们：同性恋行为不仅在本质上是可耻的，而且也与一种正确的

---

[5] 在脚注中，弗拉斯托斯抱怨道，通过**违反自然**（*para physin*）以及"与自然相反"，柏拉图此处以及 836B-C 中意指某种比"违反规则"这一短语"强烈得多"的东西，这种东西多弗在 1966 年的一篇论 *erōs* 和**习俗**（*nomos*）的文章中有所使用。在修订版之前的某个时间，弗拉斯托斯和多弗关于这一抱怨有通信往来，而且弗拉斯托斯记述了一封来自多弗的信：[柏拉图] 的确相信的东西是，该行为在"违反规则"的意义上是"非自然的"；它是对超出了"被准予的"快乐的快乐在道德上无知的利用（*kata physin apodedosthai*，[*Laws*] 636C7），是一种习惯和糟糕的例子可能使其恶化的**失禁**（*akrateia*）的产物（[636] C6）。他对同性恋与乱伦的比较（[《法义》837E8-838E1]）尤其具有启迪作用。

而且弗拉斯托斯立即评论道，多弗间接提到柏拉图对同性恋与乱伦二者的比较，表明多弗承认柏拉图谴责的那种巨大的力量，弗拉斯托斯谓之"肛交"以及多弗零散地谓之"那一行为"和"同性恋"。

[6] 安东尼·普赖斯（Anthony Price）在其那本有价值的书即《柏拉图和亚里士多德的爱与友谊》（*Love and Friends in Plato and Aristotle*）的第 89 页坚定地拒绝了弗拉斯托斯的这一理论，即苏格拉底和柏拉图，尽管禁止同性恋行为，但二人都接受了：尽管如此，情人们仍能够正当地从事《斐德罗篇》255e 中言及的那种爱抚。

[7] See *NE* VII. 5: 1148b29; *Pol.* II. 1: 1262a33-9, 连同 II. 6: 1269b28 and II. 7: 1272a25 中的诸暗示。See e.g. Price, *Love and Friends in Plato and Aristotle* 225，援引 Plato, *Republic* 403b4-6 and Aristotle, *Pol.* 1262a32-7.

认识不相一致，即对男女于内在价值上平等的认识。（古人并非没有注意到苏格拉底的同性恋取向，因其所有令人钦佩的贞洁——戒绝同性恋行为——伴随着对他的妻子作为平等主体的忽视。）这种晚期古典作品的一个范例是普鲁塔克的《情爱篇》（关于爱的对话）751C-D，766E-771D，该书很可能成于公元2世纪早期的某个时间，但肯定未受犹太-基督教的影响。普鲁塔克文学-历史兼哲学的鸿篇巨制致力于重温并扼要重述古典文明的最高成就，而且对直至近代的西方思想都有非常实质性的影响。我在后文将多谈一些普鲁塔克对这些问题的思考。

另一个例子是斯多亚派的穆森尼乌斯·鲁弗斯（他大约公元80年在罗马教书，而且没有受犹太教或基督教思想的影响）。他完全拒绝同性恋行为，认为那是可耻的。性行为只有在婚姻内才是体面的和可接受的。婚姻的要点不仅要将生育和抚养孩子考虑在内，而且还要将生命和夫妻间互相关爱的、完整的和本质上的一个圆满共同体（a complete community）考虑在内。

柏拉图-亚里士多德以及古代晚期对全部同性恋行为因而对当代"同性恋"意识形态的哲学式拒绝，以下述三个基本命题为核心：（1）在婚姻的性的结合中男人与女人彼此的承诺，在本质上是善的和合理的，且与婚姻之外的性关系不兼容；（2）同性恋行为在根本上是非婚姻的，而且尤其是非婚姻的，并且由于这个原因，它在本质上是不合理的且反自然的；（3）此外，根据柏拉图——如果不是根据亚里士多德——的观点，同性恋行为特别类似于独自自慰，[8] 且这两类在根本上非婚姻的行为明显与人（的身份）不般配，又是不道德的。

III

现在，我想对上述三个命题提供一种解释，这种解释比柏拉图或——据我们所知——亚里士多德曾尝试作出的解释更为清晰地表述了它们。我认

---

[8] See Plato, *Gorgias*, 494-5, esp. 494e1-5, 495b3.

为，它是一种忠实于柏拉图和亚里士多德所强调内容的解释，但接受了普鲁塔克和18世纪伊曼努尔·康德（他同样完全拒绝同性恋行为）的启蒙哲学的诸种建议，尽管实际上，上述作家的表示（indications）也依然相对简短生硬。我的解释也清晰表述了这样一些思想：它们在历史上一直隐含于许多非哲学人士的判断中，而且，在基督教信仰本身于政治上和社会上占据主导地位的那一时期的前前后后，它们一直被用以证立许多民族和国家采用的法律。另外，它还是对过去30年间由格里塞茨和其他人所发展的道德和自然法理论的一种应用。在格里塞茨新出的、论道德神学的巨著的第2卷论及婚姻、性行为和家庭生活的那一章中，我们能够发现一种更全面的论述。[9]

柏拉图在《法义》中对配偶双方在纯洁、排他的婚姻中的亲密、感情和爱的慎重关注，亚里士多德对婚姻作为准-平等主体间一种本质上可欲的友谊以及作为一种实际上比政治生活对人而言要更为自然的生活状态的描绘，[10] 以及穆森尼乌斯·鲁弗斯关于婚姻不可分割的双重善的观念，所有这些全都在普鲁塔克对婚姻的以下颂扬中表现出来：婚姻作为一种结合，一种不是纯粹本能而是理性之爱的结合，不只是为了生育，还在于他（她）们自身之故的互助、善意和合作。[11] 普鲁塔克对同性恋行为（以及隐含在同性恋思想意识中的对女人的蔑视）的严肃批判，[12] 发展了柏拉图对同性恋以及其他全部婚外性行为的批判。像穆森尼乌斯·鲁弗斯一样，普鲁塔克这样做是为了使以下思想更接近明确的表达：配偶双方之间的性交能够使他

---

[9] Grisez, *Living a Christian Life*, esp. 555-74, 633-80.

[10] *NE* VIII. 12: 1162a 16-30；亦参见很可能是亚里士多德的伪作 *Oeconomica* I, 3-4: 1343b12-1344a22; III.

[11] 普鲁塔克解读这一概念时返回到雅典文明的开端，并——无疑年代错置地——把它归功于雅典最早的伟大立法者梭伦：婚姻应当是"男女生命的结合，为的是得到爱情的喜悦与孩子"：Plutarch, *Life of Solon*, 20, 4. See also Plutarch, *Erōtikos*, 769：就合法的妻子来说，肉体的结合是友谊的开始、分享的开始，如同在伟大的奥秘中它之所是。欢愉是短暂的［或不重要的］，但是，日常从欢愉中生发的尊重、善意和相互的喜爱和忠诚，既证实了当德尔菲人把阿弗洛狄忒称作"和谐"时他们并非在胡言乱语，又同时证实了荷马所言不虚，因为他把这样的结合命名为"友谊"。这也证明了梭伦是一位在婚姻法方面经验非常丰富的立法者。他规定，一个男子与妻子每个月同房不少于三次——当然不是为了欢愉，而是由于城邦居民不时更新彼此之间的协约，这样他肯定希望与妻子同房成为对婚姻的一种更新，并通过这样一种柔情的方式来消除日常生活所累积的抱怨。

[12] See *Erōtikos*, 768D-770A.

(她)们实现并体验(以及在那种意义上表达)他(她)们的婚姻本身,作为自带两种祝福(孩子和彼此的感情)的单一事实的婚姻本身。[13] 非婚姻的性交,尤其是**但不只是**同性恋性交,并不具有这样的特点,因而是不可接受的。

为什么非婚姻的友谊不能通过性行为得以提升和表达?为什么通过令人性高潮的非婚姻性行为来表达情感的尝试是一种虚幻的追求?为什么苏格拉底、柏拉图、色诺芬、亚里士多德、穆森尼乌斯·鲁弗斯和普鲁塔克恰好在他们对其置身其中的同性恋文化进行反思的核心,作出这一非常审慎且认真的判断,即同性恋**行为**(以及事实上所有的婚外性满足)根本不能参与、实现友谊的共同善?

对上述问题的回答,隐含在对婚外性行为的哲学拒绝和常识拒绝之中。夫妻生殖器官的结合真正地将他(她)们从生物机理上结合在一起〔而且他(她)们的生物现实是他(她)们**人身**现实(their *personal* reality)的一部分,而不只是后者的一种手段〕;生殖是**一**种功能,因此,就那一功能而言,配偶双方事实上是一个实体。因此,他(她)们在生殖那类性行为中的结合(无论是否实际上可生殖,或是否事实上能够在这种情况下生出后代)能够**实现**并允许他(她)们**体验**他(她)们**真正的共同善**。那一共同善正是**他(她)们的婚姻**,其中包含以下两种善,即为人父母和友谊;这两种善是作为一种可理解的共同善的婚姻之整体的组成部分,即使——与配偶双方的意愿无关——他(她)们生物学上为人父母的能力不会通过那种生殖器官结合的行为得以实现。然而,那些不是夫妇和不可能是夫妇的朋友们(例如,男人和男人、男人和男童、女人和女人)的共同善,与他(她)们通过彼此生育孩子没有任何关系,而且他(她)们的生殖器官不可能使他

---

〔13〕 这一论述的核心可以通过将之与圣奥古斯丁在其《论婚姻的价值》(*De Bono Coniugali*)中有关婚姻的论述两相比较而加以澄清。在圣奥古斯丁的论述中,婚姻结合之善主要被展现为一种工具性的善,服务于繁衍和对子女的教育:参见 1994b at 1064-5; and essay 5 at nn. 68-71.

（她）们成为一个生物的（并因此是人身的）单元。[14] 因此，他（她）们在一起发生的性行为不可能共同实现他（她）们可能希望或设想的东西。因为他（她）们中的一个人甚或两个人的生殖器官的激活，不可能是对**婚姻**之善的实现和体验——正如婚姻性交（配偶双方以一种婚姻的方式性交）能够的那样，即使在**碰巧**不育的配偶双方之间——它能够**实现的**无非提供每一个性伴侣一份个体的满足。因为缺乏一种能够**通过这种肉体结合并在这种肉体结合中**得以实现和体验的**共同善**，那种行为表明性伴侣们将他（她）们自己的肉体作为工具，用以服务他（她）们有意识地体验自我；因此，他（她）们参与这种行为的选择，恰恰使作为行为人的他（她）们中的每个人不能结合在一起。[15]

现实是以判断而非情感来认识的。在现实中，无论一些同性伴侣可能用他们所**产生的**怎样慷慨的希望、梦想和思想来环绕其性行为，那些行为所表达或实现的都不多于以下情形所表达或实现的：两个陌生人为了彼此寻欢而行这类行为，或娼妓为了卖肉赚钱而取悦顾客，又或一个在流水线上苦干了一天的人为了取悦自己以及满足自己对于更多暧昧关系的想象而自慰。我认为，这就是柏拉图的判断——在《高尔吉亚》494-5 中，彼时，该判断对关于享乐主义的道德和政治哲学批判也是决定性的[16]——的实质，即独自自慰、卖淫者的肛交以及为肛交之乐而肛交，这三者在本质的道德无价值方面

---

[14] 马赛多在"The New Natural Lawyers"中如是写道：事实上，同性恋者能够以一种向生育开放、向新生命开放的方式做爱。他们能够参与而且许多人准备着参与那种会导致生育的情爱关系——因为，情形不同了（were conditions different）。像不育的已婚夫妇一样，许多人最想什么都不要。

此处幻想已经脱离了现实。说肛交或口交——无论发生在夫妻之间还是男男之间——是"向生育开放"的生物结合，还不如说一个牧羊人——他幻想着生育出一位半人半羊的农牧神——与山羊的性交是"向生育开放"的生物结合；每个人都"要"产生可欲的变异体，"情形不同了"。

人与人之间的生物结合是男性生殖器官与女性生殖器官**输精受孕**的结合；在大多数情形下，这种生物结合并不会导致生育，但是，把人与人在生物学层面上结合在一起的正是这种行为，作为行为，它是那种适于生养后代的行为。（另参见以下第 28 个注释［至于对前述句子前半部分令人不满的系统阐述的评论，参见第 22 篇论文第 125 个注释］。）

[15] 至于完整的论述，参见 LCL 634-9, 648-54, 662-4.
[16] *Gorgias*, 494-5, esp. 494e1-5, 495b3.

(in essential moral worthlessness)没有任何重要区别。性行为**实际上**不可能是舍己（self-giving）的，除非它们是这样的行为：通过该等行为，一个男人和一个女人在性方面实现并体验了为对方真正的舍己——在互相承诺中，在既无限（open-ended）又排他的生物、情感和意志的结合中——这样一种状态，我们像柏拉图、亚里士多德和大部分人一样，称之为**婚姻**。

简言之，除非性行为是婚姻性行为（实现了婚姻所有层次的统一），否则，它们在意义上并不是统一的；（由于婚姻之共同善所具有的两个面向）除非它们不仅具有友谊行为的丰饶，而且具有生育的意义，虽不一定打算生育或在各种情势中不能生育，但作为人类的行为，那类生殖行为，它们至少是对生殖功能的实现——就配偶双方当时当地所能够的那样，在这种实现中，配偶双方在生物上并由此在人身上成为一体——否则它们不是婚姻性行为。

古代的哲学家们没有过多讨论不育婚姻的情形，或已婚夫妇的性行为很长一段时期（比如整个孕期）自然地不能够导致生育这一事实（他们对之都很熟悉）。他们似乎理所当然地认为，这种不育并不会使配偶双方的婚姻性行为变成非婚姻性行为，随后的基督教传统确实也如此认为。（普鲁塔克表明，与一位不育配偶性交是夫妻敬重与爱慕的可取标识。）[17] 因为，在性交行为——就他（她）们那时能够使之成为的那样，是一种适合繁殖的行为——中把他（她）们的生殖器官结合在一起的丈夫与妻子，作为一种生物（因而人身）整体发挥作用，因而能够实现和体验婚姻合二而一的共同善

---

[17] Plutarch, *Life of Solon*, 20, 3. 后基督教的康德道德哲学认为自慰与同性恋行为（以及兽交）的错误在于把人的身体工具化，因而（"既然一个人是一个绝对的整体"）也就"对我们自身中的人性犯下了错误"。但是，尽管康德强调夫妻之间的平等（这在非法同居或更为随便的卖淫中是不可能的），他却并没有把这一深刻见解与对婚姻作为一个单一的事实、两部分善（a single two-part good）——包括不可分割的友谊与生育——的理解综合成一个整体。因此，康德对于当妻子怀孕或更年期后为什么婚姻性交仍是正确的这样一个问题困惑不解。参见康德《道德形而上学》（*The Metaphysics of Moral*）第 277-279、220-222 页（Gregor 译本，第 96-98、220-222 页）。康德这个困惑的深层根源在于他拒绝允许可理解的诸善在他的伦理学中具有任何结构性作用，这种拒绝使他反对古典道德哲学，诸如亚里士多德的道德哲学，并在事实上反对任何完备的自然法理论；这种拒绝反过来与他对身体与身心的二元分离/与他的身心二元分离相联系，而这种二元分离又与上引的、他自己的那一深刻见解即个体是一个真正的统一体相矛盾。[See essay 2, sec. V at nn. 92-7.]

(the two-in-one-flesh common good）与婚姻的实在（reality of marriage），即使某种生物性条件偶然阻止了那一整体繁衍后代。因而，他（她）们的行为在根本上有别于其性交是自慰性的夫妻的行为，例如肛交、口交或体外射精。[18] 在法律上，这样的行为并没有通过性交使婚姻圆满，因为事实上这些行为并没有实现一个肉体、两个部分的婚姻之善（the one-flesh, two-part marital good）（无论夫妻双方对这些行为中的亲密和无私抱有怎样的幻想）。

这种说明试图"基于自然事实作道德判断"吗？[19]既是又不是。说它不是试图"基于自然事实作道德判断"，是在它并不试图只从非规范性的（自然-事实的）前提中推导出规范性结论或命题的意义上而言。它也未诉诸任何"尊重自然事实或自然功能"的形式规范。然而，说它是"基于自然事实作道德判断"，是因为我们的构成（constitution）、意图和环境的各种现实，正是论证适用相关的实践理性［尤其是，婚姻与内在的完整性（inner integrity）都是基本的人类善］和道德原则（特别是，人们可能永远不会**意图**摧毁、损伤、妨碍或违背任何基本的人类善，或喜欢一种基本人类善的虚幻例示胜过那一基本人类善或某种其他的人类善的真实例示）之所在。

IV

古代雅典和当代英国这样的社会（以及几乎其他每一个社会），都对以下两类行为加以区分：被认为仅仅是（或许是极端的）冒犯性行为（诸如吃屎），与被谴责为败坏人性和人际关系的行为。人兽交配之所以遭到谴责，是因为它把人的性活动和性满足视为和动物本能的性交一样的东西——这种

---

[18] 或者审慎地避孕，我在正文的列举中之所以漏掉之，仅仅是因为现在世俗民法无疑不会认为其阻止了通过性交使夫妻关系圆满——一种理解的失败。

[19] 马赛多，同前文献：我们只能说，在男同和女同夫妇的情形中，情况无疑在根本上更加不同于那些想要由性引起的新生命的不育夫妇……但它的道德力量是什么？新自然法理论并不基于自然事实作道德判断。

马赛多"基于"的措辞在规范性论证的首要前提（必须是规范性的）与其他前提（可以是且通常应当是事实性的，而且在适当情况下可以指涉自然事实，例如人的嘴不是生殖器官）之间含糊其辞。

东西适宜以这样一种方式、与对一种可理解的共同善的表达相分离的方式去追求——并因此把人的肉体生活（人最剧烈的活动之一种），视为**作为**纯然的动物适宜过的一种生活。同性之人生殖器的故意交合之所以遭到谴责，也是出于一个非常类似的理由。它之所以遭到谴责，不仅仅因为它是不育的，而且因为它使参与者倾向于放弃对人类未来所负的责任。它也不只是，同性之人生殖器的故意交合不能**真正地**实现一些同性之人希望通过它表明和体验的彼此献身（mutual devotion），以及它通过对他们一个人身的现实（one personal reality）的不同部分拆解式的操控，伤害其参与者的人格。它还是，以一种对共同体成员的自我理解深怀敌意的方式看待人的性能力；那些成员愿意怀着如下的理解将他（她）们自己交付真正的婚姻：真正婚姻的性的欢愉，不是履行婚姻责任的纯粹工具或伴生物，或对之纯粹的补偿，而是能够使配偶双方**实现并体验**他（她）们可理解的承诺，共担那些责任，共享那种真正的自我奉献的承诺。

　　现在，正如我在第1节说明的那样，"同性恋取向"在这一高度模糊的术语的两种主要意义的其中一种上，正是促进和参与同性恋行为的深思熟虑的意愿——精神状态、意志和品格，它们的自我诠释最终被表达为一个应受指责但有助于给人启发的名称："同性恋者"。因此，这种意愿，以及整个"同性恋者"意识形态，都以一种对那些愿意将他（她）们自己交付给真正婚姻的共同体成员的自我理解怀有深深敌意的方式看待人的性能力。

　　这一意义上的同性恋取向，事实上是对性交内在的适合性的一种持续否定，即性交内在地适合于实现，并在实现的意义上表达本身就是好东西的婚姻的排他性和开放式承诺。所有承认同性恋行为可能是对性能力的一种人道的、合理的使用的人，如果他们的看法前后一致的话，都肯定把性能力、性器官、性行为视作用来满足拥有它们的个体"自我"的工具。这样一种承认通常（且在我看来是正当地）被认为是对现存的和将来的婚姻的稳定性的一种有效威胁；它使得诸如以下这种观点不能成立，即通奸以一种重要方式且**内在地**——不只是因为它可能涉及欺骗——与夫妻之爱不一致。一个政治共同体，如果能够判断出家庭生活的稳定性、防护性以及教育性的丰饶/

慷慨（protective and educative generosity）对整个共同体的当下和未来具有根本重要性，它就能够正确地判断：它有令人信服的理由判断同性恋行为——一种"同性恋者的生活方式"——绝非一个立得住的、对人而言可以接受的选择和生活方式；它有令人信服的理由否认同性伴侣们能够结婚；以及，作为一个有着独特的广泛功能但仍属辅助功能的政治共同体（参见第 1 节），它也有令人信服的理由做它**完全**能够做的任何事情来劝阻这样的行为。[20]

V

345   本文——一篇留有其初始于 1993 年痕迹的论文，彼时该文作为"科罗拉多修正案第 2 例"*Evans v Romer*∗∗案的书面证据——的前面几节（以一个相对较长的版本）发表于 1994 年，并引发了各种回应，包括安德鲁·科佩尔曼的那篇论文（与 1997c 同时发表）。科佩尔曼理所当然地认为，那种在我的论文中发展的观点、"新自然法学派"的观点，在根本上不同于"阿奎那对自然目的论的坚持"（而且他主张，前者不如后者连贯）。他正确地认为，格里塞茨、乔治、布拉德利（Bradley）和我都将任何诸如"自然的功能或趋势是道德标准，且应当指导慎思和选择"这样的命题视为谬误而加以拒

---

[20] *Bowers v Hardwick* 478 US 186（1986）案确认的刑法在我看来原则上似乎不合理。但是，存在一个合理且重要的原则的区分，而美国联邦最高法院从 *Griswold v Connecticut* 381 US 479（1965）（**配偶双方**对避孕用品的**私人使用**）到 *Eisenstadt v Baird* 405 US 438（1970）（向**未婚人士公开分发**避孕用品）的转变中都忽视了这一原则的区分。（在格里斯沃尔德案中被废除的那条法律禁止已婚人士实际使用避孕药；格里斯沃尔德作为使用避孕药的从犯所获致的有罪判决，随着惩处主犯的实体法的失效而得以推翻。这在原则上就完全不同于一项当时若存在的这样的法律：它直接禁止格里斯沃尔德作为避孕信息和避孕用品的公共推销商的种种行为。）如果宣告成年人之间鸡奸的私人行为违法的法律，被法院基于以下任何理由推翻：该理由也合宪地要求法律允许广告和推销同性恋服务，容许维护同性恋活动的常规场所，或容许通过教育和大众传播媒介推广同性恋者的"生活方式"，或承认同性恋"婚姻"，或允许同性恋活跃人士收养孩子，诸如此类，那么，那种区分的真实性和相关性及其对共同善具有的至关重要性，都会再次被忽视。[结果，*Lawrence v Texas* 539 US 558（2003）案推翻了先例 *Bowers v Hardwick*，并废止了该案所确认的那类法律；情况如此，不是基于两相情愿的成年人之间纯粹的私人行为超出了州政府和法律的适当管辖这一合理理由，而是基于以下理由，即法律不得"谴责"同性恋行为或对之强加"耻辱"——一个为了获得前一句提到的容许的各种形式、显然能够被采用的前提。]

绝（而且从不以之为基础进行任何争论）。尽管这种谬误肯定会不时地在传统中有所发现，但科佩尔曼认为阿奎那的性伦理学取决于这种谬误是错误的。

　　阿奎那最感兴趣的性伦理问题似乎是：什么时候，**配偶双方之间**的性行为，甚至生殖类的性交行为肯定被视为严重不道德？他的答案实质上是：当这些行为去个人化（de-personalized）、去婚姻化（de-maritalized）时。换句话说，如果我选择与我的配偶进行这种性交行为，不是为了愉悦地实现和表达我们的婚姻承诺，而是"**仅仅为了愉悦**"，或**仅仅**为了我的健康，或**仅仅**为了摆脱自慰或婚外性行为的诱惑，且**将只是愿意（或更愿意！）** 和其他人性交——以致我在我的配偶那里、在这种性交行为中看到的，不会多于我在一位应召女郎或小白脸儿，或另一个熟人，或别人的配偶那里看到的——那么，我与我配偶的性行为就是**非婚姻的**且原则上严重不道德的。[21] 它有悖于理性，并因此[22]有悖于自然。它之所以有悖于理性，是因为它有悖于一种内在的善，我们被实践理性的（因而也是自然法的）诸第一原则中的一项原则指引至这种内在的善，一种可能因此被称为主要的、根本的或基本的善：婚姻本身的善。[23]

　　为什么除了婚姻性行为，性行为（寻求参与方中一人或多人的性高潮）　346

---

[21] See *Sent* IV q. 26 q. 1 a. 4c（= *ST Supp.* q. 41 a. 4c）；d. 31 q. 2 a. 2（= *Supp.* q. 41 *a*. 5）ad 2 and ad 4；q. 2 a. 3c（= *Supp.* q. 49 a. 6c）and tit. And obj. 1；*Commentary on I Corinthians*, *c.* 7 ad v. 6 [329]；*ST* II–II q. 154 a. 8 ad 2；*De Malo* q. 15 *a*. 1c. 想了解阿奎那性伦理学更为充分的论述，参见 Aquinas ch. *VII.* 2.

[22] 婚外性行为（甚至对它的附条件同意）完全有悖于理性，**既然（并因为）**它有悖于理性的诸要求：e. g. *De Malo* q. 15 a. 1 ad 7.

[23] See *ST* I–II q. 94 a. 2c. 在阿奎那对性伦理的论述中，他通常将婚姻之善——就婚姻之善总是在配偶双方的性活动中濒于险境而言——称作**忠贞**之善（*fides*）之善，即**婚姻中的互相承诺之善**。忠贞的字面翻译会是忠诚（faith）（充满），但在英语中，这仅仅表明不存在不忠行为（infidelity）（即与其他人的性关系），然而，阿奎那的解释 [*Sent* IV d. 31 q. 1 a. 2c and ad 3（= *Supp.* q. 49 a. 2c and ad 3）；*Commentary on I Cor. c.* 7. 1 ad v. 2（318）] 是：婚姻的**忠贞**还包括，而且主要包括在婚姻中的性方面结合（以提出或请求性交的相互性和绝对平等性为基础）的积极意愿。

就不合理了呢？在阿奎那经常被误解[24]的作品中隐含着一种很少被承认的思路，其实质如下。

婚姻是一种内在的、基本的人类善；在婚姻中，男人和女人会发现他（她）们的友谊和对彼此的关爱在他（她）们对他（她）们孩子的生育、培养、保护、教育以及道德形成中得以实现。[25] 只要配偶双方的性交是真正婚姻的，就能实现并促进配偶双方在婚姻中的互相承诺［他（她）们婚姻的**忠信**］。但是，如果我参与我和我配偶的性行为的同时，**愿意**在某种（些）情形下参与非婚姻类的性行为——通奸、乱伦、意图不育的性交、独自自慰或交互自慰（如鸡奸）等，那么，我与我配偶的性行为不会是真正婚姻的性行为，也不会真正地实现并允许我们以一种非虚幻的方式体验我们的婚姻。把性行为的这些类型的任何一类视为在道德上可接受，就是把这些类型中的一类或多类视为我可能在某些情形下参与的行为类型，而这种精神状态削弱了我和我配偶性行为的婚姻品格。简言之，从人的可接受的选择范围中，完全**排除**非婚姻性行为是任何一对配偶的性交具有真正婚姻品格的一个先决条件。视而不见或漠不关心非婚姻性行为的固有错误，致使选择和实施那些甚至在所有其他方面和类型上都属于婚姻的真实的性行为非婚姻化。

此外，如果没有真正的婚姻性交的可能性，那么，婚姻之善会严重受损。任何（反事实的或实际的）参与非婚姻性行为的意愿都在根本上削弱了我的婚姻本身。因为它瓦解了我的婚姻的可理解性；我们的性行为不再真正地实现并使我们能够真正地感受我们的**婚姻**；它们与我们的相互承诺和规划的其他方面相脱钩。而且，这种脱钩或瓦解（dis-integration）威胁了——有

---

[24] 在努南（Noonan）的《避孕》（*Contraception*）和博斯韦尔（Boswell）的《基督教、社会宽容和同性恋》（*Christianity, Social Tolerance, and Homosexuality*）中完全遭到误解和歪曲。科佩尔曼有关阿奎那的观点一直（不是不合理，但肯定是不幸地）依赖这些作者：参见他现在论文的完整版：Koppelman, "Is Marriage Inherently Heterosexual?"；想了解对努南和博斯韦尔误读的讨论，参见第 22 篇论文第 1-3 节。

[25] 一对有理由认为他（她）们不能生育孩子的夫妇的婚姻被予以考虑，一旦论证的基本思路准备就绪（are in place）如下。

悖于——两种善，它们都内在于婚姻复杂的基本善之中：[26] 不仅有友谊和**忠信**之善，而且还有生育及其教育等如此依赖**完美**婚姻背景的孩子之善。**因此**，对非婚姻性行为的任何种类的同意，即使是附条件的同意，也都是不合理的（事实上，所有的性不道德，包括将其视为一种潜在的可接受的选择的所有意愿，都有悖于邻人之爱，即孩子之爱）。[27] **因此**，它是不道德的，**而且**与人性背道而驰（以及，阿奎那补充道，与上帝有关人类行为的意图背道而驰）。[28]

当在纸面上阐释这一思路时，它可能显得复杂。但它只是清晰表述了已婚人士对以下事项的冒犯性（offensiveness）的常识性理解：通奸的冒犯性以及被一个人的配偶视为性纾解（sexual relief）、性服务、去个人化的性的纯粹客体——"他/她并不爱我，他/她只是利用我/只是想要我的身体［或作为一个生育机器］"——的冒犯性。[29] 传统的性伦理尽管全面滑坡，但直到几十年前许多人对为了再婚而离婚（divorce-for-remarriage）和避孕的承认开始模糊了它的融贯性，它对几乎每个人都还相当清晰明了；传统的性伦理现在就只是表达这一同样合理的思想的含义：**只有**当性行为完全表达并（就我的

---

[26] 婚姻是一种复杂但统一的善，因为其统一的善与其生育的意义是分不开的（即使在生育意外地不可能的情况下）。阿奎那的思路阐述了一种理解并承认这种不可分割性的方式。

[27] See *De Malo* q. 15 a. 2 ad 4；*Sent.* IV d. 33 q. 1 a. 3 sol. 2（= *Supp.* q. 65 a. 4c）。

[28] 科佩尔曼说，对阿奎那而言，同性恋行为是唯一道德败坏的。那是一种夸张；在阿奎那看来，兽交是一种更糟糕的类型，屈服于寻求快乐的不合理、瓦解型（dis-integrated）的欲望，而从不正义的角度来讲，强奸和乱伦在特征上就更糟糕得多。如果只考虑性方面的不合理，性罪恶（sexual vice）的行为——**其他方面都相同**——更糟糕，它们距离真正婚姻的行为类型更远。*Sent.* IV d. 41 a. 4 sol. 3c, see also *De Malo* q. 15 a. 1c. 阿奎那认为，同性恋性行为是一类尤其远离婚姻的行为似乎是正确的：同性恋行为发生在**绝不可能是夫妇**的人之间。（事实上，这似乎是"同性恋"一词被同性恋思想意识共同选择的原因之一部分。）一位商人和一名应召女郎交欢，尽管他可以想象自己将要和这个女人结婚，且与她做着和将来某时配偶双方所做的相同的行为，但是，他仍从事了严重不道德的性罪恶行为。然而，承诺或考虑彼此性行为（实际是鸡奸）的男人们，不可能**理性地**把这些行为当作阿奎那（正确地）认作生殖且婚姻的那种行为（参见上述第 14 个注释及靠近下述第 32 个注释的正文）。当然，在给性罪恶**类型**的严重性分等级时，阿奎那并不试图评论特定个体的特定行为的应受谴责性，那种有时可能会被束缚了自由的激情和/或被模糊了用于选择的理性慎思的神志不清（例如，意识形态、幻想）大大减弱的应受谴责性。

[29] 关于把一个人的妻子视为生育机器，参见 George and Bradley, "Marriage and the Liberal Imagination", 第 305 页正文及第 19 个注释。

意愿而言）例示了复杂的婚姻之善时，意图、给予和/或接受性行为中的快乐才合理地尊重了可理解的人类善，并与那些可理解的人类善相一致。同性伴侣参与的那种行为（意图通过手指插入阴道、阴茎插入口中等等达到性高潮满足的巅峰），是非婚姻的，因而是不合理的和不道德的；当那种行为由已婚夫妇以同样的方式实施时，亦是如此。

每一对已婚夫妇的大部分时间都是不育的。除一两个遥远的部落外，这一点一直众所周知，甚至当女性月经周期中（in the female cycle）有限的生育期错置的时候亦是如此。因此，科佩尔曼和马赛多荒谬地认为，这就表示**大部分时间**：(a) 夫妇的性器官根本就不是生殖器官；[30] (b) 夫妇的性交不可能是生育类的性交。同样的思路也驱使这两位作者得出同样武断的结论，即男人和女人绝不可能在生物上结合——只有精子和卵子能够在生物上结合！当一个人置身这种还原式、立法式语言的氛围中，他可能断言：精子和卵子的结合只是物理上的，且只有它们的原核（pronuclei）才是**生物的**结合。但更现实的做法是承认整个交配过程彻头彻尾是生物性的，包括它作用于男女的大脑、他（她）们的神经、血液、阴道的和其他的分泌物以及协调性活动（所以这等观念不太可能产生于强奸）。科佩尔曼和马赛多[31]接受的二元论简洁地表明，一旦我们不再理解婚姻性行为如何通过**一种特定的肉体**（因此是生物的）**方式把我们**结合在一起，[32] 让我们真正地**实现**、表达并体验这样一种**可理解的**、**自愿的**自由选择之承诺，即承诺在一种特别适合我们那种结合（交融）的生活方式中，服务作为朋友的彼此，（若有幸有孩子的话）也服务作为这种结合之生动体现和结晶的我们的孩子——那么，人性本身，那肉体（"生理"）、感觉、情感、理性和意志的根本**统一体**，将变得多

---

[30] 科佩尔曼有时不一致地说，就好像，当且仅当它们属于那些完全不育的人，例如"一位其病变的子宫已被摘除的女人"，它们才不是生殖器官。

[31] 亦参见乔治和布拉德利关于这一点对马赛多的回应：George and Bradley, "Marriage and the Liberal Imagination" at 311, n. 32.

[32] 在一个生殖类的行为中被例示的器官结合不是（如马赛多和科佩尔曼简约设想的那样），阴茎和阴道的结合。它是在把精液射进女性生殖道的有意的、两相情愿的**行为**中的两个人的结合。

么不可理解。[33]

具有婚姻属性的那些性行为都是"生殖类"性行为，因为当意愿这样的行为时，一个人意愿性行为：（a）与在人类**有性**生殖的每一种情形中（有意的或无意的）引起生育的行为完全相同；（b）与一个意图将性的生殖作为特定的婚姻性行为的目标之人会意愿的完全相同。这类行为是一种"自然的类型"，在"自然的"道德相关的意义上而言，不是（如科佩尔曼设想的那样）当且仅当一个人正意图或尝试一个**结果**，即生殖或生育。更确切地说，它是一种独特的合理性的种类——因而在道德的相关意义上是一种自然的种类——因为：（1）在参与它时，一个人正意图的是一个**婚姻的**行为；（2）它属于生殖的种类是它成为婚姻性行为的一个必要、尽管不充分的条件；（3）婚姻是一种理性且自然的制度。一个人的行动理由——一个人的合理动机——正是**婚姻**复杂的善。

因为婚姻是理性的和自然的，主要在于它是这样一种制度，即在身体上、生理上、情感上以及所有其他实践层面上，该制度都尤其易于通过生育、培育和教育最终成熟的后代，来适宜地促进夫妇的生育。在这里，我们触及了另外一个理解和评价科佩尔曼和马塞多所辩护的"同性恋"意识形态版本的关键要点。这两位作者主张：同性之人的性行为可能是真正婚姻的，而且，为了实施这样的行为，两个同性之人事实上可以彼此结婚。他们想要我们通过聚焦于这种夫妇的活动来评价同性性行为。科佩尔曼采用了西德尼·卡拉汉（Sidney Callahan）的主张，即**当"与一位忠诚的伴侣"从事**这样的同性性行为时，"产生了……强烈的亲密、身体上的认可、相互神圣化和有成就感的幸福"。科佩尔曼接受在一个他宣称"祛魅"的宇宙中"相互神圣化"是通过性行为"产生的"，这似乎相当粗心。但更有意思的是，他

---

[33] 更多内容参见 George and Bradley，"Marriage and the Liberal Imagination"，第 304 页的正文和第 16 个注释。

无法解释为什么据称由性行为"产生"的这一效果和其他效果〔34〕都取决于一个人的伴侣或伴侣们的忠诚,〔35〕以及我认为,取决于一个人自己的忠诚。

即使在科佩尔曼/马赛多美化的版本中,"同性恋"思想意识也没有对以下问题作出任何严肃的说明,即为什么把忠诚——把一个人的性行为排他性地保留给其配偶——视为一种可理解的、明智的及合理的要求是有意义的。只有小部分以"同性恋者"身份生活的同性恋男人,认真地尝试实际上类似于作为一份恒久承诺的婚姻的任何东西。只有极小部分的同性恋男人认真地尝试婚姻的忠诚和排他性的承诺;鉴于他们"同性恋身份"的其他方面,发现那种尝试有意义的人数实际上就更小了。〔36〕因此,同性恋"婚姻"即使在行为层面上——甚至搁置其内在的不育性——也是一场骗局,主要因为它排除或不接受对**婚姻**至关重要的**承诺**,并最终可能使之毫无意义。

而且,这不是纯粹的偶然。为什么婚姻涉及在配偶双方的性结合中对永恒性和排他性的承诺,其原因是:作为一种制度或生活方式,婚姻在根本上受以下内容形塑:婚姻致力于生育、培育和教育孩子的蓬勃活力,婚姻对于生育、培育和教育孩子的适宜性,以及婚姻在生育、培育和教育孩子中的成就感;而这每一个孩子都只可能有两个生身父母,而且他(她)们适切地成为

---

〔34〕 这种观点即性的价值肯定在于它产生的可欲效果遭到了乔治和布拉德利的批判,此二人正确地把**婚姻性交**的价值理解为不只是纯粹工具性的,**也就是**他们将那一价值理解为内在的、固有的。正如他们指出,科佩尔曼和马赛多二人为之辩护的观点"预设了性的意义和价值只可能是工具性的"。Ibid. at 304-5.

〔35〕 尚未摆脱她正"改变主意"远离的天主教,卡拉汉只是理所当然地认为只会有一个性伴侣。正如我们将看到的,这个假设是毫无根据的。

〔36〕 例如 McWhirter and Mattison(都是同性恋),The Male Couple: How Relationships Develop,252-9 研究了 156 对男同夫妇,他们中的大部分人都曾期待拥有一份排他性的性关系,最后发现这些夫妇中只有 7 对声称取得了成功;而且,这 7 对中甚至没有一对在一起超过 5 年。Kirk and Madsen(都是同性恋),After the Ball: How America will Conquer its Fear and Hatred of Gays in the '90s, 302-7,318-32 明确阐述了同性恋男人**内心深处**的心理原因,这些原因解释了他们为什么乱交及不能维持稳定的或忠诚的关系;两位作者因此提供了支持拒绝我们所熟知的那一断言的理由,即这些现象产生于社会不承认"同性恋"婚姻。想要了解对典型的"同性恋者"生活方式的详细描述,读者应当查阅 Kirk and Madsen, 280-356,这一描述尤其给 Bell 和 Weinberg 早先在他们的书中(Bell and Weinberg, Homosexualities: A Study in Diversity among Men and Women, 81-93, 308-9)报道的空洞数字补充了描述性和解释性的内容。在被研究的 574 个白人男同性恋中,97% 的人曾有至少 3 个性伴侣,75% 的人至少有 100 个,28% 的人至少有 1000 个。

两个生身父母的主要责任（和关爱对象）。如果没有这种朝着孩子的取向（this orientation towards children），以婚姻的**忠信**（忠诚）为特征的婚姻制度将甚少意义，或了无意义。鉴于这种取向，婚姻的生活方式确实很有意义，而且那些实现、表达并使配偶双方能够感受那种生活方式的婚姻性行为也确实很有意义。

此外，一个男人和一个女人，**能够通过完全相同的行为、怀着完全相同的意图完全地参与婚姻行为**，但有理由认为在他（她）们的情形中那些完全相同的行为永远不会生出孩子的一个男人和一个女人，仍可以选择这种**生活方式**作为确有意义的生活方式。鉴于身体、情感、智识和意志的种种互补，鉴于我们谓之人的进化的一系列因素的结合〔37〕已经用这种种互补装备了我们这些男男女女，这样一种承诺作为对婚姻之善的参与——那些不育的配偶们，如果出于善意，也会希望尽可能充分地参与——就可能是合理的。〔38〕通过他（她）们在一段包含生殖类行为的关系中对忠诚的典型示范，这些不育的婚姻支持，而且坚定地支持婚姻作为一种有价值的社会制度。

但是，同性伴侣不可能从事生殖类行为，即从事婚姻性交。永恒的、排他的婚姻承诺，预设了肉体结合作为多层次（肉体、情感、理智和意志的）婚姻关系的生物驱动的婚姻承诺，对他们毫无意义。当然，两个、三个、四个、五个或任何数量的同性之人可以彼此搭伴，共同抚养一个孩子或几个孩子。在某些情形下，这或许是一个值得称赞的承诺。它无关婚姻。科佩尔曼和马赛多对以下问题谨慎地保持沉默，即为什么他们提供辩护的同性"婚姻"发生在两个人之间，而不是三个、四个、五个或更多彼此都"忠诚地"从事性行为的人之间。为什么这种两人组的性伙伴关系应当在成员身份上保持不变，而不是像其他数量组的伙伴关系那样兜兜转转（revolving like other partnerships），对这一问题，他们同样保持沉默。

---

〔37〕 科佩尔曼（像施特劳斯一样）没有充分处理，或根本就没有处理当代"达尔文主义者"对进化的分子生物学遗传原基、遗传基础或基因引擎的生物学说明的根本的目的论特征。但它，就像那真假参半的宇宙的"幻灭"一样，是一个和当前论证无关的话题。

〔38〕 然而，那些找寻不育的配偶双方、选择他（她）们**正是为了他（她）们的不育性**的人，很可能表明了那种对婚姻之善的蔑视，这种蔑视，犹太人菲洛（Philo Judaeus）曾在一个相当混乱的段落里予以谴责；而科佩尔曼和博斯韦尔从菲洛的这个段落中引用了一些过激的片段。

显而易见的事实是，那些提议"同性恋"意识形态的人没有提供原则性的道德理由来反对（审慎的和有节制的）滥交，反对事实上在无论任何亲密的抚触或一个人可能恰好发现的令人愉快的孔或穴（人的或其他的）中获得性高潮的快乐。在与他们意识形态的反对者争论的过程中，这些支持者们喜欢假设一种理想的（两人的、长期的……）关系类型——"同性恋婚姻"，并喜欢挑战他们的对手说，这样一种关系如何不同于至少那种夫妻明知他（她）们自己不能生育的**婚姻**。正如我已主张的，最重要的区别非常简单，也非常根本：名之为"同性恋婚姻"或"同性婚姻"的人为限定的（两人的、长期的……）分类，根本不符合内在理性和一系列理由。在论争技巧之外的现实世界中，它几乎没有什么像样的对应物。此外，**婚姻**是关系、行动、履行义务（satisfactions）和责任的范畴，它可以被男人和女人明智且合理地选择，也可以被用作他（她）们的整体承诺，因为这个范畴的各个组成部分回应并融贯地符合相互交织、相互补充的良善理由的一个复合体：婚姻之善。真实且有根据的性道德，无非就是对理解、促进和尊重那一基本人类善所涉内容的展开，是对以一种真实、非虚幻的方式在婚姻行为中例示它的诸条件的展开。

注

在本文（1994b 的一个删节本，然而通过第 5 节进行了补充）发表后紧接着的大约十年间，在第 1、2 节中被描述为标准现代立场的东西在西方世界几乎遭到广泛抛弃。一个例子可以代表很多东西：2000 年 12 月，欧盟正式通过《基本权利宪章》，其中第 21 条禁止基于性取向的任何歧视。这曾是一个合理的立场，取而代之的立场则要求：在法律上和/或社会上，将针对同性恋行为或公众对这种行为认可的批判，都作为侮辱的和不公正的歧视加以惩罚；新立场不仅有悖于言论自由、结社和宗教信仰，而且更重要的是也有悖于儿童权利，还有悖于政治共同体——以无数方式依赖婚姻对儿童的生育，还以种种助益婚姻的方式依赖儿童所接受的教育——的共同善。

† **国家的强制管辖权并未扩展到阻止严格的私人不道德……**（第335页）。参见 *Aquinas*, ch. VII；更早的文献，参见第5篇论文第93-94页。

†† *Evans v Romer…*（第345页）。在美国联邦最高法院看来，*Romer v Evans* 517 US 620（1996）案基于以下理由（正如法院在 *Lawrence v Texas* 案中总结的那样，上述第20个注释）否决了科罗拉多州宪法修正案：那个条款"源于对那类有倾向性的（affected）人的敌意"，而且也与合法的政府目的没有任何理性的关联。敌意的发现似乎没有其他的基础，除了多数大法官对该条款的敌意外，而且对存在与合法的政府目的的理性关联的否认无疑忽视了该条款的首要目的：保护儿童免遭各种态度、主义和公开的实例等的影响，这各种态度、主义和公开的实例宣称同性恋行为在道德上的正直以及同性恋结合与家庭关系具有同等正当性。英国《2010年平等法案》及其不成文的先例，证明了不因性取向而遭受歧视的一般权利（general right）通常将被行使——正如很多科罗拉多的选民预期和恐惧的那样——以废除或限制在空前狭窄的范围内的某些权利，而行使这些权利会被同性恋实践者认为是对他们的贬低或冒犯。严重受损的是在学校教导孩子以下内容的权利：明智且公正的人士能够主张，婚姻在道德上不对同性夫妇开放，或婚姻对同性夫妇而言真的不可能；并能够主张在类似本文这样的作品中所捍卫的相关道德命题（而且这些命题对我们许多许多世纪的文明至关重要）是合理的。

　　那些传统所维持以及这些作品所力主的东西，可以被并非十分明确但从实用的角度来讲足够清晰地总结如下：性是为了婚姻。（这就是结论，以格言的形式；不是论证的形式。）因此，对放荡的性道德观念的普遍采用，以及民事婚姻法律、习俗、惯例对婚外性行为可得性的塑造，都使得对同性恋行为的任何具体限制在道德上不一致且不公正。然而，不公平——尽管真实却相当应受谴责——在于异性恋非婚姻性行为（heterosexual non-marital sexual activities）所受到的公开鼓励和助长，而不在于对如下活动的公开鼓励和助长的种种限制：这些活动毕竟比大多数活动更生动地表达了那个在道德上错误且具有社会灾难性的"信息"，即性不是为了婚姻。

第 22 篇

性与婚姻：一些迷思和理由*

I

阿奎那围绕婚姻之善（the good of marriage）对两性关系（sexual relations）的道德性进行了说明。婚姻之善是人的选择和行为被实践理性诸第一原则（the first principles of practical reason）引向的诸基本人类善的其中一种。[1] 当性行为

---

* 1997d（"The Good of Marriage and the Morality of Sexual Relations: Some Philosophical and Historical Observations"）。

〔1〕 *ST* I-II q. 94 a. 2c and *In Eth*. V. 12 n. 4〔1019〕把男人和女人的结合（*conjunctio maris et feminae*）列为一种基本的人类善，并明确指出阿奎那此处想到的是罗马法对婚姻的定义，那是阿奎那在 *Sent*. IV d. 26 q. 1 中，在其早期有关婚姻论述的开头直接援引的定义，即"男人与女人的交配，我们谓之'婚姻'"。本文对阿奎那作品的参考如下：
In Eth. *Sententia Libri Ethicorum*（《亚里士多德〈尼各马可伦理学〉评注》）1271-2. 引证（例如 IX. 7 n. 6〔1845〕）涉及卷、解释（lectio）和段落编号，后者沿袭的是在 Raymundi M. Spiazzi OP（ed.），*S. Thomae Aquinatis In Decem Libros Ethicorum. Aristotelis ad Nicomachum Expositio*，Turin：Marietti 1949 中引证的段落编号。
In Rom. *Commentarium super Epistolam ad Romanos*〔《使徒保罗致罗马人书评注》（Commentary on Paul's Letter to the Romans）〕. 引证（e. g. IX. 7 n. 6〔1845〕）涉及卷、解释、圣经诗篇，后者沿袭的是在 Raphael Cai OP，*S. Thomae Aquinatis Super Epistolas S. Pauli Lectura*，8th edn，Turin and Rome：Marietti 1951 中的段落编号。
Mal. *Quaestiones disputatae de Malo*〔《论恶：关于恶的争议问题集》（*De Mal*：Disputed Questions on Evil）〕.
Quodl. *Quaestiones de Quolibet*〔《争议问题集》（Disputed〔Debated〕Quodlibetal〔Random〕Questions）〕1256-9（VII-XI）and 1269-72（I-VI, XII）.
ScG Summa contra Gentiles（《反异教大全》）1259-64/5. 引证由卷册数（I、II、III、IV）与段落编号（n.）组成。

(sex acts)[2]"违反婚姻之善"[3]时,它们是不道德的,因而是不合理的(并

Sent. Scriptum super Libros Sententiarum Petri Lombardiensis(彼得·伦巴德[约公元1155年]名言集[教父的意见或立场][神学手册]评注)I,1253-4;II,1254-5;III,1255-6;IV,1256-7. 引证由卷册数(I、II、III、IV)、特质(distinction)(d.)、问题(q.)、节(a.)以及有时对子问题的回复(解答)(sol.)组成。

ST Summa Theologiae(《神学大全》)*:I,1265-8;I-II,1271;II-II,1271-2;III,1272-3. 引证(e.g. I-II q. 2 a. 2c and ad 2)由以下内容组成:四个部分(第一集、第二集第二部、第三集)、问题(q.)、节(a.)、正解(c.)[即阿奎那回复的主体部分],对具体问题的异议(obj. 1,obj. 2,等等)和/或对反之(s. c.)临时性答复的释疑(ad 1,ad 2,等等)。

*《神学大全》虽然讨论题目繁多、分层复杂、架构庞大,但阿奎那进行了很有条理的分门别类,方便了后学者的研究阅读、论述取证。历来学术界沿用的是阿奎那自订的归类,例如大标题有:第一集、第二集第一部、第二集第二部、第三集、辅编。在集之下分为"题",每一题之下有"节",每一节之下有"质疑""反之""正解""释疑"。外文的特性是可以方便地使用缩写,学者们引证《神学大全》时,无论在哪一种语文中,所用的缩写都是一样的。例如,第一集是大写罗马字母"I",第二集第一部是"I-II"(与中文习惯用法不同,部数在集数之前),第二集第二部是"II-II";第三集是"III";辅编是"suppl."。集之下的"题"是大写英文字母"Q"或小写"q",题之下的"节"是英文字母"Art"或小写"a",每节之下的"质疑"是"arg.","反之"是"sed contra","正解"是"c","释疑"是"ad"(此条撰写时参考了中华道明会、碧岳学社于2008年8月联合出版的《神学大全》"索引"之"《神学大全》中文版标题缩写的用法")。——译者注

Supp. Supplementum(《神学大全》附录[更确切地说,是《神学大全》的局部完善],于阿奎那身后出版,由对*Sent.* IV 的某些段落匿名构思而成)。

Ver. Quaestiones Disputatae de Veritate[《论真理:关于真理的争议问题集》(*De Veritat*:Disputed [Debated] Questions on Truth)]。

[2] 在本文中,我将总是通过"性行为"(以及与该短语同义使用的"做爱")意指人们怀着以下意图或意愿参与的一项行为或系列表现:使参与该行为的一人或多人获得性高潮的满足。这实质上也是阿奎那采用的概念:参见 *ST* II-II q. 154 a. 4;Jordan,*The Invention of Sodomy in Christian Theology*,156,在主张以下内容时是完全错误的:阿奎那除了通过"与生育的目的论相关联"外,就"没有其他方式把行为、快乐和罪恶的类别辨识为性交的(venereal)",而且"除了肉欲目的论(animal teleology),没有对性行为的任何分类"。阿奎那,像现代人("我们")一样——乔丹(Jordan)设法将阿奎那与后者比较,对性(="性交的")行为有一个直截了当的概念:那些旨在唤起或体验性快感,即与性高潮有关的强烈快感的行为:*ST* II-II q. 152 a. 1c and ad 4;q. 154 a. 4c and ad 2;*Sent.* IV d. 33 q. 3 a. 1 ad 4 and ad 5;关于女性的精液和性高潮,参见下述第115个注释。请注意,我给出的有关"性行为"的定义在道德上是中立的:**道德上美满的夫妻性交**(*morally good marital intercourse*)是**性行为**的一种(*Aquinas*,ch. V. 4 at n. 47)。Ball,"Moral Foundations for a Discourse on Same-Sex Marriage"at 1912-19所提供的对我观点的批判,通过无根据地假定我在1994b at 1055中给出的"同性恋性行为"的同义定义"包含了其本身固有的道德非难",从一开始就完全脱轨了。

[3] 这一短语(*contra bonum matrimonii*)用在有关通奸(包括配偶同意下的通奸)的情形中[*ST* II-II q. 154 a. 8 ad 2 and ad 3;*Sent.* IV d. 33 q. 1 a. 3 sol. 1(=*Supp.* q. 65 a. 3)ad 5]。这一概念接近*ScG* III,c. 122中对多种不端性行为(sexual misdeed)讨论的表面;参见文本和下述第115个注释。

且，因为不合理，[4] 所以不自然)。那些不正当的性行为，正因为被认为是道德上坏的性行为（morally bad sex）类型——不是诸如不公正的性行为（比如强奸以及某些其他的道德上显然坏的性行为)，才更严重地不道德，与**婚姻性交**（marital sexual intercourse）才"更有距离"。[5] 阿奎那对在性方面"违反婚姻之善"的行为是什么的说明，留有许多东西待澄清。但是，他的确运用了一种思路，一种20世纪法学家和哲学神学家已经清楚表明的思路，而且这种思路出色地阐明了性行为——即使在配偶双方自愿实施的情况下——可能违反婚姻之善因而不合理的方式。

杰曼·格里塞茨1993年出版的讨论性、婚姻和家庭生活的专著，澄清了相当一部分阿奎那的说明多少使之变得模糊不清的性道德观。因为该专著表明了各种不同的性行为，即使由无意结婚的未婚人士实施（例如，独自自慰或同性恋鸡奸)，如何**违反了婚姻之善**。[6]

1994年，我发表了一篇论文，这篇论文研究了以下问题的原因，即为什么"柏拉图和苏格拉底、色诺芬、亚里士多德、穆森尼乌斯·鲁弗斯和普鲁塔克，在他们对周围同性恋文化反思的核心作出这一非常审慎且认真的判断，即同性恋**行为**（以及事实上所有的婚外[7]性满足）根本不能参与、实

---

[4] 阿奎那的道德论证从来不会从"自然的"跳到"因而是合理的和正当的"，而总是从"合理的和正当的"跳到"因而是自然的"。正如他所说，"道德诫命是同人的本性相符合的，**因为**它们是自然理性的诸要求/指示"：Sent. IV d. 2 q. 1 a. 4 sol. 1 ad 2；类似地，有所重复地，ST I-II q. 71 a. 2c（例如，"美德……只在同理性相符合的范围内，才同人的本性相符合；恶习只在它们违反了秩序或合理性的范围内，才违反了人的本性"）；还有q. 94 a. 3 ad 2；q. 18 a. 5c；q. 78 a. 3c；II-II q. 158 a. 2 ad 4（"［愤怒的潜能所外化的］行为只在其与理性相符的范围内，对人类而言才是自然的；只要其超出合理性的秩序，它就与人的本性是相反的"）；NLNR 35-6. 亦参见文本和下述第58-65个注释。

[5] Sent. IV d. 41 a. 4 sol. c（"据此认为这与合法婚姻相去甚远"）（"secundum quod magis distat a matrimoniali concubitu"）；亦参见 Mal. q. 15 a. 1c. 科佩尔曼的主张（56），即阿奎那把同性恋行为视作"唯一畸形的"是错误的：参见ST II-II q. 154 a. 12；ScG III, c. 122；同样错误的还有他的这一主张（如果他意图这一主张，正如语境所显示的，是为了谈及严重性的程度)，即格里塞茨坚持认为，表明同性恋性行为不正当的诸种考虑**同样谴责了其他非婚姻的性行为**。Grisez, LCL 654（被科佩尔曼援引了不止一次的一页）明确地谈及，同性恋行为通常比通奸"更不合理"。

[6] LCL 633, 649. 格里塞茨的专著是神学的，但经由认真分析则能够识别并分离出相关的哲学论述和思考，而我在本文的讨论仅限于哲学和历史的思考和方法。

[7] 在那篇论文中，我使用"婚外"（extra-marital）一词指涉所有的非婚姻性行为；在本文中，我将以该词指涉通奸的性行为，"非婚姻"性行为的一个子类。

现友谊的共同善"。[8] 那篇论文接着思考了为什么同性恋行为"从来都不是一种有效的、从人性的角度可以接受的选择和生活方式",为什么同性恋行为被(正当地)"谴责为对人的本性(human character)和人际关系的败坏"。主要原因我总结如下:

> 同性恋行为对待人的性能力的那种方式,对共同体那些愿意致力于真正婚姻的成员的自我理解深怀敌意,因为那些成员如是理解:真正婚姻的性欢愉不是完成婚姻责任的纯粹工具或伴随物,或对之纯然的补偿,而是能够使配偶双方**实现并体验**他(她)们共担那些责任、共享那种真正的自我奉献的明智承诺。[9]

为了强调这一点,我补充道:

> ……促进和参与同性恋行为的审慎意愿,事实上是对性交内在适宜性的一种持续否定,否定性交实现并在实现的意义上表达婚姻——本身就是好东西——的排他性和无限期/开放式承诺(open-ended commitment)的内在适宜性。[10]

因此,同阿奎那和格里塞茨一样,我主张:对同性恋性行为和其他非婚姻性行为的赞同,不只在最终不能够完成(consummating)或实现人类婚姻之善这一意义上是非婚姻的,而且,实际上与那种善"相反"或"违反了"那种善。[11]

现在,安德鲁·科佩尔曼提供了一种对阿奎那、格里塞茨和我的批判,356

---

〔8〕 1994b("Law, Morality, and 'Sexual Orientation'") at 1065.
〔9〕 Ibid. at 1069.
〔10〕 Ibid. at 1069-70.
〔11〕 我同时表明包括同性恋在内的非婚姻性行为是不道德的,因为这违反了内在的正直(inner integrity),而且意味着更偏爱对基本人类善的虚幻例示——相对于那一基本人类善或某种其他的人类善的真实例示而言: ibid. at 1069. 我的立场的这些要素在 Lee and George, "What Sex Can Be: Self-Alienation, Illusion, or One-Flesh Unity" 中得到进一步发展。此处,我将很少评价它们或对它们只字不提。但请注意,科佩尔曼对关于不正直论证(argument about disintegrity)的陈述(Koppelman, "Is Marriage inherently Heterosexual?"在第 143、144 个注释之间的文本)误解了它。

该批判完全忽视了这一核心论证。[12] 科佩尔曼为阿奎那构建了一种性伦理学，这种性伦理学建立在关于尊重"万物之自然秩序"或"正常状态"的所谓原则的基础上，而这些所谓原则与阿奎那在他关于为什么一些性行为在道德上不可接受的说明中实际采用的那些原则关系不大。科佩尔曼说（第41页）"[阿奎那的]论证中致命的漏洞……是他不能指出哪种人类善会因同性恋行为而落空"，但他从未提及阿奎那对婚姻之善的论述，或阿奎那的这一命题，即道德上恶的性行为（morally bad sex）与婚姻之善背道而驰。或我自己的类似命题。同样地，当科佩尔曼援引格里塞茨的许多片段时，他忽略了提及格里塞茨的主要命题和论证。他强加给格里塞茨和我一种有关性与快乐（以及"体验机器"）的论证，那是一种他在很大程度上从（我的大部分）早期哲学作品的只言片语中构建的论证，而在我早期的那些哲学作品中，性道德并不是问题的关键。像他倚重的两位学者约翰·努南（John Noonan）和约翰·博斯韦尔（John Boswell）一样，科佩尔曼没有意识到，阿奎那对其中性可以是为了**追求快乐**的那些完全不同方式的论述，阐明了婚姻之善以及婚姻之善可能被违反的种种方式的整个问题。[13]

科佩尔曼论文的大部分内容我将鲜少提及。任何人都无需因该论文的下述种种而耽搁：它关于（"达尔文"）进化论与阿奎那上帝存在的第五种论

---

[12] "Is Marriage Inherently Heterosexual?"；文中括号里的数字是他文章的页码。

[13] 当我写作1994b（"Law, Morality, and 'Sexual Orientation'"）时，我当时绝没有像我写作 *Aquinas* 第5章第4节时那样，敏锐地意识到阿奎那对婚姻之善的论述力量。

证*之间假定的不兼容性的反思;[14] 或它对罗恩·加雷特（Ron Garet）自创的神圣恩典目的论的采用；或它对那些关于参与同性恋行为的选择对性格、家庭[15]和社会产生的种种影响的心理学文献的零星评论；或它对以下显然诡辩的观点（sophistical argument）出色地、尝试性地重述，即那些承认婚姻是

---

* 阿奎那关于上帝的存在一共有五种证明方式，前四种是宇宙论证明，第五种是目的论证明。这五种证明方式简述如下：第一种，既然世间万物的运动均受其他物体推动，则在万物之后必有一终极存在者，它本身不被推动，却推动其他事物，这个终极动力源就是上帝；第二种，既然世间万物都有自己的原因，则向前无限回溯必有一终极因，它既是自己的原因，又是万物的原因，这一终极原因就是上帝；第三种，既然世间万物都是偶然和可能的存在，则必然有某种绝对和必然的存在作为万物终极的根据，这个绝对和必然的存在就是上帝；第四种，既然世间万物都具有不同程度的完善性，即有缺陷的完善性，则必定存在最完善者作为世间万物的判定标准，这最完善者或曰至善就是上帝；第五种，既然世间万物的活动都指向一个目的，以便求得最好结果，则必然有一个智慧者，为万物制定目的，并使整个世界具有一种合目的性，这个智慧者就是上帝。——译者注

[14] 把科佩尔曼在第71页第94个注释中的表述，与达尔文的朋友兼同事、美国著名植物学家和进化论者阿萨·格雷（Asa Gray）在1874年的表述作一比较："让我们承认达尔文在使目的论复归自然科学方面对自然科学所作的伟大贡献；以便代替形态学（Morphology）与目的论两相对峙的状态，我们将把形态学与目的论结合起来。"而且达尔文如是回应："关于目的论，你所说的一切尤令我愉悦，我不认为任何其他人已注意到了这一点。"想要了解相关来源和问题来源以及富有启发性的讨论，参见 Kass, "Teleology and Darwin's *The Origin of Species*: Beyond Chance and Necessity?" at 97-8. [And see essay V. 1 (2009c), sec. I.]

[15] 科佩尔曼不止一次援引帕特森（Patterson）的文章"Children of Lesbian and Gay Parents"，作为支持他如此表述的权威："研究……已经发现"，例如"同性夫妇抚养的孩子发展得和……异性夫妇抚养的孩子一样好"（第58页第34个注释、第64页第66个注释）。这一"发现"的基础之薄弱甚至在帕特森自己的文章at 1028-1029 and 1036中也有所表述：有关这些问题的系统经验性研究只是刚刚开始……在这一领域［即男同性恋父亲］的研究仍然相当少见……迄今为止研究的优势一直集中在儿童身上：这些儿童或出生于异性恋婚姻的背景，或其父母离异，或他（她）们的母亲们已承认她们自己是女同性恋者……两份报告（McCandlish, 1987; Steckel, 1987）关注的是，在女同性恋关系持续发展的背景下，女同性恋者生下的儿童。对于（Of）［原文如此］许多其他的方式——儿童们可能被女同性恋者或男同性恋者双亲以这些方式抚养成人［例如，通过寄养的父母（foster parenting）、领养的父母（adoptive parenting）、父母共同抚养或多父母计划］，尚未出现系统的研究……大部分［研究］把两种家庭的儿童加以比较：一种是在离异的、以女同母亲为家长的家庭（divorced lesbian mother-headed families）中的儿童；另一种是在离异的、以异性恋者母亲为家长的家庭中的儿童……现有研究的一个特别明显的弱点是，大多数研究都倾向于进行这样的比较：把一组离异的女同母亲——她们中的许多人正与女同伴侣们生活在一起——的儿童们的发展情况，与一组离异的异性恋母亲——她们目前没有和异性恋伴侣生活在一起——的儿童们的发展情况相比较。

如今，正如离异对儿童证据充分的不良影响一样，社会学研究可能需要几十年时间才能赶上现实，赶上总是可预测且通过反思性和道德上敏感的常识预测的现实。

或将婚姻定义为男人与女人之间的一种关系的法律[16]是以性别为由的非理性歧视。[17]然而，人们可以从观察传统性伦理学如何可能被，以及如何被那些以或多（博斯韦尔和科佩尔曼）或少（努南）激进的改革之名批判它的学者全面彻底的误述中学到一些东西。在第二节和第三节中，我将思考这种批判。在第四节中，我将勾勒一种重述传统性伦理学与婚姻之善关系的论述。在第五节中，我将谈谈关于同性对婚姻夸张的描述或模仿。

II

在约翰·努南那本极富影响力的《避孕》一书中——该书表明他对阿奎那作品的熟悉程度远甚于对博斯韦尔或科佩尔曼作品的熟悉程度。他声称，对阿奎那而言，在婚姻性交中寻求快乐是一种罪过，"至少轻微可原谅的"罪过。[18]

事实上，这一点很清楚，即阿奎那认为对享受婚姻性交之快乐的愿景感

---

[16] 本文中，我将不考虑法律是什么或应当是什么。想要了解更多信息以及对这些问题的良好判断力，参见 David Orgon Coolidge, "Same-Sex Marriage? *Baehr v. Miike* and the Meaning of Marriage".

[17] 一旦人们意识到"以性别为由而歧视"主要是以下内容的简略形式，诡辩就很容易被识破："歧视女性（并支持男性），因为她们是女性；或歧视男性（并支持女性），因为他们是男性。"当然，反歧视法律典型地（有时正当地）包含"歧视"的某些次要形式，即人与人之间基于或因为某些特征（而非男性或女性）的差别，这些特征事实上为男性［或者，视具体情况而为女性］所独有或不相称地拥有。但是，即使这种次要意义的"以性别为由而歧视"仍然无关将丈夫与妻子之间的关系从所有其他的关系形式中区别出来——理由是只有丈夫—妻子的关系可能是**婚姻**（而且这种婚姻应得到某种程度的法律支持，而这种法律支持是其他伙伴关系所得不到的）。科佩尔曼，在他关于"反性别歧视法律的根本目的"的评论中，以及在其面对这一思想即"对同性恋者的歧视无关性别歧视本身"的明显不安中，在某种程度上承认了这一点，in Koppelman, "Three Arguments for Gay Rights" at 1662 and n. 113. 这些论述，即把婚姻与异性恋或同性恋的非法同居相区分本质上是有利于男人的歧视，是一种绝望的迹象。

[18] Noonan, *Contraception: A History of Its Treatment by the Catholic Theologians and Canonists*, 250（这样一种观点，即"把在性交中寻求快乐的意图标记为轻微可原谅的……为托马斯……在 *On the Sentences* 4. 31. 2. 3 中……所坚定主张"）；294（"按照托马斯的观点，为什么寻求快乐至少是轻微可原谅的罪过？"）；295.

兴趣或受之鼓舞完全合理。[19] 努南非常清楚这一点。因此，他坚持认为，阿奎那只是在关于寻求性快乐的正当性方面自相矛盾（在几页之内！）。[20] 根本就不存在这样的矛盾。为支持他的这一主张，即阿奎那拒绝把性快感作为婚姻性交的正当动机，努南援引的唯一文本是这样一个文本，这个文本相当明确地涉及了一个完全不同的问题：把性快感作为一个人性交的**唯一**动机是错误的吗？[21] 答案为：是的。但是，只有认真地解释了"把快感作为一个人**排他性的**动机"意味着什么之后，才能够作出这样的回答。就配偶双方之间的性交而言，那意味着两种情况中的一种或另一种，阿奎那如是说。最好的情况是，一个人对关于其配偶的任何事情的兴趣或关心同他会对一位娼妓或舞男的关心一样；[22] 换句话说，一个人的性活动所寻求的，并非表达对是其配偶的那个人的情感或承诺，而是获得快乐。它是去人格化的（de-personalized），也是去婚姻化的（de-maritalized）。还有一种更糟糕的情况：一个人是如此只关心快乐，以致他**会情愿**和某个别的性感且可得的人性交，即使

---

[19] See *Sent.* IV d. 31 q. 1 a. 1 ad 1（=*Supp.* q. 49 a. 1 ad 1）：正如饥饿使我们对进食产生兴趣，因此，为使我们对从事生育类型的行为感兴趣，神意已把快乐附加于婚姻性交；d. 26 q. 1 a. 4 obj. 5 and ad 5（=*Supp.* q. 41 a. 4 obj. 5 and ad 5）；*Supp.* q. 65 a. 4 ad 3（cf. *Sent.* IV d. 33 q. 1 a. 3 sol. 2 ad 3）. 道德上美满的婚姻性交与其他性行为共享性高潮快感的选择和目的：参见 *ST* II–II q. 152 a. 1c. See also *Ver.* q. 25 a. 5 ad 7：当正当欲求的东西已为理性所确定［即我们之间的性交一旦适合作为一项婚姻**忠贞**的行为］，那么，即使一个人对之生发了肉体的欲望，这一切也没有什么不道德的。一般而言，"道德上的善的部分完满是指，一个人不仅被他的意志，而且被他的感官欲望、他的肉体推向这种善［一项具体行为关切的善］"：I–II q. 24 a. 3c. 而且普遍而言，"我们欲望的力量被引向那在官能上令人愉快的东西符合理性秩序，这一点对作为理性动物的我们是自然而然的"：*Mal.* q. 4 a. 2 and 4 [or: ad 1].

[20] *Contraception*, 294（"在［阿奎那的］表述——神意图使性快感成为一种诱因，［*Sent.* 4.31.1.1］——与［他的］这一表述即在婚姻中为了性快感而行为是邪恶的［*Sent.* 4.31.2.2］之间存在一种矛盾"）。努南提出要为阿奎那解决这一矛盾，他建议阿奎那应当——根据他自己的原则——放弃上述两种［可疑的/所谓的］表述中的第一种表述（努南奇怪地认为，第一种表述"是对亚里士多德原则的背离"）！（*Ibid.*）

[21] *Sent.* IV d. 31 q. 2 a. 3（=*Supp.* q. 49 a. 6）：争论中的问题在那一节的开篇被定义为：在何种程度上，"某人和他的妻子性交，**不意图那种**［或：一种］**婚姻之善**，而**只是**意图快乐"，某人是有罪的。对作为唯一动机的快乐的提及，在整个讨论中一再被重复（see objs. 1, 2, and 4），尽管对"为了快乐"的偶尔提及（e.g. obj. 3）表明，在这一语境中，后一短语在狭义上被视为与"只为追求快乐，而对婚姻之善不感兴趣"相等同。

[22] *Sent.* IV d. 31 q. 2 a. 3（=*Supp.* q. 49 a. 6）ad 1："唯一的事情是，如果他的妻子像关注她自己一样关注对方。"（"nihil aliud in ea [sc. uxore] attendit quam quod in meretrice attenderet."）

419

那人不是其配偶。在这种情形下，受快乐驱使的去人格化和去婚姻化已经走得如此之远，以致一个人的性行为即使事实上是与其配偶一起做的，但也是一种通奸，一种对婚姻之善的严重违反。

这就是阿奎那通过做爱正是"为了快乐"，即**纯粹**为了快乐——**只为快乐**，所意味的东西。他对这些去人格化和去婚姻化的性行为的谴责，完全兼容他的一贯命题，即快乐是从事婚姻性交的一种适当的、事实上由神意所规定的[23]动机。此外，阿奎那对去人格化的性的异议，与快乐没有任何排他的联系，也没有表明对快乐有任何特别的怀疑。因为他清楚地表明，每当一个人参与性交的动机**纯粹**是其健康，[24] 或**纯粹**是"败火"，即减少婚外性行为对其的诱惑，都存在相同类型的不道德——轻微或严重，取决于其行为去婚姻化的程度。[25]

在对这种性不道德的主要讨论的末尾，阿奎那说，**在这样一种行为中**，[26] 一个人"变成了'一切动物'"。[27] 努南对阿奎那有关性的整个说明有着深远的误解，这种误解的一个迹象标志是他的如下评论（援引这一段落）：阿奎那——

> 在性行为的影响方面以奥古斯丁为师。他重复着奥古斯丁的警句，即在交媾中，人"变成一切动物"。[28]

然而，即使在奥古斯丁那里，这一"警句"关切的也不是交媾（性交）——它可能在道德上善或恶，而是**不道德的**性行为：在奥古斯丁的相关段落中，不道德的行为是通奸（尤其是，尽管不只是作为卖淫者通奸，或与

---

[23] 参见上述第19个注释。

[24] *Sent.* IV d. 31 q. 2 a. 2（=*Supp.* q. 49 a. 5c）ad 4.

[25] *Ibid.*, ad 2.

[26] *Sent.* IV d. 31 q. 2 a. 2（=*Supp.* q. 49 a. 6c）ad 4："在那种行为中"；*illo*（"那"）重新提及异议，该异议把所讨论的那（些）种类的行为定义为"只是出于性欲［或肉欲］"和一个人的配偶做爱。

[27] *Contraception*, 254. 这一努南没有识别的内部引语，是一种奥古斯丁惯用的中世纪释义，*Sermon* 162（al. frag. 3 n. 2），*PL* 38 col. 887（"与此同时，人们知道所有的肉体都是一样的"）反思了为什么圣保罗在《哥林多前书》6：18将通奸考虑为一种违反一个人自己身体的罪。

[28] *Ibid.*（对 ad 3 的引用是对 ad 4 的疏忽）。

卖淫者通奸）；在阿奎那处，正如我们已看到的，不道德的行为是和其配偶做爱，却好似配偶是一位男妓或娼女。阿奎那看得通透：真正的婚姻性交行为非但不会使配偶双方变成"一切动物"，反而增进他（她）们与上帝的精神友谊（spiritual friendship，又译：属灵的友谊）。[29] 这样一种误读预示着努南对阿奎那性伦理学——事实上，对整个传统性伦理学——理解的坏兆头。

努南关于快乐作为一种动机的错误与一个更重要的命题——也是一个更深远的错误——紧紧联系在一起。他说，阿奎那——

> 在捍卫这样一个命题，即只有生育的目的才能成为交媾的理由……交媾自然是为生育而不是为别的什么而规定的。[30]

科佩尔曼也主张，对阿奎那而言，"生育……是人类能够利用他（她）们的性能力追求的唯一的善"，而且渴望其他的善是不自然的。然而，正是努南此处援引的这一段落，足以驳倒努南和科佩尔曼二人的主张。因为这个段落事实上在为一个相反的主张辩护：婚姻性交，**不仅**通过配偶双方对子女（生育）之善的趣味，**而且**，二者择一地，通过他们对阿奎那谓之**忠贞**（fides）之善的趣味，取得正当性——婚姻性交正当性的取得是通过——

---

[29] *Sent.* IV d. 26 q. 1 a. 4c（= *Supp.* q. 41 a. 4c），一段努南从未援引过的文本，尽管该文本是最重要的，而且包括正是对与后来 *Supp.* 49.6 中 "一切动物" 那一段落完全相同的问题的论述。整个问题已（大约在阿奎那这些作品之前四十年）在哈尔斯的亚历山大（Alexander of Hales）（其作品影响了阿奎那）对伦巴第人的精彩阐述中足够清楚。*Sent.* IV d. 31 para. 10f（与婚姻行为的价值有关）："尽管在婚姻性交中比在通奸中有更多的**统一**，却没有更多的**淫荡**；因此'人是一切动物'，是在情欲的行为中，**而不在婚姻行为中**。"还有一个段落，阿奎那在该段落中采用了这一短语，即 "整个人肉变"（"totus homo caro efficitur"）：*Sent.* IV d. 27 q. 3 a. 1 sol. 1c（= *Supp.* q. 66 a. 1c）。此处，那 "使人成为一切动物" 的东西不再是交媾本身，更不消说是真正的婚姻性交，而是**欲望**（concupiscentia），那引诱怂恿人们重婚的情欲；那种情欲可能完全不在那些满意其妻子的人身上，也不一定出现在那些其配偶死亡后合法再婚的人身上〔参见 *Sent.* IV d. 42 q. 3（= *Supp.* q. 63）a. 1c；然而，在关于教士圣职授任种种限制——在 *Supp.* q. 66 a. 1 中有所思考——的中世纪教会法规的特定语境中，即使合法的再婚也仍被视为：(1) 有瑕疵的，作为基督与其教会统一的标志是有瑕疵的；以及类似的 (2) **与公示语相似**（in the order of public signs），对没有免于那 "使人成为一切动物" 的情欲的暗示，即使事实上在既定情形中并不存在这样的情欲〕。

[30] *Contraception*, 242, 援引 *Sent.* IV d. 31 q. 2 a. 2〔*Supp.* q. 49 a. 5〕。Jordan, *Invention of Sodomy*, 156, 犯了同样的根本错误，这个错误同样与他自己的（类似）错误——阿奎那有关性快感强度的观点（143, 156）——相联系：参见下述第 52 个注释。

关涉婚姻性交行为的上述**两种**婚姻之善［不同于（基督徒）婚姻的第三种善：神圣盟约（sacramentum）］的任意一种。因此，当配偶双方怀着生育孩子的希望，**或者**以便他（她）们可以给予彼此每个人有资格获得的东西——它是一个**忠贞**的问题——而一起［从事性行为］时，他（她）们［每个人］都完全免于了不道德行为。[31]

事实上，在同一个段落中，阿奎那补充道：如果配偶双方性交只是出于生孩子的自然冲动，那么，他（她）们的行为在道德上是"不完美的，除非它被进一步导向**某种**婚姻之善"。[32] 换句话说，交媾自然地是为**婚姻**而不是别的什么安排的；而婚姻，正如阿奎那一贯教导的，是为某种除生育之外的东西——另一种特定的婚姻之善而安排的。[33]

这种婚姻之善是什么？即使阿奎那谓之子女（**后代：生育**）的婚姻之善不被意图或不可能时，他仍将之视为一种善，而且是婚姻性交的充分动机。那种东西，诸如那种能够使已婚夫妇，（正如阿奎那所言）在禁欲期后"怀着喜悦"重新恢复婚姻性交的东西是什么？在阿奎那所遵循的传统中，它是众所周知的**忠贞**（fides）。这是表示忠诚（faith）或忠实（fidelity）的词，但是，阿奎那在婚姻的语境中对其的解释，明确了它不能被安全地译为"忠实"。因为，在现代英语中，"忠实"意味着真实但消极的不是不忠诚——不行通奸——之善。但是，在阿奎那处，**忠贞**也是一个动机。事实上，在被努南部

---

[31] *Sent.* IV d. 31 q. 2 a. 2c ［*Supp.* q. 49 a. 5c］.

[32] *Supp.* q. 49 a. 1 ad 1. 脱离上下文，前一句可能被误读为断言了：婚姻性交肯定由实际或习惯的意图导向子女，导向那被认为属于婚姻之善的子女。但是，阿奎那说这一点仅仅是因为他正在考虑碰巧受原始自然的**生育本能**推动的配偶双方的情形；他说，这些配偶某种程度上会不道德地行为，除非他（她）们把自己的本能与生养孩子——朝着人的实现的方向受教育——这一可理解的**婚姻之善**结合起来。

[33] 想要了解一种本着阿奎那精神的当代观点，也就是即使已婚人士撇开婚姻本身之善、**纯粹**出于怀孕之目的而参与性交或其他行为，也是不道德的，参见 George and Bradley, "Marriage and the Liberal Imagination" at 305 n. 19（论亨利八世）。

第22篇　性与婚姻：一些迷思和理由

分忽略和部分误解的一系列段落中，[34] 阿奎那指出，它是在**每一**真正的**婚姻性交**行为中都存在的动机，而其他动机诸如生育则有时存在，有时不存在。

忠贞是配偶双方中的每一个人"忠于"（accedere）[35]另一个人而且没有其他任何人——确切地说，**是在婚姻上**，因而**在肉体上与**另一个人而不是其他任何人**结合在一起**的倾向（disposition）和承诺。[36] 除了**不在婚姻上**，或以

---

[34]　*Sent.* IV d. 31 q. 1 a. 2 and q. 2 a. 2（=*Supp.* q. 49 a. 2 and a. 4）. 努南在《避孕》一书的第285页援引这两个段落的第一个段落后，主张道：阿奎那谈及的是"婚姻生活"（matrimony）——**不是婚姻性交**——……"就该行为本身而言，它在其所属的类当中是好的，因为它属于正当的事情；因而这里把'忠实'确定为一种婚姻之善，凭此一个男人靠近他自己的妻子而非另一个女人。"这种分析似乎可以转移至对性交行为的分析。（*On the Sentences* 4. 31. 1. 2 [=*Supp.* 49，2]）.

　　的确，这种分析是可以这样转移的。然而，根据努南的说法（**同上**），阿奎那（未曾讨论这一问题）认为它是不可转移的，"这种分析不适用于交媾"。但实际上，在 *Supp.* q. 49 a. 4（*Supp.* q. 49 a. 2 之后的那页），阿奎那明确断言它是可转移的——关于适用于婚姻的婚姻"诸善"的分析正适用于性交，当如此适用时，这种分析也证实了为什么婚姻性交是合宜的、善的、在道德上正确的且值得称赞的。这第二个段落处理的正是这一问题，即"婚姻行为是否能够通过**前述诸善**完全确定其正当性"，**前述诸善**即在 a. 2 中识别的并在 a. 2 和 a. 3 中予以讨论的婚姻诸善。a. 4 中的回答**集**，毫不含糊地回答道，"前述诸善"——正是在 a. 2（努南援引的那节）中被命名的那些善——使行为善，也就是使行为完全免于不道德。"这是**在婚姻行为中忠贞**以及子女所做的事情，**正如上面所提到的**。""以上"，正如编辑所同意的那样，意指 a. 2。因此，努南不仅忽视了 a. 4c，而且误读了 a. 2c，因为他理解 a. 2c 的短语"就行为本身而言"仅涉及结婚的行为，然而，它事实上扩展到婚姻性交行为（尽管该行为不是 a. 2 的主要话题，正如它是 a. 4 的主要话题）。令人诧异的是，《避孕》从未援引 a. 4c，而该书几乎援引了与 a. 4c 相邻的前面诸节——q. 49 a. 1（两次），a. 2（两次）——以及相邻的后面诸节——a. 5（四次），以及 a. 6（五次）。该书甚至援引了 a. 4 ad 3——对所讨论的那节的第三个异议的回答——距离关键性文本两寸。但是，那个文本——主题、问题以及答复的正文——完全没有提及。相邻的前一节 a. 3 的情况亦如此，a. 3 也教导了努南正在否定的东西，即对阿奎那而言，**忠贞**是一种善，不仅属于婚姻本身，而且属于婚姻性交行为（*ad usum matrimonii*）。另外，正如我们在上面看到的那样，当他援引 a. 5 时，他主张 a. 5 说的与它实际说的内容（"或为生育，或为**忠贞**"）恰好相反（"只为生育"）。

[35]　*Accedere* 围绕着"紧贴"（approach）和"坚守"（adhere to）有多种意思，而且，重要的是包括"与……性交"（正如在通奸中：I-II q. 73 a. 7c; *ScG* III, c. 122 n. 1 [2947]）. 其关于婚姻**忠贞**的意思，显然极相似于其在阿奎那诸核心神学命题中的一个命题的意思，这个命题即正是通过**忠贞**，一个人才能够追随（accedere）上帝 [*Sent.* IV d. 45 q. 1 a. 2 sol. 1c（=*Supp.* 69 a. 4c）; *ST* I-II q. 113 a. 4c; II-II q. 7 a. 2]; 而且它几乎与**执着**（*adhaerere*）同义，通过这种执着，男人和女人离开他（她）们各自的父母，"忠于彼此，并使两个人合成一体/合二为一"。（Genesis 2：24; Matthew 19：5）: See *ST* II-II q. 26 a. 11c and ad 1 and ad s. c. [4].

[36]　*Sent.* IV d. 31 q. 1 a. 2c（=*Supp.* q. 49 a. 2c）（参见下述第 39 个注释）; *In I Cor.* 7. 1 ad v. 2 [318].

任何其他方式在性方面与任何非其配偶的人结合在一起的消极承诺（"忠实"），[37] **忠贞**实际上在更根本的意义上还包括一个积极的承诺和意愿，一个**支持**行动的理由。[38] 这不啻理解阿奎那对性道德所作说明的钥匙。事实上，当我们选择参与婚姻性交时，甚至在那些我们也明确或含蓄地希望生育的时候，**忠贞**是（debita materia［circa quam］）典型的最接近的目的，或我们正在进行的"合适的事情"。[39] 积极层面上的**忠贞**是以**联合**（*societas*）和友谊[40]——我们谓之婚姻——的独特形式属于其配偶，并在灵魂**与肉体**上与其配偶结合在一起的意愿和承诺。[41]

这一**联合**是一种独特的关系类型；它是其双重要旨（边界）（finis）的统

---

[37] 在真实的、核心情形的婚姻中，这一承诺，在排除了终其一生与任何非其配偶的人进行任何性行为的意义上，是完全开放的/无限期的（completely open-ended）。

[38] *Sent.* IV d. 31 q. 1 a. 2 ad 3（= *Supp.* q. 49 a. 2 ad 3）："正如婚姻中涉及的允诺包括配偶双方中的每一方都不会上任何其他人的床，因此，它也包括这一点：他（她）们在婚姻性交中**会给予**彼此适当的身体配合——而且**这后一方面是更为根本的**［原则］（principialius），因为它正是从每一方赋予另一方的相互权势（mutual power）中推断而出的。因此［这两种义务的：积极的和消极的］每一种都是一个**忠贞**的问题。"

[39] *Sent.* IV d. 31 q. 1 a. 2c（= *Supp.* q. 49 a. 2c）：［婚姻性交的］行为在道德上是一种好的类型的行为，因为它有一个适当的目标，即**忠贞**；凭靠它，男人忠于他的妻子，而不忠于其他女人［而女人也忠于她的丈夫，而不忠于其他男人］［想要了解 *supra debitam materiam*（**适当的主题/正确的事情**）的翻译，参见 *Sent.* II d. 36 a. 5c；*Mal.* q. 2 a. 4 ad 5 and ad 9, a. 6c and a. 7 ad 8, q. 7 a. 1c, and q. 10 a. 1c；*ST* I–II q. 20 a. 1 and a. 2］；and see *Sent.* IV d. 31 q. 1 a. 1c and a. 2c（= *Supp.* q. 49 a. 4c and a. 5c），那里在 *Sent.* IV d. 31 q. 1 a. 2c（= *Supp.* q. 49 a. 2c）中所说的、与婚姻本身有关的**忠贞**的本质和善的内容，显示其同样明确地适用于性交的"婚姻行为"中。

[40] *Sent.* IV d. 41 q. 1 a. 1 sol. 1c（= *Supp.* q. 55 a. 1c）。*In Eth.* VIII. 12 nn. 18-24［1719-24］从**友谊**的角度解释了共享美德（shared virtue）中的整体正义、有用性、欢愉（delectatio in actu generationis）以及快乐（amicitia iucunda）；这种共享美德能够在好的婚姻中、在有着互补角色之划分的好的婚姻中有所发现。*Sent.* IV d. 33 q. 1 a. 1c（= *Supp.* q. 65 a. 1c）恢复了这种论述：当它把**忠贞**视为婚姻的两种自然的善和目的中的一种时，它恢复了这种论述。因此，**忠贞**本质上是夫妻间的友谊。

[41] *Sent.* IV d. 33 q. 1 a. 1c and a. 3 sol. 3c（= *Supp.* q. 65 a. 1c and a. 5c）。

一，即生育、养育、教育孩子和充分共享家庭生活的统一。[42] 它是一种伴侣关系，阿奎那认为，这种伴侣关系应当是：

> 最伟大的友谊，因为他（她）们彼此不仅在性交——甚至在更低等的动物中也创造了一种愉快的（suavis：甜蜜的）**伴侣关系**——中，在肉体结合的行为中彼此结合在一起，而且在互助中，在共享整个家庭生活方式中彼此结合在一起。[43]

因此，**忠贞**是许多合作行为的一个动机、一个理由；而这些合作行为为共享婚姻家庭的"完整生活"所固有或难以避免。作为一种**支持**选择参与婚姻性交行为的理性**动机**，我们可以说，忠贞只是预期之善（the intended

---

[42] *Sent.* IV d. 27 q. 1 a. 1 sol. 1c（＝*Supp.* q. 44 a. 1c）：婚姻定位于"某一个事情"，但这个事情是两个事情，这两个事情中的每一个在根本上既统一又相互加强，它们一起作为婚姻的要旨：**生育和教育子女**（una generatio et education prolis）和**家庭生活**（una vita domestica）。婚姻的上述两种"目的"界定了它，但是，还存在内在于它的其他益处（其他除互助之外的"次要"目的）；其中一种益处是，通过连接两个家庭的、非乱伦的婚姻所带来的友谊的倍增：*Sent.* IV d. 40（＝*Supp.* q. 54）a. 3c. 但是，这些补充性的次要目的或益处的最重要或最本质者，是"疗愈一个人的情欲"（remedium concupiscentiae）：d. 33 q. 2 a. 1（＝*Supp* q. 67 a. 1）ad 4. 这不只是提供性释放的问题；相反，只是"被给予一个发泄出口"的性欲只是在力量上增长了［*ST* II-II q. 151 a. 2 ad 2；a. 3 ad 2；*Sent.* IV d. 2 q. 1 a. 1 sol. 2c；d. 26 q. 2（＝*Supp.* q. 42）a. 3 ad 4］. 更准确地说，（且至关重要的）它是融性欲与理性为一体的事情，它是当一个人为了实现和体验婚姻之善，即为了为人父母和/或婚姻**忠贞**而选择性交时所做的事情。当性行为通过与婚姻诸善一体化而由此成为婚姻性行为时，它就通过被赋予了明智的意义而得到"治愈"，之后，它能够给予的满足的确"约束了"现在受理性（理由）引导的性欲：d. 26 q. 2（＝*Supp.* q. 42）a. 3 ad 4. 通过与理性融为一体如此"受约束的"性欲，可以在那种最强烈的满足（快乐）中得到释放：*ST* I q. 98 a. 2 ad 3.

[43] *ScG* III, c. 123 n. 6［2964］. 论夫妻间的友谊/爱——配偶双方之间的相互爱慕甚或爱情事件（mutua amatio），与那配偶双方所独有的婚姻益处的、生活中的互助之间的密切联系，参见 *Sent.* IV d. 26 q. 2（＝*Supp.* q. 42）a. 2c；d. 29 q. 1 a. 3 sol. 2（＝*Supp.* q. 47 a. 4）ad 1. 论互助与子女之善（如此，前者可能被视为一种次要目的隐含于后者之中）之间的密切联系，参见 *Sent.* IV d. 31 q. 1（＝*Supp.* q. 49）a. 2 ad 1. 论配偶双方之间适当存在的爱——人类所有爱的形式中最强烈者，也参见 II-II q. 26 a. 11c；*In Eph.* 5. 9 ad v. 29［328］. 论婚姻性交（**总是被理解为对共同承诺——承诺一种共享的以及凡有可能生儿育女的生活——的一种持续、表达和体验**）作为夫妻间友谊的一种原因，参见 *Sent.* IV d. 41 a. 1 sol. 1c（＝*Supp.* q. 55 a. 1c）；作为爱的一种原因，参见 *ST* II-II q. 154, a. 9c；作为配偶双方之间爱的主动机，参见 II-II q. 26 a. 11 ad s. c.［4］. 想要了解阿奎那对激情之爱的**结果**的卓越分析，一种对配偶之爱——作为婚姻性交的适当原因——的范式的含蓄而明显的分析，参见 I-II q. 28 a. 5c. 论美作为性吸引力的一种适当原因（appropriate occasion），可能适当地导向考虑婚姻；这样的婚姻可能是好的婚姻（而且比肉体之美长久），参见 III *Sent.* d. 2 q. 2 a. 1 sol. 1c.

good）：体验并以一种特定方式实现，[44] 而且使一个人的配偶能够体验并以一种特定方式实现婚姻之善，我们的婚姻——那恰好作为在**这样**一种排他且永恒的合作关系中，我们彼此委身、[45] 彼此相属的婚姻——之善。[46] 在这样的行为中，我们每个人都有权获得另一方的合作，假如不存在任何理由[47]弃权的话。因此，真正的婚姻性交确实是一种正义的行为，一种给予彼此能够合理地**期待**被给予之东西的行为。[48] 而且，这并没有阻止它也成为一种爱的行为。[49] 真正的婚姻性交是那种我们可以怀着喜悦参与的行为；[50] 这一事实，即它能够给予所有肉体快乐中最强烈者[51]的事实，绝

---

[44] 请注意，说婚姻性交实现了婚姻并不表示说，已经通过这样的性交完成的婚姻，不可能以许多其他方式得到真正适当的和充分的实现。

[45] See *ScG* IV, c. 78 n. 5 [4123]：**忠贞**，男人与妻子由此委身彼此的忠贞。

[46] 因为婚姻是那类统一于单一的、基本的人类善并由这种善规定的关系，因此即使这一复杂之善的某个方面碰巧难以实现，它也是有意义的。因此，一个男人和一个达到生育年龄的女人可以结婚，而且因为婚姻**忠贞**之善，他（她）们性欲的结合使得他（她）们的婚姻性交合理，且在道德上是善的：*Sent.* IV d. 34 a. 2（=*Supp.* q. 58 a. 1）ad 3.

[47] 例如，任何一方的健康状况：*Sent.* IV d. 32（=*Supp.* q. 64）a. 1 ad 1 and ad 2. 当然，婚姻本身的双面之善为配偶双方放弃性交提供了许多理由，许多没有创造力（without invention）本身即可理解的理由，诸如当他（她）们中的任何一方不情愿或身体不舒服，或他（她）们没有合适的时间或个人小天地，或克制（性交）一段时间会增强双方的满意度，等等。

[48] *Sent.* IV d. 26 q. 1（=*Supp.* q. 41）a. 4c；d. 31（=*Supp.* q. 49）a. 2 ad 2；see also d. 38 q. 1 a. 3 sol. 2（=*Supp.* q. 53 a. 1）ad 3.

[49] **忠贞**所适用（serves）的配偶双方的相互承诺，正是爱的纽带（*In Is.* 7 ad v. 14 line 436）；事实上，"配偶"是一个用来意指爱的词汇（*In Matt.* 9 ad v. 15 [769]）. 鉴于**忠贞**不只是消极的而且也是积极的，所以谈论伟大的**忠贞**就是谈论伟大的爱：参见 *ScG* III, c. 123 n., 8 [2966]. 亦参见上述第 43 个注释。

[50] *In I Cor.* 7. 1 ad v. 5 [325]. 请注意：这一思想，即一直克制性爱的配偶双方会怀着喜悦重返婚姻性交，是阿奎那自己的贡献，不是他那里评论的文本所建议的；想要了解这一思想的其他来源，参见 *ibid.*, ad v. 2 [319]；I-II q. 105 a. 4c（论《申命记》24：5）。

[51] II-II q. 152 a. 1c; and see *Quodl.* XII q. 13 a. lc；q. 14 a. un. c [l. 53]. 顺便说一句，请注意，诉诸 11 世纪波斯的博学之士阿维森纳（Avicenna）证词的阿奎那，理所当然地认为，在婚姻性交中，女人内心里并不被如此强烈以致其子宫颈临时打开的性高潮的快感所频繁感动：*Sent.* IV d. 31 a. 3 ex.

不使它变得不合理;[52] 我们欣然赞同婚姻性行为中的这种快乐根本就不存在任何不道德;[53] 我们仅受给予和共享那种欢乐的愿景激励就趋向这样一种作为我们婚姻承诺之标志的行为,也没有任何不道德。[54]

一旦人们明白,对阿奎那而言,婚姻性交有着一种可以理解的、理性的要旨——配偶双方对他(她)们在婚姻中的相互承诺的表达和实现——他们也就能够很容易明白,对阿奎那而言,不可避免的是配偶双方在这种性交中寻求并享受快乐的行为完全合理。因为在万物的整体秩序中(正如亚里士多

---

[52] II–II q. 153 a. 2 ad 2; *Sent*. IV d. 26 q. 1 a. 3 ad 6 (= *Supp*. q. 41 a. 3 ad 6); d. 31 q. 2 a. 1 ad 3 (= *Supp*. q. 49 a. 4 ad 3); I–II q. 34 a. 1 ad 1. Jordan, *The Invention of Sodomy*, 143 指出,对阿奎那来说,"目前性交快乐的强度是对堕落的一种惩罚(153. 2 ad 2, ad 3)";他之后说(同上),在阿奎那看来,"**淫欲**的罪恶是一种过度的性交快乐"。读者于是被引诱着接受了:阿奎那认为,在道德上坏的性行为的罪恶,是它过于强烈的快感;事实上,乔丹在书的最后这样写道(第 176 页):"'鸡奸'是神学家们不安的拒绝,拒绝去理解快感如何能够在经历了福音的布道之后还存在。"但这是完全错误的。阿奎那的教导十分清楚,即快感在数量或强度上的增加并不使这种令人愉悦的行为变坏。事实上,那是乔丹所援引的第一段落中的清楚明确的命题(*ST* II–II q. 153. a. 2 ad 2):德性的"中道"(the virtuous "mean")[在太多和太少之间]不是数量问题,而是对正确理性的适用性问题。为此,由理性的性行为所给予的丰富的快乐,并不与德性的中道相反。
阿奎那继续在那一段落以及在乔丹援引的其他段落(ad 3)中谈论的"堕落的惩罚",恰恰**不是**性行为现在太过强烈地令人快乐,而是我们现在发现,很难把我们的性欲和快感与理性的节制(reason's moderation)**融为一体**或使之和谐。而且,再次重申,这种"节制"不是**不那么**(不那么强烈的)快乐的问题。在 *ST* I q. 98 a. 2 ad 3 中,阿奎那在他对堕落后果正式的论述中使这一点尽可能地清楚:在[堕落之前]的纯真状态中,根本不会存在这种[即性交的快感和肉欲的热望]不可能受理性节制的现象——**不是**,如某些人主张的,**这些感官快乐会更少**(事实上,[在堕落之前]人的天性愈纯,人的肉体的敏感性愈大,与之成比例地,[性的]感官快乐就会愈大),而是,情欲,受理性规制的情欲,不会以那样失序的方式追求这种快乐,也不会无节制地沉湎于快乐。**另外,当我说"无节制地"时,我意指不合理地**。对于饮食"有节制"的那些人,他们在饮食时得到的快乐并不少于贪吃的人得到的快乐;只是他(她)们的欲望不怎么紧注于这种快乐。这与奥古斯丁的以下思想相一致,即那与纯真状态不兼容的东西,**不是大量的快乐**,而是淫欲的灼烧以及心神和意志的混乱。
上述段落取自阿奎那的一部晚期作品;在他的一部最早期的作品中,也保持着同样的立场:在堕落损害人类情感与理性的内在和谐之前(参见 *ST* I–II q. 82 a. 2 ad 2; *In Rom*. 5. 3 ad v. 12[416]),性行为所给予的快乐"与理性控制不成比例的情况会[比现在]少得多",但仅从快乐(绝对的)角度来讲,"会是**更大的快乐**": *Sent*. II d. 20 q. 1 a. 2 ad 2. 乔丹对 *ST* II–II q. 153. a. 2 ad 2 的误读更进一步,因为按照那一文本,这一事实,即那种**婚姻**性交是或可能是**如此强烈地令人愉悦**以致它暂时不能使配偶双方思考精神问题,并**不使得它**在道德上变得有瑕疵。亦参见 *Sent*. IV d. 26 q. 1 (= *Supp*. q. 41) a. 3 ad 6; q. 2 a. 1 (= *Supp*. q. 49 a. 4) ad 3.

[53] *Mal*. q. 15 a. 2 ad 17.

[54] 参见上述第 19 个注释。

德已经说得清清楚楚的那样),[55] 我们发现,合理的、道德上正派的行为往往伴以令人愉悦的实现,而且肯定在令人愉悦的实现中得以完善。[56] 只有当它与实践理性的诸要求不一致时,对快乐的追求才变得在道德上有瑕疵。

III

这种对阿奎那有关性快乐以及说明婚姻性交理由的诸善的严重误解,与另一种误解紧密相连,这后一种误解提供了科佩尔曼文章首要的且反复出现的主题。根据这种误解和误读(在科佩尔曼有关它的说法中),阿奎那的性伦理学建立在这样一个前提之上,即一个人不应背离"自然已经设定好的各种模式",或"自然中通常地、典型地发生的事情"(32,33);"任何对自然秩序的背离都是对上帝意志的蔑视"(32)。

这种目的论说明似乎是解释阿奎那在别处 [即 *ST* II-II q. 154 a. 12 中] 的结论的唯一方式,即同性恋性交是肉欲中最严重的恶习之一……(32)

努南也坚持认为,阿奎那对"不自然的"性恶习的讨论有诸假设,这些假设:

在 [*ST* II-II q. 154 a. 12] 中是清楚明确的……**理性的秩序与自然的秩序形成了醒目的对比**。自然以一种特殊方式被设想为神圣的和不可改变的。乱伦和通奸违反了"正确的理性所决定的"东西。违反自然的罪违反了"由自然决定的"内容。对这一自然秩序的违反是对上帝的冒犯,尽管"没有其他人受伤"……**在违反自然秩序的行为与违反理性秩序的行为之间的明显区别**,可以追溯到自然法在类型上的区别。[57]

---

[55] 比较,努南对"亚里士多德原则"的暗示:参见上述第 20 个注释。
[56] See e. g. *ST* I-II q. 31 a. 1, a. 3, a. 7.
[57] *Contraception*, 239, 240(强调为后面所加,此处同别处,除非另有注明)。

这就彻底地歪曲了阿奎那对以下内容的理解：（1）不道德［罪过］；（2）性不道德（不道德的一个子类）和（3）"不自然的恶习"（性不道德的一个子类）。《神学大全》中，阿奎那对性不道德论述的第一句话即"不道德［罪过］，在人类的行为中，是那种违反了理性秩序的行为"。[58] 在《反异教大全》[59]和《论恶》中，在他对性不道德论述的最开始，提出了同样的观点。[60] 在关于性与婚姻主要论述的一开始，他就已经根据自然理性（明确地与动物本性进行对比）的诸项要求指出了这一点。[61] 在《神学大全》中，阿奎那一再重复这一观点："在性方面逾越理性的秩序和方式，与性恶习（放纵）的本质有关"；[62]"性恶习（peccatum luxuriae）的不道德**在于这一点，即一个人对性快乐的享用不符合正确理性**。"[63] 努南（和科佩尔曼）所关切的违反自然的恶习，被介绍为**例示了"不符合正确理性"的第一类**。[64]

在努南和科佩尔曼都关注的那一节的前一节中，阿奎那再次重申了这一点，即与所有其他性恶习一样，"**所谓的**违反自然"的恶习，是"有悖于正确的理性"的。[65] 之后，他补充道，这种性恶习，"除这一点［首先提到的与理性的不一致］外，也与性行为本身的自然秩序、那一宜于人类种族的秩序不一致"。[66] 努南和科佩尔曼都援引（他们都忽略了我此处援引的**所有其他文本**）的那篇文章，也开始认为那已被无休止地断言的东西是理所当然的，即不自然的性恶习是恶习，因为它违反了正确理性；正如阿奎那观察到的，其他类型的性不道德"只是违背了与正确理性相符合的东西——但预设

---

[58] *ST* II-II q. 153 a. 2c. 亦参见上述第 4 个注释。
[59] *ScG* III, c. 122. 此处，不是明确地关于理性秩序的论证，而是关于那"与人类善相反"因而隐含但必然不合理的东西的论证。
[60] *Mal.* q. 15 a. 1c.
[61] *Sent.* IV d. 26 q. 1. a. 1c and ad 1（= *Supp.* q. 41 a. 1c and ad 1）.
[62] *ST* II-II q. 153 a. 3c.
[63] II-II q. 154 a. 1c.
[64] *Ibid.*
[65] II-II q. 154, a. 11c.
[66] *Ibid.*

了自然的基础（原则）"。[67] 他说，不自然的性恶习不仅违背了与性有关的正确理性的诸项要求，而且违背了那些要求的"由自然所决定的诸项预设"。[68]

这一思想——撇开对性行为作出合理判断的自然给定的基础或前提不谈，使得那不合理的东西在其对性格的影响上尤为严重或深远——无疑需要进一步解释。但是，提供这样一个进一步解释的任务并不十分迫切，鉴于（正如努南和科佩尔曼未能观察到的那样）这整一节（q. 154 a. 12）所关切的**不是**为什么不自然的恶习是不道德的——这是我们的两位作者未曾提到的前一节的主题，其所关切的只是已被认为是不道德的行为类型的相对**严重性**。正如格里塞茨经常在自己的作品中明确指出的那样，那些加剧一项不道德选择之不道德性的因素，不可能被认为是那些通过自身就能使该项选择变得不道德的因素。[69]

追查着他的错误观点，即阿奎那的性伦理学建立在对既定天性（given nature）的尊重之上，而非对理性以及理性把我们的选择引向的人类诸善的尊重之上，努南表示，按照阿奎那的说法：

> 是上帝而不是我们的邻居被［违反自然］的罪过冒犯。这一进路极大地强调了授精行为的**给予性**；该行为被赋予一种神授的品质（God-given quality），一种不为理性控制或操纵所触及的品质……该行为似乎被赋予了上帝的绝对价值……唯一被这一罪过伤害的人是上帝。[70]

但正如努南 40 页后承认的那样，在《论恶》完全相同的那些段落中，阿奎那"提出了他反对纵欲（放纵、性恶习——肯定包括同性恋以及其他被普遍称为'不自然的恶习'的行为）的理由"，"根据是纵欲阻碍了子女之

---

[67] *ST* II-II q. 154 a. 12c.

[68] Ibid.

[69] See e. g. *LCL* 649, 658. 阿奎那在其他语境中暗示了这一点：e. g. *ST* I-II q. 20 a. 5; q. 73 a. 8. 因此，那使得撒谎总是不道德的东西，并不总使得它严重地不道德：*ST* II-II q. 110 aa. 3-4.

[70] *Contraception*, 241, 援引了 *Mal.* q. 15 aa. 2-3.

善（the good offspring）"。[71] 另外，在《反异教大全》关于性伦理学的短论的开篇（在努南经常援引而且科佩尔曼尤其经常援引的一章中），阿奎那作出一项声明（努南或科佩尔曼从未提及），即"上帝**没有被我们冒犯**，除非我们**违背我们的善而行为**"。[72] 不论喜欢与否，阿奎那都坚持认为，**所有的**性不道德都"与邻人［之爱］相反"。[73] 他并不质疑单纯的通奸（不是一项"不自然的恶习"）的确"没有伤害到"邻人。[74] 但是，他主张，[75] 所有婚姻之外的性不道德都是"违反邻人"的不道德，因为"违反了生育和教育子女之善"。我认为，他的思想是，所有的性不道德都是**违反婚姻**的，而婚姻（正如他在别处明确主张的）[76]是生育和抚养孩子唯一合理的环境。那些本身绝不会导致生出孩子的不自然的行为之冒犯孩子们的方式将在下面探讨，[77] 届时，更多被努南和科佩尔曼忽略的、有关阿奎那的思想，已经得到了阐明。

科佩尔曼对努南的依赖在他对《避孕》的一个段落的援引和采用中显露无遗，他所援引的这个段落主张：阿奎那——

> 假定引起生育的交媾行为是正常的（normal）。这一常态（norm）不是从任何统计汇编中派生出来的。它是直觉的产物……因为性行为可能是有生育力的，又因为生育是一项重要的功能，故神学家直觉到生育是正常的功能……那些其中不可能受精的行为……是不自然的；……那些其中可能受精且导致受孕的行为……是自然的和正常的；……那些其中可能受精但没有发生受孕的行为……是正常

---

[71]　*Ibid.*, 279.
[72]　*ScG* III, c. 122 n. 2. In c. 126 n. 1, 他补充说："只有那些与理性相反的东西才为神法所禁止。"
[73]　*Mal.* q. 15 a. 2 ad 4.
[74]　*Ibid.*, obj. 4.
[75]　*Ibid.*, ad 4.
[76]　e.g. *ScG* II, c. 122 nn. 6-8.
[77]　参见下述第 112 个注释的文本。

的，[78] 但偶然地不同于常态。[79]

阿奎那的任何文本都未被援引以支持这一点，而且也不可能会有这样的任何文本。[80] 阿奎那和我们一样清楚，生育通常（即在大多数情况下）并**不是**受精的必然结果。

科佩尔曼承认，在他对阿奎那的批判中另外受到约翰·博斯韦尔思想的影响；科佩尔曼无法想象"阿奎那如何能够回答"博斯韦尔"毁灭性的批判"。[81] 而且，事实上，要回复博斯韦尔对阿奎那所作的说明和批判是不容易的：他的不能胜任（incompetence）和旁敲侧击（deviousness）如此俯拾皆是，以致人们几乎不知从何下手。因此，我将仅仅挑选出科佩尔曼所援引的主要段落，一个事实上是博斯韦尔批判的最高水准的段落。

这一段落（见于博斯韦尔作品的第 324 - 325 页，被科佩尔曼援引于第 74 页）显然相当认真地审查了《神学大全》的一部分，这部分关切的不是道德而是快乐的性质和类型。阿奎那追问，是否一些快乐是不自然的。他这样回答："自然的"有两种直接相关的意义。在第一种意义上，某个东西仅由于它是**合理的**（在理性上是适当的），它对人而言就是自然的，而在其不合理的限度内，就是不自然的。博斯韦尔插话道：在这一意义上，鉴于"同

---

[78] 这段话的意思是，这被认为是"自然"的笔误。科佩尔曼没有看出，这一未经修正的思路［以及这一结论，即存在一种异常的常态（abnormal normality）］毫无意义。

[79] *Contraception*，243.

[80] 《避孕》的前一页所援引的、阿奎那在 *ScG* c. 122 中对**偶然**（*per accidens*）的谈及，与偏离一项统计常态或一项假设的或直觉的（设想的！）常态无关，而根据该常态，生育通常在受精后发生。偶然是一个通过对比**本质上**（*per se*）或**意图的**（*secundum se*）方得其意的短语。关于人类行为，这种对比的根本且通常的意义是：（1）意图的 v. 非意图的——它与实际发生的或通常发生的无关。在 c. 122 中，所涉及的比意图/非意图要更宽泛一些，因为还包括（2）在事物的本性中什么是**可能的**或**不可能的**。但它也保留了以下内容的主要意义：（1）在一个行动者的计划和意图中，什么被认为是可能的或不可能的。例如，在精液射进女性生殖系统——在那里，人们借助避孕胶套有意地使精液失去生育能力——的情形中，生育的不可能性或降低的可能性：（1）不是偶然的，而是内在的、固有的/意图的（即使在既定情形中，生育偶尔的确发生了）。同样地，在精液射进口里的情形中，生育的不可能性是：（2）不是偶然的，而是内在的、本质的。

[81] (35) at n. 102. 在那条注释中所援引的三位评论者几乎没有显示出，或根本就没有显示出为阿奎那辩护的兴趣，且没有必要满世界寻找要这样做的努力。一旦人们察看博斯韦尔所援引的阿奎那的文本，他的著作就崩溃了。

性恋性行为的支持者最近用来为他（她）们自己辩护"，反对源于自然设计或"生育的生理冲动"等论证的，正是人的理性，"要明白同性恋如何违反了'自然'是非常困难的"。[82] 博斯韦尔的评论是荒谬的，因为阿奎那乐于以他自己的理性来评估由反对者提出的所谓的理性论证，而且单在《神学大全》中就这样做了大约一万次。在博斯韦尔正在考虑的这一页的结尾，阿奎那明确表示，他认为，男人们彼此之间的交配，在这第一种意义上是"违反人的本性的"，即不合理的，因此鸡奸者在鸡奸过程中得到的快乐，是一种不合理的、在道德上错误的行为类型的快乐，是不自然的。阿奎那彼时也已识别出"自然的"第二种意义，即非理性动物和人所共有的次理性（sub-rational）的东西和/或不服从理性的东西[83]（如饥饿或性欲）；在这第二种意义上，人在性行为中"自然地"获得快乐。博斯韦尔愚蠢地认为，这种对两种意义的区分是矛盾的，他主张，表明"自然的"第二种意义时，阿奎那"此处正为这一主张提供唯一的证实，即同性恋行为是'不自然的'"。[84] 事实上，阿奎那此处根本不是在论证或"证实"这个主张；作品的这一部分并不关切以规范伦理学证实任何主张。他只是在阐明"自然的"这一术语的用法，为的是给快乐分类；在分类取决于某些行为类型的合理性或不合理性的地方，关于合理性的论证将在别处寻求（例如，在我下一节所提到的那些段落中）。

但是，我们现在到达了博斯韦尔所作努力的最精彩部分。他告诉说，阿奎那关于自然的和不自然的快乐的讨论以"紧接第二种定义的一个惊世骇俗的发现作结，这个惊世骇俗的发现，即对一个特定的个体而言，同性恋事实上可能非常'自然'，在这个词的任何一种意义上"！援引了一个句子——在这个句子中，阿奎那说，**违反人的本性**（在两种意义的任何一种意义上）的东西，"对一个特定的人而言可能变得自然，因为他天性中的某种缺陷"——博斯韦尔把这句话整个误读为，这是承认了在**这种**意义上对这些有

---

[82] *Christianity, Social Tolerance, and Homosexuality*, 324-5.
[83] Boswell *ibid.*, 325，把这一点误解为（荒谬地）主张性与食物"无关乎思想"！
[84] *Ibid.*

人权与共同善

缺陷的人是自然的东西，**也**在合理的意义上对他们是自然的——之后，博斯韦尔如是总结他对这一段落的描述：

> 尽管成为同性恋通常来说不可能对人而言是"自然的"，但显然［根据阿奎那的说法］对特定的个体而言，是十分"自然的"。

他称这是一个"同性恋的间接病原"（"circumstantial etiology of homosexuality"），帮助他自己找到了前提，即"无论如何，'自然的'每一样事物皆有一个目的，这一目的是善"，[85] 之后他得意地总结道：

> 鉴于同性恋和女性特征都"自然地"发生在某些个体身上，那便不能说这两者都是与生俱来的恶，而且这两者肯定都有一个目的。《神学大全》没有推测同性恋的"目的"可能是什么，然而鉴于那个时代的偏见，这一点并不令人惊讶。圣托马斯似乎不得不承认：同性恋行为"适合"那些他认为"自然地"同性恋的人。[86]

此处，不能胜任和迂回曲折难解难分地牵缠在一起。阿奎那通过"同性恋行为对有些人是自然的"所意指的东西，从他的段落的部分内容来看一目了然，而博斯韦尔向他的读者完全隐藏了这个段落。[87] 阿奎那说，这些使得某些快乐对某些个体自然的"缺陷"（更确切地说是腐化）的种类，可能以不同的方式引起：

> 身体的缺陷/腐化：如由疾病所引起的，原来是甜的东西，在发高烧的人尝来却是苦的；或由于体质不好，例如有人喜欢吃土或

---

[85] *Ibid.*, 327. 此处，博斯韦尔（或让他的读者）丝毫没有意识到形而上学之善（metaphysical goodness）（例如，强奸犯扼杀之手的力量）与道德之善（moral goodness）之间，以及在自然的不同意义之间的区别（在他正思考的段落中都没有探讨过）。他忽视了阿奎那的观点（与阿奎那的其他作品完全一致）即，例如，一些人的确具有而其他人不具有"某些罪过的自然倾向"（*ST* I-II q. 78 a. 3c），以及"在我们所有人中间都有一种自然倾向，倾向于那诉诸身体感觉**违反**实践合理性之善的东西"（*Mal.* q. 16 a. 2c.）。

[86] *Ibid.*, 327 and n. 87.

[87] 博斯韦尔的书页里点缀着大量以拉丁文援引的长篇段落。此处援引（英语的和拉丁语的）被大幅删节，因为这样一种理由（正如我现在指出的）：一旦人们察看紧接着博斯韦尔援引的那个句子的句子，该理由就显而易见了。

吃煤等；或这缺陷/腐化又可能是灵魂方面的，比如由于习惯［或习俗/教养（以常规方式）（propter consuetudinem）］的关系，有人以**食人**为乐，有人以**同性恋或兽奸**或这类的其他事情为乐。这些皆不合于人性。*[88]

如果博斯韦尔准确地描述阿奎那在此所说的内容，读者们就会以嘲笑迎接他的主张，即阿奎那的同性恋"间接病原"给了阿奎那（或任何人！）认为同性恋行为适当且善的合理性根据。至于这完全相同的"病原"会直接给出类似的（类似的善的）根据，来支持同类相食和人兽性交。

数页之后，博斯韦尔完成了对于阿奎那腐化的嘲弄。他现在辩称，阿奎那对同性恋行为的立场在很大程度上是"公众反感的压力"的结果，而且这一立场对后来对同性恋的敌视也起到了推波助澜的作用。因此，他提出以下指控：

> 阿奎那不仅通过呼吁流行的"自然"诸观念，而且通过把同性恋行为与肯定唤起恐怖和恐惧反应的行为相联系以迎合他的读者。他把同性恋行为……与最令人震惊的暴力的或令人作呕的行为类型——如食人、与动物交媾［引用 ST II-II q. 142 a.4 ad 3］或食土——相比较。[89]

为了继续向读者隐瞒他在关于"间接病原"那一段落所隐藏的东西（彼时他更关切的是拉拢阿奎那而非谴责他），博斯韦尔现在援引的不是那个早先的段落（以及其隐秘提及的食人、与动物交媾、食土、同性恋行为等不自然的快乐），而是数百页之后一个论臣服于快乐之恶习的段落。但是，博斯韦尔无意中说出了他对先前那个被雪藏（suppressed）段落的意识：对食土的提及出现于早先那个段落被雪藏的部分中，而**不**在那个他援引是为了证明阿奎那所谓的迎合大众的盲从（crowd-pandering bigotry）的段落中。另外，

---

* *ST* I-II q. 31 a. 7c. 此段译文参考了中华道明会、碧岳学社版本的《神学大全》第四册《论人的道德行为与情》，第 323 页。略有改动，特此致谢。——译者注

[88] *ST* I-II q. 31 a. 7c.

[89] *Christianity, Social Tolerance, and Homosexuality*, 329.

博斯韦尔的指控还有一个不诚实的地方。因为他非常清楚[90]——但是向所有那些没有记住或不准备查阅《尼各马可伦理学》的读者隐瞒——阿奎那关于食人、动物交媾与同性恋行为的联系（以及对食土的提及）取自亚里士多德；这种联系传达的并不是中世纪大众偏见的结果，而是[91]一位无宗教信仰者、伟大的哲学家身处同性恋文化之中所显然持有的观点。

阿奎那对某些类型的性行为作出不道德判断的理由，既不依赖甚至也不包括科佩尔曼、努南和博斯韦尔归于他的论证思路。他的理由更准确地讲是，关切例示婚姻之善的先决条件以及不尊重婚姻之善的方式；这里的婚姻之善，即那种由于其双重取向——取向孩子的生育、抚养和教育，**以及在性方面互补的配偶双方在他（她）们存在的所有层面上相互的支持、忠贞和友谊**(*amicitia*)——而变得可以理解且值得选择的生活方式。那么，这种善如何被非婚姻的性行为甚至那些可能永远不会结婚之人的性行为**违反**了呢？

IV

回答这个问题，可以从期待格里塞茨对同一问题的论述开始。格里塞茨对他的讨论选用的词汇主要来自梵蒂冈第二次大公会议有关婚姻的教义。论及婚姻性交行为，大公会议曾如是说：

> 这些行为以一种真正人性的方式表达，它们意指并促进那种相互的自我奉献，通过那种相互的自我奉献，配偶双方怀着喜悦和感

---

[90] See *ibid.*, 324. at n.76，彼处博斯韦尔表明，"这一讨论的范围"[I-II q. 31 a. 7——他部分隐瞒了其内容的段落]"要归功于《尼各马可伦理学》7.5，一个往往为编辑者忽略的部分"。

[91] See *NE* VII 1148b15-31; also *Pol.* I 1252a33-9, II 1262a32-9（在 Nussbaum, "Platonic Love and Colorado Law" at 1586 n. 307 中被不易觉察地或闪烁其词地讨论）；参见 1994b at 1061. 努斯鲍姆的以下主张（at 1585; likewise 1589）是错误的，即 *NE* 1148b15-31 "是菲尼斯教授与我争论的核心"；自始至终都是柏拉图，他的作品和当代对其作品的解释是我的主要关切，也是我对努斯鲍姆在以下案件的审判中所提供的令人瞩目的证据进行批判的核心：*Evans v Romer*, 63 Empl Prac Dec (CCH) 42, 719, 77, 940, 1993 WL 518586 (Colo. Dist. Ct., 14 December 1993)；并参见下述第 109 个注释。

激之心丰富彼此。[92]

这一段落所使用的自我奉献的概念，显然与阿奎那婚姻**忠贞**的概念密切相关——后一概念作为婚姻性交中肉体结合的一种积极动机：对这独一的配偶的奉献、对这排他的共同体的承诺、对这只有死亡才能将其终结的生命的分享。[93] 相应地，阿奎那的"给予**彼此**[在性方面]应得的或适当的东西"的概念，在实质上相当于梵蒂冈第二次大公会议的这一概念，即配偶双方在作为夫妻交流（marital communion）的一种表达和促进的性交中相互献身（mutually giving themselves）的概念。[94]

在一个科佩尔曼说其既非主要结论，亦非所有前提的一个持久的、深刻的论点中，格里塞茨得出结论：婚姻之善不仅被通奸（即使另一方配偶同意）违反，也被一方配偶的独自自慰（即使出于避免通奸的愿望）违反，而且被未婚人士所有有意的性行为违反。[95] 在该论点的中间结论是一些现在受到帕特里克·李（Patrick Lee）和罗伯特·P. 乔治（Robert P. George）捍卫的主张，[96] 即关于自慰选择之自我不完整性以及通奸和鸡奸选择之虚幻的亲密和肉体交融（bodily communion）的主张。我想在这里探讨的是最接近格里塞茨最终结论即非婚姻性行为的种种选择违反了婚姻之善的一种主张，这种主张即通过这样的选择，一个人"损害了身体的婚姻行为——作为一种自我奉献的行为，构成了肉体形式的个人的交融——能力"。[97] 使得这些行为违

---

[92] *Gaudium et Spes*（Pastoral Constitution on the Church in the Modern World）(1965)，49.

[93] 在若望·保禄二世（John Paul II）的教宗通谕中，*Familiaris Consortio*（1982），sec. 32 这一点被说成是"丈夫与妻子完全互惠的自我奉献"。这一阐述问题的方式不是太恰当，因为**完全的**自我奉献实际上是不可能的；因此"完全的"必须被解释为意味着不多于（尽管也不少于）这样一种自我奉献，一种不受任何不应被允许限制它的因素损害的自我奉献。"完全的"于是并没有对那些因素——能够不正当地损害婚姻承诺或其在性行为中的表达——的解释补充任何东西[，尽管无疑这个词可以被视为对所有这些因素的回忆，也可以被间接地看作是对这一理性要求——这些因素甚至全都被排除出一个人的隐秘的意志——根本特征的回忆（参见下述第 104 个注释及之后的注释）]。

[94] 正如格里塞茨所指出的：*LCL* 637 n. 166.

[95] *Ibid.*，633, 649. 尽管科佩尔曼对这本书作了 28 次援引，但他没有援引上述关键两页中的任何一页，尽管他援引了例如第 634 页和第 650 页。

[96] 参见上述第 11 个注释。

[97] *LCL* 650. 亦参见第 654 页论鸡奸的相同含义（以及婚姻内外的那些有意不要小孩的异性恋行为的同样含义）。

反婚姻之善的正是这种损害。[98]

无论这种对身体能力的损害是什么，它当然都不是一个生理损害的问题。确切地说，它是对作为一个完整的、行动着的存在的人的损害；这种损害主要表现为意志的倾向（disposition of the will）——它由选择从事所讨论的两种类型之中的某类行为引起。它是那种基本上（essentially）[99]能够通过忏悔（它可能是正式的例如在宗教语境中，或非正式的）而得以消除的损害。因此：我认为，说一项选择"损害了身体的自我奉献的能力"是隐晦地表达：该选择以这样一种方式使一个人的意志致畸：除非那个人改变自己的选择（后悔），否则其选择不能使他——准确地说，作为一个自由、理性、具有情感的、**肉体的**人——参与一项身体行为，一项真正表达、实现、促进并能够使其作为一位配偶体验婚姻之善和他自己在婚姻中的承诺（自我奉献）的身体行为。

当一个人考虑那类似乎比性伦理学的任何其他方面都更令阿奎那感兴趣的诸情形——在这种情形中，与另一方配偶做爱的配偶双方中的一方或双方，不能将该行为与婚姻之善结合起来，或可能违反婚姻之善的诸情形——他（她）就能够开始理解这种意志的畸变（deformity of the will）以及其对整个人能力的影响。明显违反婚姻之善的情形是，那些其中配偶一方或双方情愿，或更喜欢与别人从事该行为的情形。[100] 这样的配偶是**附条件地意愿**与并非其配偶的某人从事这项性行为。即**如果**这样的另一个人可得，而且所有其他条件都准备就绪，那么这个配偶**会**——除非他或她改变想法——和另一

---

[98] 因为："损害获得一种善的内在且必要的条件，就是损害那种善本身。因此，自慰通过违反身体的自我奉献能力，违反了婚姻交融之善"：ibid.，650-1。

[99] 我说"基本上"，是因为还可能存在那种心理影响：它们不只存在于意志中，而且深入人的构成的次理性要素，可能不是仅凭忏悔中意志的改变就得以消除的。

[100] 参见上述第21-26个注释以上的文本。

个人做爱。[101]（但是，这样一个备选的性爱对象当下不可得，所以那个由此附条件地意愿通奸的配偶反而与他或她的配偶做爱，甚至是热情地做爱，考虑到快乐或其他好处。）

让我们把从事婚外（即非婚姻）性行为的这样一种附条件的意愿称为**同意**（*consent* to）非婚姻性行为。[102]

那些细心关注所讨论的意愿之内容的人很容易理解，如果一个人以这种方式同意非婚姻性行为，那么，他（她）就**不能**选择从事**婚姻**性交，即不能使其与其配偶的性交成为一种**忠贞**、承诺、自我奉献的表达。一个人可能——和许多现实中的通奸者一样——**希望**这样做，但即使与其配偶的亲密给了其婚姻交融（marital communion）的幻觉，这一体验仍然是虚幻的。另外，如果一个人的配偶察觉出这个人分裂的意志，他或她可能很容易从经验上认识到其在性交中的参与是非婚姻的（尽管它有着婚姻性交的所有其他特征）。简言之：如果一个人同意参与婚外性行为，那么，其与其配偶从事性行为的选择就不可能成功地实现**婚姻**。一个人朝向他（她）自己和/或其配偶性高潮满意度的种种表现，并不能表达婚姻的承诺，因为通过他（她）的同意，他（她）（附条件地）意愿与其并未与之结婚的某人做同样的行为。一个人能够以性交的方式恢复其表达婚姻自我奉献（承诺）之能力的唯一途径，就是否定——忏悔——其对任何这类行为的同意。

我们一直在考虑对非婚姻性行为的同意，这种同意可能形塑和分裂（divide）已婚人士的意愿，在那种情况下，同意——附条件的意愿——关系到那个人自己（假想的）此时此地的行动：

（A）"我现在如此热望做爱，以致假使一位性感的女人可得（而我的妻

---

[101] 关于附条件的意愿，参见 essay II. 12（1994a）. 在那篇文章中（涉及许多不同类型的合适/适格行为）探讨和阐明的要点有：（1）在附条件意愿中的条件，关涉的不是意愿（它是真实的，不只是可能的或假想的），而是被选择或同意的规划（行动的过程）；（2）把一个选项（尚未被选择）视为**一个严肃选项**的意愿，是这样一种意愿状态：在其道德意义上，这种意愿状态在本质上等同于对那个如果……就如何如何做的规划的真实**选择**。

[102] 此处的同意不应理解为某种短暂的意志行为，而应理解为一种倾向，这种倾向（像其他意志行为一样）在意志中持续存在，除非并直到由于被否定（正式或非正式地忏悔）而改变。

子不在这里),我会马上和她云雨一番。"

这是阿奎那经常讨论的情形。但是,同意,具有道德意义的附条件意愿之核心的同意,如果关系到一个人在某些其他可能情境中的行为,那么,它也同样真实,同样能够形塑和分裂一个人的意志。

(B)"我现在没兴趣和除我丈夫之外的任何人做爱,但是如果他前去参战,我很可能会与一位有魅力的男人做爱。"

(C)"当我处于已婚状态时,我不会发生婚外性行为,但假如我未婚,就会尽量和某个有魅力的人做爱,一周一次,保持健康。"

B和C两种情形也都是附条件意愿的形式。"如果我那时那地感兴趣,我会在某些情境下选择非婚姻性行为。"所讨论之人意志中的效果和含义,在本质上与阿奎那的情形、情形A中的效果与含义是一样的。[103] 如果一个人认真地同意A到C任一实践命题(practical propositions),那么,他(她)**此时此地支持并同意**将性行为**作为**非婚姻的——一个人考虑并同意把这些非婚姻行为视作一个合理选项,并且,因此只要这样同意了,他此时此地就不能选择与其配偶进行性交——**作为**那种表达和实现婚姻的自我奉献或承诺的真正的婚姻性交。[104]

如果一个人的精神状态是"当我处于已婚状态时,我不会发生婚外性行为……"的C版本,那么,是什么东西通过"……因我认为已婚人士发生婚外性行为是不道德的……"而得以强化?显然,那时一个人的意志远没有A或B情形中的意志分裂;他(她)并不同意,甚至附条件地同意已婚时发生任何形式的非婚姻性行为,因为他认为它已为道德所排除。尽管如此,

---

[103] 这种本质同一性,这种在A、B、C(以及下面的D、E)的每一类型情境中分别提到的、由不同的人所为的不同行为之客体(可理解的内容)的本质同一性,是行动理由(无论多么具体)——一个人的意志(一种理性的能力)在他所有的行动中都依其行事——普适性或可普遍化的一种含义,尽管被同意、选择和完成的行动本身总是——或总是会,如果且当被完成的话——特殊情况。

[104] 当然,这种见解,即成年人之间任何两相情愿和相互取悦的性行为都是可以接受的,在逻辑上并不以一种简单的方式与这种看法不相容,即相互取悦的婚姻性交也是可接受的、事实上更好的,或与这种想法不相容,即成功地孕育出孩子的相互取悦的婚姻性交实际上更好。只有人们考虑到这些条件——满足了这些条件,配偶双方之间的性交才真正是**婚姻的**,才表达并实现婚姻的自我奉献和承诺,这种不相容性才会显露出来。

他（她）还是意愿在婚姻之外从事性行为［例如，他（她）并不后悔结婚前已经从事了性行为和/或他（她）附条件地意愿非婚姻地从事这些行为，该条件是其配偶已过世］。因此，一个人的意志，一个人在意愿与其配偶性交中的意志，的确仍然是分裂的、不纯洁的、部分受非**忠贞**的某种东西所驱使。那适用于 A 情形的，依然适用于此处，尽管不是那么广泛和强烈：一个人朝向他（她）自己和/或其配偶性高潮满意度的种种表现，不可能表达婚姻承诺和婚姻交融的排他性，因为他此时此地（尽管是附条件地）意愿出于并非表达婚姻承诺的诸种动机做那种行为。

现在让我们考虑这样的情形：一个人的思想明确地转向其他人的行为，而且在那种情形下他（她）有意支持那些人的行为：

（D）"当我处于已婚状态时，我不会发生婚外性行为。但我认为对那些想要发生**婚外**性行为的人而言，发生**婚外**性行为也完全没问题……"

（E）"当我处于已婚状态时，我不会发生婚外性行为。但我认为对那些未婚人士，以他们喜欢的任何方式获得性满足是相当不错的，这与要对其他人公平是一致的……"

D 和 E 的情形也都是附条件意愿的情形。当然，这一点没有在 B、C 两情形中那么明显。对那些与我处境不同的人而言，行为 X 是可允许的，这一赤裸裸的想法在逻辑上并不意味着我肯定对做 X 有兴趣，不论这兴趣多么脆弱和附以条件。但是，在禁止和允许的条文主义的道德之外，"对他们而言没有问题"的想法会传达一种判断，即所讨论的行为具有某种价值。此外，这种想法出自这样一个人，这个人像几乎所有的成年人一样，对性高潮的满足有着某种兴趣；事实上，这个人肯定意愿参与在这样的满足中达到高潮的行为，至少在婚姻中。因此，这种想法，即对某些其他人而言，通过非婚姻性行为获得这样的满足是允许的，也是没有问题的，变成了有意的支持，即这种形式的一种想法："如果我处在他们的情境中，我会愿意通过非婚姻性行为得到性满足。"[105] 如同在 B、C 两情形中，这种想法变成了如下："如

---

[105] 这是真确的，即使目前在我的条件和环境下，我十分讨厌处于那种情境（的想法）。此处论证尽管遵循阿奎那在 *ST* I-II q. 74 a. 8 中的轨迹，但还是超出了它。

果我那时那地感兴趣，在某些情况下，在没有不得不违反或改变我目前任何道德信仰的情况下，我会准备着选择进行非婚姻性行为。"[106] 当这种想法与当前对性活动和性满足的兴趣相结合时，它就构成了一个当前的、尽管附条件的意愿，这种意愿使一个人丧失了意愿与其配偶的性交**作为**真正的婚姻性交的能力。

因此，一个人的良知将非婚姻性行为完全排除在可接受且有价值的人类选项的范围之外，这于存在主义上——如果不是逻辑上——是一个人作为配偶与配偶性交的真正婚姻特征的前提条件。在那些损害一个人选择和实施甚至那些真实的性行为——它们在所有其他方面都是婚姻类型的——**作为婚姻性行为**的能力的精神状态（理解和意愿）中，对非婚姻性行为的有意支持[107]只是其中之一，即使在那些对结婚不感兴趣的人身上，与婚姻之善相悖且违反婚姻之善的正是精神状态。

正如永远不会试图杀人然而在恐怖分子大屠杀时却有意支持滥杀无辜的懦夫，具有一种违反生命之善的意愿一样，因此，实际上一位有着绝对且不

---

[106] 鉴于这一条件即"如果我那时那地感兴趣……"只涉及情感倾向，在这样的情形中——在D、E两种情形中的人补充"……且如果我妻子死了，我很可能会放弃性……"——仍存在附条件的意愿——同意。即使在行动者不发生婚外性行为的倾向似乎是出于更严格的意志，即基于理由（例如，"性使我无法专心编写剧本……"）的情形中，优选顺序仍是基于偏好（preferences），这些不为（或不被合理地认为）理性所要求的偏好可能会被选择所改变。凡一个人对某种行为（例如，引起性高潮的性满足的行为）有兴趣，那么，即使他（她）的兴趣目前被某种相抗衡的兴趣压倒了，也仍是附条件地意愿从事包括那一行为（that behaviour）的那些行为（acts），除非他（她）认为那些类型的行为被理性排除了（即不道德）。

[107] 论对其他人行为的有意支持（正是如此——不仅仅在它们的有益影响或其他道德上的偶然特征方面）作为意愿这些行为的一种形式，参见 Grisez, *Christian Moral Principles*, 374, 376（以及在 G.6-8 章中的细化和澄清）；*LCL* 657（ch. 9. E. 4）。

可逆转的同性恋倾向的人，[108] 通过同意（有意地支持）诸如独自自慰等非婚姻性行为，也违反了婚姻之善。[109] 这是实践理性逻辑的一个暗示——我

---

[108] 尽管本文没有任何内容取决于它，但它是值得注意的，即这样一个人会是那些"有同性恋倾向"的人——他们在总人口中占非常小的比例——中的极少数人之一。让我们考虑在科佩尔曼所依赖（出于其他目的）的研究中给出的数据，"Three Arguments for Gay Rights" at 1665, viz. Edward O. Laumann et al., *Social Organization of Sexuality*: *Sexual Practices in the United States*（University of Chicago Press, 1994）：第311页的表格8.3A显示（在1992年美国受调查人口的代表性的大样本中），在受调查的所有男性中大约只有6%、所有女性中大约只有3%曾有过同性性伴侣，而且**在那些曾有过同性性伴侣的人中**，不到10%的人只和同性性伴侣发生性关系。作者在第312页对结果有准确的概括：自从青春期以后，全部男人中只与其他男孩或男人而且从未与女性伴侣发生过性关系的，有不到1%（0.6%）……全部女人中只有0.2%只和女人发生过性关系。

因此，绝大多数同性恋倾向者（像Keynes、Burgess、Maclean、Blunt、Stephen Spender以及在20世纪文化史、政治史和文学史中的许多其他人物——以及在科佩尔曼所依赖的社会学调查中所研究的大多数同性恋者：参见上述第15个注释）完全能够激发异性恋，也完全有能力进行异性恋性行为，包括婚姻性交。想要了解对这一点以及本文提到的其他相关现实的某种尽管"坊间"但引人注目的证实，参见Martin Duberman, "Dr Sagarin and Mr Cory: The 'Father' of the Homophile Movement", *The Harvard Gay & Lesbian Review* 4（1997）7–14.

[109] 科佩尔曼（第88页）第150个注释通过充满赞许地援引玛莎·努斯鲍姆和肯尼思·多弗的以下坦白，即她们看不出在游泳、徒步旅行与"为快乐而使用身体"的自慰所用的感官（方式）之间有任何道德上的相关区别，而且也看不出其中任何一种感官（方式）有什么令人反感之处，来加强他的这一错误假设，即格里塞茨具有一种"对肉体快乐的怀疑"。科佩尔曼可能会在下一页补充说：她们似乎看不见在"许多类型的非婚姻性行为"——哪些类型，即使在原则上，她们也明显没有划定界限——中有任何令人反感之处；Nussbaum, "Platonic Love and Colorado Law" at 1649, 1650. 在同一节中（第1562页第176个注释），她们每个人都表达，她们自己不能在柏拉图《高尔吉亚篇》第494页的段落（努斯鲍姆在别处正确地认为该段落于柏拉图整个人类善理论中至关重要）中发现对自慰的任何涉及，在《高尔吉亚篇》的这个段落中，柏拉图的苏格拉底通过让坚定的怀疑论者卡利克勒斯（Callicles）首先考虑刺激一个人自己身体的较低级的（即生殖器）部位，以及之后考虑包括通过被鸡奸获得快乐等各种可耻的行为，"以及此外所有那些其他可耻的事情"，迫使卡利克勒斯承认存在糟糕的快乐。对一个人在身体活动中可能使用其身体的各种方式之间的明显区别的不敏感，以及对这一事实即使用身体是为了产生性高潮的满足的不敏感，（1）表明了对欲望的、体验的自我作为主体以及身体作为工具的关注，（2）损害地影响了一个人肉体表达婚姻承诺的能力，导致文学/学术上对柏拉图与无数其他人分享的感受性不敏感。关于努斯鲍姆对《高尔吉亚篇》那一段落多变的观点（以及对那些观点的解释），以及对她作为古代哲学和现代性学的见证者的可靠性，参见1994b at 1055–62；更详细的内容，参见1994d at 19–41；亦参见George, "'Shameless Acts' Revisited: Some Questions for Martha Nussbaum". 她发表在《弗吉尼亚法律评论》上的文章，通常参见1994b [Notre Dame J of Law, Ethics & Public Policy 9（1995）11] at 18–20 nn. 15–17. 关于努斯鲍姆和多弗作为柏拉图有关性与婚姻的解释者，参见R. E. Allen [其作为译者和哲学评论员的出色能力，已为努斯鲍姆本人在对他的柏拉图翻译的第1卷（耶鲁大学出版社出版）的评论中坚定地证实：参见该卷平装本的封面] in *The Dialogues of Plato*, vol. 2, *The Symposium*（Yale University Press, 1991）at 46 n. 76, 99–102中的重要评论；关于柏拉图（而且似乎也是亚里士多德）对同性恋性行为的谴责，参见 *ibid.*, 17–18, 46 n. 76, 74–7.

可以选择或拒绝的那些可理解的善，是人类善，对任何人都好。此外，永远不会杀人的懦夫（或永远不会结婚的同性恋者或异性恋者）"想法的错误"，很少会在不影响他们自己的行为以及其他人的想法和行为的情况下继续存在。这样的支持使得真实地滥杀无辜更有可能，而对非婚姻性行为的支持有助于真实的婚姻受挫其中的文化氛围。当然，这种想法的错误的确并不取决于对后果的任何"计算"，但不应因对其他人"没有任何实践关切"而不予考虑，更不应因对那些未婚以及或许不能结婚之人的良知毫无动机的强加而一笔勾销。

379　　我一直勾勒的论证，通过回过头来思考现实中的已婚人士以及他（她）们精神状态的善或恶的意义而得以完善。没有了**真正的**婚姻性交的可能性，婚姻之善就严重地受到了损害。任何参与非婚姻性行为的意愿（无论如何附条件），都从根本上（即使）不易察觉地破坏了[110]一个人的婚姻本身，而婚姻本身作为一种现实，需要在清醒的慎思和机警且结构良好的良知的作用下通过其发起、培育和维护。因为它瓦解了一个人婚姻的可理解性：一个人的性行为——从内部（可以这么说）被理解为，以身体实施每一个人在特定精神状态（意志）下作出的选择——不再真正地实现一个人的**婚姻**，也不再使真正体验一个人的**婚姻**成为可能；它们脱离了配偶双方互相的婚姻承诺和规划的其他方面。而且，这种脱离或分裂威胁了——有悖于——在婚姻这一复杂的基本善中固有的两种善：[111] 不仅是夫妻的友谊和**忠贞**之善，而且还是生育和孩子——其整个成长过程深深受益于**良好的**婚姻环境——之善。**因此**，对非婚姻性行为的任何种类的同意（即使是附条件的同意）都是不合

---

〔110〕 当然，在头脑不太清醒的人（某种程度上，我们所有人都是）组成的现实世界里，某种不可理解性（unintelligibility）——使得一个选项（例如，我们结婚了，然而愿意进行非婚姻性行为）或多或少不一致——的分裂性含义（disintegrative implication），往往被其他因素（诸如便利、个体或文化惰性等）覆裹和/或延缓。但伦理学并不关心发生了什么，而是关心选项本身以及在何种条件下选项是或不是完全合理的。正如20世纪晚期婚姻的崩溃所表明的那样，也许在几代人之前就已经认同的、个人意志（以及它们所形塑的文化）之中的非理性，很可能迟早会使它们自己在进一步的不良影响中表现得相当广泛而明显。

〔111〕 婚姻是一种复杂但统一的善，因为其作为统一的善与其作为生育（即使在生育**偶尔**不可能的情形中）的善是分不开的。阿奎那关于婚姻和非婚姻性行为的思路，是理解并承认这种不可分离性的一种有效方式。

理的。(事实上,所有性方面的不道德,所有无论如何附条件的不道德的意愿,都与**邻人**之爱相悖,或许最直接地与孩子之爱相悖。[112])而且,**因为**它是不合理的,所以它是不道德的,[113] **并因此**[114]与人的本性背道而驰。

科佩尔曼从阿奎那的《反异教大全》(III, c.122)中援引了三个片段。他发现这一系列明显的论证令人困惑,令人不满意,这是正确的。但他忽视了这一章作为一个整体的一般趋势,[115] 这一章指出了婚姻制度的必要性和善,而婚姻制度是生育以及通常照顾儿童的唯一可接受的框架。接下来的三章探讨了性行为与婚姻之间的关系,正如,如果它要成为它对孩子及其父母来说应该的样子,那么它,即这种关系需要成为最大的友谊(maxima amicitia)。[116]

但是,无论阿奎那是否真的想到了这一点,我在本节(以及更早时候,要更简洁得多,在科佩尔曼回应的那篇文章中)[117]已经勾勒的思路都确立了

---

[112] See *Mal.* q. 15 a. 2 ad 4; *Sent.* IV d. 33 q. 1 a. 3 sol. 2 (=*Supp.* q. 65 a. 4c)。就孩子而言,至少,对邻人之爱的违反是违反正义的一种罪。因此,例如,不向任何教导(例如自慰)在道德上是可接受的观点的学校提供州或联邦的财政支持,完全在法律和政府的正当权力的范围内。

[113] 说它是不道德的并不意味着,做了相关种类之行为的那些个人,在主观上、道德上是应受谴责的;他(她)们道德上的应受谴责性有时可能因羁绊自由的激情和/或会模糊对选择的理性思考的头脑混乱(如意识形态、幻觉)等,而大大降低。See *ST* I-II q. 73 a. 5c and a. 6 ad 2.

[114] 参见上述第 4 个注释。

[115] 而且,他通过从第一个段落(第 73 页第 99 个注释)中漏掉一整句话,向他自己和他的读者们部分地隐瞒了那一趋势;这个被他漏掉的句子是该段落倒数第二句(以"因此"开头!)的前提,而且这句话介绍了该章最终关注的主题(而这个主题完全从科佩尔曼对该句的说明中消失了):人类需要的不只是生育或繁衍,还有**婚姻**。(在科佩尔曼所使用的翻译中)这个被漏掉的句子如下:但是男人的生殖过程会受到阻碍,除非这一过程得到必要的营养,因为如果得不到必要的营养,那么子孙后代便不可能存活。科佩尔曼所忽略的 c. 122 的整段都认为:对一个男人而言,与一个具体的女人确立我们谓之**婚姻**(*matrimonium*)的持久的**社会关系**(*societas*),是自然的(在明确的意义上:从人类善的角度看是合理的),而且在婚姻之外故意射精(性高潮)的行为违反了人类善,因此是不道德的。[在解读 *ScG* III, c. 122 论射精的部分,并没有忽略这样一个事实,即阿奎那认为在女性的性活动中,有种精子(尽管不是那种生育中的生物成分的精子)被愉快地射进女性的生殖腔道;参见 *Sent.* IV d. 33 q. 3 a. 1c(在下述第 127 个注释中被援引)and ad 5;d. 41 q. 1 a. 1 sol. 4 ad 2;*Sent.* III d. 3 q. 5 a. 1c;或 *ST* III q. 31 a. 5 ad 3.]

[116] 阿奎那在 *ScG* III, c. 122 中所说的内容,以及在我已提及的他的 *Comrnentary on the Sentences* 一书的那些段落中关于婚姻和性更丰富的反思,向我建议了我在本节追求的思路。要是阿奎那还活着,可以撰写他在《神学大全》第三集有关婚姻的规划中的论述——他向 *ST* II-II q. 154 中论性的那些段落的读者一再提及的一种论述——那么,他一定会重新表述那些段落。

[117] 参见上述第 8-11 个注释的文本。

一个重要的观念：在这个观念中，所有的非婚姻性行为，即使由对婚姻不感兴趣的未婚人士所进行的非婚姻性行为，都违反了婚姻之善，因为它们违反了处于婚姻核心位置的婚姻性交中的自我奉献。

V

科佩尔曼争论的核心是这样一种主张，[118] 即在不育夫妇的婚姻[119]与一起从事性行为的同性别的两个人的某种忠诚的私通/联系（some committed liaison）之间，不存在道德上的显著差异。[120] 任何这样的主张都注定要失败，基于我在本节指出的种种理由。指出这些理由的一种方式是这样的：不育夫妇的婚姻是真正的婚姻，因为他（她）们能够一起意图并从事任何已婚夫妇为着手（undertake）、完成（consummate）并实践有效婚姻**需要**意图和从事的**一切**。它不能拥有能够生育的婚姻（fertile marriage）所能拥有的那种完满，而且它在那个方面是对婚姻之善的一种次要的而非核心情形的例示。但是，一起从事性行为的相同性别的两个（为什么是两个？）人之间忠诚的联系，是一种人为构造的情境类型，这种类型是核心情形的次要版本，完全不同于婚姻的核心情形。的确，什么是同性性关系的核心情形呢？或许它是无名浴室的偶遇，从事着旨在那天晚上晚些时候于另一个小隔间里还会重复的性行为。或许它是在目前稳定、忠诚的朋友，在相同性别的3人之间的性行为或

---

[118] 参见（66）科佩尔曼以赞同的口吻提到了斯蒂芬·马赛多的主张，即"同性恋夫妇事实上是不育的异性恋夫妇的道德等价物"。关于（65）科佩尔曼主张，即"格里塞茨从未解释所声称的同性恋夫妇与异性恋夫妇之间的不相类似之处……菲尼斯已尝试填补此项空白……"但事实上，我所说的一切都不过是格里塞茨对这一问题论述的浓缩：*LCL* 634，636，651-4。

[119] 也就是说，一个男人和女人能够从事婚姻性交（科佩尔曼不得不称为"阴茎-阴道"性交的东西），但不能因此而生育（例如，因为妻子的输卵管不可逆转地被结扎了，或她的子宫被摘除了）。

[120] 科佩尔曼通常模糊地提及所讨论的性行为［例如，"性行为"（第2页），"性"（第2页），"在性方面使彼此愉悦"（第62页）］，但有时更为具体［"肛交或口交"（第67页）］，有时作"性交"。"性交"（"sexual intercourse"），更确切地说，是一种性行为；这种性行为，今天一如往常，未来也不会改变，是为了完成婚姻（consummate a marriage）而在法律中有所规定、相同性别之人完全不能彼此参与的那种行为。

4人之间的性行为。谁知道呢？我们可以明确的是，在科佩尔曼提供的对性与友谊的说明中，**没有任何东西**用来表明：为什么目前相同性别的二人联系应当具有内在于婚姻（包括不育夫妇的婚姻）思想中的承诺的排他性和意图的永恒性（exclusiveness-and-intended-permanence-in-commitment）。

每一对已婚夫妇在大部分时间中都是不育的。[121] 在一两个偏远的部落之外，这一点一直是众所周知的，即使在女性周期中有限的生育期被错置的时候。科佩尔曼和马赛多荒谬地认为：因此，**大部分时间**：（1）夫妇的生殖器不是生殖器官[122]——除非/或许在一个死人的**死去的**心脏"仍是一颗心脏"的意义上！（第76页）（2）夫妇的性交不可能是生殖类型的。同样的思路也驱使着这两位作者得出同样武断的结论，[123] 即一个男人和一个女人绝不可能在生物学上结合——只有精子和卵子才能够在生物学上结合！然而在这种还原论者简化、抽象、立法式语言的氛围（word-legislating mood）中，人们可能断言精子与卵子只是在物理上结合，而且只有它们的原核（pronuclei）才是**生物学上的**结合。但是，更现实的是承认：交配的整个过程，包括它作用于男人和女人的大脑、神经、血液、阴道的和其他的分泌物以及协调活动（这样的观念/怀孕不太可能产生于强奸），是彻头彻尾生物学的。

---

[121] 当科佩尔曼在表明"正常的女人……只在她们生命中一小段期间中能够生育"的过程中补充说"月经期和更年期也没有任何异样"（76 n.105）时，他对这一点轻描淡写。因为关于该种事实也没有什么异常，即排卵大约一个月只发生一次，而且女人限量的卵子能够受精的时间不超过大约一天。鉴于精子能够存活的有限时间，夫妇本身在大约每个月周期中能够生育的时间不会超过4天或5天。

[122] See e.g.(66)："一个不孕之人的生殖器同一只空枪不适合射击一样不适合生育……现实唯一要紧的关键层面是，该枪是否，就像现在这样，事实上能够杀人"（强调为后面所加）。科佩尔曼有时不一致地说，好像当且仅当它们属于那些完全不育之人，例如，"一个其病变子宫已遭摘除的女人"，它们才不是生殖器官（第66页）。

[123] See (67) at n.77："马赛多……可能……仍然质疑配偶双方在生物学上的结合……"科佩尔曼防御性地补充道，"马赛多可能也承认发生了生物学上的结合，但否认这一结合有内在价值"。这一补充和设想的承认意义重大，鉴于**在真正的婚姻行为中**生物学上的结合的"内在价值"，并不内在于这一荒谬的意识，即价值能够从生物学事实中推断出来，也不内在于这一伦理学上的错误意识，即男女之间任何生物学的结合都有价值或都在道德上是善的，而是内在于逻辑上和伦理上的这一有根据的观念，即经由成为那种生殖类的结合，那种结合可能是例示婚姻内在且基本的人类善（价值）的一部分。

科佩尔曼和马赛多[124]所接受的二元论简洁地表明，一旦人们失去其对这样一种方式——在这种方式中，以一种**特殊的肉体**（并因此是生物学的）**方式把我们**[125]结合在一起的婚姻性行为，能够真正地**实现**、表达并使我们真正地体验某种东西，某种和一份自由选择的承诺一样**明智且自愿**的东西，而这份自由选择的承诺的内容是：以这样一种生活方式对待彼此，对待作为互补之朋友的彼此，而这种生活方式因其永久性与排他性也适合于对待（如果命运如此预备）我们的孩子，那作为尤其适合我们这种结合（或交融）生动体现和成果的孩子——的理解力，那么，人性本身，那肉体（"生物学"）、感觉、情绪、理性和意志的根本**统一**，将变得难以理解到了什么程度。[126]

婚姻性行为之所以是"生殖类型的"行为，[127]是因为在意愿这样一种

---

〔124〕亦参见乔治和布拉德利关于这一点对马赛多的回应，George and Bradley, "Marriage and the Liberal Imagination" at 311 n. 32.

〔125〕在生殖类行为中例示的器官结合，不是阴茎与阴道的结合（正如我在第 21 篇论文第 14 个注释之最后一句话的开头部分不精确的措辞所不慎表明的那样），而是男人与女人的结合——这一结合完成于他（她）们所意图的、两相情愿的行为，那将那些生殖器官以射精/女性生殖腔道接受精液的方式结合在一起的行为。

〔126〕进一步参见 George and Bradley, "Marriage and the Liberal Imagination" 第 304 页文本与第 16 个注释。

〔127〕用阿奎那的话说，"生殖类型的行为"往往是 actus［或 opus］generationis（正如在人类性活动的语境中所使用）的正确翻译。这一点无疑通过 Quodl. XI q. 9 a. 2 ad 1 提出：老年人不是对有关生殖类型的行为"漠然"，而是对后代的生育漠然，因此鉴于他（她）们能够进行性交，他（她）们的婚姻便没有结束（sense sunt frigidi non quidem ad actum generationis, sed ad generationem prolis, et ideo, cum possint carnaliter copulari, non solvitur matrimonium）。

想要了解 actus generationis（生殖行为、性交行为）在其中被用作行为士标准的性交的同义词的那些其他段落，以及其中真实的生育似乎完全离题的其他段落，see e. g. Sent. IV d. 42 q. 1 a. 2c："肉体关系并未受到限制，但生育行为是完全受限的；亲密行为并未受到限制，除非是生育（生殖）性的、会产生下一代的肉体结合。"（"cognatio carnalis non contrahitur nisi per actum generationis completum; unde etiam affinitas non contrahitur nisi sit facta conjunctio seminum, ex qua potest sequi carnalis generatio"）；Sent. IV d. 32 q. 1 a. 5 sol. 3c："当说到生育行为，妇女的身体是有能力的，男性亦然；其中一人有义务偿还债务，无论在任何时间……"（"cum mulier habeat potestatem in corpus viri quantum ad actum generationis spectat, et e converso; tenetur unus alteri debitum reddere quocumque tempore et quacumque hora…"）；Sent. IV d. 33 q. 3 a. 1c："处女……其（身体）是完整的；也即没有堕落，没有发生过性交行为；并不存在（并未发生）三重堕落。一是肉体上的堕落，会导致处女膜破裂。二是精神和肉体的堕落，来自于生育（生殖）的决定，是自愿的生育。第三层次仅仅是精神的堕落，仅仅是为了获得性交的快乐，由此其丧失了身体的完整性。"（"virginitas…integritas quaedam est; unde per privationem

行为时，一个人意愿性行为旨在而且是：（1）与人类**有性**生殖的每一情形中（有意或无意）引起生育的肉体行为完全相同的肉体行为；（2）与一个人如果正意图将有性生殖作为一次特定婚姻性行为的目标则他就会意愿的性行为完全相同的性行为。这一行为的类别是"自然的类别"，在"自然的"道德相关意义上，**不是**（如科佩尔曼假设的那样）[128]当且仅当一个人正意图或尝试产生一个**结果**即生殖或繁衍的意义上。更确切地说，它是明显的理性类别，因而在道德的相关意义上是自然的类别，因为：（1）从事它时，一个人正意图一个**婚姻**行为；（2）其成为那种生殖类别是其成为婚姻行为的一个必要但不充分的条件；（3）婚姻是一种理性且自然的制度类型。一个人的行动理由——他（她）的理性动机——正是**婚姻**复杂的善。

因为：婚姻之所以是理性且自然的，主要在于它是这样一种在身体上、生物学上、情感上和其他每一种实践方式上都尤其适于通过生育、培育和教育最终成熟的子女来适当地促进夫妇繁衍的制度。由科佩尔曼、马赛多以及其他持有这一主张——相同性别的人之间的性行为可以是真正婚姻的，而且为了实施这样的行为，两个这样的人事实上可以彼此结婚——的作者们辩护的"同性恋"思想的版本（the version of "gay" ideology），暗示（没有明确确认）同性恋性行为应当通过关注这类夫妇的这类行为加以评估。科佩尔曼采纳了西德尼·卡拉汉（Sidney Callahan）的主张，即**当"和一位忠实的伴侣"从事**这样的同性性行为时"产生了……强烈的亲密、肉体上的确认、相互的净化以及令人满意的幸福"。如果科佩尔曼接受以下观点有些粗心大意的话，即在他

---

corruptionis dicitur, quae in *actu generationis* accidit; ubi triplex corruptio est. Una corporalis tantum, in hoc quod claustra pudoris franguntur. Alia spiritualis et corporalis simul, ex hoc quod per decisionem et motum seminis, in sensu delectatio generatur. Tertia est spiritualis tantum, ex hoc quod ratio huic delectationi se subjicit, in qua integritatem perdit quantum ad actum…"）[因此，这一 *actus generationis* 重大的以及**本质上**的影响，并不包括生育，但的确包括令人愉悦的射精，这是阿奎那在这一段落中给出的判断以下内容的理由之一，即性交是一个人的童贞状态结束于其中的一种方式]。生育类型的行为或**本身**适于生育的行为这一观念在例如 *Mal.* q. 15 a. 2 ad 14 and *ScG* III, c. 122 n. 5 中得以明确的表达，尽管不是以那些措辞。

[128] 参见科佩尔曼关于一个人用一杆空枪——科佩尔曼徒劳地试图将它的使用与婚姻性交作一类比——能够和不能够**意**图产生什么**结果**的讨论（尤其围绕着第79、80个注释）。

宣称"感到幻灭的"宇宙中"相互净化"是由性行为"产生"的，那么，更为有趣得多的是，他不能解释为什么这一效果和其他宣称由性行为"产生"的效果都取决于一个人的伴侣或伴侣们的忠诚，[129]而且我认为，也取决于他自己的忠诚。

事实是："同性恋"思想，即使在净化过的科佩尔曼/马赛多的版本中，[130]也没有对为什么忠诚——一个人的性行为排他性地为其配偶保留——是一个可理解的、明智且合理的要求作出任何严肃的说明。只有很小一部分以"同性恋"身份生活的人，认真地尝试实际上与作为永恒承诺的婚姻相似的任何事情。只有极小一部分同性恋者认真尝试婚姻的忠诚、对排他性的**承诺**；鉴于他（她）们"同性恋身份"的其他方面，发现这一尝试**有意义**的比例，实际上就更小了。[131]因此，即使在行为层面上——实际上搁置其固有的不育性——的同性恋"婚姻"，正因它排除了或不能接受并最

---

[129] 卡拉汉还没有从她正"改变主意"远离的天主教关于婚姻的教义中脱离出来，她只是**想当然地认为**应当只有一位同性伴侣。[同样的情况也适用于那篇文章第 70 页第 89 个注释中科佩尔曼援引并依赖的保罗·韦茨曼（Paul Weithman）；同样也适用于第 88 个注释中援引的迈克尔·佩里（Michael Perry）。]这一假设没有理性基础，参见下述第 136 个注释。

[130] 不完全地净化：因为有时"同性婚姻"的庄严面纱滑落，而潜在的且更为连贯的同性恋思想隐约出现："Why cannot sex at least sometimes be one more kind of harmless play?"（89）. 另参见下述第 132 个注释。

[131] 参见 Grisez, *Difficult Moral Questions*, 108, 110（Q. 23 nn. 81-90）中援引的、由同性恋社会学家和作家所作的调查和讨论。Koppelman, "Three Arguments for Gay Rights" at 1665 赞同性地报道了一项研究，该研究指出："在一起超过 10 年的夫妇中，……30%的丈夫……以及 94%的同性恋男人被报道至少有一例非一夫一妻［原文如此：性的背叛］。"但他未充分陈述由那项研究所揭示的对比：在上述 94%的同性恋男人中，有超过 80%的人**在该项研究开展前的 12 个月里**一直不忠诚（尽管只有不忠诚的少数丈夫中的少数在同一时期一直不忠诚），表明事实上长期的男同性恋夫妇的不忠诚压倒性地更加频繁。Blumstein and Schwartz, *American Couples*, 276. 布卢姆斯坦（Blumstein）和施瓦茨（Schwartz）冷静地得出结论（*ibid.*, 275）：对所有同性恋夫妇而言，"随着这一关系的深入，**几乎所有的**男同性恋者都有其他的性伴侣"。另请注意，当布卢姆斯坦和施瓦茨在主要调查结束后的 18 个月里对他们曾选择的夫妇进行大规模的追踪调查时，发现有超过五分之一的女同性恋夫妇在此期间分手了（比较已婚夫妇二十分之一的分手率）：*ibid.*, 308.

终使得对**婚姻**绝对至关重要的**承诺**毫无意义,故仍是一场骗局。[132]

而这一现实正是伦理反思会引导一个人期待的东西。为什么婚姻要求的不只是"对彼此的一份承诺",[133] 而且是对在配偶双方性的结合中永恒性和排他性的承诺,其原因是,作为一种道德上融贯的制度或生活方式,婚姻在根本上由其朝向生育、培育和教育孩子的勃勃生机,对于生育、培育和教育孩子的适宜性,以及从生育、培育和教育孩子过程中获得的成就感所形塑的;而这些孩子,每一个都只可能有两个父母,而且他(她)们适宜成为**那两位父母**的主要责任(和奉献对象)。除了这一倾向孩子的定位,以夫妻

---

[132] The Fall 1997 issue of The Harvard Gay & Lesbian Review: A Quarterly Journal of Arts, Letters, & Sciences (vol. IV no. 4) 主题即"同性婚姻"。主编汇集了5篇有关这一主题的论文,且他亲自对一位同性婚姻的主要拥护者安德鲁·沙利文(Andrew Sullivan)进行了一次深入且抱有同感的访谈。之后,在评论中,他这样说道:出于种种策略上的理由,净化同性婚姻的尝试已经导致了在性这个话题上的一种刻意沉默……我们最终对性轻描淡写而支持"承诺"。而且在对婚内性行为的讨论一直被回避的同时,对非婚姻性行为及婚外性行为的讨论也在很大程度上一直缺失,至少在我们华盛顿和夏威夷的"官方"声明和游说活动中是如此。然而,谈论一种大多数美国人将其定义为对唯一伴侣一生忠诚的制度时,我们如何能够避免讨论**性滥交**、**连贯式一夫一妻制**(*serial monogamy*,先后与不同的人结婚,但始终保持一夫一妻制的生活方式——译者注)**以及那些长期的同性恋夫妇界定他们关系的各样方式**……盖伯瑞尔·罗泰洛(Gabriel Rotello)和安德鲁·沙利文……已把同性婚姻视为对男同性恋滥交和放荡的一种可能的矫正方法——很可能它是,不过我认为,很有可能是同性婚姻既能让这个制度活跃起来,又能服从其传统规则(正合我意)。我们也可能只是审查为什么我们觉得我们需要规避性、滥交和可供替代的配偶等议题……(第4页)。

同样可以参见 Gabriel Rotello,"Creating a New Gay Culture: Balancing Fidelity and Freedom", Nation, 21 April 1997:在男同性恋和女同性恋的政治世界里,反对婚姻的情绪近年来有所缓和,而且同性婚姻的合法化如今是同性恋解放运动的公认焦点。然而……大多数同性婚姻的倡导者……一般并不谨慎地为婚姻辩护,而仅仅为结婚的**权利**辩护。这无疑是好的政治策略,因为如果不是大多数主要的同性恋组织已经加入为同性婚姻而斗争的行列,许多人会立即赞同任何这样的说法,即他(她)们实际上正在鼓励同性恋者结婚(强调为原文所有)。

[133] 关于这一事实——近年来许多甚或大多数美国夫妇都是使用他(她)们自制的誓言结婚的,这些自制的誓言通常会把终身结合的誓言遮蔽起来,代之以某种"承诺"的誓言或断言——所具有的消解婚姻的意义,参见 Blankenhorn,"I Do?"

忠贞（忠实）为特征的婚姻制度将意义不大或无甚意义。[134] 鉴于这一定位，婚姻的生活方式的确非常明智，大有意义，而且实现、表达并使配偶双方体验那种生活方式的婚姻性行为也大有意义。

此外，能够以完全相同的行为和意图从事完全相同的婚姻行为，但有理由相信那些完全相同的行为在他（她）们那里绝不会生出孩子的一男一女，仍然可以选择这种**生活方式**，因为这种生活方式是明智的。考虑到身体、情感、智力和意志多重而深刻的互补性——我们谓之人类进化的诸因素的那一结合已经用这种互补性装备了男男女女的我们，这样一项承诺作为对婚姻之善的一种参与可能是合理的，[135] 而这种婚姻之善，那些不育的配偶双方可能正确地希望比他们所能够的更充分地加以例示。重复一下：他（她）们的确真正地参与了婚姻之善，因为他（她）们可以作出**每一项**承诺，而且可以形成并实施**每一项**意图，而这每一项承诺和每一项意图是任何其他已婚夫妇为了成为合法的已婚者，也为了履行他（她）们所有的婚姻责任，**需要**作出、形成并实施的。通过他（她）们在一段涉及生殖类型行为（且没有其他的性行为）的关系中的忠诚模式，这些不育的婚姻此外还强烈地支持婚姻作为一种有价值的社会制度。

但是，同性伴侣不可能从事生殖类行为，即不可能从事婚姻性交。对他（她）们而言，婚姻——其中，这些行为中的肉体结合是多重（身体的、情感的、智力的和意志的）婚姻关系的生物学实现——的永恒的、排他的承诺是不可思议的。当然，同性别的两个、三个、四个、五个或任何数量的人可

---

[134] 努斯鲍姆和多弗（"Platonic Love and Coloraclo Law" at 1650-1）不喜欢"菲尼斯对婚姻关系的狭隘定义"——一直是规范的且核心于我们整个文明（不只是我们的文明）的定义——但是，即使在他（她）们二人之间，也不可能就一个融贯的替代性选择（a coherent alternative）达成一致。多弗（以第三人称谈及他自己）"觉得审慎的共同生育（子女）在品质上不同于非生育的性行为，而且后者可以说是在游戏生育（然而，游戏，可能是非常重要的）。他因此对同性恋婚姻的观念感到不安"。

[135] 然而，那些寻找不育夫妇、选择他（她）们正是因为他（她）们不育的人，很可能显示了对婚姻之善的那种蔑视；对这种蔑视，犹太人斐洛（Philo Judaeus）以一个相当混乱的段落予以了谴责，而科佩尔曼（第64页第61个注释）和博斯韦尔均从这个混乱的段落中援引了一些极其愤怒的片段。

以共同养育一个或若干个孩子。在某些情境下，那可能是一个值得称赞的承诺。它无关婚姻。科佩尔曼和马赛多审慎地在以下问题上保持沉默，即为什么他们主动为之辩护的同性"婚姻"要在两个人之间，而非在三个人、四个人、五个人或更多的人之间，而后面这些人全都"忠实地"彼此从事着性行为。他们同样在这一问题上保持沉默，即为什么这个群体的性伙伴关系应当在成员中保持不变，而不像其他伙伴关系那样可以转动。科佩尔曼通过要求我们"考虑以下可能性，即是否存在一种被追求的内在善，一种在类型上有别于普通友谊或普通快乐但快乐又是其一个必要组成部分的内在善"——一种通过"性活动"追求的善，这种性活动"正如保罗·韦茨曼已经观察到的……能够'把两个人构成为一个**社会单元**'"——这一不甚严肃的程序，设计了一种"对婚姻之善的说明"。[136] 他难道不应要求我们"考虑这样一种可能性"，即还存在一种通过"性活动""追求的内在善"，这种"性活动""把三个人"或"一个男人和他的狗"构成为"社会单元"——或把两个人构成一个为期六个月的"社会单元"？当我们设计"婚姻"的"说明"或形式时，要考虑的可能性清单还没有真正地结束。

那些提出"同性恋"思想或同性婚姻或同性"性行为"理论的人，没有原则性的道德理由反对（谨慎的和适度的）滥交，即事实上以无论任何友好的触摸或一个人可能碰巧发现的令人愉快的孔穴（人的或其他东西的）等方式获得性高潮的快乐。在与他（她）们的思想或理论的反对者们的争论中，这些支持者中的一些人喜欢假设一种理想化的（两人的、终身的……）关系类型，而且喜欢质疑他（她）们的对手们说，这样（未经认真界定）一种类型的关系如何有别于**婚姻**，至少在夫与妻都知道他（她）们自己不育的情形中。正如我已经主张的，主要的区别是简单且根本的：人为

---

[136] Koppelman, 70. 这种善被说成是（*ibid.*）婚姻之善，被假设的社会单元的"功能或特征性活动"被说成是"通过肉体上的亲密和温柔的特殊行为来促进［这样的两个人的］友谊和爱情"。正如一位著名的同性"婚姻"倡导者如是说：如果婚姻法可以被视为促进了两个人过一种他（她）们感到满意的情感生活的机会——而不是强加一种正当关系的视角——那么，婚姻法应当能够为超过两人的单元实现同样的效果。（Chambers, "What If? The Legal Consequences of Marriage and the Legal Needs of Lesbian and Gay Male Couples" at 490-1.）

界定的名之为"同性恋婚姻"或"同性婚姻"的分类，根本不符合内在理性或一系列理由。当我们意识到——以及为什么——婚姻的核心是**忠贞**、严格的排他性承诺——其对性活动的完整性、纯洁性和合理性的理论基础和影响，都为阿奎那所全然洞悉时，我们意识到——以及为什么——同性伴侣的世界（在争论技巧之外的现实世界中）没有提供任何婚姻的真正例示、等价物或对应物，因此也很少有全心全意的模仿。[137]**婚姻**是各种关系、各种活动、各种满足和各种责任的融贯的、稳定的类别，能够被一个男人和一个女人理智且合理地选择，并被接受为他（她）们所要求的相互承诺和共同善，因为婚姻的组成部分完全合理地回应并符合那一互相关联、互相补充的**充分理由**的综合体（that complex）。

柏拉图、亚里士多德[138]和其他伟大的哲学家，像文明生活传统中的大

---

[137] 这并不是否认一些人试图使他们与同性别之人的性行为成为友谊的行为，正如我喜欢格里塞茨、乔治、李和布拉德利经常说的那样。科佩尔曼对他援引格里塞茨的一个片段（第92页第163个注释）表示愤慨（"性交并非因为它是交流善意和感情的更富表达性的手段而优先于交谈和互惠行为被鸡奸者选择。更确切地说，它之所以被选择，是因为它提供了在其他状态下不可得的主观满意度"）。科佩尔曼以赞成的口吻说道，这一主张"在许多读者眼里是对许多忠诚的同性关系的严重诽谤"。但是，真正的诽谤是科佩尔曼的这一主张：这一片段是"[格里塞茨]回应这一论点即鸡奸类的性活动可能是表明友谊和感情的一种方式时所说的全部内容"。通过删掉该片段的开头几个字（"然而，就像通奸者一样……"），科佩尔曼不仅听任他的读者推断，格里塞茨有一种反对同性恋的偏见或对同性恋存在盲点，而且，更重要的是，他隐藏了这样一个事实，即遭到删除的对通奸者的引证，是对格里塞茨在前面数页（652-653）引申观点（extended argument）的反向引证（reference back to），这个引申观点是对一位异议者的回应，这位异议者这样问道："假使……（通奸的）夫妇感兴趣的不是婚姻交融，而只是某种其他的真实而亲密的交融，诸如他（她）们现在享有的、他（她）们的性交通过交流善意、情感等所培育的友谊，会有什么不同吗？"格里塞茨的答复以承认"那些与人私通的心理健康的夫妇，通常的确至少渴望体验夫妻间亲密的某种东西"开始；（第652页）而且他在科佩尔曼从中援引了一个片段的那一页（第654页）明确地说，同性伴侣的情形亦如此。格里塞茨对这一异议的回应以一种仔细的论证继续进行，该论证表明为什么——鉴于"正是由于性交并非因[婚姻之善]的任何一个方面而受选，它本身并不交流任何明确的东西"，又鉴于它事实上远没有朋友们通常使用的其他交流方式富于表现力——选择同性性行为的真正动机是"性欲和满足性欲的快乐"。鉴于本文中不阐述来自自我不完整和虚幻之善等论据，因此我不需要阐明整个论证的过程（始于第649页）。强调以下内容就够了：格里塞茨并非否认"鸡奸中伴侣们的亲密体验"（第653页），而是给出**判断**这种体验"不可能是他（她）们之间任何真正结合的体验"的理由。在被认为是一种真实体验的东西中什么是真实、什么是虚幻的合理论证，不可能是任何类型的诽谤。

[138] "相较于政治生活，人在天性上更适宜于过婚姻生活"：NE VIII 1162a17-18. 努斯鲍姆有代表性地断言道：婚姻在整部《尼各马可伦理学》中仅被提及两次：一次是在1123a1，一个特别大的聚会的场合，另一次是在1165a18，一个像葬礼那样的、人们想邀请其亲戚到场的场合。（"Platonic Love and Coloraclo Law" at 1583, n.294.）

多数普通参与者一样,将那一综合体理解为婚姻(之善)的组成部分。而且我一直主张这样的观点:真正且有效的性道德,就在于揭示在理解、促进和尊重(不违反)那一基本人类善的过程中涉及了什么内容,以及什么是例示两个配偶——在婚姻行为中,以一种真实、非虚幻的方式,使他(她)们人的现实的所有层面结合在一起——那一共同善的条件。

约翰·菲尼斯作品目录

1962 a   "Developments in Judicial Jurisprudence", Adelaide L Rev 1: 317–37.

  b   "The Immorality of the Deterrent", Adelaide Univ Mag: 47–61.

1963   "Doves and Serpents", The Old Palace 38: 438–41.

1967 a I. 17 "Reason and Passion: The Constitutional Dialectic of Free Speech and Obscenity", University of Pennyslvania L Rev 116: 222–43.

  b Ⅳ. 8 "Blackstone's Theoretical Intentions", Natural L Forum 12: 63–83.

  c   "Punishment and Pedagogy", The Oxford Review 5: 83–93.

  d   "Review of Zelman Cowen, *Sir John Latham and Other Papers*", LQR 83: 289–90.

1968 a Ⅲ. 10 "Old and New in Hart's Philosophy of Punishment", The Oxford Review 8: 73–80.

  b   "Constitutional Law", *Annual Survey of Commonwealth Law 1967* (Butterworth), 20–33, 71–98.

  c   "Separation of Powers in the Australian Constitution", Adelaide L Rev 3: 159–77.

  d   Review of Neville March Hunnings, *Film Censors and the Law*, LQR 84: 430–2.

  e   "Natural Law in *Humanae vitae*", LQR 84: 467–71.

  f   Review of H. Phillip Levy, *The Press Council*, LQR 84: 582.

  g   "Law, Morality and Mind Control", Zenith (University Museum, Oxford) 6: 7–8.

1969 a   "Constitutional Law", *Annual Survey of Commonwealth Law 1968* (Butter

			worth), 2-15, 32-49, 53-75, 98-114.
	b		Review of Herbert L. Packer, *The Limits of the Criminal Sanction*, Oxford Magazine, 86 no. 1 (new series), 10-11.
1970	a	I.6	"Reason, Authority and Friendship in Law and Morals", in Khanbai, Katz, and Pineau (eds), *Jowett Papers 1968 - 1969* (Oxford: Blackwell), 101-24.
	b		"Natural Law and Unnatural Acts", Heythrop J 11: 365-87.
	c		i. "Abortion and Legal Rationality", Adelaide L Rev 3: 431-67.
			ii. "Three Schemes of Regulation", in Noonan (ed.), *The Morality of Abortion: Legal and Historical Perspectives* (HUP).
	d		"Constitutional Law", *Annual Survey of Commonwealth Law 1969* (Butterworth), 2-4, 27-34, 37-50, 65-81.
	e		Review of H. B. Acton, *The Philosophy of Punishment*, Oxford Magazine, 87 (new series) (13 April).
	f		Review of Colin Howard, *Australian Constitutional Law*, LQR 86: 416-18.
1971	a	IV.21	"Revolutions and Continuity of Law", in A. W. B. Simpson (ed.), *Oxford Essays in Jurisprudence: Second Series* (OUP), 44-76.
	b		"The Abortion Act: What Has Changed?", Criminal L Rev: 3-12.
	c		"Constitutional Law", *Annual Survey of Commonwealth Law 1970* (Butterworth), 2-4, 17-31, 33-42, 51-60.
1972	a	III.11	"The Restoration of Retribution", Analysis 32: 131-5.
	b	IV.18	"Some Professorial Fallacies about Rights", Adelaide L Rev 4: 377-88.
	c		"The Value of the Human Person", Twentieth Century [Australia] 27: 126-37.
	d		"Bentham et le droit naturel classique", Archives de Philosophie du Droit 17: 423-7.
	e		"Constitutional Law", *Annual Survey of Commonwealth Law 1971* (Butterworth), 2-5, 11-25, 28-41.
	f		"Meaning and Ambiguity in Punishment (and Penology)", Osgoode Hall LJ 10: 264-8.

1973　a　III. 3　Review of John Rawls, *A Theory of Justice* (1972), Oxford Magazine 90 no. 1 (new series) (26 January).

　　　b　III. 18　"The Rights and Wrongs of Abortion: A Reply to Judith Jarvis Thomson", Philosophy & Public Affairs 2: 117–45.

　　　c　"Constitutional Law", *Annual Survey of Commonwealth Law 1972* (Butterworth), 2–8, 23–56, 62–6.

1974　a　"Constitutional Law", *Annual Survey of Commonwealth Law 1973* (Butterworth), 1–66.

　　　b　"Commonwealth and Dependencies", in *Halsbury's Laws of England*, vol. 6 (4th edn, Butterworth), 315–601.

　　　c　"Rights and Wrongs in Legal Responses to Population Growth", in J. N. Santamaria (ed.), *Man—How Will He Survive?* (Adelaide), 91–100.

　　　d　Review of R. S. Gae, *The Bank Nationalisation Case and the Constitution*, Modern L Rev 37: 120.

1975　"Constitutional Law", *Annual Survey of Commonwealth Law 1974* (Butterworth), 1–61.

1976　a　"Constitutional Law", *Annual Survey of Commonwealth Law 1975* (Butterworth), 1–56.

　　　b　Chapters 18–21 (with Germain Grisez), in R. Lawler, D. W. Wuerl, and T. C. Lawler (eds), *The Teaching of Christ* (Huntingdon, IN: OSV), 275–354.

1977　a　I. 3　"Scepticism, Self-refutation and the Good of Truth", in P. M. Hacker and J. Raz (eds), *Law, Morality and Society: Essays in Honour of H. L. A. Hart* (OUP), 247–67.

　　　b　"Some Formal Remarks about 'Custom' ", in International Law Association, Report of the First Meeting [April 1977] on the Theory and Methodology of International Law, 14–21.

1978　a　"Catholic Social Teaching: *Populorum Progressio* and After", Church Alert (SODEPAX Newsletter) 19: 2–9; also in James V. Schall (ed.), *Liberation Theology in Latin America* (San Francisco: Ignatius Press,

1982).

b "Conscience, Infallibility and Contraception", The Month 239: 410-17.

c "Abortion: Legal Aspects of", in Warren T. Reich (ed.), *Encyclopedia of Bioethics* (New York: Free Press), 26-32.

1979 a V.18 "Catholic Faith and the World Order: Reflections on E. R. Norman", Clergy Rev 64: 309-18.

b "The Foundations of Human Rights", Cooperation in Education 26: 19-28.

1980 a *Natural Law and Natural Rights* (OUP) (425 pp).

Legge Naturali e Diritti Naturali (trans. F. Di Blasi) (Milan: Giappichelli, 1996).

Ley Naturaly Derechos Naturales (trans. C. Orrego) (Buenos Aires: Abeledo-Perrot, 2000).

Prawo naturalne i uprawnienia naturalne (trans. Karolina Lossman) Klasycy Filozofii Prawa (Warsaw: Dom Wydawniczy ABC, 2001).

自然法与自然权利 ([Mandarin] trans. Jiaojiao Dong, Yi Yang, Xiaohui Liang) (Beijing: 2004).

Lei Natural e Direitos Naturais (trans. Leila Mendes) (Sao Leopoldo, Brazil: Editora Unisinos, 2007).

b "Reflections on an Essay in Christian Ethics: Part I: Authority in Morals", Clergy Rev 65: 51-7; "Part II: Morals and Method", 87-93.

c V.19 "The Natural Law, Objective Morality, and Vatican II", in William E. May (ed), *Principles of Catholic Moral Life* (Chicago: Franciscan Herald Press), 113-49.

1981 a [*British North America Acts: The Role of Parliament*: Report from the Foreign Affairs Committee, House of Commons Paper 1980-81 HC 42 (21 January) (87 pp).]

b "Observations de M J. M. Finnis" [on Georges Kalinowski's review of *Natural Law and Natural Rights*], Archives de Philosophie du Droit 26: 425-7.

c [Foreign Affairs Committee, *Supplementary Report on the British North America Acts: The Role of Parliament*, House of Commons Paper 1980-

		81 HC 295 (15 April) (23 pp).]

        d   [Foreign Affairs Committee, *Third Report on the British North America Acts: The Role of Parliament*, House of Commons Paper 1981–82 HC 128 (22 December) (17 pp).]

        e   "Natural Law and the 'Is'–'Ought' Question: An Invitation to Professor Veatch", Cath Lawyer 26: 266–77.

1982 a   (with Germain Grisez) "The Basic Principles of Natural Law: A Reply to Ralph McInerny", American J Juris 26: 21–31.

        b   Review of Anthony Battaglia, *Towards a Reformulation of Natural Law*, Scottish J Theol 35: 555–6.

1983 a   "The Responsibilities of the United Kingdom Parliament and Government under the Australian Constitution", Adelaide L Rev 9: 91–107.

        b   *Fundamentals of Ethics* (OUP; Washington DC: Georgetown University Press) (163 pp).

        c   "Power to Enforce Treaties in Australia—The High Court goes Centralist?", Oxford J Legal St 3: 126–30.

        d   "The Fundamental Themes of *Laborem Exercens*", in Paul L. Williams (ed.), *Catholic Social Thought and the Social Teaching of John Paul II* (Scranton: Northeast Books), 19–31.

        e   ["In Vitro Fertilisation: Morality and Public Policy", Evidence submitted by the Catholic Bishops' Joint Committee on Bio–ethical Issues to the (Warnock) Committee of Inquiry into Human Fertilisation and Embryology, May, 5–18.]

1984 a I.10 i. "Practical Reasoning, Human Goods and the End of Man", Proc Am Cath Phil Ass 58: 23–36; also in

                ii. New Blackfriars 66 (1985) 438–51.

        b IV.2 "The Authority of Law in the Predicament of Contemporary Social Theory", J Law, Ethics & Pub Policy 1: 115–37.

        c   ["Response to the Warnock Report", submission to Secretary of State for Social Services by the Catholic Bishops' Joint Bioethics Committee on Bio–ethical

Issues, December, 3-17.]

d   "IVF and the Catholic Tradition", The Month 246: 55-8.

e   "Reforming the Expanded External Affairs Power", in Report of the External Affairs Subcommittee to the Standing Committee of the Australian Constitutional Convention (September), 43-51.

1985 a Ⅲ.1   "A Bill of Rights for Britain? The Moral of Contemporary Jurisprudence" (Maccabaean Lecture in Jurisprudence), Proc Brit Acad 71: 303-31.

b Ⅳ.9   "On 'Positivism' and 'Legal-Rational Authority'", Oxford J Leg St 3: 74-90.

c Ⅳ.13   "On 'The Critical Legal Studies Movement'", American J Juris 30: 21-42; also in J. Bell and J. Eekelaar (eds), *Oxford Essays in Jurisprudence: Third Series* (OUP, 1987), 145-65.

d   "Morality and the Ministry of Defence" (review), The Tablet, 3 August, 804-5.

e   "Personal Integrity, Sexual Morality and Responsible Parenthood", Anthropos [now Anthropotes] 1: 43-55.

1986 a   "The 'Natural Law Tradition'", J Legal Ed 36: 492-5.

b   "The Laws of God, the Laws of Man and Reverence for Human Life", in R. Hittinger (ed.), *Linking the Human Life Issues* (Chicago: Regnery Books), 59-98.

1987 a Ⅰ.9   "Natural Inclinations and Natural Rights: Deriving 'Ought' from 'Is' according to Aquinas", in L. Elders and K. Hedwig (eds), *Lex et Libertas: Freedom and Law according to St Thomas Aquinas* (Studi Tomistici 30, Libreria Editrice Vaticana), 43-55.

b Ⅱ.8   "The Act of the Person" *Persona Verità e Morale*, atti del Congresso Internazionale di Teologia Morale, Rome 1986 (Rome: Città Nuova Editrice), 159-75.

c Ⅲ.2   "Legal Enforcement of Duties to Oneself: Kant v. Neo-Kantians", Columbia L Rev 87: 433-56.

d Ⅳ.4   "On Positivism and the Foundations of Legal Authority: Comment", in Ruth

			Gavison (ed.), *Issues in Legal Philosophy: the Influence of H. L. A. Hart* (OUP), 62–75.

      e   Ⅳ. 12   "On Reason and Authority in Law's Empire", Law and Philosophy 6: 357–80.

      f   Germain Grisez, Joseph Boyle, and John Finnis, "Practical Principles, Moral Truth, and Ultimate Ends", American J Juris 32: 99–151 (also, with original table of contents restored, in 1991d).

      g   *Nuclear Deterrence, Morality and Realism* (with Joseph Boyle and Germain Grisez) (OUP) (429 pp).

      h   "Answers [to questions about nuclear and non-nuclear defence options]", in Oliver Ramsbottom (ed.), *Choices: Nuclear and Non - Nuclear Defence Options* (London: Brasseys' Defence Publishers), 219–34.

      i   "The Claim of Absolutes", The Tablet 241: 364–6.

      j   ["On Human Infertility Services and Bioethical Research", response by the Catholic Bishops' Joint Committee on Bioethical Issues to the Department of Health and Social Security, June, 3–12.]

1988 a Ⅴ. 21   "The Consistent Ethic: A Philosophical Critique", in Thomas G. Fuechtmann (ed.), *Consistent Ethic of Life* (Kansas: Sheed & Ward), 140–81.

      b Ⅴ. 20   "Nuclear Deterrence, Christian Conscience, and the End of Christendom", New Oxford Rev [Berkeley, CA] July–August: 6–16.

      c   "Goods are Meant for Everyone: Reflection on Encyclical *Sollicitudo Rei Socialis*", L'Osservatore Romano, weekly edn, 21 March, 21.

      d   "'Faith and Morals': A Note", The Month 21/2: 563–7.

      e   Germain Grisez, Joseph Boyle, John Finnis, and William E. May, "'Every Marital Act Ought to be Open to New Life': Toward a Clearer Understanding", The Thomist 52: 365–426, also in Grisez, Boyle, Finnis, and May, *The Teaching of Humanae Vitae: A Defense* (San Francisco: Ignatius Press); Italian trans. in Anthropotes 1: 73–122.

      f   "Absolute Moral Norms: Their Ground, Force and Permanence", Anthropotes 2: 287–303.

1989 a Ⅱ. 5   "Persons and their Associations", Proc Aristotelian Soc, Supp. vol. 63: 267–

74.

b   Ⅳ.3   "Law as Coordination", Ratio Juris 2: 97–104.

c   V.11   "On Creation and Ethics", Anthropotes 2: 197–206.

d   "La morale chrétienne et la guerre: entretien avec John Finnis", Catholica 13: 15–23.

e   "Russell Hittinger's Straw Man", Fellowship of Catholic Scholars Newsletter 12/2: 6–8 (corrigenda in following issue).

f   "Nuclear Deterrence and Christian Vocation", New Blackfriars 70: 380–7.

1990   a   Ⅰ.12   "Aristotle, Aquinas, and Moral Absolutes", Catholica: International Quarterly Selection 12: 7–15; Spanish trans. by Carlos I. Massini Correas in Persona y Derecho 28 (1993), and in A. G. Marques and J. Garcia-Huidobro (eds), *Razon y Praxis* (Valparaiso: Edeval, 1994), 319–36.

b   Ⅳ.16   "Allocating Risks and Suffering: Some Hidden Traps", Cleveland State L Rev 38: 193–207.

c   "Natural Law and Legal Reasoning", Cleveland State L Rev 38: 1–13.

d   Ⅳ.17   "Concluding Reflections", Cleveland State L Rev 38: 231–50.

e   V.16   "Conscience in the Letter to the Duke of Norfolk", in Ian Ker and Alan G. Hill (eds), *Newman after a Hundred Years* (OUP), 401–18.

f   Joseph Boyle, Germain Grisez, and John Finnis, "Incoherence and Consequentialism (or Proportionalism) —A Rejoinder" American Cath Phil Q 64: 271–7.

g   "The Natural Moral Law and Faith", in Russell E. Smith (ed.), *The Twenty-Fifth Anniversary of Vatican II: A Look Back and a Look Ahead* (Braintree, MA: Pope John Center), 223–38; discussion (with Alasdair MacIntyre), 250–62.

1991   a   Ⅱ.9   "Object and Intention in Moral Judgments according to St Thomas Aquinas", The Thomist 55: 1–27; rev. version in J. Follon and J. McEvoy (eds), *Finalité et Intentionnalité: Doctrine Thomiste et Perspectives Modernes*, Bibliothèque Philosophique de Louvain No. 35 (Paris: J. Vrin, 1992), 127–48.

	b	II.10	"Intention and Side-effects", in R. G. Frey and Christopher W. Morris (eds), *Liability and Responsibility: Essays in Law and Morals* (CUP), 32–64.
	c		*Moral Absolutes: Tradition, Revision and Truth* (Washington DC: Catholic University of America Press) (115 pp) *Absolutos Morales: Tradición, Revisión y Verdad* (trans. Juan José García Norro) (Barcelona: Ediciones Internacionales Universitarias, EUNSASA) *Gli assoluti morali: Tradizione, revisione & verità* (trans. Andrea Maria Maccarini) (Milan: Edizioni Ares, 1993).
	d		"Introduction", in John Finnis (ed.), *Natural Law*, vol. I (International Library of Essays in Law and Legal Theory, Schools 1.1) (Dartmouth: New York University Press), xi–xxiii.
	e		"Introduction", in John Finnis (ed.), *Natural Law*, vol. II (International Library of Essays in Law and Legal Theory, Schools 1.2) (Dartmouth: Aldershot, Sydney), xi–xvi.
	f		"A propos de la 'valeur intrinsèque de la vie humaine'", Catholica 28: 15–21.
	g		"Commonwealth and Dependencies", in *Halsbury's Laws of England*, vol. 6 re-issue (4th edn, London: Butterworth), 345–559.
1992	a	I.14	"Natural Law and Legal Reasoning", in Robert P. George (ed.), *Natural Law Theory: Contemporary Essays* (OUP), 134–57. Spanish trans. By Carlos I. Massini Correas in Persona y Derecho 33 (1995).
	b	III.7	"Commentary on Dummett and Weithman", in Brian Barry and Robert E. Goodin, *Free Movement: Ethical Issues in the Transnational Migration of People and of Money* (University Park, Pennsylvania: University of Pennsylvania Press), 203–10.
	c	III.15	"Economics, Justice and the Value of Life: Concluding Remarks", in Luke Gormally (ed.), *Economics and the Dependent Elderly: Autonomy, Justice and Quality of Care* (CUP), 189–98.
	d	V.9	"*Historical Consciousness*" *and Theological Foundations*, Etienne Gilson Lecture No. 15 (Toronto: Pontifical Institute of Mediaeval Studies) (32

pp).

  e V. 17 "On the Grace of Humility: A New Theological Reflection", The Allen Review 7: 4–7.

1993 a II. 16 "Abortion and Health Care Ethics", in Raanan Gillon (ed.). *Principles of*
    III. 19 *Health Care Ethics* (Chichester: John Wiley), 547–57.

  b   "The Legal Status of the Unborn Baby", Catholic Medical Quarterly 43: 5–11.

  c II. 19 "*Bland: Crossing the Rubicon?*", LQR 109: 329–37.

  d   "Theology and the Four Principles: A Roman Catholic View I" (with Anthony Fisher OP), in Raanon Gillon (ed.), *Principles of Health Care Ethics* (Chichester: John Wiley), 31–44.

  e   "The 'Value of Human Life' and 'The Right to Death': Some Reflections on *Cruzan* and Ronald Dworkin", Southern Illinois University LJ 17: 559–71.

1994 a II. 12 "On Conditional Intentions and Preparatory Intentions", in Luke Gormally (ed.), *Moral Truth and Moral Tradition: Essays in Honour of Peter Geach and Elizabeth Anscombe* (Dublin: Four Courts Press), 163–76.

  b   "Law, Morality, and 'Sexual Orientation'", Notre Dame L Rev 69: 1049–76; also, with additions, Notre Dame J Law, Ethics & Public Policy 9 (1995) 11–39.

  c   "Liberalism and Natural Law Theory", Mercer L Rev 45: 687–704.

  d   "'Shameless Acts' in Colorado: Abuse of Scholarship in Constitutional Cases", Academic Questions 7/4: 10–41.

  e   Germain Grisez and John Finnis, "Negative Moral Precepts Protect the Dignity of the Human Person", L'Osservatore Romano, English edn, 23 February.

  f   "Beyond the Encyclical", The Tablet, 8 January, reprinted in John Wilkins (ed.), *Understanding* Veritatis Splendor (London: SPCK), 69–76.

  g   Germain Grisez, John Finnis, and William E. May, "Indissolubility, Divorce and Holy Communion", New Blackfriars 75 (June), 321–30.

  h   "'Living Will' Legislation", in Luke Gormally (ed.), *Euthanasia, Clinical Practice and the Law* (London: Linacre Centre), 167–76.

  i   "Unjust Laws in a Democratic Society: Some Philosophical and Theological Reflections", in Joseph Joblin and Réal Tremblay (eds), *I cattolici e la società pluralista: il caso delle leggi imperfette: atti del I Colloquio sui cattolici nella società pluralista: Roma, 9 - 12 Novembre 1994* (Bologna: ESP), 99-114.

1995 a Ⅱ.11 "Intention in Tort Law", in David Owen (ed.), *Philosophical Foundations of Tort Law* (OUP), 229-48.

b Ⅲ.14 "A Philosophical Case against Euthanasia", "The Fragile Case for Euthanasia: A Reply to John Harris", and "Misunderstanding the Case against Euthanasia: Response to Harris's First Reply", in John Keown (ed.), *Euthanasia: Ethical, Legal and Clinical Perspectives* (CUP), 23-35, 46-55, 62-71.

c "History of Philosophy of Law" (465-8), "Problems in the Philosophy of Law" (468-72), "Austin" (67), "Defeasible" (181), "Dworkin" (209-10), "Grotius" (328), "Hart" (334), "Legal Positivism" (476-7), "Legal Realism" (477), "Natural Law" (606-7), "Natural Rights" (607), in Ted Honderich (ed.), *Oxford Companion to Philosophy* (OUP).

1996 a Ⅲ.5 "Is Natural Law Theory Compatible with Limited Government?", in Robert P. George (ed.), *Natural Law, Liberalism, and Morality* (OUP), 1-26.

b Ⅲ.13 "The Ethics of War and Peace in the Catholic Natural Law Tradition", in Terry Nardin (ed.), *The Ethics of War and Peace* (Princeton University Press), 15-39.

c Ⅳ.7 "The Truth in Legal Positivism", in Robert P. George (ed.), *The Autonomy of Law: Essays on Legal Positivism* (OUP), 195-214.

d "Unjust Laws in a Democratic Society: Some Philosophical and Theological Reflections", Notre Dame L Rev 71: 595-604 (a revised version of 1994i).

e Ⅰ.13 "Loi naturelle", in Monique Canto-Sperber (ed.), *Dictionnaire de Philosophie Morale* (Paris: Presses Universitaires de France), 862-8.

1997 a "Natural Law—Positive Law", in A. Lopez Trujillo, I. Herranz, and E. Sgreccia (eds), *"Evangelium Vitae" and Law* (Libreria Editrice Vaticana),

199-209.

  b I.15 "Commensuration and Public Reason", in Ruth Chang (ed.), *Incommensurability, Comparability and Practical Reasoning* (HUP), 215-33, 285-9.

  c Ⅲ.21 "Law, Morality and 'Sexual Orientation' ", in John Corvino (ed.), *Same Sex: Debating the Ethics, Science, and Culture of Homosexuality* (Lanham: Rowman & Littlefield), 31-43.

  d Ⅲ.22 "The Good of Marriage and the Morality of Sexual Relations: Some Philosophical and Historical Observations", Am J Juris 42: 97-134.

1998 a I.16 "Public Reason, Abortion and Cloning", Valparaiso Univ LR 32: 361-82.

  b Ⅲ.16 "Euthanasia, Morality and Law", Loyola of Los Angeles L Rev 31: 1123-45.

  c V.3 "On the Practical Meaning of Secularism", Notre Dame L Rev 73: 491-515.

  d   *Aquinas: Moral, Political, and Legal Theory* (OUP) (xxi + 385 pp).

  e   "Public Good: The Specifically Political Common Good in Aquinas", in Robert P. George (ed.), *Natural Law and Moral Inquiry* (Washington DC: Georgetown University Press), 174-209.

  f   "Natural Law", in Edward Craig (ed.), *Routledge Encyclopaedia of Philosophy*, vol. 6 (London: Routledge), 685-90.

1999 a I.2 "Natural Law and the Ethics of Discourse", American J Juris 43: 53-73; also in Ratio Juris 12: 354-73.

  b Ⅲ.12 "Retribution: Punishment's Formative Aim", American J Juris 44: 91-103.

  c Ⅳ.20 "The Fairy Tale's Moral", LQR 115: 170-5.

  d V.6 "The Catholic Church and Public Policy Debates in Western Liberal Societies: The Basis and Limits of Intellectual Engagement", in Luke Gormally (ed.), *Issues for a Catholic Bioethic* (London: Linacre Centre), 261-73.

  e   "What is the Common Good, and Why does it Concern the Client's Lawyer?", South Texas L Rev 40: 41-53.

2000 a Ⅱ.1 "The Priority of Persons", in Jeremy Horder (ed.), *Oxford Essays in Jurisprudence, Fourth Series* (OUP), 1-15.

  b Ⅱ.17 "Some Fundamental Evils of Generating Human Embryos by Cloning", in Cosimo Marco Mazzoni (ed.), *Etica della Ricerca Biologica* (Florence: Leo S.

			Olschki Editore), 115–23; also in C. M. Mazzoni (ed.), *Ethics and Law in Biological Research* (The Hague, London: Martinus Nijhoff; Boston: Kluwer, 2002), 99–106.

c   "Abortion, Natural Law and Public Reason", in Robert P. George and Christopher Wolfe (eds), *Natural Law and Public Reason* (Washington DC: Georgetown University Press), 71–105.

d   "On the Incoherence of Legal Positivism", Notre Dame L Rev 75: 1597–611.

e   "God the Father", in Peter Newby (ed.), *Occasional Papers from the Millennium Conferences at the Oxford University Catholic Chaplaincy* No. 1 (Oxford), 24–6.

2001 a II.13 " 'Direct' and 'Indirect': A Reply to Critics of Our Action Theory" (with Germain Grisez and Joseph Boyle), The Thomist 65: 1–44.

b III.6 "Virtue and the Constitution of the United States", Fordham L Rev 69: 1595–602.

c   "Reason, Faith and Homosexual Acts", Catholic Social Science Review 6: 61–9.

2002 a IV.5 "Natural Law: The Classical Tradition", in Jules Coleman and Scott Shapiro (eds), *The Oxford Handbook of Jurisprudence and Philosophy of Law* (OUP), 1–60.

b V.22 "Secularism, the Root of the Culture of Death", in Luke Gormally (ed.), *Culture of Life—Culture of Death* (London: Linacre Centre).

c   "Aquinas on *jus* and Hart on Rights: A Response", Rev of Politics 64: 407–10.

d   Patrick H. Martin and John Finnis, "The Identity of 'Anthony Rivers' ", Recusant History 26: 39–74.

e   —— and —— "Tyrwhitt of Kettleby, Part I: Goddard Tyrwhitt, Martyr, 1580", Recusant History 26: 301–13.

2003 a III.8 "Natural Law & the Remaking of Boundaries", in Allen Buchanan and Margaret Moore (eds), *States, Nations, and Boundaries: The Ethics of Making Boundaries* (CUP), 171–8.

	b Ⅳ.1	"Law and What I Truly Should Decide", American J Juris 48: 107–30.
	c Ⅴ.10	"Saint Thomas More and the Crisis in Faith and Morals", The Priest 7/1: 10–15, 29–30.
	d	"Secularism, Morality and Politics", L'Osservatore Romano, English edn, 29 January, 9.
	e	"Shakespeare's Intercession for Love's Martyr" (with Patrick Martin), Times Literary Supplement, no. 5220, 18 April, 12–14.
	f	"An Intrinsically Disordered Attraction", in John F. Harvey and Gerard V. Bradley (eds), *Same – Sex Attraction: A Parents' Guide* (South Bend: St Augustine's Press), 89–99.
	g	"Nature and Natural Law in Contemporary Philosophical and Theological Debates: Some Observations", in Juan Correa and Elio Sgreccia (eds), *The Nature & Dignity of the Human Person as the Foundation of the Right to Life: The Challenges of Contemporary Culture* (Rome: Libreria Editrice Vaticana), 81–109.
	h	Patrick H. Martin and John Finnis, "Tyrwhitt of Kettleby, Part Ⅱ: Robert Tyrwhitt, a Main Benefactor of John Gerard SJ, 1599–1605", Recusant History 27: 556–69.
	i	—— and —— "Thomas Thorpe, 'W. S.' and the Catholic Intelligencers", Elizabethan Literary Renaissance, 1–43.
	j	—— and —— "Caesar, Succession, and the Chastisement of Rulers", Notre Dame L Rev 78: 1045–74.
	k	"Commonwealth and Dependencies", in *Halsbury's Laws of England*, vol. 6 reissue (4th edn, London: Butterworth), 409–518.
	l	"Abortion for Cleft Palate: The Human Fertilisation and Embryology Act 1990", Sunday Telegraph, 7 December.
	m	"An Oxford Play Festival in 1582" (with Patrick Martin), Notes & Queries 50: 391–4.
2004	a Ⅱ.18	"Per un'etica dell'eguaglianza nel diritto alla vita: Un commento a Peter Singer", in Rosangela Barcaro and Paolo Becchi (eds), Questioni Mortali:

			L'Attuale Dibattito sulla Morte Cerebrale e il Problema dei Trapianti (Naples: Edizioni Scientifiche Italiane), 127–39.
	b	Ⅳ.22	"Helping Enact Unjust Laws without Complicity in Injustice", American J Juris 49: 11–42.
2005	a	I.1	"Foundations of Practical Reason Revisited", American J Juris 50: 109–32.
	b	I.4	"Self-referential (or Performative) Inconsistency: Its Significance for Truth", Proceedings of the Catholic Philosophical Association 78: 13–21.
	c	Ⅱ.2	"'The Thing I Am': Personal Identity in Aquinas and Shakespeare", Social Philosophy & Policy 22: 250–82; also in Ellen Frankel Paul, Fred. D. Miller, and Jeffrey Paul (eds), Personal Identity (CUP), 250–82.
	d	Ⅳ.6	"Philosophy of Law" (Chinese trans.), in Ouyang Kang (ed.), *The Map of Contemporary British and American Philosophy* (Beijing: Dangdai Yingmei Zhexue Ditu), 388–413.
	e		"On 'Public Reason'", in *O Racji Pulicznej* (Warsaw: Ius et Lex), 7–30 (Polish trans.), 33–56 (English original); http://ssrn.com/abstract=955815.
	f		"Restricting Legalised Abortion is not Intrinsically Unjust", in Helen Watt (ed.), Cooperation, *Complicity & Conscience* (London: Linacre Centre), 209–45.
	g		"A Vote Decisive for … a More Restrictive Law", in Helen Watt (ed.), *Cooperation, Complicity & Conscience* (London: Linacre Centre), 269–95.
	h		"Aquinas' Moral, Political and Legal Philosophy", Stanford Encyclopedia of Philosophy; http://plato.stanford.edu/entries/aquinas-moral-political.
	i		Patrick H. Martin and John Finnis, "Benedicam Dominum: Ben Jonson's Strange 1605 Inscription", Times Literary Supplement, 4 November, 12–13.
	j		—— and —— "The Secret Sharers: 'Anthony Rivers' and the Appellant Controversy, 1601–2", Huntingdon Library Q 69/2: 195–238.
2006	a	V.4	"Religion and State: Some Main Issues and Sources", American J Juris 51:

107-30.

  b "Observations for the Austral Conference to mark the 25th Anniversary of *Natural Law and Natural Rights*", Cuadernos de Extensión Jurídica (Universidad de los Andes) no. 13: 27-30.

2007 a Ⅲ.9 "Nationality, Alienage and Constitutional Principle", LQR 123: 417-45.

  b Ⅳ.10 "On Hart's Ways: Law as Reason and as Fact", American J Juris 52: 25-53; also in Matthew Kramer and Claire Grant (eds), *The Legacy of H. L. A. Hart: Legal, Political & Moral Philosophy* (OUP, 2009), 1-27.

  c "Natural Law Theories of Law", Stanford Encyclopedia of Philosophy; http://plato.stanford.edu/entries/natural-law-theories.

2008 a Ⅰ.5/ Ⅱ.7/V.8 "Reason, Revelation, Universality and Particularity in Ethics". AJJ 53: 23-48.

  b Ⅱ.6 "Universality, Personal and Social Identity, and Law", address, Congresso Sul-Americano de Filosofia do Direito, Porto Alegre, Brazil, 4 October 2007; Oxford Legal Studies Research Paper 5; http://ssrn.com/abstract=1094277.

  c Ⅲ.20 "Marriage: A Basic and Exigent Good", The Monist 91: 396-414.

  d [V.13] "Grounds of Law & Legal Theory: A Response", Legal Theory 13: 315-44.

  e "Common Law Constraints: Whose Common Good Counts?", Oxford Legal Studies Research Paper 10; http://ssrn.com/abstract_id=1100628.

  f *Humanae Vitae: A New Translation with Notes* (London: Catholic Truth Society) (31 pp).

2009 a Ⅱ.3 "Anscombe's Essays", National Catholic Bioethics Q 9/1: 199-207.

  b Ⅳ.11 "H. L. A. Hart: A Twentieth Century Oxford Political Philosopher", American J Juris 54: 161-85.

  c V.1 "Does Free Exercise of Religion Deserve Constitutional Mention?", American J Juris 54: 41-66.

  d V.2 "Telling the Truth about God and Man in a Pluralist Society: Economy or Explication?", in Christopher Wolfe (ed.), *The Naked Public Square Revisited: Religion & Politics in the Twenty-First Century* (Wilmington:

			ISI Books), 111-25, 204-9.

	e	"Endorsing Discrimination between Faiths: A Case of Extreme Speech?", in Ivan Hare and James Weinstein (eds), *Extreme Speech and Democracy* (OUP), 430-41.
	f	"Discrimination between Religions: Some Thoughts on Reading Greenawalt's *Religion and the Constitution*", Constitutional Commentary 25: 265-71.
	g	"Commonwealth", in *Halsbury's Laws of England*, vol. 13 (5th edn, London: LexisNexis), 471-589.
	h	"Why Religious Liberty is a Special, Important and Limited Right", Notre Dame Legal Studies Paper 09-11; http://ssrn.com/abstract=1392278.
	i	"The Lords' Eerie Swansong: A Note on *R (Purdy) v Director of Public Prosecutions*", Oxford Legal Studies Research Paper 31; http://ssrn.com/abstract=1477281.
	j	"The Mental Capacity Act 2005: Some Ethical and Legal Issues", in Helen Watt (ed.), *Incapacity & Care: Controversies in Healthcare and Research* (London: Linacre Centre), 95-105.
	k	"Debate over the Interpretation of *Dignitas personae's* Teaching on Embryo Adoption", National Catholic Bioethics Q 9: 475-8.
2010	a II.14	"Directly Discriminatory Decisions: A Missed Opportunity", LQR 126: 491-6.
	b	"Law as Idea, Ideal and Duty: A Comment on Simmonds, *Law as a Moral Idea*", Jurisprudence 1: 247-53.

其他引用作品

Abbott, Thomas Kingsmill (1883), *Kant's Theory of Ethics: Kant's Critique of Practical Reason and Other Works on the Theory of Ethics* (3rd edn, London: Longmans, Green).

Admiraal, Pieter V. (1988), "Justifiable Euthanasia", Issues in Law & Med 3: 361.

Allen, R. E. (1991), *The Dialogues of Plato*, vol. II, *The Symposium* [New Haven: Yale University Press).

Altman, Dennis (1986), *AIDS and the New Puritanism* (London: Pluto Press) US edn, *AIDS in the Mind of America* (New York: Anchor Books).

Andrews, J. A. (1984), "The European Jurisprudence of Human Rights", Maryland L Rev 43: 463–517.

Anscombe, G. E. M. (1957), *Intention* (Oxford: Blackwell).

—— (1958), "Modern Moral Philosophy", *Philosophy* 33 (1958), also in Anscombe (1981).

—— (1961), "War and Murder", in *Nuclear Weapons and Christian Conscience* (ed. W. Stein) (London), also in Anscombe (1981).

—— (1976), "On Frustration of the Majority by Fulfilment of the Majority's Will", Analysis 36: 161–8; also in Anscombe (1981) 123–9.

—— (1981), *Ethics, Religion and Politics: Collected Philosophical Papers of G. E. M. Anscombe*, vol. 3 (Oxford. Blackwell, 1981).

Ball, Carlos A. (1997), "Moral Foundations for a Discourse on Same-sex Marriage: Looking Beyond Political Liberalism", Georgetown LJ 85: 1872–943.

Barnes, Jonathan (1982), "The Just War", in Norman Kretzmann, Anthony Kenny, and Jan Pinborg (eds), *The Cambridge History of Later Medieval Philosophy* (CUP), 773–82.

Beatson, Jack (2004), "Aliens, Friendly Aliens and Friendly Enemy Aliens", in J. Beatson and

R. Zimmermann, *Jurists Uprooted: German-Speaking émigré Lawyers in Twentieth-Century Britain* (OUP), 73–104.

Beauchamp, Tom L. and Childress, James F. ([1979] 1989), *Principles of Biomedical Ethics* (3rd edn, New York: OUP).

Beck, L. W. (1969), *Foundations of the Metaphysics of Morals* (ed. R. P Wolff) (Indianapolis: Bobbs Merrill).

Bell, Alan P. and Weinberg, Martin S. (1978), *Homosexualities: A Study in Diversity among Men and Women* (New York: Simon & Schuster).

Bennett, Jonathan (1966), "Whatever the Consequences", Analysis 26: 83–102.

Blankenhorn, David (1997), "I Do?", First Things 77: 14–15.

Blumstein, Philip and Schwartz, Pepper (1983), *American Couples* (New York: Morrow).

Boswell, John (1980), *Christianity, Social Tolerance, and Homosexuality* (Chicago: University of Chicago Press).

Boyle, Joseph M. (1984), "Aquinas, Kant, and Donagan on Moral Principles", 58 New Scholasticism 58: 391–408.

——Grisez, Germain, and Finnis, J. M. (1990), "Incoherence and Consequentialism (or Proportionalism) —A Rejoinder", Am Cath Phil Q 64: 271–7.

Braine, David (1993), *The Human Person: Animal and Spirit* (London: Duckworth; Notre Dame: University of Notre Dame Press).

Brody, Baruch (1972), "Thomson on Abortion", Philosophy & Public Affairs 1: 335–40.

Canovan, Margaret (1996), *Nationhood & Political Theory* (Cheltenham: Edward Elgar).

Castañeda, H.-N. (1972), "On the Problem of Formulating a Coherent Act-Utilitarianism", Analysis 32: 118–24.

Catechism of the Catholic Church (rev. edn, 1997) (London: Geoffey Chapman).

Chambers, David L. (1996), "What If? The Legal Consequences of Marriage and the Legal Needs of Lesbian and Gay Male Couples", Michigan L Rev 95: 447–91.

Cohen, Marshall (ed.) (1984), *Ronald Dworkin and Contemporary Jurisprudence* (London: Duckworth).

Coolidge, David Orgon (1997), "Same-Sex Marriage? Baehr v. Miike and the Meaning of Marriage", South Texas L Rev 38: 1–119.

Daube, David (1965), *Collaboration* with *Tyranny in Rabbinic Law* (OUP).

—— (1972), "The Linguistics of Suicide", Philosophy & Public Affairs 1: 387–437.

Devlin, Patrick (1965), The *Enforcement of Morals* (OUP).

Dicey, A. V. ([1885] 1908), *Introduction to the Study of Law of the Constitution* (1st edu, 1885), 239–40; (7th edu, 1908) (London: Macmillan).

Dorr, Donal (1989), "Solidarity and Integral Human Development", in Gregory Baum and Robert Ellsberg (eds), *The Logic of Solidarity: Commentaries on Pope John Paul II's Encyclical On Social Concern* (Maryknoll: Orbis Books), 143–54.

Dover, Kenneth G. (1978), *Greek Homosexuality* (HUP).

Dummett, Ann (1992), "The Transnational Migration of People Seen from Within a Natural Law Tradition", in Brian Barry and Robert E. Goodin (eds), F*ree Movement: Ethical Issues in the Transnational Migration of People and of Money* (University Park, PA: University of Pennsylvania Press), 169–80.

Durkheim, Emile (1897), *Le Suicide: étude de sociologie* (Paris: F. Alcan).

Dworkin, Ronald (1977, 1978), *Taking Rights Seriously* (rev. edn with Reply to Critics) (HUP; London: Duckworth).

—— (1978), "Liberalism", in Stuart Hampshire (ed.), *Public and Private Morality* (CUP), 113–43.

—— (1978), "Political Judges and the Rule of Law", Proc Brit Acad 44: 259–87.

—— (1984), "A Reply..." in Marshall Cohen (ed.), *Ronald Dworkin and Contemporary Jurisprudence* (London: Duckworth).

—— (1985), *A Matter of Principle* (HUP).

—— (1991), "The Right to Death", New York Review of Books, 31 January, 14–17.

—— (1993), *Life's Dominion: An Argument about Abortion, Euthanasia and Individual Freedom* (London: Harper Collins; HUP).

—— (1993), "When Can A Doctor Kill?", *The Times* (London), 27 April, 16.

—— (1996), *Freedom's Law: The Moral Reading the American Constitution* (HUP; OUP).

—— (1996), "Sex, Death, and the Courts", New York Review of Books, 8 August, 44.

Edwards, Robert and Steptoe, Patrick (1981), *A Matter of Life: The Story of a Medical Breakthrough* (London: Sphere Books).

Festugière, A. J. (1978), *Deux Prédicateurs de l'Antiquité: Télés et Musonius* (Paris: Vrin).

Fisher, Anthony OP (1989), *IVF: The Critical Issues* (Melbourne: Collins Dove).

Fletcher, George P. (1984), "Human Dignity as a Constitutional Value", U W Ontario L Rev 22: 171–82.

Foot, Philippa (1967), "The Problem of Abortion and the Doctrine of Double Effect", The Oxford Review 5: 5–15.

—— (1985), "Morality, Action and Outcome" in Ted Honderich (ed.), *Morality and Objectivity* (London: Routledge and Kegan Paul), 23–38.

—— (1985), "Utilitarianism and the Virtues", Mind 94: 196–209.

Frankfurter, Felix (1955), "Mr Justice Roberts", U Pa L Rev 104: 311–17.

Freeborn, Dennis (1990), *From Old English to Standard English* (2nd edn, Toronto: University of Ottawa Press).

Friedman, L. and Israel, F. L. (eds) (1969), *The Justices of the United States Supreme Court 1789–1969*, iii.

George, Robert P. (1988), "Recent Criticism of Natural Law Theory", U Chicago L Rev 55: 1371–429.

—— (1992), "Does the 'Incommensurability Thesis' Imperil Common Sense Moral Judgments?", AJJ 37: 182–95.

—— (ed.) (1992), *Natural Law Theory: Contemporary Essays* (OUP).

—— (1993), *Making Men Moral: Civil Liberties and Public Morality* (OUP).

—— (1995), "'Shameless Acts' Revisited: Some Questions for Martha Nussbaum", Academic Questions 9: 24–42.

—— (ed.) (1996), *The Autonomy of Law: Essays on Legal Positivism* (OUP).

—— (1999), *In Defence of Natural Law* (OUP).

——and Gerard V. Bradley (1995), "Marriage and the Liberal Imagination", Georgetown LJ 84: 301–20.

Goff of Chieveley, Robert, Lord (1988), "The Mental Element in the Crime of Murder", LQR 104: 30–59.

Gormally, Luke (1992), "The Aged: Non-Persons, Dignity and Justice", in Luke Gormally (ed.), *The Dependent Elderly: Autonomy, Justice and Quality of Care* (CUP), 181–8.

Gregor, Mary (1963), *Laws of Freedom. A Study of Kant's Method of Applying the Categorical Imperative in the* Metaphysik der Sitten (Oxford: Blackwell).

Grisez, Germain (1970), *Abortion: The Myths, the Realities and the Arguments* (New York: Corpus Books).

—— (1970), "Towards a Natural Law Ethics of Killing", AJJ 15: 64–96.

—— (1975), *Beyond the New Theism: A Philoslphy of Religion* (Notre Dame: University of Notre Dame Press).

—— (1978), "Against Consequentialism", AJJ 23: 21–72.

—— (1983), *Christian Moral Principles* (Chicago: Franciscan Herald Press).

—— (1990), "Should Nutrition and Hydration be Provided to Permanently Comatose, and Other Mentally Disabled Persons?", Linacre Q, May, 30–43.

—— (1993), *Living a Christian Life* (Quincy: Franciscan Press).

—— (1997), *Difficult Moral Questions* (Quincy: Franciscan Press).

——and Boyle, Joseph M. (1979), *Life and Death with Liberty and Justice* (Notre Dame: University of Notre Dame Press).

Grotius, Hugo ([1625] 1925), *The Law of War and Peace* (trans. Francis W. Kelsey) (OUP).

Haksa, Vinit (1979), *Equality, Liberty, and Perfectionism* (OUP).

Hand, Learned (1958), *The Bill of Rights* (HUP).

Hare, R. M. (1972), "Rules of War and Moral Reasoning", Philosophy & Public Affairs 1: 166–81.

Harris, John (1985, 1992), *The Value of Life* (London: Routledge).

—— (1995), "Euthanasia and the Value of Human Life", "The Philosophical Case against the Philosophical Case against Euthanasia", "Final Thoughts on Final Acts", in John Keown (ed.), *Euthanasia Examined: Ethical, Clinical and Legal Perspectives* (CUP), 6–22, 36–45, 56–61.

Hart, H. L. A. (1968), *Punishment & Responsibility: Essays in the Philosophy of Law* (OUP).

—— (1972), "Abortion Law Reform: The English Experience", Melbourne ULR 8: 388–411.

—— (1973), "Rawls on Liberty and Its Priority", U Chicago L Rev 40: 534–55.

—— (2008), *Punishment Q Responsibility: Essays in the Philosophy of Law* [1968] (2nd edn, with Introduction by John Gardner, OUP).

Hill, Thomas E. (1980), "Humanity as an End in Itself", Ethics 91: 84-99.

Hindley, Clifford and Cohen, David (1991), "Debate: Law, Society and Homosexuality in Classical Athens", Past & Present 133: 167-83.

Hobhouse, L. T. ([1911] 1964), *Liberalism* (OUP).

Hodgson, D. H. (1967), *Consequences Of Utilitarianism* (OUP).

Hohfeld, Wesley N. (1923), *Fundamental Legal Conceptions asApplied in Judicial Reasoning* (ed. W. W. Cook) (New Haven: Yale University Press).

Holdsworth, William (1926), *History of English Law*, vol. ix (London: Methuen).

—— (1938), *History of English Law*, vols. x, xi, xiii (London: Methuen).

Honoré, A. M. (1960), "Rights of Exclusion and Immunities against Divesting", Tulane L Rev 34: 453-68.

Hooper, Walter (2004), *C. S. Lewis. Collected Letters*, vol. II (London. Harper Collins).

John Paul II (1994), *Crossing the Threshold of Hope* (London: Jonathan Cape).

Jones, Ernest ([1953] [1961] 1964), *The Life and Work of Sigmund Freud* (abridged edn, Harmondsworth: Penguin).

Jones, W. T. (1940), *Morality and Freedom in the Philosophy of Immanuel Kant* (OUP).

Jordan, Mark (1997), The *Invention of sodomy in Christian Theology* (Chicago: University of Chicago Press).

Kant, Immanuel ([1780-81] [1924] [trans. 1930] 1963), *Lectures on Ethics* (trans. Louis Infield) (New York: Harper & Row; London: Methuen).

—— ([1781, 1787] [trans, 1929] 1965), *Critique of Pure Reason* (trans. Norman Kemp Smith) (London: Macmillan).

—— ([1784] 1963), *Idea for a Universal History from a Cosmopolitan Point of View*, in *Immanuel Kant on History* (ed. Lewis White Beck) (Indianapolis: Bobbs Merrill).

—— ([1785] 1956), *Groundwork of the Metaphysic of Morals* (*Grundlegung zur Metaphysik der Sitten*) (trans. H. J. Paton) (London: Routledge).

—— ([1785] 1976), *Critique of Practical Reason* (trans. Lewis White Beck) (Indianapolis: Bobbs Merrill).

—— ([1790] 1952), *Critique of Judgment* (trans. James Creed Meredith) (OUP).

—— ([1797] 1965), *The Metaphysical Elements of Justice* [Part I (*Rechtslehre*) of The Meta-

physics of Morals] (trans. John Ladd) (Indianapolis: Hackett).

—— ([1797] 1964), *The Doctrine of Virtue: Part 2 of the Metaphysic of Morals*, with the introduction to the Metaphysic of Morals and the preface to the Doctrine of Law (trans. Mary Gregor) (New York: Harper).

—— ([1797] 1991), *The Metaphysics of Morals* (trans. Mary Gregor) (CUP).

Kass, Leon R. (1978), "Teleology and Darwin's *The Origin of Species*: Beyond Chance and Necessity?", in Stuart F. Spicker (ed.), *Organism, Medicine, and Metaphysics: Essays in Honour of Hans Jonas* (Dordrecht and Boston: D. Reidel), 97–120.

Keizer, Bert (1996), *Dancing with Mister D: Notes on Life and Death* (London: Doubleday).

Kelly, George Armstrong (1969), *Idealism, Politics and History: Sources of Hegelian Thought* (CUP).

Kelly, J. M. (1984), *The Irish Constitution* (2nd edn, Dublin: Jurist Publications).

Kenny, John (1979), "The Advantages of a Written Constitution incorporating a Bill of Rights", Northern Ireland LQ 30: 189–206.

Keown, John (1988), *Abortion, Doctors and the Law: Some Aspects of the Legal Regulation of Abortion in England from 1803–1982* (CUP).

—— (1992), "The Law and Practice of Euthanasia in The Netherlands", LQR 108: 51–78.

—— (ed.) (1995), *Euthanasia Examined: Ethical, Clinical and Legal Perspectives* (CUP).

—— (2002), *Euthanasia, Ethics and Public Policy: An Argument against Legalisation* (CUP).

Kirk, Marshall and Madsen, Hunter (1989), *After the Ball: How America will Conquer its Fear and Hatred of Gays in the' 90s* (London: Doubleday).

Kneale, William ([1967] 1969), "The Responsibility of Criminals", in *The Philosophy of Punishment: A Collection of Papers* (ed. H. B. Acton) (London: Macmillan).

Koppelman, Andrew (1997), "Is Marriage Inherently Heterosexual?", AJJ 42: 51–95.

—— (1997), "Three Arguments for Gay Rights", Michigan L Rev 95: 1636–67.

Lang, Daniel (1969), *Casualties of War* (New York: McGraw Hill) = *Incident on Hill 192* (London: Pan Books, 1970).

Lee, Patrick and George, Robert P. (1997), "What Sex Can Be: Self-Alienation, Illusion, or One-Flesh Unity", AJJ 42: 135–57.

Legarre, Santiago (2007), "The Historical Background of the Police Power", J Constitutional L

9: 745-96.

Lewis, C. S. ([1943] 1978), *The Abolition of Man: or Reflections on Education with Special Reference to the Teaching of English in the upper forms of Schools* (London: Collins Fount Paperbacks).

—— (1945), *That Hideous Strength: A Modern Fairy-Tale for Grown-Ups* (London: Bodley Head).

Lucas, John R. (1966), *The Principles of Politics* (OUP).

—— (1995), "The Restoration of Man", Theology 98: 445-56.

Lutz, Cora E. (1947), "Musonius Rufus 'The Roman Socrates'", Yale Classical Studies 10: 3-147.

MacCormick, Neil (1982), *Legal Right and Social Democracy: Essays in Legal and Political Philosophy* (OUP).

Macedo, Stephen (1990), *Liberal Virtues* (OUP).

—— (1993), "The New Natural Lawyers", The Harvard Crimson, 29 October.

—— (1995), "Homosexuality and the Conservative Mind", Georgetown LJ 84: 261-300.

—— (2001), "Constitution, Civic Virtue, and Civil Society: Social Capital as Substantive Morality", Fordham L Rev 69: 1573-93..

Maguire, Daniel C. (1975), *Death by Choice* (New York: Schocken Books).

McCormick, Richard A. SJ (1981), *Notes on Moral Theology 1965 through 1980* (Lanham: University Press of America).

McWhirter, David P. and Mattison, Andrew W. (1984), *The Male Couple: How Relationships Develop* (Upper Saddle River, NJ: Prentice Hall).

Meldrum, Marcia (2005), "The Ladder and the Clock: Cancer Pain and Public Policy at the end of the Twentieth Century", J Pain and Symptom Management 29: 41-54.

Miller, Bradley W. (2008), "Justification and Rights Limitation", in Grant Huscroft (ed.), *Expounding the Constitution: Essays in Constitutional Theory* (CUP), 93-116.

Miller, David (2000), *Citizenship U National Identity* (Cambridge: Polity Press).

Morris, Herbert (1968), "Persons and Punishment", The Monist 52: 475-501.

Murphy, Jeffrie G. (1970), *Kant: The Philosophy of Right* (London: Macmillan, New York: St Martin's Press).

—— (1971), "Three Mistakes about Retributivism", Analysis 31: 109–12.

Nagel, Thomas ([1973] 1975), "Rawls on Justice", in Norman Daniels, *Reading Rawls: Critical Studies on Rawls* A Theory of Justice (New York: Basic Books).

New York State Task Force on Life and the Law (1994), *When Death Is Sought: Assisted Suicide and Euthanasia in the Medical Context* (New York).

Nietzsche, Freidrich ([1887] 1996), *On the Genealogy of Morals: A Polemic: By Way of Clarification and Supplement to My Last Book, Beyond Good and Evil* (trans. Douglas Smith) (OUP).

Noonan, John T. Jr. (1965, 1986), *Contraception: A History of Its Treatment by the Catholic Theologians and Canonists* (HUP).

—— (1970), "An Almost Absolute Value in History", in *The Morality of Abortion* (ed. John T. Noonan, Jr.) (HUP).

Nussbaum, Martha C. (1994), "Platonic Love and Colorado Law", Virginia L Rev 80: 1515–651.

Ottaviani, Alfredo (Cardinal) (1954), *Compendium iuris publici ecclesiastici* (4th edn, Vatican: Vatican Polyglot Press).

Palmer, William (1832), *Origines Liturgicae* (OUP).

Patterson, Charlotte J. (1992), "Children of Lesbian and Gay Parents", Child Development 63: 1025–42.

Pijnenborg, Loes et al. (1993), "Life-Terminating Acts Without Explicit Request", 341 Lancet 1196–99.

Plummer, Charles (ed.) (1885), *The Governance of England, otherwise Called The Difference Between an Absolute and a Limited Monarchy; by Sir John Fortescue* (OUP).

Pogge, Thomas W. (1989), *Realizing Rawls* (Ithaca: Cornell University Press).

Posner, Richard A. (1971), "Killing or Wounding to Protect a Property Interest", J Law & Econ 14: 201–32.

—— (1979) "Utilitarianism, Economics, and Legal Theory", J Legal Studies 8: 103–40.

—— (1990), *The Problems of Jurisprudence* (HUP).

—— (1998), "The Problematics of Moral and Legal Theory", Harv L Rev 111: 1637–717.

Price, Anthony (1989), *Love and Friendship in Plato and Aristotle* (OUP).

Radcliffe, Cyril, Viscount (1960), *The Law and Its Compass* (London: Faber).

Rawls, John (1971), *A Theory of Justice* (HUP).

—— (1980), "Kantian Constructivism in Moral Theory", J of Philosophy 77: 515–72.

—— (1985), "Justice as Fairness: Political Not Metaphysical", Philosophy & Public Affairs 14: 223–51.

Raz, Joseph (1982), "Liberalism, Autonomy, and the Politics of Neutral Concern" in Peter A. French, Theodore E. Uehling, and Howard K. Wettstein (eds), *Midwest Studies in Philosophy*, vii (Minneapolis: Minnesota University Press), 89–120.

—— (1986), *The Morality of Freedom* (OUP).

—— (1990), "Facing Diversity: The Case of Epistemic Diversity", Philosophy & Public Affairs 19: 3–46.

—— (1994), *Ethics in the Public Domain* (OUP).

—— (1998), "Multiculturalism", Ratio Juris 11: 193–205.

—— (2007), "Human Rights Without Foundations", Oxford Legal Studies Research Paper No 14/2007, http://ssrn.com/abstract=999874.

Regan, Augustine CSSR (1979), *Thou Shalt Not Kill* (Dublin: Mercier).

Reiss, Hans (1970), *Kant's Political Writings* (CUP).

Richards, David A. J. (1981), "Rights and Autonomy", Ethics 92: 3–20.

—— (1982), *Sex, Drugs, Death and the Law: An Essay on Human Rights and Over-Criminalization* (Totowa: Rowman & Littlefield).

—— (1987), "Kantian Ethics and the Harm Principle: A Reply to John Finnis", Columbia L Rev 87: 457–71.

Scott, James Brown (ed.) (1934), *Francisco de Vitoria and His Law of Nations* (OUP).

Scruton, Roger (1996), "Not Mighty But Mundane", *The Times* (London), 30 May, 41.

Shavelson, Lonny (1995), *A Chosen Death: The Dying Confront Assisted Suicide* (New York: Simon & Schuster).

Sidgwick, Henry ([1874], 1907), *The Methods of Ethics* (7th edu, London).

Smith, Christian and Sikkink, David (1999), "Is Private Schooling Privatizing?", First Things (April): 16–20.

Sommerville, Margaret R. (1995), *Sex and Subjection: Attitudes to Women in Early-Modern Society* (London: Arnold; New York: St Martin's Press).

Strauss, Leo (1956), *Natural Right and History* (Chicago: University of Chicago Press).

Suarez, Francisco SJ ([1612] 1944), *Selections from Three Works* (trans. Gwladys L. Williams et al.) (OUP).

Sutton, Agneta (1990), *Prenatal Diagnosis: Confronting the Ethical Issues* (London: Linacre Centre).

Taylor, Charles (2007), "Sex and Christianity: How has the Moral Landscape Changed?", Commonweal 134/16 (28 September).

Teichman, Jenny (1985), "The Definition of a Person", Philosophy 60: 175–85.

Thomson, Judith Jarvis (1971), "A Defense of Abortion", Philosophy & Public Affairs 1: 47–66.

Tribe, Laurence H. (1978), *American Constitutional Law* (New York: Foundation Press).

Tuck, Richard (2003), "The Making and Unmaking of Boundaries from a Natural Law Perspective", in Allen Buchanan and Margaret Moore (eds), *States, Nations and Boundaries: The Ethics of Making Boundaries* (CUP), 143–70.

Twycross, Robert G. (1995), "Where There is Hope: There is Life: A View from the Hospice", in Keown (ed.), *Euthanasia Examined: Ethical, Clinical and Legal Perspectives*, 141–68.

Vattel, Emer de ([1758] 1916), *Le Droit des Gens, on Principes de la Loi Naturelle, appliques a La Conduite et aux Affaires des Nations et des Souverains* (trans. Charles G. Fenwick) (Washington, DC: Carnegie Institution).

Vitoria, Francisco de ([1528-57] 1991), *Political Writings* (ed. A. Pagden and A. Lawrance) (CUP).

Vlastos, Gregory ([1973] 1981), *Platonic Studies* (Princeton: Princeton University Press).

—— (1991), *Socrates, Ironist and Moral Philosopher* (Ithaca: Cornell University Press).

Walton, Douglas (1992), *Slippery Slope Arguments* (OUP).

Ward, Keith (1972), *The Development of Kant's View of Ethics* (Oxford: Blackwell).

Webber, Grégoire (2010), The *Negotiable Constitution: On the Limitation of Rights* (CUP).

Weithman, Paul (1992), "Natural Law, Solidarity and International Justice", in Brian Barry and Robert E. Goodin (eds), *Free Movement: Ethical Issues in the Transnational Migration of People and of Money* (University Park, PA: University of Pennsylvania Press), 181–202.

Wertheimer, Roger (1971), "Understanding the Abortion Argument", Philosophy & Public Affairs 1: 67-95.

Wiggins, David (1976), "Locke, Butler and the Stream of Consciousness: and Men as a Natural Kind", Philosophy 51: 131-58.

Wittgenstein, Ludwig (1953), *Philosophical Investigations* (trans. G. E. M. Anscombe) (Oxford: Blackwell).

Wolff, Robert Paul (1970), In *Defense of Anarchism* (New York: Harper & Row).

—— (1973), *The Autonomy of Reason: A Commentary on Kant's Groundwork of the Metaphysic of Morals* (New York: Harper & Row).

Zalba, Marcellino SJ (1958), *Theologiae Moralis Compendium* (Madrid).

—— (1977), " 'Nihil prohibit unius actus esse duos effectus' (*Summa Theologica* 2-2, q. 64, a. 7) Numquid applicari potest principium in abortu therapeutico?", Atti del Congresso Internatiozionale (Rome-Naples, 17/24 April 1974), *Tommaso d'Aquino nel suo Settimo Centenario*, *vol. 5*, *L'Agire Morale* (Naples: Edizioni Domenicane Italiane), 557-68.

Zander, Michael (1985), *A Bill of Rights*? (3rd edu, London: Sweet & Maxwell).

Zellner, Harold M. (1972), "Utilitarianism and Derived Obligation", Analysis 32: 124-5.

声 明

下述诸篇论文最初发表时的情况如下所示:

Essay 1: "A Bill of Rights for Britain? The Moral of Contemporary Jurisprudence" (Maccabaean Lecture in Jurisprudence), Proceedings of the British Academy 71: 303-31.

Essay 2: "Legal Enforcement of Duties to Oneself: Kant v. Neo-Kantians", Columbia Law Review 87: 433-56.

Essay 3: Review of John Rawls, *A Theory of Justice* (1972), Oxford Magazine 90 no. 1 (new series) (26 January).

Essay 5: "Is Natural Law Theory Compatible with Limited Government?", in Robert P. George (ed.), *Natural Law, Liberalism, and Morality* (OUP, 1996), 1-26.

Essay 6: "Virtue and the Constitution of the United States", Fordham Law Review 69: 1595-602.

Essay 7: "Commentary on Dummett and Weithman", in Brian Barry and Robert E. Goodin, *Free Movement: Ethical Issues in the Transnational Migration of People and of Money* (University of Pennsylvania Press, 1992), 203-10.

Essay 8: "Natural Law & the Remaking of Boundaries", in Allen Buchanan and Margaret Moore (eds), *States, Nations, and Boundaries: The Ethics of Making Boundaries* (CUP, 2003), 171-8.

Essay 9: "Nationality, Alienage and Constitutional Principle", Law Quarterly Review (Sweet and Maxwell) 123: 417-45.

Essay 10: "Old and New in Hart's Philosophy of Punishment", The Oxford Review 8: 73-80.

Essay 11: "The Restoration of Retribution", Analysis 32: 131-5.

Essay 12: "Retribution: Punishment's Formative Aim", American Journal of Jurisprudence 44: 91-103.

Essay 13: "The Ethics of War and Peace in the Catholic Natural LawTradition", in Terry Nardin (ed.), The *Ethics of War and Peace* (Princeton Univeisity Press, 1996), 15-39.

Essay 14: "A Philosophical Case against Euthanasia", "The Fragile Case for Euthanasia: A Reply to John Harris", and "Misunderstanding the Case against Euthanasia: Response to Harris's First Reply", in John Keown (ed.), *Euthanasia: Ethical, Legal and Clinical Perspectives* (CUP, 1995), 23-35, 46-55, 62-71.

Essay 15: "Economics, Justice and the Value of Life: Concluding Remarks", in Luke Gormally (ed.), *Economics and the Dependent Elderly: Autonomy, Justice and Quality of Care* (CUP, 1992), 189-98.

Essay 16: "Euthanasia, Morality and Law", Loyola of Los Angeles Law Review 31: 1123-45.

Essay 18: "The Rights and Wrongs of Abortion: A Reply to Judith Jarvis Thomson", Philosophy & Public Affairs 2: 117-45.

Essay 19: "Abortion and Health Care Ethics", in Raanan Gillon (ed.), *Principles of Health Care Ethics* (John Wiley, 1993), 547-57.

Essay 20: "Marriage: A Basic and Exigent Good", The Monist 91: 396-414.

Essay 21: "Law, Morality and 'Sexual Orientation' ", in John Corvino (ed.), *Same Sex: Debating the Ethics, Science, and Culture of Homosexuality* (Rowman & Littlefield, 1997), 31-43.

Essay 22: "The Good of Marriage and the Morality of Sexual Relations: Some Philosophical and Historical Observations", American Journal of Jurisprudence 42: 97-134.

索 引

（索引中出现的页码为原书页码，即本书边码）

Abbott, Chief Justice（Charles），阿尔伯特，首席大法官（查尔斯），Ⅱ：200，204；Ⅳ：341-2

Abbott, Thomas Kingsmill，阿尔伯特，托马斯·金斯米尔，Ⅲ：55n，64n

Abbott, Walter M，阿尔伯特，沃尔特·M.，Ⅳ：52n；Ⅴ：173，215n，266

abduction，绑架，Ⅰ：45n；Ⅳ：11，394

Explained，解释，Ⅳ：1214

Abelard, Peter，阿伯拉德，彼得，Ⅱ：245，247；Ⅳ：187n，328n

abortion，堕胎，Ⅲ：15，279，282-312；Ⅴ：167，172，213，221，224，266，292，296-7，306-7，340，346-7，352；and slavery，和奴隶制，Ⅰ：56-8；funding of，资助，Ⅱ：147，171；Ⅴ：322-3；involvement in，卷入，Ⅱ：170；Ⅲ：312-3；legalization of，合法化，Ⅰ：56-8，209，256-7，263-4，267-74，276；Ⅱ：27，301；Ⅳ：267n，436-66；Ⅴ：70-2，110，121-3，126，315，330-1；"partial birth a."，中途，Ⅱ：250，252，268

Abraham，亚伯拉罕，Ⅴ：86n，240，272n，298

action, act-analysis，行动，行为—分析，Ⅰ：8-14

absolutes, moral, see exceptionless includes investigations and reflections，绝对性，道德，也参见无例外，包括调查和反思，Ⅰ：19；includes deliberation，包括审议，Ⅰ：1；includes discussion，包括讨论，Ⅰ：41，50

Acton, John，阿克顿，约翰，Ⅴ：209n

Adair, Douglas，阿黛尔，道格拉斯，Ⅰ：282n

Admiraal, Peter，阿德米拉尔，彼得，Ⅲ：266

affirmative［v negative］moral rules，肯定性［对应否定性］道德规则，Ⅰ：101-2，189；Ⅲ：7，119；Ⅳ：15，128，141，143，366，368，370，373；Ⅴ：7，221-2，267，285，293-4，311-4，317-22，324-7；cannot be absolute，不能是绝对，Ⅰ：226

aggregative theories of right and wrong，对与错的整合理论，Ⅰ：205，209-11，225，229，234，242，245，254；Ⅲ：32，196，242-4，248，250；Ⅳ：53-5，61，121-2，356，368，371；Ⅴ：77

Albert, St.，圣艾伯特，Ⅴ：150

Alcibiades，亚西比德，Ⅳ：159

Alexander of Hales, 黑尔斯的亚历山大, III: 187, 359-60n

Alexy, Robert, 阿列克西, 罗伯特, I: 85n

Alkire, Sabina, 阿尔基尔, 萨比娜, I: 10-11, 28

Allen, R. E., 艾伦, R. E., I: 41n, 49n, 51n, 186n; III: 100-1, 378n

Alphonsus Liguori, St., 阿尔芬斯·利国瑞, 圣, V: 216n, 219, 221n

Altman, Denis, 阿特曼, 丹尼斯, I, III: 59n

Altruism, 利他主义, II: 110; III: 69; IV: 57-61, 68, 75

 not friendship, 非友谊, I: 47n

Ames, J. B., 艾姆斯, J. B., I: 228n; II: 209n, 211

Amin, Idi, 阿敏, 伊迪, II: 84

analogical reasoning, 类比推理, IV: 19

analogy, analogical terms, 类比, 类推术语, IV: 395-6; V: 131

Anderson, Elizabeth S., 安德森, 伊丽莎白·S., I: 235n, 253n

Ando, T., 安多, T., I: 160n

Andrews, J. A., 安德鲁斯, J. A., III: 30

Angas, George Fife, 安加斯, 乔治·法伊夫, II: XII

Angas, George French, 安加斯, 乔治·弗伦奇, II: xi

anima mea non est ego, 我的灵魂不是我, I: 166; II: 40, 42; V: 330 I: 166; II: 40, 42; V: 330

Anscombe, G. E. M. (Elizabeth) embryonic Life, 安斯库姆, G. E. M（伊丽莎白）胎生命, II: 291-2; friendship between strangers, 陌生人之间的友谊, II: 129n "I" 93n; intention and double effect, 意图和双重影响, 13-14, 76-7, 159, 189-93, 225n, 268n; III: 235, 296; IV: 236n; V: 366n; marriage and contraception, 婚姻和避孕, V: 352, 355n, 358-9n, 362, 364-5; mystical value of human being, 神秘价值和人类, I: 36; moral ought, 道德应然, II: 74-5; proposal, 提议, 3n; spirit, 精神, 5-6, 8-9, 69-74; III: 4; state authority, 国家权威, IV: 85-7; voting paradox, 选举悖论, III: 22n; IV: 54; also V: 116, 162

Anselm of Canterbury, St., 坎特伯雷的圣安塞姆, V: 179n, 182

Aquinas, Thomas, 阿奎那, 托马斯, I: 14n; "a liberal", "一个自由主义者", V: 113 (see also affirmative v negative norms, central-case analysis, ut in pluribus（也参见肯定性 v 否定性规范, 中心情形分析）; on "act of generative kind", 论"生殖类行为", III: 326n, 382-3; IV: 135n; adjudication, 裁定, IV: 127-9; basic good of life, 生命基本之善, I: 34; beatitudo and beatitudo imperfect, 至福和天国幸福, I: 162-72, 185; bonum ex integra causa malum ex quocumque defectu, 善是因为整体的原因, 而邪恶源自部分的缺陷, II: 172; connaturality, 与生俱来的, I: 205; II: 73; conscience, 良心, V: 10, 169, 171, 216, 218-20, 222; consensus, 共识, II: 155-7, 231-2; created beings, 被创造的

实在, Ⅰ: 96-7; deliberation as first de seipso, 作为首要的审议, Ⅰ: 183; Ⅱ: 50, 103; Ⅳ: 25; determinatio needed between reasonable options, 需在理性选择项之间作出的裁定, Ⅰ: 230; Ⅳ: 149, 179, 181-2, 324; Ⅴ: 318n; discourse opponents, 话语对手, Ⅰ: 44n; divine judgment, 神圣判断, Ⅱ: 66; embryonic life, 胚胎生命, Ⅱ: 39n, 288; Ⅴ: 307; epistemological principle: object-act-capacity-nature, 认识论原则: 对象—行为—能力—自然, Ⅰ: 179, 204; Ⅱ: 7, 128n; Ⅳ: 317-8; ethics as practical, 作为实践的伦理学, Ⅰ: 159; experience of self, 自我经验, Ⅰ: 135-6; Ⅱ: 41; evil (problem of), 恶(的问题), Ⅴ: 13n, 24, 197; first principle of practical reason, 实践理性首要原则, Ⅰ: 210; first principles, 首要原则, Ⅰ: 63-4; first principles and inclinations, 首要原则和倾向, Ⅰ: 39, 144-7, 150, 176-80, 183, 205; Ⅱ: 59; first principles or basic reasons for action, 首要原则和行为基本理性, Ⅰ: 28, 139, 148-50; Ⅳ: 53; Ⅴ: 58, 120, 245, 268; four orders (and kinds of science), 自重秩序(和各种科学), Ⅰ: 200, 242; Ⅱ: 36, 261n; Ⅳ: 94n, 166; Ⅴ: 146, 151, 195; free choice and self-determination, 自由选择和自决, Ⅰ: 214n; Ⅱ: 42; Ⅳ: 110; freedom of will and choice, 意志和选择的自由, Ⅱ: 6, 71-2, 103; Ⅴ: 183-4; friendship, 友谊, Ⅰ: 112; Ⅳ: 432; global government, 全球政府, Ⅲ: 128-9; God, 上帝, Ⅴ: 23-4, 28-9, 44, 144, 185-7, 226n, 301n; groups, 群体, Ⅱ: 95; Ⅳ: 214; habitus, 习惯, Ⅱ: 10; harm, 伤害, Ⅰ: 154; human acts v behavior, 人类行动和行为, Ⅱ: 133; humility, 谦卑, Ⅴ: 226-7, 230-1; identity and self-determination, 身份和自决, Ⅱ: 36-43, 49-50; imperium, 主权, Ⅱ: 2, 154, 227; in genere naturae v in genere moris, 一般性质的举动 v 道德层面的行为, Ⅱ: 164-9, 250-1; Ⅴ: 160; "intention" and "choice" of "objects", "意图"和"对象"的"选择", Ⅱ: 149n, 151, 152-72, 239n, 245-7, 253n, 273n; Ⅳ: 463-5; Ⅴ: 281, 367; intrinsece mala, 本质之恶, Ⅱ: 151, 224; Ⅴ: 298n; Is v Ought, 实然 v 应然, Ⅰ: 7, 213n; justice, 正义, Ⅰ: 48n; justice and right, 正义和权利, Ⅰ: 206; Ⅱ: 214n; Ⅳ: 109-10; knowledge of historical causality, 历史因果关系的知识, Ⅴ: 144-5, 150; laws' derivation and non-derivation from moral principles or beliefs, 源自道德原则或心念的法律推演或非推演, Ⅰ: 21; Ⅱ: 1093; Ⅳ: 128, 149n, 177, 179; laws as propositions, 作为命题的法律, Ⅰ: 19; Ⅱ: 100; Ⅳ: 451n; law's alienated subjects, 法律的分离主体, Ⅰ: 90, 108; law's positivity, 法律的实在性, Ⅳ: 2n, 31, 76, 109-11, 160-1, 175-85, 323; lex injusta, 不公平法, Ⅰ: 209; Ⅲ: 2-3; Ⅳ: 8n, 31, 181-2; limited, non-paternalist government, 有限的, 非家长式政府, Ⅰ: 258; Ⅲ: 10, 65, 83-5, 91; Ⅳ: 31, 135, 270; Ⅴ: 49, 93-4, 112; love of neighbour as self, 如自

己一般爱邻居, I: 38; marriage as basic good and reason for action, 作为基本之善和行为理性的婚姻, I: 154-5; Ⅲ: 319n, 353n; marital fides, "debt", and sex ethics, 婚姻忠诚、"债"和性伦理学, Ⅱ: 53-4; Ⅲ: 110, 320-2, 345-7, 354-65, 372-6, 379-80; Ⅳ: 136, 272; Ⅴ: 355; Ⅴ: 356n; means as ends, 作为目的的手段, Ⅰ: 180-1; Ⅱ: 158-61, 201; Ⅳ: 238; moral absolutes (exceptionless negative moral norms), 道德绝对性（无例外的否定性道德规范）, Ⅰ: 188-97; Ⅲ: 197; natural and eternal law, 自然法和永恒法, Ⅴ: 252; natural and positive law, 自然法和实在法, Ⅱ: 102; natural because rational/reasonable, 因理性/合理的自然, Ⅰ: 258-9; natural reasons accessible to non-believers (in revelation), 非信仰者可接近的自然理性（启示）, Ⅰ: 259, 265n; Ⅴ: 3, 8, 115; nature and reason in morality, 道德中的自然和理性, Ⅲ: 365-72; "necessity knows no law", "必然性不知法律", Ⅲ: 202n; per se v per accidens, 根据本质 v 根据偶然, Ⅱ: 162-3; Ⅴ: 186; person, 人, Ⅱ: 10; pietas and patriotism, 虔诚和爱国主义, Ⅱ: 107; political and legal authority, 政治和法律权威, Ⅳ: 69; political theory, 政治理论, Ⅲ: 128-9; practical truth, 实践真理, Ⅰ: 170; praeter intentionem (side effect), 附带意图（副作用）, Ⅱ: 164, 171; Ⅴ: 186, 341; property, 财产, Ⅱ: 120; Ⅳ: 145-6; prevalence of folly and evil, 愚蠢与邪恶的流行, Ⅰ: 203; Ⅳ: 223n; principles, virtues, and moral norms, 原则、美德和道德规范, Ⅰ: 150-5, 181-2; Ⅲ: 98; Ⅳ: 52, 460; Ⅴ: 59, 77; promising, 有希望的, Ⅴ: 63; prudentia and ends, 审慎和目的, Ⅰ: 28-31, 173-86; punishment, 惩罚, Ⅲ: 159, 163-5, 173-6, 190; Ⅳ: 142-3, 147; Ⅴ: 309-10; punishment of heretics, 惩罚异教徒, Ⅴ: 50n, 117-8; revelation, credibility, and pseudo-revelation, 启示、信誉和伪启示, Ⅴ: 48, 83-4; rights, 权利, Ⅳ: 116-7; "secular", "世俗的", 331-2; self-defence (lethal), 自卫（致命的）, Ⅱ: 188, 197; Ⅲ: 117, 294, 299; Ⅴ: 308-9, 367; self-refutation, 自我反驳, Ⅰ: 46n, 70, 89-90; Ⅱ: 37; Ⅴ: 66n, 148; sex for pleasure (only), (仅为) 欢愉的性, Ⅲ: 358-65, 380n; sophists, 诡辩家, Ⅰ: 52n; soul as form and act of body, 作为肉体形式和行为的灵魂, Ⅰ: 35, 54; Ⅱ: 34, 39; Ⅴ: 66-7; synderesis, 先天理念, Ⅰ: 28-31, 139, 173, 175-6; territorial appropriation, 领土私占, Ⅲ: 130; types of government, 政府类型, Ⅲ: 83-4; Ⅳ: 149n; tyrannicide, 诛弑暴君, Ⅲ: 204n; unity of virtues, 美德一体性, Ⅱ: 46; war 战争, Ⅲ: 186-8, 190; Weaknesses in philosophy of, 美德统一哲学中的弱点, Ⅰ: 208; Ⅱ: 10; Ⅴ: 271; (see also Ⅰ: 6, 60, 81, 98, 202; Ⅱ: 67, 72, 256n, 264n; Ⅲ: 310; Ⅳ: 9n, 10, 93, 157, 163, 208, 219, 328n, 334; Ⅴ: 14, 140, 154, 361)

Arber, Edward, 阿尔伯, 爱德华, Ⅴ: 1

Archimedes, 阿基米德, Ⅳ: 331-2

索 引

Arendt, Hannah, 阿伦特, 汉娜, I: 189; Ⅳ: 369

Aristotelian dictum about prudence, 亚里士多德的审慎格言, I: 6

neo-Aristotelian reliance on nature not reason, 新亚里士多德学派对自然而非理性的依赖, I: 26

Aristotle (and see central-case analysis, focal meaning, nested ends, orthos logos, phronêsis, spoudaios), 亚里士多德（也参见中心情形分析、中心意义、嵌入目的、正面标识、实践智慧、成熟之人）; on anthropology, 论人类学, Ⅱ: 36; ascent from family to polis, 从家庭到城邦, Ⅱ: 107, 126; Ⅳ: 214, 277; authority, 权威, Ⅳ: 69; "citizen" and citizenship, "公民"和公民身份, Ⅲ: 138n; Ⅳ: 240; crime and punishment, 犯罪与刑罚, Ⅲ: 159, 163-4, 175; definitional Why, 定义的为什么, Ⅱ: 82; Ⅳ: 23-4, 160; education, 教育, I: 313, 315; embryology, 胚胎, Ⅱ: 292; ethics and political philosophy as practical reason, 作为实践理性的伦理学和政治哲学, I: 31, 129, 140, 208; final end of man, 人的最终目的, I: 29, 143, 159-63, 165n, 166; Ⅳ: 51-2, 226n; friendship, 友谊, I: 40, 122, 306-7; Ⅱ: 125; Ⅳ: 208, 312, 432; God, 上帝, I: 123, 170, 307; Ⅲ: 220n; V: 28, 135, 193, 333, 336, 338; good as desirable, 可欲之善, I: 177n; historical causation, 历史因果关系, V: 144-5; homosexual acts, 同性恋行为, Ⅲ: 99, 101, 323n, 336, 338, 371-2; identity of the polis across revolution, 通过革命的城邦身份, Ⅳ: 430-1; individual ethics, 个人伦理, I: 48; insight (nous), 见解（理性）, Ⅳ: 124 Ⅳ: 124; Is-Ought (theoretical v practical), 实然—应然（理论 v 实践）, I: 78, 89n, 125, 202; V: 33 I: 78, 89n, 125, 202; V: 33; justice, 正义, Ⅱ: 214n; Ⅳ: 150, 337; knowledge of first principles, 首要原则知识, I: 178n; V: 150; justice, 正义, Ⅱ: 214n; Ⅳ: 150, 337; law and rule of law, 法律和法治, Ⅲ: 86; Ⅳ: 109, 149n, 157, 218-9, 316, 452n; marriage and sex, 婚姻和性, I: 244n; Ⅱ: 128; Ⅲ: 88, 387-8; Ⅳ: 138, 272-3; V: 350; moral absolutes, 道德绝对性, I: 187-94; Ⅲ: 87n; V: 224; natural and legal right, 自然和法律权利, I: 201, 214n; Ⅲ: 159; Ⅳ: 161, 176n, 180-2; object-act-capacity-nature, 客体—行为—能力—自然, I: 26, 146, 204, 213n; Ⅱ: 7, 94n; Ⅲ: 89n; "philosophy of human affairs" and social theory, 人类事务和社会理论哲学, Ⅳ: 110, 214, 265, 318; V: 146; pleasure, 欢愉, I: 36; Ⅲ: 365; practical reasoning and intention, 实践推理和意图, Ⅱ: 14, 160, 201n, 273; Ⅲ: 186n; Ⅳ: 238, 465; V: 77; praxis v poiêsis, 实践 v 创制, I: 240n; Ⅱ: 104, 140; Ⅲ: 93; prevalence of error, 错误流行, I: 265n; Ⅳ 223n; property, 财产, Ⅳ: 145-6; sacrifice of identity, 身份牺牲, I: 169; self-refutation, 自我反驳, I: 65n, 70-1, 84, 133, 203; V:

491

148; social contract, 社会契约, Ⅲ: 91-2; soul and body, 灵魂和肉体, Ⅰ: 53n, 54; Ⅱ: 34, 39, 67n; V: 67, 123; state paternalism, 家长主义国家, Ⅳ: 135, 137, 270; V: 107, 112, 118; truth and knowledge, 真理和知识, Ⅰ: 43-4n, 63, 97n; types of regime, 政体类型, Ⅲ: 83; virtues, 美德, Ⅰ: 283n; weaknesses in, 弱点, Ⅰ: 30, 59-60; Ⅳ: 75, 263（也参见Ⅰ: 81, 90, 92, 138, 230, 303; Ⅲ: 104n; Ⅳ: 9n, 10, 12, 76, 93, 234, 235, 259, 276, 321, 323, 355n; V: 140, 227, 269, 273）

Armstrong, Robert, 阿姆斯特朗, 罗伯特, V: 43n

Arrow, Kenneth, 阿罗, 肯尼斯, Ⅱ: 98n; Ⅳ: 54, 55n, 56

Ashbourne, Lord (Edward Gibson), 阿什布恩, 勋爵（爱德华·吉布森）, Ⅱ: 207

Ashley, Benedict, 艾希莉, 本尼迪克特, Ⅱ: 288n

Aspasius, 阿斯巴修, Ⅰ: 192n

Asquith, Lord Justice (Cyril), 阿斯奎斯, 大法官（西里尔）, Ⅱ: 228

assertion (s), 主张, Ⅰ: 45, 77-9, 85, 93; Ⅱ: 67, 111, 225; Ⅲ: 25; Ⅳ: 157, 227, 332, 368, 455; V: 149, 159, 164, 167, 173, 205, 372

athanatizein (immortalizing), 追求不朽（使不朽）, Ⅰ: 123; Ⅱ: 75

atheism, 无神论, V: 1-2, 6-7, 13, 20, 31, 34, 45, 51n, 54, 60-1, 89, 95, 124, 178, 194, 332-4

Atkinson, G. M., 阿特金森, G. M., Ⅱ: 287n

Atkinson, Lord (John), 阿特金森, 勋爵（约翰）, Ⅲ: 137n

Aubenque, Pierre, 奥本克, 皮尔斯, Ⅰ: 70n

Aubert, J.-M., 奥贝特, J.-M., Ⅳ: 187n; V: 253n

Augustine of Hippo, St. on eternal and natural law, 希波的圣奥古斯丁论永恒法和自然法, Ⅳ: 127; V: 216; on final reward and punishment, 论终极回报和惩罚, V: 368-9, 372-3, 374n, 375-7; on lying, 论撒谎, Ⅰ: 193; on marital good, 论婚姻之善, Ⅲ: 100; on peace and war, 论战争与和平, Ⅲ: 184, 185n, 188-9; on Plato and revelation, 论柏拉图及启示, V: 135; on private punishment, 论私刑, Ⅲ: 191n; on self-refutation, 论自我反驳, Ⅰ: 70-1, 135; V: 148; on sex acts and pleasure, 论性和欢愉, Ⅲ: 321, 359, 365; on two cities, 论双城, Ⅰ: 312;（也参见Ⅲ: 291, 321; Ⅳ: 9n, 93, 218, 328n; V: 118, 205, 226n, 301n, 341）

Augustus, Caesar, 奥古斯都, 恺撒, Ⅲ: 108

Austin, J.L., 奥斯丁, J.L., Ⅱ: 183n; Ⅳ: 258, 260n,

Austin, John, 奥斯丁, 约翰, Ⅰ: 19; Ⅱ: 177, 228n; Ⅲ: 155; Ⅳ: 10, 36, 40, 75, 99, 115-16, 162-3, 400

authority, 权威, Ⅳ: 2, 4, 9 & 12; also Ⅰ: 111, 128, 136, 206, 209, 219, 251, 259; Ⅱ: 33, 100-1; Ⅲ: 78, 83-5, 87, 113, 128, 187, 188, 203-6;

Ⅳ: 9, 12, 28-9, 111-5, 155, 165, 256, 319, 329, 409-15, 435; V: 16 and V: 93, 115, 258-9

Averroes, 阿威罗伊, Ⅲ: 87n

Averroism, 阿威罗伊学说
　Ethical, 伦理, I: 189, Ⅲ: 87n; Latin, 拉丁, I: 89-90

Avicenna, 阿维森纳, Ⅲ: 364n

Ayer, A.J., 艾尔, A.J., V: 130n

baby-making, 造孩子（也参见试管婴儿）, Ⅲ: 15, 276; V: 158, 213, 224

Bacon, Francis, 培根, 弗朗西斯, Ⅳ: 160; V: 1, 3, 13

Balthasar, 巴尔塔萨

Banner, Michael, 班纳, 米歇尔, Ⅲ: 250

Barker, Ernest, 巴克, 欧内斯特, Ⅱ: 94n; Ⅳ: 189-90n, 196n, 202n, 205n, 430n

Barnes, Jonathan, 巴尔内斯, 乔纳森, Ⅲ: 187-8n

Barnett, Randy, 巴奈特, 兰迪, Ⅳ: 369

Barnhizer, David, 巴恩海瑟尔, 大卫, Ⅳ: 354n, 370-1

Bassey, Shirley, 巴赛, 雪莉, Ⅱ: 218n

Batiffol, Pierre, 巴迪福, 皮尔斯, V: 142

Baxter, E.L., 巴克斯特, E.L., Ⅲ: 281n

Bayley, Justice (John), 贝利, 大法官（约翰）, Ⅱ: 200-2, 204; Ⅳ: 345-6; imperfect, 天国幸福, I: 29, 163-8; is communal, 是公共的, I: 167-8; perfecta（eudaimonia）, 完美（圆满）, I: 149, 160-2, 165-71; V: 93, 228

Beatson, Jack, 比特森, 杰克, Ⅲ: 136n

Beauchamp, Tom L., 比彻姆, 汤姆·L., Ⅲ: 307n

Becanus, Martinus, 贝卡努斯, 马丁努斯, V: 212

Beccaria, Cesare, 贝卡利亚, 切萨雷, I: 234

Beck, L.W., 贝克, L.W., Ⅲ: 55-6n, 58n, 63-4n, 69n

Becker, Carl, 贝克尔, 卡尔, V: 58n, 143-4

Becker, Ernest, 贝尔尔, 欧内斯特, Ⅳ: 354n

Bede, 贝德, V: 189-91

Bell, Carlos A., 贝尔, 卡洛斯·A., Ⅲ: 350n

Belmans, Theo G., 贝尔曼斯, 西奥·G., I: 169n; Ⅱ: 149n

Benedict, 本尼迪克特, XVI, Ⅱ: 119, 124n; V: 40-1, 91-2, 289

Benedict, St., 圣本尼迪克特, V: 225

Bennett, David, 班尼特, 大卫, Ⅲ: 143n

Bennett, Jonathan, 班尼特, 乔纳森, Ⅲ: 298n, 300

Bentham, Jeremy, 边沁, 杰利米
　utilitarian confusions, 功利主义困惑, I: 234, 305n; Ⅲ: 154, 160, 234; Ⅳ: 53-4, 75; on definition, 论定义, Ⅱ: 82; on expository v censorial jurisprudence, 论解释 v 审议法理学, V: 161, 165, 210; on law, 论法律, Ⅳ: 1, 10, 12, 36, 99, 105, 108, 116, 160-2; V: 72; on oblique "intention", 论间接"故意", Ⅱ: 242; Ⅲ: 215; on responsibility, 论义务, Ⅳ: 154; see also I: 6; Ⅱ: 25, 189; Ⅲ: 168, 173;

493

Ⅳ：132，147，190n，194n，258；Ⅴ：223

Berger, René，勃杰，勒内，Ⅰ：287n，291n

Berkeley, George，伯克利，乔治，Ⅱ：43

Bernard of Clairvaux, St.，克莱尔沃的圣伯纳德，Ⅳ：328

Bernardin, Joseph，伯纳丁，乔纳森，Ⅴ：291-327

Bertone, Tarcisio，贝尔托内，塔西西奥，Ⅳ：440n

Besant, Annie，贝赞特，安妮，Ⅰ：279，280n

Best, Justice (William)，贝斯特，大法官（威廉），Ⅱ：202n

Bingham of Cornhill Lord (Thomas)，康希尔勋爵宾汉姆（托马斯），Ⅲ：133n，136n，144-5n；Ⅴ：99n

Birkenhead, Lord (F.E. Smith)，别根海特，勋爵（F.E. 史密斯），Ⅰ：68-70

Birks, P.B.H，伯克斯，P.B.H.，Ⅳ：401n

Bismarck, Otto von，俾斯麦，奥托·冯，Ⅴ：209

Black, Justice (Hugo)，布莱克，大法官（雨果），Ⅰ：277，292，296；Ⅱ：28

Blackburn, Simon，布莱克本，西蒙，Ⅱ：74

Blackmun, Justice (Harry)，布莱克门，大法官（哈里），Ⅱ：27n；Ⅲ：57n，63n，252n

Blackstone, William，布莱克斯通，威廉，Ⅲ：12-13，139n；Ⅳ：10，189-210，320，410

Blankenhorn, David，布兰肯霍恩，大卫，Ⅲ：385n

Blumstein, Philip，姆斯坦，菲利普，Ⅲ：384n

Blunt, Anthony，布伦特，安东尼，Ⅲ：378n

Boccaccio, Giovanni，薄伽丘，乔纳尼，Ⅱ：45-6，57；Ⅲ：320

Bodenheimer, Edgar，博登海默，埃德加，Ⅳ：189-90n，196n

Boethius，波伊提乌斯，Ⅱ：9，29n

Bolt, Robert，博尔特，罗伯特，Ⅴ：169

Bonaventure, St.，圣文德，Ⅴ：222n

bonum ex integra causa, malum ex quocumque defectu，善是由于整体的原因，而邪恶源自部分的缺陷，Ⅱ：172；Ⅲ：187，195-203；also Ⅱ：167

Boorstin, Daniel，布尔斯廷，丹尼尔，Ⅳ：189n

Bork, Robert，博克，罗伯特，Ⅳ：327，331

Boswell, John，博斯维尔，约翰，Ⅲ：346，350n，356-7，369-72，385n

Bourke, Vernon，博尔克，弗农，Ⅰ：171n-2n；Ⅳ：52n

Bouyer, Louis，布耶，路易斯，Ⅴ：64

Bowring, John，鲍林，约翰，Ⅱ：189

Boyle, Joseph M，波义尔，约瑟夫·M.，Ⅰ：33n，45n，66n，70n，73n，84，90，153n，154，171，195，203n，239n；Ⅱ：11，13，159n，177n-8n，183n，191，194n，235n，255n，257n，267n，280n，285n，293，302-12；Ⅲ：13-14，66n，97，243n，250，310，357，359n；Ⅴ：46n，85-6，96-101，121，149n，150-1n，186，278，303n，316n，340，347n，364

Bracton, Henry de，布拉克顿，亨利·得，Ⅳ：191，193

Bradlaugh, Charles，布莱德劳，查尔斯，Ⅰ：279，280n

Bradley, Gerard V., 布兰德利, 杰勒德·V., Ⅲ: 345, 347-9n, 361n, 382n, 387n; Ⅴ: 28

Brady, Paul, 布雷迪, 保罗, Ⅳ: 373n

brain life, "brain death", 脑生命, "脑死亡", Ⅱ.15, Ⅱ.18-9

Braine, David, 布瑞恩, 大卫, Ⅱ: 67n; Ⅲ: 228n; Ⅴ: 66

Brandeis, Justice (Louis), 布兰代斯, 大法官（刘易斯）, Ⅲ: 63

Brandt, R.B., 勃兰特, R.B., Ⅲ: 290

Brasidas, 布拉西达斯, Ⅳ: 181

Breitel, Charles D., 布莱特尔, 查尔斯·D., Ⅱ: 27n

Brennan, Justice (William J.), 布伦南, 大法官（威廉）, Ⅰ: 278, 294, 296, 297n; Ⅲ: 246, 252n; Ⅴ: 70

Brewer, Scott, 布鲁尔, 斯科特, Ⅳ: 389-9, 392-6

Bridge, Lord (Nigel), 布里奇, 勋爵（奈杰尔）, Ⅱ: 174-5n, 274n

Brock, Stephen C., 布洛克, 斯蒂芬·C., Ⅱ: 253n, 264n

Broderick, Patrick A., 布罗德里克, 帕特里克·A., Ⅱ: 224n

Brody, Baruch, 布洛迪, 巴鲁克, Ⅲ: 303

Brooke, Lord Justice (Henry), 布鲁克, 大法官（亨利）, Ⅱ: 196n

Brown, Harold, 布朗, 哈罗德, Ⅴ: 277, 279

Brown, Louise, 鲁朗, 路易斯, Ⅱ: 293-4

Brown, Peter R.L., 布朗, 彼得, R.L., Ⅰ: 71n; Ⅴ: 376n

Brown, Stephen, 布朗, 斯蒂芬, Ⅱ: 314, 318

Browne-Wilkinson, Lord (Nicolas), 布朗恩-威尔金森, 勋爵（尼古拉斯）, Ⅱ: 313, 315; Ⅲ: 133; Ⅳ: 398

Brubaker, Rogers, 布鲁贝克, 罗杰斯, Ⅳ: 225n

Buchler, Ira, 比赫勒, 艾拉, Ⅳ: 57n

Buchler, Justus, 比赫勒, 贾斯特斯, Ⅰ: 45n; Ⅳ: 394-5n

Buckley, Joseph, 巴克利, 约瑟夫, Ⅰ: 164

Budziszewski, J., 布茨维斯基, J., Ⅴ: 35n

Bullough, Edward, 布洛, 爱德华, Ⅰ: 288-9, 320n

Burgess, Guy, 伯吉斯, 盖伊, Ⅲ: 378n

Burke, Edmund, 柏克, 爱德蒙, Ⅳ: 154

Burlamaqui, Jean Jacques, 伯拉马基, 简·雅克, Ⅳ: 197-8

Butler, Joseph, 布特勒, 约瑟夫, Ⅰ: 125; Ⅱ: 43n; Ⅲ: 225n; Ⅴ: 54n

Butler-Sloss, Lady Justice (Elizabeth), 巴特勒—斯洛斯夫人司法（伊丽莎白）, Ⅱ: 315

Byrne, Robert, 伯恩, 罗伯特, Ⅰ: 276n

Caesar, Julius, 恺撒, 尤里乌斯, Ⅲ: 98n, 204n

Cahn, Edmond, 卡恩, 爱德蒙, Ⅰ: 284n

"Caiaphas principle", "该亚法原则", Ⅰ: 188-9; Ⅴ: 287

Cairns, Robert B, 凯恩斯, 罗伯特·B., Ⅰ: 278n

Cairo Declaration on Human Rights in Islam, 伊斯兰《开罗人权宣言》, Ⅲ: 149n; Ⅴ:

39

Cajetan, Thomas de Vio, 卡耶坦, 托马斯·德·维奥, I: 29n, 164n, 183n; II: 164n; IV: 52n

Calabresi, Guido, 卡拉布雷西, 吉多, I: 247n; IV: 346n, 350

Callahan, Sidney, 卡拉汉, 西德尼, III: 349, 383

"Callicles", 卡里克勒斯, III: 105-6, 198

Callinan, Justice (Ian), 卡利南, 大法官（伊恩）, III: 143-4n

Campbell, W. E., 坎贝尔, W. E., V: 165n, 167n

Canovan, Margaret, 凯诺, 玛格丽特, III: 148n

Canto-Sperber, Monique, 坎托-斯珀伯, 莫妮克, I: 199n

capacities (see also epistemological principle) 能力（也参见认识论原则）; radical, 根本的, I: 35, 54-5, 272-3; II: 8, 67, 104-5, 286n, 297; III: 219-21, 225, 227-8, 238-40; V: 329, 336-7

Caputo, John, 卡普托, 约翰, V: 197n

Cartwright, J. P. W., 卡特赖特, J. P. W., II: 222n, 224n

Case, John, 凯斯, 约翰, V: 332, 334-6

cases (principal) 案例（原则）
   A v Home Secretary (Belmarsh Prisoners' Case), A 诉内政大臣（贝尔马什囚徒案）, III: 133, 135, 144-5, 149; IV: 15

   A, B & C v Ireland, A, B & C 诉爱尔兰, III: 43n

   A-G for Canada v Cain, 加拿大诉该隐, III: 136

   A-G's References (Nos 1 & 2 of 1979), A-G 的参考（1979 年号 1 & 2）, II: 220

   Al Kateb v Godwin, 阿尔凯笛诉戈德温, III: 143-4, 149

   Allen v Flood, 艾伦诉弗勒得, I: 226n; II: 207-8, 211, 219

   Anderton v Ryan, 安德顿诉瑞恩, III: 135n

   Bancoult (No. 2), 班考特, IV: 18

   Begum, see R (Begum) 卡莉达, 参见 R（卡莉达）

   Bird v Holbrook, 伯德诉霍尔布鲁克, II: 202-4, 215, 226-7; IV: 344-5, 349-50

   Birmingham City Council v Equal Opportunities Commission, 伯明翰市议会诉平等机会委员会, II: 269-74

   Bland, Airedale NHS Trust v, 布兰德, 艾尔代尔 NHS 信托, II: 311-2, 313-21, III: 213

   Bolam v Friern HMC, 伯赫姆诉弗瑞恩 HMC, II: 318

   Bradford (Mayor) v Pickles, 布拉德福德（市长）诉皮克尔斯, I: 226n; II: 207-8

   Bradlaugh, R, 布莱德劳, R., I: 279-81n

   Brown v Topeka Board of Education, 布朗诉托皮卡教育委员会, III: 42

   Burstyn v Wilson, 伯斯汀诉威尔逊, I: 285, 290, 292, 295n

   Byrn v NYC Health & Hospitals, 拜伦诉纽约健康与医疗局, II: 27

   Calvin's Case, 卡尔文案, III: 135

   Case of Proclamations, 声明案, III: 136

索　引

Chahal v United Kingdom，查哈儿诉联合王国，Ⅲ: 45, 144-6

Chaplinsky v New Hampshire，卓别林斯基诉新罕布什尔，Ⅰ: 278, 284, 291

Charkaoui v Canada，沙尔内维诉加拿大，Ⅲ: 149n

Compassion in Dying v Washington，同情死亡组织诉华盛顿州，Ⅴ: 74

Conjoined Twins（Medical Treatment），连体婴儿（医疗方案），Re A，雷·A.，Ⅱ: 196-7, 266-7

Crofter Harris Tweed v Veitch，手工哈里斯毛料诉维奇，Ⅰ: 226n；Ⅱ: 210, 219

Cruzan v Director，克鲁塞诉负责人，Ⅴ: 76

Cunliffe v Goodman，坎利夫诉古德曼，Ⅱ: 228-9

Dred Scott v Sandford，斯科特诉桑福德，Ⅰ: 275-6；Ⅱ: 26-7；Ⅳ: 16, 153

Dudgeon v United Kingdom，达真诉联合王国，Ⅲ: 27n, 29, 41n

Eisenstadt v Baird，艾森斯塔特诉贝尔德，Ⅴ: 70, 73

Factortame（No. 2），伐支多塔姆，Ⅳ: 18

Frodl v Austria，弗罗迪尔诉奥地利，Ⅲ: 44

Ginzburg v United States，金兹伯格诉美国，Ⅰ: 277-8, 281n, 285n, 293-4, 296

Griswold v Connecticut，格里斯沃尔德诉康涅狄格，Ⅲ: 94n；Ⅴ: 70

Hancock, R，汉考克, R，Ⅱ: 174n, 196

Handyside v United Kingdom，汉迪赛德诉联合王国，Ⅲ: 27n, 30n, 41n

Hardial Singh, ex p.，哈迪尔·辛格, ex p，Ⅲ: 141, 143-4

Haughton v Smith，霍顿诉史密斯，Ⅲ: 135n

Hicklin, R，希克林, R，Ⅰ: 279

Hirst v United Kingdom, 30nm（No. 2），赫斯特诉联合王国，Ⅲ: 41n, 44-5, 179

HJ（Iran）v Home Secretary，HJ（伊朗）诉内政大臣，Ⅲ: 45, 332-3

Husseyn, R，侯赛因, R.，Ⅱ: 220

Ilott v Wilkes，伊洛特诉威尔克斯，Ⅱ: 199-202, 204, 226-7；Ⅳ: 341-2, 344-5

James v Eastleigh Borough Council，詹姆斯诉伊斯特利镇理事会，Ⅱ: 269-74

Januzi v Home Secretary，贾努奇诉内政大臣，Ⅲ: 45

JFS（Governing Body），R（E），JFS（理事会），R（E），Ⅱ: 269-75

Johnstone v Pedlar，约翰斯通诉小贩，Ⅲ: 137-8

Kesavananda v State of Kerala，科萨沃娜达诉喀拉拉邦，Ⅰ: 68n

Kingsley International Pictures v Regents，金斯利国际影业诉董事，Ⅰ: 277, 290, 292

Lawrence v Texas，劳伦斯诉德州，Ⅴ: 95

Lonrho plc v Fayed，罗荷集团诉法耶德，Ⅰ: 226n；Ⅱ: 2, 41n18

Madzimbamuto v Lardner-Burke，马津巴穆托诉拉德纳-伯克，Ⅳ: 415n, 435

Mannai Investment v Eagle Star Life，曼纳伊投资诉鹰星保险人寿，Ⅱ: 9, 13, 31-2

McCawley v R，麦考利诉R，Ⅰ: 68n

Memoirs v Massachusetts，科勒梅姆诉马萨诸塞，Ⅰ: 277, 288n, 293-7

Meyer v Nebraska，迈耶诉内布拉斯加，Ⅴ:

70–1

Mogul Steamship v McGregor, Gow, 莫卧儿轮船公司诉麦格雷戈, 戈夫, Ⅱ: 209

Moloney, R, 莫洛尼, R., Ⅱ: 174n–5n, 196, 274n

New York Times v Sullivan, 纽约时报诉沙利文, Ⅰ: 291–2

OBG v Allan, OBG 诉艾伦, Ⅱ: 217–9

Paris Adult Theatre v Slaton, 巴黎成人剧院诉斯拉顿, Ⅰ: 297

Pierce v Society of Sisters, 皮尔斯诉姊妹会, Ⅴ: 70–1

Planned Parenthood v Casey, 计划生育组织诉凯西, Ⅰ: 268; Ⅴ: 73, 86, 95

Purdy see R (Purdy) 珀迪参见 R (普尔蒂)

R (Begum) v Denbigh High School, R (卡莉达) 诉登比中学, Ⅲ: 3n; Ⅴ: 98–9

R (Purdy) v DPP, R (普尔蒂) 诉 DPP, Ⅲ: 46

Refah Partisi v Turkey, 福利救济党诉土耳其, Ⅴ: 38–9

Roe v Wade, 罗伊诉韦德, Ⅰ: 268–9n, 275–6; Ⅱ: 27–8; Ⅲ: 21, 23, 42; Ⅳ: 16, 324; Ⅴ: 95

Romer v Evans, 罗默诉埃文斯, Ⅳ: 16; Ⅴ: 73

Roth v United States, 罗斯诉合众国, Ⅰ: 277–81, 284n, 291n, 293

Saadi v Italy, 萨阿迪诉意大利, Ⅲ: 45, 136, 145n

Sahin v Turkey, 沙欣诉土耳其, Ⅴ: 99

Sauvé v Canada (No. 2), 索维诉加拿大 (第2号), Ⅲ: 455

Shaw v DPP, 肖诉 DPP, Ⅲ: 28n

Tan Te Lam v Superintendent, 覃特林诉警察, Ⅲ: 141–2

Tuttle v Buck, 塔特尔诉巴克, Ⅱ: 211

United Zinc & Chemical v Britt, 美国锌化工诉布里特, Ⅱ: 199; Ⅳ: 341

Vacco v Quill, 瓦科诉奎尔, Ⅴ: 71, 75

Washington v Glucksberg, 华盛顿诉格鲁兹堡, Ⅴ: 71

Wheat Case, 小麦案, Ⅳ: 12–13, 15

Winters v New York, 温斯特诉纽约, Ⅰ: 292

Woollin, R, 伍林, R., Ⅱ: 196

Zadvydas v Davis, 扎德维达斯诉戴维斯, Ⅲ: 142–3, 149

Castañeda, Hector-Neri, 卡斯塔涅达, 赫克托-内里, Ⅱ: 222n; Ⅲ: 290n

Castelli, Jim, 卡斯泰利, 吉姆, Ⅴ: 326n

Catechism of the Catholic Church, 天主教教理, Ⅱ: 197, 266; Ⅲ: 173–4, 178n; Ⅴ: 336n, 340–1

Catherine of Aragon, 阿拉贡的凯瑟琳, Ⅴ: 163–4, 170

Cattaneo, Mario A., 卡塔内奥, 马里奥·A., Ⅳ: 407n, 409n

Cavanaugh, J. A., 卡瓦诺, J. A, Ⅱ: 267–8n

Cave, Viscount (George), 凯夫, 子爵 (乔治), Ⅲ: 137n

Centi, T., 琴蒂, Ⅱ: 154n

central case analysis explained, 中心情形分析, Ⅰ: 109–13, 130–7; Ⅳ: 108–9, 160, 168, 235; illustrated, 解释的, Ⅰ: 10, 118,

121, 123, 206, 259; Ⅱ: 177, 179; Ⅲ: 2, 183, 212-3, 317, 325, 347; Ⅳ: 36, 79-81, 126, 148, 155, 163, 167, 185, 241, 244, 250, 266, 271, 276, 289

"Cephalus", 克法洛斯, Ⅰ: 313

certainty, 确定性, Ⅰ: 130-7

Chadwick, Owen, 查德威克, 欧文, Ⅴ: 57n, 58, 335

Chafee, Zechariah, 查菲, 撒迦利亚, Ⅰ: 282n

Chalcidius, 卡尔塞丢斯, Ⅳ: 174n, 186n

Chamberlain, Neville, 张伯伦, 内维尔, Ⅳ: 256n

Chandos, John, 钱多斯, 约翰, Ⅰ: 289n

Chappell, Timothy, 查普尔, 蒂莫西, Ⅰ: 9, 100n, 102

Charlton, William, 查尔顿, 威廉, Ⅴ: 153n

Chaucer, Geoffrey, 乔叟, 杰弗里, Ⅲ: 320

Childress, James, 柴尔德里斯, 詹姆斯, Ⅲ: 307n

choice(s) free, 选择自由, Ⅰ: 5; lastingness of, 选择时长, Ⅰ: 36, 216-7

 phenomenology of, 选择现象, Ⅰ: 223

Chrimes, S.B., 柯瑞思, S.B, Ⅳ: 409n

"christendom", 基督教, Ⅴ. 20

Chroust, Anton-Hermann, 克鲁斯特, 安东·赫尔曼, Ⅰ: 71n

Churchill, Winston, 丘吉尔, 温斯顿, Ⅴ: 275-6

Cicero, M. Tullius, 西塞罗, 马库斯·图利阿斯, Ⅰ: 71, 209; Ⅱ: 5; Ⅲ: 107, 191, 291; Ⅳ: 9n, 93, 157, 159, 177-8, 187, 193, 218-19; Ⅴ: 3, 8, 265n

civic friendship(philia politikê) Ⅰ: 112, 266-7; Ⅱ: 125; Ⅳ: 50, 432, 434, 公民友谊（政治友爱）

civic virtue, 公民美德, Ⅲ: 6

Clark, Justice (Tom C.), 克拉克, 大法官（汤姆·C.）, Ⅰ: 295, 297n

Clark, Stephen R.L., 克拉克, 斯蒂芬·R.L., Ⅰ: 63n

Clark, William P., 克拉克, 威廉·P., Ⅴ: 277-8

Clarke, Samuel, 克拉克, 塞缪尔, Ⅰ: 125

Clerk, J.F., 克拉克, J.F., Ⅱ: 210n

Clor, Harry, 克罗尔, 哈里, Ⅰ: 269n

"cluster concepts", (see also central-case), "聚合概念"（也参见中心情形）, Ⅳ: 77; Ⅴ: 57

Cockburn, Alexander JE, 科伯恩, 亚历山大·JE, Ⅰ: 279-80

Cohen, David, 科恩, 大卫, Ⅲ: 337n

Cohen, Lionel, 科恩, 莱昂内尔, Ⅱ: 228

Cohen, Marshall, 科恩, 马歇尔, Ⅲ: 26n, 31n, 32n, 36n; Ⅳ: 100n, 286n

coherence not sufficient for rationality, 不足理性的融贯, Ⅰ: 80

Coke, Edward, 柯克, 爱德华, Ⅲ: 84n, 135; Ⅳ: 128

Coleman, Jules, 科尔曼, 朱尔斯, Ⅳ: 41-2, 44, 91, 105n, 112-15

Collingwood, R.G., 科林伍德, R.G, Ⅳ: 232n

commensuration by reason, 理性通约, Ⅰ: 14-15; Ⅱ: 144-5; Ⅳ: 360-4; see also incommensurability, 也参见不可通约性

common good, 共同善, Ⅰ: 99-100, 168

499

complementarity of male and female，男性和女性的互补性，Ⅰ：34；Ⅱ：105；Ⅲ：328

Comte, Auguste，孔德，奥古斯特，Ⅰ：47n；Ⅳ：57n, 75

conceptual clarification，概念阐明，Ⅱ：305

conditional intention，附条件意图，Ⅱ：12

Confucius，孔子，Ⅲ：281

"connatural" knowledge，"先天"知识，Ⅱ：73；"non-conceptual"，"非概念"，Ⅰ：205

connexio virtutum，相关美德，Ⅱ：46

consensus and truth，共识和真理，Ⅰ：42

consequentialism，结果主义，Ⅰ：13

"consistent ethic of life"，"与生命伦理相符"，Ⅴ：21

contemplation，沉思，Ⅰ：165, 169

contraception，避孕，Ⅴ：23；also Ⅰ：142, 279-80；Ⅱ：70n, 265；Ⅲ：94, 281, 311, 324, 328；Ⅳ：278；Ⅴ：158n, 272n, 297

conversion，转换，Ⅰ：60；Ⅱ：48, 52, 62-3, 76, 272；Ⅲ：4, 38, 328；Ⅳ：274n；Ⅴ：91, 98, 111n, 117, 177

Conzemius，孔泽米于斯，Ⅴ：209n

Coolidge, David Orgon，柯立芝，大卫·奥尔贡，Ⅲ：357n

coordination, negative，合作，否定性，Ⅱ：85；problems and solutions，问题及解决方案，Ⅳ：2-3

"corporate personality"，"公司法人人格"，Ⅱ：81

corpore et anima unus，由肉体、灵魂所组成的一个单位，Ⅱ：42

Cottier, Georges，柯蒂耶，乔治，Ⅴ：255n

Craig, Thomas，克雷格，托马斯，Ⅳ：199-200

Cranmer, Thomas，克兰默，托马斯，Ⅴ：164

"Critical Legal Studies Movement"，"批判法律研究运动"，Ⅳ：13 & 13，Ⅳ：327-32

Cropsey, Joseph，克罗波西，约瑟夫，Ⅰ：188n

Cross, Lord (Geoffrey)，克罗斯，勋爵（杰弗里），Ⅰ：318n

"culture"，"文化"，Ⅴ：138, 146

"culture of death"，"死亡文化"，Ⅴ：328-31, 339

Cuomo, Mario，科莫，马里奥，Ⅲ：263

Curran, Charles，柯伦，查尔斯，Ⅴ：296-7n

Cuthbert, St.，圣卡斯伯特，Ⅴ：189-92

Dalton, William J.，道尔顿，威廉·J.，Ⅴ：372

D'Arcy, Eric，达西，埃里克，Ⅰ：171n；Ⅴ：209n

Darrow, Clarence，达罗，克拉伦斯，Ⅴ：194

Darwin, Charles，达尔文，查尔斯，Ⅲ：350n, 356；Ⅴ：13, 17, 21-6

Daube, David，道贝，大卫，Ⅱ：241n；Ⅲ：291-2n

Davidson, Donald，戴维森，唐纳德，Ⅱ：225n, 263

Davis, Henry，戴维斯，亨利，Ⅱ：248

Dawkins, Richard，道金斯，理查德，Ⅳ：353-4；Ⅴ：6n, 23, 32

Dawson, Christopher，道森，克里斯托弗，Ⅴ：140

Decalogue (Ten Commandments)，十诫，Ⅰ：152-4, 190-2, 194；Ⅱ：149；Ⅲ：98；Ⅳ：176, 460；Ⅴ：247-9, 260-8

Delhaye, Philippe，德莱，菲利普，Ⅳ：187n；

V: 215

deliberation, as action, 审议, 作为行动, I: 1; and conscience, 和良心, I: 116; de seip so/meipso (about oneself), 关于自己, I: 183-5; II: 50-2, 103; IV: 25; about ends (as well as means), 关于目的（还有目的）, I: 2, 28-32, 173-86

de Lubac, Henri, 德·吕拔克, 亨利, IV: 52n; V: 58

democracy, democratic, 民主, 民主的, I: 53, 262-3, 266; II: 97, 400; III: 21-2, 40, 43, 44-5, 59, 77, 95, 139, 147, 250; IV: 76, 170, 267, 322; V: 8, 37-8, 40, 122; "militant d.", "好战的民主", V: 8, 38; "People's D.", "人民民主", I: 275

Democritus, 德谟克利特, IV: 188n

De Scala, Peter, 德斯卡拉, 彼得, II: 232n

Descartes, René, 笛卡尔, 勒内, I: 66, 71, 84, 135; II: 5n, 78, 268n

description, "under a/the description", 描述, "根据一/那种描述", II: 76-7, 189-91, 194, 255, 260, 274; also I: 76, 164-5, 167, 170, 181, 207, 216, 258, 261-4; II: 13, 137; V: 281, 374n

desirable, as perfective, 可欲的, 作为完美, I: 29n

determination, 裁定, I: 22; II: 121; III: 3, 179, 331; IV: 2, 12, 123, 128, 131-2, 140, 149, 161, 179, 181, 309, 318; explained, 解释的, I: 208-9; II: 100-3, 106; IV: 182-4, 301-3, 314-5; of purely positive laws, 纯粹实在法裁定, I: 22

deterrence, nuclear, 威慑, 核, V: 20; also V: 11-12; I: 188; II: 86-91; V: 125-6; and punishment, 和惩罚, III: 13, 67, 91, 93, 154, 157-8, 173-4, 192

Devlin, Lord (Patrick), 德夫林, 勋爵（帕特里克）, III: 27-9; IV: 270, 274, 276, 277n

Dewey, John, 杜威, 约翰, V: 17, 25-6, 32, 183

Diamond, J.J., 戴蒙德, J.J., II: 292n

Diana, Antonius, 戴安娜, 安东尼厄斯, V: 212n

Dias, R.W.M., 迪亚斯, R.W.M., IV: 378n

Dicey, A.V., 戴雪, A.V., III: 136

dignity, 尊严, II: 35; V: 51, 66-8, 338-9; also I: 35, 53; II: 320; IV: 170, 349-50; V: 49, 58, 68, 73, 196-7, 247-8, 254-7, 259, 286, 315-6, 365

Dilthey, Wilhelm, 狄尔泰, 威廉, V: 144

Diplock, Lord (Kenneth), 迪普洛克, 勋爵（肯尼斯）, II: 210n; III: 20n, 34-5n

"direct intention", "直接故意", II: 13-14

"direction of intention", "意图指引", II: 187

discourse, discussion: ethics of, 话语, 讨论: 伦理, I: 41-7, 50-5; internal (solitary), 内部（单独）, I: 52; metaphysics of, 形而上学, II: 35

discrimination: anti-, new communism, 歧视: 反一, 新共产主义, II: 126

disparagement, see insult, 贬低, 参见侮辱

"diversity", "多元化", III: 109; also II: 127; IV: 274

Divorce, 离婚, Ⅲ: 329

Dodd, C. H., 多德, C. H., Ⅴ: 152n

Dodds, E. R., 多兹, E. R., Ⅰ: 49n

Döllinger, Ignaz von, 多林格, 伊格纳兹·冯, Ⅴ: 209n

Donagan, Alan, 多纳根, 阿兰, Ⅰ: 153n, 227; Ⅲ: 66n; Ⅴ: 223

Donaldson, Lord (John), 唐纳森, 勋爵 (约翰), Ⅱ: 174n

Donceel, Joseph, 东泽尔, 约瑟夫, Ⅱ: 287-9

Donne, John, 多恩, 约翰, Ⅲ: 292n

Dorr, Donal, 多尔, 多纳尔, Ⅲ: 121; Ⅴ: 272n

Dostoyevsky, Fydor, 陀思妥耶夫斯基, 费奥多尔, Ⅱ: 74

"double effect", "双重影响", Ⅱ: 13

Douglas, Justice (William O.), 道格拉斯, 大法官 (威廉·O.), Ⅰ: 277, 292, 296; Ⅱ: 28

Douglas, Mary, 道格拉斯, 玛丽, Ⅰ: 322-3

Dover, Kenneth, 多佛, 肯尼斯, Ⅲ: 99n, 337, 385n

droit and loi, 权利和义务, Ⅰ: 206

Dryer, Douglas P., 德赖尔, 道格拉斯·P., Ⅲ: 62n

dualism: body-soul, refuted, 二元论: 身体的灵魂, 反驳, Ⅰ: 53-4; Ⅱ: 8; see also "anima mea" 也参见 "灵魂"

Duberman, Martin, 杜伯曼, 马丁, Ⅲ: 378n

Duff, R. A., 达夫, R. A., Ⅱ: 174n, 189n, 199n

Duffy, Kevin, 达夫, 凯文, Ⅴ: 372

Dummett, Ann, 达米特, 安, Ⅲ: 116, 118-20

Dummett, Michael, 达米特, 迈克尔, Ⅱ: 74; Ⅴ: 240, 242-3

Dunedin, Viscount (Murray, Andrew), 达尼丁, 子爵 (穆雷, 安德鲁), Ⅱ: 200n

Durkheim, Emile, 涂尔干, 埃米尔, Ⅲ: 292

duties to oneself, 对自己的义务, Ⅲ: 2

Dworkin, Ronald, 德沃金, 罗纳德, Ⅰ: 220-4; Ⅲ.1 & 16 & Ⅲ: 51-3; Ⅳ: 12; also Ⅰ: 189n, 229, 252n-3n, 298n, 301, 312n, 323n; Ⅱ: 20-2, 33, 81-4, 86, 103, 108, 110-2, 117, 320; Ⅲ: 3, 10-12, 14, 20-1, 23-6, 31, 35n, 36, 38n, 48, 95-6, 226n, 228-30, 245-6, 251n, 252, 254-5n, 258-9, 261-3, 264n, 266, 268-9, 270; Ⅳ: 10-11, 13-14, 32n, 108n, 129, 163-4, 168, 170, 254n, 258, 266, 271n, 280-98, 302, 314, 319, 321, 328-30, 353-4, 360-1, 363, 381-4, 400, 401n; Ⅴ: 18, 20, 30-1, 51, 71-3, 76, 85, 105, 107-8, 303

Economic Analysis of Law, 法律的经济分析, Ⅱ: 203-6; Ⅳ: 16

Economics, 经济学, Ⅲ: 242-3; Ⅳ: 337-40

Eddy, Mary Baker, 艾迪, 玛丽·贝克, Ⅴ: 56

Edgley, Roy, 爱德利, 罗伊, Ⅰ: 127n

Edward, 爱德华, Ⅳ: 429

Edwards, R. G., 爱德华兹, R. G., Ⅱ: 293-4, 298, 301; Ⅲ: 280

Eekelaar, John, 伊科拉尔, 约翰, Ⅳ: 245

Ehrensing, Rudolph, 埃闰辛, 鲁道夫, Ⅱ: 279n

Einstein, Albert, 爱因斯坦, 阿尔伯特, V: 23n

Eisenhower, Dwight D., 艾森豪威尔, 德怀特·D., Ⅱ: 242n

Eisgruber, Christopher L., 埃斯格鲁伯, 克里斯托弗·L., V: 18, 20, 29–31, 86n, 95

Elders, Leo J., 埃尔德斯, 利奥·J., I: 144n

Elias, N., 埃利亚斯, N., Ⅳ: 429n

Elizabeth I, 伊丽莎白一世, V: 91

Elizabeth Ⅱ, 伊丽莎白二世, Ⅳ: 328

Ellenborough, Lord (Law, Edward), 埃伦伯勒, 勋爵 (法律, 爱德华), Ⅱ: 202n; Ⅳ: 342–4

embryonic life, 胚胎生命, Ⅱ: 15–17

Empiricism, 经验主义, I: 46n, 168–70; critique of I: 88; Ⅱ: 9

Empiricus, Sextus, 恩皮里科, 塞克图斯, I: 201

end: 目的: last e. of human beings, I: 29, 147n, 159–72; basic ends, I, 人类的最终目的: 180; are usually also means, 基本目的; 常常也涉及手段, I: 181; Ⅱ: 9, Ⅱ: 14

Endicott, Timothy, 恩迪科特, 蒂莫西, Ⅳ: 28

Engberg-Pedersen, Troels, 恩格博格-佩德森, 特勒尔斯, I: 161

Engelhardt, Tristram, 恩格尔哈特, 崔斯特瑞姆, V: 316n

Enlightenment, 启蒙, I: 60n, 92; Ⅳ: 53; V: 118, 140, 143, 217, 372; confusion about value, 价值困惑, I: 26–7, 211; foundational mistakes of, 根本错误, I: 59, 242; Ⅳ: 154; V: 152–3, 169, 183, 187, 287

"ensoulment", "赋予灵魂", V: 109

Epictetus, 埃皮克提图, I: 141

Epicurus, 伊壁鸠鲁, Ⅳ: 355n

epistemic conditions, "under ideal e. c.", 认识论条件, "理想认识论条件下", Ⅱ: 101; V: 46–7

epistemological v ontological, 认识论 v 本体论, I: 147–8; Ⅱ: 7

"e. principle" (object-act-capacity-nature), "认识论原则"(客体—行动—能力—本质), Ⅱ: 7, 15

equality basic human, 人的基本平等, I: 48; Ⅲ: 327

Erasmus, Desiderius, 伊拉斯谟, 伊拉斯, V: 166

Escobar y Mendoza, Antonio, 埃斯科瓦尔·Y.门多萨, 安东尼, V: 212n

Eser, Albin, 埃泽尔, 阿尔滨, Ⅳ: 192n

Essex, Earl of (Robert Dudley), 埃塞克斯, 伯爵 (罗伯特·达德利), Ⅱ: 41

ethics, ethical: not soundly distinguished from morality, 伦理学, 伦理的: 无法正确地从道德中区分, I: 48, 55–8, 92, 101; "situation ethics", "情境伦理学", I: 51–2

eudaimonia, 圆满, I: 160–2

Euclid, 欧几里德, Ⅱ: 54n

Eugenius, 叶夫根尼, Ⅳ V: 213n

Euripides, 欧里庇德斯, Ⅳ: 148

European Convention on/Court of Human Rights

(ECHR/ECtHR)，欧洲人权公约（ECHR/欧洲人权法院），Ⅲ：1-46, 140-1, 144-6；Ⅴ：38-9

euthanasia，安乐死，Ⅰ：56-8；Ⅱ：18-19；Ⅲ：14-16；Ⅴ：22, Ⅴ：68

"evil not to be done for good"，"恶不因善而为"，Ⅱ：143；Ⅴ：159-6

Evolution，进化，Ⅲ：350, 356；Ⅴ：21-4, 26, 61, 136

exceptionless wrongs, norms, commitments，无例外的错误、规范和义务，Ⅰ：13, 101, 154, 187-98, 226-7；Ⅱ：196, 245-7, 252-3, 267；Ⅲ：7, 45, 86, 197-8, 200-3, 206, 234, 322；Ⅳ：128, 173, 446, 460-1；Ⅴ：121, 172, 221, 224, 261-71, 296, 340, 351

"existential"，"存在主义的"，Ⅱ：96

extremity: ethics of，极端情形：极端情形伦理，Ⅰ：187；Ⅲ：200-2

Fabro, Cornelio，法布罗，科尔内利奥索，Ⅴ：58

"fact of pluralism"，"多元主义事实"，Ⅰ：42n

"fact v value", see also 'Is v Ought'，"事实v价值"，也参见"实然v应然"，Ⅰ：202

Factor, Regis，法克特，吉斯，Ⅰ：203n；Ⅳ：224-5n

Fahey, Michael，费伊，迈克尔，Ⅴ：341

faith: as shaped by divine love help，信念：神圣之爱帮助塑造，Ⅱ：52

falasifa，毫无逻辑，Ⅰ：198；Ⅲ：87n

family，家庭，Ⅱ：127-8；also 123; f. wage, 家庭工资，Ⅲ：324

Fawcett, James，福塞特，詹姆斯，Ⅲ：43n

feelings, discernment of，情感，情感辨别，Ⅱ：215

Felix, Marcus Minucius，菲利克斯，马库斯·米诺西乌斯，Ⅱ：231n

Festugière, A. J.，费斯蒂吉埃，A. J.，Ⅲ：99n

Figgis, John Neville，菲吉斯，约翰·内维尔，Ⅱ：99n

Filliucci, Vincenzo，菲力普契，文森佐，Ⅴ：212n

final: good or end，终极：善或目的，I.10；Ⅰ：29

Finch, H. A.，芬奇，H. A.，Ⅳ：34n, 79

Finch, Henry，芬奇，亨利，Ⅳ：191

Finlay, Viscount (Robert)，芬利，子爵（罗伯特），Ⅲ：137n

Finnis, John，菲尼斯，约翰，Ⅰ：39n, 40, 154, 172, 195, 297n；Ⅱ：150n, 163n, 244n-5n, 267n；Ⅲ：59n, 97, 145n, 243n, 337n, 372n, 380n；Ⅳ：2n, 8n, 71n, 108n, 166, 357-8, 362；Ⅴ：195, 224n, 204n, 341-2n

Fisher, Anthony，费舍尔，安东尼，Ⅱ：289n-90n；Ⅲ：314

Fitzmaurice, Gerald，菲茨莫里斯，杰拉德，Ⅲ：19n, 39n

Flannery, Kevin L.，弗兰纳里，凯文·L.，Ⅱ：254-6, 267n-8n；Ⅴ：341

flat earth: Enlightenment myth of，平面地球：神秘的启蒙，Ⅰ：60n

Fleming, John G.，弗莱明，约翰·G.，Ⅱ：183n, 211n

504

Fletcher, George P., 弗莱彻, 乔治·P., Ⅱ: 176n, 182n, 185n; Ⅲ: 61-2n, 64n

Fletcher, Joseph, 弗莱彻, 约瑟夫, Ⅴ: 316n

Flew, Anthony, 弗卢, 安东尼, Ⅴ: 23n

Flippen, Douglas, 弗立彭, 道格拉斯, Ⅰ: 146n

focal meaning, see central case analysis, 中心意义, 参见中心情形分析

Fonda, Henry, 方达, 亨利, Ⅰ: 284n, 301, 305

Foot, Philippa, 富特, 菲利帕, Ⅰ: 30n, 115, 120-22, 123n, 305-6; Ⅱ: 14, 191; Ⅲ: 32, 33n, 295, 296, 300

Ford, John C., 福特, 约翰·C., Ⅴ: 270n

Ford, Norman, 福特, 诺曼, Ⅱ: 289-90, 292n

Forsythe, Clark, 福赛斯, 克拉克, Ⅰ: 257n; Ⅱ: 28n

Forte, David, 富特, 大卫, Ⅳ: 372-3

Fortescue, John, 弗特斯克, 约翰, Ⅲ: 84n; Ⅳ: 149n

four kinds of order and science (disciplined knowledge), 四种秩序和科学（学科知识）, Ⅰ: 7, 200, 217-8

Franco, Francisco, 佛朗哥, 弗朗西斯科, Ⅴ: 275

Frankfurter, Justice (Felix), 法兰克福, 大法官（菲利克斯）, Ⅰ: 277-8, 282n; Ⅲ: 22n, 30n

Fraser, Russell, 弗雷泽, 罗素, Ⅱ: 44n, 47n

Fredborg, K. M., 弗雷德伯格, K. M., Ⅳ: 187n

freedom: of choice, 自由：选择自由, Ⅰ: 216; Ⅱ: 4, 7; of speech, 言论自由, Ⅰ: 17-8; threatened, 受威胁的自由, Ⅰ: 14

Freeman, Samuel, 弗里曼, 塞缪尔, Ⅱ: 125n

Freud, Sigmund, 弗洛伊德, 西格蒙德, Ⅰ: 116, 282n; Ⅲ: 168

Freund, Julien, 弗罗因德, 朱利安, Ⅳ: 34n

Fried, Charles, 弗里德, 查尔斯, Ⅳ: 171, 313

Friedberg, E. A., 弗里德伯格, E. A., Ⅴ: 222n

Friedman, L., 弗里德曼, L., Ⅲ: 22

Friedmann, W., 弗里德曼, W., Ⅱ: 27; Ⅳ: 189-90n, 196n, 221n

Friendship, 友谊, Ⅰ: 5, 40, 99; altruism, 利他主义, Ⅰ: 47n; types of, central case of, 类型, 中心情形, Ⅰ: 111-2; as condition of fruitful discourse, 卓有成效对话的条件, Ⅰ: 43; extends to strangers, 扩展至陌生人, Ⅰ: 15; a source of normativity, 规范性的一个来源, Ⅰ: 122, 129

Fuchs, Joseph, 福克斯, 约瑟夫, Ⅱ: 134n; Ⅴ: 75, 115, 161, 287, 296-7n, 299n, 341n, 360, 365

fulfilment (flourishing), see integral human fulfilment, 实现（繁荣）：人类完整实现, Ⅰ: 5

Fulgentius, of Ruspe, St., 汝斯普的圣富尔根狄, Ⅴ: 159

Fuller, Lon L., 富勒, 朗·L., Ⅰ: 63, 259; Ⅳ: 31, 64n, 170, 281, 284, 324, 418, 419n

Gadamer, Hans-Georg, 伽达默尔, 汉斯-格奥尔格, I: 147n; V: 144n

Gaius, 盖尤斯, II: 75, 102; III: 2-3; IV: 117, 183, 218

Gallagher, John, 加拉格尔, 约翰, V: 173

games: language game(s), 游戏：语言游戏, I: 104, 123, 133

game theory, 博弈论, IV: 2 & 4

Gandhi, Ramchandra, 甘地, 罗摩占陀罗, I: 74n

Gans, Chaim, 甘斯, 哈伊姆, IV: 58-9n, 66, 69

Gardeil, Antoine, 伽戴尔, 安托万, V: 145n, 150n

Gardiner, Harold C., 加德纳, 哈罗德·C., I: 288n

Gardner, John, 加德纳, 约翰, IV: 6n, 9n, 32, 36-7, 43-5, 188n, 246n, 247

Garet, Ron, 杰利德, 罗恩, III: 356

Garrigou-Lagrange, Reginald, 加里-拉格朗日, 雷金纳德, II: 155n

Garrow, David, 加罗, 戴维, I: 269n; V: 70n

Gauthier, R.-A., 高蒂尔, R.-A., I: 159n, 186n; IV: 180n

Gavison, Ruth, 嘉韦逊, 露丝, IV: 74-5

Geach, Mary, 吉奇, 玛丽, II: 69, 72, 75, 77; V: 352

Geach, Peter, 吉奇, 彼得, II: 40n, 43n, 233-4; IV: 53n; V: 355n, 374n

Gelasius, 格拉西, I: 312

Gellius, Aulus, 格利乌斯, 奥鲁斯, IV: 187-8n

Gemelli, 杰梅利, III: 298n

George, Robert P., 乔治, 罗伯特·P., I: 33n, 272n, 324n; II: 286n, 292n, 310n, 313n; III: 87, 89n, 96-7, 324n, 345, 347-9n, 355n, 361n, 373, 378n, 382n, 387n; IV: 120n, 135n; V: 72n

Gerber, Albert, 戈伯, 阿尔伯特, I: 288

Gerth, H. H., 格斯, H. H., IV: 34n, 224n

Gessert, Robert, 格瑟特, 罗伯特, V: 310n

Gey, Stephen, 盖, 斯蒂芬, I: 297n

Gibson, JB, 吉布森, JB, IV: 197n

Gierke, Otto von, 基尔克, 奥托·冯, II: 94n, 99n; IV: 203n, 208

Gilby, T. G., 吉尔比, T. G., II: 154n

Gill, S. T., 吉尔, S. T., V: xi, 14

Gilson, Etienne, 吉尔森, 艾蒂安, V: 141, 143

Gisborne, John, 吉斯伯恩, 约翰, IV: 274n

Gladstone, William, 格拉德斯通, 威廉, V: 6-7, 209, 211

Glanvill, Ranulf de, 格兰维尔, 兰道夫·德, IV: 191, 320, 323

Gleeson, Chief Justice (Murray), 格里森, 首席大法官（穆雷）, III: 143n

Glover, Jonathan, 格洛弗, 乔纳森, II: 281-2; V: 316n

God (see also atheism, religion, revelation), 上帝（也参见无神论, 宗教, 启示）, V: 21-5, 59-62, 80-3, 134, 179-3, 197-8; active, 积极的, I: 169; providence, 天意, V: 76-7; also V: 27, 57, 65, 74, 76-7, 184-6; triune, 三位一体, V: 15; vision (contemplation) of, 想象（沉思），I: 159, 170

Goff of Chieveley, Lord (Robert), 切汶里克拉伯的格夫，勋爵（罗伯特），II: 32n, 174n, 182n, 212n, 270-1, 313-4, 316, 321; III: 215n; IV: 399-400

Goldberg, Justice (Arthur), 戈德堡，大法官（阿瑟），V: 70n

Golden Rule, 黄金规则，I: 12, 59, 87, 101, 208, 210, 266; II: 183, 194, 213, 298; III: 119, 121, 124, 132, 189, 195-6, 199-200, 218; IV: 15, 29, 101, 253, 351; V: 59, 63, 159, 246, 296, 302, 315, 317; explained, 解示，I: 59n, 227, 247-53; III: 236; IV: 122

good(s) basic, good for anyone, 基本善，每个人的善，I: 4; desirable, 可欲的善，I: 159; as to be pursued, 追求的善，I: 3, 100; hierarchy or hierarchies among, 善的层次或等级，I: 63, 80, 140, 196, 244; intrinsic, 天然之善，I: 4, 87-8; lists of basic, 基本善列表，I: 10-12, 140, 145, 213, 244n; III: 88; IV: 98; V: 245, 262, 270, 273; perfective, I: 147

Gordley, James, 高德利，詹姆斯，IV: 142

Gorer, Geoffrey, 高尔，杰弗里，I: 296n

Gormally, Luke, 戈尔马利，卢克，II: 69; III: 249n, 250; V: 352

Gough, John, 高夫，约翰，IV: 196n

Gousset, Thomas-Marie-Joseph, 古塞，托马斯-玛丽·约瑟夫，V: 216n, 219-20n, 222

grace, 优雅，V: 231

Grant, C. K., 格兰特，C. K., I: 74n

Gratian, 格拉提安，IV: 174n; V: 222n

Gray, Asa, 格雷，阿萨，III: 356n

Gray, John Chipman, 格雷，约翰·奇普曼，II: 27, 81n

Green, Leslie, 格林，莱斯利，IV: 9n, 56n, 58-9n, 68n, 70n, 247

Greenawalt, Kent, 纳沃尔特，肯特，V: 51n

Gregor, Mary, 格雷戈尔，玛丽，III: 55-7n, 61-2, 63n, 67n, 104n, 342n

Gregory IX, 格雷戈里九世，V: 213n

Gregory XVI, 格雷戈里十六世，V: 158n, 218

Grice, H. P. (Paul), 格莱斯，H. P.（保罗），I: 74; IV: 395n

Griffin, James, 格里芬，詹姆斯一世，I: 245n

Griffin, Leslie, 格里芬，莱斯利，IV: 446n

Grisez, Germain G., 杰曼，G. 格里塞茨，I: 28, 45n, 64n, 73n, 84, 90, 139-42, 146n, 152n-53n, 154, 169, 171-2, 195, 203n, 205n, 218n, 223n-4n, 239n, 272n; II: 3n, 8n, 11, 13, 52n, 66-7, 92n, 118n, 145n, 148n, 155n, 164n, 171n, 177n-8n, 235n, 243n-5n, 252, 254-67, 280n, 285n-9n, 293, 302-12; III: 13-14, 66n, 69n, 87, 97, 194n, 198, 243n, 247n, 249n, 289n, 294n, 296, 297-8, 305, 310n, 313n, 339, 345, 354-6, 372-3, 377n, 380n, 387n; IV: 52n, 55n, 68n, 293n, 357, 359n; V: 23n, 46n, 60, 76n, 80n, 82n, 110n, 118-19, 123, 148-9, 150-1n, 153, 161n, 179n, 227, 268n, 278, 299-300n, 308n, 316n, 340, 346, 347n, 355n, 360, 364, 370-1

Grosseteste, Robert, 泰斯特, 罗伯特, I: 192

Grotius, Hugo, 格老秀斯, 雨果, I: 6, 125; III: 131, 191n, 202n; IV: 95, 146n, 337

group existence and action, 群体存在及行为, II: 4-5; II: 11

Grover, Robinson, 格罗弗, 罗宾逊, IV: 53n

Gula, Richard M., 古拉, 理查德·M., V: 139-40

Habermas, Jürgen, 哈贝马斯, 尤尔根, I: 41n-6n, 48n, 50n-3n, 55-60, 61n; IV: 125; V: 99

Habitus, 习惯, II: 10

Hailsham, Lord (Hogg, Quintin), 黑尔舍姆, 勋爵（霍格, 金廷）, II: 174n, 184n; III: 35

Haksar, Vini, 哈卡尔, 威尼, III: 32n, 70n

Haldane, John, 霍尔丹, 约翰, V: 61, 69, 124

Hale, Lady (Brenda), 黑尔, 夫人（布伦达）, II: 271; V: 99n

Hale, Matthew, 黑尔, 马修, III: 12, 135n; IV: 191-2

Hallett, Garth, 哈里特, 加思, II: 169n; V: 287

Halsbury, Lord (Hardinge, Stanley Giffard), 霍尔斯伯里, 勋爵（哈丁, 史丹利·吉法德）, II: 207-9n

Hamel, Edouard, 哈姆尔, 爱德华, V: 140n, 259n, 261n

Hamilton, Alexander, 汉密尔顿, 亚历山大, IV: 154

Hampshire, Stuart, 汉普郡, 斯图尔特, IV: 235-9, 255

Hampton, Jean, 汉普顿, 吉恩, V: 52n

Hand, Learned, 汉德, 勒尼德, III: 22

Hannen, Lord (James), 汉尼, 勋爵（詹姆斯）, II: 209n

Hanson, Norwood, 汉森, 诺伍德, IV: 394-5

Hardie, W. F. R., 哈迪, W. F. R., I: 110, 191

Hare, R. M., 黑尔, R. M., I: 128, 141, 198n, 312n, 323n; II: 281-4; III: 290, 291n

Hargrave, John Fletcher, 哈格雷夫, 约翰·弗莱彻, IV: 190n

Häring, Bernard, 哈林, 伯纳德, II: 279n

Harlan, Justice (John Marshall), 哈伦, 大法官（约翰·马歇尔）, I: 277-8, 281n; V: 70

harm, 损害, I: 154

Harman, Gilbert, 哈曼, 吉尔伯特, IV: 224n

Harrington, James, 哈林顿, 詹姆斯, IV: 321

Harris, John, 哈里斯, 约翰, III: 211n, 223-41; V: 318n

Hart, H. L. A., 哈特, H. L. A., IV: 10 & 11; see also I: 35n, 62, 66n, 69, 92, 102, 104, 106-13; II: 14, 19-22, 30, 81-3, 85n, 99n, 110, 133n, 182n, 267n; III: 10, 48n, 153-60, 163-5, 168, 173, 176-7, 259n, 295; IV: 10-11, 27, 32n, 36-40, 44n, 47n, 50, 53n, 73, 74-5, 76n, 77-82, 87n, 106-8, 119-20, 126, 155n,

162-9, 185, 186n, 188-90n, 198-201, 211n, 221n, 229n, 289, 290n, 388n, 396, 410, 411n, 414, 415n, 416-21, 425-7, 429, 432-3; V: 32, 43, 105n

Hart, Jenifer (née Williams), 哈特, 珍妮弗 (姓氏威廉姆斯), Ⅳ: 257, 273

Harte, Colin, 哈特, 科林, Ⅳ: 447n, 449n, 455n, 459n, 463n, 466n

Hathaway, R., 海瑟薇, R., Ⅳ: 51n

Hazeltine, H. D., 黑泽汀, H. D., Ⅳ: 189-90n

Heaney, S. J., 希尼, S. J., Ⅱ: 288n

heaven (see also beatitudo), 天堂 (也参见至福), V: 199-202, 206, 249, 371

Hebblethwaite, Peter, 赫伯斯韦特, 彼得, V: 173

Hegel, G. W. F., 黑格尔, G. W. F., Ⅳ: 75, 93, 431; V: 144n, 153-4, 183

Hehir, J. Bryan, 赫尔, J. 布莱恩, V: 310n

Heidegger, Martin, 海德格尔, 马丁, V: 183

Heisenberg, Werner, 海森伯格, 维尔纳, V: 23n

Hekman, Susan J., 海克曼, 苏珊·J., Ⅳ: 79n

hell (see also punishment), 地狱 (也参见惩罚), V: 24; V: 171-2, 177-8

Helsinki, Declaration of, 赫尔辛基宣言, Ⅱ: 296

Hemer, Colin J., 黑默, 科林·J., V: 152n

Henderson, Lynn, 亨德森, 林恩, Ⅳ: 360n, 365n

Hengel, Martin, 亨格尔, 马丁, V: 141

Henry Ⅳ, 亨利四世, Ⅳ: 408

Henry Ⅴ, 亨利五世, Ⅳ: 408

Henry Ⅵ, 亨利六世, Ⅳ: 408

Henry Ⅷ, 亨利八世, V: 163-4

Henson, Hensley, 亨森, 汉斯莱, V: 238

Heraclitus, 赫拉克利特, V: 143n

"hermeneutical circle", "解释学循环", V: 263

Herschell, Farrer, 赫谢尔, 法瑞尔, Ⅱ: 207n

Heydon, Justice (J. Dyson), 海顿, 大法官 (J. 戴森), Ⅲ: 143n

Heylbut, G., 海尔巴特, G., Ⅰ: 192n

Hildick-Smith, Marion, 希尔蒂克-史密斯, 马里昂, Ⅲ: 249

Hill, Thomas E., 希尔, 托马斯·E., Ⅲ: 55n

Himes, Michael, 海姆斯, 迈克尔, V: 140n

Hindley, Clifford, 辛德雷, 克利夫德, Ⅲ: 337n

Hintikka, Jaakko, 辛迪加, 亚科, Ⅰ: 135

Hippias of Elis, 伊利斯的希庇亚斯, Ⅳ: 160

Hippolytus, of Rome, St., 罗马的圣希波吕托斯, V: 159

Hitler, Adolf, 希特勒, 阿道夫, Ⅱ: 84

"historical consciousness", "历史意识", V: 9

Hobbes, Thomas, on intention as dominant desire, 霍布斯, 托马斯, 论作为主导欲望的意图, Ⅰ: 23; Ⅱ: 177, 228-9; on "public reason", 论"公共理性", Ⅰ: 13n, 275; summum bonum rejected, 拒绝至善, Ⅰ: 63; also Ⅰ: 6, 26, 28, 43n, 59, 102, 120, 123n; Ⅳ: 10, 55-6, 83, 95-6, 97n, 98,

116, 134, 142, 160, 162, 169, 189n, 239, 255, 264-5；V：4

Hobhouse, L.T.，霍布豪斯，L.T.，Ⅲ：66-7

Hodgson, D.H.，霍奇森，D.H.，Ⅲ：290n

Hoffman, Abbie，霍夫曼，艾比，I：301

Hoffman, Justice（Julius），霍夫曼，大法官（朱利斯），I：301

Hoffmann, Lord（Leonard H.），霍夫曼，勋爵（伦纳德·H.），I：301；Ⅱ：31, 32n, 215n-19n, 318, 320-1；Ⅲ：148n；Ⅳ：399-400；V：99n

Hohfeld, Wesley，霍菲尔德，韦斯利，Ⅳ：18; also Ⅱ：30；Ⅲ：123n, 137, 283-5, 302；Ⅳ：11, 86, 115-16；V：36, 90, 94

Holbrook, David，霍尔布鲁克，大卫，I：321

Holdsworth, William，霍尔兹沃斯，威廉，Ⅲ：135n；Ⅳ：193

Holmes, G.L.，福尔摩斯，G.L.，Ⅱ：307n

Holmes, Justice（Oliver Wendell），霍姆斯，大法官（奥利弗·温德尔），I：250；Ⅱ：199-201, 209n, 211-2；Ⅲ：22, 215, 252；Ⅳ：142, 340-2；V：32

Homer，荷马，I：118-19

Honoré, A.M.（Tony），欧诺瑞，A.M.（托尼），Ⅱ：10, 29n, 83, 133n；Ⅳ：166-7；Ⅳ：376n, 409n

Hook, Sidney，霍克，西德尼，Ⅳ：156

Hooker, Richard，胡克，理查德，Ⅳ：204, 208

Hooper, Walter，胡珀，沃尔特，Ⅲ：274n, 281n

Hope of Craighead, Lord（David），克雷格黑德的霍普，勋爵（大卫），Ⅲ：45n, 63n；144n；Ⅳ：399-400

Hopkins, Gerard Manley，霍普金斯，杰拉德·曼利，V：374n

Horrocks, John，霍罗克斯，约翰，V：xi, 14

Hospers, John，霍斯珀斯，约翰，Ⅳ：390, 394

Hovenden, John Eykyn，霍凡登，约翰·艾克，Ⅳ：190n, 194n

Howsepian, A.A.，豪斯匹安，A.A.，Ⅱ：286n

Hugh of St Victor，圣维克多的休格，Ⅳ：186-7n；V：115

Hughes, Gerard J.，休斯，杰拉德·J.，Ⅳ：341n；V：115, 224n, 258, 261, 262n, 263-4, 272, 280

human rights（see also rights），人权（也参见权利），Ⅲ：1-9

Humboldt, Wilhelm von，洪堡德，威廉·冯，Ⅲ：110, 115n

Hume, Basil，休谟，巴西尔，V：289n

Hume, David, denial of practical，休谟，大卫，拒绝实践；Reason, 理性, I：22-3, 26, 33, 38, 234, 283；Ⅱ：129；Ⅳ：4, 226n；V：59, 69; on freedom of the press, 论出版自由, I：310；"genealogical" method, "谱系学"方法, I：93; on Is v Ought, 论实然 v 应然, I：202, 242；Ⅳ：10, 120n；V：33; on miracles, 论奇迹, Ⅱ：72n；V：9, 83, 137, 152; self-refuting, 自我反驳, Ⅳ：131；V：25, 130; on sympathy and morality, 论同情和道德性, I：125-6, 128-9; see also Ⅳ：154, 249, 255, 264, 337；V：22, 141, 183 also I：

59-60, 102, 264; Ⅱ: 38

Humean（Humeian）, Humeanism, 休谟式（休谟的）, 休谟主义; on desire, 论欲望, I: 161n; dogma that reason does not motivate, 理性并不驱动教义, I: 100; Ⅱ: 4n; Ⅲ: 320; Ⅳ: 252; empiricism, 经验主义, I: 43n, 46n, 81; conception of reasons for action, 行为理性观念, I: 96n, 125-9; idea of reason as slave of passion, 作为激情努力的理性理念, I: 22-3, 30n, 120n, 124; V: 73; misunderstanding of reason and will, 理性和意志的误解, I: 1, 7, 22; Ⅳ: 162, 235, 239（see also Korsgaard）（也参见科斯戈尔德）

Humility, 谦逊, V: 17

Hurst, G., 赫斯特, G., Ⅱ: 287n

Hürth, Francis, 胡尔特, 弗朗西斯, V: 297n

Hutcheson, Francis, 哈奇森, 弗朗西斯, Ⅳ: 337-8

Huxley, Aldous, 赫胥黎, 奥尔德斯, Ⅳ: 231

Iglesias, Teresa, 伊格莱西亚斯, 特蕾莎修女, Ⅱ: 284n

immigration, 移民, Ⅱ: 118-9; Ⅲ: 7-9; V: 12, 40

impartial spectator, of human arena, 公正的旁观者, 人类舞台, I: 129

inclinations, and induction of basic reasons for action, 倾向, 行为基本理性的回应, I: 38-9, 144-7, 155

incommensurability（see also commensuration）, 不可通约性（也参见通约）, I: 15; of dimensions of judicial reasoning, 司法推理维度的, I: 222-5; of options（proposals for choice）, 选择项（选择建议的）, I: 224-7; Ⅳ: 357, 360; V: 77

indeterminacy v under-determination, 不确定性 v 无法确定, I: 228

innate, practical knowledge and principles not strictly, 天生的, 实践知识和原则不严格, I: 177-8; but loosely, 而是宽泛, I: 178-9

Innocent Ⅲ, 英诺森三世, V: 222n

Innocent Ⅺ, 英诺森六世, V: 212

insight(s), 见解(s), I: 45n; into basic goods, 对基本善的, I: 2-3, 98, 204; non-inferential, non-deductive, 非推理的, 非演绎的, I: 2-3, 31, 45, 98, 147-8, 178, 204; supervenes on experience, 随经验的, I: 2

insult, 侮辱, Ⅱ: 105; V: 30-1

integral directiveness of practical reason's first principles, 实践理性首要原则的整体指导性, I: 12; human fulfillment, 人类实现, I: 12-13, 159-72, 210; Ⅱ: 122; V: 59

intention, 意图, Ⅱ: 8-14; Ⅲ: 213-8; V: 74-5, 158-60

internal attitude, 内在态度, I: 108, 112

interpretation, 解释, Ⅱ: 32

intransitivity of action, 行动的不及物性, Ⅱ: 10

"intuition", 直觉, I: 60-1, 99, 148, 186; of feelings, 感情, I: 237, 254; Ⅲ: 50; "of moral propositions", "道德命题", I: 138, 140, 194, 204; V: 264, 268-9; "our intuitions", 我们的直觉, Ⅲ: 368; Ⅳ: 35, 124, 422; V: 4

Intuition is: "official", 直觉是: "正式的", Ⅰ: 113, 117, 237; unofficial, 非正式的, Ⅰ: 237, 254; Ⅲ: 50

Irenaeus, St., 圣依勒内, Ⅴ: 115, 247, 260n, 263n

Irwin, Terence, 埃尔文, 特伦斯, Ⅰ: 28-31, 39-40, 161n, 173-5, 183n; Ⅳ: 51n, 226

Is-Ought: no valid inference, 实然—应然, I.9: 无效推理, Ⅰ: 3-4, 7, 23, 50, 60, 78, 126, 202, 206, 213, 236, 242; Ⅳ: 5n, 10, 94, 96-8, 103, 105n, 107, 112, 120n, 126, 186, 219, 223n, 248-50, 270, 329, 397; Ⅴ: 33

Isaac, 艾萨克, Ⅴ: 272n, 298n

Isaiah, 以赛亚, Ⅴ: 203-4

Isaye, G., 意沙意, G., Ⅰ: 45n, 72, 84

Isidore of Seville, St., 塞维利亚的圣伊西多尔, Ⅳ: 187n

Islam, 伊斯兰教, Ⅲ: 149; Ⅴ: 6, 8, 38-41, 53-4, 91n, 96, 98-9

Israel, F.L., 以色列, F.L., Ⅲ: 22

ius gentium, 万民法, Ⅱ: 101

IVF, 试管婴儿, Ⅱ: 17, Ⅲ: 17

James Ⅰ, 詹姆斯一世, Ⅴ: 5-7

James, William, 詹姆斯, 威廉, Ⅳ: 124n

Janssens, Louis, 詹森, 路易斯, Ⅴ: 297n

Jefferson, Thomas, 杰斐逊, 托马斯, Ⅰ: 275n; Ⅴ: 4

Jenkins, David, 詹金斯, 大卫, Ⅴ: 192n

Jenkins, Iredell, 詹金斯, 艾尔德尔, Ⅰ: 288n

Jensen, Joseph, 詹森, 约瑟夫, Ⅴ: 264n

Jeremiah, 耶利米, Ⅴ: 135

Jerome, St., 圣杰罗姆, Ⅴ: 56, 225, 331-2

Jerusalem, fall of, 耶路撒冷, 的秋天, Ⅴ: 88, 142

Jesus of Nazareth, 拿撒勒的耶稣, Ⅴ: 161-2; also Ⅲ: 319n; Ⅴ: 48, 50, 54n, 68, 74, 86, 88, 110-11, 116, 118, 125, 136-7, 141-2, 145, 166-8, 171, 175-8, 200-1, 203-6, 228, 230, 240-3, 245-9, 251-2, 253, 260, 262, 264-5, 267, 270, 273-4, 281, 286-9, 295, 300n, 301, 350, 368, 372, 375, 378; resurrection of, 复活, 191-2

John XXⅡ, 约翰二十二世, Ⅰ: 207

John XXⅢ, 约翰二十三世, Ⅲ: 85, 193n; Ⅴ: 173-4, 254n

John, the Evangelist, St., 圣洗者约翰, Ⅴ: 204, 273

John Damascene, St., 大马士革的圣约翰, Ⅱ: 163n; Ⅴ: 159, 187n, 342

John Paul Ⅱ (see also Wojtyla, Karol), 若望·保禄二世 (参见沃伊蒂瓦, 卡罗尔) Contraception, 避孕, Ⅴ: 355, 364-5; double effect, 双重作用, Ⅱ: 251; "direct" killing, "直接" 杀死, Ⅴ: 299, 341; ethic of life, 生命伦理, Ⅴ: 297; exceptionless moral norms, 无例外的道德规范, Ⅴ: 281; faith as fundamental option, 作为根本选择项的信仰, Ⅱ: 52n; final punishment, 终极惩罚, Ⅲ: 178n; hope of immortality, 不朽的希望, Ⅴ: 240-2; human dignity, 人类尊严, Ⅴ: 250; "imperfect laws", "不完美的法律", Ⅳ: 437-49; "liberation", "解放", Ⅴ: 242; nation, 国家, Ⅱ: 12, 123n;

nuclear deterrence, 核威慑, V: 290; marriage, 婚姻, Ⅲ: 100, 372n; on proportionalism, 论相称主义, Ⅱ: 244n; Ⅲ: 85; solidarity, 团结, Ⅲ: 123n; on repentance, 论悔改, V: 172

Johnston, Harry, 约翰斯顿, 哈里, Ⅲ: 126

Jolif, J.-Y., 吉欧利, J.-Y., I: 159n

Jones, Ernest, 琼斯, 欧内斯特, I: 121n; Ⅲ: 168n

Jones, W.T., 琼斯, W.T., Ⅲ: 58n

Jones, William, 琼斯, 威廉, Ⅳ: 10, 209

Jonsen, A.R., 约恩森, A.R., V: 316n

Jordan, Mark, 乔丹, 马克, Ⅲ: 354n, 360n, 364n

Joseph, H.W.B., 约瑟夫, H.W.B., Ⅳ: 258, 274

Josephus, 约瑟夫斯, V: 142n

Judas Iscariot, 加略人犹大, Ⅱ: 163n; V: 177, 186, 287

judgment: as prudence (practical reasonableness), 判断：作为审慎（实践合理性）, I: 31; as bearer of truth, 真理承载者, I: 44-5, 91

judicial functions and reasoning, 司法功能和推理, Ⅳ: 20

justice, 正义, I: 47-50; needed in heaven, 天堂需要, I: 167

  distributive, 分配, Ⅲ: 4

Justinian, 查士丁尼, Ⅱ: 19, 300; Ⅲ: 2n; Ⅳ: 187n, 218; V: 225-6

Kalinowski, Georges, 卡里诺夫斯基, 乔治, I: 78n

Kalven, Harry, 卡尔文, 哈里, I: 279n, 281, 285n, 292n

Kant, Immanuel on autonomy, 康德, 伊曼努尔, 论自治, Ⅲ: 54-9; V: 73-4; carnal crimes against nature, 反自然的肉体罪行, Ⅲ: 16, 61-2, 64-6, 104n, 339, 342n; conscience, 良心, Ⅲ: 169; V: 60; dualism(s), 二元论, Ⅱ: 94; Ⅲ: 68-70; Ⅳ: 136; kingdom of ends, 目的王国, I: 245; Ⅲ: 54-5; Ⅳ: 121; liberalism, 自由主义, I: 264; Ⅳ: 178, 328; V: 183; marriage, 婚姻, Ⅲ: 104n, 342n; philosophy of moral law, right, and law, 道德律法、权利和法律哲学, I: 301; Ⅲ: 10, 47-8, 53-71; Ⅳ: 111; punishment, 惩罚, Ⅲ: 161, 163-5; respect for humanity, 尊重人性, I: 211, 246n; Ⅲ: 60, 64, 219; V: 246, 267, 270; universalizability and non-contradiction, 可普遍化和不矛盾, I: 141, 210, 236, Ⅲ: 60; Ⅳ: 53, 97, 142, 164; inadequate understanding of reason and human good and nature, 理性和人类之善及天性的不充分理解, I: 5, 7, 12-13, 24-6, 28, 45n, 55, 59, 102, 128, 147n, 204, 236-7, 242; Ⅱ: 129; Ⅲ: 9, 320; Ⅳ: 4, 93, 98, 131, 239; V: 59; self-referential inconsistencies in, 自我指涉不一致, V: 153, 155n; Neo-Kantian, 新康德主义, I: 22n, 147n, 202; Ⅲ: 64, 122; Ⅳ: 10, 75, 162, 166-7, 223-4; V: 22; also I: 287n; Ⅳ: 154, 333, 357; V: 4

Kantorowicz, Ernst H., 坎特诺维茨, 恩斯特·H, Ⅳ: 410n

Kaplan, Fred, 卡普兰, 弗雷德, I: 287-8n
Kaplow, Louis, 卡普罗, 路易, I: 249n
Kass, Leon R., 卡斯, 利昂·R., III: 356n
Kauper, Paul G., 考波, 保罗·G., I: 277n
Kavka, Gregory, 卡夫卡, 格雷戈里, II: 233n
Keenan, James F, 基南, 詹姆斯·F., II: 236n
Keily, Bartholomew, 凯莉, 巴塞洛缪, V: 305n
Keith, Harry, 基思, 哈林, II: 316
Keizer, Bert, 科泽尔, 伯特, III: 261n
Kelly, George Armstrong, 凯利, 乔治·阿姆斯特朗, III: 68n
Kelly, Gerald, 凯利, 杰拉尔德, V: 297n
Kelley, J. M., 凯利, J. M., III: 43n
Kelley, Patrick J., 凯利, 帕特里克·J., II: 211n, 215n; IV: 139, 352n
Kelsen, Hans, 凯尔森, 汉斯, I: 19, 104-9, 112, 254, II: 24-7; III: 168; IV: 2-3, 12, 36, 40, 79, 99-100, 108, 112, 142, 162-3, 167-8, 186, 211n, 244n, 261, 263, 407n, 408-9, 411-17, 420-3, 426-7, 429n, 433
Kennedy, Duncan, 肯尼迪, 邓肯, IV: 229n, 327-31
Kennedy, John F., 肯尼迪, 约翰·F., II: 5
Kenny, Anthony, 肯尼, 安东尼, I: 143n; II: 174n, 183n, 189n, 199n; III: 57n; V: 163n
Kenny, Justice (John), 肯尼, 大法官（约翰）, III: 43n
Keown, John, 基翁, 约翰, I: 57n; II: 312n; III: 253-5n, 260n
Kerr, John, 克尔, 约翰, II: 272-3
Ketley, M. A., 凯特利, M. A., III: 273n
Keynes, J. M., 凯恩斯, J. M., III: 378n
Kingsley, Charles, 金斯利, 查尔斯, V: 43
Kirk, Marshall, 柯克, 马歇尔, III: 349-50n
Kis, Janos, 克义斯, 雅诺什, V: 103n, 105, 107-12
Kittel, Gerhard, 基特尔, 格哈德, V: 261n
Kleinberg, Stanley, 克莱因伯格, 斯坦利, III: 76-82
Kleinfeld, Andrew, 克莱因菲尔德, 安德鲁, III: 256
Knauer, Peter, 克瑙尔, 彼得, V: 297n
Kneale, W. M., 尼尔, W. M., I: 71, 72n; III: 162
knowledge: as basic human good, 知识：作为人类基本之善, I: 2-5, 47, 62-5, 72-80, 139; is conceptual, 是观念性的, I: 205; of goods precedes adequate knowledge of nature, 存在于充分自然知识之前的, I: 5; not innate: 非天生, I: 148; order (epistemological) of coming to know natures, 开始认识自然的秩序（认识论）, I: 5; of possibilities, needed for understanding basic goods, 可能性, 理解基本善所需, I: 5; warranted, true belief, 有保障的, 真正信念, I: 3
Knox, John, 诺克斯, 约翰, II: 95n, 230n
Koinonia, 融合, I: 48n, 123, 312
Koppelman, Andrew, 科佩尔蒙, 安德鲁, I: 297n; III: 326n, 345, 346-7n, 348-9, 350n, 351, 354n, 355-7, 360, 365-9,

372-3, 377-8n, 379-84, 385n, 386, 387n; Ⅴ: 29

Kornhauser, Lewis, 科恩豪泽, 刘易斯, Ⅳ: 348, 349n

Korsgaard, Christine, 科斯戈尔德, 克里斯汀, Ⅰ: 7, 23-7, 32-3, 101n; Ⅳ: 252

Kramer, Matthew, 克莱默, 马修, Ⅰ: 85n, 86-88, 91n

Kronman, Anthony, 克罗曼, 安东尼, Ⅰ: 22; Ⅳ: 211-15, 217-19, 221-8, 315

Kuhn, Thomas, 库恩, 托马斯, Ⅳ: 33-4

Kuttner, Stephan, 库特纳, 斯蒂芬, Ⅳ: 174n, 187-8

Lacey, Nicola, 莱西, 尼古拉, Ⅳ: 229n, 234, 236-7, 254n, 258-9n, 271n, 275, 278n; Ⅴ: 32

Lactantius, 拉克坦提乌斯, Ⅰ: 71n

Ladd, John, 拉德, 约翰, Ⅲ: 47n, 61n

Ladenson, Robert, 拉德森, 罗伯特, Ⅳ: 83n

Lafont, Ghislain, 拉丰特, 吉斯兰, Ⅰ: 150n

Lagrange, J. M., 拉格朗日, J. M., Ⅴ: 142

Lamennais, Hugues-Félicité-Robert de, 拉梅内, 雨果·罗伯特·德, Ⅴ: 158n

Landes, William M., 兰德斯, 威廉·M., Ⅱ: 205-6

Lane, Lord Chief Justice (Geoffrey), 莱恩, 首席大法官（杰弗里）, Ⅱ: 174-5n

Lang, Daniel, 朗, 丹尼尔, Ⅲ: 170

Langer, Suzanne, 兰格, 苏珊娜, Ⅰ: 286-8n, 290, 320n

Langholm, Odd, 朗霍尔姆, 奥德, Ⅴ: 157n

langue v parole, 语言v宣言, Ⅱ: 67

Laplace, Pierre-Simon, 拉普拉斯, 皮埃尔-西蒙, Ⅳ: 177

Larmore, Charles, 拉莫, 查尔斯, Ⅴ: 51n

Latham, R. T. E., 莱瑟姆, R. T. E., Ⅳ: 414n

Latourelle, René, 拉图雷勒, 勒内, Ⅴ: 142

Laumann, Edward O., 劳曼, 爱德华·O., Ⅲ: 377n

law (s), 法律 (s), Ⅳ: 1-22; and "bad man", 和"坏人", Ⅰ: 113; contradictory (inconsistent) laws, 矛盾（不一致）的法律, Ⅰ: 105-6; as cultural object and technique, 作为文化对象和技术, Ⅰ: 219; foundation of rights (ratio iuris), 权利的基础（法理）, Ⅰ: 21n, and friendship, 友谊, Ⅰ: 123; as means of social control, 作为社会控制的手段, Ⅰ: 107-8; of nature, 自然, Ⅰ: 200; as part of moral life, 作为道德生活一部分的, Ⅰ: 123; primary and secondary rules, 首要和次要规则, Ⅰ: 106-7; as reason for action, 作为行动中的理性, Ⅰ: 105; as social phenomenon, 作为社会现象的, Ⅰ: 104-5, 108; sources of, 的渊源, Ⅰ: 19-21; universal propositions of practical reason, 普遍实践理性命题, Ⅰ: 19; Ⅳ: 449-50 (see also sources thesis)（也参见来源主题）

Lawson, Penelope, 劳森, 佩内洛普, Ⅲ: 273, 275

Lee, Patrick, 李, 帕特里克, Ⅰ: 39, 102, 151n, 154, 190n, 310, 313n; Ⅱ: 312; Ⅲ: 355n, 373, 387n; Ⅳ: 460; Ⅴ: 187, 298n, 301n

legal positivism, 法律实证主义, Ⅳ. 1 & 4 &

7，Ⅳ：99-109

legal reasoning，法律推理，I.14，Ⅳ.12-14，Ⅳ.16-20

Legarre, Santiago，勒嘉尔，圣地亚哥，Ⅲ：113n

Leibniz, G. W.，莱布尼茨，G. W，Ⅱ：7n-8n, 155n；V：153

Leiter, Brian，莱特，布莱恩，Ⅳ：32-3, 34n, 35-44, 105n, 112-15；V：84, 195

Leo ⅩⅢ，利奥八世，Ⅱ：85, 126n；Ⅲ：186n；V：253n

Lessius, Leonard，莱休斯，伦纳德，V：212n

Lewis, C. I.，刘易斯，C. I.，I：72, 84

Lewis, C. S.，刘易斯，C. S.，Ⅲ：16, 273-81

Lewis, David K.，刘易斯，大卫·K.，Ⅳ：59n, 67n

"liberalism"，"自由主义"，I：60-1n；V：104-5, 113；"political" 政治的，I：55-8

Lichtenberg, Judith，利希滕贝格，朱迪思，Ⅳ：366

Lindsay, A. D.，林赛，A. D.，Ⅳ：259-60, 263

Line, Anne, St.，圣安妮，莱恩，I：37；Ⅱ：54n

Line, Roger，莱恩，罗杰，I：37；Ⅱ：55n

Littleton, Thomas de，利特尔顿，托马斯德，Ⅲ：135

Livy，李维，Ⅳ：321

Lloyd of Berwick, Lord (Anthony)，贝尔克郡的劳埃德，勋爵（安东尼），Ⅳ：398

Lloyd, Dennis，劳埃德，丹尼斯，Ⅳ：380-1, 383

Locke, John，洛克，约翰，I：81, 102, 298；Ⅱ：38, 43；Ⅲ：191, 225n, 239；Ⅳ：10, 12, 93, 95-8, 136, 142, 190n, 200, 208n, 320；V：141

Lockhart, William B.，洛克哈特，威廉·B.，I：277n, 279n, 281n, 288n

Lockwood, Michael，洛克伍德，迈克尔，Ⅱ：279-85

Lombard, Peter，伦巴第，彼得，I：193；Ⅱ：165, 245, 247；Ⅲ：353n, 359；Ⅳ：175

Lombardi, Joseph，隆巴尔迪，约瑟夫，Ⅱ：257n

Lonergan, Bernard J. F.，朗尼根，伯纳德·J. F.，I：71, 84, 88-9, 130n, 134, 137-40, 142, 143n, 168n, 288n；Ⅱ：135n, 258；Ⅳ：396；V：58n, 139-40, 143-8, 149n, 150-2, 155-6, 263n, 272n

Lottin, Odon，洛丁，奥登，I：121；Ⅳ：174n, 180

love："hath reason"，爱："具有理性"，I：37-40；of neighbour as self，爱自己一般爱邻居，I：38n；Ⅱ：51

Lowry, Robert，洛瑞，罗伯特，Ⅱ：315, 318

Luban, David，卢帮，大卫，Ⅳ：357-69

Lucas, J. R. (John)，卢卡斯，J. R.（约翰），Ⅲ：273n；Ⅳ：378n

Lucas, Paul，卢卡斯，保罗，Ⅳ：189n, 194n, 197-8n

Luce, D. H.，卢斯，D. H.，I：222n；Ⅳ：56n, 60n, 68n, 359n

Luño, Angel Rodriguez，鲁诺，安杰尔·罗德里格斯，Ⅳ：440n

Luther, Martin，路德，马丁，Ⅱ：5；V：164-5, 171

索引

Lutz, Cora E., 卢兹, 科拉·E., Ⅲ: 99

Lycophron, 吕哥弗隆, Ⅲ: 92

lying: 谎言, I: 50, 151; V: 164; and logic of assertion, 和……主张的逻辑, I: 74

MacCormick, Neil, 麦考密克, 尼尔, Ⅲ: 37n; Ⅳ: 76n, 77, 163, 211n, 229n, 230, 235, 240, 248n, 390, 394

MacDonald, Margaret, 麦克唐纳, 玛格丽特, I: 74n

Macedo, Stephen, 马赛多, 斯蒂芬, Ⅲ: 92n, 95n, 97–100, 102, 105–6, 110, 114, 326–7n, 340n, 342–3n, 348–9, 351, 380n, 381–2, 384, 386; V: 111n, 116

Machiavelli, Niccolò, 马基雅维利, 尼科洛, Ⅲ: 199, 234; Ⅳ: 352; V: 76

Mackie, J. L. (John), 麦基, J. L. (约翰), I: 45n, 65–6n, 67–8, 71n, 74n, 81, 83, 85, 93n; Ⅳ: 133, 224n

Mackinolty, Chips, 麦基诺蒂, 奇普斯, Ⅲ: 269n

MacIntyre, Alasdair, 麦金太尔, 阿尔斯代尔, I: 48n; Ⅳ: 372; V: 58

Maclean, Donald, 麦克莱恩, 唐纳德, Ⅲ: 378n

Macnaghten, Lord (Edward), 麦克诺顿, 勋爵 (爱德华), Ⅱ: 207n

Madison, James, 麦迪逊, 詹姆斯, I: 283–4

Madsen, Hunter, 麦德森, 亨特, Ⅲ: 349–50n

Magrath, C. Peter, 马格拉斯, C. 彼得, I: 296n

Maguire, Daniel, 马奎尔, 丹尼尔, Ⅲ: 248n

Mahoney, John (Jack), 马奥尼, 约翰 (杰克), Ⅱ: 133n; V: 287

Maimonides, Moses, 迈蒙尼德, 摩西, V: 23

Maine, Henry, 梅因, 亨利, Ⅲ: 153

Maitland, F. W., 梅特兰, F. W., Ⅱ: 99n; Ⅳ: 320n

Malawi, 马拉维, Ⅲ: 125–7

Malcolm, Norman, 马尔科姆, 诺曼, I: 73n

Mance, Lord (Jonathan), 曼斯, 勋爵 (乔纳森), Ⅱ: 272

Mandela, Nelson, 曼德拉, 尼尔森, Ⅳ: 113

Manuel Ⅱ, Paleologus, 曼努埃尔二世, 巴列奥略, V: 91

Marcel, Gabriel, 马塞尔, 加布里埃尔, I: 210

Maritain, Jacques, 马里旦, 雅各布, I: 205, 287n; Ⅱ: 107n; V: 58, 78n, 243, 275, 285–6, 333

Marius, Richard, 马吕斯, 理查德, V: 166

Marmor, Andrei, 马莫纪, 安德烈, Ⅳ: 246n

marriage, 婚姻, Ⅲ: 20–22; Ⅳ: 135–8; a basic human good, 一种人类基本善, I: 9–10, 34, 155; Ⅲ: 100; an action, 一种行为, I: 9; Ⅲ: 317

Marshall, Justice (Thurgood), 马歇尔, 大法官 (瑟古德), Ⅲ: 252n

Marsilius of Padua, 帕多瓦的马西利乌斯, Ⅳ: 160

Martin, Christopher F., 马丁, 克里斯托弗·F., Ⅱ: 43n

Martin, Patrick H., 马丁, 帕特里克·H., I: 36–7

Marx, Karl, 马克思, 卡尔, Ⅳ: 259–60, 332; V: 34, 237

517

Master, William, 马斯特, 威廉, V: 225, 229-30

Matthews, Gareth B., 马修斯, 加雷思·B., I: 70n

Matthews, Steven, 马修斯, 史蒂文, V: 1

Mattison, Andrew W., 马蒂森, 安德鲁·W., III: 349

May, William E., 梅, 威廉·E., I: 154; V: 341

Mazzoni, C. M., 马佐尼, C. M., II: 296

McAnany, Patrick D., 麦卡那尼, 帕特里克·D., I: 278n

McBrien, Richard P., 麦克布莱恩, 理查德·P., V: 139-40

McClure, Robert C., 麦克卢尔, 罗伯特·C., I: 277n, 279n, 281n, 288n

McCormick, Richard, 麦考密克, 理查德, II: 144-5, 147-9, 152n, 245n, 265; III: 248n; V: 261-2n, 265n, 271-2n, 287, 291n, 296n, 299-300n, 303-4n, 306n, 309-10n, 316n, 322n, 360n

McDowell, John H., 麦克道尔, 约翰·H., I: 75n, 81, 186n,

McHugh, Justice (Michael), 麦克休, 大法官（迈克尔）, III: 143n

McInerny, Ralph, 麦克恩利, 拉尔夫, I: 52-3n; V: 66-7n

McKim, Robert, 麦克金姆, 伯特, I: 234n

McKnight, Joseph W., 麦克奈特, 约瑟夫·W., IV: 189-90n, 194n, 198n

McKnight, Stephen A., 麦克奈特, 斯蒂芬·A., V: 1

McMahan, Jeff, 麦克马汉, 杰夫, II: 307-8, 310

McWhirter, David P., 麦克沃特, 大卫·P., III: 349n

Medeiros, Humberto Sousa, 梅德罗斯, 温贝托·索萨, V: 291n

Medina, Bartolomé de, 麦地那, 巴托洛梅·德, IV: 52n

Meiklejohn, Alexander, 米克尔约翰, 亚历山大, I: 282n

Meiland, Jack W., 麦兰, 杰克·W., II: 222-4, 226

Melamed, Douglas, 梅拉米德, 道格拉斯, I: 247n; IV: 346n

Mercken H., Paul F. 默尔肯斯·H., 保罗 F., I: 193n

metaphysics essential to ethics, political theory and law, 伦理学、政治学本质的形而上学, IV: 353; of freely chosen activity (discourse), 自由选择活动（话语）, I: 55, 217; II: 34-5; of persons, 人的, I: 35, 53, 204; II: 66-7, 70, 93, 105, 283, 302, 307; IV: 142; see also, I: 43n, 94, 172, 236; II: 7; III: 370n; IV: 155, 288, 328; V: 17, 42, 149

Meyer, Ben, 迈耶, 本, V: 141-2, 152-3

Mill, John Stuart, 密尔, 约翰·斯图尔特, I: 298-9, 304-9, 311n; II: 110n, 124, 126n; III: 2, 51n, 66-7n, 78, 115n; IV: 154, 259-60, 266, 276, 279, 385

Miller, David, 米勒, 大卫, III: 45n, 148

Miller, Henry, 米勒, 亨利, I: 287n, 289n

Miller, Jonathan, 米勒, 乔纳森, I: 14, 321-3

Mills, C. Wright, 米尔斯, 赖特·C., IV:

34n, 224n

Milton, John, 弥尔顿, 约翰, I: 13, 274n, 298-9, 309; IV: 385; V: 4

miracles (see also Hume), 奇迹（也参见休谟）, I: 275; II: 72n; V: 57n, 88-9, 116, 137, 142, 152-3, 167

Moleski, Martin, 默勒斯基, 马丁, I: 65n

Moline, John, 莫林, 约翰, I: 165n

Montesquieu, Charles de, 孟德斯鸠, 查尔斯·德, IV: 12

Montgomery, George R., 蒙哥马利, 乔治·R., II: 8n

Moore, G. E., 莫尔, G. E., I: 74, 130

Moore, Michael, 莫尔, 迈克尔, II: 174n, 177n

moral: absolutes, 道德: 绝对命题, I: 12; I: 13, 50-2; beliefs, diversity of, 信念, 多样性, I: 79; and action, 和行动, I: 115-8; evaluation, 评判, I: 119-20; ideals, 理想, I: 118; point of view, 观点, I: 119; "morality system" (Williams), "道德体系"（威廉姆斯）, I: 102-3; philosophy, modern, 哲学, 当代, I: 113-23; standards as second level of practical understanding, 实践理解的第二层标准, I: 12, 31-2, 140-2, 148-9, 153-5; thought as rational thought, 作为理性思想的思想, I: 215

More, Thomas, St., 莫尔, 托马斯, V: 10, 118-19, 163-78, 368

Morris, Harry, 莫里斯, 哈里, II: 40n

Morris, Herbert, 莫里斯, 赫伯特, III: 177

Morris of Borth-y-Gest, Lord (John), 博思-y-葛思德的莫里斯, 勋爵（约翰）, IV: 435n

Morrison, J. S., 莫里森, J. S., I: 314n

Moses, 摩西, V: 136

Moya, Carlos J., 莫亚, 卡洛斯·J., II: 199n, 225n

Moya, Matthaeus de, 莫亚, 马特乌斯, V: 212

Mugabe, Robert, 穆加贝, 罗伯特, V: 199-201

Müller, Jan-Werner, 穆勒, 扬-维尔纳, II: 107

Mulley, Graham, 穆雷, 格雷厄姆, III: 249

multi-culturalism (see also "diversity"), 多元文化主义（也参见"多样性"）, II: 12

Munby, James, 芒比, 詹姆斯, II: 316

Murphy, Jeffrie G., 墨菲, 杰夫里·G., III: 61n, 161-4, 177

Murphy, Mark, 墨菲, 马克, V: 193, 195-7

Murphy-O'Connor, Cormac, 墨菲-奥康纳, 科马克, II: 266n

Murray, John Courtney, 穆雷, 约翰·考特尼, IV: 386n, 388n; V: 276, 282

Musonius Rufus, 穆索尼乌斯, 鲁富斯, I: 244n; II: 128; III: 88, 91, 100, 102, 323n, 338-40, 355; V: 350, 352

Mustill, Lord (Michael), 穆斯蒂尔, 勋爵（迈克尔）, II: 312-3, 315, 318, 320; III: 235n

Muzorewa, Abel, 穆佐雷瓦, 阿贝尔, V: 199n

Nagel, Thomas, 纳格尔, 托马斯, I: 259n; II: 84-5; III: 50n, 95n; V: 71, 72n

Namier, Lewis, 纳米尔, 刘易斯, Ⅳ: 203n

Napoleon I, 拿破仑一世, Ⅳ: 395

Nash, John, 纳什, 约翰, Ⅳ: 361

natural law, 自然法, Ⅰ: 41, 144, 152, 177, 214; theory, 理论, Ⅰ: 199-21; theology of, 神学, Ⅴ: 19

natures: knowledge of via capacities, acts, and their objects, 自然：通过能力、行为及它们对象的知识, Ⅰ: 5, 33, 147, 179, 204

Nero, 尼禄, Ⅴ: 203

nested ends and means, 内嵌的目的和手段, Ⅱ: 163

Newman, John Henry, 纽曼, 约翰·亨利, Ⅴ: 6-7, 9-10, 43, 46n, 54n, 60, 87, 152-3, 162n, 169, 204-5, 209-24

Newton, Isaac, 艾萨克·牛顿, Ⅱ: 8

Nicholls, Lord (Donald), 尼科尔斯, 勋爵（唐纳德）, Ⅱ: 217n-19n; Ⅲ: 144n

Nicolau, M., 尼古拉·M., Ⅴ: 153n

Nietzsche, Friedrich, 尼采, 弗里德里希, Ⅰ: 22, 28, 41n, 49-51, 69, 88, 94, 96, 118; Ⅲ: 9, 13, 167-78, 266-7; Ⅴ: 33-4, 73-4, 183, 194, 197-8, 339

Nietzschian moral theory, 尼采主义道德理论, Ⅰ: 118

Nigidius, P., 尼吉底乌斯·P., Ⅳ: 187-8n

Noonan, John T., 努南, 约翰·T., Ⅲ: 294n, 298n, 320n, 346n, 356-61, 365n, 366-8, 372; Ⅴ: 353n

Norman, E. R., 诺曼, E. R., Ⅴ: 235-49

normativ(ity): as ought-knowledge, 规范（性）：作为应然知识, Ⅰ: 3; of theoretical reason, 理论理性的, Ⅰ: 8; source of, 来源, Ⅰ: 98-9

Nozick, Robert, 诺齐克, 罗伯特, Ⅰ: 63, 169, 217; Ⅲ: 80; Ⅳ: 53n, 266; Ⅴ: 71n

Nussbaum, Martha, 努斯鲍姆, 玛莎, Ⅰ: 10-12, 28; Ⅲ: 16, 99n, 323-4n, 372n, 378n, 385n, 387n

objective/ity: kinds of, 客观/性：种类, Ⅰ: 134-5; certainty, 确定性, Ⅰ: 130; moral, 道德, Ⅰ: 140; of principles, 原则, Ⅰ: 64; and truth, 和真理, Ⅰ: 214; Ⅲ: 25; of value judgments, 价值判断, Ⅰ: 202

offensiveness (see also insult), 冒犯（也参见侮辱）, Ⅱ: 117

O'Connell, Daniel P., 奥·康奈尔, 丹尼尔·P., Ⅳ: 407n

O'Connell, Timothy E., 奥·康奈尔, 蒂莫西·E., Ⅱ: 133-5, 138, 150n; Ⅴ: 160n, 257-8n, 261, 262n, 265-6n, 270-1n, 272

O'Connor, James, 奥·康纳, 詹姆斯, Ⅴ: 379

O'Connor, John, 奥·康纳, 约翰, Ⅳ: 441n

O'Connor, Justice (Sandra Day), 奥·康纳, 大法官（桑德拉·戴）, Ⅲ: 252n; Ⅳ: 371

Odo of Dour, 杜尔的奥杜, Ⅳ: 174n

Oecolampadius, Johannes, 厄科兰巴丢, 约翰内斯, Ⅴ: 165

Olson, Eric, 奥尔森, 埃里克, Ⅱ: 292n

omission, 忽略, Ⅱ: 161

Origen, 奥利金, Ⅴ: 159

Orrego, Cristóbal, 奥雷戈, 克里斯托瓦尔, Ⅳ: 262n, 275

Ortiz, Daniel, 奥尔蒂斯, 丹尼尔, Ⅳ: 327-32, 334

others: are like me in basic worth, 其他: 基本价值上和我一样, I: 4, 27, 47; Ⅲ: 172; V: 67

Ottaviani, Alfred, 奥塔维亚尼, 阿尔弗雷德, Ⅲ: 191n

ought-knowledge, 应然知识, I: 3, 99

Owen, G. E. L., 欧文, G. E. L., I: 110

Pagden, Anthony, 帕格顿, 安东尼, Ⅲ: 130-1n

Pannick, Lord (David), 彭力克, 勋爵 (大卫), Ⅲ: 44n

Parfit, Derek, 帕菲特, 德里克, Ⅱ: 150n; V: 305n

Parker, Isaac, 帕克, 艾萨克, Ⅳ: 391-2

Pascal, Blaise, 帕斯卡, 布莱斯, I: 37, 313

passions (emotions): deflect practical reason, 情感 (情绪): 扭曲的实践理性, I: 14, 47; reason's civil rule over, 对……的理性公民规则, I: 14, 211; support practical reason, 支持实践理性, I: 14-15, 213

Passmore, John, 巴思穆, 约翰, I: 66, 71n

Paternalism, 家长制, 年级, Ⅱ: 109; Ⅲ: 10-11, 71, Ⅲ: 5; Ⅳ: 137n, 268, 270, 276; V: 105, 112, 117-8

Paton, G. W., 佩顿, G. W., Ⅳ: 189n, 378

patria: one's country, 原产地: 某物的国家, Ⅱ: 107, 118-9, 123; Ⅲ: 290, 328; heavenly, 天堂, I: 167n

patriotism, 爱国主义, I: 40, 253; Ⅱ: 123, 126-7; Ⅳ: 258; V: 11; constitutional, 宪法, Ⅱ: 107

Patterson, Charlotte J., 帕特森, 夏洛特·J., Ⅲ: 356n

Patterson, Dennis, 帕特森, 丹尼斯, Ⅳ: 44n

Paul, St., 圣保罗, I: 96, 193, 258, 312; Ⅲ: 353n, 359n; V: 10, 43, 45n, 115-16, 125, 131, 159-60, 169, 177, 200-1, 227-30, 247, 249, 263, 267n, 273, 302, 350, 372

Paul Ⅳ, 保罗四世, Ⅲ: 103

Paul Ⅵ, 保罗六世, Ⅱ: 128, 251; Ⅲ: 121, 199n; V: 188n, 241-2, 244n, 246, 247n, 274, 299n, 341, 344-67, 371

Paul, James C. N., 保罗, 詹姆斯·C. N., I: 130, 278n

Paulson, Stanley L., 保尔森, 斯坦利·L., Ⅱ: 24n

Pearce, Lord (Edward), 皮尔斯, 勋爵 (爱德华), Ⅳ: 435n

Pears, David, 皮尔斯, 大卫, Ⅱ: 230n

Pearson, Lord (Colin), 皮尔森, 勋爵 (科林), I: 318n

Peel, Robert, 皮尔, 罗伯特, Ⅱ: 201n; Ⅳ: 341n

performative inconsistency, see self-refutation, 述行不一, 参见自我反驳

Peirce, Charles Sanders, 皮尔斯, 查尔斯·桑德斯, I: 45; Ⅳ: 124, 130n, 394-5; V: 26

Peoples, 人民, Ⅱ: 107

Pericles, 伯里克利, Ⅳ: 157

Perry, Michael, 佩里, 迈克尔, Ⅲ: 383n;

V: 194, 197, 198n

person, personal identity, 人，个人身份, I: 5, II: 1-2; defined, 定义的, II: 9, 98; metaphysics of, 形而上学, I: 35; non-fungible, 不可替代, I: 40

Peschke, K.-H., 佩斯克, K.-H., II: 153n; V: 75, 187n, 341n

Peter, St, 圣彼得, I: 258; V: 116, 125, 175, 203, 205-6, 287

Phillimore, Lord (Walter), 菲利莫尔, 勋爵（沃尔特）, III: 137n

Phillips of Worth Matravers, Lord (Nicholas), 沃斯麦特勒佛的菲利普斯, 勋爵（尼古拉斯）, II: 271

Philo Judaeus, 斐洛，犹大, III: 350n, 385n; V: 159, 187

Philosophers' Brief, 哲学家的布里夫, V: 71, 73

philosophy consistency with worth of philosophizing, 哲学：与哲学化价值的一致性, I: 81; of human affairs, 人类事务, I: 63, 108

Pijnenborg, Loes, 皮金博尔格，洛伊斯, III: 254n

Pildes, Richard N., 皮德斯，理查德·N., I: 235n, 253n

Pinckaers, Servais, 宾格尔斯，赛尔维斯, II: 154n

Pink, T. L. M., 平克, T. L. M., II: 230n

Pius IX, 皮乌斯九世, V: 218

Pius XI, 皮乌斯十一世, III: 100, 293n; V: 346

Pius XII, 皮乌斯十二世, II: 171n, 237, 249n, 251-2, 303, 306; III: 100-1, 193n, 195n, 199n, 293n, 308n, 310; V: 113, 160n, 215, 254n, 255, 299n, 310n, 341, 346

Planck, Max, 普朗克，马克斯, V: 23n

Plato, 柏拉图

on bad secularisms, 糟糕的世俗主义, V: 57-9, 64, 66, 124, 333-4, 342; basic goods, 基本善, I: 161n; "better to suffer wrong than do it", "承受恶行比作恶要好", I: 241-2; III: 201; V: 267; Cave, 洞穴, I: 94-7; II: 129; V: 133, 138; cooperation with God, 与上帝合作, III: 9, 189; V: 44n, 133-4, 226-7, 230-1; family, 家庭, II: 13, 126n; friendship, 友谊, I: 41-53, 112; IV: 432; God's existence and goodness, 神的存在和善性, V: 61, 187, 336, 338; good of truth, 真理之善, I: 41-53, 63; Gorgias, 高尔吉亚, I: 41-53, 60; III: 103; IV: 93, 103, 125; law, 法律, I: 108; IV: [51], 76, 157, 160; method in social theory, 社会理论方法, IV: 80, 235, 265; natural law, 自然法, I: 201; III: 85n, 127; IV: 10, 76, 93, 124-5, 187; V: 33, 267; paternalism, 家长作风, III: 27n; IV: 135, 270; V: 105-6, 112, 118; portrait of the philosopher, 哲学家肖像, I: 313-5; punishment, 惩罚, III: 155, 157-8; V: 13; reason and passions, 理性和激情, I: 282; Republic, 共和国, I: 121; IV: 134, 176; self-refutation, 自我反驳, I: 70, 83-4, 90-1; V: 148; sex ethics, 性伦理, II: 128; III: 99-103, 323-4, 336, 338-41, 372n, 378n, 387-8; IV: 137n, 272-4;

V: 350; soul, 灵魂, II: 34, 40n; see also, I: 81, 92, 188, 202, 208-9, 265n; II: 5, 38; III: 107, 186n; IV: 9n, 174, 225n, 234n, 258-60, 276, 279; V: 51, 135, 193, 273

play, 游戏, II: 151

Plutarch, 普鲁塔克, III: 99n, 102, 104n, 338-40, 342, 355; IV: 137

Pogge, Thomas, 波格, 托马斯, III: 123-4n

Pollock, Frederick, 波洛克, 弗雷德里克, II: 209n; IV: 320n

Pornography, 色情文学, I: 17, I: 19

Porter, Jean, 玻特, 简, II: 243n, 256-65; V: 76n, 340-1

positivity of law, 法律的实在性, I: 208

Posner, Richard, 波斯纳, 理查德, I: 234n; II: 203-6, 215, 226; III: 170, 242, 243n; IV: 9-10, 53n, 125, 172, 344-7, 349-50; V: 26n, 34

Possidius, St., 圣鲍西杜, V: 376

Postema, Gerald J., 波斯特玛, 杰拉尔德·J., IV: 66, 73n, 87n, 108n

postmodern(ism), 后现代(主义), I: 46n, 94; II: 127; IV: 172, 327-34

Pound, Roscoe, 庞德, 罗斯科, IV: 189n

Powell, Justice (Lewis) F, 鲍威尔, 大法官(刘易斯) F., I: 269n

practical reason, 实践理性, I: 1, I: 6, I: 8-11, I: 14, IV: 17

practical reasonableness: an architectonic basic 实际合理性：一个基本体系

human good (bonum rationis), 人类善（理性善）, I: 4, 34, 36, 172, 177, 183; V: 11; inner integrity, outer authenticity, 内心正直, 外在真实, I: 14; requirements of, 的要求, II: 139; praxis, 实践, I: 46, 207, 217, 240; II: 102; III: 93; IV: 283-5; V: 180, 205

Price, Anthony, 普赖斯, 安东尼, II: 44n, 46n; III: 99n, 103, 337-8n; V: 350

Price, David, 普赖斯, 大卫, IV: 320, 321n, 323n, 324-5

Prichard, H. A., 普里查德, H. A., I: 237

principle(s): first principle of practical reason, 原则(s): 实践理性首要原则, I: 29-30, 144-5; first principles of practical reason, 实践理性首要原则, I: 9-12, 28, 144-50, 177-8, 205; general, of law, 一般法律, I: 20; indemonstrable, 无法证明的, I: 147-8; induction of first principles directing to basic goods, 指向基本之善首要原则的推理, I: 5, 32-3, 148; master principle of morality, 道德首要原则, I: 129, 210, 215; moral, 道德, I: 208, 210, 215-6; of practical reasonableness, 实践合理性, I: 31-2, 140-2

Proclus, 普洛克罗斯, IV: 188n

proposal for choice, 选择建议, II: 11

propositions, 命题, I: 65n; concepts and words have full meaning in, 具有完整意义的概念和词汇, I: 2; law as, 作为……的法律, IV: 22 esp., 449-52 (see also assertion, self-refutation) (也参见主张, 自我反驳)

Prosser, William, 普罗塞, 威廉, I: 226n

Protagoras, 普罗泰格拉, I: 83

523

Proust, Marcel, 普鲁斯特, 马塞尔, Ⅳ: 230, 251

prudence (phronesis, prudentia, practical reasonableness); 审慎（实践智慧，审慎性，实践合理性）; concerns ends as well as means, 关涉目的也关涉手段, Ⅰ: 26, 173-86; connection with justice, 与正义相关, Ⅰ: 120-1; measure of all virtues, 所有美德的尺度, Ⅰ: 121; needed in beatitude, 至福所需, Ⅰ: 167; not mere cleverness, 不仅仅是聪明, Ⅰ: 121

public reason, 公共理性, Ⅰ: 15-16, Ⅴ: 2, Ⅴ: 5; Rawlsian restrictions of, 罗尔斯主义限制, Ⅰ: 13, 55; Ⅴ: 106, 138; straightforward sense, 直接含义, Ⅰ: 13, 58 (see also Rawls)（也参见罗尔斯）

Pufendorf, Samuel von, 普芬道夫, 塞缪尔·冯, Ⅳ: 10, 95-6, 146n, 337

punishment, 刑罚, Ⅲ: 10-12; Ⅳ: 83-4, 121, 142-4, 179, 381-4; Ⅴ: 228, 310n, 370-1; capital, 主刑, Ⅴ: 309

purity, 纯洁, Ⅲ: 387

Putnam, Hilary, 普特南, 希拉里, Ⅳ: 223

Pythagoras, 毕达哥拉斯, Ⅳ: 188n

questioning, significance of, 质疑, ……的意义, Ⅴ: 7; Ⅴ: 103

Quine, W. V., 奎因, W. V., Ⅳ: 33-4, 41

Quinlan, Michael, 昆兰, 迈克尔, Ⅴ: 289-90n

Quinton, A. M., 奎因顿, A. M., Ⅰ: 302; Ⅳ: 259-60, 263, 275

Radbruch, Gustav, 拉德布鲁赫, 古斯塔夫, Ⅳ: 221

Radcliffe, Viscount (Cyril), 拉德克利夫, 子爵（西里尔）, Ⅲ: 28

Rahner, Karl, 拉内, 卡尔, Ⅰ: 89; Ⅴ: 148, 149n, 155, 220-1, 224, 256, 270n, 272n, 373

Raiffa, H., 莱福·H., Ⅰ: 222n; Ⅳ: 56n, 60n, 66n, 359n

Ramsey, Paul, 拉姆齐, 保罗, Ⅱ: 147n; Ⅴ: 296n, 299n, 304n, 310n

Raphael, D. D., 拉斐尔, D. D., Ⅱ: 226n

"rational choice": ambiguity of phrase, "理性选择"：语句的含糊性, Ⅰ: 218-9

rationality norms, 理性规范, Ⅱ: 8; Ⅴ: 150-4

rationalization, 合理化, Ⅱ: 13; Ⅴ: 46

Rawls, John, Ⅰ: 16 (Political Liberalism), 罗尔斯, 约翰（政治自由主义）, Ⅲ: 3 (Theory of Justice); 也参见 Ⅰ: 13-14, 43n, 55, 57-9, 60n, 63, 96n, 141, 189, 222; Ⅱ: 12, 108, 123-7; Ⅲ: 10, 48-51, 67n, 95 Ⅲ: 92, 95, 121, 123-4n; Ⅳ: 57-8, 155-6n, 264-6; Ⅴ: 4, 6-8, 11-12, 18, 48, 52-3, 71, 72n, 85n, 87, 113, 116, 138n

Raz, Joseph, 拉兹, 约瑟夫, Ⅳ: 2n, 4-9, Ⅳ: 2-3; see also Ⅰ: 224n, 253; Ⅱ: 33n, 81n, 112-7, 119n, 123-4n; Ⅲ: 3, 37n, 50n, 68n, 70n, 95, 147, 148n, 168; Ⅳ: 2n, 27-8, 30n, 31, 38, 40, 42n, 100-1, 106n, 108n, 163-5, 169-70, 184, 185n, 188n, 235, 243, 246n, 247, 254, 258-

9, 261n, 278n, 284, 289n, 294-5n, 321n, 324, 414, 421-3, 430, 433; V: 18, 30, 63n, 72n, 105n, 107-8, 110, 111n

Reagan, Ronald, 里根, 罗纳德, V: 278, 280

reason（ing）: as action, 理性（理性化）: 作为行动, I: 1, 127-8; is to be followed, 要被遵守, I: 8; judicial, 司法, I: 221; legal, 法律, I: 212-30; as motivating, 作为驱动的, I: 22-4, 129; theoretical, 理论, I: 40

reasonableness, see prudence, 合理性, 参见审慎, I: 128

Reasons, 理性

for action, 行为理性, I: 1, 10, 212-3; basic, 基本, I: 24-8, 213-6; "instrumental", "工具", I: 22-3; and law, 和法律, I: 105; "internal" and "external", "内在"和"外在"理性, I: 7

reductionism, 化约主义, I: 218

reflection, 反思, I: 52-2

Reformation, the, (宗教) 改革, V: 164-71

Regan, Augustine, 里根, 奥古斯丁, III: 193n; V: 309n

Reid, Elspeth, 里德, 埃尔斯佩斯, II: 219n

Reid, Lord (James), 里德, 勋爵（詹姆斯）, IV: 400

Reid, Thomas, 里德, 托马斯, II: 43n

Reiman, Jeffrey, 雷曼, 杰弗里, I: 256-7, 261n, 265n, 268n, 272n, 273-6, 275n; V: 330-2

Reinhardt, Stephen, 莱因哈特, 斯蒂芬, III: 253, 256

Reiss, Hans, 赖斯, 汉斯, III: 61

religion: basic human good of, 宗教: 人类基本之善, I: 59; V: 28-9, 85-6n, 92, 117, 180-1; liberty, 自由, V: 4, V: 35-8, 117-8, 158; "natural religion", "自然宗教", V: 27-30, 62, 65, 217; and public reason, 和公共理性, V: 2, V: 5, V: 2-9, 84-5, 116; and state, 和国家, V: 1, V: 4, V: 5-9

repentance, 忏悔, III: 373

"respect nature", "尊重自然", III: 104

ressentiment, 怨恨, I: 118

retorsive argument, see self-refutation, 反驳论证, 参见自我反驳, I: 65, 135-7

revelation, 启示, V: 2, V: 8; also V: 83-4, 102, 111, 115-6, 175, 218

revolution, 革命, IV: 8; legal effect, 法律影响, III: 203-5; IV: 21; IV: 2-3, 16-18, 118, 244-5

Rhonheimer, Martin, 隆海默, 马丁, II: 164n, 166n; V: 160n

Richard, 理查德, III II: 52

Richards, David A.J., 理查兹, 大卫·A.J., III: 10, 48, 53-7, 58-9n, 60, 63n, 66n, 290

Richardson, Alan, 理查森, 艾伦, V: 143

Richardson, Elliot, 理查森, 艾略特, V: 278

Richter, A.L., 里希特, A.L., V: 222n

Rickman, H.P., 里克曼, H.P., V: 144n

rights: absolute, 权利: 绝对, I: 154, 211; logic of, 逻辑, I: 206-7; IV: 18, IV: 3

Riker, William, 瑞克, 威廉, IV: 54, 55n

Rinck, Hans-Justus, 林克, 汉斯·贾斯特

斯，Ⅳ：189n，196n，209n

Roberts, Owen, 罗伯茨, 欧文, Ⅰ：278；Ⅲ：22-3

Roberts-Wray, Kenneth, 罗伯茨·雷, 肯尼斯, Ⅳ：414n

Robinson, John A.T., 罗宾逊, 约翰·A.T., Ⅴ：88，152n

Rodger, Lord（Alan）, 罗杰, 勋爵（阿兰）, Ⅲ：45n，144n

Rolland, Romain, 罗兰, 罗曼, Ⅳ：251

Rolph, C.H., 罗尔夫, C.H., Ⅰ：296n

Roper, Margaret, 罗珀, 玛格丽特, Ⅴ：163n

Rorty, Richard, 罗蒂, 理查德, Ⅳ：125，331

Roskill, Lord（Eustace）, 罗斯基尔, 勋爵（尤斯塔斯）, Ⅱ：220n

Ross, Alf, 罗斯, 阿尔夫, Ⅰ：66；Ⅳ：415-17，420-1，423n，428-9

Ross, W.D., 罗斯, W.D., Ⅰ：71n，237

Rotello, Gabriel, 罗泰洛, 加布里埃尔, Ⅲ：384-5n

Roth, Claus, 罗斯, 克劳斯, Ⅳ：214n

Rousseau, Jean-Jacques, 卢梭, 让-雅克, Ⅰ：13，275n，Ⅱ：126n；Ⅴ：4

Royce, Josiah, 罗伊斯, 约西亚, Ⅰ：141，210

Ruff, Wilfried, 拉夫, 维尔弗里德, Ⅱ：279n

Rule of Law, 法治, Ⅲ：332

rules of law, explained, 法律规则, 解释的, Ⅱ：23-4

Russell, J.B., 拉塞尔, J.B., Ⅰ：60，74n

Saeed, Abdullah, 萨义德, 阿卜杜拉, Ⅴ：53

Saeed, Hassan, 萨义德, 哈桑, Ⅴ：53

Sager, Lawrence G., 萨格尔, 劳伦斯·G., Ⅴ：18，20，29-31，86n，95

Salaverri, J., 萨尔维利·J., Ⅴ：153n

Salmond, John, 萨尔蒙德, 约翰, Ⅳ：376-7

Santamaria, B.A., 圣玛丽亚, B.A., Ⅲ：114n

Santayana, George, 桑塔亚那, 乔治, Ⅰ：289n

sapientia, 智慧, Ⅰ：160n

Sartorius, Rolf, 赛多利斯, 罗尔夫, Ⅳ：47n，72n，74-87，126n

Sartre, J.-P., 萨特, J.-P., Ⅰ：202；Ⅴ：183

Scalia, Justice（Antonin）, 斯卡利亚, 大法官（安东尼）, Ⅳ：153；Ⅴ：18n，76

Scanlon, Thomas, 斯坎伦, 托马斯, Ⅴ：71n

Scarman, Lord（Leslie）, 斯卡曼勋爵, Ⅱ：174n，220n；Ⅲ：23n，30

Scepticism, 怀疑主义, Ⅰ：64-5，70-80，94，130-7；critique of, 批判, Ⅰ：201-4

Schauer, Frederick, 肖尔, 弗雷德里克, Ⅰ：297n；Ⅳ：163

Scheffler, Samuel, 舍夫勒, 塞缪尔, Ⅴ：304-5n

Schelling, Thomas, 谢林, 托马斯, Ⅳ：59n

Schenk, Roy U., 申克, 罗伊·U., Ⅱ：279n

Schlesinger, Elliot, 施莱辛格, 艾略特, Ⅴ：278-9

Schmitt, Charles B., 施密特, 查尔斯·B., Ⅴ：332n

Schnackenburg, R., 施纳肯堡·R., Ⅴ：260n

Schneewind, J.B., 施内怀特·J.B., Ⅰ：264n

Scholz, Franz, 肖尔茨, 弗朗茨, Ⅴ：297n,

308-9n

Schüller, Bruno, 舒勒, 布鲁诺, Ⅱ: 144-8, 244n; Ⅳ: 75, 187n, 261; Ⅴ: 187n, 253, 265n, 287, 297n, 300n, 304n

Schwartz, Pepper, 施瓦兹, 佩柏, Ⅲ: 384n

Scott, James Brown, 斯科特, 詹姆斯·布朗, Ⅲ: 191n

Scott, Lord Justice (Leslie), 斯科特, 大法官, Ⅲ: 34

Scott, Richard, 斯科特, 理查德, Ⅴ: 99n

Scruton, Roger, 斯克拉顿, 罗杰, Ⅱ: 92-8; Ⅲ: 261n

Searle, John, 塞尔, 约翰, Ⅴ: 339n

secularism v secularity, 世俗主义 v 俗事, Ⅴ: 3

Seifert, Josef, 塞弗特, 约瑟夫, Ⅱ: 306

self-constitution, 自我建构, Ⅱ: 196

self-contradiction, 自相矛盾, Ⅰ: 85

self-evidence, 不证自明, Ⅰ: 64, 77, 133

self-referring laws, 自我指涉的法律, Ⅳ: 230-1, 415-6

self-refutation (self-referential inconsistency, performative inconsistency), 自我反驳（自我指涉不一致, 述行不一）, Ⅰ: 3-4; Ⅴ: 148-9; 也参见 Ⅰ: 45-7, 127-8, 133-7, 203; Ⅴ: 32, 66n, 107, 144, 153; kinds of, 种类, Ⅰ: 65-8, 81-2

Sellars, Wilfrid, 塞拉斯, 威尔弗里德, Ⅱ: 222n

Semonche, John E., 赛米诺, 约翰·E., Ⅰ: 285n

semper sed non ad semper v semper et ad semper, 不是适用于任何一种情形 v 不因时空而改变, Ⅰ: 189

Sen, Amartya, 森, 阿玛蒂亚, Ⅰ: 10; Ⅳ: 56

Seneca, 塞内加, Ⅲ: 202n

sex ethics, 性伦理学, Ⅲ: 20-22; Ⅳ: 135-8; Ⅴ: 23

Sextus Empiricus, 塞克斯都, 恩披里克, Ⅳ: 355; Ⅴ: 129

Shakespeare, William, 莎士比亚, 威廉, Ⅰ: 36, 38; All's Well that Ends Well,《终成眷属》, Ⅱ: 42, 44-8, 53, 55-62, 64; Ⅴ: 334-5; Anthony & Cleopatra,《安东尼和克莱欧帕特拉》, Ⅰ: 31n; As You Like It,《皆大欢喜》, Ⅱ: 40n, 65, 334; Hamlet,《哈姆雷特》, Ⅱ: 38, 41n, 67, 104; Henry Ⅳ, Part Ⅰ,《亨利四世》第一部, Ⅱ: 63; Henry Ⅴ,《亨利五世》, Ⅱ: 63; Ⅴ: 335; King John,《约翰王》, Ⅴ: 343; King Lear,《李尔王》, Ⅰ: 33; Ⅴ: 5n; Measure for Measure,《一报还一报》, Ⅱ: 57, 65; The Merchant of Venice,《威尼斯商人》, Ⅱ: 40; A Midsummer Night's Dream,《仲夏夜之梦》, Ⅱ: 39; Ⅲ: 324; Phoenix & Turtle,《凤凰和斑鸠》, Ⅰ: 36-7, 39-40; Ⅱ: 54-5; Richard Ⅲ,《理查三世》, Ⅱ: 49-50, 52; Ⅴ: 13

Sonnet ⅩⅠ, 十四行诗, Ⅳ: 272; The Tempest, 暴风雨, Ⅰ: 35n

Shand, Lord (Alexander), 尚德, 勋爵（亚历山大）, Ⅱ: 207n

Shapiro, Scott, 夏皮罗, 斯科特, Ⅳ: 91n

Sharswood, George, 斯伍德, 乔治, Ⅳ: 190n, 194n

Shavelson, Lonny, 莎沃森, 隆尼, Ⅲ: 267

Shaw, Russell, 肖, 拉塞尔, Ⅴ: 161n

Shaw of Dunfermline, Lord (Thomas), 丹弗姆林的肖, 勋爵 (托马斯), Ⅲ: 133n

Shearmur, Jeremy, 希阿墨, 杰里米, Ⅳ: 353-6

Sheehan, Duncan, 希恩, 邓肯, Ⅳ: 401n

Shelley, Percy Bysshe, 雪莱, 佩尔西·比西, Ⅳ: 274n

Shewmon, Alan, 谢尔曼, 艾伦, Ⅱ: 307-9

Shils, E. A., 希尔斯, E. A., Ⅳ: 34n, 79n

Shortt, Edward, 肖特, 爱德华, Ⅲ: 116-17

side effects, 副作用, Ⅱ: 9-11, Ⅱ: 13-14

Sidgwick, Henry, 西奇威克, 亨利, Ⅰ: 30n, 198n, Ⅱ: 182n, 212; Ⅲ: 214-15; Ⅴ: 74, 265n

Sikkink, David, 斯金克, 大卫, Ⅲ: 114n

Simmonds, N. E., 西蒙兹, N. E., Ⅳ: 245, 250n

Simmons, A. J., 西蒙斯, A. J., Ⅳ: 72n

Simon, David, 西蒙, 大卫, Ⅱ: 175n

Simon, Jürgen, 西蒙, 尤尔根, Ⅱ: 300-1

Simon, Viscount (John), 西蒙, 子爵 (约翰), Ⅱ: 210

Simon, Yves, 西蒙, 伊夫斯, Ⅳ: 69

Simonds, Gavin, 西蒙茨, 加文, Ⅲ: 36n; Ⅳ: 268-9, 429n

Simpson, A. W. Brian, 辛普森, A. W. 布莱恩, Ⅳ: 16

Simpson, Peter, 辛普森, 彼得, Ⅰ: 234n

Singer, Peter, 辛格, 彼得, Ⅰ: 57, Ⅱ: 279n, 281-2, 302-12; Ⅴ: 68

slavery: and penal servitude, 奴隶制: 和刑事劳役, Ⅰ: 59

Slough, M. C., 斯劳, M. C., Ⅰ: 278n, 279n

Smart, J. J. C., 斯马特, J. J. C., Ⅴ: 61, 69

Smith, Adam, 史密斯, 亚当, Ⅳ: 10, 337-40, 348, 352

Smith, Christian, 史密斯, 克里斯汀, Ⅲ: 114n

Smith, J. C., 史密斯, J. C., Ⅰ: 217n

Smith, M. B. E., 史密斯, M. B. E., Ⅳ: 47n

Smith, Stephen W., 史密斯, 斯蒂芬·W., Ⅴ: 163n, 169

Smith, Sydney, 史密斯, 西德尼, Ⅱ: 199-202; Ⅳ: 342, 344

"social choice" theory, "社会选择" 理论, Ⅳ: 2 & 3

social rules, 社会规则, Ⅰ: 107

social theory, 社会理论, Ⅰ: 205

Socrates, 苏格拉底, Ⅰ: 41, 43-4, 46, 47n, 49-50, 95, 115, 161n, 241-2, 313, Ⅱ: 33; Ⅲ: 4-5, 99-100, 157, 323n, 336-7, 355, 377n; Ⅳ: 76, 159-60, 186n, 225n, 226

Sokolowski, Robert, 索科洛夫斯基, 罗伯特, Ⅱ: 43n

Solidarity, 团结, Ⅱ: 125

Solon, 梭伦, Ⅲ: 102nm, 339n

Sommerville, Margaret R., 萨默维尔, 玛格丽特·R., Ⅲ: 320n

soul: form and act of body, 灵魂: 身体的形式和行为, Ⅰ: 35, 54

"sources thesis" (of law only social facts), "来源主题" (仅作为社会事实的法律), Ⅰ: 19

sovereignty: and limitation of self or, 主权: 和自我限制或

successors, 继任者, I: 68-70

"speculative" knowledge, "臆测"知识, I: 147n, 168-70

Spender, Stephen, 斯彭德, 斯蒂芬, III: 378n

Spiazzi, R. M., 斯皮亚齐, R. M., I: 159n; III: 353n

Spicq, Ceslau, 史毕克, 瑟斯洛, V: 186n

Spinoza, Baruch, 斯宾诺莎, 巴鲁克, II: 177; IV: 160

spirit (uality), 精神(性), II: 3

spoudaios, 成熟之人, I: 108-13, 122-3, 143, 233n; IV: 80, 433

St. German (Germain), Christopher, 德国（日耳曼）的圣克里斯托弗, IV: 199, 200n, 208, 218

St. John-Stevas, Norman, 圣约翰-斯特瓦斯, 诺曼, I: 279n

Stalin, Joseph, 斯大林, 约瑟夫, II: 84; V: 58

"state of nature", "自然状态", I: 80, 200; IV: 55, 116; Blackstone, 布莱克斯通, IV: 198-200, 202, 207-9

Staudinger, Hugo, 施陶丁格, 雨果, V: 142n

Steptoe, Patrick, 斯特普托, 帕特里克, II: 294n; III: 280n

Stevens, Justice (John Paul), 史蒂文斯, 大法官（约翰·保罗）, III: 245-6

Stevens, Monica, 史蒂文斯, 莫妮卡, V: 170n

Stewart, Justice (Potter), 斯图尔特, 大法官（波特）, I: 285n, 296

Stone, Julius, 斯通, 朱利叶斯, IV: 376-7, 379-80

Stout, Robert, 斯托特, 罗伯特, III: 249-50

"stranger in the wilds", "荒野里的陌生人", I: 15, 99; II: 129

Strauss, Leo, 施特劳斯, 列奥, I: 187-90; III: 86-7, 89n; IV: 225n; V: 152

Strawson, P. F. (Peter), 斯特劳森, P. F. (彼得), I: 287n, 319, II: 92n-3n

Suárez, Francisco, 苏亚雷斯, 弗朗西斯科, I: 6, 125, 177n; II: 291n; III: 185n, 188n, 190-2, 193-4, 195n, 198n, 200-1n, 203-4n, 206n; IV: 52n; V: 272, 374n

Subjectivity, 主体性, II: 68

substantial change, 实质性改变, II: 287

sufficient reason, "principle of", 充分理性, "原则", II: 7; V: 183-4

Sugarman, David, 苏格曼, 大卫, IV: 274n

Sullivan, Andrew, 沙利文, 安德鲁, III: 384n

Sullivan, Francis A., 沙利文, 弗朗西斯·A., V: 115

Sullivan, Thomas D., 沙利文, 托马斯·D., II: 183n

Sumner, Lord (Hamilton, John), 萨姆纳, 勋爵（汉密尔顿, 约翰）, II: 218-19n; III: 137n

survival: as aim, 活下来: 作为目的, I: 63

Sutton, Agneta, 萨顿, 阿格尼塔, III: 312n

Swadling, W., 斯沃丁, W., IV: 401n

Sylvester, David, 西尔维斯特, 大卫, I: 289n

Synderesis, 先天理念, I: 28-30, 139, 163, 173, 175-6, 182, 194; V: 179

Tacitus, Publius Cornelius, 塔西佗，普布里乌斯·克奈里乌斯，Ⅲ：184n
Taney, Roger B.，托尼，罗杰·B.，Ⅱ：26n
Taylor, Charles, 泰勒，查尔斯，Ⅲ：323n
Taylor, Gary, 泰勒，加里，Ⅱ：67-8；Ⅴ：335n
Taylor, Harriet, 泰勒，哈里特，Ⅳ：279
Taylor, J., 泰勒，J.，Ⅳ：186n
Teichman, Jenny, 泰希曼，珍妮，Ⅲ：239n
Teichmuller, Gustav, 泰希米勒尔，古斯塔夫，Ⅰ：160n
Temple, William, 坦普尔，威廉，Ⅴ：243
"temporal"，"暂时的"，Ⅴ：92-3
Thierry of Chartres, 沙特尔的蒂埃里，Ⅳ：187n
Thomas, St.，圣托马斯，Ⅴ：60
Thomas, S.，托马斯，S.，Ⅴ：93n
Thomism, Thomist, 托马斯主义，托马斯主义者，Ⅰ：12
Thomson, Judith Jarvis, 汤姆森，朱迪斯·贾维斯，Ⅰ：269-70；Ⅲ：15, 282-9, 292-3, 295n, 296-305；Ⅴ：71-2n, 331
Thucydides, 修西底德，Ⅱ：5；Ⅳ：76
Tillyard, E. M. W.，蒂里亚德，E. M. W.，Ⅱ：46n
Tollefsen, Christopher, 多福森，克里斯托弗，Ⅰ：45n, 73n, 84n, 90, 100n, 203n, 239n；Ⅱ：177n, 286n, 292n；Ⅳ：359；Ⅴ：149, 150-1
Tooley, Michael, 托雷，迈克尔，Ⅱ：281-2, 287；Ⅴ：316n
Torralba, J. M.，托拉尔巴，J. M.，Ⅱ：69n
torts (delict), law of, 侵权（侵权行为），法，Ⅱ：11；Ⅳ：16, Ⅳ：138-40, 150-1
torture, 折磨，Ⅰ：102
transparency for, 透明度，Ⅰ：8；Ⅱ：113；Ⅲ：25-6；Ⅳ：255, 286
Tribonian, 特里波尼安，Ⅳ：117
Truth, 真理，Ⅰ：5；Ⅴ：33-4
Tsikata, Fui, 齐卡塔，布居，Ⅳ：429n
Tsikata, Tsatsu, 齐卡塔，察祖，Ⅳ：429n
Tubbs, J. W.，塔布斯，J. W.，Ⅳ：149n
Tuck, Richard, 塔克，理查德，Ⅲ：125, 128-31
Tugwell, Simon, 特格韦尔，西蒙，Ⅳ：180n
Turner, Stephen P.，特纳，斯蒂芬·P.，Ⅰ：203n；Ⅳ：224-5n
Turrecremata, Johannes de, 图雷克雷马塔，约翰内斯·德，Ⅴ：213n
Tushnet, Mark, 图什内特，马克，Ⅳ：352n, 371-2
Twining, William, 推宁，威廉，Ⅳ：232n
twinning, 孪生，Ⅱ：289-92, 296-7
Twycross, Robert, 特怀克罗斯，罗伯特，Ⅲ：265-8n
Tynan, Kenneth, 泰南，肯尼斯，Ⅰ：321n
Tyndale, William, 廷代尔，威廉，Ⅴ：165, 166-7

Ullmann-Margalit, Edna, 乌尔曼-格利特，埃德娜，Ⅳ：56-9n, 67n, 69
Ulpian, 乌尔比安，Ⅱ：5；Ⅳ：183, 218
Unger, Roberto M.，昂格尔，罗伯特·M，Ⅰ：214；Ⅳ：10, 123n, 299-319, 322, 324-5,
Usury, 高利贷，Ⅴ：157-8

ut in pluribus v ut in paucioribus, 绝大多数情况 v 存在着例外, I: 189

utilitarian (ism), 功利主义, I: 141, 143

value: aspect of human flourishing, 价值: 人类繁荣方面, I: 137; Lonerganian theory of, 朗尼根式理论, I: 137-9, 143; "value-free" social science/theory, 价值中立"社会科学/理论, I: 205-6; IV: 1, IV: 9, IV: 1-4, 7, 17, 106-9, 163-4, 232-5; V: 146

van Beeck, Franz Josef, 冯·贝克, 弗朗茨·约瑟夫, V: 309n

Van den Haag, Ernest, 冯·登·哈格, 欧内斯特, I: 289n

Van Reit, Simone, 冯·瑞特, 西蒙妮, V: 84n

Vasquez, Gabriel, 巴斯克斯, 加布里埃尔, I: 125; V: 212n

Vattel, Emmerich de, 瓦特尔, 艾默里奇德, III: 139n

Veatch, Henry, 维奇, 亨利, I: 148n

Vendler, Zeno, 文德勒, 芝诺, II: 93

Vermeersch, P., 维米尔什, P., III: 298n

Villey, Michel, 维莱, 米歇尔, I: 206-8

Vinogradoff, Paul, 诺格拉多夫, 保罗, IV: 409n

Virtue, 美德, I: 120, 150; dependent on rational, 依赖于理性; norm, 规范, I: 151-2; end (s) of, 结束, I: 175-6; to be found again in Kingdom, 在王国再次发现, I: 171; V: 288, 366, 371

Vitoria, Francisco de, 维多利亚, 弗朗西斯科·德, III: 130-1, 190-2, 194, 198n, 200-1n, 206n

Vlastos, Gregory, 弗拉斯托斯, 格雷戈里, III: 99n, 337

Voegelin, Eric, 沃格林, 埃里克, I: 189, II: 14n, 126n; IV: 50n, 259, 278, 321n, 428, 431; V: 34, 58, 146n, 339

von Balthasar, Hans Urs, 冯·巴尔塔萨, 汉斯·乌尔斯, V: 13, 64, 65n, 373-9

von Hildebrand, Dietrich, 冯·希尔德布兰德, 迪特里希, I: 138

von Wright, Georg Henrik, 冯·赖特, 格奥尔格·亨里克, I: 130

Vorgrimler, Herbert, 福尔格里姆勒, 赫伯特, V: 272n

Wade, F. C., 韦德, F. C., II: 288n

Wade, H. W. R., 韦德, H. W. R., IV: 415

Waffelaert, J., 沃夫伊拉尔特, J., II: 254n

Walker, Lord (Justice) (Robert), 沃克, 勋爵 (大法官) (罗伯特), II: 196n; III: 135n, 144n

Waller, Mark, 沃勒, 马克, III: 23n

Walter, James, 沃尔特, 詹姆斯, II: 163n; V: 291n, 298-302n, 304n, 342

Walton, Douglas, 沃尔顿, 道格拉斯, III: 213n

Walton, Lord (John), 沃尔顿, 勋爵 (约翰), III: 211n, 213-16, 222n, 232-3, 262-4, 269, 277n; IV: 277n

Waluchow, W. J., 瓦拉乔, W. J., IV: 164

war, 战争, III: 13

Ward, Alan, 沃德, 阿兰, II: 196n

Ward, Keith, 沃德, 基思, Ⅲ: 58n

Warnock, G. J., 沃诺克, G. J., Ⅰ: 113-20

Warnock, Mary, 沃诺克, 玛丽, Ⅲ: 21n

Washington, George, 华盛顿, 乔治, Ⅴ: 28

Waszink, J. H., 瓦辛克, J. H., Ⅳ: 187n

Watson, Lord (William), 沃森, 勋爵 (威廉), Ⅰ: 226n; Ⅱ: 207-8

Webber, Grégoire, 韦伯, 格雷戈勒, Ⅲ: 45n

Weber, Max, 韦伯, 马克斯, Ⅰ: 22, 37, 202-3, 205-6; Ⅳ: 3, 33-4n, 76, 86, 163, 211-29

Wegemer, Gerard, 韦格纳, 杰拉德, Ⅴ: 163n, 169

Weinberg, Martin S., 温伯格, 马丁·S., Ⅲ: 350n

Weinberg, Stephen, 温伯格, 斯蒂芬, Ⅴ: 194

Weinberger, Caspar, 魏因贝格尔, 卡斯帕, Ⅴ: 277-80

Weinrib, Ernest, 魏因瑞伯, 欧内斯特, Ⅳ: 123, 163, 395n

Weinstein, Bill, 温斯坦, 比尔, Ⅱ: 81n

Weisheipl, James A., 魏瑟培, 詹姆斯·A., Ⅳ: 180n

Weithman, Paul, 威特曼, 保罗, Ⅲ: 116, 121-2, 123-4n, 383n, 386

Wellman, Carl, 威尔曼, 卡尔, Ⅰ: 72n

Wells, Deane, 威尔斯, 迪恩, Ⅱ: 279n

Wenham, John, 温汉姆, 约翰, Ⅴ: 88n

Wertheimer, Roger, 韦特海默, 罗杰, Ⅲ: 282n, 304

Wheare, K. C., 惠尔, K. C., Ⅳ: 414

White, Alan R., 怀特, 阿兰·R., Ⅱ: 174n, 199n, 315n

White, Justice (Byron), 怀特, 大法官 (拜伦), Ⅰ: 295, 297n; Ⅲ: 42n

Whitman, Walt, 惠特曼, 沃尔特, Ⅳ: 330, 332-3

Wiggins, David, 威金斯, 大卫, Ⅰ: 42n, 186n, 260n; Ⅱ: 43n; Ⅲ: 225; Ⅴ: 46n

Wilberforce, Lord (Richard), 威尔伯福斯, 勋爵 (理查德), Ⅰ: 318n; Ⅳ: 256n

will: responsiveness to understood goods, 意愿: 对所理解善的回应, Ⅰ: 1, 33, 38

William of Conches, 孔什的威廉, Ⅳ: 186-7n

William of Durham, 达勒姆的威廉, Ⅴ: 189-92

William of Ockham, 奥康的威廉, Ⅰ: 207; Ⅳ: 160; Ⅴ: 150

Williams, Bernard, 威廉姆斯, 伯纳德, Ⅰ: 7, 92-7, 100n-1n, 102-3; Ⅱ: 127-6, 129; Ⅲ: 239n; Ⅳ: 251-3, 275; Ⅴ: 135n, 305n

Williams, Glanville, 威廉姆斯, 格兰维尔, Ⅱ: 174n-5n, 177, 182-7, 193, 228n; Ⅲ: 215; Ⅴ: 316n

Williams, Gwladys, 威廉姆斯, 格拉迪斯, Ⅲ: 131n

Wilson, George, 威尔逊, 乔治, Ⅱ: 71n

Winch, Peter, 温奇, 彼得, Ⅳ: 211n

Winning, Thomas, 胜出, 托马斯, Ⅴ: 119

Wishner, Julius, 威斯纳, 朱利叶斯, Ⅰ: 278n

Witherspoon, James, 威瑟斯彭, 詹姆斯, Ⅰ: 276n

Wittgenstein, Ludwig, 维特根斯坦, 路德维

希，I：71，80n，84，104，130-7，142，143n；Ⅱ：5-6，71；Ⅲ：304；Ⅳ：166

Wittich, Gunther, 威蒂克，冈瑟，Ⅳ：214n

Wojtyla, Karol（see also John Paul Ⅱ），沃伊蒂瓦，卡罗尔（另参见约翰·保罗二世）; on action, 论行为，Ⅱ：136; on choice as lasting, 论民族，V：78, 303n；Ⅱ：104; on nation Ⅱ：122-6, 128

Wolsey, Thomas, 沃尔西，托马斯，I：281

Wolff, Robert Paul, 沃尔夫，罗伯特·保罗，Ⅲ：58n

Wood, Thomas, 伍德，托马斯，Ⅳ：191

Woolf, Harry, 伍尔夫，哈里，Ⅲ：141-2

Wootton, Lady (Barbara), 伍顿，夫人（芭芭拉），Ⅲ：156

Woozley, A. D., 乌兹利，A. D.，Ⅳ：72n

words: bearers and manifestations of spirit, 语词：精神的承载者和宣示者，I：35

Wright, Benjamin Fletcher, 赖特，本杰明·弗莱彻，I：284n

Wright, John, J., 赖特，约翰，J.，Ⅱ：118n, 123n

Wright, N. T., 赖特，N. T.，V：192n

Wright, Thomas, 赖特，托马斯，Ⅱ：41n, 44n

Xenophon, 色诺芬，Ⅲ：336-7, 340, 355；Ⅳ：159

Yates, Simon, 耶茨，西蒙，Ⅱ：321n

Yowell, Maggie, 尤韦尔，马吉，Ⅱ：108n

Zalba, Marcellino, 扎尔巴，马尔切利诺，Ⅱ：254n；Ⅲ：295n, 298n, 310

Zander, Michael, 詹德，迈克尔，Ⅲ：19n

Zellner, Harold, M., 泽尔纳，哈罗德，M.，Ⅲ：290n

Zeno, 芝诺，Ⅳ：428

Zipursky, Benjamin C., 泽普尔斯基，本杰明·C.，Ⅳ：150-1n

Zwingli, Huldrych, 茨温利，胡尔德里希，V：165

中译本致谢

中译本的完成受惠于许多人，尤其许多师友。译者希望借此机会向中国政法大学以下几位为人师者致以谢忱：吴宝珍老师，多年来在生活层面、精神层面所给予的关心照拂；李媚老师，她是本卷拉丁文中译的免费"顾问"，实际上本卷相当一部分拉丁文中译采用的是她的译法；赵雪纲老师，对于我斟酌无定的段落，他认真地给出他的理解以供参考，百忙中竟还帮助检查了一篇两万余字的译文；范立波老师，起初只是被请教一个语词，想不到竟非常热心地要求看整篇译文，后期还推荐了不少帮助检查译文的人选。

本卷翻译前期，曾就有关篇什与以下朋友深入交换过意见：赵晓晴博士（导论），姚天博士（第3、4篇），常云云博士（第5篇），王娟博士生（第7篇），赵玉来律师（第15篇），巩书辉硕士（第16篇），赵晓宇硕士（第19篇）；译稿校对后期，以下硕、博士生及老师帮我检查了相关篇什：于婷（导论、第19篇），叶会成（导论、第3篇），徐舒浩（第1、4、7篇），薛鸣秋（第1篇），孟媛媛（第2篇），赵雪纲老师（第5篇），王昱博（第6、18篇），张泽键（第8、16篇），王重尧（第9、14篇），毕寓凡（第10、11、12、20、21篇），陈竞之（第13篇），刘庆祝（第15篇），成亮（第17篇）；同窗杨永鹏以其高搜商解决了文本中需要检索的遗留问题；夏纪森师兄、尹超师兄、罗礼平师兄、张建师兄、何慧师姐、时贵、海浩、宗亮、王蕾、思源、韩松、彭飞等同门亦时常关心本卷进展。

另外，有一点想要说明的是，本卷的"索引"部分沿袭的是第一卷"索引"的中译（因为本卷系菲尼斯论文集之第三卷，而"索引"部分为五卷论文集所通用），略有改动（这种改动不是自上而下、通盘察看过的，而是偶然发现与本卷有出入处，便改动一处）。译者水平有限，恐疏漏错讹难免，望读者们不吝赐教，我的邮箱是：louqukang@ vip. 163. com。

最后，中译本献给我的导师，曹义孙先生。感谢他一直以来的鼓励和批评、信任和教诲。

娄曲亢
2019 年 6 月
常州大学 史良法学院